「般若心経」成立史論

प्रज्ञापारमिताहृदय

大乗仏教と密教の交差路

Harada Wasō 原田和宗

大蔵出版

はじめに

『般若波羅蜜多心経（般若心経／心経）』（*Prajñā-pāramitā-hṛdaya*）には小本と大本の二種類のテキストが伝承されていることはよく知られている。

『小本・心経』は東アジアの漢字文化圏（中国・韓国・朝鮮・日本など）の仏教徒にとっては玄奘による漢訳本でお馴染みの仏教聖典であり，「観自在菩薩」を主人公にして「空」の教説ならびに「般若波羅蜜多」の意義を説く散文と末尾の真言とだけで構成される。他方，『大本・心経』は「如是我聞」で始まる〈序分〉と『小本・心経』を核として増広・改変された〈正宗分〉と「歓喜奉行」で終わる〈流通分〉とで構成される。『大本・心経』は，多数の漢訳本が現存するわりには漢字文化圏ではさほど流通せず，むしろインド文化圏（インド・ネパール・チベットなど）で流行した。そして，両文化圏の狭間にある敦煌地域では小本・大本の両系統の漢訳本が依用された形跡があり（上山大峻［1990］『敦煌仏教の研究』），ほかにも，『小本・心経』チベット訳や『小本・心経』に対するインド人学匠の手になる『註釈』のチベット訳の貴重な写本も出土している（上山大峻［1965］「敦煌出土のチベット訳般若心経」）。

成立順序からいえば，漢訳された年代が早い『小本・心経』がやはり先に編纂され，漢訳年代が遅い『大本・心経』が『小本・心経』に〈序分〉と〈流通分〉を付け足して，『小本・心経』の経典としての体裁の不備をいわば補う形で後に成立したであろうと推定される点でこんにち学者たちの意見は一致しているようである。

さて，『心経』はおそらく我が国で最も親しまれてきた仏教聖典であり，その需要もあって，これまでじつに膨大な冊数の解説書が，それも僧侶・作家・実業家・科学者等々の多業種にわたる書き手によって書かれてきた。しかし，そのほとんどは『心経』の文言をきっかけに執筆者本人の仏教理解や信条を吐露することに熱心で，『心経』の内容自体の解明に寄与するものは驚くほど少ない。執筆者各人の思想・信条の表明としての意義は認められても，『心経』自体の解明にとってこれほど不毛な解説本が量産される背景には，或る程度の仏教の素養を備えていれば，『心経』の読み解きが可能であるといった何ら根拠のない幻想・錯覚（まさに「顛倒夢想」）が書き手・読み手・出版関係者の間に共有されているとしか思えない。このような共同幻想をはびこらせた責任の一端は仏教学者にあることを自戒しなければならないだろう。

もちろん，これまでに出版された『心経』解説書や研究書の中にも有用な成果はあるので，次にその中でも重要なもの二点を紹介しながら，『心経』研究の問題点を述べていきたい。

まず，学生時代に読んだ『般若心経』に関する書籍の中でわたしが最も衝撃を受けた佐保田鶴治氏の『般若心経の真実』を紹介したい（佐保田鶴治［1982］）。この書は一般向けの解説書でありながら，専門的な研究書も凌駕するような，独特の視点を元に書かれている。すなわち，佐保田鶴治氏はインド哲学の研究者にしてヨーガの指導者であったが，インド・ヒンドゥー教寺院におけるマントラ読誦に参加した実体験から，『心経』は「般若波羅蜜多」という女性の菩薩の心臓（hṛdaya）であるマントラを解き明かした経典であり，この経典の根本の目的が万能薬である明呪を授与することにある以上，その前の部分の経文は薬の効能書きにあたるという持論を早くからこの書で表明しておられた。氏の『般若心経の真実』は出版当時『心経』解説本の中では例外的で異色な地位を占めていたのである。

次に取り上げたいのは，渡辺章悟氏の『般若心経　テキスト・思想・文化』（渡辺章悟［2009］）である。こちらも一般向けの解説書であるが，〈般若経〉の専門家の手になった戦後はじめての『心経』解説書であるという点と，類書のほとんどが『小本・心経』を施釈対象とする中で，『大本・心経』に正面から取り組む点で画期的な意義をもつ。『心経』の主要素材となった『大品系般若経』，すなわち，梵文『二万五千頌般若』（*Pañcaviṃśatisāhasrikā Prajñā-pāramitā* : abbr. ***Pañca***）の原文に直接あたって，『心経』散文部の文脈的意味を検証するということが，不思議なことに，これまでの『心経』研究の中でほとんどなされてこなかった。唯一，松浦秀光氏の『般若心経の研究』（松浦秀光［1983］）は『心経』と『大品系般若経』とを逐一比較して検討しているが，残念なことに，松浦氏による比較は漢訳本に限られ，梵文には及んでいない。漢訳では一致していても，梵文では必ずしも合致しないというのが，『心経』梵文と『二万五千頌般若』梵文の比較を通して実感される『心経』研究につきまとう困難点なのである。つまり，これまでの解説書・研究書では『心経』散文部解読の上での文献学的手続きが根本的に欠落していた中で，渡辺章悟氏のそれは『心経』に対する文献学的検証を踏まえた唯一の解説書なのである。

他の有益な先行研究についてはのちほど本論の中で適宜，参照・言及していくこととしたい。

わたしはこれまで，数々の先行研究に刺激されつつ，同時に，批判的に吟味しながら，『小本・心経』に関する数編の雑誌論文を書き綴ってきた。その研究の当初からの狙いは①従来のほとんどの研究で欠けていた，梵文『小本・心経』に対してオーソドックスな文献学的手法をまともに適用して，『小本・心経』の形成過程を遡上するという作業を行い，②それを通じて『小本・心経』という文献の正体・素性を明らかにすることであった。雑誌論文におけるわたしの『心経』研究は2002年以来，現在も継続中で未完であるため，本書は雑誌論文の再録という体裁をとらず，むしろそれらを土台にして，雑誌論文の段階では未見であった研究成果も採り入れ，また，後に考えをあらためた部分を訂正するなどして論旨を整え，新たに書き下ろしたものである。

本書で結論として提示しようと意図しているのは，おおまかには以下の三点である。

【I】『小本・心経』の正体について：梵文『小本・心経』は〈空思想〉を『二万五千頌般若』の「核心」として教示するために編まれた個別的・圧縮型の〈般若経典〉の一種ではなく，本体である〈般若波羅蜜多心呪〉に対してその「効能書き」を記す散文が前書きとして付加された「マントラ文献」である。経典のたぐいではない以上，大乗経典ではないし，まして密教経典でもない。

【II】『小本・心経』散文部の成立について：梵文『小本・心経』散文部は〈般若経〉の伝統の純然たる後継者たちによって編纂されたのではなく，〈般若波羅蜜多〉思想や〈観自在菩薩〉信仰などの雑多な大乗思想・信仰を共有財として受容し融合させた中期の大乗仏教徒たち（or 初期密教徒たち）によって多種多様な大乗経典内の複数の定型句を継ぎ接ぎして縫い合わされたパッチワーク的作品である。その素材は『二万五千頌般若』だけでなく，『八千頌般若』・『法華経』・『維摩経』・『華厳経・入法界品』・『十地経（華厳経・十地品）』・『ラリタ・ヴィスタラ』・『金光明最勝王経』・『智光明荘厳経』・『宝星陀羅尼経』などの初中期大乗経典，『孔雀明王経』などの初期密教経典から採集された。『小本・心経』編纂者たちは基盤となる『二万五千頌般若』内の特定の経文を意味上の変更の少ない他経典の定型句に次々と交換していくが，その際，『二万五千頌般若』を単に表面的に利用して改変したのではなく，『二万五千頌般若』を深く精読し細かく配慮して定型句を導入していた。

【III】『小本・心経』マントラの成立について：〈般若波羅蜜多心呪〉はその起源を辿ると，(A)“gate gate pāra-gate pāra-saṃgate” と (B)“tad yathā......bodhi svāhā”とに分離される。(B) は『華積陀羅尼神呪経』や『孔雀明王経』などの初期密教経典に由来し，元来〈般若波羅蜜多〉思想・信仰とは無関係であり，(A) よりもはるかに古い起源を有する。(A) は後代になって〈般若波羅蜜多女尊〉信仰の影響下に別個に発生した“pāra-gate”・“saṃgate”・“pāra-saṃgate”などの呼格形を含む雑多な陀羅尼句に由来する。やがて，〈般若波羅蜜多女尊〉信仰の進展・波及にともなって，(B)“bodhi”という呼格形も (A) 同女尊のマントラに吸収された。

『小本・心経』について上記のような結論を提示できれば，成立が後になる『大本・心経』の源泉もおのずから知られるので，小本・大本を問わず，読者の『心経』観は一変するはずである。

【II】について補足すれば，『小本・心経』散文部を構成する大多数の文言は初中期の本格的な大乗経典群から採集されたが，個々の文言はもとの大乗仏典においては当然ながらそれにふさわしい文脈に置かれていたのであり，前後のスムーズな流れに馴染み，何ら違和感のないものであった。『小本・心経』編纂者は収集したそれらの文言を決してデタラメに継ぎ接ぎしたわけではなく，細心の注意を払って組み合わせ，縫合を試みた。個々の文言の源泉となる経典での文脈的意味，用法，背景を熟知している識者の目で見れば，『小本・心経』におけるそれぞれの文言の配置，構成はそれなりに筋が通っており，少なくとも破綻はしていない完結した作品であることが理解されるはずである。しかし，その背景的知識をもたぬひとが見れば，『小本・心経』というテキストは形式的にも内容的にも不自然でぎこちない稚拙な作品であるという印象を免れないであろう。それが置かれていた文脈から切り離された個々の名詞句や動詞句が間隙も余裕もなく窮屈に隣り合っているために，前後の脈絡は見えづらく，文章の流れはあちらこちらで阻害され，滞ってしまう。

わたしは『小本・心経』というテキストを高級食材でつくられた庶民料理に喩えたい。それぞれの高級食材はそれにふさわしい単品のメニューでこそ威力を発揮し，違和感のない絶妙な出来映えが期待されるであろうけれども，それらの高級食材をごちゃ混ぜにして雑多なメニューに盛った場合，食材同士が融和することなく，喧嘩しあったり，双方の旨味を相殺してしまうという逆効果をもたらしかねない。本書の使命のひとつは『小本・心経』というメニューに使用された個々の高級食材を取り出し，それぞれの食材にふさわしいメニューでその食材の本来の味を読者に召し上がっていただくことである。

なお，まだ板前の見習いでしかない修行中のわたしといたしましては，もしもご来店してくださるなら，なるべく空腹な読者にお越しいただけましたらさいわいです。料理の味がお口に合わなかったとしても，ご返金はいたしかねますので。

目　　次

はじめに　1

凡　　例　9

サンスクリットテキスト略号表　10

第 1 章　序論――『小本・心経』研究の進め方 ……12

1　『小本・心経』の分節　12

2　『小本・心経』研究の方法論と仮説の提示　12

付録　漢訳経典における経文の捏造挿入の典型例　23

第 2 章　予備的考察 ……32

1　羅什訳『摩訶般若波羅蜜大明呪経』の真偽問題　32

2　『大智度論』の真偽問題　50

第 3 章　第一〈観察〉節――散文部分【起】節 ……69

1　第一〈観察〉節のテキスト　69

2　〈帰敬呪〉　71

3　「観自在菩薩」　73

4　“gaṃbhīrāyāṃ prajñā-pāramitāyāṃ”　80

5　“caryāṃ caramāṇo”　84

6　“vyavalokayati......śūnyān”　88

7　“śūnyān paśyati”　91

8　“pañca skandhās, [tāṃś ca svabhāva-]śūnyā[n]”　94

9　“vyavalokayati sma”・“śūnyān paśyati sma”　98

10　“vyavalokayan paśyāmi”――『ラリタ・ヴィスタラ』との接点　101

11　「度一切苦厄」　103

第4章　第二〈空性〉節――散文部分【承】節 ……………………130

1　第二〈空性〉節のテキスト　130

2　『二万五千頌般若』の対応節テキスト　136

3　第一〈色即是空〉段　142

4　第二〈一切諸法に対する六種の否定的規定（六不）〉段　156

5　〈空性次元における諸法非存在〉段　189

付録1　『二万五千頌般若』〈色即是空〉段和訳　198

付録2　アビダルマ論書と『二万五千頌般若』とにおける空性分類　207

第5章　第三〈般若波羅蜜多依存の四特性〉節
――散文部分【転】節……273

1　第三〈般若波羅蜜多依存の四特性〉節のテキスト　273

2　“tasmād a-prāpti-tvād bodhi-sattvānāṃ......”　275

3　“prajñā-pārami-tām āśritya viharaty”　279

4　“（1）a-cittāvaraṇaḥ. cittāvaraṇa-nāsti-tvād”　282

5　“（2）a-trasto”　286

6　“（3）viparyāsātikrānto”　289

7　“（4）niṣṭha-nirvāṇaḥ”　293

第6章　第四〈真言としての般若波羅蜜多〉節
――散文部分【結】節……310

1　第四〈真言としての般若波羅蜜多〉節のテキスト　310

2　『八千頌般若』・『二万五千頌般若』の対応節テキスト　314

3　漢訳陀羅尼経典に見られる類似語句　320

4　“try-adhva-vyavasthitāḥ sarva-buddhāḥ”　321

5　“mahā-mantro mahā-vidyā-mantro”　323

6　a-sama-sama という複合語の考察　328

7　“sarva-duḥkha-praśamanaḥ”　330

8　“satyam a-mithya-tvāt”　335

第 7 章　第五〈般若波羅蜜多心呪〉節 ……………………………354

1　第五〈般若波羅蜜多心呪〉節のテキスト　354

2　“prajñā-pārami-tāyām ukto mantraḥ”　356

3　“gate gate pāra-gate pāra-saṃgate”　358

4　pāra-gatā の可能性　362

5　pāra-gati の可能性　369

6　“tad yathā......bodhi......svāhā”　376

7　『心経』マントラの形成過程　385

8　“Prajñā-pāramitā-hṛdayaṃ”とは何か　386

『小本・心経』の原初テキストの復元案と諸節・諸語句の出自一覧　409

参 考 文 献　416

あ と が き　430

索　　　引　434

凡　例

1　文章上の補いや補足的説明は［　］，言い換えや簡単な註記等は（　）内に示した。（　）内の場合は［　］を用いた。また，生没年，テキストの成立年代は［　］内に示した。

2　論旨の上で重要な術語，定型句などの文は〈　〉内に示した。また，太字は特に注意を惹く箇所を強調するために用いた。

3　和文書名は『　』，章名等は「　」，分節上の名称は〈　〉内に表記した。

⇒例：『八千頌般若』第1章〈色即是幻〉段

4　欧文書名はイタリック体で表記した。

5　使用頻度が高い典籍名は各章初出に，『書名』（梵語 or 蔵訳書名の和訳；梵語 or 蔵訳書名：abbr. 梵語 or 蔵訳書名略号）という形式で標示した。

⇒例：『華厳経・入法界品』（ガンダ・ヴィユーハ；*Gaṇḍa-vyūha-sūtra*: abbr. ***GVy***）

6　書名は適宜，通用している略称を用いた。

⇒例：『瑜伽師地論』→『瑜伽論』

7　引用文は，長いもの・重要度の高いものは行頭二字下げとし，短いものは和文の場合「　」，欧文の場合“　”内に示した。

8　引用文の和訳中，底本に対応する原文がない文章の補いは［　］，それ以外の言い換えや簡単な註記等は（　）内に表記した。

9　漢文はできるだけ常用漢字に直して引用した。

10　漢文の引用文中，割註・挿入註等は〈　〉，筆者による文の補いは［　］内に表記した。

11　漢文の引用文中，句読点等は原則として底本を踏襲したが，筆者の判断で必要に応じて訂正を加えた。

12　梵文・蔵文の引用文は各底本のローマナイズ表記を踏襲し，表記の統一をおこなわなかった。

13　研究論文・研究書名は略号を用いた（本書末尾の「参考文献」を参照）。

14　本文中に引用したテキストのうち，異訳が存在する場合は可能な限り註記においてその原文を示した。

サンスクリットテキスト略号表

AKBh：　*Abhidharma-kośa-bhāṣya.*
AS：　*Abhidharma-samuccaya.*
ASBh：　*Abhidharma-samuccaya-bhāṣya.*
Amogha-pāśa：　*A-mogha-pāśa-kalpa-rāja.*
Aṣṭa：　*Aṣṭa-sāhasrikā Prajñā-pāramitā.*
BCAP：　*Bodhi-caryāvatāra-pañjikā.*
Bhaiṣajya：　*Bhaiṣajya-guru-vaidūrya-prabha-rāja-sūtra.*
BoBh：　*Bodhisattvabhūmi.*
Brahma-paripṛcchā：　*Brahma-viśeṣa-cinti-paripṛcchā-sūtra.*
DBhS：　*Daśa-bhūmika-sūtra.*
GVy：　*Gaṇḍa-vyūha-sūtra.*
Kāśyapa：　*Kāśyapa-parivarta.*
Kauśika：　*Kauśika-prajña-pāramitā.*
JĀAS：　*Jñānālokālaṃkāra-sūtra.*
Lalita：　*Lalita-vistara.*
Mahā-māyūrī：　*Ārya-mahā-māyūrī Vidyā-rājñī.*
MBh：　*Mahā-bhāṣya.*
MMK：　*Mūla-madhyamaka-kārikā.*
MSA：　*Mahā-yāna-sūtrālaṃkāra.*
MSABh：　*Mahā-yāna-sūtrālaṃkāra-bhāṣya.*
Pañca：　*Pañca-viṃśati-sāhasrikā Prajñā-pāramitā.*
Ratna-ketu：　*Ratna-ketu-parivarta.*
RGV：　*Ratna-gotra-vibhāga.*
Saddharma：　*Sad-dharma-puṇḍarīka-sūtra.*
Sapta-śatikā：　*Mañju-śrī-parivartāpara-paryāya Sapta-śatikā Prajñā-pāramitā.*
Saṃdhi：　*Saṃdhi-nirmocana-sūtra.*
Suvarṇa：　*Suvarṇa-prabhāsottama-sūtrendra-rāja.*
Suvikrānta：　*Su-vikānta-vikrāmi-paripṛcchā nāma Sārdha-dvi-sāhasrikā Prajñā-pāramitā.*
Svalpākṣarā：　*Sv-alpākṣarā Prajñāpāramitā.*
ŚrBh：　*Śrāvaka-bhūmi.*
TSS：　*Sarva-tathāgata-tattva-saṃgrahaṃ nāma Mahā-yāna-sūtram.*
TrVBh：　*Triṃśikā-vijñapti-bhāṣya.*
Vajra-cchedikā：　*Vajra-cchedikā Prajñā-pāramitā.*
Vimala：　*Vimala-kīrti-nirdeśa.*
VyY：　*Vyākhyā-yukti.*
YĀBh：　*Yogācāra-bhūmi.*

『般若心経』成立史論

大乗仏教と密教の交差路

第1章　序論――『小本・心経』研究の進め方

1　『小本・心経』の分節

『小本・心経』の科文は古来より註釈文献において種々試みられてきた[(1)]。わたしは梵文『二万五千頌般若』との節単位での対応の有無を基準として（この分節基準は渡辺章悟［1991a］ですでに導入されている）『小本・心経』を五節に分節する。ここでは『小本・心経』の現在最古の漢訳本であるという点（第2章第1節で検証）でその原初形態に最も近い姿を留めると推定される鳩摩羅什（羅什）訳『摩訶般若波羅蜜大明呪経（大明呪経）』によって分節を次頁に例示する。

2　『小本・心経』研究の方法論と仮説の提示

2.1　予備的考察の必要性

本書は，これまでまともに試みられなかったか，もしくは，試みられても中途半端にしかなされてこなかった梵文『小本・心経』に対する文献学的手法の適用を徹底させることを主眼とする。しかし，梵文『小本・心経』自体の考察（第3章以降）にとりかかる前に，『心経』もしくは〈般若経典〉にまつわる文献学的な問題を考察し，もって本論のための下準備としておく，いわば「予備的考察」専門の章（第2章）を別に設けたい。

①まずとりあげるのは**羅什訳『大明呪経』の真偽問題**である。経録におけるその初出が『開元釈教録』であるため，『大明呪経』については玄奘訳『心経』以降の捏造疑惑がつきまとう。もしここで玄奘訳『心経』に対する『大明呪経』の先行性が論証できれば，われわれは『大明呪経』を『小本・心経』に関する現存最古のテキスト形態を伝承する訳本として安心して本論で依用できることになろう。

②つぎに扱うのは**羅什訳『大智度論』の真偽問題**である。説明するまでも

『小本・心経』の分節

【1】第一〈観察〉節―散文部分【起】節……『小本・心経』独自の節

観世音菩薩。行深般若波羅蜜時。照見五陰空。度一切苦厄。

【2】第二〈空性〉節―散文部分【承】節

……『二万五千頌般若』第1章に対応節あり

2.1 〈色即是空〉段（-IIIb'）色空故無悩壊相。受空故無受相。想空故無知相。行空故無作相。識空故無覚相。何以故。舎利弗。（IIa）非色異空（IIb）非空異色。（Ia）色即是空。（Ib）空即是色。受想行識亦如是。

2.2 〈一切諸法に対する六種の否定的規定（六不）〉段　舎利弗是諸法空相。不生・不滅。不垢・不浄。不増・不減。是空法。非過去・非未来・非現在。

2.3 〈空性次元における諸法非存在〉段　是故空中。無色無受想行識。無眼耳鼻舌身意。無色声香味触法。無眼界乃至無意識界。無無明亦無無明尽。乃至無老死無老死尽。無苦集滅道。無智亦無得。

【3】第三〈般若波羅蜜多依存の四特性〉節―散文部分【転】節

……『小本・心経』独自の節

以無所得故。菩薩依般若波羅蜜故。（1）心無罣礙。無罣礙故（2）無有恐怖。（3）離一切顚倒夢想苦悩。（4）究竟涅槃。

【4】第四〈真言としての般若波羅蜜多〉節―散文部分【結】節

……『二万五千頌般若』第2章に対応節あり

4.1 理由　三世諸仏依般若波羅蜜故。得阿耨多羅三藐三菩提。

4.2 結論　故知般若波羅蜜（2）是大明呪。（3）無上明呪。（4）無等等明呪。能除一切苦真実不虚故。

【5】第五〈般若波羅蜜多心呪〉節……『小本・心経』独自の節

説般若波羅蜜呪

即説呪曰：竭帝・竭帝・波羅竭帝・波羅僧竭帝・菩提・僧莎呵

ないが，『大智度論』は『二万五千頌般若』に対してナーガールジュナが著したとされる浩瀚な註釈書で，大乗仏教はもとより阿含，律，説話，アビダルマなどを踏まえた仏教全般にわたる博識な註釈内容から，東アジアでは古来より仏教百科辞典とも呼べる扱いを受け，尊重されてきた。もし『智度論』がほんとうにナーガールジュナの手になるのであれば，『心経』研究にも参照不可欠な先行文献となり，無視できないだろう。しかし，インド・チベットの中観系論書では『智度論』に関する引用・言及が一切なく，羅什訳と伝えられる漢訳のみが現存することから，学界では果たしてその原典に相当するものがインドにあったのかどうかということが疑問視され，その真偽については今も盛んに議論されている。わたしも『心経』研究に『智度論』が必須なのかいなかを判定しておくために，『智度論』の真偽問題の検証にとりくむことにする。結論から言えば，同じくナーガールジュナの著作とされてきた『中論註・無畏論』の真偽問題をそこに引用される『八千頌般若』の経文に着目して検討された斎藤明氏の論文の方法を『智度論』にも適用した場合，『智度論』が施釈する経典がやはり羅什訳『大品般若経』と同一のヴァージョンであって，ナーガールジュナ時代の『二万五千頌般若』ではありえないことにわたしは気付かざるをえない。さらには，『智度論』が梵文『二万五千頌般若』に対応をもたない羅什訳『大品般若経』独自の捏造された訳文を詳細に註解している事実も指摘できる。このことからわたしは，『智度論』が『二万五千頌般若』という梵文経典に対する註釈書ではなく，同時並行で訳出されつつあった羅什訳『大品般若経』という漢訳経典に対する註釈書であることを証明する。

2.2　第 3 章以降の手順と見通し

第 3 章以降の本論は以下の手順で梵文『小本・心経』の各節を検証する。

［1.1］**『心経』諸本（諸漢訳・サンスクリットテキスト・チベット訳）のテキスト比較を『小本・心経』の原初形態への遡及とそれからの変遷過程の追跡のために行う：**これは通常の経典研究ではごくあたり前の文献学的方法であ

るが，『心経』に関する限り，これがまともに適用されてこなかった。現行の梵文『小本・心経』を玄奘訳『般若波羅蜜多心経』の原典だとする固定観念に各研究者が長年呪縛されてきたからではないかと思われる（呪縛の重大な要因の一つは，法隆寺悉曇本とともに『小本・心経』校訂本の有力な底本となった不空音訳『梵本心経』が〈玄奘観音親授本〉という異名をもつせいかもしれない）。現行の梵文原典にあって，漢訳にない文言は原則的にインドにおいて後世に挿入され，増広された部分であると判断されてしかるべきである。ただし，「原則的に」というからには，「例外」的事例も合理的な説明がつくならば容認される。逆に，漢訳にあって，現行梵文にない文言は原則的に中国において翻訳時に挿入付加された部分と判定される（これについては本章の付録でまとめて例示したい）。『心経』研究者たちは，玄奘三蔵が『心経』現行梵文の sva-bhāva- をあえて訳さなかったとか，現行梵文の三段から成る〈色即是空〉段を玄奘がわざと二段に省略したとかいった，誤った先入観のために，玄奘の翻訳意図についてあれこれ憶測し，珍説を並べ立ててきた。遺憾ながら，徒労というほかない。現行の梵文『小本・心経』を玄奘訳『心経』の原典ではなく，玄奘訳の原典よりも後世の発展した伝承段階にあるテキストであるとさえ認定すれば，『心経』研究者が陥ってきた無用の誤解を払拭できるだけでなく，現行の『小本・心経』梵文を玄奘訳『心経』から捏造された還梵であったとするジャン・ナティエ氏の仮説（J.Nattier［1992］；ナティエ［2006］）をも確実に反証しうる。玄奘訳をいかに還梵しようと，決して現行梵本のようにはなりえないからである。

［1.2］**『心経』諸本に関する書誌情報の集約：**全五節に分節した『小本・心経』の各節を順次本書の第3章から第7章にかけて取り扱う。『小本・心経』の各節については漢訳の代表例として羅什訳『大明呪経』を掲げ，中村元氏校訂の『小本・心経』の梵文テキスト(2)およびそれからの和訳と対比させ，続けてそれ以外の諸漢訳・敦煌本チベット訳『小本・心経』(3)・中村元氏校訂の『大本・心経』・チベット訳『大本・心経』各種のテキスト比較一覧を出す。『小本・心経』各節の検討すべき文や語句ごとに必要に応じて上掲テキストを具体的に比較し，また不空音漢両訳(4)や慈賢音訳との異同

（福井文雅［2000］，pp.447 ～ 453）・ネパール写本の異読情報（Conze［1948］；鈴木広隆［1995a］）・チベット訳で現存するインド・チベット系の『大本・心経』註釈書（渡辺章悟［1992］；望月海慧［1992］；高橋尚夫［2008］の各和訳）(5) に引用される『心経』本文の異読情報といった諸成果を書誌情報として集約的に註記して論評し，可能なかぎり『小本・心経』の各文・各語句の原初形態や変遷過程の追求を行う。

［2.1］『二万五千頌般若』への照合：一般向けの『心経』解説本の執筆者たちの多くは厖大な〈般若経〉の核心・エッセンスをまとめた経典として『心経』を位置づけしておきながら，いざ『心経』の本文を解説する段になると，もとの〈般若経〉における対応経文の原文脈をろくに検討しないだけでなく，まったく無視して，執筆者自身の学識や人生論を披露することに終始する傾向がある (6)。したがって，研究手順として『二万五千頌般若』等の先行〈般若経典〉(7) を精査して，『小本・心経』散文部の原意を辿る必要がある。『小本・心経』の分節を便宜的に『二万五千頌般若』における対応節の有無によって立てたのも，この作業の効率化を謀るためである。そして，『二万五千頌般若』の対応節の諸本のうち，羅什訳『大品般若経』と梵文『二万五千頌般若』ならびにそれからの和訳を本文に出し，それ以外の漢訳諸本の比較一覧を集約して示す（『八千頌般若』にも対応節があれば，それも同様であって，羅什訳『小品般若経』と梵文『八千頌般若』ならびに和訳を本文に示し，それ以外の漢訳諸本の比較一覧を集約して示す）。

［2.2］『小本・心経』の異質性――『二万五千頌般若』への照合の限界：梵文『小本・心経』散文部のうち，第二〈空性〉節と第四〈真言としての般若波羅蜜多〉節は梵文『二万五千頌般若』第 1 章の〈空性〉節と第 2 章の〈明呪としての般若波羅蜜多〉節に順次対応するが，『二万五千頌般若』対応節の語句や表現が『小本・心経』において意味をあまり変更しない別の同義語や類似表現に交換されている事例が多々ある（ナティエ氏によって玄奘訳『心経』の語句から還梵された結果の齟齬と判断され，玄奘訳『心経』偽経説の主要根拠と見なされる）。かくして，『二万五千頌般若』への節単位での照合だ

けでは『小本・心経』の当該節の形成を解明することができず，さらに文単位・語句単位による照合が要求される（ナティエ氏の論文の欠陥のひとつはこの文単位・語句単位による『二万五千頌般若』への照合を怠ったことであろう。これが遂行されていたならば，氏の議論はもっと違った展開を見せたことであろう）。事実，『小本・心経』において交換された或る同義語に関しては『八千頌般若』や『二万五千頌般若』の別の論題を扱う箇所に使用例が確認できる。つまり，〈般若経〉の別のパラグラフに由来する以上，〈般若経〉の伝統にとって必ずしも異質な用例であるとはいえない。また，文単位・語句単位による照合は『二万五千頌般若』に直接的な対応節をもたない『小本・心経』独自の諸節の文や語句の出自・由来の解明にも或る程度有効である。しかし，目下のところ『八千頌般若』や『二万五千頌般若』に辿れない異質な語句や表現も『小本・心経』に存在することは認めざるをえない。ここに『八千頌般若』や『二万五千頌般若』への節・文・語句単位による照合という方法による『小本・心経』研究の限界が露呈する。

［3.1］**定型句という視点――非般若経系列の大乗経典への注目：**『八千頌般若』・『二万五千頌般若』に辿ることできず，〈般若経〉の伝統にとって異質と思われる『小本・心経』の文や語句が幸いに〈般若経〉とは異なる系列の大乗経典に見出せる場合がある。

a. 当該の文や語句には特定の大乗経典にのみ由来するものが若干ある。

b. しかし，その他に，複数の系統の大乗経典間で頻用され，共有される，一種の定式化された表現（定型句）が『小本・心経』にも組み込まれている。

c. しかも，a・b 両方のケースにおいて『小本・心経』に語句や定型句を素材として提供しているのは初中期の大乗諸経典と初期密教経典である。

d. かくして，非般若経系列の大乗経典の定型句の転用という視点による『小本・心経』散文部の組成分析という方法がここで採用される(8)。或る大乗経典で形成された定型句が他の大乗経典にも流用されて普及し，やがて『小本・心経』にも転用されたという経緯を追跡する。

［3.2］**〈般若経〉内への定型句の流入：**a. 他系統の大乗経典における定型

句は，『八千頌般若』や『二万五千頌般若』の原初形態にはたとえ皆無であっても，〈般若経〉の各ヴァージョン（羅什訳・玄奘訳・施護訳・現行梵文）での増広部分に導入される場合がある。定型句の導入が羅什訳『小品般若経』・『大品般若経』段階のものであれば，そのような増広箇所も『小本・心経』にとって定型句の源泉の一つでありうるだろう。

b. また，定型句が『八千頌般若』の原初形態になくて，『二万五千頌般若』の原初形態には登場する事例もある。ただし，『二万五千頌般若』原初形態に所在する定型句は『八千頌般若』以降・『二万五千頌般若』以前に成立した他の初期大乗経典に起源を有し，『二万五千頌般若』はそのような初期大乗経典から様々な刺激を受けとり，その形成時に当該の定型句を内部に吸収したと推定される。つまり，『小本・心経』にとって他系統の初期大乗経典と『二万五千頌般若』原初形態が定型句の等しい源泉になりうる。

［4.1］『小本・心経』編纂者による定型句導入の際の『二万五千頌般若』への配慮：a.『小本・心経』に他の大乗経典由来の定型句が導入される際，『二万五千頌般若』の原初形態の或る表現がその橋渡し的役割を演じたと思しき事例がある。

b.『二万五千頌般若』の対応節の文や語句が『小本・心経』においてわざわざ『二万五千頌般若』の別の節の文や語句に交換されるようになったのは，別の大乗経典の定型句を導入したことによる余波，影響の産物であることも判明する。翻っていえば，『小本・心経』編纂者たちは『二万五千頌般若』にとっては外来の異質な定型句を無制限に『小本・心経』に持ち込んだのではなく，他経典から導入した定型句の余波を最小限度に食い止めるために，『二万五千頌般若』内にある用語を総動員して対処させ，事態を収拾したと思われる。

［4.2］『小本・心経』散文部に見る編纂者像（1）：『小本・心経』散文部における定型句の転用の仕方を以上のように子細に観察すると，『小本・心経』の編纂者像について或る程度の見通しが立てられる。『小本・心経』散文部は『二万五千頌般若』の対応節をそのままの形では踏襲せず，その中の

語句を非般若経系列の定型句や『二万五千頌般若』の別個の箇所の術語に置き換えて加工しているし，『二万五千頌般若』に対応をもたない独自の節をことさら設けている以上，『小本・心経』を編纂したのは決して〈般若経〉の伝統の純然たる後継者たち (9) ではない。そうではなくて，〈般若経典〉や当該の定型句を共有する非般若経系列の雑多な大乗諸経典および初期密教経典を思想・信仰の糧として受容するインドの中期大乗仏教徒たち（初期密教徒を含む）である。つまり，『小本・心経』散文部は〈般若経典〉の一種として編纂されたのではなく，多種多様な大乗経典や初期密教経典内の複数の定型句を継ぎ接ぎして縫い合わされたパッチワーク的作品である。

[4.3]**『小本・心経』散文部に見る編纂者像（2）：**『小本・心経』の編纂者たちは般若経の純然たる伝統には属さないとはいえ，『二万五千頌般若』を単に表面的に利用して改竄したのではなく，その細かいニュアンスをも読みとるほど『二万五千頌般若』を深く精読し最大限の配慮のもとに外来の定型句を導入していた。「空思想」を説く『小本・心経』散文部が後世『十万頌般若』や『大般若経』六百巻（中国仏教徒は『二十万頌般若経』と呼ぶ）の「核心」と見なされ，全〈般若経〉を代表するかのような高い評価を得るに至ったのにはそれなりの理由・下地があってしかるべきであり，『小本・心経』編纂者たちによる『二万五千頌般若』への細かい配慮が，意図的にでなく結果的に『小本・心経』散文部に対する後世の過大評価を獲得させる遠因になったのであろう。

[5.1]**『小本・心経』マントラの起源を構成要素別に追跡：**『小本・心経』のマントラは『小本・心経』以外の密教経典（『陀羅尼集経』「般若波羅蜜多大心経」・『帝釈般若波羅蜜多心経』・『大乗理趣六波羅蜜多経』など）に収録されたり，大部の〈般若経典〉写本（玄奘訳『大般若経』六百巻・『二万五千頌般若』梵文写本）の末尾に添加されたりして，『小本・心経』散文部から分離独立して登場することがあるにしても，それらはいずれも玄奘訳『心経』と同時代の訳出か，もしくは，それ以降の後期の文献であり，『小本・心経』の成立以前から当該のマントラが読誦されていたことを裏付ける文献的証拠はな

い。羅什訳『大明呪経』を現存最古の『小本・心経』の訳本と認定すれば，なおさらそういうことになる。もちろん，当該の「般若波羅蜜多」マントラが先に存在し読誦に使用されていたからこそ，その効能を唱う『小本・心経』が作成されたには違いないのであろうが，如何せん資料がない。そこで唯一採りうる方法は，『小本・心経』マントラを構成要素に分けて各要素の起源を追跡するというものである。

［5.2］**〈般若波羅蜜多〉信仰とは無関係な“gate”：**中期大乗経典や初期密教経典を調査すると，数多くの陀羅尼神呪の中に“gate”という語形が認められる。女性名詞化した過去受動分詞 gatā の単数・呼格であり，何らかの女性神への呼称であるが，〈般若波羅蜜多〉思想や信仰との関係性は窺えない。

［5.3］**〈般若波羅蜜多女尊〉信仰と密接な“pāra-saṃgate” etc.：**5 世紀前半の『大雲経』系統の漢訳『大方等無想経』に“pāra-gate”・“saṃgate”・“pāra-saṃgate”などの女性名詞の呼格形が初出し，『大雲経』第 64 章の〈震吼奮迅勇猛幢陀羅尼〉の末尾が“mahā-prajñā-pāramite svāhā”で結ばれており，〈般若波羅蜜多女尊〉信仰と密接な関係を示唆する。

［5.4］**〈般若波羅蜜多〉信仰とは無関係な“tad yathā......bodhi......svāhā”の古い起源：**初期密教経典『孔雀明王経』（初訳は 4 世紀初頭）の弥勒菩薩所説の明呪や支謙訳『仏説華積陀羅尼神呪経』（3 世紀前半の訳出）に“tad yathā......bodhi......svāhā”という綴りが確認できる。この綴りはそれ以降の陀羅尼経典群でも頻用される。“bodhi”は「悟り／覚醒」を意味する女性名詞 bodhi から派生させた造語 bodhī の単数・呼格であり，「覚醒なる女尊」という女性神を指す。〈般若波羅蜜多〉思想・信仰とは無関係であり，かつ，“pāra-gate pāra-saṃgate”という綴りよりも遙かに古い起源をもつ。また，“tad yathā”(10) が『仏説華積陀羅尼神呪経』ですでに音写されているという事実から 3 世紀以前よりマントラの構成要素であったことが認定される。

［5.5］**〈般若波羅蜜多女尊〉信仰のもとにおける『小本・心経』マントラの統合：**“pāra-saṃgate”を核とする〈般若波羅蜜多女尊〉のマントラに“bodhi”を核とする「覚醒なる女尊」のマントラが吸収され，一つに統合された。年代的な下限は 5 世紀であるが，上限は不明。

［6.1］**はたして『小本・心経』は経典か？：**『大本・心経』とちがって，『小本・心経』には〈序分〉・〈流通分〉が欠けているという最大の特徴がある。ナティエ氏は『小本・心経』における大乗経典としての異質性をこの点に認め，さらに〈般若経典〉としての異質な諸要素を枚挙して，玄奘訳『心経』偽経説という仮説を導入するための布石・前提条件として陳列していく。しかし，〈正宗分〉のみの経典などありえず，経典としての形式的条件（体裁）を満たしていない文献を無理に「経典」として容認する必要もない(11)。「偽経」という判断をくだすよりも前に，『小本・心経』は「経典」ではないと認定するのが先決である。この認定は，よく知られているように，梵文『小本・心経』法隆寺本の尾題には「経典」を意味する *sūtra* という語はなく，“*Prajñā-pāramitā-hṛdayaṃ*（般若波羅蜜多心）”とだけ綴られていることとも符合する。『小本・心経』が経典でないからこそ，経典としての体裁を整えた『大本・心経』があとで作成されたのであろう。われわれは漢訳『心経』に付けられた「経」という文字のせいで当該聖典を「経典」だと思い込まされていただけなのではないか。

［6.2］**『小本・心経』編纂の主要目的は「空思想」の提示か？：**いったい『小本・心経』の編纂者たちは『小本・心経』散文部を読んだだけで「空思想」が読み手に過不足なく理解できるはずだと本気で考えていただろうか(12)。はたして『心経』は「空思想」を読者に理解させることを本来の目的として編纂された聖典だったのだろうか。『心経』は『二万五千頌般若』の〈空性〉節（〈色即是空〉段を内含）の前後を省略・削除して途中の記述だけを抜粋しているために，『心経』の〈空性〉節だけを読んだのでは読者はその唐突な主張内容と議論の展開に戸惑うか，読者各人による自由な意味付けを許して歯止めのない誤解を誘発するかのどちらかであろう。〈空性〉節の正確な理解を得たければ結局のところ『二万五千頌般若』に立ち返ってそれを精読する以外に術はない。『心経』の編纂目的は「空思想」の理解を読者に容易ならしめることにあるのでなく，もっと別の事柄に向けられていたのだと推測するほうが合理的であろう。

［6.3］**『小本・心経』散文部は『二万五千頌般若』の「核心」としての実**

質を備えているか？：『二万五千頌般若』の側からすれば，『小本・心経』散文部によって抜粋・採用された「空思想」の記述だけで〈般若経〉の主題が尽くされてしまうかのような不当な扱いに甘んじられようか。『心経』は〈般若経〉の教えの「核心」を説く経典と評するに値するだけの内容を完備した文献なのだろうか。むしろ，〈般若経〉を構成する厖大な諸章に盛り込まれた豊富な諸論題・諸教説の大部分は『心経』によって放擲されているといっても過言ではない。『八千頌般若』にしろ，『二万五千頌般若』にしろ，『心経』という短い文献からその全体像が推し量られるような貧弱な経典ではない。『心経』は〈般若経典〉のサンプルとしては粗悪である。

[6.4]「マントラ文献」としての『小本・心経』：では，『小本・心経』の梵名“*Prajñā-pāramitā-hṛdayaṃ*（般若波羅蜜多心）”とは何か。とりわけ，末尾の hṛdaya（心）が意味するものは何か。かつて空海は『般若心経秘鍵』において『陀羅尼集経』巻第三「般若波羅蜜多大心経」に『小本・心経』の真言と同じものが「般若大心陀羅尼」として引用されている事実を有力な証例に挙げて『小本・心経』の「真言」は般若菩薩の「大心呪」であり，この「心真言」に因んで「般若［波羅蜜多］心」という経名が付けられたのだと主張した(13)。〈般若大心陀羅尼〉は同じ『陀羅尼集経』の巻第十二「仏説諸仏大陀羅尼都会道場印品」では〈般若大心呪〉の名で再登場する。

玄奘訳『大般若経』六百巻末尾には，『小本・心経』のそれと同じマントラが〈般若仏姆心呪〉の名で付加される。〈般若大心陀羅尼〉・〈般若大心呪〉・〈般若仏姆心呪〉という心呪名の原題は『小本・心経』の梵語タイトルと同じ綴りだったと推定できる。つまり，Prajñā-pāramitā-hṛdaya というのは「〈プラジュニャー・パーラミター〉という［名の］心呪」を意味する。般若訳『大乗理趣六波羅蜜多経』「陀羅尼護持国界品」では同心呪が「智慧波羅蜜多菩薩」の「陀羅尼秘密文句」として説かれる。『小字般若波羅蜜多経』は「釈迦牟尼の真言」を Prajñā-pāramitā-hṛdaya と呼ぶ。福井文雅氏は漢訳文の構造分析から玄奘訳『心経』散文部のうち，空思想を述べる前半部よりも，神呪の功徳を説く後半部にこそ重点が置かれているという結論に達した。『小本・心経』後半部に含まれる術語「真実（satya）」がインド説話文学における「真実語（satya-vacana/satya-vākya）」と同義である点に着目すれば，若原雄昭氏が示唆するように[14]，『小本・心経』前半部に空思想が提示されているのは同経末尾の真言が空性という大乗的真理に裏付けられた「真実語」であることを仄めかすためであったと推定されよう。要するに，『小本・心経』というテキストは「心真言（フリダヤ）」にその心真言の「効能を説く散文部」が前書きとして添えられただけの，きわめてシンプルな「マントラ文献」[15]であることになる。われわれは同様のマントラ文献の実例を，かつて酒井紫朗（真典）氏によって和訳・紹介された『聖なる縁起心呪』に見出すことができる。なぜなら，このテキストも「フリダヤ（心呪）」の名のもとで真言と同等視された法身偈（縁起法頌）とその真言としての効能を記す散文だけで構成され，〈序分〉も〈流通分〉も付かないからである[16]。

付録　漢訳経典における経文の捏造挿入の典型例

漢訳にあって，現行の梵文原典にない文言は原則的に漢訳者によって翻訳時に付加・捏造された部分であると判断される。a. 羅什訳『大明呪経』・玄奘訳『心経』などの「度一切苦厄」がその典型であろう。この事例は岩波文庫本（中村・紀野［1960］，pp.18 ～ 19, 註 8）でも押さえられているせいか，比較的広く知られている。b. 「夢想」も同様である。

羅什訳『妙法蓮華経』はその種の事例の宝庫であるが，ここでは有名な二例をとりあげよう。c. まず「方便品」第二の〈十如是〉が最も典型的である。

> 唯仏与仏乃能究尽諸法実相。所謂：諸法 ① 如是相。② 如是性。③ 如是体。④ 如是力。⑤ 如是作。⑥ 如是因。⑦ 如是縁。⑧ 如是果。⑨ 如是報。⑩ 如是本末究竟等。（巻第一「方便品」第二。『大正』vol.9, p.5c）

これに対応する竺法護訳『正法華経』の箇所は，やや不鮮明であるが，「十如是」の訳でないことは確かである。

> 如来皆了諸法所由。従何所来諸法自然。分別法貌衆相根本知法自然。（巻第一「善權品」第二。ibid., p.68a）

さらに，梵文『法華経』（正しい教法の白蓮；*Sad-dharma-puṇḍarīka-sūtra*：

abbr. ***Saddharma***）のリストには〈五如是〉しかない（もっとも，梵文『法華経』〈五如是〉のリストは同じものが二回繰り返されているので，項目ののべ数では〈十如是〉だともいえる）。

tathāgata eva Śāri-putra tathāgatasya dharmān deśayet, yān dharmāṃs tathāgato jānāti. sarva-dharmān api Śāri-putra tathāgata eva deśayati. sarva-dharmān api tathāgata eva jānāti,（1/③）ye ca te dharmāḥ,（2）yathā ca te dharmāḥ,（3）yādṛśāś ca te dharmāḥ,（4/①）yad-lakṣaṇāś ca te dharmāḥ,（5/②）yat-sva-bhāvāś ca te dharmāḥ,（1/③）ye ca（2）yathā ca（3）yādṛśāś ca（4/①）yad-lakṣaṇāś ca（5/②）yat-sva-bhāvāś ca te dharmā iti. teṣu dharmeṣu tathāgata eva pratyakṣo'parokṣaḥ.（*Saddharma* II［Upāya-kauśalya-parivarta］. Vaidya［1960c］, p.21, 15 ～ 19）

シャーリプトラよ，およそかく来れるお方（如来）が知るところの諸存在素をかく来たれるお方に対して（or およそかく来たれるお方が知るところの，かく来たれるお方にとっての諸存在素を）かく来たれるお方だけが説くであろう。シャーリプトラよ，どの一切の諸存在素をもかく来たれるお方だけが説く。シャーリプトラよ，どの一切の諸存在素をもかく来れるお方だけが知る：(1/③）それら諸存在素が何であるのか，(2）それら諸存在素がいかようにあるのか，(3）それら諸存在素が何と類似するのか，(4/①）それら諸存在素が何を特相とするのか，(5/②）それら諸存在素が何を自己本質とするのか，［つまり,］それら諸存在素が(1/③）何であり，(2）いかようにあり，(3）何と類似し，(4/①）何を特相とし，(5/②）何を自己本質とするのか，ということを，である。これら諸存在素についてかく来れるお方だけが目の当たりにするものであり，目の当たりしていないものではない。

しかも梵文〈五如是〉のリストのうち，羅什訳〈十如是〉と厳密に一致する項目は〈三如是〉のみである（原田和宗［2009a]，p.3, 註 4 では「一致する項目は〈四如是〉」と記載したが，わたしの全くの誤解であり，訂正したい)。結果的に，羅什訳〈十如是〉中〈七如是〉が羅什による付加もしくは改竄である。本田義英氏は前掲の竺法護訳を梵文の〈五如是〉の訳とみなし，羅什訳がもとづいた『法華経』の原典もこの点に関する限り異なるものではなく，〈十如是〉を記す別の原典が当時存在したわけではないという仮説を提示し，いわゆる「世親の法華論」所引経文に梵文『法華経』の〈五如是〉との完全な一致が見出されることを有力な証左にあげる（本田［rep.1939］所収：「十如本文に対する疑義」，p.363）。

舍利弗。唯仏与仏説法。諸仏如来能知彼法究竟実相。舍利弗。唯仏如来知一切法。舍利弗。唯仏如来能説一切法。何等法，云何法，何似法，何相法，何体法，何等・云何・何似・何相・何体。如是等一切法如来現見・非不現見。（菩提留支共沙門曇林等訳・婆藪槃豆釈『妙法蓮華経憂波提舎』巻上「方便品」第二『大正』vol.26, p.4c）

さらに，本田義英氏によって羅什訳『妙法蓮華経』〈十如是〉がじつは羅什訳『大智度論』の「九法」のリストから着想されたものであることが確認されている（本田［rep.1939］，p.381）。

復次一一法有九種。一者有**体**。二者各各有**法**。如眼耳雖同四大造而眼独能見。耳無見功。又如火以熱為法而不能潤。三者諸法各有**力**。如火以焼為力水以潤為力。四者諸法各自有**因**。五者諸法各自有**縁**。六者諸法各自有**果**。七者諸法各自有**性**。八者諸法各有**限礙**。九者諸法各各有**開通方便**。（巻三十二「初品中四縁義」第四十九。『大正』vol.25, p.298c）

d. また，羅什訳『妙法蓮華経』巻第七「観世音菩薩普門品」第二十五：

善男子。若有無量百千万億衆生受諸苦悩。聞是観世音菩薩。一心称名。**観世音菩薩即時観其音声**皆得解脱。（ibid., p.56c）

における「観世音菩薩即時観其音声」という条文が『正法華経』ならびに梵文『法華経』・チベット訳『法華経』には欠けており(17)，羅什による加筆・捏造であることは学者の間では常識の部類に属するはずであるのに，滑稽にもこの条文が一般向けの『心経』解説本のほとんどで「観音」の語義解釈に金科玉条のごとく援用される。

此族姓子。若有衆生。遭億百千姟困厄患難苦毒無量。適聞「光世音菩薩」名者。輒得解脱無有衆悩。故名「光世音」。（『正法華経』巻第十「光世音普門品」第二十三『大正』vol.9, p.128c） iha kula-putra yāvanti sattva-koṭī-nayuta-śata-sahasrāṇi yāni duḥkhāni pratyanubhavanti, tāni sa ced Avalokiteśvarasya bodhi-sattvasya mahā-sattvasya nāma-dheyaṃ śṛnuyuḥ, te sarve tasmād duḥkha-skandhād parimucyeran.（*Saddharma* XXIV［Samanta-mukha-parivarta］. Vaidya［1960c］, p.250, 5 ～ 7）

部族の子よ，この世ではおよそあらん限りの百千億兆もの生類たちが諸々の苦を感受しているが，彼らがもしもアヴァローキテーシュヴァラ・ボーディサットヴァ・マハーサットヴァの名号を聞くならば，彼らは皆かかる苦の基幹（or 苦の塊）からすっかり解脱するであろう。

『注維摩詰経』に記録される羅什自身による「観世音菩薩」の語義解釈「菩薩観其音声」は「普門品」に挿入された「観世音菩薩即時観其音声」という問題の条文と当然のごとく符合する。

観世音菩薩。**什**曰：世有危難称名自帰。**菩薩観其音声**即得解脱也。亦名「観世念[18]」亦名「観自在」也。（僧肇選『注維摩詰経』巻第一。『大正』vol.38, p.331a）

註

（1） cf. 円測撰『仏説般若波羅蜜多心経賛』（『大正』vol.33, p.543b）

此即依主就能所詮法論立号故言「仏説般若波羅蜜多心経」。……於此経中総有三**分**。初明**能観智**，次「舎利子」下弁**所観境**。後「以無所得故」下顕**所得果**。所以無序及流通者於諸般若簡集綱要。故唯正宗無序流通如『観音経』不具三分。

法蔵述『般若波羅蜜多心経略疏』（ibid., p.552c）

此既心経。是以無序及流通也。文中分二。初**顕了般若**。後「即説呪曰」下。明**秘密般若**。……初略標綱要分二。従「舎利子色不異空」下。明広陳実義分。以義非頓顕故先略標。非略能具故次広釈。又前是拠行略標。後即就解広陳。前中有**四**。**一能観人**。二**所行行**。三**観行境**。四明**能観利益**。

最も名高い空海『般若心経秘鍵』の科文は以下のとおり。

仏説摩訶般若波羅蜜多心経（空海による還梵題号：buddhā-bhasa-mahā-prajña-pramita-hṛda-sutraṃ）*

【第一人法総通分】観自在菩薩。行深般若波羅蜜多時。照見五蘊皆空。度一切苦厄。

【第二分別諸乗分】【初建】［舎利子。］色不異空，空不異色。色即是空，空即是色。受想行識亦復如是。【二絶】［舎利子。］是諸法空相，不生・不滅。不垢・不浄，不増・

不滅。【三相】是故空中無色。無受想行識。無眼耳鼻舌身意。無色声香味触法。無眼界。乃至，無意識界。【四二】無無明。亦無無明尽。乃至，無老死。無老死尽。無苦集滅道。【五一】無智亦無得。以無所得故。

【第三行人得益分】菩提薩埵。依般若波羅蜜多故。心無罣礙。無罣礙故。無有恐怖。遠離一切顛倒夢想。究竟涅槃。三世諸仏。依般若波羅蜜多故。得阿耨多羅三藐三菩提。

【第四総帰持明分】故知般若波羅蜜多。是大神咒（声聞真言）。是大明咒（縁覚真言），是無上咒（大乗真言）。是無等等咒（秘蔵真言）。能除一切苦。真実不虚。

［故説般若波羅蜜多咒。即説咒曰：］【第五秘密真言分】掲帝（gate　声聞行果）・掲帝（gate　縁覚行果）・般羅掲帝（pragate　諸大乗最勝行果）・般羅僧掲帝（prasugate　真言曼荼羅具足輪円行果）・菩提・僧莎訶（bodhi svāhā　諸乗究竟菩提証入義）

*どうせ還梵するのであれば，空海が掲げる経題には“buddha-bhāṣitaṃ mahā-prajñā-pāramitā-hṛdaya-sūtraṃ”のほうが適合するであろう。

(2)　中村元・紀野一義［1960］，pp.172～173 に小本の梵文テキスト，pp.175～177 に大本の梵文テキストが収録されている。中村元氏の『小本・心経』の梵文テキストは玄奘本（実は不空音訳）と法隆寺悉曇写本（8世紀後半）を底本として Max Müller 氏や白石真道氏や Edward Conze 氏などの校訂出版を参照しつつ校訂したもので，こんにち最も信頼され，依用されている。法隆寺本のローマ字転写は白石真道［1988］：所収「般若心経略本の研究」，pp.469～486（写本番号 1）；金岡秀友［1973］，pp.13～14；田久保周誉・金山正好［1981］，pp.44～45 に見ることができる。

(3)　上山大峻氏校訂の敦煌本『小本・心経』チベット訳（上山大峻［1965］）。チベット大蔵経に『大本・心経』しか収録されていないことを思えば，上山大峻氏によって刊行された敦煌出土『小本・心経』のチベット訳写本の存在は甚だ貴重といわねばならない。にも拘わらず，それがごく最近まで『心経』研究者によってまったく無視され，援用されなかったのは頗る不可解であり，残念なことである。

(4)　福井文雅［1987a］，pp.127～138 に不空音訳，同書，pp.138～141 に不空漢訳が校訂されている（福井［1987a］の内容はすべて福井［2000］にも再録されている。ただ，わたしが福井［2000］のうち，新規収録分の頁のみのコピーしか所持しないために，それ以外の論稿については旧著［1987a］の頁数を掲げることをご寛恕願いたい）。不空訳『梵本般若波羅蜜多心経（梵本心経）』（敦煌写本と金刻蔵の二種がある）は宋・元・明代の中国文献で言及・引用されているとはいえ，『表制集』や唐代の目録類（『貞元新定釈教目録』など）には見出せない。空海『請来目録』にも登録されていない。

以上の点を福井文雅氏は考察された上で，金蔵本の出現をもって同経を不空訳として確定する。以下さらにわたしは福井氏の見解に同意すべく私見を加える。a. しかし，安然『諸阿闍梨真言密教部類総録』（通称『八家秘録』）巻上が「新訳般若心経一巻〈般若訳，貞元新入目録，仁。私云：六本，如箴誨，更有**不空**・智慧輪二本〉」と，すでに不空訳『心経』の存在を示唆している以上，最澄『越州録』に見える「般若心経梵本〈漢字〉一巻」がそれであった可能性は極めて高い［最澄の『越州録』では請来経軌の訳者名を記さないのが普通である。また，経論の題名もあまり正確には記載されない。

例：『越州録』「十八会瑜伽法」（正しくは「金剛頂経瑜伽十八会指帰」）等々］。b. 不空訳『心経』の消息は宋代初期の天台僧・弁才大師文鑒の散佚した著作『注般若心経』［976 年］の逸文にも見える（その最も早い引用は 1248 年執筆の道範『秘鍵開宝鈔』巻上）。c. 不空訳『梵本心経』は『小本・心経』梵文を漢字で音訳し，かつ，割註内にその音訳語句に対する意訳を挿入した形態のテキストであるが，他の不空訳にも同様の形態のテキストが僅かながら見出される。例えば,『仏説不空羂索陀羅尼儀軌経』（『大正』vol.20, No.1098, p.432f.）・『青頸観自在菩薩心陀羅尼経』（ibid., No.1111, p.489f.）・『金剛頂瑜伽最勝秘密成仏随求即得神変加持成就陀羅尼儀軌』（ibid., No.1155, p.644f.）などに含まれる陀羅尼音訳節がそうである。それゆえ，当該『梵本心経』は，他の不空訳と比較しても，決して異質なテキストではない。d. おそらく不空は大興善寺あたりで弟子たちにサンスクリット語を講義するための教材として『梵本心経』（『小本・心経』の梵文音訳と意訳）を作成するに留め，唐朝に正式な入蔵申請を出さなかったのかもしれない。これと全く同様の事例として般若訳『梵本般若波羅蜜多心経（梵本心経）』を挙げることができる。

(5)　チベット大蔵経に収録されるインド系の『心経』註釈書八点はすべて『大本・心経』に対するものであり，8 世紀以降に書かれた。それらについては立川武蔵［2001］，pp.88 ～ 90；大八木隆祥［2001］，pp.1 ～ 9；高橋尚夫［2008］，pp.3 ～ 6；渡辺章悟［2009］，pp.238 ～ 252 に概観されている。しかし，敦煌から出土したチベット訳『心経』註釈書の中にはインド僧「カマラシーラ作」と記す識語をもつ『小本・心経』註釈書も含まれている（上山大峻［1965］）が，いまだに研究はされていない。『大本・心経』に対するインド系の註釈の執筆者たちはたとえサンスクリット語によるインド風の僧名を名乗っていても実際はチベット人僧であったり，また，インド人僧であっても，インド国内ではなく，チベットやネパールに入国して，その地で註釈を書き下ろしたケースがほとんどであるらしい。これらの註釈がインド後期大乗仏教の教義思想を背景にして著されたにしても，そもそも『大本・心経』というのはインド国内の大乗仏教徒にとってはわざわざ註釈を必要とするほどの聖典ではなかったのかもしれない。

(6)「はじめに」でも述べたとおり，わたしが『小本・心経』研究に着手したころ，『心経』解説本の執筆者の中に〈般若経〉の研究者・専門家と目されるひとは一人もいないようであった。今日の代表的な『心経』の一般向け解説書のうち，佐保田鶴治［1982］・宮坂宥洪［1994］・立川武蔵［2001］・竹村牧男［2003］・宮元啓一［2004］の著者たちはいずれもインド哲学やインド仏教の分野における高名な研究者であり，それぞれの分野の専門的知識を傾けて独創的な『心経』解釈を施しているが,『心経』の個々の文言に関してそれと対応する『二万五千頌般若』等の先行文献のテキスト箇所に遡ってその原意を追求するという文献学上当然踏まえるべき手続きを等閑にしている（もっとも，竹村牧男［2003］だけは『八千頌般若』を部分的に参照している）。そのため，遺憾ながら,『二万五千頌般若』に事前に照会してさえいれば採用できなくなるような，つまり,『二万五千頌般若』への照会によってたやすく反証されてしまうような，かなり恣意的な解釈を持ち込んで憚らない。これらの解説書から裨益される点も多々あり，学恩を謝するのに吝かではないが，全面的な信頼を寄せることはできない。そのような中で，本書執筆中に渡辺章悟［2009］が刊行された。これはおそらく〈般若経〉の専門家の手になる戦後初めての『心経』解説書と見られる点で画期的であり，その出版意義の大きさは計り知れないであろう。ただ，渡辺章悟［2009］が『大法輪』誌の連載稿にもとづく点であくまで読みやすさを優先した一般向け解説本のスタイルをとらざるをえないため学術書としては不徹底のきらいがあることと，『大本・心経』を底本とする解説書である点で『心経』の原初形態へのアプローチが抑制されがちであることという二つの側面——その長所が必然的に抱えこむ短所——が看取される。『二万五千頌般若』内の素材から『心経』本体（散文部）が組成されたあとで，『二万五千頌般若』梵文写本末尾に付いていた当時流行していたマントラも『心経』末尾に付録として加えられたという渡辺章悟氏の『心経』観は，そのマントラこそが『小本・心経』の本体であり，散文部はそのマントラの効能を讃えるために『二万五千頌般若』や中期大乗経典・初期密教経典内の複数の定型句を継ぎ接ぎして作成された「前書き」，「付録」にすぎないと考えるわたしの『心経』観とは根本的に相違し，相容れない。渡辺章悟［2009］が〈般若経〉を無視して書かれてきた従来のすべての『心経』解説本に対するアンチテーゼをなすとすれば，本書は『心経』を経典の一種と捉える従来のすべての『心経』解説書に対するアンチテーゼとなるであろう。

(7)　『二万五千頌般若』は鳩摩羅什訳『摩訶般若波羅蜜経（大品般若経）』や玄奘訳『大般若波羅蜜多経（大般若経）』「第二会」などの大品系般若の原典であるというのが常識となっているが，『八千頌般若』（小品系般若経の原典）と『二万五千頌般若』との中間形態に『一万八千頌般若』（『大般若経』「第三会」の原典）があり，それが漢訳『放光般若』や『光讃般若』の原典であった可能性が高いこと，さらに『大品般若経』は『一万八千頌般若』以上『二万五千頌般若』未満の規模であることが森山清徹氏によって突き止められている（森山清徹［1975］）。したがって，厳密には梵文『一万八千頌般若』をも依用して論じるべきであるが，校訂本未入手につき，断念せざるをえない。阿理生［2009］はチベット訳『一万八千頌般若』を援用した稀少な『心経』研究論文であり，詳論への展開が期待される。

(8)　繁用される定型句の用例分析によってインド仏教のアヴァダーナ文献における説話伝承の成立と展開を跡付けた有力な研究に平岡聡［2002］がある。また，漢訳〈阿含経典〉に比べるとパーリ〈ニカーヤ〉はどれもかなりの増補を蒙っているが，その増補部分は他の特定の〈ニカーヤ〉に起源を有する定型句の流用・添加であることが多い。密教経典でも例えば梵文原典が未発見の『大日経』「住心品」のいくつかの経文は先行する大乗諸経典（例：『宝積経・迦葉品』など）に由来する複数の定型句の転用であり，その部分については，その気さえあれば，サンスクリット文の復原が可能である。わたしも，昔，その梵文復原案を密教研究会（高野山大学内）で発表したことがあるが，援用資料が余りにも厖大なため論文化するには至らなかった。

(9)　小品系統の『八千頌般若』と大品系の『一万八千頌般若』・『二万五千頌般若』・『十万頌般若』とを順次編纂していった複数世代にわたる経典伝持集団を想定する。ただし，

『八千頌般若』は後世になればなるほど大品系般若経とは連動しない独自の増広や改変を加えられる傾向がある。両系統とも「五蘊」という枠組みを存在論の中核概念に据える点では共通である。他方,『金剛般若経』は「色・声・香・味・触・法（六外処）」だけを存在論の枠組みとして採用し,「五蘊」等には全く触れず, また,「大乗」・「空」・「空性」という術語を使用しないという点で『八千頌般若』等とは決定的に異なる。従って,〈般若経〉の伝統といっても, 個々の〈般若経典〉ごとに微妙な違いがあり, 大枠として設定されるにすぎない。

(10) 『心経』関係の論文で“tad yathā”が『心経』マントラの一部であることを指摘した最も早い論文は管見では渡辺章悟［1991a］, pp.78 ～ 79 ではないかと思われる。ところが, 渡辺章悟［2009］, pp.211 ～ 212 では渡辺氏はかかる姿勢から後退し, 通常梵文の「すなわち」という接続詞として真言とは別扱いで和訳する。

(11) 最近, 上座部仏教の勝れた指導者アルボムッレ・スマナサーラ師が, 内容面と構成面から『般若心経』をパーリ聖典に比べて経典としての要件を満たしておらず, ナーガールジュナの本格的な空思想に照らしても肝心の空思想すら理解できていない幼稚で支離滅裂な大乗経典として痛烈に批判している（アルボムッレ・スマナサーラ［2007］)。スマナサーラ師は『心経』梵文も〈般若経〉も直接見ず, 玄奘訳『心経』のみによって批判しておられるようだが, 玄奘訳『心経』を鵜呑みにしている我が国の大多数の『心経』解説本には師の放つ批判は有効であり, 反論しがたい説得力をもつ。

(12) cf. 村上真完［1992a］:「わが国では『般若心経』は, 空を説く経典として著名である。しかしその意味するところは, 簡潔に過ぎて必ずしも明瞭ではないようである」(p.80);「『般若心経』の空を理解することは,『般若心経』だけからでは容易にできない」(p.85);「『般若心経』の表現と論理はあまり厳密ではないようにも思われる」(p.86)。

(13) 「般若波羅蜜多心」が〈般若経〉の「心髄」［としての空の教説］を意味するのではなく,「般若波羅蜜多心呪」, つまり, 末尾の著名な真言“gate gate pāra-gate pāra-saṃgate bodhi svāhā”のことであるという限りの, 空海が『般若心経秘鍵』で提唱した解釈は解説書・研究書の中では白石真道［1988］; 田久保周誉［rep.2001］; 佐保田鶴治［1982］; 福井文雅［1987a ; 1987b ; 1994 ; 2000］; 宮坂宥洪［1994 ; 2004］; 越智淳仁［2004］などによって支持され, 近年容認される趨勢にある。学術論文では小峰弥彦［1988 ; 1998］; 中條裕康［1985］などが支持する。もっとも, 竹村牧男［2003］; 柏木弘雄［2005］は両方の見方は必ずしも相容れないというわけではなく, 両立が可能であるという折衷案を提示する。かかる折衷案はすでに江戸時代の華厳学者・普寂（1707 ～ 1781）の『般若波羅蜜多心経略疏探要鈔』に先例がある。

(14) 若原雄昭氏は次のように論じている。

Paul Thieme は……パーリ文献の saccakiriyā に代表されるような形式を真実呪（Wahrheitzauber）と呼び, それらが一般的に真実の陳述（Wahrheitsformulierung）と呪の委託（Zauberauftrag）の二部から成り, 後者は前者で述べられた真実からその呪的効力を得ていると分析する。そして……RV III–3 讃歌などは, 真実の陳述が過去のある驚異的な出来事のリアリスティックな描写, 即ち真実の伝説, によって果たされている真実呪の一類型であるとしてこの種のものを伝説呪（Legendenzauber）と呼ぶ。……彼は……呪句を後に本来の叙事の詩篇に付加されたものとは見ないで，当初から呪句を含むそれ自体で完結した全体を構成していたと解するようである。

ここで我々にすぐ想起されるのは例えば『般若心経』が全く同様の構造をしていることである。……そこでは観自在菩薩を主人公として諸法の空という（大乗仏教的）真実が語られる物語，若しくは神話，の後に「呪」（gate gate pāragate pārasaṃgate bodhi svāhā）が付されている。或いは「呪」の前に般若経典からの抜粋を付加したと見るべきかも知れない。この末尾の「呪」だけでなく『般若心経』自体が呪と呼ばれ呪として機能していることは周知の事実であるが，いずれにせよ（語られた）真実の持つ呪力という観点からこれを説明することが可能であろう。（若原雄昭［1994］，pp.53 ～ 54）

若原氏はさらに「諸法の空性という大乗仏教的真実が，奇瑞をもたらす真実の誓いとして語られる例」を『三昧王経』第 33・37 両章に見出し，検討しておられる（若原雄昭［1994］，pp.55 ～ 58）。

(15)　『小本・心経』の経典性が否定される以上，『心経』が大乗経典か密教経典かという二者択一的な問い自体が無意味である。しかし，「マントラ文献」と認知される以上，『小本・心経』は初期密教時代の文献であるとはいえる。ちなみに，インドにおいて中期大乗仏教徒と初期密教徒とは別個のグループに截然と分かれていたわけではなく，むしろ混在・融合しており，二つの側面が同一の出家僧において矛盾なく共存することも可能であった。

(16)　酒井紫朗［1975］ではチベット訳『聖なる縁起という名の大乗経』（*Ārya-pratītya-samutpāda nāma Mahāyāna-sūtra*）・同訳『聖なる縁起心呪』（*Ārya-pratītya-samutpāda-hṛdaya nāma*）・同訳『聖なる縁起心呪儀軌陀羅尼』（*Ārya-pratītya-samutpāda-hṛdaya-vidhi-dhāraṇī*）が和訳されている。

(17)　ちなみに，この事実は夙に本田義英氏によって指摘されているが，本田氏は〈十如是〉の場合と違って，この条文を「後世何人かの追加する所」とは見ず，「原本に於て既に異同ありしに依る」という非論理的な判断を下し（本田［rep.1939］：所収「観音訳語考」，p.233），最終的に「観其音声（其音声ヲ観ジテ）」の主体は当該の「菩薩」ではなく，「衆生」のほうであり，「観音」の語義は「［衆生にその］音声を観ぜしめる者」であると結論する（p.242）。

(18)　辛嶋静志氏は「観音」の名前の由来や威力を「普門品」散文部が svara（音・声）に結び付けて説明するのに対して，「普門品」韻文部は smara（念）に結び付けるという相違を指摘し，サンスクリット語 svara が西北インド・ガンダーラ語では smara に変換されうるという音韻交替現象に照らして「観音」の本来の原語は Avalokita-**smara**（観**念**／［衆生の］**念**を観じる者）であったという衝撃的な新仮説を提案する際，『注維摩詰経』にある「観世音」の異名の一つ「**観世念**」に注目する（辛嶋静志［1999］，pp.54 ～ 60）。

第2章　予備的考察

1　羅什訳『摩訶般若波羅蜜大明呪経』の真偽問題

1.1　いわゆる〈観音親授本〉伝説への疑問

玄奘が天竺へ渡る以前に『心経』を入手し，その『心経』を読誦することによる功力・公験に助けられて天竺への困難な旅程を乗り切り，無事に取経の目的をとげたという伝説がある。玄奘が出国以前に入手した『心経』は，もしそれが漢訳本であるとすれば，玄奘が帰国後に翻訳した『般若波羅蜜多心経』とは別の，それ以前の翻訳であることになり，梶芳光運氏や福井文雅氏といった学者はその『心経』を羅什訳『摩訶般若波羅蜜大明呪経』であるとの所見を示す（1.2で後述）。また，玄奘訳『心経』は中国で捏造された偽経であったとする衝撃的な仮説を唱えるジャン・ナティエ氏に至っては玄奘が入竺以前に入手した『心経』こそ「玄奘」に仮託された偽経たる『心経』現行漢文にほかならず，玄奘はそれを携えてインドに渡り，インド留学中に漢文『心経』を梵語に反訳したというミステリアスな可能性さえ詮索する（Nattier［1992］，pp.179～181；ナティエ［2006］，pp.44～46）。羅什訳『大明呪経』の真偽問題を検討するにあたり，渡天以前の玄奘と『心経』との邂逅にまつわる種々の伝説を吟味し，その疑問点を質していこう。

『大正新脩大蔵経』版の『唐梵飜対字音般若波羅蜜多心経』に収録されている『梵本般若波羅蜜多心経』（『心経』梵語テキストが漢字で音訳され，各単語の意味が割註として挿入されたもの）には「観自在菩薩与三蔵法師玄奘親教授梵本不潤色」という添え書きがある。玄奘三蔵［602～664年］が観自在菩薩からまのあたりに教授された梵本（観音親授本）であるという以上，この『梵本心経』は玄奘訳『心経』の底本となった梵語原典の音漢両訳であるとみなされた。ところが，添え書きの「不潤色」は福井文雅氏の敦煌写本研究によって「不空潤色」（「潤色」は訳文の洗練化を意味するが，ここでは「翻訳」と同義）と校訂され，金刻蔵（房山石刻大蔵経の金代の刊本）の『梵本心経』とともに「不空訳」であることが確定された。この「不空訳」という認定によって，同じ『唐梵飜対字音心経』内で不空訳『蓮花部等普讃歎三宝』が『梵本心経』に前置されているというテキスト配列の状況にもはじめて整合性が見出されるのである。

問題は『唐梵飜対字音心経』の冒頭部「西京大興善寺石壁上録出慈恩和尚奉昭述序」である。「大興善寺石壁上録出」とあるのは『梵本心経』が大興善寺 (1) の石壁に刻印されていたテキストからの転写であることを示す。「慈恩和尚奉昭述序」では慈恩大師基（玄奘の直弟子・法相宗の開祖）を思わせる人物によって『梵本心経』が〈観音親授本〉である謂われが叙述される。

> a.『梵本般若多心経』* 者。大唐三蔵之所訳也。b. 三蔵志遊天竺。路次益州。宿空恵寺。道場内。遇一僧有疾。詢問行止。因話所之。乃難歎法師曰：「為法忘体。甚為希有。然則五天迢遞十万余逞。道渉流沙。……逞途多難。去也如何。我有三**世諸仏心要法門**。師若受持。可保来往」。遂乃口受与法師訖。至暁失其僧焉。c. 三蔵結束嚢装。漸離唐境。或途経厄難。或時有〈闕〉（東寺本：欠）斎饈，憶而念之四十九遍。失路即化人指引。思食則輙現珍蔬。但有誠祈。皆獲戩祐。d. 至中天竺磨竭陀国那爛陀寺。旋遶経蔵。次忽見前僧。而相謂曰：「逮渉艱嶮。喜達此方。頼我昔在支那国所伝三**世諸仏心要法門**。由斯『経』〈歴〉（東寺本：力）。保爾行途。取経早遂満爾心願。我是**観音菩薩**」。言訖冲空。既顕奇祥。為斯『経』之至験。（「慈恩和尚奉昭述序」『唐梵飜対字音心経〈幷序〉』。『大正』vol.8, p.851a；Cf. 福井文雅［1987a］, pp.78 ～ 84；* 唐代では「多心経」が『心経』の略称の主流であったことが福井氏によって指摘されている。）(2)

「慈恩和尚述序」は a.『梵本般若多心経』が「大唐三蔵（玄奘）之所訳」であること，b. 玄奘がインドに渡る前に益州空恵寺の道場（もしくは空恵寺周辺の道場）で病気の僧に会い，玄奘からインド取経の志を聴くと，その僧はインド往復の旅程の安全のために「三世諸仏心要法門」（『梵本心経』）を「口受与」した――つまり，筆写された梵筴を提供したのではなく，病僧が暗記していた梵語テキストを口述し，玄奘が耳で聞いてそれを暗唱，もしくは，筆記した――が，その翌朝，その僧がいなくなったこと，c. インドへの途次，玄奘が道に迷ったり，食料が尽きたときに，これを四十九遍憶念すれば，ひとがやってきて正しい道に案内してくれたり，ご馳走に与ることができたこと，d. 中インド・マガダ国のナーランダー寺院の経蔵を巡っていると，かつて益州の道場で「三世諸仏心要法門」を授与してくれた僧と再会し，件の僧は自分が「観音菩薩」であるといって正体を明かすと，天空に昇って姿を消したことなどを語る。

しかし，この「慈恩和尚述序」は慈恩大師基［632 ～ 682 年］を騙る者の偽作と考えられる。なぜなら，「慈恩和尚述序」がもしほんとうに慈恩大師基の手になる文章であれば，当然ながら『心経』信仰を鼓吹する上でうってつけの上記の逸話を玄奘訳『心経』に対する基自身の註釈書『般若波羅蜜多心経幽賛（心経幽賛／幽賛）』でも援用するはずであるが，事実はまったくちがう。〈観音親授本〉に関わる逸話について『心経幽賛』は微塵も触れない。否，それ以前に，この「序」は 705 ～ 774 年在世の不空の訳になる『梵本心経』に付されたものである以上，682 年に没した基がこれを書くことは年代的にまったく不可能なのである。

玄奘が益州（蜀）で一病人から『般若心経』を授与されたという逸話は慧立本・彦悰箋と伝えられる『大唐大慈恩寺三蔵法師伝（慈恩伝）』［688 年］に初出する。

［1］少時胡人乃抜刀而起徐向法師。未到十歩許又廻。不知何意。疑有異心。即起誦**『経』**念**観音菩薩**。胡人見已還臥遂眠。……

［2］是時顧影唯一但念**観音菩薩**及**『般若心経』**。初法師在蜀見一病人。身瘡臭穢衣服破汚。愍将向寺施与衣服飲食之直。病者慚愧乃授法師**此『経』**。因常誦習至沙河間。逢諸悪鬼奇状異類遶人前後。雖念**観音**不能令去。及誦**此『経』**発声皆散。在危獲済実所憑焉。

［3］時行百余里失道。覓野馬泉不得。下水欲飲袋重失手覆之。千里行資一朝斯罄。又失路盤廻不知所趣。乃欲東帰還第四烽。行十余里自念：「我先発願若不至天竺終不東帰一歩。今何故来。寧可就西而死。豈帰東而生」。於是旋轡専念**観音**西北而進。是時四顧茫然人鳥俱絶。夜則妖魑挙火爛若繁星。昼則驚風擁沙散如時雨。雖遇如是心無所懼。但苦水尽渇

不能前。

［4］是時四夜五日無一滴沾喉口腹乾燋。幾将殞絶不復能進。遂臥沙中黙念**観音**。雖困不捨。啓**菩薩**曰：「玄奘此行不求財利無冀名誉。但為無上正法来耳。仰惟**菩薩**慈念群生以救苦為務。此為苦矣。寧不知耶」。如是告時心心無輟。至第五夜半忽有涼風触身。冷快如沐寒水。遂得目明馬亦能起。体既蘇息。（慧立本訳・彦悰箋『大唐大慈恩寺三蔵法師伝』巻第一。『大正』vol.50, p.223c；p.224b；Cf. 長沢和俊訳［慧立／彦悰（rep.2001)］, p.30；pp.36～37；［2］の記事が杲宝口・賢宝述［1348］『般若心経秘鍵聞書』第三［『真言宗全書』16, p.125a, 11～14］；宥快［1345～1416］『般若心経秘鍵鈔』第五［ibid., p.251b, 9～13］で引用され，福井文雅［1987a], pp.188～189に書き下しされている）(3)

ここでは［2］の記事に注目したい。『慈恩伝』では，［2］玄奘が蜀滞在中に［おそらく道端あたりで］目撃したのは単に皮膚病に冒されて悪臭を放ち衣服も汚れてぼろぼろの「一病人」であり，玄奘が寺（おそらく彼が止宿していた空慧寺）に戻って衣服代や食事代を支出させて病人に布施するとその病人が慚愧してこの『心経』を玄奘に授与したとのみ記され，病人から授与された『心経』が「梵本」であることも，インド・ナーランダー寺院でのその人物との再会も，その病人が観音であったことも，一切書かれていない（『慈恩伝』の〈インド・ナーランダー寺院の条〉にもそういう記載はない)。むしろ，インドへの途次（第四烽―伊吾間），悪鬼や奇状異類に取り囲まれたとき，観音に念じても，退散できないことがあったが，『心経』を声に出して読誦すると，退散できたといい，観音祈念に対する『心経』読誦の優越的効果を強調するほどである。

「慈恩和尚述序」の作者（偽造者）は『梵本心経』に〈観音親授本〉であるという権威付けを施すために，『慈恩伝』にいう玄奘が蜀で授かった『心経』をどうしても『梵本心経』と断定しておく必要があったし，インド・ナーランダー寺院経蔵での『梵本心経』の授与者との再会，そして，観音という正体の告白暴露というドラマチックな大団円に向かってストーリーを展開させるために，『慈恩伝』にいう「一病人」を「一僧有疾」と変更し，最初の邂逅場所も僧にふさわしい「空恵寺／道場内」に設定した。ナーランダー寺院経蔵で再会させる予定である以上，『梵本心経』授与者の身分は僧でなければ辻褄が合わないからである。また，授与の動機も玄奘から布施を受けた病人の慚愧ではなく，玄奘の入竺取経という雄図を聴いて，それを支援するためという観音の化身にふさわしい慈悲に満ちたものに入れ替えられたのであろう。他の仏菩薩ではなく，「観音」を授与者の正体に選んだのは，『心経』自身が「観自在菩薩」を主人公にしている点と，『慈恩伝』の上掲節に「観音」と『心経』が並記されている点の両方に因んでのことにちがいない。玄奘が入竺前に『梵本心経』を入手していたという「慈恩和尚述序」の記述は『慈恩伝』の記事［2］の改竄操作を経由して創作された以上，歴史的事実とは認定できない。

1.2 『慈恩伝』における観音信仰と『心経』信仰の相克

では，入竺前の玄奘が『心経』（必然的に漢訳本）を入手していたという『慈恩伝』の記事［2］はそのまま信用してよいのだろうか。多くの学者は不思議なことに『慈恩伝』の当該記事を別段疑わないようである。円照[(4)]を嚆矢として，中世の真言学僧（『心経秘鍵』復註者たち）[(5)]や梶芳光運氏・福井文雅氏などの学者（梶芳光運［1981a］，pp.165 ～ 175；福井文雅［1987a］，pp.191 ～ 194）は，玄奘が入竺前に入手した『心経』を羅什訳『大明呪経』に比定する。特に福井文雅氏は玄奘が『大明呪経』の呪文部分だけを伝授されたので羅什訳だったことを知らなかった可能性を措定する。渡辺章悟氏は「玄奘の伝記による限り」という但し書きのもとに玄奘が天竺行に携行したとされる玄奘訳以前の『心経』が何であったかは今となっては不明であるとしながらも，やはり呪文だけのテキスト（支謙訳に帰される『摩訶般若波羅蜜呪経』）と推測する（渡辺章悟［2009］，p.266）。

しかし，『慈恩伝』に先立つ冥詳撰『大唐故三蔵玄奘法師行状（玄奘行状）』[(6)]にその下敷きとなった記事があり，それと対比させてみれば，『慈恩伝』の記事自体も改竄・捏造の産物であることがわかるはずである。

［1］各下褥而眠夜半胡乃起抽刀行。而法師欲為屠害。法師催起念**仏**誦

『**経**』。胡人還坐。……

［3］下水欲飲。馬袋重失。手覆之。纔得一飲之直。余並傾失。千里之資。此時頓尽。煩悩亦何可言。三更後復行。不知道路。唯西北望星月而進。至明午後。已大渇之。雖有糗糒。乾不能食。

［4］如是四夜五日。無一渧霑喉。人馬倶困。不能復行。遂臥沙中。黙念**観音**。不能発語。気殆将絶。至第五夜。忽有涼風。非常冷快。体得醒悟。馬亦能起。（冥詳撰『大唐故三蔵玄奘法師行状』ibid., p.215a；215a ～ b.［ ］内の番号は前掲の『慈恩伝』の記事に付したものと対応する）

一見して明らかなように，玄奘が蜀で一病人から『般若心経』を授与されたエピソードと，観音祈念に対する『心経』読誦の優越性を語る『慈恩伝』の肝心の記事［2］は冥詳撰『玄奘行状』にはその痕跡すら見出せない。『慈恩伝』の記事［1］・［3］・［4］については『玄奘行状』にその源泉的記述が存在するにも拘わらず，である。『慈恩伝』では記事［1］・［3］・［4］のすべてが玄奘による「観音」への祈念を話題とするのに対して，『玄奘行状』では［4］のみが「観音」に言及する。

『玄奘行状』記事［1］は玉門関から第一烽に向かう途上の夜営就寝時に，同行していた一胡人が抜刀して近づいてくるのを見た玄奘がただちに起きあがり「**仏**ヲ念ジ『経』ヲ誦」したところ，胡人がもとの居場所に戻ったという緊迫した場面を描写する。『慈恩伝』はそれを「『経』ヲ誦シ**観音菩薩**ヲ念ズ」と改変する。

『玄奘行状』記事［3］は第四烽―伊吾間の旅程（正確には「第五烽外」）で馬に積んでいた大量の水を容れた袋を砂漠の上にとり落としてしまい，一口分の水を手で掬えた以外は備蓄の水をいっきょに失った，その後さらに進んだが，道に迷い，星と月を頼りに進むほかなかった，夜が明けて午後になる頃にはすでに大いにのどが渇いており，乾燥食料を調理するための水もないので食事もとれなくなった，という悲惨な行路を綴る。『慈恩伝』は水を失った玄奘が第四烽にひき返そうと十余里東進したとき，「我先ニ発願セリ：若シ天竺ニ至ラ不ンバ終ニ東ニ一歩タリトモ帰ラ不ラン，ト。今何故ニ来タル。寧シロ西ニ就キテ死ス可シ。豈ニ東ニ帰リテ生キムヤ」と決意し，再び馬のくつわを旋して「専ラ**観音**ヲ念ジテ」西北に進路をとったという玄奘の勇壮な決意を書き添える。悲惨な行路は玄奘の不屈の精神を際立たせる劇的な場面にアレンジされる。

『玄奘行状』記事［4］はこの悲惨な行路が五日間続いたとき，ついに馬もたおれ，玄奘も砂漠の上に突っ伏したまま，「**観音**ヲ黙念シ」て堪え忍ぶほかなく，声も出なくなり気絶寸前だったが，その夜，突然涼風が吹いてくれたので非常に爽快となり，体力も回復し，馬も起き上がったという危機脱出のようすをようやく劇的に語る。しかし，『玄奘行状』において「能ク語ヲ発セ不」とされていたはずの玄奘が，『慈恩伝』ではなんと「**菩薩**ニ啓シテ曰ク：玄奘，此ノ行，財利ヲ求メ不，名誉ヲ冀ウコト無シ。但ダ無上ノ正法ノ為ニ来タル耳。仰ギ惟ンミレバ**菩薩**，群生ヲ慈念シ以テ苦ヲ救ウコトヲ務メト為ス。此ニ苦ヲ為ス矣，寧ンゾ知ラ不ル耶」というように観音菩薩に堂々と訴える。

以上で，『慈恩伝』編纂者が『玄奘行状』の記事［1］・［3］・［4］をいかに改竄して玄奘の英雄的精神と観音との絆をことさら強調する劇的な旅程にアレンジしてきたかが明瞭となろう。そして，記事［2］は『法師行状』にもとから存在しない以上，『慈恩伝』編纂者による完全な創作捏造であることも疑いの余地を残さない(7)。その『慈恩伝』の捏造記事［2］をさらに改竄した「慈恩和尚述序」にいたってはもはや何をかいわんや，である。しかし，観音祈念に比して『心経』読誦の優越的効果を語る『慈恩伝』の記事［2］は，同じ『慈恩伝』の記事［1］・［3］・［4］が玄奘による観音祈念を共通項にしているという文脈の流れの中では，単に異質であるばかりでなく，むしろその流れを阻害する内容をもつことは否めないであろう。現行の『慈恩伝』は原作者「慧立」と加筆者「彦悰」の二人の名を伝える。わたしはそれを後世の仮託と判断する(8)が，複数の書き手が『慈恩伝』に関与していることは大いにありうるであろう。たとえば，『慈恩伝』の記事［1］・［3］・［4］は玄奘の観音信仰を賞揚する「慧立」の原作本，記事［2］は当時流行していた『心経』信仰の時流に迎合した「彦悰」による加筆挿入というふうに，『慈恩伝』の文脈上の齟齬を書き手の相違に帰着させるのがもっとも合理的な解決法ではないだろうか。

かくして,「慈恩和尚述序」や『慈恩伝』記事［2］を真に受けて，玄奘が入竺前に手に入れた『心経』は『梵本心経』全体か呪文部分だけか，はたまた，羅什訳『大明呪経』かをめぐってあれこれ詮索するのは無益・徒労というほかない。じじつ，玄奘訳『心経』に対する初期の註釈書：慧浄『般若波羅蜜多心経疏』・円測『摩訶般若波羅蜜多心経賛』・基『般若波羅蜜多心経幽賛』・晴邁『般若波羅蜜多心経疏』はその種の逸話にまったく言及しない。

1.3　経録に記す支謙訳『摩訶般若波羅蜜呪経』と羅什訳『大明呪経』

渡辺章悟氏は経録を精査して羅什訳『大明呪経』が経録に登場するのが玄奘訳『心経』よりもかなり遅れることと，羅什訳『大明呪経』の経文に羅什訳『大品般若経』にのみ現れる文言が使用されていることとの二点を根拠にして，羅什訳『大明呪経』は梵文原典からの翻訳ではなく，後世になって底本たる玄奘訳『心経』の経文を羅什訳『大品般若経』の訳文に置き換えて捏造された偽経であると断定するに至る（渡辺章悟［1990］;［1991a］;［2009］)。

通常，高名な漢訳者「A」に帰される或る漢訳経典についてその訳者伝承を否定したり，偽経と判定したりする有力な根拠となるのは，［1］経録の記事とのくい違いがあること，ならびに，［2］同じ漢訳者「A」の別の漢訳経典における特徴的な訳語との不一致が当該経典に比較的多く見られることである (9)。わたしは二点のうち，［2］のほうを重視する。肝心なのは当の経典テキスト自身であり，あくまでも［1］外部の伝承にすぎない経録記事が［2］当の経典テキスト以上の発言権・優先権をもつとすれば，それは本末転倒だと思うからである。が，学者の中には［2］についての調査をなおざりにして，［1］だけで是非を判定してしまう者もいるので，要注意である。

渡辺章悟氏が羅什訳『大明呪経』を偽経とする仮説を［1］経録の面から導き出すのは尤もであり，その限りでは順当な手続きを踏まえておられる。しかし，第二の根拠として［2］羅什訳『大明呪経』と羅什訳『大品般若経』との訳語の相違ではなく，［-2］むしろ羅什訳『大品般若経』固有の訳文との一致をあげ，それをもって羅什訳『大明呪経』は梵文テキストからの翻訳ではないという判定を下されたのには驚きを禁じえない。その訳者固有の訳文との一致が偽経判定や訳者否定の根拠となりうるのであれば，同一の訳者が手がけた複数の漢訳経典のうち，任意に選んだどんな経典でも偽経と判定できるはずだし，同じ訳者への帰属を否定しうることにならないだろうか。また，玄奘訳『心経』も羅什訳『大品般若経』固有の訳文と一致する部分を有することはジャン・ナティエ氏の強調するところであり，玄奘訳『心経』も羅什訳『大品般若経』の訳文から捏造された中国偽経であるとする彼女の仮説は，その論法において，渡辺章悟氏の羅什訳『大明呪経』偽経説とほとんど紙一重のところまで接近している。

わたしはここではまず渡辺章悟氏によって詳細に検証された［1］経録における『心経』漢訳諸本の扱い（渡辺章悟［1990］）を再検討し，［2］次に訳文の観点から羅什訳『大明呪経』と玄奘訳『心経』との依存関係について検証したい。

羅什訳『大明呪経』が初出する経録は智昇撰『開元釈教録』［730年］である。また，そこでは玄奘訳『心経』を初め，『般若波羅蜜神呪経』や，「般若部中欠本」として菩提流志訳『般若波羅蜜多那経』一巻・支謙訳『摩訶般若波羅蜜呪経』一巻・実叉難陀訳『摩訶般若随心経』一巻の三本が枚挙される。

> 『摩訶般若波羅蜜大明呪経』一巻姚秦三蔵**鳩摩羅什訳**〈出経題第一訳**拾遺編入**〉
> 『般若波羅蜜多心経』一巻大唐三蔵玄奘訳〈出『内典録』第二訳〉
> 右二経同本異訳〈前後三訳二存一欠……〉（智昇撰［730年］『開元釈教録』巻第十一〈別録〉之一「有訳有本録中菩薩三蔵録」第一之一〈大乗経重単合訳・般若部〉。『大正』vol.55, 584a）
> 『般若波羅蜜神呪経』〈出『大品経』〉（巻第一「総括群録」之一。Ibid., p.484c）
> ……『般若波羅蜜多那経』一巻　大唐天后代天竺三蔵菩提流志訳〈新編入録第三訳〉右与『大明呪経』等同本。前後三訳。両本在蔵。一本**欠**。……

『摩訶般若波羅蜜呪経』一巻〈或無「摩訶」字〉呉月支優婆塞**支謙**訳
『摩訶般若随心経』一巻　大唐天后代于闐三蔵実叉難陀訳〈新編入録〉
従呉品経下十部二十七巻般若部中**欠本**。（巻第十四〈別録之四〉「別録中有訳**無本**録」第二之一〈大乗経重訳**欠本**〉。Ibid., p.626b ～ c）
『般若波羅蜜多心経』一巻〈見『内典録』第二出与『摩訶般若大明呪経』等同本貞観二十三年五月二十四日於終南山翠微宮訳沙門知仁筆受〉（巻第八「総括群経録」上之八。Ibid., p.555c. 玄奘訳『心経』は道宣『大唐内典録』に初出するが，その翻訳年次の記載はこの『開元録』が初出となる）
『般若波羅蜜神呪経』一巻
『大智度無極』下四経隋『衆経録』云並出『大品』。（巻第十六〈別録之六〉「別録中支派別行経」第三〈大乗別生経〉。Ibid., p.651b）

『開元釈教録』で「『大品経』ヨリ出ズ」と註記される『般若波羅蜜神呪経』と「般若部中欠本」リスト内で「支謙訳」とされる『摩訶般若波羅蜜呪経』に相当する二典籍の初出は中国・現存最古の経録である僧祐撰［445 ～518年在世］『出三蔵記集』下巻第四「新集続撰失訳雑経録」第一に認められる。

『摩訶般若波羅蜜神呪』一巻
『般若波羅蜜神呪』一巻〈異本〉……
右八百四十六部。凡八百九十五巻。新集所得。**今並有其本。悉在経蔵**。（僧祐撰『出三蔵記集』下巻第四「新集続撰失訳雑経録」第一。Ibid.,　p.31b；p.32a）

『出三蔵記集』では『摩訶般若波羅蜜神呪』一巻と『般若波羅蜜神呪』一巻とは同本異訳とされ，「今並ビニ其ノ本有リ。悉ク経蔵ニ在リ」というようにその当時の現存が確認されている。

注目に値するのは，**(1) 初出時のその典籍名はどちらも『神呪』で終わり，『経』という文字が付されていない**ことと，(2)「支謙訳」への帰属はなされておらず，事実上，「失訳人名」扱いになっていることである。(1) は**法隆寺悉曇本『小本・心経』の梵語タイトルにも sūtram という文字がなく，hṛdaya（心呪）で終わっているのと類似する**。

両『神呪』に『経』という文字を付加した最初の経録は法経等撰［594年］『衆経目録（法経録）』である。

『摩訶般若波羅蜜神呪**経**』一巻

『般若波羅蜜神呪**経**』一巻……

右六経出『大品経』。（隋沙門法経等撰『衆経目録』巻第二。Ibid., p.123b）

『法経録』にいたってどちらにも『経』という文字が付加されるからには，もともと『出三蔵記集』における**『摩訶般若波羅蜜神呪』と『般若波羅蜜神呪』は単なる呪文だけのテキストではなく，『小本・心経』と同様に，何らかの散文を伴う「マントラ文献」だった可能性が高い**であろう。

『摩訶般若波羅蜜呪経』の「支謙訳」への帰属は早くも費長房［597年］『歴代三宝紀』を嚆矢とする。『法経禄』で『摩訶般若波羅蜜神呪経』とされていたものが『摩訶般若波羅蜜呪経』というように「神呪経」の部分を「呪経」に改称されて「支謙訳」のリストに編入された。

『般若波羅蜜神呪経』一巻〈或無『経』字〉（費長房『歴代三宝紀』巻第四〈訳経後漢〉。『大正』vol.49, p.55c）

『摩訶般若波羅蜜呪経』一巻〈見『宝唱録』, 或直云『般若波羅蜜呪経』〉……

右一百二十九部。合一百五十二巻。魏文帝世。月支国優婆塞**支謙**。……僧祐『三蔵集記』録載唯有三十六部。慧皎『高僧伝』述止云四十九経。房広検括衆家雑録。自『四十二章』已下並是別記所顕雑経以附今録。量前伝録三十六部。或四十九経。似謙自訳在後所獲或正前翻多梵語者然紀述聞見意体少同録目広狭出没多異。各存一家致惑取捨。……（巻第五〈訳経魏呉〉。Ibid., p.58b；p.58c ～ 59a. 支謙訳の部数が経録ごとに増減し，一定していなかったことが窺われる）

『摩訶般若波羅蜜呪経』を「支謙訳」とする処置の信憑性・妥当性は学者たちによって年代論的観点から大いに疑問視されているけれども，「支謙訳」に帰属されてしまうほど，**『摩訶般若波羅蜜呪経』が羅什の新しい訳風**（玄奘訳が登場する以前，羅什訳が「新訳」と呼ばれていた）**よりも古風な漢訳本であった**ということの徴証とはなるであろう。『摩訶般若波羅蜜呪経』を

「支謙訳」と判定した『歴代三宝紀』の学説は後続の隋翻経沙門（彦琮）及学士等撰『衆経目録（仁寿録）』［602年］や静泰撰『衆経目録』［663～665年］では採用されることがなく，『法経録』での扱いが踏襲された[10]。『歴代三宝紀』の「支謙訳」帰属説は靖邁撰『古今訳経図紀』や道宣撰『大唐内典録』［664年］に至って復活し[11]，明佺等撰『大周刊定衆経目録』［695年］[12]や最初に見た『開元釈教録』に継承された。

『大唐内典録』では僧祐律師『出三蔵記集』から転載した一定の経典リストに『般若波羅蜜神呪』〈異本〉も枚挙し，同リストの経典群について「未ダ経巻ヲ覩ズ，空シク名題ヲ閲スルノミ」とコメントし，事実上「欠本」であることを白状する。しかし，「『摩訶般若波羅蜜呪経』一巻〈『宝唱録』ニ見ユ，或ハ直チニ『般若波羅蜜呪経』ト云フ〉」を「支謙訳」リストに含めはするが，それを「欠本」リストには数えない。他方，『大周刊定衆経目録』ならびに『開元釈教録』は支謙訳『摩訶般若波羅蜜呪経』を「欠本経」リストに含めるが，失訳『般若波羅蜜神呪経』の名は同リストには入れていない。いずれにしても，その種の『神呪』の存在をうかがわせる文献が日本側にある。安然『諸阿闍梨真言密教部類総録』（別称『八家秘録』）巻上における『心経』リストの最後に『摩訶般若波羅蜜多呪』の名が見える。

『摩訶般若波羅蜜大明呪経』一巻〈亦云：『摩訶大明神呪経』。貞元・円覚〉
『般若波羅蜜多心経』一巻〈亦云：『般若心経』。貞元・円覚〉
『普遍智蔵般若波羅蜜多経』〈法月訳。貞元新入目録・仁・行〉
『新訳般若心経』〈般若訳。貞元新入目録・仁。私云：六本，如箴誨，更有不空・智慧輪二本〉
『梵本般若波羅蜜多心経』一巻〈般若。運〉[13]
『梵唐対訳般若心経』一巻〈澄・仁〉[14]
『摩訶般若波羅蜜多呪』一巻〈出大乗疏中。**梵釈**〉（元慶寺沙門安然集『密教部類総録』巻上〈般若法〉三。『大正』vol.55, p.1120b）

安然『密教部類総録』に記載される『摩訶般若波羅蜜多呪』一巻には「『大乗疏』ニ出ズ。『梵釈』」という割註が添えられるので，同呪は近江・梵釈寺の経蔵目録に登録され，当時現存していたことがわかる。桓武帝の肝煎りによる平安初期新創建［782年創建］の寺院（寺主：入唐留学僧永忠）の経蔵目録に現存しない経典の名をわざわざ載せる理由がないと思われる。

『大日本古文書』には天平十［738］年に『般若波羅蜜多大心経』一巻とともに『摩訶般若波羅蜜多呪』二巻が写経のために貸し出された記事(15)があるらしいので，その存在は奈良時代にまで遡るといえる。さらに『大日本古文書』には宝亀三［772］年に『心般若経』一巻と『般若大明呪経』一巻とがセットで写経のために貸し出されたという記録があるようなので，『般若波羅蜜多大心経』一巻と『心般若経』一巻とが同じ玄奘訳『心経』に相当するとすれば，『摩訶般若波羅蜜多呪』二巻と『般若大明呪経』一巻とは，同じ羅什訳『大明呪経』だとまではいえないにしても，ほぼ同等の価値をもつテキスト（同系統の類似した典籍）だった可能性は高いであろう。

1.4 “vidyā”の訳語としての「呪」

『摩訶般若波羅蜜神呪』という漢訳名から逐語的に梵語原題を復元すれば，“*Mahā-prajñā-pārami-tā-mantra*”となり，他方，羅什訳『摩訶般若波羅蜜大明呪経』は“*Mahā-prajñā-pārami-tā-mahā-vidyā-mantra*(16)”となるので，両者は別の題名をもつ点で別々のテキストではないかと推定されるかもしれない。しかし，わたしはそのようには考えない。

『八千頌般若』や『二万五千頌般若』の諸漢訳本を比較してみると（次頁表参照），呪文としての“mahā-vidyā”を「大明呪」と漢訳するようになったのはまさに羅什訳『小品般若経』・『大品般若経』を嚆矢とするのであって，それ以前は支婁迦讖訳『道行般若経』「極大祝」・無羅叉訳『放光般若経』「極大之術」等々と訳されていた。

支婁迦讖訳『道行経』「極大祝」は曇摩蜱共竺仏念訳『摩訶般若鈔経』では「極大呪」と表記される（支謙訳『大明度経』は“mahā-vidyā”に対する訳語「大尊呪」だけを保持し，“an-uttarā vidyā / a-sama-samā vidyā”については翻訳を省略する）。

仏陀耶舎共竺仏念訳『仏説長阿含経』巻第十六（二四）「第三分堅固経」

“mahā-vidyā” の訳語

『八千頌／二万五千頌』	『道行』	『放光』	『小品（大品）』
mahā-vidyā	極大祝	極大之術	大明呪
an-uttarā vidyā	極尊祝	無上［之術］	無上（明）呪
a-sama-samā vidyā	無有輩祝	無等之術	無等等（明）呪

第五における訳語「瞿羅呪」と「乾陀羅呪」は，菅野博史氏によれば，パーリ『ディーガ・ニカーヤ』の対応経（*Kevaddha-sutta*）の相当箇所ではそれぞれ“Gandhārī nāma vijjā”・“Maṇiko nāma vijjā”となっていて，位置や名称にずれがあるが（菅野博史［1994］，p.257 頭註 4；p.258 頭註 1），少なくとも“vijjā（vidyā）”が「呪」と漢訳されたことは紛れもない。ちなみに，『長阿含』「堅固経」を引用する浮陀跋摩共道泰等訳『阿毘曇毘婆沙論』では〈呪名「揵陀羅」〉・〈呪名「刹尼迦」〉という順序であって，順序だけはパーリ〈ニカーヤ〉と一致し，それぞれを新訳：玄奘訳『大毘婆沙論』は〈明呪名「健駄梨」〉・〈明呪名「刹尼迦」〉と訳す(17)。有部依用の『長阿含経』梵文に“*Gandhārī nāma vidyā*”・“*Kṣaṇiko nāma vidyā*”と綴られていたと推定できるし，羅什や玄奘によって新しい漢訳語「明呪」が与えられる以前，呪文としての“vidyā”はたいてい「呪」と訳され，ときに「術」とも訳されていたのであり，訳語のうえでは“mantra”と区別されえなかったと判断しうる。

わたしは『摩訶般若波羅蜜神呪』と『摩訶般若波羅蜜大明呪経』は“*Prajñā-pārami-tā-mahā-vidyā-mantra*”というタイトルをもつ同一のマントラ聖典の新旧の漢訳本，同本異訳であった可能性はきわめて高いと予想する。そのタイトルの綴り自体が現行梵文『小本・心経』の散文部末尾に所在するからである。つまり，わたしはこのマントラ聖典の原題“*Prajñā-pārami-tā-mahā-vidyā-mantra*”がのちに現行梵文のタイトル“*Prajñā-pāramitā-hṛdaya*”に変更されたと推測する。『小本・心経』散文内に見られるのは“mahā-mantra”とか“mahā-vidyā-mantra”という術語であって，“hṛdaya”は一切使用されていない。“*Prajñā-pāramitā-hṛdaya*”が本来のタイトルだったのであれば，散文部にも“mantra”ではなく，“hṛdaya”がもっと積極的に使用されてしかるべきではないだろうか。

1.5　玄奘訳『心経』以前の漢訳『心経』テキストの痕跡

玄奘訳『心経』以前の漢訳『心経』テキストの存在を示唆する，経録以外の中国文献が存在する。

5世紀頃に成立した偽経『仏説観仏三昧海経』に[18]「般若波羅蜜是大明呪。是無上呪。無等等呪。審実不虚」というフレーズが所在する。「般若波羅蜜是大明呪。是無上呪。無等等呪」というフレーズだけであれば，先行する羅什訳『小品般若経』巻第二「明呪品」第四「般若波羅蜜是大明呪。般若波羅蜜是無上呪。般若波羅蜜是無等等呪」(cf. 羅什訳『大品般若経』巻第九「勧持品」第三十四:「般若波羅蜜是大明呪，無上明呪，無等等明呪」) から剽窃したという具合に推定できるかもしれないが，「審実不虚」とセットになった経文は『心経』以外にありえない。

5世紀頃の『観仏三昧海経』が7世紀の玄奘訳『心経』を引用することは不可能であるから，当時現存していた先駆的な『心経』漢訳本を剽窃したとしか考えられない。

ちなみに，羅什訳『大明呪経』は「般若波羅蜜是大明呪。無上明呪。無等等明呪。［能除一切苦］真実不虚［故］」であり，『観仏三昧海経』の経文中の「是無上呪」・「無等等呪」・「審実」とは完全には一致しない。しかし，『観仏三昧海経』の後続箇所には「真実不虚」という表現が二回登場する[19]。偽経における剽窃であることを考慮すれば，他経典の語句を正確に引用するよりも，わざと改変して盗用しても何ら不思議ではない。「大明呪」という訳語が羅什訳における創唱であることに着目する限り，『観仏三昧海経』が剽窃したのは羅什以前の『摩訶般若波羅蜜神呪』のたぐいではなく，やはり羅什訳『大明呪経』からであるとしか考えられない。

1.6　玄奘訳『心経』に対する『大明呪経』の先行性

わたしは，次にあげる六点の訳語に関する特徴を根拠として，『大明呪経』が玄奘訳『心経』に先行して存在し，玄奘が翻訳に際して参照していたと考えている。

［1］『小本・心経』梵文“vyavalokayati sma（観察した）; paśyati sma（視た）”という二種の動詞句は羅什訳『大明呪経』・玄奘訳『心経』では「照見」という一つの動詞句に一括されてしまう。

「照見」という訳語は羅什訳『小品般若経』・『大品般若経』と玄奘訳『大般若経』（十六会全篇）のいずれにも見当たらない。“vyavalokayati”や“paśyati”はこれらではたいてい「観」と訳される。しかし，羅什訳『金剛般若波羅蜜経』には梵文『金剛般若経』の“paśyet”の訳語として「照見」が一例だけ確認される。玄奘訳『大般若経』「第九能断金剛分」での対応訳は「見」である(20)。「照見」という訳語に関する限り，玄奘訳『心経』が羅什訳『大明呪経』を踏襲したと推定するのが妥当であり，その逆はありえないであろう。

［2］小峰弥彦氏は玄奘訳『心経』の訳語「阿耨多羅三藐三菩提」が羅什訳の継承である点に注目し，強調しておられる。玄奘訳『大般若経』では「無上正等菩提」という新訳の採用頻度が高く，旧訳「阿耨多羅三藐三菩提」の比率は著しく低いからである（小峰弥彦［1998］, pp.163 ～ 164）。

［3］不思議なことに，玄奘訳『心経』は梵文『小本・心経』末尾の心真言劈頭に位置する“tad yathā”を「即説呪曰」と意訳し，“gate”以下をマントラとして音訳している。以来，法月・般若共利言・法成・智慧輪の諸漢訳でこのような悪しき意訳の習慣が踏襲されていった。さすがに施護訳『仏説聖仏母般若波羅蜜多経』だけは「怛𩕳他……」と音訳しており，悪しき習慣からは免れている。

一方，玄奘訳『大般若経』六百巻末尾にも『心経』の心真言が「般若仏姆心呪」という名で付録として加えられ悉曇文字と音訳とで表示されているが，そこでは“tad yathā”が悉曇文字で書写され，かつ，音訳されている。つまり，玄奘は“tad yathā”が『心経』のマントラの一部であることを十分承知していたことになる。事実，玄奘訳陀羅尼経典のうち，『持世陀羅尼経』・『十一面神呪心経』・『呪五首』でも“tad yathā”は神呪の一部として音訳されている(21)。

にも拘わらず，『心経』のときだけ玄奘がその句を「即説呪曰」と意訳しているのは，いかにも奇妙なことである。やはり先行する羅什訳『大明呪経』の訳文「即説呪曰」に強く影響されたための処置と考えられよう。

［4］玄奘訳『心経』の真言句の音写語：

掲帝・掲帝・般羅掲帝・般羅僧掲帝・菩提・僧莎訶

は『大明呪経』のそれ：

竭帝・竭帝・般羅竭帝・般羅僧竭帝・菩提・僧莎呵

とよく似ているのに，同じ玄奘の手になるはずの『大般若』「般若仏姆心呪」の音写語：

怛耶他・唵・伽帝・伽帝・鉢囉伽帝・鉢囉僧伽帝・菩提・薩嚩訶

は非常に異なる。このことも，『心経』翻訳時に玄奘が羅什訳『大明呪経』を大いに参考にし，羅什訳から支配的な影響を蒙っていたという事情を裏書きする[22]。

［5］しかも，“svāhā”を玄奘訳『心経』と『大般若』「般若仏姆心呪」は「僧莎訶／薩嚩訶」という三文字で音訳するのに，他の玄奘訳陀羅尼経典はすべて「莎呵／莎訶／莎賀」等々の二文字で音写する。したがって，玄奘訳『心経』の三文字表記は『大明呪経』のそれからの影響としか考えられない（羅什は『金剛般若経』末尾の呪でも「莎婆訶」という三文字で表示する）。

［6］梵語原典にはない「度一切苦厄」が玄奘訳『心経』に挿入されているのも羅什訳『大明呪経』の「度一切苦厄」という先例に倣ってのことであろう。

玄奘訳『心経』の訳文にしばしば見られる不可解性・不合理性は羅什訳『大明呪経』を前提にしてはじめて説明がつくとわたしには思われる。

1.7 『大明呪経』の原初性

さらに羅什訳『大明呪経』と玄奘訳『心経』を梵文『二万五千頌般若』と比較した場合，『大明呪経』のほうが『二万五千頌般若』との親近性を有し，その分だけ『小本・心経』としては原初的な形態を保存していることが確認できる。

［1］玄奘訳『心経』になくて羅什訳『大明呪経』のみにある訳文「色空故無悩壊相。受空故無受相。想空故無知相。行空故無作相。識空故無覚相。何以故」は梵文『二万五千頌般若』に対応する原文：

yā rūpa-śūnya-tā na sā rūpayati. yā vedanā-śūnya-tā na sā vedayati. yā saṃjñā-śūnya-tā na sā saṃjānīte. yā saṃskāra-śūnya-tā na sābhisaṃskaroti. yā vijñāna-śūnya-tā na sā vijānāti. tat kasya hetoḥ.

があり，羅什訳『大品般若経』の訳文も『大明呪経』のそれと全同である。

［2］逆に玄奘訳『心経』において四種の神呪（是大神呪・是大明呪・是無上呪・是無等等呪）が〈般若波羅蜜多〉に等置されるのに対して，羅什訳『大明呪経』では第一番目の「大神呪」を欠き，三種の神呪（是大明呪・無上明呪・無等等明呪）が〈般若波羅蜜〉に比定される。梵文『二万五千頌般若』でも〈般若波羅蜜多〉に等置されるのは三種の明呪（mahā-vidyā；an-uttarā......vidyā；a-sama-samā......vidyā）であった。これもまた，『大品般若経』と訳文（是大明呪・無上明呪・無等等明呪）が一致する（以上の二点は渡辺章悟氏によって逆に『大明呪経』偽経説の根拠と見なされる)。

他方，梵文『二万五千頌般若』の原文（śūnya-tā）と相違する羅什訳『大品般若経』の訳文「是諸法空相」はむしろ梵文『小本・心経』の原文（sarva-dharmāḥ śūnya-tā-lakṣaṇā）と吻合し，その箇所は羅什訳『大明呪経』の訳文とも同一である。これは羅什が『大品般若経』を翻訳する際，梵文『小本・心経』(『大明呪経』の原典）を参照したことを推定せしめる。

つまり，テキスト同士を比較検討する限り，羅什が『大明呪経』の原典を手中にしていたことは十中八九間違いないと思われる。わたしは現行の『大明呪経』を「羅什訳」に帰することにテキスト・レベルでは何の不合理点も見出せない。ただ，外部伝承である経録での初見の遅さだけが疑惑を喚起させるにすぎない。

羅什が『大明呪経』の原典を手中にしていたのであれば，これを翻訳することは羅什の力量としてはきわめて容易だったはずである。しかし，重要な仏典の翻訳をあれほど多量に遺しながら，羅什が実際に翻訳に従事しえた期間は彼の晩年の八年間（長く見積もっても十一年間）でしかなく，驚くほど短い。羅什が他の大部の経論の翻訳を優先したために，『大明呪経』の原典はあとまわしにされ，ついに彼の生前に訳されなかったという可能性もあろう。それでもなお，羅什が率いた翻訳集団はすぐには雲散霧消せず，しばらくは健在だったはずであり，遺された翻訳集団が生前の羅什の翻訳方針に則って『大明呪経』を訳したのかもしれない。それゆえ，『大明呪経』を生前に訳された他の羅什訳経論と同列に扱うことが憚られ，非正式な羅什訳としてあまり流布させなかったのではないか(23)。

『大明呪経』の消息については辛うじて5世紀頃の偽経『仏説観仏三昧海経』で剽窃された経文に痕跡を留めているし，何よりも玄奘訳『心経』の訳文自身が『大明呪経』を前提することを雄弁に語っている。

経録での『大明呪経』の初見の遅さは，このような経緯・状況を想定することで或る程度の説明がつくのではないかと思える。

2 『大智度論』の真偽問題

われわれは羅什訳『大明呪経』を『小本・心経』の現存最古の漢訳本であると認定した。次に同じ羅什訳の『大智度論』の真偽問題の検討に移りたい。第1章第2節でも述べたように，それがナーガールジュナの真作であるかどうかは，『心経』研究の上でも，看過できない問題だからである。そこで注目したいのは斎藤明氏による『無畏論』の真偽問題へのとりくみである。

チベット訳でのみ現存する『無畏論』(*Akutobhayā*)は『中論頌』に対するナーガールジュナ(Nāgārjuna 龍樹)の自註であるという伝承をもつにも拘わらず，ナーガールジュナの弟子聖提婆の『四百論頌』を引用するなどの不合理な面を孕むことからナーガールジュナ作という伝承については従来より疑問視されていた(諸説の整理と論評については斎藤明［2003a］を参看のこと)。そこで，斎藤明氏はこの疑問を検証すべく，斎藤明［2003c］において『無畏論』に引用される『八千頌般若』の経文に注目し，当該の経文を『小品系般若経』の諸漢訳や現行梵本と綿密に比較・検討した上で，『無畏論』所引の『八千頌般若』が羅什訳『小品般若経』よりも増広された部分を含むが，玄奘訳『大般若経』ほどには増広されていないという事実を突き止められた。一方で斎藤氏は，羅什［344 ～ 413；or 350 ～ 409 年在世；402 年訳業開始］訳『龍樹菩薩伝』が「無畏論十万偈」の伝承を伝え，かつ，羅什訳『中論』［409 年訳出］青目註に「無畏論」の内容の過半数が剽窃されているという既知の諸条件に照らせば，『無畏論』の成立を羅什以降の年代には設定しがたいということも視野に入れ，同時代に同一経典の新旧のヴァージョンが並存していたという環境を想定しつつ，『無畏論』所引の『八千頌般若』を 4 世紀後半以降のヴァージョンと推定し，『無畏論』の成立もその年代に置くのが妥当であると結論付けた。現行の『無畏論』が『中論頌』の作者ナーガールジュナ［150 ～ 250 年代生存説が定説］の自註でありえないことがこれで決定的になった。

わたしは斎藤明［2003c］を一読して，同じくナーガールジュナ作の伝承をもつ羅什訳『大智度論』［402 ～ 405 年間訳出］所釈の〈大品般若経〉についても同様の視点による調査が有効であることに想到した。そして，実際，『智度論』所釈の〈大品般若経〉の訳文を『智度論』とほぼ同時並行で訳出された羅什訳『摩訶般若波羅蜜経（大品般若経）』［404 年訳出］の訳文とを比較してみると，ほとんど同じであり(24)，したがって，両者が同一のヴァージョンであることはほぼ間違いないことがわかった。すでに『智度論』に引用される『法華経』が羅什訳『妙法蓮華経』と同一のヴァージョンであること（三友量順［1986］）も報告されていることを併せ考えれば，『智度論』に引用される仏典はすべて羅什と同時代のヴァージョンである可能性が高いのではなかろうか。

今までのわたしは斎藤明氏の論文を披見するまで，『智度論』所釈の〈大品般若経〉のヴァージョンについて別段不審に思わずにきた。しかし，斎藤氏の視点に注意を喚起され，検討した結果，『智度論』所釈の〈大品般若経〉は羅什訳『大品般若経』と一致することが判明したのである。これは『智度論』が『中論頌』の著者ナーガールジュナの撰述なのだとすればありえないことである。『中論頌』の作者ナーガールジュナの生存年代を 2 世紀後半から3世紀前半とする従来の定説を仮に承認した場合，『智度論』が同じナーガールジュナの註釈文献であるならば，施釈される〈大品般若経〉も竺法護訳『光讃般若』［286年訳出］や無羅叉訳『放光般若』［291年訳出］といった3世紀末の漢訳本よりも古いヴァージョンでなければならない。つまり，〈大品般若経〉の現存最古の形態を伝えていなければならないはずなのである。しかし，いまだかつて〈般若経〉研究者の中で『智度論』所引〈大品般若経〉を現存最古のヴァージョンとして取り扱った学者はひとりもいない。『智度論』ナーガールジュナ撰述説を擁護する学者には，所釈の〈大品般若経〉が『光讃般若』・『放光般若』よりも古いヴァージョンであることを証明する義務が必然的に課せられることを自覚してもらいたい。

『智度論』所釈の〈大品般若経〉が5世紀前半訳出の羅什訳『大品般若経』と同一のヴァージョンであることが動かしがたいのであれば，この点だけで『智度論』を『中論頌』の作者ナーガールジュナに比定することはもはや年代論的に不可能であることが判明する。

この帰結は何ら驚くに値しない。『智度論』の偽撰性についてはこれまでにも他の数多くの証拠が挙げられているからである[(25)]。むしろ『智度論』偽撰説の争点はそれがインド成立か中国成立かという局面に移されている。

さて，わたしが『智度論』所引の〈大品般若経〉の冒頭部の訳文を他の漢訳諸本および梵文『二万五千頌般若』と比較する目的で調査していたとき，さらに興味深いことが分かった。『智度論』の二箇所に引用される〈大品般若経〉の語句および文が『二万五千頌般若』現行梵文に対応する原文をもたず，羅什訳にのみ存する捏造された訳文であるにも拘わらず，『智度論』がそのような訳文を詳細に註解しているという事実である。

［1］龍樹造・羅什訳『大智度論』巻第五「大智度初品中菩薩功徳釈論」第十（『大正』vol.25, p.100b ～ c）

【経】巧説因縁法。【論】十二因縁生法。種種法門能巧説。煩悩・業・事法次第展転相続生。是名「十二因縁」。是中無明・愛・取三事名「煩悩」。行有二事名為「業」。余七分名為「体事」。是十二因縁。初二過去世摂。後二未来世摂。中八現前世摂。是略説三事。煩悩・業・苦。是三事展転更互為因縁。是煩悩業因縁。業苦因縁。苦苦因縁。苦煩悩因縁。煩悩業因縁。業苦因縁。苦苦因縁。是名展転更互為因縁。過去世一切煩悩是名「無明」。従無明生業。能作世界果故。名為「行」。従行生垢心。初身因如犢子識母。自相識故名為「識」。是識共生無色四陰及是所住色。是名「名色」。……若一心観諸法実相清浄則無明尽。無明尽故行尽。乃至衆苦和合集皆尽。是十二因縁相。如是能方便不著邪見為人演説。是名為「巧」。復次是十二因縁観中。断法愛心不著。知実相是名為「巧」。如彼『般若波羅蜜』「不可尽品」中：「仏告須菩提：痴如虚空不可尽。行如虚空不可尽。乃至衆苦和合集。如虚空不可尽。菩薩当作是知。作是知者。為捨痴際応無所入。作是観十二因縁起者。則為坐道場得薩婆若」。

羅什訳『大品般若経』〈序分〉では聴衆として枚挙される菩薩集団を修飾する諸形容句の一つとして「巧説因縁法」がある。『智度論』［1］はこの句を註釈して「十二因縁生法」を「煩悩」・「業」・「体事」に配する三種分類で解説する。この三種分類の共通性ゆえに『因縁心論頌』の作者もナーガールジュナに比定されたわけだが，肝心の『中論頌』にはかかる分類は全く説かれていない以上，『智度論』を根拠とする『因縁心論頌』のナーガールジュナへの帰属も甚だ怪しい。しかも，その三種分類は何ら中観派の独占物ではなく，『因縁心論頌』・『智度論』に先行する有部論書『婆沙論』・『阿毘曇心論』にもすでに説かれていた。当然ながら同分類は『阿毘曇心論経』・『雑阿毘曇心論』・『倶舎論』・『順正理論』へと継承され，有部の縁起説として定着したほか，瑜伽行派の根本聖典『瑜伽師地論』にも導入される（『瑜伽論』の〈十二支縁起〉説については原田和宗［2004a］を参照のこと）。

しかしながら，「巧説因縁法」という要件が大比丘衆ではなく，菩薩衆に配されている『大品般若経』・『智度論』の記述に違和感をおぼえたわたしは大品系般若経の対応箇所を比較してみることにした(26)。その結果，判明したのは，pratītya-samutpāda（縁起／因縁）という語はそもそも『二万五千頌般若』現行梵文の相当箇所にはなく，対応する原文は dharma-pravicaya-vimukti-nirdeśa-kuśalair となっており，無羅叉訳『放光般若経』・玄奘訳『大般若経』〈第二分〉にも「因縁（縁起）」の語はなく，羅什訳『大品般若経』・

“dharma-pravicaya-vimukti-nirdeśa-kuśalair” の訳語

竺法護訳『光讃』	：**講諸因縁**［心志所趣］
無羅叉訳『放光般若』	：所教次第（？）
羅什訳『大品般若』	：**巧説因縁法**
羅什訳『智度論』所引経	：**巧説因縁法**
玄奘訳『大般若』	：智慧弁才善巧具足

羅什訳『智度論』所引経の「巧説因縁法」と一致するのは竺法護訳『光讃経』「講諸因縁」のみであるという事実であった（上掲表参照）。

梵文 dharma-pravicaya（択法／法を分析的に決着し）という術語は通常アビダルマ論書では大地法の一つ prajñā（慧）の定義として採用される項目（See 西村実則［1977］；本庄良文［1995］，p.13）なので，玄奘訳「智慧」はそれを踏まえた意訳と見なしてさしつかえない。他方，竺法護訳「諸因縁」は梵文 dharma を「縁起法」の意味に解釈した意訳であり，羅什訳「因縁法」は竺法護訳の模倣だと推測しうる。また，続く『二万五千頌般若』の梵文 vimukti-nirdeśa-kuśalair（解きほぐして説示することに熟練している人々を［伴って］）は竺法護訳「講」・無羅叉訳「所教次第」・羅什訳「巧説」・玄奘訳「弁才善巧具足」に対応する。

わたしは以上の比較から『智度論』は『二万五千頌般若』（or『一万八千頌般若』）という梵文経典に対するインド撰述の註釈なのではなく，同時並行で訳出された羅什訳『大品般若経』に対する，つまり，漢訳経典に対する中国撰述の註釈文献ではなかったか，という疑念を懐かざるをえない。

そして，『智度論』の次の箇所は『智度論』中国撰述説を確定するに足る動かぬ文献学的証拠となるのであろう。

［2］『大智度論』巻三十二「釈初品中四縁義」第四十九（『大正』vol.25, p.296b；当該経文に対する『智度論』の註釈文［pp.296b ～ 297b］はかなり長大なので，出だし部分の引用にとどめた）

【経】菩薩摩訶薩。欲知諸法因縁・次第縁・縁縁・増上縁。当学般若波羅蜜。【論】一切有為法皆従四縁生。所謂：因縁・次第縁・縁縁・増上縁。因縁者。相応因・共生因・自種因・遍因・報因。是五因名為「因縁」。復次一切有為法亦名「因縁」。次第縁者除阿羅漢過去現在末後心心数法。諸余過去現在心心数法。能与次第是名「次第縁」。縁縁・増上縁者一切法。復次菩薩欲知四縁自相共相。当学般若波羅蜜。問曰：如般若波羅蜜中四縁皆不可得。所以者何。……

「四縁を知ろうと欲する菩薩は般若波羅蜜を学ぶべきである」という趣旨の『智度論』[2] 所引経の記述に対して『智度論』は「四縁」のうちの「因縁」を「相応因」等の「五因」に分類する。残る「増上縁」等は〈能作因〉に相当するので，『智度論』は事実上〈六因〉に言及しつつ，それらの実在性を逐一否定していく(27)。

驚くべきことに，「四縁を知ろうと欲する菩薩は般若波羅蜜を学ぶべきである」という趣旨の『智度論』所引経の記述は羅什訳『大品般若経』と完全に一致し，かつ，玄奘訳『大般若経』と変則的に一致するのに反して，『光讃経』・『放光般若経』・『二万五千頌般若』現行梵文の対応すべき箇所にまったく存在しない(28)。

『大品般若経』・『智度論』所引経は，〈四縁〉を説く前に〈十八空〉説，後に〈真如／法界／実際〉説が配置されている。つまり，①〈十八空〉，②〈四縁〉，③〈真如／法界／実際〉の順に説かれている。ところが，『光讃経』・『放光般若経』・『二万五千頌般若』現行梵文は①〈十八空〉・③〈真如／法界／実際〉の順で説かれるものの，〈四縁〉へは言及しない。また，『大般若経』〈第二分〉は①〈十八空（実際は二十空に増広）〉・③〈真如／法界／実際（実際は十二項目に増広）〉のあとに④〈尽所有性／如所有性〉・②〈四縁〉・⑤〈一切法如幻等の譬喩／唯心所現〉を付加する。④〈尽所有性／如所有性〉および⑤〈一切法如幻の譬喩／唯心所現〉という項目は瑜伽行派色が濃厚である。

以上のことから，羅什訳②〈四縁〉は梵文原典にない捏造挿入であると言える。玄奘訳『大般若経』の②〈四縁〉も，瑜伽行派色が強い④・⑤が前後にあることを考えれば，玄奘の捏造と判断せざるをえない。つまり，梵文原典はどの時代のものでも①・③のみであったが，羅什は①・③の間に②を挿入した。玄奘は①・③の原典配列を崩すには偲びず，③の後に，新規の捏造記事④・⑤と②とを抱きあわせの形で付加したと推測される。

そして，『智度論』は羅什訳において捏造挿入された②〈四縁〉の経文を詳細に註解する。これは『智度論』がインド撰述文献であればありえないことである。わたしはさしあたり『智度論』の冒頭部を調査して二例を摘出したにすぎないけれども，調査範囲を拡げれば，この種の事例はもっと増えることが予見されよう。

『智度論』は『中論頌』や中期大乗経典や説話文学などの未翻のインド資料をふんだんに利用しており，その限りではインド仏教研究にとって有用な文献資料にはちがいないとしても，あくまでもほぼ同時訳出のために最終的校訂を経ていない羅什訳『大品般若経』という漢訳の途上にある経典に対する中国撰述の註釈文献であり，また『智度論』所引の『中論頌』の訳文が不統一であり，『中論頌』の各偈を別々の訳者が担当し，訳文を調整しなかったという斎藤明氏の指摘（斎藤明［2003b］）を考慮すれば，『智度論』は羅什個人の著述というよりは「羅什をヘッドとする翻訳集団の共著」と呼ぶのが穏当ではないかと愚考する。

『智度論』の偽撰性を確証したわれわれは，これを『心経』研究に援用する義務を課せられることはないであろう。

註

(1)　円照集『代宗朝贈司空大弁正広智三蔵和上表制集（不空表制集）』巻第一「請捜訪天下梵夾修葺翻訳制書一首」（『大正』vol.52, p.828a ～ c）によれば，不空三蔵は 758 年に中京の慈恩寺・薦福寺等の諸寺及び東京の聖善寺・長寿寺・福光寺等の諸寺，ならびに諸州県の舎寺や村坊にばらばらに所蔵されている大遍覚（玄奘）・義浄・善無畏・［菩提］流支・宝勝等の三蔵たちが将来した梵夾を散逸・毀損させないために，また，未翻の聖教を翻訳するために捜索して大興善寺に一括保管すべき旨を申告し，朝廷の許可を得ている。かくして，大興善寺は不空の翻訳事業のセンターとなったのである。

(2)　cf. 智曇『般若心経顕幽記科門』〈逸文 1〉（杲宝『般若心経秘鍵聞書』第三。『真言宗全書』16, p.125（69）a5 ～ 8；原田和宗［2006］, p.7, 8 ～ 10）

『般若心経顕幽記科門』〈智曇撰〉云：「昔奘三蔵将遊天竺訪尋仏法。祈祷観音冥助。果化老人授『梵本大般若心』。故往来誦持。凡遇嶮難，無不脱難。是『経』之力也」。〈文〉

この〈逸文〉は玄奘が入竺行の直前に観音の冥助を祈ったところ，観音が老人に化身して『梵本心経』を彼に授けたことを語る。

(3)　『慈恩伝』の先行箇所の長沢和俊氏訳（慧立／彦悰［rep.2001］, p.24）には「涼州の僧侶・俗人は，法師に『涅槃』『摂論』および**『般若心経』**の講義を開いてほしいと請うた」という現代語訳があり，『心経』が言及されているかに見えるけれども，原文は「道俗請開『涅槃』・『摂論』及**『般若経』**」（『慈恩伝』巻第一。『大正』vol.50, p.222c）であり，長沢氏訳の「『般若心経』」は『般若経』の誤訳かもしくは誤植であろう。

(4)　円照撰『貞元新定釈教目録』巻第十七「総集群経録」上之十七（『大正』vol.55, p.893c；Cf. 杲宝口・賢宝述『秘鍵聞書』第三［『真言宗全書』16, p.124b］；宥快『秘鍵鈔』第五［ibid., p.251b］；梶芳光運［1981a］, p.171；福井文雅［1987a］, p.190；渡辺章悟［2009］, p.71）

復有千福寺講論大徳沙門智柔。……又常諷味『般若心経』。此『経』**羅什翻訳名曰『大明呪経』**。**玄奘法師当往西方臨発之時神人授与**。路経砂磧険難之中。至心諷持災障遠離。是**大神呪**。斯言不虚。**後得梵夾訳出無異**。唯少序分及後流通。次於開元末年法月三蔵復訳此『経』。二文並有。今遇般若三蔵甲具有此。則与法月『経』同本異訳也。誠心懇請重出真文。未及参詳三蔵出使。八月十一日証義潤文繕写功畢。修表進上意願流行。

(5)　杲宝の口述講義を賢宝が筆記した『般若心経秘鍵聞書』第三では『貞元釈教録』巻第十七を引用して「案此釈鉤鏁鬼神所授与玄奘経**羅什所訳**見。……」と論評し（『真言宗全書』16, p.124b, 8 ～ 9），また，玄奘が老人から『梵本大般若心』を授けられたという趣旨の智曇『般若心経顕幽記科門』の記述（前出の註（2）を参照）への反証として『貞元釈教録』に再度言及し，さらに『慈恩伝』第一をも引用して，「玄奘感得経定可**漢本**」と結論する（ibid., p.125a, 5 ～ 15）。宥快は『般若心経秘鍵鈔』第五で『貞元釈教録』巻第十七・『慈恩伝』第一・『三宝感応録』を順次引用して，「玄奘渡天已前於蜀感得『心経』見。玄奘翻訳已前所流布是**羅什所訳**」と論評する（ibid., p.251b, 16 ～ 17），等々。

(6)　冥詳撰『玄奘行状』末尾の「若斯法師。還国已来。于今二十載」という記載（『大正』vol.50, p.220b）から高田修氏は『玄奘行状』の撰述は「玄奘の寂後数年にしてなるものと推測」する（高田修［rep.1980］, p.2b）。『玄奘行状』は冥詳自身について「又奉勅旨。故僧玄奘。葬日宜遣京城僧尼造幢。送至墓所。**冥祥**預表其事。寔繁不備。……」（『大正』vol.50, p.219c ～ 220a）と記すのみであり，冥祥の伝記は他に見あたらない。

(7)　ちなみに，長安留学中に玄奘が得たとされる「釈門千里之駒」という有名な人物評――きわめて至当な人物評――も『慈恩伝』編纂者による創作である。もとになる『玄奘行状』の長安遊学の条と『慈恩伝』における改竄結果を比較されたい。なお，参考までに道宣『続高僧伝』の記事も加える。

冥詳『玄奘行状』（『大正』vol.50, p.214c）

又入長安。就岳法師。学『倶舎論』。皆一遍而究其旨。経目而記於心。又於京城諸徳。尋訪異同。僕射宗公籥兄弟。又深珍敬。奏住大荘厳寺。法師既遍謁賢。備飡其説。詳考其理。各擅宗塗。験之聖典。亦隠顕有異。莫知適従。乃誓遊西方。以問所惑。弁取

『十七地論』等。以釈衆疑。即今之『瑜伽師地論』也。

慧立・彦悰『慈恩伝』巻第一（ibid., p.222b ～ c）

又入長安止大覚寺。就岳法師学『倶舎論』。皆一遍而尽其旨。経目而記於心。雖宿学耆年不能出也。至於鉤深致遠開微発伏。衆所不至。独悟於幽奥者。固非一義焉。時長安有常・弁二大徳。解究二乗行窮三学。為上京法匠。緇素所帰。道振神州。声馳海外。負笈之侶従之若雲。雖含綜衆経而偏講『摂大乗論』。法師既曽有功呉蜀。自到長安又随詢採。然其所有深致亦一拾斯尽。二徳並深嗟賞。謂法師曰：「汝可謂**釈門千里之駒**。再明慧日当在爾躬。恨吾輩老朽恐不見也」。自是学徒改観誉満京邑。法師既遍謁衆師。備飡其説。詳考其理。各擅宗塗。験之聖典。亦隠顕有異，莫知適従。乃誓遊西方以問所惑。并取『十七地論』以釈衆疑。即今之『瑜伽師地論』也。

Cf. 道宣［596 ～ 667 年在世］撰［645 年一旦擱筆／〈玄奘伝〉はそれ以降の追補。668 年における改葬記事は道宣本人にはなしえず，後人の加筆］『続高僧伝』巻第四「訳経篇四本伝二人」〈京大慈恩寺釈玄奘伝一〉（『大正』vol.50, p.447b）

沙門道岳。宗師『倶舎』闡弘有部。包籠領袖呑納喉襟。揚業帝城来儀群学。乃又従焉。創迹京都詮途義苑。沙門法常。一時之最。経論教悟。其従如林。奘乃一挙十問皆陳幽奥。坐中杞梓抜思未聞。由是馳誉道流。檀声日下。沙門僧弁法輪論士。機慧是長。命来連坐。吾之徒也。但為『倶舎』一論昔所未聞。因爾伏膺暁夕諮請。岳審其殷至慧悟霞明楽説不窮。任其索隠。単思研採。晬周究竟。沙門玄会。匠剖『涅槃』。刪補旧疏更張琴瑟。承斯令問親位席端。諮質遅疑煥然祛滞。僕射宋公蕭瑀。敬其脱穎。奏住荘厳。然非本志。情栖物表。乃又惟曰：余周流呉蜀爰逮趙魏末及周秦。預有講筵率皆登践。已布之言令。雖蘊胸襟。未吐之詞宗。解籤無地。若不軽生殉命誓往華胥。何能具覿成言。用通神解。一覩明法了義真文。要返東華伝揚聖化。則先賢高勝。豈決疑於弥勒。後進鋒穎。寧輟想於瑜伽耶。

道宣は『玄奘行状』にも『慈恩伝』にも全く依存せず，独自に文章をものしていることがわかる。智昇撰『開元釈教録』［730 年］巻第八「総括群経録」上之八〈沙門釈玄奘記伝〉（『大正』vol.55, pp.557c ～ 558a）の記述は『続高僧伝』と『慈恩伝』の折衷である。ちなみに靖邁撰『古今訳経図紀』巻第四末尾の〈玄奘伝〉にはこのような「長安遊学」の記事自体がない。むしろ，靖邁は師玄奘が「荊州天皇寺」で評判を呼んだことを特筆している（『大正』vol.55, p.366c）。『慈恩伝』は従来あまりにも信用されすぎであり，〈玄奘伝〉に関する初期資料同士を逐一突き合わせてすべて洗い直してみたほうがよいだろう。

(8) 垂拱四［688］年三月十五日仰上沙門釈彦悰述「大唐大慈恩寺三蔵法師伝序」（『大正』vol.50, p.221a ～ b）

若斯之類則備乎茲伝也。a. **伝本五巻**魏国西寺前沙門**慧立**所述。……博考儒釈雅善篇章。妙弁雲飛溢思泉涌。加以直詞正色不憚威厳。赴水蹈火無所屈撓。覩三蔵之学行。矚三蔵之形儀。鑽之仰之弥堅弥遠。因修撰其事以貽終古。乃削藁云畢。慮遺諸美遂蔵之地府。代莫得聞。b. 爾後役思纏痾気懸鍾漏。乃顧命門徒。掘以啓之。将出而卒。門人等哀慟荒鯁悲不自勝。而此伝流離分散他所。累載捜購近乃獲全。c. 因命余以序之。

迫余以次之。余撫已欠然拒而不応。因又謂余曰。仏法之事豈預俗徒。況乃当仁苦為辞讓。余再懐慚退沈吟久之。執紙操翰氿瀾腷臆。方乃参犬羊以虎豹。糅瓦石以琳璆。錯綜本文箋為**十巻**。

智昇撰『開元釈教録』巻第九「総括群経録」上之九〈大唐伝訳之余〉(『大正』vol.55, p.564b ～ c)

『大唐慈恩寺三蔵法師伝』十巻

右一部十巻其本見在。a. 沙門釈**慧立**。本名「子立」。天皇改為「慧立」。……立識敏才俊神清道遠。習林遠之高風有肇融之識量。声誉聞徹勅召充大慈恩寺翻経大徳。次補西明寺都維那。後授太原寺主。……事在別伝。立以玄奘法師求経印度。若無紀述季代罕聞。遂撰『慈恩三蔵**行伝**』。b. 未成而卒。c. 後弘福沙門**彦悰**続而成之。総成**十巻**。故初題云「沙門慧立本釈彦悰箋」。

彦悰作とされる『慈恩伝序』によれば，a. 玄奘の弟子慧立が玄奘の伝本五巻を修撰し，後世に遺すため地下に埋蔵し，そのことを他人に告げなかったので誰も知らなかった；b. 病にかかった慧立が門人に命じて伝本の発掘を命じたが，出土する直前に卒した；その後伝本は四散していたが，近頃全部を回収した。c. 彦悰は序文の執筆と伝記作成事業を継承することを命じられ，本文を編集補筆して十巻にまとめた，という経緯になる。単純に読めば，『慈恩伝』前半五巻が慧立原作本，後半五巻が彦悰の補足本であるということになり，慧立原作本は玄奘帰国までの前半生だけを綴った半生記であるかのように受け取られかねないが，高田修氏の『慈恩伝』解題（高田修［rep.1980］）によると，慧立原作本は玄奘の一生をカバーしていたのではないかという意見が有力のようである。しかし，本文で試みたように，『慈恩伝』巻第一と冥詳撰『玄奘法師行状』とを比較対校させれば，現行の『慈恩伝』が冥詳撰『玄奘行状』を下敷きにして改竄していることは明白であり，「後世に遺すため地下に埋蔵し，そのことを他人に告げなかったので誰も知らなかった；伝本は四散していたが，近頃完全本を回収した」といった，チベット・ニンマ派の埋蔵経典さながらのいかにも怪しい『慈恩伝序』の記述はむしろ冥詳撰『玄奘行状』を剽窃してアレンジしたことを隠蔽するためのアリバイ作りにしかわたしには見えない。長沢和俊氏の解題（慧立／彦悰［rep.2001］，p.287）によれば，『大唐西域記』において弁機が施した「親践国」と「伝聞国」との表記法の区別「行／至」に『慈恩伝』作者は気づかず，すべて「親践国」として扱っているという。そうであれば，『慈恩伝』が玄奘の直弟子ふたり（慧立・彦悰）によって書かれたという『慈恩伝序』の申し立て自体が疑わしくなる。おそらく『慈恩伝』の成立はそれを記載する智昇撰『開元釈教録』を最下限とする玄奘の弟子よりも後の世代の法相宗所属の人物の手になり，権威付けのために文藻豊かな直弟子「慧立・彦悰」のふたりに仮託されたのであろう。まったく同様の事例に飛錫撰『大唐故大徳開府儀同三司試鴻臚卿粛国公大興善寺大広智三蔵和上之碑』(『表制集』巻第三所収）を下敷きにし，不空の俗弟子「趙遷」に仮託して，10 世紀中頃に偽作されたと推定される『大唐故大徳贈司空大弁正広智不空三蔵行状』がある（岩本弘［1996］)。

(9)　漢訳経典に「羅什」や「玄奘」といった個人名の訳者が記載されていても，純粋に個人の翻訳であることはむしろ希で，有力なパトロンに支援された複数の翻訳スタッフの共訳である場合が多い。漢訳者名は翻訳集団の中核をなす代表者・指導者の名称といったほうがよい。そういうわけで，翻訳事業が長期に跨る一連の玄奘訳を相互に比較すればわかってもらえるように，漢訳者の名称が同じであっても，翻訳の場所や年代の相違のせいで，参集した翻訳スタッフのメンバーが入れ替わっているときは訳文に微妙な相違が出ることもある。したがって，翻訳集団の相違にあまり左右されない特徴的な訳語を判定の基準に選ぶ必要がある。

(10)　隋翻経沙門及学士等撰［602 年］『衆経目録（仁寿録）』（『大正』vol.55, p.162a）

『摩訶般若波羅蜜神呪経』一巻

『般若波羅蜜神呪経』一巻

静泰［663 ～ 665 年］撰『衆経目録』巻第三（ibid., p.197a）

『摩訶般若波羅蜜神呪経』一巻

『般若波羅蜜神呪経』一巻

(11)　靖邁は『般若波羅蜜神呪経』を従来どおり「失訳人名経典」リスト内で挙示し，それとは別に『摩訶般若波羅蜜呪経』を「支謙訳」リストに編入する。

靖邁撰『古今訳経図紀』巻第一（『大正』vol.55, p.350b；p.351a ～ b；p.352a）

失訳人名一百二十三部合一百四十八巻。並出古旧二録及道安失訳幷僧祐『三蔵記』・費長房『三宝録』並紀於『漢録』後。雖不知訳人経是正経。讐校梵文允合真理。還依旧録附之後漢。……

『般若波羅蜜神呪経』〈一巻〉。……

優婆塞**支謙**字「恭明」。月支国人也。漢末遊洛。……以黄武二年歳次癸卯。乃至建興二年歳次癸酉。正旧訳新凡一百二十九部合一百五十二巻。……

『摩訶般若波羅蜜呪経』〈一巻〉。

巻第四（ibid., p.367b）

『般若波羅蜜多心経』〈一巻〉。……

道宣も『大唐内典録』において同様の見解を示している。

西明寺釈氏（道宣）撰『大唐内典録』［664 年］巻第一「歴代衆経伝訳所従録」第一之初（ibid., p.226a）

『般若波羅蜜神呪』〈異本〉……

右一百二十五部。合一百四十八巻。並是僧祐律師『出三蔵記』撰古旧二録及道安失源幷新旧所得失訳諸経巻部甚広。讎挍群目蕪穢者衆。出入相交実難詮定。**未覩経巻，空閲名題**。有入有源無入無訳。詳其初始非不有由。既渉遠年故附此末。冀後博識脱覩本流。希還正収以為有拠。澄澄法海使静濤波焉。余又勘入蔵見録止得二十五巻。如別叙之。余欠本未獲。

巻第二「歴代衆経伝訳所従録」第一之二（ibid., p.229a ～ b）

『摩訶般若波羅蜜呪経』一巻〈見『宝唱録』或直云：『般若波羅蜜呪経』〉……

右一百二十九部合一百五十二巻。魏文帝世。月支国優婆塞**支謙**所訳。……

巻第五「歴代衆経伝訳所従録」第一之五（ibid., p.282c ～ p.283a）

『般若多心経』……

右大小乗経論。六十七部。一千三百四十四巻。京師大慈恩寺沙門釈玄奘奉詔訳。

(12)　明佺等撰［695 年］『大周刊定衆経目録』巻第一「大乗単訳経目」(ibid., p.379c)

『般若多心経』一巻〈一紙〉……

右並大唐玄奘訳

巻第二「大乗重訳経目巻」之一（ibid., p.381b；p.382b)

『摩訶般若波羅蜜呪経』一巻右呉建興年優婆塞**支謙**訳。出『長房録』……

『般若波羅蜜神呪経』一巻〈出『大品経』〉……

以前三十六経並般若枝分

巻第十二「大小乗**欠本**経目合為一巻」〈大乗欠本〉(ibid., 442c)

『摩訶般若波羅蜜呪経』一巻

(13)　運は恵運を指す。恵運（798 ～ 869）招来の般若訳『梵本心経』の写本（円海本）全体は榛葉良男［rep. 1977］に影印版で収録され（pp.361 ～ 371），その悉曇行と音訳行を統合したローマナイズが白石真道［1988］:「広本般若心経の研究」（写本番号 1, pp.516 ～ 528）で遂行された。残る漢訳行は拙稿［2004c］:「6 付録 1：般若訳『梵本心経』漢訳行」（pp.66 ～ 67）で翻刻し，本書でも 3 章以降の各章冒頭で分割して掲載した。

(14)　法隆寺悉曇本とは伝承経路を異にする『小本・心経』の梵字写本（内題：『般若心経梵本』）が「澄仁本」の名で伝承され（末尾の跋文に「『総録』云：梵唐対訳般若心経一巻〈澄仁〉」と記載），榛葉良男［rep. 1977］に影印版で収められている（pp.317 ～ 320）。現行の澄仁本『心経梵本』は『小本・心経』を梵字で筆記し，各梵字語句に対する意訳を割註として挿入したテキストであり，誤写・誤訳を多く含むとはいえ，確かに「梵唐対訳」本というにふさわしい。その梵字部分だけはすでに白石真道氏によってかなりの修正を経てローマナイズされている。白石真道［1988］所収：「般若心経略梵本の研究」（pp.469 ～ 486）わたしは現行の澄仁本『心経梵本』の来歴に種々の疑問をいだき，原田和宗［2006］において現行テキスト全体を翻刻し（pp.18 ～ 22），内容を検討してみた（pp.22 ～ 27）。その結果，現行の澄仁本『心経梵本』には a. 空海『心経秘鍵』を剽窃した付加部分があること，b. 智慧輪訳『心経』（入唐八家未請来）などの『大本・心経』系統の訳文が混入していること，c. 安然『悉曇蔵』に引用される『小本・心経』系統の『般若心経梵本』――これこそが円仁招来の『唐梵対訳心経』であろう――の梵語の綴りや語義との不一致が認められることの 3 点から，わたしは現行の澄仁本『心経梵本』を円仁招来の『唐梵対訳心経』に比定しうる可能性は皆無であるという結論を下した。したがって，現行写本については「伝澄仁本『心経梵本』」と呼称することを提案したい。

(15)　石田茂作［rep. 1982］:「奈良朝現存一切経疏目録」（p.31；p.82）では訳者名抜きで『心経』一巻（天平 3［731］年）・『摩訶般若波羅蜜多大明呪経』一巻（天平 8［736］年）・『般若波羅蜜多大心経』一巻（天平 10［738］年）・『摩訶般若波羅蜜多呪』二巻（天平 10 年）・『心般若経』一巻（宝亀 3［772］年）・『般若大明呪経』一巻（宝亀 3 年）ののべ六点の『心経』系経典が枚挙される。

(16)　『小本・心経』の梵文原典には sūtra の語はなかったと法隆寺梵文から証明されるので，『大明呪経』の場合も，sūtra を原題の復元にはつけないでおく。

(17)　仏陀耶舎共竺仏念訳『仏説長阿含経』巻第十六（二四）「第三分堅固経」第五（『大正』vol.1, p.101c；p.102a）

彼長者居士未得信者語得信者言：我聞有**瞿羅呪**。能現如是無量神変乃至立至梵天。……彼不信長者居士。聞此語已生毀謗言：有**乾陀羅呪**能観察他心。隈屏所為皆悉能知。

『長阿含』「堅固経」の当該経文は『婆沙論』にも引用されている。

Cf. 浮陀跋摩共道泰等訳『阿毘曇毘婆沙論』巻第五十三「智揵度他心智品」第二之五（『大正』vol.28, p.384a ～ b）

時不信者。語信者言：汝見此事。有何奇異。有**呪名「揵陀羅」**。有人受持読誦。亦能示現種種神変。……時不信者言：汝見此事。有何奇異。有**呪名「刹尼迦」**若有受持読誦之者能知他人心所念法。乃至広説。

玄奘訳『阿毘達磨大毘婆沙論』巻第一百三「智蘊第三中他心智納息」第三之五（『大正』vol.27, p.531c ～ p.532a）

時不信者語信者言。此何希有。世有**明呪名「健駄梨」**。善受持者亦能示現如是幻惑。誰有智者現斯鄙事。……時不信者語信者言此何希有。世有**明呪名「刹尼迦」**。善受持者亦能造作如是幻惑。誰有智者作斯鄙事。

(18)　仏陀跋陀羅訳『仏説観仏三昧海経』巻第一「六譬品」第一（『大正』vol.15, p.647a ～ b）

帝釈若至歓喜園時。共諸綵女入池遊戯。爾時悦意即生嫉妬。遣五夜叉往白父王。今此帝釈不復見寵。与諸婇女自共遊戯。父聞此語心生瞋恚。即興四兵往攻帝釈。立大海水踞須弥頂。九百九十九手。同時倶作撼喜見城。搖須弥山。四大海水一時波動。釈提桓因驚怖惶懼。靡知所趣。時宮有神。白天王言：「莫大驚怖。過去仏説般若波羅蜜。王当誦持鬼兵自砕」。是時帝釈坐善法堂。焼衆名香発大誓願：「**般若波羅蜜是大明呪**。**是無上呪**。**無等等呪**。**審実不虚**。我持此法当成仏道。令阿修羅自然退散」。作是語時。於虚空中有四刀輪帝釈功徳故自然而下。当阿修羅上。時阿修羅耳鼻手足一時尽落。令大海水赤如絳汁。時阿修羅即便驚怖。遁走無処入藕絲孔。彼以貪欲瞋恚愚痴鬼幻力故。尚能如是。豈況仏法不可思議。仏告大王：「諸善男子及善女人。繫心思惟諸仏境界。亦能安住諸三昧海。其人功徳不可称計。譬如諸仏等無有異」。

なお，『観仏三昧海経』巻第一「六譬品」第一の当該節は僧旻・宝唱等集［516 年］『経律異相』巻第四十六〈鬼神部〉「阿修羅第一」（『大正』vol.53, p.239b）にも引用されており，そこでも「般若波羅蜜是大明呪・是無上呪・無等等呪・審実不虚」とある。

(19)　仏陀跋陀羅訳『観仏三昧海経』巻第七「観四威儀品」第六之余（『大正』vol.15, p.682c）

我今所説及我所見**真実不虚**。願令我等及諸天衆猶如仏身。作是語時。自見心中百万光出。一一光明化成無量百千化仏。自見己身身真金色。……如汝所説**真実不虚**。未来衆生但発是念。得無量福身相具足。何況憶想。

(20)　*Vajra-cchedikā Prajñā-pārami-tā*（Vaidya［1961］, p.81, 24 ～ 25） tad yathāpi nāma Subhūte cakṣuṣ-mān puruṣaḥ prabhātāyāṃ rātrau sūrye 'bhyudgate nānā-vidhāni rūpāṇi **paśyet**......

羅什訳『金剛般若波羅蜜経』(『大正』vol.8, p.750c)

如人有目日光明**照見**種種色。……

玄奘訳『大般若経』巻第五百七十七「第九能断金剛分」(『大正』vol.7, pp.982c ～ 983a)

善現。譬如明眼士夫過夜暁已日光出時**見**種種色。……

義浄訳『仏説能断金剛般若波羅蜜多経』(『大正』vol.8, p.773c)は羅什訳(上掲)と同文。玄奘訳に追従することが多い義浄にしては珍しく羅什訳を採用している。

(21)　煩を恐れて神呪内の"tad yathā"と結びの"svāhā"の音訳だけを引用する。玄奘訳『持世陀羅尼経』[654 年訳出]「呾姪他……莎呵」(『大正』vol.20, p.667a);玄奘訳『十一面神呪心経』[656 年訳出]「怛姪他闍〈一〉……莎〈去声呼下皆同〉訶〈十五〉」(ibid., p.153a);玄奘訳『呪五首』[664 年訳出]〈能滅衆罪千転陀羅尼呪〉「……怛姪他〈十〉……莎訶〈四十〉」(ibid., p.17a);〈七倶胝仏呪〉「……怛姪他……莎訶」(ibid., p.17a);〈一切如来随心呪〉「……怛姪他……莎呵」(ibid., p.17b);〈観自在菩薩随心呪〉「……怛姪他……莎賀」(ibid., p.17b)。

664 年訳出の『呪五首』は玄奘最後の翻訳であり, 末尾に梵文「能滅衆罪千転陀羅尼呪」が悉曇文字で書写される。これは前年[663 年]訳了の『大般若経』六百巻末尾に梵文「般若仏姆心呪」ならびに「般若仏姆親心呪」が音訳と悉曇文字で表示されているのと照応している。

(22)　gate に対する羅什訳『大明呪経』の音訳語「竭帝」は慧琳撰『一切経音義』の記録によって保証される。

慧琳撰『一切経音義』[783 ～ 807 年間撰述]巻第十(『大正』vol.54, p.369b ～ c)

『大明呪経』〈前訳『般若心経』慧琳音〉

罣礙……

竭帝〈梵語真言句質樸不妙「竭」正梵音云「蘗」也〉

僧婆訶〈亦質樸不妙也正梵音云「婆縛〈二合〉賀」与前経所説同也〉

羅什の音訳語「竭帝」は 5 世紀前半の曇無讖訳『大方等無想経』巻第二「大雲初分大衆健度」余(竭帝・波利竭帝・僧竭帝・波羅僧竭帝)・6 世紀の闍那崛多訳『東方最勝灯王陀羅尼経』末尾(阿竭帝・波羅竭帝・波羅僧竭帝)とも共通である。『大明呪経』の音訳語が 7 世紀の玄奘訳『心経』の模倣では決してなく, 5・6 世紀の音訳語の伝統に則るものであることは確実である。

また, 余談ではあるが, 中国における玄奘訳『心経』に対する唐代の註釈書に引用される当該真言句はなぜか音訳語に微妙な相違がある。

慧浄『疏』　:揭帝・揭帝・波羅揭帝・波羅僧揭帝・菩提・薩婆訶
円測『賛』　:揭諦・揭諦・波羅揭諦・波羅僧揭諦・菩提・莎婆呵
基　『幽賛』:揭諦・揭諦・波羅揭諦・波羅僧揭諦・菩提・莎訶
晴邁『疏』　:揭諦・揭諦・波羅揭諦・波羅僧揭諦・菩提・薩婆訶

法蔵『略疏』：羯諦・羯諦・波羅羯諦・波羅僧羯諦・菩提・薩婆訶
日本の智光『述義』所引の「呪」は晴邁のそれと一致し，現在，真言宗依用の玄奘訳『心経』の「呪」も晴邁所引のものと同じである。天台宗および臨済宗・曹洞宗は法蔵所引の「呪」を用いる。

(23) 同様のことが不空が率いた翻訳集団にもいえる。不空の没後も，「不空訳」を称する密教経典がしばらくの間訳出され続ける。これは遺された翻訳集団が解散せず，活動していたことを推測せしめる。

(24) 羅什訳『大品般若経』と『智度論』所引の〈大品般若経〉の訳文はほとんど同じではあるが，わずかな相違も見られる。例えば，『大品般若経』の「五陰」は『智度論』所引経では大抵「五衆」となっている。このような些細な相違は『大品般若経』が最終的校訂を経た完訳本であるのに対して，『智度論』所引経が校訂の途上にある試訳の段階にあることによるのであろう。

(25) 『智度論』の龍樹撰述を疑う有力な説を以下に挙げる。

a. 安井広済氏は『中論頌』「観業品」中の敵対者（安井氏は『般若灯論』観誓復註に従って「毘婆沙師」と記すが，不失法を説く以上，「正量部」であろう）の主張を述べる第 20 偈を『智度論』がナーガールジュナの主張の偈として引用する事実を指摘し，『智度論』の著者性を疑わせる一論点と評される（安井［1970］，p.383；pp.389 ～ 390）。安井氏の控えめな論調にも拘わらず，氏が指摘された一事例はただそれだけで『智度論』のナーガールジュナ作という伝承を完全に否定するに足りるほど決定的な反証であるとわたしは確信する。印順氏はラモット氏の『智度論』非ナーガールジュナ撰述説や平川彰氏の『十住毘婆沙論』・『智度論』の同一著者性否定説を反駁し，『中論』・『十住毘婆沙論』・『智度論』の三作品を同一のナーガールジュナのものだとする精力的な議論（印順［1993］）を展開しているが，安井氏の指摘した事例にはまったく言及しない。

b. 加藤純章氏は平川彰・干潟龍祥・ラモット・印順各氏の所論を要約・整理したうえで，1.『智度論』に『成実論』との共通点が若干あるだけでなく，とくに『智度論』が『成実論』の三世実有論批判の記述を転用したと思しき箇所があること，2.『智度論』が「一」「時」という経文を註釈する箇所でヴァイシェーシカ学派の数句義を批判する『百論』の婆藪開士の釈論の文章と時論外道を批判する婆藪釈論の文章をほとんどそのまま転用していることを新たに指摘され，3.『智度論』がアーリヤ・デーヴァの『四百論頌』とラーフラ・バドラの『般若波羅蜜多讃』を引用しているというすでに周知されている事実と併せて，ナーガールジュナが直弟子・孫弟子・曽孫弟子の作品を自著に引用することの不自然さを再確認し，4.『智度論』の作者を訳者鳩摩羅什本人に帰するのがもっとも無難な仮定であり，この仮定であれば，干潟氏やラモット氏が指摘された問題点の多くが解決しやすくなるという利点を強調して，『智度論』羅什作者説の可能性を提案される（加藤純章［1996］)。3. について補足すれば，インドの論書で師匠が直弟子や後輩の作品を自説の補強のために自著に引用した例は皆無である。かつてはナーガールジュナの自注と伝承されてきた『中論註・無畏論』にアーリヤ・デーヴァ『四百論頌』が引用されていることを理由に，『智度論』に直弟子・孫弟子の引用があっても，おかしくはないという弁明が宇井伯寿氏によってなされたこともある（宇井伯寿［rep. 1965］，p.351）。もちろん，現在の学界で『無畏論』をナーガールジュナの真撰とみなす学者はほとんどいない（最近の例外は石飛道子［2007］）。それゆえ，『智度論』における後世の学匠の作品からの引用などの不都合な部分をすべて訳者羅什による附加として処理し，あくまでも『智度論』のナーガールジュナ真撰説を擁護しようとする学者もいる。それならそれで羅什の附加部分をすべて明確に分離・撤去して復元・再構成されうるナーガールジュナ『智度論』の純然たるテキストを提示する義務がそういう学者には課せられるはずなのに，誰もそのような企てはしない。つまり，『智度論』におけるナーガールジュナ真撰のテキスト範囲がナーガールジュナ真撰論者によってすら厳密に確定されていないので，ナーガールジュナ偽撰論者との対等かつ公平な論争が成り立たない。偽撰論者が新たな根拠を示すたびに，真撰論者はその根拠となるテキスト箇所を羅什の附加部分として新たに追認していくというご都合主義な処理を重ねていくわけだから，いつまでたっても敗北を認めようとはしない。しかし，あいにく『百論』婆藪釈論からの引用に関しては附加説が成り立たないことを加藤純章氏は注意している。

私見では，c.『中論頌』の作者との同一性を否定する根拠として以下のポイントを追加しうる。1.『中論頌』・『廻諍論』・『広破論』は〈空性〉思想を説きながら，〈般若波羅蜜多〉にはまったく言及しない。2.『中論頌』は四縁・六根・生住滅の有為の三相などの古いアビダルマ学説を批判するとはいえ，『婆沙論』で定着した六因・同分彼同分・生住異滅の有為の四相・身表＝形色・極微などの新しいアビダルマ学説をとりあげない。一方，『智度論』はこれに反して六因・有為の四相・極微などを批判する。3.『智度論』には〈三世実有論〉への批判的言及（加藤純章氏によれば，『成実論』からの転用）があるのに，『中論頌』は『婆沙論』に見られる〈三世実有論証〉をまったく批判しない。つまり，『中論頌』は『婆沙論』以前の成立，『智度論』の成立は『婆沙論』および『成実論』以降であることが判明する。

d. その他，『智度論』のインド成立を否定する根拠として，1.法蔵部所属の『舎利弗阿毘曇論』を犢子部所属だとする，インド撰述であれば考えられないような誤った情報を『智度論』が伝える点，2.羅什訳『妙法蓮華経』「方便品」で羅什が加筆捏造した〈十如是〉のリストの祖型（九法）が同じ羅什訳の『智度論』にのみトレースされる事実（本田義英［rep. 1939］：所収「十如本文に対する疑義」・「十如本文論批評に答ふるの資料」・「十如本文否定の積極的論料」；なお，羅什訳『智度論』［405年訳出］は羅什訳『妙法蓮華経』［406年訳出］よりも以前に訳出されている），3. 本文で指摘したように，『智度論』所引の〈大品般若経〉や『法華経』が羅什訳『大品般若経』・同訳『法華経』と同一ヴァージョンであるという点なども加算したい。

(26)　竺法護訳『光讃経』［286年訳出］巻第一「光讃品」第一（『大正』vol.8, p.147a）

幷諸菩薩摩訶薩。得諸総持逮成三昧。修于空，行尊於無想。不念衆願以得等忍。制覧無数皆得五通。所言聡捷無有懈怠。蠲捨家利所慕之心。所説経法不僥供養。致深妙法度於無極。得無所畏超越魔事。脱於一切陰蓋之礙。**講諸因縁**心志所趣。従無数劫精進行願。其意所向喜悦問訊常先於人。離於結恨入於無数衆会之中。威勢巍巍無所畏難。

憶念無量姟劫之事。若説経法暁練衆義。猶如幻化・野馬・水月・夢与影響若鏡中像勇猛無侶。

無羅叉訳『放光般若経』［291 年訳出］巻第一「放光品」第一（ibid., p.1a）

諸菩薩摩訶薩。已得陀隣尼空行三昧無相無願蔵。已得等忍。得無罣礙陀隣尼門。悉是五通。所言柔軟無復懈怠。已捨利養無所希望。逮深法忍得精進力。已過魔行度於死地。所教次第於阿僧祇劫順本所行。所作不忘顔色和悦。常先謙敬所語不麤。於大衆中所念具足。於無数劫堪任教化。所説如幻・如夢・如響・如光・如影・如化。如水中泡・如鏡中像。如熱時炎・如水中月常以此法用悟一切。

羅什訳『大品般若経』［404 年訳出］巻第一「序品」第一（ibid., p.217a）

復有菩薩摩訶薩。皆得陀羅尼及諸三昧行空・無相・無作。已得等忍得無閡陀羅尼悉是五通言必信受無復懈怠。已捨利養名聞。説法無所悕望。度深法忍得無畏力過諸魔事。一切業障悉得解脱。**巧説因縁法**。従阿僧祇劫以来発大誓願。顔色和悦常先問訊所語不麁。於大衆中而無所畏。無数億劫説法巧出。解了諸法如幻・如焰・如水中月・如虚空・如響・如揵闥婆城・如夢・如影・如鏡中像・如化。得無閡無所畏。

鳩摩羅什訳『大智度論』［405 年訳出］巻第四「大智度初品中菩薩釈論」第八～第六巻「大智度初品中十喩釈論」十一（『大正』vol.25, pp.84c ～ 101c）

復有菩薩摩訶薩／皆得陀羅尼及諸三昧行空・無相・無作已得等忍／得無礙陀羅尼／悉是五通／言必信受／無復懈怠／已捨利養名聞／説法無所悕望／度甚深法忍／得無畏力／過諸魔事／一切業障悉得解脱／**巧説因縁法**／従阿僧祇劫已来発大誓願／顔色和悦常先問訊所語不麁／於大衆中得無所畏／無数億劫説法巧出／解了諸法如幻・如焰・如水中月・如虚空・如響・如犍闥婆城・如夢・如影・如鏡中像・如化／

玄奘訳『大般若波羅蜜多経』［663 年訳出］巻第四百一「第二分縁起品」第一（『大正』vol.7, p.1b）

復有無量無数菩薩摩訶薩衆。一切皆得諸陀羅尼及三摩地。常居空住。行無相境。無分別願恒現在前。於諸法性具平等忍。得無礙弁不退神通。言行清高翹勤匪懈。演暢正法無所希求。応理称機離諸矯誑。於深法忍到究竟趣。断諸怖畏降伏衆魔。滅一切惑摧諸業障。智慧弁才善巧具足。已無数劫大誓荘厳。含笑先言舒顔和視。讃頌美妙弁説無窮。威徳尊厳処衆無畏。気調閑雅進趣合儀。巧演如流多劫無尽。善観諸法皆同幻事・陽焔・夢境・水肉（月？）・響声。亦如空花・鏡像・光影。又等変化及尋香城。知皆無実唯現似有。心不下劣無畏泰然。一切法門皆能悟入。

Pañca I（Dutt［1934］, pp.4, 6 ～ 5, 1）

a-parimāṇaiś ca bodhi-sattva-koṭī-niyuta-śata-sahasraiḥ sārdhaṃ sarvair dhāraṇī-pratilabdhaiḥ śūnya-tā-vihāribhir a-nimitta-gocaraiḥ praṇidhānā-kalpitaiḥ kṣānti-sama-tā-pratilabdhair a-saṅga-dhāraṇī-pratilabdhair a-cyutābhijñair ādeya-vacanair a-kuhakair alakapair apagata-jñātra-lābha-cittair nir-āmiṣa-dharma-deśakair gambhīra-dharma-kṣānti-pāraṃ-gatair vaiśāradya-prāptair māra-karma-samatikrāntaiḥ karmāvaraṇa-pratiprasrabdhair dharma-pravicaya-vimukti-nirdeśa-kuśalair a-saṃkhyeya-kalpa-praṇidhāna-su-samārabdhaiḥ smita-mukhaiḥ pūrvālāpibhir vigata-bhṛkuṭī-mukhair gāthābhir gītālapana-kuśalair apagatalīna-cittair an-ācchedya-pratibhānair an-anta-pariṣad-abhibhavana-vaiśāradya-samanvāgatair an-anta-kalpa-koṭī-niḥsaraṇa-kuśalair māyā-marīci-daka-（or：-marīcikodaka-）candra-svapna-pratiśrutkā-pratibhāsa-pratibimba-nirmāṇopama-dharmādhimuktaiḥ......

(27)　ちなみに，この〈四縁〉は『智度論』以前の有部論書でも説かれている。有部論書では〈四縁〉は『識身足論』で定着し，そのあとで〈六因〉が『発智論』で確定し，『婆沙論』ではあくまでも〈四縁〉を主とする〈四縁・六因・五果〉の体系が構築されたが，『心論』では〈六因・四縁・五果〉という〈六因〉主導型の体系へと変更され，これが『阿毘曇心論経』・『雑阿毘曇心論』・『倶舎論』・『順正理論』へと継承され，有部因果論の主流をなした（有部の〈四縁〉説から〈六因〉説への因果論の発展については兵藤一夫［1983］；［1985］が詳しい）。有部の因果論は『中論頌』の主要な批判対象となるが，『中論頌』が批判するのは〈四縁〉説だけで，〈六因〉説には言及すらしない。

(28)　『光讃経』巻第一「光讃品」第一（『大正』vol.8, pp.149c ～ 150a）

［1］復次舎利弗。若菩薩摩訶薩。［欲建立諸仏国土令不断絶。］欲住内空。若処外空。若内外空。若於空空。若於大空。究竟之空。所有空。無有空。有為空。無為空。若真空者。無祠祀空。無因縁空。因縁空。自然相空。一切法空。不可得空。無所有空。若自然空。無形自然空。因縁威神空。諸行相欲至此者。当学般若波羅蜜。［3］復次舎利弗。菩薩摩訶薩。［欲得親近一切如来。］欲得観解一切諸法。欲了諸法在於本際。当学般若波羅蜜。如是舎利弗。菩薩摩訶薩。欲成般若波羅蜜。当如是住。

『放光般若経』巻第一「放光品」第一（ibid., p.3a ～ b）

［1］菩薩摩訶薩欲住内空・外空・大空・最空・空空・有為空・無為空・至竟空・無限空・所有空・自性空・一切諸法空。無所猗空・無所有空。欲知是空事法者。当学般若波羅蜜。［3］菩薩摩訶薩欲覚知一切諸仏諸法如者。当学般若波羅蜜。欲知一切諸法性者。当学般若波羅蜜。欲知一切諸法真際者。当学般若波羅蜜。舎利弗。菩薩摩訶薩。如是為行般若波羅蜜当作是住。

『大品般若経』巻第一「序品」第一（ibid., p.219c）

［1］復次舎利弗。菩薩摩訶薩欲住内空・外空・内外空・空空・大空・第一義空・有為空・無為空・畢竟空・無始空・散空・性空・自相空・諸法空・不可得空・無法空・有法空・無法有法空。当学般若波羅蜜。［2］**菩薩摩訶薩欲知諸法因縁・次第縁・縁縁・増上縁**。**当学般若波羅蜜**。［3］復次舎利弗。菩薩摩訶薩欲知諸法如・法性・実際。当学般若波羅蜜。舎利弗。菩薩摩訶薩応如是住般若波羅蜜。

『大智度論』巻三十一「釈初品中十八空義」第四十八～巻三十二「釈初品中四縁義」第四十九（『大正』vol.25, pp.285b ～ 297b）

［1］復次舎利弗。菩薩摩訶薩。欲住内空・外空・内外空・空空・大空・第一義空・有為空・無為空・畢竟空・無始空・散空・性空・自相空・諸法空・不可得空・無法空・有法空・無法有法空。当学般若波羅蜜／［2］**菩薩摩訶薩**。**欲知諸法因縁・次第縁・縁縁・増上縁**。**当学般若波羅蜜**／［3］復次舎利弗。菩薩摩訶薩欲知一切諸法如・法性・実際。当学般若波羅蜜。舎利弗。菩薩摩訶薩応如是住般若波羅蜜。

『大般若経』巻第四百二「第二分歓喜品」第二（『大正』vol.7, p.8c）

［1］復次舍利子。若菩薩摩訶薩。欲安住内空・外空・内外空・空空・大空・勝義空・有為空・無為空・畢竟空・無際空・散空・無変異空・本性空・自相空・共相空・一切法空・不可得空・無性空・自性空・無性自性空当学般若波羅蜜多。［3］若菩薩摩訶薩欲安住一切法真如・法界・法性・不虚妄性・不変異性・平等性・離生性・法定・法住・実際・虚空界・不思議界当学般若波羅蜜多。［4］若菩薩摩訶薩欲覚知一切法尽所有性。如所有性無顚倒無分別当学般若波羅蜜多。［2］**若菩薩摩訶薩欲覚知一切法。因縁・等無間縁・所縁縁・増上縁性無所有不可得当学般若波羅蜜多**。［5］若菩薩摩訶薩欲覚知一切法如幻・如夢・如響・如像・如光影・如陽焔・如空花・如尋香城・如変化事・唯心所現・性相皆空当学般若波羅蜜多。

Pañca I（Dutt［1934］, p.24, 10 ～ 21）

［1］punar aparaṃ Śāri-putra bodhi-sattvena mahā-sattvena adhyātma-śūnya-tāyāṃ śikṣitu-kāmena prajñā-pārami-tāyāṃ śikṣitavyam. evaṃ bahirdhā-śūnya-tāyām adhyātma-bahirdhā-śūnya-tāyāṃ śūnya-tā-śūnya-tāyām mahā-śūnya-tāyāṃ paramārtha-śūnya-tāyāṃ saṃskṛta-śūnya-tāyām atyanta-śūnya-tāyām an-avarāgra-śūnya-tāyām an-avakāra-śūnya-tāyāṃ prakṛti-śūnya-tāyāṃ sarva-dharma-śūnya-tāyāṃ sva-lakṣaṇa-śūnya-tāyām an-upalambha-śūnya-tāyām a-bhāva-sva-bhāva-śūnya-tāyāṃ bhāva-śūnya-tāyāṃ a-bhāva-śūnya-tāyāṃ sva-bhāva-śūnya-tāyāṃ para-bhāva-śūnya-tāyāṃ śikṣitu-kāmena bodhi-sattvena mahā-sattvena prajñā-pārami-tāyāṃ śikṣitavyam.

［3］punar aparaṃ Śāri-putra bodhi-sattvena mahā-sattvena sarva-dharma-tathatām avabodhu-kāmena prajñā-pārami-tāyāṃ śikṣitavyam. evaṃ dharma-dhātu-tathatām avabodhu-kāmena bodhi-sattvena mahā-sattvena prajñā-pārami-tāyāṃ śikṣitavyam. sarva-bhūta-koṭī-tathatām avabodhu-kāmena bodhi-sattvena mahā-sattvena prajñā-pārami-tāyāṃ śikṣitavyam.

第3章　第一〈観察〉節——散文部分【起】節

1　第一〈観察〉節のテキスト

本章からはいよいよ，『小本・心経』の本文の検討にとりかかろう。

まず，『小本・心経』散文部の第一〈観察〉節について，一漢訳（羅什訳『大明呪経』）と梵文テキストと梵文和訳を掲げる。その次に，残る他の小本系心経の諸漢訳と敦煌本チベット訳，および，『大本・心経』の対応節の諸漢訳・梵文テキスト・チベット訳をそれぞれまとめて対照させる（『小本・心経』テキストのこれ以降の節についても同様に扱うことにする）。

羅什訳『大明呪経』（『大正』vol.8, p.847c10 ～ 11）

観世音菩薩。行深般若波羅蜜時。照見五陰空。度一切苦厄。

梵文（*Prajñā-pāramitā-hṛdaya*. 中村・紀野［1960］，p.172, 7 ～ 8）

namas Sarva-jñāya

Aryāvalokiteśvaro bodhi-sattvo gaṃbhīrāyāṃ prajñā-pāramitāyāṃ caryāṃ caramāṇo vyavalokayati sma：pañca skandhās, tāṃś ca svabhāva-śūnyān paśyati sma.

梵文和訳（『〈プラジュニャー・パーラミター〉心呪』）

一切智者［であるブッダ］に敬礼します。

聖者であるアヴァローキテーシュヴァラ（観察する自在者）というボーディサットヴァ（聖観自在菩薩）は甚深なる〈智慧の究極性〉（深般若波羅蜜多）のもとに［ボーディサットヴァの］実践項目を実践しておられるとき，観察したもうた：［人格主体としての自我があるのではなく，］五箇の諸基幹（五蘊）がある，と。しかも，それら（五箇の諸基幹）を自己本質の空なるもの（自己本質を欠如したもの／自性空）として視たもうた。

その他諸テキスト

玄奘訳『般若心経』（『大正』vol.8, p.848c6 ～ 7. 649 年訳出）

觀自在菩薩。行深般若波羅蜜多時。照見五蘊皆空。度一切苦厄。

不空訳『梵本心経』（福井文雅［1987b］漢訳篇 , p.139, 6）

聖観自在菩薩，深般若波羅蜜多行行時照見五蘊〈般〉（B 本：彼）自性空〈現〉（read：見）。

法月訳『普遍智蔵心経』（『大正』vol.8, p.849a19 ～ 21. 738 年訳出）

於是観自在菩薩摩訶薩蒙仏聴許。仏所護念。入於慧光三昧正受。入此定已。以三昧力行深般若波羅蜜多時。照見五蘊自性皆空。

般若共利言等訳『般若心経』（ibid., p.849b28 ～ c1. 790 年訳出）

爾時衆中有菩薩摩訶薩。名「観自在」。行深般若波羅蜜多時。照見五蘊皆空。離諸苦厄。

般若訳『梵本心経』漢訳行（原田和宗［2004c］，p.66, 15 ～ 16）

爾時観自在菩薩摩訶薩甚深慧彼岸行，如是［一字不鮮明］見五蘊等自性空観。

智慧輪訳『般若心経』（『大正』vol.8, p.850a13 ～ 14. 859 年以前の訳出）

時衆中有一菩薩摩訶薩。名「観世音自在」。行甚深般若波羅蜜多行時。照見五蘊自性皆空。

法成訳『般若心経』（ibid., p.850b25 ～ 27. 847 ～ 859 年間訳出）

復於爾時。観自在菩薩摩訶薩。行深般若波羅蜜多時。観察照見五蘊体性。悉皆是空。

施護訳『聖仏母般若経』（ibid., p.852b11 ～ 13. 1005 年訳出）

時観自在菩薩摩訶薩。在仏会中。而此菩薩摩訶薩。已能修行甚深般若波羅蜜多。観見五蘊自性皆空。

敦煌写本チベット訳『小本・心経』（*Ārya-prajñā-pāramitā-hṛdaya*. 上山大峻［1965］，pp.74, 31 ～ 75, 3）

thams cad mkhyen pa la phyag ḥtshal lo. ḥdi ltar ḥphags pa kun tu spyan ras gzigs kyi dbaṅ po byaṅ chub sems dpaḥ śes rab kyi pha rol tu phyin pa zab mo spyad pa spyod paḥi tche. rman par bltas na lṅa chuṅ de dag ṅo bo ñid kyis stoṅ par mthoṅ ṅo.

梵文『大本・心経』（中村・紀野［1960］，p.175, 11；pp.175, 15 ～ 176, 2）

namas Sarva-jñāya

......tena ca samayen Āryāvalokiteśvaro bodhi-sattvo mahā-sattvo gaṃbhīrāyāṃ prajñā-pāramitāyāṃ caryāṃ caramāṇa evaṃ vyavalokayati sma：pañca skandhās tāṃś ca svabhāva-śūnyān vyavalokayati.

チベット訳『大本・心経』（*Bhagavatī-Prajñā-pāramitā-hṛdaya*. 副島正光［1980］，p.301, 7 ～ 10）

yaṅ deḥi tshe byaṅ-chub-sems-dpaḥ sems-dpaḥ chen-po ḥphags-pa spyan-ras-gzigs-dbaṅ-phyug śes-rab kyi pha-rol-tu-phyin-pa zab-moḥi spyod-pa ñid la rnam-par-lta shiṅ phuṅ-po lṅa-po de-dag la yaṅ raṅ-bshin gyis stoṅ-par rnam-par-ltaḥo.

チベット訳『大本・心経』B 本（*Ārya-Bhagavatī-Prajñā-pāramitā-hṛdaya*. J. Silk［1994］，p.111b1 ～ 5） yang de' i tshe byang chub sems dpa' sems dpa' chen-po, 'phags pa spyan ras gzigs dbang phyug shes rab kyi pha rol tu phyin pa zab mo spyod par rnam par blta ste, phung po lnga po dag la de dag ngo bo nyid kyis stong par rnam par blta'o.

※　ジョナサン・シルク氏校訂のチベット訳『大本・心経』はA本（タントラ部所属），B本（般若部所属）の二系統の校訂本を収録する。A本は副島版と基本的には一致する。したがって，本章以下，A本が副島版と著しく相違する場合に限って，A本のテキストを掲げる。なお，副島版『大本・心経』チベット訳からは *gaṃbhīrāṃ prajñā-pāramitā-caryām eva vyavalokati sma*（甚深なる般若波羅蜜多の行のみを観察した）という梵文の形態が想定される。B本はこのうちの *eva* だけを欠く。[なお，シルク校訂本の入手に関してお世話になった中澤中氏に感謝申し上げます。]

本節は『八千頌般若』・『二万五千頌般若』のいずれにも節単位での対応はなく，『心経』独自の節である。もっとも，以下に論を進めるように，「観自在菩薩」・「甚深なる般若波羅蜜多において」・「行を行じるとき」・「空と観察する」・「空と視る」・「五蘊は自性空」・「観察した；視た」というように，単語単位，フレーズ単位に分ければ，『八千頌般若』・『二万五千頌般若』といった先行〈般若経典〉や『華厳経・入法界品』などの非般若経系列の初中期大乗経典に個別的な対応例が確認される。

以下，本文をフレーズごとに分け，順に，その素材となったであろう典籍を追求していきたい。

2　〈帰敬呪〉

2.1　『心経』の〈帰敬呪〉

法隆寺悉曇本や伝澄仁本『心経梵本』に見える『小本・心経』の劈頭を飾る〈帰敬呪〉“namas Sarva-jñāya（帰命一切智）”は，梵文『大本・心経』のごく一部の写本で共有される傍ら，同じ小本系統の不空音漢両訳と慈賢音訳には冠せられていない。『心経』の全漢訳にもなく，『大本・心経』チベット訳にすらない。しかし，敦煌出土チベット訳『小本・心経』（*Arya-prajñā-pāramitā-hṛdaya*）にその訳文“thams cad mkhyen pa la phyag ḥtshal lo”（上山大峻［1965］，p.74, 31）が確認できる[(1)]。

この〈帰敬偈〉の内容は，〈般若経典〉の通例から考えると一見異質である。すなわち，『八千頌般若』・『二万五千頌般若』・『金剛般若経』・『文殊般若経』梵文写本の冒頭部に冠せられた〈帰敬呪〉は，

oṃ namo Bhaga-vatyai Ārya-Prajñā-pāramitāyai.（オーム・幸福に満ちた女尊・聖者である〈プラジュニャー・パーラミター〉に敬礼します）

で一致しており，大多数の梵文『大本・心経』ネパール写本の〈帰敬呪〉もそうであるらしい[(2)]（Conze［1948］，p.34；鈴木広隆［1995a］，p.173；渡辺章悟［2009］，pp.101 ～ 103；107 ～ 109）。

2.2　大乗経典写本の〈帰敬呪〉

現存する大乗仏教聖典（論書を含む）の梵語写本にはたいていその劈頭に仏菩薩への〈帰敬呪〉が付されている（パーリ聖典・部派・大乗経典の〈帰敬文〉についての概観が渡辺章悟［2009］，pp.104 ～ 107 にある）。それに反して，大多数の漢訳経典では訳されずに省略されることが多い。

あるいは，漢訳経典に〈帰敬呪〉がないのはもともとその梵語原典になかったからであり，梵文写本に〈帰敬呪〉が付されるのは後世になってからではないかと推測されるかもしれない。しかし，4 世紀および 6 ～ 7 世紀頃の漢訳経典の一部には「如是我聞」の前に〈帰敬呪〉の訳が見られる。たとえば，初期密教経典のうち，『孔雀明王経』（*Mahā-māyūrī*）の諸漢訳に長大な〈帰敬呪〉が確認できる。初訳：失訳『仏説大金色孔雀王呪経』［大塚伸夫（2004b）に従って西域沙門帛尸利蜜多訳に比定：317 ～ 322 年訳出］のそれを掲げよう。

南無仏・南無法・南無比丘僧・南無七仏等正覚。南無辟支仏・南無諸羅漢。南無弥勒等一切菩薩。南無諸阿那含・南無斯陀含・南無須陀洹。南無世間正信向者……／爾時我聞。一時仏住舎衛国祇樹給孤独園。（『大正』Vol.19, p.479a）[(3)]

また，中期大乗経典のうちで，わたしが確認した最も早い〈帰敬呪〉の漢訳例は曇摩流支訳『信力入印法門経』［504 年訳出］である。

帰命一切諸仏／如是我聞。一時婆伽婆。住如来住持境界之処。（『大正』vol.10, p.928c）

このほか，6～7世紀の漢訳大乗仏典から七点ばかりの〈帰敬呪〉を採集できた(4)。菩提留支訳『大薩遮尼乾子所説経』［520年訳出］の〈帰敬呪〉：「帰命大智海毘盧遮那仏」のあとに付加された，「外国本一切経ノ首ニ皆此ノ句有リ」という註記に着目すれば，**遅くとも6世紀の梵語仏典の写本にはみな〈帰敬呪〉があった**ことがわかる。ということは7世紀の玄奘訳『心経』の梵語原典にも当然〈帰敬呪〉があったはずである。

3 「観自在菩薩」

3.1 〈般若経典〉における観自在菩薩

ここでは，まず〈般若経典〉における「観自在菩薩（観音菩薩）」の扱いを見ていきたい。

梵文『八千頌般若』〈序分〉の対告衆（聴衆）リストには声聞僧たる大比丘衆だけが登録され，わずかな例外を除いて菩薩衆は登場しない(5)。次に，『八千頌般若』〈正宗分（本文）〉では途中から帝釈天などの神々や弥勒菩薩（Maitreya）が問答に参加し，〈般若波羅蜜多〉思想の敷衍・展開にとって重要な役割を演じるが，ここにも観自在菩薩はまったく出てこない。

未来仏としての弥勒は過去仏と同様に部派仏教でも信奉されており，何ら大乗特有の尊格ではない。『八千頌般若』では部派仏教の伝統に抵触しない世尊・大比丘衆（特にスブーティ・シャーリプトラ・アーナンダ等）・弥勒・天部といった登場人物たちによって過激な〈般若波羅蜜多〉思想が討議されている。

観自在菩薩は梵文『八千頌般若』に登場しない。では，『二万五千頌般若』ではどうだろうか。『二万五千頌般若』になると，〈序分〉の対告衆に他の大勢の菩薩たちとともに，確かに観自在菩薩（Avalokiteśvara）が列挙されている（*Pañca* I. Dutt［1934］，p.5, 10）。しかし，〈正宗分〉で問答に参加する菩薩はやはり弥勒だけであり，観自在菩薩などの他の諸菩薩には何の役割も負わされていない。このように，初期〈般若経〉の伝統において観自在菩薩が重要視されていた形跡はなく，その存在感ははなはだ希薄である[(6)]。

ナティエ氏は「『大品般若』にまったく対応していない」『心経』の「序論部分」に「《般若経文献にはほとんど出てこない》観自在菩薩が」「理由もなく，いわば『大品般若』とは無関係の事情に基づいて」「導入されたと思われる」と論評し，むしろ，「そうした事情は，『心経』が最初に現れた時代と場所（すなわち，7 世紀の中国南西部）に見出しうる」のであって，観自在菩薩は「当時の中国で最も人気があった菩薩であったから」，「それゆえ中国において，観自在菩薩を新しく創作された仏教読誦経典の中心人物として選択することはまったく妥当であっただろう」と推測する（Nattier［1992］，pp.174 ～ 176；ナティエ［2006］，pp.39 ～ 41）。つまり，ナティエ氏にとっては『小本・心経』の主人公への「観自在菩薩」の起用自体が『心経』の中国成立説に直結するのである。

3.2 『陀羅尼集経』「釈迦仏頂三昧陀羅尼品」における観自在菩薩と般若菩薩

『心経』成立以前の〈般若経典〉に「観自在菩薩」がほとんど出てこないことは事実として認められるが，では，それがナティエ氏の説ように，『心経』中国成立説を支持する論拠になりうるかと言えば，はなはだ疑問に感じるところである。

『小本・心経』の主人公に「観自在菩薩」が登用される具体的な背景を中国ではなく，中期のインド大乗仏教徒たちの間で醸成された〈般若波羅蜜多〉信仰と〈観世音菩薩〉信仰との融合という大乗信仰の実態――ナティエ氏によって一顧だにされなかったが――には見出せないだろうか。『陀羅尼集経』に手がかりを探ってみよう。

阿地瞿多訳『陀羅尼集経』［654 年訳出］は玄奘訳『般若心経』［649 年訳出］よりも翻訳年代が 5 年ばかり遅れるけれども，玄奘訳『大般若経』［663 年］に対しては 9 年先行する。

注目すべきことに，『陀羅尼集経』巻第三は「般若波羅蜜多大心経（般若大心経)」という経題を名乗っている。しかし，その内容は「般若菩薩」の供養法を詳述しながらも，その中の〈般若大心陀羅尼第十六〉が『小本・心経』末尾の心呪と同じスペルである点を除けば，観自在菩薩への言及もなく，類似する経文もないなど，意外にも『小本・心経』散文部との共通性は希薄である。その〈般若大心陀羅尼第十六〉も「般若大心経」の中では般若菩薩の数あるマントラ類のひとつであるに過ぎず，中核をなすほどのものではない(7)。

むしろ，この『陀羅尼集経』と『小本・心経』との関係において重要なのは，巻第一における記述である。すなわち，『陀羅尼集経』巻第一に収録される「大神力陀羅尼経釈迦仏頂三昧陀羅尼品（釈迦仏頂三昧陀羅尼品)」を見ると，「観自在菩薩」と「般若菩薩」がともに供養の対象として言及され，『小本・心経』の導入部〈観察〉節を彷彿とさせる表現が使われているので，次に「釈迦仏頂三昧陀羅尼品」の文脈を追いつつ，問題の記述を詳しく見ていきたい。

「釈迦仏頂三昧陀羅尼品」では，舎衛国祇樹給孤独園において世尊が六師外道のひとりを，頂上より放った無量光と仏頂印・仏頂呪とを用いて現出させた神変（種種仏威神事）によって折伏したのをきっかけに，まず「仏頂法」が説かれる。これは，室内に安置した中央の「仏頂像」と仏右辺（向かって左）の「観自在菩薩像」と仏左辺（向かって右）の「金剛蔵菩薩像」の三尊像に『金剛般若波羅蜜多経』を盛った箱などを供え，同経を日々転読したり，〈般若滅罪呪〉(〈金剛般若心呪〉のことか？）を誦して所願成就を祈る供養法である。所願成就の暁には仏もしくは観自在菩薩が行者のもとに現前するという。

続いて，所願成就を得なかった者のためにさらに〈釈迦仏頂身印〉と〈仏頂心呪（仏頂心三昧陀羅尼呪)〉が説かれる。これによって行者は外護・内護両面の三業清浄を得て，一切天魔外道呪法を解除できる（つまり，さきほどの行者が所願成就を得なかった原因は行者自身の三業不浄という内的な要因かもしくは一切天魔外道呪法といった外部からの妨害にあることが暗示される)。

さらに「仏頂三昧曼荼羅法」という名の詳細な護身結界法が説かれる。これは，次のような手順で行われるものである。まず，牛糞で造られた壇（道場）に仏頂心呪で加持された水を散布した上で，種々の壇具・供物を規定どおりに配置し，香炉を手に執って「十方一切仏，一切**般若波羅蜜**，一切**観世音菩薩**，一切諸菩薩，一切金剛蔵菩薩，天龍八部護塔護法諸善神等」に供養して，加護を請求する旨を宣言して，釈迦仏頂像を道場の中心に奉請し焼香の後，讃偈を詠ずる。次に仏頂心呪で加持した香を「釈迦牟尼仏，及十方一切仏，**般若菩薩**等上」に散布する（香三昧陀羅尼供養）。さらに仏頂心呪で加持した華を散布する（陀羅尼三昧華供養）。左手に金剛杵を執り，右手に数珠を執った行者は「頂戴恭敬**般若波羅蜜多**法恒沙万徳。今従諸仏受」と唱える（頂戴恭敬之法）。そして，世尊像を右周りに三匝して退出する。行者は香湯で沐浴して新浄衣を著して破魔印呪を用いて護身する。

そして，この一連の行法の記述に続いて，〈仏頂破魔結界降伏印呪第二〉が説かれる。ここには身体の七箇所を同印呪によって加持すること[(8)]が規定されたのち[(9)]，次のように説かれている。

> 釈迦牟尼仏初成道時。坐菩提樹下。先用此印誦陀羅尼。護身結界降伏諸魔。成等正覚。是陀羅尼印。能解一切種種毒蟲・種種悪鬼・種種精魅・種種諸魔。鬼神呪術皆悉除遣。一切厭蠱呪詛口舌。皆悉消滅不能為害。若善男子於奢摩他毘鉢舎那。速得成就禅定解脱。作観行時。先印床座呪三七遍。及身心竟。而上床座結加趺坐。衣服束帯皆悉緩繋。正坐端身。骨節相拄。項直平視。挙舌向腭以右手壓左手。作**般若**三昧禅印。先観四大色畢竟空無有真実。次**観五蘊**知**其性空**。不可得。即心寂滅三昧。観色性不可得。即色寂滅三昧。若証此三昧時。心生大歓喜。或見諸境界不得取著。滅除一切諸重罪障。（阿地瞿多訳『陀羅尼集経』［654年訳出］巻第一「大神力陀羅尼経釈迦仏頂三昧陀羅尼品一巻於大部巻第一〈仏部巻上〉」〈仏頂破魔結界降伏印呪第二〉。『大正』vol.18, p.787c）[(10)]

これが問題の『小本・心経』〈観察〉節を想起させる記述である。ここでは，かつて釈迦牟尼仏が菩提樹下で初めて成道する時にもこの〈破魔印呪〉によって護身結界し諸魔を降伏させた旨を述べている。その中で善男子が止観（奢摩他・毘鉢舎那）を行ずる際も床座及び身心を〈破魔印呪〉によって加持した上で，結加趺坐し，「般若三昧禅印」を結んで，まず四大色を畢竟空にして真実に非ざるものと観察し，次に「**五蘊を観察してそれらを本性の空なるもの**であり，不可得（認知されないもの）であることを知る（***pañca skandhān vyavalokayan tān prakṛti-śūnyānn*** *an-upalambhikān jānāti*）」。これが「心寂滅三昧」であるという。また特に色性不可得を観察することを「色寂滅三昧」という。この三昧を証得すると，心に大歓喜が生じ，或いは諸対象を見ても執着することがなく，一切の諸重罪障を滅除できる。

「仏頂法」において［釈迦］仏頂・観自在菩薩・金剛蔵菩薩の三尊像に対する供物のひとつに『金剛般若経』が規定される点，「仏頂三昧曼荼羅法」において供養される尊格リストに「一切般若波羅蜜（般若菩薩）」と「観世音菩薩」がともに枚挙される点，以上の二点に仏頂尊信仰のもとにおける般若波羅蜜多信仰と観音信仰との混在・融合が看取される。

また，上記引用文において，善男子が破魔印呪によって護身結界して，止観を行じ，五蘊の本性空を観じて，三昧を証し，一切の諸重罪障を滅除するという過程が釈尊の破魔印呪による降魔成道のそれと対比されることも興味深い。この対比は，『小本・心経』導入部において観自在菩薩が五蘊の自性空を観察する行為を表現する動詞句の用法が大乗の仏伝『ラリタ・ヴィスタラ』における釈尊による世間観察行為を表現する動詞句の用法の踏襲・転用であるという事実（本章第9節後述）との関連性をも想起させる。

漢訳『心経』において「照見五蘊皆空」のあとに梵語原典にはない語句「度一切苦厄」が付加された背景として，漢訳者の脳裏にやはり釈尊の降魔成道のプロセスへの連想があり，般若波羅蜜多に等置される神呪の効能「能除一切苦」をも考慮して，空観を修した効果を煩悩の滅却による苦悩の克服に求め，「度一切苦厄」の一句に託して表現しようと意図したのかもしれない。

いずれにしても，『陀羅尼集経』巻第一「釈迦仏頂三昧陀羅尼品」では〈仏頂尊〉信仰を核とする〈般若波羅蜜多（般若菩薩）〉信仰と〈観音菩薩〉信仰との併合が看取されるのは事実である。このことは，4・5世紀のインドの大乗仏教徒たちが「般若波羅蜜」や「観世音菩薩」などを一緒に信仰し供養していた事実を伝える法顕による目撃談とも一致する[11]。

〈般若経〉の伝統からいえば，観自在菩薩の『心経』の主人公への抜擢は唐突で異質な印象を与えかねないが，〈般若経〉を思想・信仰の共有財として受容した中期の一般的な大乗仏教徒たちの間で醸成された〈般若波羅蜜多〉信仰と〈観世音菩薩〉信仰との融合という大乗信仰の実態が具体的な背景として想定されよう。

数ある菩薩の中から観自在菩薩を『心経』の主人公に選んだ編纂者たちの発想としては，五蘊の空なることを「観察する（vyavalokayati）」という行為をなすにふさわしい菩薩として，動詞語根（vy-ava√luk）の共通性という観点から，同菩薩に白羽の矢をたてたのではないかとも想像される。

そして，この観自在菩薩の抜擢という一事は，『心経』は〈般若経〉の純然たる伝統の中から産み出された個別的・圧縮型の〈般若経典〉なのではなく，雑多な仏菩薩・異質な諸大乗経典群を思想・信仰の共有財として受容した中期大乗仏教徒――その一部は初期密教徒である――たちの間での編纂物であるということを示唆しているのではないかと，わたしは考えるのである。

3.3　観世音と観世自在

最後に「観世音」と「観世自在」という訳語に共通する「世」の由来について触れておきたい。

『小本・心経』の主人公の菩薩は羅什訳『大明呪経』では「観世音」と訳され，玄奘訳『心経』では「観自在」，智慧輪訳『心経』では「観世音自在」と翻ぜられる。通常，羅什訳「観世音」の原語は梵文『法華経』の古写本から Avalokita-svara に比定され，過去受動分詞 avalokita と男性名詞 svara との合成であり，「観察された音声を有するひと」，つまり，「音声を観察するひと」という所有複合語と解釈される。

他方，玄奘訳「観自在」の原語は Avalokiteśvara で，過去受動分詞 avalokita と形容詞に転用可能な男性名詞 īśvara との合成である。男性名詞に転用された過去受動分詞 buddha が「覚醒したひと」，同じく過去受動分詞 siddha が「成就したひと」という能動的な行為主体を表しうるように，過去受動分詞avalokitaもそれだけで「観察したひと」という能動的な行為主体を意味しうる。

したがって，Avalokiteśvaraは「観察したひとであり，かつ，自在なるひと」という同格限定複合語と理解するのが妥当である。一般的な『心経』解説本では「観察することが自在なひと」というたぐいの説明をよく見かけるが，その場合，原名は例えばAvalokaneśvaraのようなものでなければならない。しかし，そのような原語的裏付けがない以上，不適切な解釈であると言えよう。サンスクリットの研究が現代のような水準になかった唐代の註釈家である慈恩大師基ですら「観」と「自在」に分けて註解している[12]。

Avalokita-**svara**（観音）の語源の探求，およびAvalokit**eśvara**（観**自在**）への名称の変遷過程については古典的名著である本田義英氏の「観音訳語考」「観音古名論」（本田義英［rep. 1939］所収）と最新の画期的論攷である辛嶋静志［1999］は必読であろう。本田義英氏は古訳「光**世**音」「観**世**音」に含まれる訳語「世」の挿入についてava［bhāsa］（光照）-loka（世間）と語義分解した漢訳者の誤解に起因するものと推定し（本田義英［rep.1939］，p.223），この推定が辛嶋静志［1999］（p.42～43）に至るまで代々踏襲されており，学界の定説となっている。

しかしながら，『不空羂索神変真言経』（不空羂索儀軌王；*A-mogha-pāśa-kalpa-rāja*：abbr. ***Amogha-pāśa***）第1節の第一真言：A-mogha-pāśa-hṛdaya（不空羂索心王陀羅尼真言三昧耶／不空羂索心王母陀羅尼真言）[13]には，

> ......vara-dāyaka-samantāvalokitaḥ（read：-ta）**vilokita-lokeśvara**-maheśvaraḥ（read：-ra）......（*Amogha-pāśa* §1 Ms. 3a7 密教聖典研究会［1998］，p.18，26～27）[14]
>
> ……［所願の］贈り物を与える（与願）普き観察者よ，**観察者たる世間の自在者**（**観世自在**）・偉大なる自在者（大自在）よ……

という名称によって観自在菩薩（Avalokiteśvara）[15]へ呼びかける例が認められる。当該の心呪は『神変真言経』「母陀羅尼真言序品」の先駆となる一連の〈不空羂索心呪経〉類のほとんどに共有されている[16]。「観**世**自在（vilokita-**loke**śvara）」という呼称は，『法華経』等の初期大乗経典群には遡ら

ないにせよ，少なくとも「観音」「観自在」の別名として初期インド密教経典の心呪（hṛdaya）に伝承を有するのは確かなことで，決して漢訳者の誤解に基づくものではない。

漢訳者による「世」の挿入はインド初期密教における観音信仰の実態を反映している可能性がある。観音の語義・その名称の変遷・信仰の実態などを探求するうえで各種の観音経典のマントラの考察も有効であることを示唆していよう(17)。

4 “gaṃbhīrāyāṃ prajñā-pāramitāyāṃ”

4.1 甚深なる〈アビダルマ〉

『小本・心経』における主人公「観自在菩薩」は「甚深なる〈般若波羅蜜多〉において（gaṃbhīrāyāṃ prajñā-pāramitāyāṃ)」という〈般若経〉以来の宗教理念を掲げることによって，その理念・磁場のもとにその行動のあり方を規制され，限定されることを明瞭にする。この句は〈般若経典〉に頻出し，『心経』もそれを踏襲したと考えてよい。

ただし，当該句にも異読があり，唐代・不空訳『梵本心経』（福井文雅［1987a］，p.127, 14）および宋代・慈賢訳『梵本心経』（福井文雅［2000］，p.448, 4 ～ 6）ではいずれも，“gambhīr**āṃ** prajñā-pāramitā-caryāṃ（甚深なる〈般若波羅蜜多〉という実践項目を）”と音写されるが，これは異例に属する。

まずは「甚深なる〈般若波羅蜜多〉」という用語が〈般若経典〉において持つ意味の重要性を読者に知っていただくために，声聞乗部派の雄，説一切有部の『婆沙論』の「甚深なる阿毘達磨（*gaṃbhīra-abhidharma*)」という術語に触れておきたい(18)。

『婆沙論』における「阿毘達磨」の定義は「無漏の慧根」（an-āsrava-prajñendriya）であるから，事実上，有部は「甚深なる無漏の智慧」を「甚深なる阿毘達磨」という術語で表現していることになる。これは釈尊の悟りの智慧に同等視される。

問：阿毘達磨。自性云何。答：無漏慧根……如 a. 『契経』説：「此薬叉天於長夜中其心質直無有諂誑。諸有所問皆為了知不為嬈乱。我以**甚深阿毘達磨**恣彼意問」。此中何者**甚深阿毘達磨**。謂：無漏慧根。又 b. 『契経』説：「此筏蹉氏及善賢外道幷梵寿婆羅門。皆於長夜其性質直無諂無誑。諸有所問皆為了知不為嬈乱。我以**甚深阿毘達磨**恣彼意問」。此中何者**甚深阿毘達磨**。謂：無漏慧根。又如 c. 仏告西儞迦言：「我有**甚深阿毘達磨**。難見難覚不可尋思非尋思境。唯有微妙聡叡知者。乃能知之。非汝浅智之所能及。所以者何。汝於長夜異見異忍異欲異楽」。此中何者**甚深阿毘達磨**。謂：空無我及如実覚。所以者何。以彼外道恒妄計我。空無我性非彼所及。又如 d. 仏告鄔陀夷言：「汝是愚夫盲無慧目。云何乃与上座苾芻共論**甚深阿毘達磨**」。此中何者**甚深阿毘達磨**。謂：滅定退及如実覚。及如 e. 仏告阿難陀言：「我有**甚深阿毘達磨**。謂：諸縁起。難見・難覚・不可尋思・非尋思境。唯有微妙総叡智者。乃能知之」。此中何者**甚深阿毘達磨**。謂：因縁性及如実覚。又 f. 『契経』説：「我有**甚深阿毘達磨**。謂：縁性縁起此処**甚深**難見難覚。不可尋思・非尋思境。唯有微妙総叡智者。乃能知之。復有**甚深阿毘達磨**。謂：一切依皆永捨離。愛尽離染寂滅涅槃。此最**甚深**難見難覚」。広説如前。此中何者**甚深阿毘達磨**。謂：因縁性及彼寂滅幷如実覚。……以何義故名「阿毘達磨」。阿毘達磨諸論師言：於諸法相能善決択能極決択故。名「阿毘達磨」。復次於諸法性能善覚察能善通達故。名「阿毘達磨」。復次能於諸法現観作証故。名「阿毘達磨」。復次法性**甚深**能尽原底故。名「阿毘達磨」。……（玄奘訳・五百大阿羅漢等造『阿毘達磨大毘婆沙論』［656 年訳出］巻第一「阿毘達磨発智大毘婆沙論序」。『大正』vol.27, p.2c ～ 4a）(19)

『婆沙論』は阿毘達磨の甚深なることを六種の教証に頼って立証しようとする（教証 c については細田典明［1993］p.69, pp.74 ～ 76 で検討されている）。その教証の一つ e によると，「甚深なる阿毘達磨」とは I. 釈尊が悟った，論理的思考（尋思 *tarka*）を超絶した難解難知の縁起の法，II. 業煩悩の連鎖としての縁起が寂滅した涅槃，III. 縁起を悟ってそれの寂滅に導く如実なる覚りという三位相を備えたものである。「阿毘達磨」を「仏説」であるとする主張を掲げ，対機説法を配慮した意図的な「経典」に対する法相に忠実な

「阿毘達磨」の優位性を訴える有部の自信の拠り所はまさにここにあるといえるだろう。すなわち,釈尊の悟りの智慧こそが「甚深なる〈アビダルマ〉」であるという同定である。

そして,『婆沙論』のこの少し前の箇所では「アビダルマ」を船に喩え,無数の諸仏や有情たちを「生死の此岸」から「涅槃の彼岸」に安全に渡河せしめるものと位置づける。事実上,〈般若経典〉に説く「般若波羅蜜多」とほとんど同じ機能,同じ役割を「アビダルマ」に付与する。また,暗室に入る際の灯にも喩え,「アビダルマ」を諸〈経典〉の真意を正確に照らし出すものとして位置づける。

> 復次為**度**生死河故。如**牢船筏**百千衆生**依之**無畏**従河此岸渡至彼岸**。**阿毘達磨**亦復如是。**無数諸仏及諸有情**。**依之**無畏。**従生死此岸**。**至涅槃彼岸**。故彼尊者制造此『論』。復次為照『契経』等故。如人執灯入諸闇室。能見衆色而無迷乱。如是行者以阿毘達磨照『契経』等義而無迷惑。故彼尊者制造此『論』。(玄奘訳『婆沙論』巻第一「序」。Ibid., p.2b ~ c) [20]

初期大乗経典の多くは『婆沙論』以前に成立していたと考えられる。そして,〈般若経典〉の「甚深なる〈般若波羅蜜多〉」という表現は,その原初形態から存在する。とすれば,『婆沙論』の「甚深なる阿毘達磨」という呼称は『八千頌般若』などの〈般若経典〉が掲げる「甚深なる〈般若波羅蜜多〉」への対抗意識から採用された可能性を想定してもよさそうだが,『婆沙論』は「甚深阿毘達磨」という術語を含む〈阿含経典〉を教証として引用する以上,むしろ,その術語自体は〈般若経典〉に先行することになる。

いずれにしても,〈般若経典〉の「甚深なる〈般若波羅蜜多〉」に匹敵する有部側の宗教理念が「甚深なる〈アビダルマ〉」であることは間違いないであろう。どちらも,「甚深なる智慧」であり,釈尊の悟りの智慧に比定されるものだからである。

4.2　甚深なる〈般若波羅蜜多〉

『八千頌般若』や『二万五千頌般若』では六波羅蜜多のうち,〈般若波羅蜜多〉にしばしば「甚深」という形容がつく。しかし,他の五〈波羅蜜多〉にはつかない。〈般若経典〉では〈般若波羅蜜多〉に「甚深」がついていないときでも，「甚深」という意味が〈般若波羅蜜多〉という呼称に含意され，内包されることが暗黙の前提とされているようである。つまり，〈般若経典〉にとっては「甚深」でないような〈般若波羅蜜多〉などありえない。

〈般若経典〉における「甚深なる〈般若波羅蜜多〉」および「甚深」単独の使用例はあまりにも多く，本書にはその用例を網羅して整理する余裕はない。ここでは『二万五千頌般若』第2章の一例を挙げるにとどめたい［訳文中の(or……）という挿入訳は木村高尉校訂本よりも漢訳に近い辛嶋静志氏の梵文断簡校訂本による読みである］。

そのとき，生命溢れるひと・スブーティ（or アーナンダ）は彼ら偉大な聴聞者（大声聞）たちと彼ら天子（or ボーディサットヴァ・マハーサットヴァ）たちにこう申し上げた：生命溢れるひとたちよ，A. 不退転のボーディサットヴァ・マハーサットヴァたちであれば，この**〈智慧の究極性〉**が（**prajñā-pārami-tāyā**）そのように①**甚深なもの**として（evaṃ **gambhīrāyā**），そのように②論理的探求（尋思／思択）の及ばないものとして，そのように③論理的探求の埒外のものとして，そのように④微妙なものとして，そのように⑤精密なものとして，そのように⑥見難いものとして，そのように⑦悟り難いものとして，そのように⑧寂静なものとして，そのように⑨絶妙なものとして，そのように⑩全く神聖なものとして，そのように⑪賢明な知者によって感知されるべきものとして説かれるのを信受するひとびと（pratyeṣakā）になるでしょう。或いは，B. すでに［四個の］真理を見た人であるとか，C. 露出物（i.e. 煩悩）が尽き果て，願望がすっかり満たされたアルハットであるとか（or すでに［四個の］真理を見た，ダルマを知り尽くしたアルハットであるとか），D. かつて前世において勝者（i.e. ブッダ）に対して支援尽力（i.e. 供養）を行った［ボーディサットヴァ・マハーサットヴァたちとか］，E. 数億のブッダのもとで善根を植えたことがある，或いは，善友に掌握されている，彼ら，部族の息子たちと部族の娘たちであれば（or 部族の息子たちであれ，部族の娘たちであれ，彼らなら），この**〈智慧の究極性〉**がそのように①**甚深なもの**として，そのように②論理的探求の及ばないものとして，そのように③論理的探求の埒外のものとして，そのように④微妙なものとして，そのように⑤精密なものとして，そのように⑥見難いものとして，そのように⑦悟り難いものとして，そのように⑧寂静なものとして，そのように⑨絶妙なものとして，そのように⑩全く神聖なものとして，そのように⑪賢明な知者によって感知されるべきものとして説かれるのを信受するひとびとになるでしょう。(21)

さて，仏伝に詳しい読者なら上記の訳を一読してすでにお気づきかも知れないが，『二万五千頌般若』第2章で〈般若波羅蜜多〉を形容する「甚深」等の十一種の術語は仏伝において成道後の釈尊をして自分によって開悟されたダルマが「甚深」「難解」等々であるとの理由で他人に説法することを躊躇させた要因となるダルマに対する述語規定と同じものであり(22)，前引の『大毘婆沙論』の教証c・e・fにおいて「甚深阿毘達磨」に対する術語規定としても使用されていた。本書で『小本・心経』の残る大部分のテキストの検討に際してのちのち引用する『八千頌般若』や『二万五千頌般若』の夥しい関連文の中にも「甚深なる〈般若波羅蜜多〉」という術語は幾度となく登場するので，それらも参照されたい(23)。

5　“caryāṃ caramāṇo”

5.1　『八千頌般若』・『二万五千頌般若』における非対応

『八千頌般若』『二万五千頌般若』ではともに“prajñā-pāramitāyāṃ caran（般若波羅蜜多において行じるとき）”および“brahma-caryaṃ carati（梵行を行じる）”という定型句なら頻繁に使用される。けれども，『小本・心経』の現行梵文“gaṃbhīrāyāṃ prajñā-pāramitāyāṃ caryāṃ caramāṇo(24)”そのままの形は残念ながら見出せない。

“caryāṃ”という目的語に着眼すれば，『二万五千頌般若』では“bodhi-sattva-caryāṃ”という目的語表現の使用が見られる(25)。『二万五千頌般若』第2章の一例をあげよう。

> スブーティが申し上げた：幸福に満ちたお方（世尊）よ，わたしは恩を被っているという認識（知恩）をいだかねばなりません。恩を被っていないという認識を［いだくわけには］まいりません。すなわち，幸福に満ちたお方よ，［わたしが］かつて前［世］でボーディサットヴァの**実践項目**（菩薩**行**）**を実践**しておりますとき（bodhi-sattva-**caryāṃ** **car**an），往昔のかく来れるひとびと・価値あるひとびと・正しき完全な覚醒者たちのお側におられた彼ら聴聞者（声聞）たちによって六箇の〈究極性〉（六波羅蜜多）について教授され，教誡され……ました。(26)

梵文『二万五千頌般若』では目的語“bodhi-sattva-**caryāṃ**（菩薩**行を**）”に続く現在分詞はやはり“**car**an（**行じるとき**）”であり，『心経』の現在分詞“caramāṇa”とは一致しない。

じつは，『心経』と同じ“caryāṃ caramāṇa”という現在分詞表現は他の非般若経系列の大乗仏典に見られる。その用例は主に「遊行」「巡歴行」としてのそれと「菩薩行」としてのそれとである。

5.2 「遊行」「巡歴行」としての“caryāṃ caramāṇa”

まず，「遊行」「巡歴行」としてのそれは『薬師琉璃光王経』（*Bhaiṣajya-guru-vaidūrya-prabha-rāja-sūtra*：abbr. ***Bhaiṣajya***）〈序分〉に見られる。

> 或る時，幸福に満ちたお方（世尊）は地方への**遊行を実行しつつ**（jana-pada-**caryāṃ** **caramāṇo**），やがてついにヴァイシャーリーという大都城に到着されたのであった。(27)

また，正量部の業報譚『カルマ・ヴィバンガ』（［*Mahā-*］*Karma-vibhaṅga*：行為の分類）(28)では，第62節（工藤順之氏の分節に従う）で四大霊廟（catur-mahā-caitya）を巡歴して如来の塔廟に対する合掌儀礼による平伏恭礼をなすことに（tathāgata-caityāñjali-karma-praṇipāte）十種の福徳があることを説示し，最後に『（声聞乗）大般涅槃経』を教証として引用するが，その『涅槃経』の経文に“caitya-**caryāṃ caramāṇāḥ**”という「塔廟への巡歴行」の用例がある。

> そして，［幸福に満ちたお方（世尊）によって］『経典』に説かれてい

る：アーナンダよ，或るひとびとは塔廟への**巡歴行を実践しつつ**（caitya-**caryāṃ caramāṇāḥ**），澄明な心を抱いて死を迎えるであろう。あたかも放たれた矢が地面に突き立つように，身体の破壊後（死後）に天界に往生するであろう。(29)

『小本・心経』の問題の現在分詞句を「遊行」「巡歴行」という意味にとるのは文脈上違和感があり，不適切というほかない。ここでは念のためあえて用例を示したが，『心経』とは無関係であることは確認いただけるだろう。

5.3 「菩薩行」としての“caryāṃ caramāṇa”

「菩薩行」としての用例は『華厳経・入法界品』（ガンダ・ヴィユーハ；*Gaṇḍa-vyūha-sūtra*：abbr. ***GVy***）および『金光明最勝王経』（〈最上なる金色の光明〉という経典の帝王；*Suvarṇa-prabhāsottama-sūtrendra-rāja*：abbr. ***Suvarṇa***）にある。

『入法界品』のそれは第43「ゴーパー妃」節に存する。以下はスチャリタ・ラティ・プラバーサ・シュリーという少女（ゴーパー妃の前世）にテージョーディパティン王子（シャーキャ・ムニの前世）がガーター詩で問いかける場面である。

a-jñāna-suptāṃ jana-tām udīkṣya kac cid dṛḍhāṃ prārthayase'gra-bodhim /
kalpān an-antān **caramāṇa caryāṃ** kac cin na te prārthanayāsti khedaḥ //22//
（*GVy* §43［Gopā］k.22. Vaidya［1960b］, p.316, 23 ～ 26）(30)

ひとびとが無知のせいで眠りこけているのを眺めても，あなたは堅固なる最勝の覚醒を希い求めますか。無限のカルパをかけて［ボーディサットヴァの］**実践項目を実践しつつも**（**caramāṇa caryāṃ**），あなたには［覚醒の］希求によって倦み疲れることが決してありませんか。

第43「ゴーパー妃」節の第一箇所は“caramāṇa caryāṃ（行を行じるとき）”とだけあり，『小本・心経』の表現“caryāṃ caramāṇo”と一致する点で極めて注目に値する。ここでの目的語“caryāṃ”が文脈上「菩薩行」を含意することは同じガーター詩の前半で「最勝の覚醒（菩提）を希い求めますか」とあることから予想できる。さらにこの「ゴーパー妃」節の後続の第二箇所の現行梵文に“bodhi-sattva-caryāṃ caramāṇā”という明快な言明がある。漢訳に照らすと，“bodhi-sattva-”は後の付加と判明はするものの，傍証にはなりうる。以下はゴーパー妃が別の前世においてヴィプラ・ダルマーディムクティ・サムバヴァ・テージャスという如来に対して或る都城でそこの王妃として供養したあとの場面である。

sarva-tathāgatotpatti-saṃbhava-pradīpo nāma tathāgata-dharma-paryāyas tasya bhaga-vato'ntikāt śrutaḥ, yasya saha-śravaṇān mayā jñāna-cakṣuḥ pratilabdham. eṣa ca sarva-bodhi-sattva-samādhi-naya-sāgara-vyavalokana-viṣayo boshi-sattva-vimokṣaḥ pratilabdhaḥ.

sā khalv ahaṃ kula-putra etaṃ vimokṣaṃ bhāvayamānā buddha-kṣetra-śata-paramāṇu-rajaḥ-samān kalpān āgatā (31) bodhi-sattvena sārdhaṃ bodhi-sattva-**caryāṃ caramāṇā**.（*GVy* §43. Vaidya［1960］, p.332, 6 ～ 10）(32)

「一切のかく来れるお方（如来）の誕生・出現の灯明」という名の，かく来れるお方の教法の門戸が彼の幸福に満ちたお方（世尊）のお側近くで［わたしには］聴こえました。それを聴くやいなや，わたしによって智慧の眼が獲得されたのです。そして，かの，一切のボーディサットヴァの精神集中の方途（理趣）の海の観察領域というボーディサットヴァの解脱が獲得されました。

部族の子よ，じつに，そのわたしはこの解脱を修習しつつ，百の仏国土の［構成要素となる］原子たる塵［の数］にも等しい［長大な数量の］カルパを経て来ました――ボーディサットヴァと共に(33) ボーディサットヴァの**実践項目を実践しつつ**（bodhi-sattva-**caryāṃ caramāṇā**）です。

『華厳経・入法界品』の諸漢訳には同節の現行梵文“bodhi-sattva-caryāṃ caramāṇā”のうち，“bodhi-sattva-”の対応訳「菩薩」が見当たらないので，この現在分詞句の原初形態も“caryāṃ caramāṇā”だった可能性が高く，そうであるとすれば，こちらも『小本・心経』の現在分詞表現と再び一致することになる。

他方，『金光明最勝王経』第18章中に“pūrva-bodhi-sattva-caryāṃ caramāṇasya”の用例がある。

namas tasya bhaga-vato Ratna-śikhinas tathāgatasyārhataḥ samyak-saṃbuddhasya pūrva-bodhi-sattva-**caryāṃ caramāṇasya** evaṃ praṇidhānam abhūt.（*Suvarṇa* XVIII［Jala-vāhanasya Matsya-vaineya-parivarta］. Bagchi［1967］, p.101, 17 ～ 18）[(34)]

彼のラトナ・シキンというかく来れるお方・価値あるお方・正しき完全な覚醒者に敬礼します。前［世］においてボーディサットヴァの**実践項目を実践しておられるとき**［の彼の如来］（pūrva-bodhi-sattva-**caryāṃ caramāṇasya**）には以下のような誓願が生じた。……（第 18「ジャラ・ヴァーハナ［水を運ぶ者］にとっての魚なる所化」章）

以上のことから，梵文『小本・心経』の“caryāṃ caramāṇo”が〈般若経典〉とは異なる系列の大乗経典（『華厳経・入法界品』や『金光明最勝王経』など）から採用された定型句であったことは確実視してよく，その語句の文脈的意味は「菩薩行を行じるとき」であると理解されるべきであろう。

6 “vyavalokayati......śūnyān”

『心経』の第一〈観察〉節では“vyavalokayati sma（観察した）”および“paśyati sma（視た）”というように，「聖観自在菩薩」を共通の主語とする二つの現在形の動詞が，それを附加することによって「歴史上の過去」（historical past）を表すことになる不変化辞 sma を伴って，連続的・並列的に使用される。再び『心経』から当該句とその前後を合わせて引用しよう。

Āryāvalokiteśvaro bodhi-sattvo......vyavalokayati sma：pañca skandhās, tāṃś ca svabhāva-śūnyān paśyati sma.

聖観自在菩薩は……観察したもうた：五箇の諸基幹（五蘊）がある，と。しかも，それら（五箇の諸基幹）を自己本質の空なるものとして視たもうた。

上記の文について，次の a ～ d のような問題点が浮上する。

a. ほとんど同じ意味（「観察する」・「見る」）をもつこれら二種の現在形動詞句が sma を伴って連続的に使用される例は『八千頌般若』・『二万五千頌

般若』内にそのままの表現では見出しがたい。

b. また，第一動詞句“vyavalokayati sma（観察した）”の目的語が目的格をとらず，“pañca skandhās（五蘊）”という主格で表現されているのも，文法的には破格のように思える。

c. さらに，第二動詞句“paśyati sma（視た）”の目的語“tāṃś ca svabhāva-śūnyān（そして，それらを自性空として）”のうち，“svabhāva-śūnyān”は羅什訳『大明呪経』では「空」，玄奘訳『心経』では「皆空」と訳され，複合語の前分 svabhāva- の対応訳がない。対応訳は不空訳『梵本心経』・般若訳『梵本心経』「自性空」，法月訳『普遍智蔵心経』・智慧輪訳『心経』・施護訳『聖仏母般若経』「自性皆空」，法成訳『心経』「体性悉皆是空」に認められる。したがって，羅什訳や玄奘訳の原典となった原初的な『小本・心経』梵文には svabhāva- がなく，第二動詞句の目的語は元来“tāṃś ca śūnyān（そして，それらを空として）”であったと推定される(35)。

d. 第一動詞句と第二動詞句の両目的語は“pañca skandhās tāṃś ca svabhāva-śūnyān”という一続きのテキストになっていて，不空音訳両本（福井［1987a］，pp.127, 15 ～ 128, 8）・慈賢音訳（福井［2000］，p.448, 7 ～ 12）と一致し，敦煌本『小本・心経』チベット訳“lṅa chuṅ de dag ṅo bo ñid kyis stoṅ par”および『大本・心経』チベット訳“phuṅ-po lṅa-po de-dag la yaṅ raṅ-bshin gyis stoṅ-par”によって支持される。梵文『大本・心経』も大多数が同文であるが，ただし，“pañca-skandhān svabhāva-śūnyān（五蘊を自性空として）”と綴る梵文『大本・心経』のネパール写本の存在も報告されている（鈴木広隆［1995a］，p.174；E. Conze［1948］，p.35 note 7–8）。

このように，『小本・心経』第一〈観察〉節の梵文テキストは一見して非常にぎこちなく，不自然な印象を与える。それゆえ，この動詞構文は学者たちの悩みの種となり，それに対するさまざまな解釈案を誘発させて学者たちを紛糾の渦に巻き込む『小本・心経』最初の陥穽として機能している(36)。その明快な解決は『小本・心経』のテキストを構成する，それぞれの名詞句や動詞句のルーツを『二万五千頌般若』やその他の大乗諸経典に辿ることによってのみもたらされるであろう。

そもそも『八千頌般若』・『二万五千頌般若』の〈空思想〉の文脈では動詞語根√ dṛś（視る）はたいてい「視ない（na samanupaśyati/na paśyati)」というように否定文内で使用される例が，若干の例外はあるにせよ（次節に詳述)，圧倒的に多い。般若波羅蜜多において実践する菩薩は決して五蘊などといった対象を実体視せず，執着しないという文脈的意味が〈般若経〉におけるその否定的用法に担わされているのは喋々するまでもない。

他方，vy-ava √ luk（観察する）という動詞語根は〈般若経〉では肯定文内で使用されることが多い。とはいえ，その動詞語根が空思想の文脈で採用されることは稀少であり，『八千頌般若』の中では辛うじて次の一例を指摘しうるのみである。

dvābhyāṃ Subhūte dharmābhyāṃ samanvāgato bodhi-sattvo mahā-sattvas tasmin samaye durdharṣo bhavati. māraiḥ pāpīyobhir māra-kāyikābhir vā deva-tābhiḥ. katamābhyāṃ dvābhyām? yad uta sarva-sattvāś cāsya a-parityaktā bhavanti, sarva-dharmāś ca anena **śūnya**-tā-to **vyavalok**itā bhavanti.（*Aṣṭa* XXVII［Sāra-］. Vaidya［1960a］, p.221, 30 ～ 32）(37)

スブーティよ，二つの性質を完備したボーディサットヴァ・マハーサットヴァはその時最も邪悪なる悪魔たちとか，悪魔の仲間である神格たちとかによって侵害され難い。二つとは何か。即ち，①一切の生類たちが彼（i.e. ボーディサットヴァ）によって見捨てられていないこと。②一切の諸存在素が彼によって〈空性〉として(38)観察されている（**śūnya**tāto **vyavalok**itā）こと。（第 27 章）

ところで，〈般若経〉がいったん成立すると，同経の原初形態では必ずしも中心思想の位置を占めていたとはいいがたく微妙な取り扱いを受けていた「空思想」(39)が外部から特に注目され，一部では反発を招きつつも，他の大乗諸経典に瞬く間に導入され始める。それに伴って「空思想」も急激に通俗化し，いわば大乗仏教の常識的教説として流布するに至った。その影響を受けた経典の一つである『法華経』（正しい教法の白蓮：*Sad-dharma-puṇḍarīka-sūtra*：abbr. ***Saddharma***）第 13「快適な住居」章（安楽行品）には上掲の『八千頌般若』の用例を継承したと覚しき表現があり，その表現例は『小本・心経』の用例に一歩近づくものと評価しうるであろう。

punar aparaṃ Mañju-śrīr bodhi-sattvo mahā-sattvaḥ sarva-dharmān **śūnyān vyavalokayati**......（*Saddharma* XIII［Sukha-vihāra-parivarta］. Vaidya［1960c］, p.167, 6）(40)

つぎにまた，マンジュシュリーよ，ボーディサットヴァ・マハーサットヴァは一切の諸存在素を**空なるものとして観察する**（**śūnyān vyavalokayati**）。……

『小本・心経』および『大本・心経』の現行梵文では後半の目的語が“svabhāva-śūnyān（自己本質／自性の空なるものとして）”となっている。けれども，さきにcとして述べたように，羅什訳『大明呪経』「空」；玄奘訳『心経』「皆空」から判断して，『小本・心経』の原初形態には“svabhāva-（自性）”は元来附されておらず，単に“śūnyān（空なるものとして）”となっていたであろうと推定できる（拙稿［2002］，註27）。上掲の『八千頌般若』を承けた『法華経』の用例もこの推定と符合するように思える。

7　“śūnyān paśyati”

すでに述べたように『八千頌般若』の原初形態ではpaśyatiは空思想の文脈では“na paśyati（視ない）”というように否定辞付きで使用されるのが常であり，『二万五千頌般若』の原初形態の大部分においてもやはりそうであり，肯定文のままの用例はたいていの場合後世の増広部分に属するようである(41)。

けれども，『二万五千頌般若』原初形態の最終章（第8章）にいたってようやく空思想の文脈内でのpaśyatiの肯定文の用例が登場するようになる。第8章の二箇所の用例を以下に列挙したい。

evam ukte Bhaga-vān āyuṣ-mantaṃ Subhūtim etad avocat：iha Subhūte bodhi-sattvo mahā-sattvaḥ **prajñā-pārami-tāyāṃ** caran ye te pūrvasyāṃ diśi Gaṅgā-nadī-vālukopamā loka-dhātavas tān sarvān **śūnyān paśyati**......（*Pañca* VIII. Kimura［2006］, p.135, 1～3）(42)

そのように申し上げられると，幸福に満ちたお方（世尊）は生命溢れるひと・スブーティにこう仰った：この世ではボーディサットヴァ・マハーサットヴァが**〈智慧の究極性〉のもとで**実践するとき，東方にあるガンガー河の砂に喩えられる諸世界のひとびと，彼らを皆**空なるものとして視る**（sarvān **śūnyān paśyati**）。

tad bodhi-sattvo mahā-sattvaḥ **prajñā-pārami-tāyāṃ** caran divyaṃ cakṣur abhinirharati yena cakṣuṣā sarva-dharmā［*n*］**śūnyān paśyati**......（*Pañca* VIII. Kimura［2006］, p.135, 24 ～ 25）(43)

ボーディサットヴァ・マハーサットヴァは**〈智慧の究極性〉において**実践するとき，その眼によって［ボーディサットヴァが］一切の諸存在素を**空なるものとして視る**（**śūnyān paśyati**）ような，そういう神的な眼（天眼）を出現させる。……

以上の二例はともに無羅叉訳『放光般若』によって支持されるので，『二万五千頌般若』の原初形態にすでに含まれていた確率はかなり高い。ゆえに，空思想の文脈における paśyati の肯定的用例は『小本・心経』成立以前の『二万五千頌般若』内に確実に存在したといえる。

後に詳述するように（本章第 9 節），“vyavalokayati sma”“śūnyān paśyati sma”という『心経』の一連の句は，『ラリタ・ヴィスタラ』第 7 章における，空思想とは無関係の文脈で起用された，動詞句の連続的用法の影響下にある。かくして，『小本・心経』編纂者たちはこれを空思想の文脈に転用するにあたり，『二万五千頌般若』の最終章に辛じて空思想の文脈で否定辞を伴わない paśyati の肯定的用法が先例として所在したことから，意外にも〈般若経〉の伝統に対する背反意識を別段感じないですんだことが推察される。それでもなお，「空なるものとして視た（照見……皆空 śūnyān paśyati sma）」という『小本・心経』の動詞表現が〈般若経〉の伝統にとっては例外に属する非常に珍しい用例であることに変わりはない。『小本・心経』の編纂者たちは『ラリタ・ヴィスタラ』の動詞句を空思想文脈に転用したいがためにあえて『二万五千頌般若』内の稀少な paśyati の用例に目を付けたのだろう。

また，『二万五千頌般若』第 8 章内の二例：

1. loka-dhātavas tān sarvān śūnyān paśyati.

2. sarva-dharmā[*n*] śūnyān paśyati.

において svabhāva- が "śūnyān" に接頭されていない点は，羅什訳『大明呪経』や玄奘訳『心経』の原典となった初期の伝承段階にある『小本・心経』テキストとしてわたしが想定する経文：

pañca skandhās, tāṃś ca śūnyān paśyati sma.

とよく符合する。

しかし，長大な経典の最終章でもあるので，当該節は『二万五千頌般若』の原初形態の中でも比較的遅い成立であることは否めないであろう。他の初期大乗経典からの影響の有無を考慮しておく必要がある。そこで注目しておきたいのが『法華経』第5「薬草」章の次の一節である。

sa utpanna-bodhi-citto na saṃsāra-sthito na nirvāṇa-prāpto bhavati. so 'vabudhya traidhātukaṃ daśasu dikṣu **śūnyaṃ** nirmitopamaṃ māyopamaṃ svapna-marīci-pratiśrutkopamaṃ lokaṃ **paśyati**. sa **sarva-dharmān an-utpannān a-niruddhān** a-baddhān a-muktān a-tamo [']ndha-kārānn a-prakāśān **paśyati**. ya evaṃ gambhīrān dharmān **paśyati**, sa **paśyati a-paśyanayā** sarva-traidhātukaṃ paripūrṇam anyonya-sattvāśayādhimuktam. (*Saddharma* V [Oṣadhī-parivarta]. Vaidya [1960c], p.93, 12 ～ 16) (44)

[聴聞者や一機縁による覚醒者の乗道を歩んでいた] 彼は [幸福に満ちたお方（世尊）によって覚醒に向けて教導されて] 覚醒への心を発生させたからには，輪廻に留まるひとにもならず，涅槃に到達したひとにもならない。彼は十方における三界に属するものを**空なるものとして**（**śūnyaṃ**）悟り（avabudhya），変現を喩えとするもの，幻を喩えとするもの，夢・陽炎・反響を喩えとするものとして世間を**視る**（**paśyati**）。彼は**一切の諸存在素を生じたものでもなく，滅したものでもない**（**sarva-dharmān an-utpannān a-niruddhān**）し，束縛されたものでもなく，解脱したものでもないし，暗黒のものでもないし，光照のものでもないと**視る**。そのように甚深なるものとして諸存在素を**視る**彼は一切の三界に属するものを満たされたもの，おのおのの生類たちの志向に沿って確信された

ものとして，**視ないという仕方で視る**（**paśyati a-paśyanayā**）わけである。

羅什訳以外の漢訳二種によって支持される『法華経』第 5 章後半のこのパラグラフの場合，“śūnyaṃ” を目的語とする動詞句は “avabudhya” であって，“paśyati” ではないが，『八千頌般若』以来の paśyati の否定的用法を配慮したと思しき「視ないという仕方で（a-paśyanayā）視る」という表現が同パラグラフの後半に配置されていることを鑑みれば，ここでの “paśyati” は空思想に関わる文脈内で使用されていると判断しても大過はないであろう。

同じく，『八千頌般若』第 27 章の空思想文脈での動詞語根 vy-ava √ luk（観察する）の肯定的用例：

sarva-dharmāś ca anena śūnyatāto vyavalokitā bhavanti.

を継承したと目される『法華経』第 13 章の言明：

bodhi-sattvo mahā-sattvaḥ sarva-dharmān śūnyān vyavalokayati.

も併せて考えれば，『小本・心経』の〈観自在菩薩による五蘊観察〉節形成の下地は『法華経』においてもかなりの程度まで築かれていたと評価できるであろう。否，その前に『二万五千頌般若』第 8 章における空思想文脈の paśyati の肯定的用法への刺激剤として『法華経』第 5 章が作用した可能性も看過できない。

梵文『法華経』第 5 章の上掲パラグラフには “sarva-dharmān an-utpannān a-niruddhān” という定型句の一種が現れることにも刮目されるかもしれないが，これを支持する漢訳本は闍那崛多共笈多訳『添品妙法華経』［601 年訳出］「諸法不生不滅」だけであって，『添品妙法華経』の原典となった 7 世紀以前の『法華経』梵本において挿入されたのであろう。そして，かかる定型句の形成の母胎になった大乗経典が『智光明荘厳経』であることはのちほど検証したい（第 4 章 4.2）。

8 “pañca skandhās, ［tāṃś ca svabhāva-］śūnyā［n］”

『八千頌般若』及び『二万五千頌般若』では五蘊の成員である「色・受・想・行・識」という個別の名称や「一切法」・「蘊・界・処」という総称であ

れば非常によく言及されるのに較べると,「五蘊」・「五取蘊」という集合名詞自体があまり使用されていない。したがって,「色は空／自性空」とか「一切諸法は空」等々という表現が『八千頌般若』及び『二万五千頌般若』で頻用されるのとは対照的に,『小本・心経』を通じて人口に膾炙する「五蘊は皆空／自性空」という文にはなかなかお目にかかれない。**『小本・心経』を通じてわれわれが馴染み,親炙している表現が〈般若経典〉の伝統では案外珍しく稀少な用例であること**は注意されるべきであろう。

とはいえ,稀少ながらもいくつかの用例は見出せる。中でも,次に挙げる一連の用例は『心経』の当該文を考える上で注目される。『八千頌般若』第8章の一段と『二万五千頌般若』第4章におけるその対応箇所に「五蘊」と「空／空性」という両術語が「世間 (loka)」という語を介して間接的に関連付けられ,『二万五千頌般若』第4章の後続箇所で「五蘊という世間は空である」という構文にまとめられている。

このように申し上げられると,幸福に満ちたお方（世尊）は生命溢れるひと・スブーティにこう告げられた：スブーティよ,**五箇の諸基幹**（**五蘊 pañca......skandhāḥ**）のことがかく来れるお方（如来）によって「世間 (loka)」であると解説されたのだ。五箇とは何か。すなわち,物質・感受・想念・諸意志・識のことである。これら五箇の諸基幹がかく来れるお方によって「世間」であると解説されたのだ。

スブーティは申し上げた：幸福に満ちたお方（世尊）よ,いったいかく来れるお方たちにとっての**〈智慧の究極性〉**によって（tathāgatānāṃ **prajñā-pārami-tayā**）どのように**五箇の諸基幹**のことが説示されるのですか。或いは,〈智慧の究極性〉によって何であるとして説示されるのですか。

そのように申し上げられると,幸福に満ちたお方（世尊）は生命溢れるひと・スブーティにこう告げられた：「破壊されない,粉砕されない (na lujyate na pralujyate)」というので,スブーティよ,**五箇の諸基幹**のことが「世間」であると,かく来れるお方たちにとっての**〈智慧の究極性〉**によって説示されたのである。それはいかなる理由で,「破壊されない，粉砕されない」と［五箇の諸基幹のことが］説示されたのか。じつに，スブーティよ，**五箇の諸基幹**は〈**空性**〉を自己本質とするもの（**śūnya-tā**-sva-bhāvā......**pañca skandhāḥ**）である。自己本質なきものだからである。スブーティよ，〈**空性**（**śūnya-tā**）〉は破壊されたり，粉砕されされたりしない。以上のように，スブーティよ，かく来れるお方たち・価値あるお方たち・正しき完全な覚醒者たちにとってのこの〈**智慧の究極性**〉がこの世間を完全に説示するものである。スブーティよ，〈無相状因（ānimittaṃ)〉であれ，〈無願求（a-praṇihitaṃ)〉であれ，〈無行使意欲（an-abhisaṃskāro)〉であれ，〈不生起（an-utpādo)〉であれ，〈非存在（a-bhāvo)〉であれ，〈存在素の根源界（法界 dharma-dhātur)〉であれ，破壊されたり，粉砕されされたりしない。以上のように，スブーティよ，かく来れるお方たち・価値あるお方たち・正しき完全な覚醒者たちにとってのこの〈**智慧の究極性**〉（iyaṃ......**prajñā-pārami-tā** tathāgatānām arhatāṃ samyak-saṃbuddhānām）がこの世間を完全に説示するものである。（『八千頌般若』第 8 章；Cf. 村上真完［1992a］，p.77）(45)

『八千頌般若』第 8 章の上掲節の記述は『二万五千頌般若』第 4 章の以下の節に継承される。

スブーティは申し上げた：幸福に満ちたお方（世尊）よ，かく来れるお方によって何が「世間」であると解説されたのですか。

幸福に満ちたお方は仰った：スブーティよ，かく来れるお方によって**五箇の諸基幹**（**pañca......skandhās**）のことが「世間」であると解説されたのだ。

スブーティは申し上げた：幸福に満ちたお方よ，〈**智慧の究極性**〉にとってどのように**五箇の諸基幹**が説示されたのですか。

幸福に満ちたお方は仰った：スブーティよ，〈**智慧の究極性**〉はこれら**五箇の諸基幹**を破壊されるものとも説示しないし，粉砕されるものとも説示しない。生起するものとも説示しないし，消滅するものとも説示しない。汚されるものとも，清まるものとも説示しない。増加も，減少も説示しない。それはなぜか。じつに，〈**空性**（**śūnya-tā**)〉は破壊も粉砕もされないからである。〈無相状因〉は破壊も粉砕もされないからである。〈無願求〉は破壊も粉砕もされないからである。〈無行使意欲〉，〈不生起〉，〈不消滅〉，〈非存在〉，〈無自己本質〉は破壊も粉砕もされないからである。スブーティよ，以上のように，かく来れるお方によって**甚深なる〈智慧の究極性〉**が世間を説示するものとして解説された。（『二万五千頌般若』第4章）(46)

『二万五千頌般若』第4章の上掲節の記述は同じ第4章の後段でこう約言される。

punar aparaṃ Subhūte kathaṃ **prajñā-pārami-tā** tathāgatasya janayitrī asya ca lokasya darśayitrī? iha Subhūte **prajñā-pārami-tā** lokaḥ **śūnya** iti sūcayati. kim iti lokaḥ **śūnya** iti sūcayati? **pañca-skandhā** lokaḥ **śūnya** iti sūcayati.（*Pañca* IV. Kimura〔1990〕, p.72, 15 ～ 19）(47)

スブーティよ，またつぎに，**〈智慧の究極性〉**はどのようにしてかく来れるお方（如来）を産み出す母にして，この世間を説示するものなのか。スブーティよ，この世では**〈智慧の究極性〉**は「世間は**空なるもの**である」と指摘する。いかなる世間のことが「**空なるもの**である」と指摘するのか。「**五箇の諸基幹**である世間は**空なるもの**である（**pañca-skandhā** lokaḥ **śūnya**）」と指摘するのである。

さらに『二万五千頌般若』第8章の或る箇所において「五蘊」という主語に直接的に「本性空」という述語が配置され，「五蘊は本性空である」という構文を形成する。

evaṃ cān-uttarāṃ samyak-saṃbodhim abhisaṃbuddhya prakṛti-śūnyaṃ dharmaṃ deśayed, rūpaṃ Subhūte prakṛti-śūnyaṃ, vedanā-saṃjñā-saṃskārā, vijñānaṃ prakṛti-śūnyaṃ tadā bodhi-sattvo mahā-sattvaḥ **prajñā-pārami-tāyāṃ** caran **pañca-skandhāḥ** prakṛti-**śūnyā** iti dharmaṃ deśayati......（*Pañca* VIII. Kimura〔2006〕, p.96, 11 ～ 15）(48)

以上のように無上にして正しき完全な覚醒をありありと覚醒してから，本性の空なるものとして存在素（or〈本性空〉という教法）を説くであろう：スブーティよ，「物質は本性の空なるものである。感受・想念・諸意志，識は本性の空なるものである」と。そのとき，ボーディサットヴァ・マハーサットヴァは〈**智慧の究極性**〉において実践するとき，「**五箇の諸基幹**（**五蘊　pañca-skandhāḥ**）は本性の**空なるもの**（prakṛti-**śūnyā**）である」と教法を説くのである。……

『二万五千頌般若』第8章では「五蘊は**本性**空（pañca-skandhāḥ **prakṛti**-śūnyā)」とあり，『小本・心経』の現行梵文“pañca skandhās, tāṃś ca svabhāva-śūnyān”との親近性を感じさせるかもしれない。しかし，羅什訳『大品般若経』の「五陰**性**空」という訳文に対して羅什訳『大明呪経』は「五陰空」，玄奘訳『大般若経』の「色乃至識**本性**皆空」に対して玄奘訳『心経』は「五蘊皆空」とある以上，羅什訳『大明呪経』・玄奘訳『心経』の原典にはやはり svabhāva- はなく，“pañca skandhās, tāṃś ca śūnyān”であったことがいっそう確実視されよう。

9　“vyavalokayati sma”・“śūnyān paśyati sma”

そもそも，『法華経』や『二万五千頌般若』では空思想文脈において動詞の現在形 vyavalokayati も paśyati も不変化辞 sma を伴わないし，両方の動詞句が連続することもない。また，目下のところ，空思想を主題とする文脈で問題の二種の動詞句を連続的に使用した事例を他の大乗諸経典にわたしは見出せなかった。

しかしながら，空思想に関説しない文脈にまで範囲を拡げると，大乗の仏伝『ラリタ・ヴィスタラ』（*Lalita-vistara*：abbr. ***Lalita***）第25「懇請」章に「如来」を共通の主語とする“vyavalokayan......paśyati sma（観察しつつ……視たもうた)”という二種の動詞句の事例があり (49)，『心経』の問題の用例を彷彿とさせる点で極めて注目に値する。

atha khalu bhikṣavas tathāgataḥ sarvāvantaṃ lokaṃ buddha-cakṣuṣā **vyavalokayan** sattvān **paśyati sma** hīna-madhya-praṇītān ucca-nīca-madhyamān sv-ākārān su-viśodhakān dur-ākārān dur-viśodhakān udghāṭita-jñān a-vipañci（read：a-vipañci[*ta*])-jñān pada-paramāṃs trīn sattva-rāśīn ekaṃ mithya-tva-niyatam ekaṃ samyak-tva-niyatam ekaṃ a-niyatam. tad yathāpi nāma bhikṣavaḥ puruṣaḥ puṣkariṇyās tīre sthitaḥ **paśyati** jala-ruhāṇi kāni cid udakāntargatāni kāni cid udaka-samāni kāni cid udakābhyudgatāni, evam eva bhikṣavas tathāgataḥ sarvāvantaṃ lokaṃ buddha-cakṣuṣā **vyavalokayan paśyati sma** sattvāṃs triṣu rāśiṣu vyavasthitān.（*Lalita* XXV［Adhyeṣaṇā-parivarta］. Vaidya［1987］, p.334, 13 ～ 19）(50)

乞食者（比丘）たちよ，そのとき，かく来れるお方（如来）は全世間を覚醒者の眼（仏眼）によって**観察**しつつ（**vyavalokayan**），生類たちを**視たもうた**（**paśyati sma**）：①下劣・②中庸・③優秀なものたちがいるのを，①高貴・②卑賤・③中流階級のものたちがいるのを，①美しい容姿で浄化しやすいもの・②醜い容姿で浄化しがたいものたちがいるのを，①智慧が開花したもの・②智慧が未開花なものたち・③言葉を至上とするものたち（？）がいるのを，三箇の生類の群れが——①ひとつは邪悪性に確定せるもの・②ひとつは正当性に確定せるもの・③ひとつは［いずれにも］未確定なものとして——いるのを，である。例えば，乞食者たちよ，ひとが蓮池の畔に佇んで①或る蓮たちは水中にあり，②或る［蓮］たちは水面と同じ［高さ］であり，③或る［蓮］たちは水面より突き出ているのを**視る**のとまったく同じように，乞食者たちよ，かく来れるお方は全世間を覚醒者の眼によって**観察**しつつ，生類たちが三箇の群れに配されているのを**視たもうた**。(51)

vy-ava√luk（観察する）と√dṛś（視る）という二種の動詞が『ラリタ・ヴィスタラ』においては等価と見なされ，同一文中に併用されているのがわかる。『ラリタ・ヴィスタラ』においてブッダが「観察」行為をとる象徴的な場面は三つある。a. トゥシタ天宮殿でブッダが自分が降下するにふさわしい時期・大陸・区域・部族を順次「観察する」場面（第3章）と b. ルンビニー林苑で誕生したばかりのブッダが三千大千世界を「観察する」場面（第7章）と c. 先ほど見た，成道後のブッダが全世間の衆生の資質を「観察する」場面（第25章）とである。このうち，『心経』の vyavalokayati sma；paśyati sma という二つの動詞句がその形，その順序のままで『ラリタ・ヴィスタラ』に登場するのは場面bである。

sa tasmin mahā-padme sthitvā catur-diśam【i】**avalokayati sma**.（catur-diśam **avalokya**）siṃh**āvalokitaṃ** mahā-puruṣ**āvalokitaṃ**【ii】**vyavalokayati sma**.

tasmin khalu punaḥ samaye bodhi-sattvaḥ pūrva-kuśala-mūla-vipāka-jenā-pratihatena divyena cakṣuṣā sarvāvantaṃ tri-sāhasraṃ mahā-sāhasraṃ loka-dhātuṃ sa-nagara-nigama-jana-pada-rāṣṭra-rāja-dhāni-（jana-pada）ṃ sa-deva-mānuṣaṃ【iii】**paśyati sma**. sarva-sattvānāṃ ca citta-caritaṃ【iv】prajānāti sma. jñātvā ca【v】**vyavalokayati sma**：asti tv asau kaś cit sattvo yo mayā sadṛśaḥ śīlena vā samādhinā vā prajñayā vā kuśala-mūla-caryayā vā. yadā ca bodhi-sattvaḥ tri-sāhasra-mahā-sāhasra-loka-dhātau【vi】**na** kaṃ cit sattvam ātma-tulyaṃ **paśyati sma**.（*Lalita* VII［Janma-parivarta］. 外薗幸一［1994］, p.442, 12 ～ 22）(52)

彼（i.e. 誕生したばかりのボーディサットヴァ）はその大紅蓮華の上に立ち上がって，四方向を【i】**観察したもうた**（**avalokayati sma**）。［四方向を**観察してから**,］獅子が**振り向きざま一瞥をくれるように**，偉大なる人傑が**振り向きざま一瞥をくれるように**，［威風堂々と］【ii】**観察したもうた**（**vyavalokayati sma**）。

さらにそのとき，ボーディサットヴァは，前世の善根の熟成より生じた，［何ものにも］妨げられない神的な眼（天眼）によって(53)，都城・市場・地方・領土・首都を伴い，神々と人間とを伴う全ての三千大千世界を【iii】**視たもうた**（**paśyati sma**）。そして，生類たちの心の軌跡をも【iv】知りたもうた。お知りになってから，【v】**観察したもうた**（**vyavalokayati sma**）：「はたして，戒の点であれ，瞑想の点であれ，智慧の点であれ，善根の実践の点であれ，わたしに匹敵する，そういった生類が誰かいるのかどうか」と。そのとき，ボーディサットヴァは三千大千世界のうちに自分に匹敵する，いかなる生類をも【vi】**見出さなかった**（**na......paśyati sma**）。（『ラリタ・ヴィスタラ』第7「誕生」章）

smaを伴う現在形の動詞に順次通し番号【i ～ vi】を割り振っておいた。

注目すべきは【v】“vyavalokayati sma（観察したもうた）”という動詞句にとっての事実上の目的語が目的格語尾の名詞ではなく，引用符 iti を伴わない“asau kaś cit sattvo yo......（［わたしに匹敵する］そういった何某かの生類）”という主格語尾の名詞句を主語に戴く疑問文全体であることである。この用例は，『心経』における動詞句“vyavalokayati sma”の事実上の目的語にも“pañca skandhās”なる主格語尾の名詞句が配置されているという，文法的見地からは一見破格のように思える構文を説明しやすいものにしてくれよう。『心経』の主格語尾をとる名詞句“pañca skandhās”もやはり名詞の単独的な使用なのではなく，『心経』研究者の多くがすでに正しく解釈してそう訳しているように，“［santi］pañca skandhās（五蘊がある）”という，引用符 iti が省かれた文章内の主語として使用されたのであって，その文章全体こそがここでも当該の動詞句の目的語にほかならない。『心経』の「観自在菩薩」を主語とする「現在形の動詞＋ sma」タイプの動詞句の並列的用法が大乗の仏伝『ラリタ・ヴィスタラ』に先例を有し，その影響下にあることはほぼ間違いないであろう(54)。

10　“vyavalokayan paśyāmi”——『ラリタ・ヴィスタラ』との接点

『小本・心経』の観自在菩薩を共通の主語とし，不変化辞 sma を伴う二つの現在形動詞句“vyavalokayati sma；paśyati sma”の連続的使用法のルーツとして大乗の仏伝『ラリタ・ヴィスタラ』第 25「懇請」章の

vyavalokayan......paśyati sma.

及び第 7「誕生」章の

【ii】vyavalokayati sma；【iii】paśyati sma；【v】vyavalokayati sma；【vi】na......paśyati sma

の用例に注目し，逐語的一致を第 7 章に確認し，『小本・心経』の用法が『ラリタ・ヴィスタラ』に先例を有し，その影響下にあることを論定した。

しかし，その際，『小本・心経』の編纂者が主人公である観自在菩薩による五蘊観察という行為をなぜ唐突に『ラリタ・ヴィスタラ』の釈尊による世

間観察という行為を表現する動詞句の連続的用法に則って表現したのかという問題についてはまだ検討していない。その内的な関連性を浮き彫りにしてくれる記述を『二万五千頌般若』第8章から取り出すことができる。

ihāhaṃ Subhūte **paśyāmi** buddha-cakṣuṣā lokaṃ **vyavalokayan** pūrvasyān（read：pūrvasyā*ṃ*）diśi Gaṅgā-nadī-vālukopameṣu loka-dhātuṣu bodhi-sattvān mahā-sattvān saṃcintya mahā-nirayaṃ patitvā tāni mahā-niraya-**duḥkhāny upaśāmya** tribhiḥ prātihāryais teṣāṃ nairayikānāṃ sattvānāṃ dharmaṃ deśayato yad uta ṛddhi-prātihāryeṇa vādeśanā-prātihāryeṇa vā'nuśāsanī-prātihāryeṇa vā, ṛddhi-prātihāryeṇa ca tāni mahā-niraya-**duḥkhāny upaśāmya**, ādeśanā-prātihāryeṇa dharmaṃ deśayanti, anuśāsanī-prātihāryeṇa ca te bodhi-sattvā mahā-sattvā mahā-maitryā mahā-karuṇayā mahā-muditayā mahopekṣayā ca dharmaṃ deśayanti, tatas te nairayikāḥ sattvās teṣāṃ bodhi-sattvānāṃ mahā-sattvānām antike cittam atiprasādya tebhyo nirayebhyo vyuttiṣṭhanti, tebhyo nirayebhyo vyutthāyānupūrveṇa tribhir yānair **duḥkhasyā**ntaṃ kariṣyanti.（*Pañca* XIII. Kimura［2006］, p.49, 14 ～ 25）[(55)]

スブーティよ，ここでわたしは覚醒者の眼（仏眼）によって世間を**観察しつつ**（**vyavalokayan**），東方の，ガンガー河の砂に喩えられる諸世界において，ボーディサットヴァ・マハーサットヴァたちが故意に大地獄に堕ちてそれら大地獄の**諸苦痛を鎮め**（**-duḥkhāny upaśāmya**），三［種］の奇蹟的演出によってかれら地獄の生類たちに教法を説くのを**視る**（paśyāmi）。すなわち，或いは，①神通力の奇跡的演出（神変示導），或いは，②［他者の心理を読みとって］描出する奇跡的演出（記心示導），或いは，③教誡の奇跡的演出（教誡示導）によって，である[(56)]。①神通力の奇跡的演出によって，それら大地獄の**諸苦痛を鎮め**，②描出の奇跡的演出によって，教法を説く。③教誡の奇跡的演出によって，彼らボーディサットヴァ・マハーサットヴァたちは偉大な慈愛・偉大な悲愍・偉大な歓喜・偉大な無偏愛によって教法を説く。かくして，彼ら地獄の生類たちはボーディサットヴァ・マハーサットヴァたちのもとで心を非常に澄明にし，それらの諸地獄から抜け出す。それらの諸地獄から抜け出して，次第に三つの乗道によって**苦痛**を終わらせていくだろう（**duḥkhasyā**ntaṃ kariṣyanti）。[57]

本段は釈尊である一人称の「わたし」が仏眼によって（buddha-cakṣuṣā）十方向の世間における五趣を観察し（vyavalokayan），それぞれの趣で菩薩が生類たちを教導し，苦の境遇から救済していく活動を視る（paśyāmi）というストーリーのうち，最初の地獄趣の段落である。『二万五千頌般若』の

paśyāmi buddha-cakṣuṣā lokaṃ **vyavalokayan**.

という表現は『ラリタ・ヴィスタラ』第25章の成道後の釈尊が仏眼によって世間を観察する様子を描く表現：

lokaṃ buddha-cakṣuṣā **vyavalokayan** sattvān **paśyati sma**

を想起させるのに十分である。

『小本・心経』編纂者たちは『二万五千頌般若』のこの一節から『ラリタ・ヴィスタラ』第25章を連想し，それを念頭に置きつつ，実際には誕生直後の釈尊が天眼によって世間を観察する様子を描く『ラリタ・ヴィスタラ』第7章の表現を採用し踏襲したのであろう。このように，『小本・心経』編纂者たちによる一見唐突に思える『ラリタ・ヴィスタラ』の動詞句の援用は『二万五千頌般若』に足場を有し，『二万五千頌般若』が橋渡し的役割を演じているのである。

11　「度一切苦厄」

なお，前掲の『二万五千頌般若』第8章の一段では釈尊が仏眼によって世間を観察しつつ，地獄趣に故意に堕ちた菩薩が地獄の苦痛を鎮め，地獄の有情たちを教化するのを視るという現在の光景と，やがて地獄を脱出した有情たちが菩薩によって示される三乗の教えによって苦痛を終わらせるだろうという未来の光景が描写されていた。ここでは〈観察〉行為と〈苦の鎮静化〉とがセットになっており，羅什訳『大明呪経』・玄奘訳『心経』において観世音菩薩／観自在菩薩による〈空を観察する〉行為のあとに梵語原典にない

「度一切苦厄」という効果が書き加えられたことを想起せしめるかもしれない。しかし，漢訳『心経』では〈観察する〉主体と「一切苦厄を度す」主体は同一の菩薩であるのに対して，『二万五千頌般若』第 8 章の一段では釈尊が〈観察する〉主体であり，〈苦を鎮める〉主体は菩薩であって，行為主体が相異なる。したがって，『二万五千頌般若』第 8 章の一段が漢訳『心経』における「度一切苦厄」の挿入の下敷きになったと判断するには困難を感じる。広い意味での参考資料のひとつというぐらいに扱うべきであろう。

他の漢訳経典に眼を転じれば，玄奘訳『薬師琉璃光如来本願功徳経』［650 年訳出］には「令度苦厄」という使役形の表現があり，興味を誘われはする。

> 復次阿難。彼琰魔王主領世間名籍之記。若諸有情不孝五逆破辱三宝壊君臣法毀於信戒。琰魔法王随罪軽重考而罰之。是故我今勧諸有情然灯造幡放生修福。令**度苦厄**不遭衆難。（『大正』vol.14, p.408a）(58)

ところが，玄奘訳『薬師琉璃光如来本願功徳経』末尾近くのこの一節は義浄訳でもほぼ踏襲されるけれども，達摩笈多訳『仏説薬師如来本願経』ならびに『薬師琉璃光王経』現行梵文にはなく，訳者玄奘による捏造・挿入と判断せざるをえない。

註

(1)　他方，上山大峻［1990］, p. 173, 註 2 に敦煌本チベット訳『小本・心経』をその『小本』自身の写本ではなく，敦煌本チベット訳『大本・心経』の写本末尾の識語にもとづいてすべて漢訳『心経』からの重訳と推定する木村隆徳氏の所見（木村隆徳「チベット訳金剛経の敦煌写本」『高崎直道博士還暦記念論集　インド学仏教学論集』1987 年：筆者未見）が紹介されている。上山氏はこれに論評を加えておられないが，a. この〈帰敬呪〉一訳例はただそれだけで木村氏の所見に対する完璧な反証としての価値をもつ。いかなる漢訳『心経』にもなく，ただ梵文にしか存しない語句を敦煌のチベット語訳者がいったいどうやったら漢訳から重訳できるのであろうか。

反証はこれ以外にも枚挙できる。b. 梵文“caryāṃ caramāṇo（行を行ずるとき）”は玄奘訳『心経』などの小本系漢訳本では「行……時」というように“caramāṇaḥ”だけが訳され，“caryāṃ”は省略されている。しかし，敦煌本チベット訳『小本・心経』“spyad pa spyod paḥi tche”は“caryāṃ”を含む動詞句全体の完璧な訳になっている。小本系でも不空音訳・慈賢音訳は“caryāṃ caramāṇo”を音写し，不空漢訳「行行時」も梵文と一致するとはいえ，敦煌本チベット訳で翻訳されている〈帰敬呪〉が不空音漢両訳と慈賢音訳には欠けている以上，不空音漢両訳や慈賢音訳が敦煌本チベット訳『小本・心経』の原典であった可能性はあらかじめ排除される（敦煌本チベット訳と不空音漢両訳・慈賢音訳との不一致点は他にもある）。

c. 敦煌本チベット訳『小本・心経』が玄奘訳『心経』などの小本系漢訳本からの重訳であるならば，漢訳本にとって重要な訳語「度一切苦厄」がどうしてチベット文に訳されなかったのであろうか。

d. さらに，敦煌本チベット訳『小本・心経』の〈色即是空〉段は法隆寺悉曇本などと同じく三段構成であるが，玄奘訳『心経』は二段構成に留まる。漢訳本からの重訳であるならば，どうして二段構成になっていないのか。

また，この木村説への反証のうち，b.『小本・心経』梵本が玄奘訳からの反訳であるならば，玄奘訳「行……時」にはない目的語“caryāṃ”がなぜ梵本テキストに挿入されているのか。c.『小本・心経』梵本が玄奘訳からの反訳であるならば，「度一切苦厄」がどうして還梵されていないのか，というように，一部はそのままナティエ氏の『小本・心経』梵本を玄奘漢訳本からの反訳・還梵であったとする仮説に対する反証としても転用可能である。

その他にも，敦煌本チベット訳『小本・心経』が現行梵文と一致し，漢訳本と相違する箇所は多々ある。「上掲のチベット訳は……小例を除けば，サンスクリット原本（岩波文庫中村元校訂本）の忠実な直訳である」（上山［1965］, p.76）という上山大峻氏のテキスト自体を吟味したうえでの論評こそ信頼に値するのはいうまでもない。われわれは写本の識語（colophon）のたぐいを鵜呑みにして当該のテキスト自体の吟味を怠ってはならない。

(2)　もっとも，笈多訳の『金剛能断般若波羅蜜経』［592年頃訳出］の〈帰敬呪〉には「帰命一切仏菩薩海等」とあり，『金剛般若経』に関していえば，笈多訳〈帰敬呪〉のほうが伝承が古く，本来的なのであろう。

(3)　かかる〈帰敬呪〉は『仏説大金色孔雀王呪経』の別本である失訳『大金色孔雀王呪経』［帛尸利蜜多訳別本に比定：317～322年訳出］を除く『孔雀明王経』の全漢訳および現行梵文（田久保周誉［1972］pp.1～2）に付いている。ちなみに，別本『大金色孔雀王呪経』は〈序分〉〈流通分〉を欠いており，帛尸利蜜多訳『仏説大金色孔雀王呪経』とほぼ同分量の明呪を収録しながらも，実際のところは「経典」の体裁にない。これは「マントラ文献」としての『小本・心経』（般若波羅蜜多心）と「経典」としての『大本・心経』が存在することと照応している。すなわち，この別本は『小本・心経』と同種の「マントラ文献」，しかも，最も初期のそれなのである。帛尸利蜜多は「経典」としての『孔雀明王経』と「マントラ文献」としてのそれとの二種を翻訳したことになる。

(4)　菩提留支訳『大薩遮尼乾子所説経』［520年訳出］巻第一「序品」第一（『大正』vol.9, p.317a）

帰命大智海毘盧遮那仏〈外国本一切経首皆有此句〉／如是我聞。一時婆伽婆在欝闍延城。王名「厳熾」……

菩提流支訳『勝思惟梵天所問経』[518 or 536 年訳出] 巻第一（『大正』vol.15, p.62a ～ b）
帰命一切諸仏菩薩／如是我聞。一時婆伽婆。住王舎城迦蘭陀竹林。
菩提流支訳『深密解脱経』[514 年訳出] 巻第一「序品」第一（『大正』vol.16, p.665b）
帰命釈迦牟尼仏／如是我聞。一時婆伽婆。住法界殿如来境界処。
菩提留支訳『入楞伽経』[513 年訳出] 巻第一「請仏品」第一（『大正』vol.16, p.514c）
帰命大智海毘盧遮那仏／如是我聞。一時婆伽婆住大海畔摩羅耶山頂上楞伽城中。
毘目智仙共般若流支訳『聖善住意天子所問経』[541 年訳出] 巻上（『大正』vol.12, p.115b）
帰命一切諸仏菩薩。帰命世尊大智慧海。毘（？）毘盧遮那釈迦牟尼仏法光明。帰命聖者文殊師利大菩薩海。帰命聖者善住意天子。遍行大乗者／如是我聞。一時婆伽婆。住王舎城耆闍崛山中。
闍那崛多訳『仏本行集経』[587 年訳出] 巻第一「発心供養品」第一（『大正』vol.3, p.655a）
帰命大智海毗盧遮那仏／如是我聞。一時婆伽婆住王舎城迦蘭陀鳥竹林之内。
笈多訳『金剛能断般若波羅蜜経』[592 年頃訳出]（『大正』vol.8, p.766c）
帰命一切仏菩薩海等／如是我聞。一時世尊。聞者遊行勝林中無親摶施与園中。
実叉難陀訳（652 ～ 701 年在世）『大乗四法経』（『大正』vol.17, p.709a）
帰命大智海毘盧遮那仏／如是我聞。一時仏在舎衛国祇樹給孤独園……
説法会をどこに設定するかはその経典の性格を占う上で重要な因子とみなされるので，説法会の記載までをあえて引用した。なお，採集した 6・7 世紀の漢訳大乗経典の〈帰敬呪〉計八点のうち，四点が「帰命大智海毘盧遮那仏」であり，一点が「帰命大智海毘盧遮那仏」を内に含むという事実は 6・7 世紀のインドにおける〈毘盧遮那仏〉信仰の隆盛を偲ばせる。

(5) 初期大乗経典と文殊師利菩薩との関係を調査した平川彰 [1970]（p.140 ～ 144）で指摘されているように，なぜか『八千頌般若』の古い漢訳二本の〈序分〉には菩薩衆が記載される。
支婁迦讖訳『道行般若経』巻第一「道行品」第一（『大正』Vol.8, p.425c）
摩訶薩菩薩無央数。弥勒菩薩。文殊師利菩薩等。
支謙訳『大明度経』巻第一「行品」第一（ibid., p.478b）
及大衆菩薩無央数。敬首為上首。
しかし，曇摩蜱共竺仏念訳『摩訶般若鈔経』・羅什訳『小品般若経』・玄奘訳『大般若経』〈第四分〉・施護訳『仏説仏母出生三法蔵般若波羅蜜多経』および梵文『八千頌般若』〈序分〉には菩薩衆の記載はまったくない。ただし，玄奘訳『大般若経』〈第五分〉にはある。
玄奘訳『大般若経』巻第五百五十六「第五分善現品」第一（『大正』Vol.7, p.865c）

復有無量無数菩薩摩訶薩得無礙弁。慈氏菩薩・妙吉祥菩薩等而為上首。

この資料状況が漢訳者の捏造を含まないとすれば，不自然さを承知で以下のように想像するほかない。もともと『八千頌般若』の原初形態の〈序分〉に所在した「弥勒」・「文殊師利」を代表者に掲げる菩薩衆リストが羅什訳『小品般若』時代のヴァージョンになって削除された（わたしには菩薩衆が削除される合理的な理由は何ら見出せないのだけれども）。削除される以前の古いヴァージョンが辛うじて玄奘訳『大般若経』〈第五分〉の原典となったが，この後，そのヴァージョンの梵文原典は散逸した。羅什訳以降のヴァージョンが玄奘訳『大般若経』〈第四分〉の原典，施護訳『仏母出生三法蔵般若』の原典，そして，『八千頌般若』現行梵文へと順次増広発展した，と。そうすると，『八千頌般若』の古い伝承本に遡れば，菩薩衆がまったく登場しなかったわけではない（〈序分〉に菩薩衆が一切出てこない初期大乗経典は『金剛般若経』ぐらいということになる）。しかし，いずれにせよ観自在菩薩の名前は，『八千頌般若』のいかなるヴァージョンにも登場しない。

(6)　後世，般若の智慧を体現する大乗の代表的な菩薩と看なされ，『文殊般若経』の主人公にも納まった文殊菩薩も観自在菩薩と同様に『二万五千頌般若』において冷遇された。であるのに，なぜかかる性格・地位が文殊菩薩に付与されるに至ったのかを大乗の陀羅尼思想との関連で氏家昭夫（覚勝）氏が考察しておられる。氏家昭夫［1976］。

(7)　智昇撰『開元釈教録』巻第八「総括群経録」上之八（『大正』vol.55, p.562c）

『陀羅尼集経』十二巻〈見『大周録』永徽四年三月十四日於慧日寺訳至五年四月十五日畢沙門玄楷筆受〉右一部一十二巻其本見在。沙門阿地瞿多。唐言「無極高」。中印度人。……以天皇永徽三年壬子正月。広将梵本来屈長安。勅令慈恩寺安置。沙門大乗琮等一十六人。英公鄂公等一十二人。請高於慧日寺浮図院。建陀羅尼普集会壇。縁壇所須並皆供弁。法成之日屡降霊異。京中道俗咸歎希逢。沙門玄楷等遂固請翻其法本。後以四年癸丑至五年甲寅於慧日寺。従金剛大道場経中撮要鈔訳。集成一十二巻。沙門玄楷等筆受。……

巻第十二〈別録〉之二「有訳有本録中菩薩三蔵録」第二〈大乗経重単合訳〉下（ibid., p.599a ～ b）

『陀羅尼集経』十二巻　大唐中天竺三蔵阿地瞿多訳〈出『大周録』単重合訳〉右出「金剛大道場経大明呪蔵」之少分也。撮要而訳〈此集之中『大般若呪経』等有，別行者録不具顕，人多生疑，恐非正典，今為除疑故別條末列之如後〉……第三巻〈『摩訶般若波羅蜜多心経』仏在舎衛国説『大般若理趣』中「呪」及「**般若心呪**」皆在此中於中第十二印幷呪名「般若無尽蔵」注云：是一印呪筏梨耶思蝿伽法師訳……〉

『陀羅尼集経』全体を概観し，「初期密教における尊格体系すなわちパンテオンの成立過程」を考察した論文に頼富本宏［1988］がある。また，『陀羅尼集経』巻第三「般若大心経」は越智淳仁［2004］, pp.241 ～ 276 に現代語訳と有益な解説が施されており，ほかには渡辺章悟［1995］で『陀羅尼集経』巻第三「般若大心経」の十六善神が検討され（pp.177 ～ 187），『陀羅尼集経』「般若大心経」所引の『大般若経』〈理趣分〉の三般若呪が吟味される（pp.505 ～ 535）。

(8)　原田和宗［2009a］, p.12で「身体の四箇所を加持すること」と記したが,「七箇所」の誤りであり, 訂正しておきたい。

(9)　阿地瞿多訳『陀羅尼集経』巻第一「釈迦仏頂三昧陀羅尼品」一巻於大部巻第一（『大正』vol.18, p.785c ～ p.787c）

時仏世尊為諸会衆説仏頂法。広此法是十方三世一切諸仏所説。我今亦復広為一切説如是法。若欲行者。於浄室中安置仏頂像……其仏右辺作**観自在菩薩**〈一本云「十一面観世音像」〉……臨於額前。其仏左辺作金剛蔵菩薩像……呪師於仏前。在右辺跏跪。手執香鑪。其仏光上作首陀会天。散華形。作此像已。於清浄処。好料理地荘厳道場。於中安置此像已。然後呪師。作四方及上下方結界訖。建立道場懸諸幡蓋。其道場四角。各作一水壇。壇上各安一水罐盛満浄水。各以柏葉梨枝等。塞其罐口。復以種種華鬘及与絹片。繫其罐口柏葉梨枝……其仏左辺安浄箱子。盛**『金剛般若波羅蜜多経』**。日日読之……復数数誦**般若滅罪呪**。如是日日倍増供養。乃至第十四日……我欲某事法。時仏随行者願。種種聴許忽然不現。若仏不現者。観自在菩薩即現自身。与願等事与上無異。若行者。眼不得見仏菩薩者。耳得聞声。若耳不聞其語声者。得種種仏頂験。若行者不依上法修行者。不得霊験

【釈迦仏頂身印第一】

……即説仏頂心呪呪曰：

那〈上音〉謨〈上音〉薩婆若耶〈一〉唵〈二〉多他掲都烏瑟膩〈二合〉沙〈三〉阿那跋盧〈軽音〉枳跢〈四〉謨唎欝地〈二合五〉帝殊囉施〈六〉嗚絆〈二合七〉什皤羅什皤羅〈八〉駄〈去音〉迦駄〈去音〉迦〈九〉毘駄〈去音〉迦毘駄〈去音〉迦〈十〉陀囉〈上〉陀囉〈上十一〉毘陀囉毘陀囉〈上十二〉瞋駄瞋駄〈十三〉頻駄頻駄〈十四〉嗚絆嗚絆〈二合去音〉柿柿柿〈泮吒反十五〉莎〈去音〉訶〈十六以下皆同更不重注〉

仏告諸比丘：此呪能解一切諸呪。若外道若摩醯首羅呪。亦能除却諸悪鬼神。亦救衆生五苦八難。若善男子。至心受持仏頂心三昧陀羅尼呪。応当護持三業清浄。三業清浄有二種護。何等為二。一外護・二内護。言「外護」者。不得食我世尊残食。不得食一切賢聖残食。不得食一切鬼神残食……此名「外護清浄之法」。内護清浄者。身不得殺生・偸盗・邪婬。口不妄語・悪口・両舌・綺語・戯論。皆不応作。意不応作貪・瞋・痴等。唯起大慈・大悲・大喜・大捨等心。是名「菩薩四無量心・三業清浄」。由三業浄。乃能受持此三昧陀羅尼仏頂呪印。此三昧陀羅尼力。悉能解除一切天魔外道呪法。皆能降伏一切怨敵。及摩醯首羅諸天鬼神所説呪術。悉能除滅。

爾時世尊即説仏頂三昧曼荼羅法。善男子。若修行此陀羅尼法時……此則名為「仏頂三昧陀羅尼結界之地」……先焼安息香薫陸香。未焼香前。誦心中心呪。印印香鑪。呪七遍竟。手執香鑪而作是言：「我某甲供養十方一切仏。一切**般若波羅蜜**。一切**観世音菩薩**。一切諸菩薩。一切金剛蔵菩薩。天龍八部護塔護法諸善神等。証我比丘某甲。作仏頂三昧陀羅尼功徳。如意成就請求加護」。作是語已。則奉請釈迦仏頂像。正当道場中心。懸著。則焼八種香供養。頂礼釈迦牟尼仏。却坐合掌端身而住。瞻仰世尊以偈讃曰：

南無仏智慧精進那羅延力骨鎖身　　**波羅蜜多**六度行大慈悲父常為人

如是偈讃三説訖。頂礼捧足恭敬。即取種種香末。手中捧香。誦心呪呪七遍。散釈迦牟尼仏。及十方一切仏。**般若菩薩**等上。普同供養。是名「香三昧陀羅尼供養」。復作華印捧種種華。如前香法呪七遍已。如前散供養者。此即名「陀羅尼三昧華供養」。次即左手執金剛杵。右手執数珠。口云：「頂戴恭敬**般若波羅蜜多**法恒沙万徳。今従諸仏受」。説是語已。即挙両手頂戴恭敬。是名「頂戴恭敬之法」……

【仏頂破魔結界降伏印呪第二】

……至心誦呪呪曰：

唵〈一〉室唎〈二合〉夜〈二〉婆醯〈三〉莎婆訶〈四〉

頂戴恭敬呪七遍已。印左右肩・当心・咽下・眉間・髮際。及印頂後。如是三度。此印及呪。常用護身結界。

『陀羅尼集経』巻第一「大神力陀羅尼経釈迦仏頂三昧陀羅尼品」の上引経文は菩提流志訳『一字仏頂輪王経』において構成を大幅に組み替えられて吸収される。菩提流志訳『一字仏頂輪王経』［709 年訳出］巻第一「一字仏頂輪王経画像法品」第二（『大正』vol.19, p.230a ～ p.231c）；巻第四「大法壇品」第八（ibid., p.247a ～ p.250b）

(10)　cf. 菩提流志訳『一字仏頂輪王経』巻第一「序品」第一（『大正』vol.19, p.225b）；巻第二「分別秘相品」第五（ibid., p.236a）；巻第三「印成就品」第七〈難勝奮怒王印之十九〉（ibid., p.242b ～ c）。

(11)　4・5 世紀のインドの大乗仏教徒の間で「般若波羅蜜」と「観世音」が一緒に信仰され供養されていたことはすでに法顕（339? ～ 420?）によって目撃され，報告されている。

『高僧法顕伝』一巻〈マトゥラー国条〉（『大正』vol.51, p.859b）

衆僧住処作舎利弗塔・目連・阿難塔幷阿毘曇・律・経塔。安居後一月諸希福之家勧化供養。僧行非時漿。衆僧大会説法。説法已供養舎利弗塔。種種華香通夜然灯。使伎楽人作舎利弗大婆羅門時詣仏求出家。大目連大迦葉亦如是。諸比丘尼多供養阿難塔。以阿難請世尊聴女人出家故。諸沙弥多供養羅云。阿毘曇師者供養阿毘曇。律師者供養律。年年一供養。各自有日。摩訶衍人則供養**般若波羅蜜**・文殊師利・**観世音**等。衆僧受歳竟。

法顕の渡印期間は 399 ～ 412 年である。引用文中の大乗仏教徒（摩訶衍人）による〈般若波羅蜜〉供養が〈経巻供養〉なのか〈菩薩供養〉なのか，判断が分かれるところである。最初に〈経塔〉の存在が言及されている以上，『八千頌般若』などを納めた塔廟も造営された可能性は高い。しかし，「般若菩薩」は『八千頌般若』の梵夾自体，もしくは，梵夾を載せた蓮華を左手に執るため，その塔廟に合祀されていても不都合はない。少なくとも，『陀羅尼集経』の視点からいえば，〈般若波羅蜜［多］〉という表現は無条件に「般若菩薩」を指し，「般若菩薩」は経巻としての〈般若波羅蜜［多］〉と不二一体の存在である。阿部慈園氏は『法顕伝』の上引の記事について中村元氏の助言などに従って「法顕がマトゥラーで見たものは般若波羅蜜像と見なしてよいであろう」（阿部慈園［rep.1999］p.258）と結論する。

ちなみに，上記『法顕伝』引用文から，〈舎利弗塔〉・〈目連塔〉・〈阿難塔〉のほかに

〈阿毘曇塔〉・〈律塔〉・〈経塔〉が「衆僧住処」内に造営されていたことがわかる。『八千頌般若』などの初期大乗経典で推奨される経巻を塔廟で祀る〈経巻供養〉を彷彿とさせる〈阿毘曇塔〉・〈律塔〉の供養会が僧院内でアビダルマ論師などの声聞僧によっても営まれていたことになるが，大乗の〈経巻供養〉を模倣したのかどうかはこれだけでは判断しがたい。

また，インド・エローラ第十石窟内に7世紀の造営と推定される「観自在菩薩」（向かって右）と「般若波羅蜜多菩薩」（向かって左；左手に執る蓮華の台上に長方形の梵夾を載せる）との二尊が左右に並立するレリーフ像が現存する。阿部慈園氏はインド・エローラ第十石窟内の「観自在菩薩」と「般若波羅蜜多菩薩」との二尊並立像のレリーフの写真を掲載し（阿部慈園［rep.1999］，p.258），両尊像の制作年代をポストグプタ期の650～680年間と見るG.H. マランドラ氏の所見を紹介する（p.259）。

（12） 大乗基撰『般若波羅蜜多心経幽賛』巻上（『大正』vol.33, p.524b～c）

彼観自在昔初発意。……「観」者察義。府救慧悲。「自在」者無滞義。抜済妙用。諸有愍浄三業帰依。必応所祈六通垂化。無暇危苦飛輪摧伏。作不請友為応病医。摂利難思名「観自在」。又「観」者照義。了空有慧。「自在」者縦任義。所得勝果。昔行六度今得果円。慧観為先成十自在。一寿自在。能延促命。二心自在。生死無染。三財自在。能随楽現。由施所得。四業自在。唯作善事及勧他為。五生自在。随欲能往。由戒所得。六勝解自在。能随欲変。由忍所得。七願自在。随観所楽成。由精進所得。八神力自在。起最勝通。由定所得。九智自在随言音慧。十法自在。於契経等。由慧所得。位階補処道成等覚。無幽不燭名「観自在」。但言「観音」詞義倶失。

（13） 呪文としてのhṛdaya（心呪）の使用例は『孔雀明王経』の全漢訳と現行梵文に見られる。したがって，4世紀初頭にまで遡る。

（14） 菩提流志訳『不空羂索神変真言経』［709年訳出］巻第一「母陀羅尼真言序品」第一（『大正』vol.20,p.230c）

……嚩囉那〈去〉野迦〈七十六句〉縒漫多縛路枳嚲〈七十七句〉弭路枳嚲路雞湿〈二合〉縛囉〈七十八句〉摩醯〈去〉湿〈二合〉縛囉〈七十九句〉……

なお，『不空羂索儀軌王』〈不空羂索心呪〉梵本写本の単語末尾の-ḥは男性名詞・単数・呼格には不用であるが，筆写生が一連の名詞群をどこで区切ったのかの判断を察知できる点では興味深い。また，菩提流志訳はさらに“vilokita-lokeśvara, maheśvara”と区切る。後掲の闍那崛多訳の区分“vara-dāya[ka], samantāvalokita, vilokita, lokeśvara”は最も細かい。

（15） 菩提流志は経本文の登場人物としての同菩薩のことを原則的に「観世音菩薩」と訳し，真言句の冒頭部を構成する帰敬句を意訳するときなどは「敬礼聖観自在菩薩摩訶薩大悲者」というように「観自在菩薩」と訳し分ける。心呪の綴りをも考慮すると，彼が依用した『神変真言経』の梵本では主人公の菩薩もすべてAvalokiteśvara（観自在）と表記されていたにも拘わらず，彼はあえて旧訳の「観世音」を踏襲したのであろう。闍那崛多は主人公の菩薩も帰敬句の菩薩もともに「観世音菩薩」と訳すが，vilokita/lokeśvara（観世自在）という綴り（毘盧吉多〈八十三〉盧雞摂嚩囉）を心呪に保持する点では菩提流志訳と同じである。この事実は，『法華経』以外の**漢訳経典では「観音」「観世音」という訳語がたとえ使われていても，その梵文原典がAvalokita-svaraであったということを必ずしも保証しない**ということを意味しよう。原典がAvalokiteśvara（観自在）となっていても，漢訳者によっては中国仏教界で定着している旧訳「観音」「観世音」を踏襲してしまうきらいがなきにしもあらずだからである。同一の原語が想定しがたい相異なる訳語が双方の漢訳にあれば，その原語も異なっていたはずだという文献学上の法則は原則的に維持されるべきである。ただ，この法則にも「例外」はありうるという事例がここに認められる。

(16)　闍那崛多訳『不空羂索呪経〈心呪。名曰「不空羂索王」〉』［587年訳出］（『大正』vol.20, p.400c）

抜囉陀夜〈八十一〉薩曼多婆盧吉多〈八十二〉毘盧吉多〈八十三〉盧雞摂唎囉〈八十四〉摩醯摂婆囉〈八十五〉

玄奘訳『不空羂索神呪心経〈神呪心名「不空羂索」〉』（ibid., p.404b）は「与願普観勝**観世自在**大自在」と意訳する。

(17)　佐保田鶴治［1982］，pp.28～41に展開される「観音」「観自在」の考察も一読に値する。なお，余談になるが，上記の本田氏・辛嶋氏の研究を始めとして「観音」の起源や語源を探る従来の研究は『法華経』「普門品」を資料の中心に据えて考察するものばかりである。そのこと自体についてはわたしにも異論はないとはいえ，それにしても余りにも「普門品」一辺倒になるきらいがあると危惧される。たとえば，観音の住居の呼称「補陀洛山」（Potalako nāma parvataḥ）については「普門品」にはまったく記載されず，『華厳経・入法界品』〈観音〉節の記載を根拠としているが，ほとんど注目されていないように思える。観音信仰にまつわる事象は「普門品」だけでカバーしきれるものではないであろう。それゆえ，『入法界品』〈観音〉節などにも十分な考察を加えてくださるよう，研究者にお願い申し上げたい。

(18)　「アビダルマ」の定義を扱った論文は夥しい数にのぼるのに，『婆沙論』の「甚深阿毘達磨」の用例を詳細に検討した本格的な研究についてはわたしは寡聞にして知らない。アビダルマの研究は現在でも『倶舎論』を中心になされているが，「甚深阿毘達磨」という術語は『倶舎論』においてまったく使用されないものの，衆賢『順正理論』では教証を通じて言及されている。世親はその術語の存在を承知しながら，その使用を故意に忌避したのであろうが，その理由については不明である。

玄奘訳・衆賢造『阿毘達磨順正理論』巻第一「弁本事品」第一之一（『大正』vol.29, p.329b）

何縁得知此無漏慧名為「対法」。以仏世尊忞天帝等所請問故。如『契経』言：「我有**甚深阿毘達磨**及毘奈耶。忞汝請問。此以聖道及聖道果。忞天帝釈随意請問。忞筏蹉類請問亦爾」。復以何縁唯無漏慧名為「対法」。由此現観諸法相已。不重迷故。

『倶舎論』がアビダルマ研究者にとって何らかの足枷となっているのではないかと懸念される。このような例は「甚深阿毘達磨」以外にもあるが，これらについては別の機会にとりあげたい。

(19)　浮陀跋摩共道泰等訳・迦旃延子造五百羅漢釈『阿毘曇毘婆沙論』［437 ～ 439 年間訳出］巻第一（『大正』vol.28, p.2c ～ p.3c）

問曰：阿毘曇体為何者是耶。答曰：無漏慧根……又 a.『修多羅』説：「此帝釈長夜其心質直無有諂曲。諸有所問。為了知故不為嬈乱。我当以**甚深阿毘曇**。恣汝所問」。此中何者是**甚深**義。所謂：無漏慧根。又如 b.『経』説：「有梵志姓犢子。其性質直無有諂曲。諸有所問。為了知故不為嬈乱。我当以**甚深阿毘曇**。恣汝所問」。此中何者是**甚深**義。所謂：無漏慧根。復「有梵摩瑜婆羅門須跋梵志」。亦如上説。如 c. 仏告先尼梵志：「我法**甚深**。難解難了難知難見。非思量分別之所能及。唯有微妙決定智者。乃能知之。非汝浅智之所能及。所以者何。空即無我。而汝計我。汝常長夜有異見異欲異心。以是之故。非汝浅智之所及也」。此中何者。是**甚深**義。所謂：空三昧也。如 d. 説：「愚人無眼。而与上座智慧比丘論**甚深**義」。此中何者是**甚深**義。所謂：退法是也。如 e. 仏告阿難：「此十二因縁法**甚深**。難解難了難知難見。非思量分別之所能及。唯有微妙決定智者。乃能知之。非汝浅智之所能及」。此中何者是**甚深**義。所謂：因縁是也。如 f. 説：「此処**甚深**。所謂：縁起。此法離欲寂滅涅槃」。此中何者是**甚深**義。所謂：因縁寂静滅性也……問曰：以何義故名「阿毘曇」。答曰……阿毘曇人説曰：能種種選択覚了。証知一切諸法。名「阿毘曇」。復説法性**甚深**。能尽其原底。名「阿毘曇」……

『阿毘曇毘婆沙論』では「甚深阿毘曇」という術語は二教証に見られるのみで，他の四教証では単に「甚深」「甚深義」とあるだけである。次の『鞞婆沙論』では「甚深阿毘曇」は四教証に増え，『大毘婆沙論』になって六教証全部が「甚深阿毘達磨」を含むに至る。

僧伽跋澄訳・尸陀槃尼撰『鞞婆沙論』巻第一「先雑揵度総序」（ibid., p.417b ～ 418a）

但阿毘曇性無漏慧根是。如 a. 仏『契経』説：此鬼長夜無諛諂。無幻質直設問事者。尽欲知故無触嬈意。此亦如法。我寧可以**甚深阿毘曇**授之」〈出『中阿含』〉問曰：此中云何説**甚深阿毘曇**。答曰：即是無漏慧根。如 b. 仏『契経』説：「梵摩婆羅門長夜無諛諂。無幻質直設問者。尽欲知故無触嬈意。此亦如法。我寧可以**甚深阿毘曇**授之」〈同上〉問曰：此中云何説**甚深阿毘曇**。答曰：即是無漏慧根。如 c. 仏『契経』説：「異学須跋無諛諂。無幻質直設問事者。尽欲知故無触嬈意。此亦如法。我寧可以**甚深阿毘曇**授之」〈出『雑阿含』〉問曰：此中云何説**甚深阿毘曇**。答曰：即是無漏慧根。如 d. 仏『契経』説：「阿難。縁起**甚深**，明亦**甚深**」〈出『中阿含』〉問曰：此中云何説**甚深**。答曰：此中説因及縁**甚深**。如 e. 仏『契経』説：「此処**甚深**。如此『経』：「縁起此亦極**甚深**。所謂：捨離一切生死。愛尽無欲滅尽涅槃」〈出『雑阿含』〉問曰：此中云何説**甚深**。答曰：此中因及縁。因及縁捨離説**甚深**。如 f. 仏『契経』説：「一切法**甚深**故難見。難見故**甚深**」〈出『雑阿含』〉問曰：此中云何説**甚深**。答曰：此中説一切法**甚深**。如 g. 仏『契経』説：「何故汝愚人盲無目。論**甚深阿毘曇**」〈出『中阿含』〉問曰：此中云何説**甚深阿毘曇**。答曰：意生也。如 h. 仏『契経』説：「先尼我法**甚深**難見難覚。非察行汝不審彼法。何以故。如汝長夜異見異忍異欲異楽」〈出『雑阿含』〉問曰：此中云何説**甚深**。答曰。此中説空三昧**甚深**。何以故。答曰：空無我。彼異学計有我。不審知彼但阿毘曇性無漏慧根……問曰。阿毘曇有何句義……

(20)　浮陀跋摩共道泰等訳『阿毘曇毘婆沙論』巻第一（ibid., p.2c）

復次為**度**生死河故。譬如百千那由他衆生。**依堅牢船**而無所畏。**能従此岸到於彼岸**。如是百千那由他**諸仏世尊**。**及諸眷属**亦復如是。**依阿毘曇船**而無所畏。**能従此岸到於彼岸**。復次為諸修多羅経作灯明故。如人執炬於諸闇中終無所畏。如是行者執阿毘曇炬。於諸修多羅義中而無所畏。

僧伽跋澄訳『鞞婆沙論』巻第一「雑揵度総序」（ibid., p.417a ～ b）

或曰：**渡**生死河故。如**依船**百衆生千衆生安隠**渡**河。如是**依阿毘曇船**已。無数那術**衆生**安隠**渡**生死河。是為**渡**生死河故。或曰：見『契経』故。如人手執灯見彼彼色不迷惑。如是慧者執阿毘曇已。於彼彼『契経』不迷惑。是為見『契経』故立此『経』。

(21)　無羅叉訳『放光般若経』巻第六「如幻品」第二十九（『大正』vol.8, p.40b）

是時阿難語衆弟子諸菩薩言：**般若波羅蜜**者是①**深**・④妙法。⑤甚広・⑥難見・⑦難解・難了・不可思議。唯有阿惟越致菩薩摩訶薩。具足見諦阿羅漢。前世於無央数諸仏所而作功徳与善知識相随者。善男子善女人有大智慧。如是輩人聞**深般若波羅蜜**乃能信楽終不能遏絶。

羅什訳『大品般若経』巻第八「幻聴品」第二十八（ibid., p.276b）

爾時阿難語諸大弟子及諸菩薩：阿惟越致諸菩薩摩訶薩能受是①**甚深**・⑥難見・⑦難解・難知・⑧寂滅・④微妙**般若波羅蜜**。正見成就人。漏尽阿羅漢所願已満亦能信受。復次善男子善女人。多見仏於諸仏所多供養種善根。親近善知識有利根。是人能受不言是法非法。

玄奘訳『大般若経』巻第四百二十六「第二分信受品」第二十六（『大正』vol.7, p.140a ～ b）

時阿難陀聞彼語已。白大声聞及諸菩薩摩訶薩言：有不退転諸菩薩摩訶薩。於此所説①**甚深**・⑥難見・⑦難覚・⑧寂静・④微細・⑤沈密・⑨殊妙**般若波羅蜜多**能深信受。復有無量已見聖諦。於諸深法能尽源底。諸阿羅漢所願已満。於此所説①**甚深**・⑥難見・⑦難覚・⑧寂静・④微細・⑤沈密・⑨殊妙**般若波羅蜜多**亦能信受。復有無量菩薩摩訶薩已於過去多倶胝仏所親近供養。発弘誓願植衆徳本。於此所説①**甚深**・⑥難見・⑦難覚・⑧寂静・④微細・⑤沈密・⑨殊妙**般若波羅蜜多**亦能信受。復有無量諸善男子善女人等。已於過去無数仏所。発弘誓願種諸善根。聰慧利根善友所摂。於此所説①**甚深**・⑥難見・⑦難覚・⑧寂静・④微細・⑤沈密・⑨殊妙般若波羅蜜多亦能信受。

Pañca II.（Kimura［1986］, p.16, 4 ～ 15；Cf. S. Karashima［2005］, pp.97 ～ 98：abbr. **SK**）

atha khalv āyuṣ-mān〈Subhūtis〉（SK：Ānandas）tān Mahā-śrāvakāṃs tāṃś ca〈Deva-putrān〉（SK：bodhi-sattvān mahā-sattvān）etad avocat：【A】〈a-vinivartanīyā āyuṣ-manto〉（SK：a-vaiva[r]tti[k]ār āvusā[ḥ]）bodhi-sattvā mahā-sattvā asyāḥ **prajñā-pārami-tāyā** evaṃ ① **gambhīrāyā** evam ② a-tarkāyā evam ③ a-tarkāvacarāyā evaṃ ④ sūkṣmāyā evaṃ ⑤ nipuṇāyā evaṃ ⑥ dur-dṛśāyā evaṃ ⑦ dur-anubodhāyā evaṃ ⑧ śāntāyā evaṃ ⑨ praṇītāyā〈evam ⑩ alam-āryāyā evaṃ ⑪ paṇḍita-vijña-vedanīyāyā〉

（SK：alam-ārya-paṇḍita-vidva-vedanīyāyāḥ）deśyamānāyāḥ〈pratyeṣakā〉（SK：[p]r-[a]ticchayi[tāro]）bhaviṣyanti.【B】dṛṣṭa-satyā vā〈pudgalā【C】arhanto vā kṣīṇ' āsravāḥ〉（SK：pa[r]y[a]vagāḍha-dharmāṇo arha[nta]ḥ）paripūrṇa-saṃkalpāḥ,【D】pūrva-jina-kṛtādhikārā（SK add：vā bodhi-sattvā mahā-satvāḥ）【E】〈bahu-buddha-koṭiṣv avaropita-kuśala-mūlā vā〉（SK：bahu-buddha-koṭy-avaropita-kuśala-mūlāḥ）kalyāṇa-mitra-parigṛhītā vā.〈te〉（SK omit）kula-putrāḥ〈kula-duhitaraś cāsyāḥ〉（SK：kula-duhitaro vā ye syāṃ）**prajñā-pārami-tāyā** evaṃ ① **gambhīrāyā**〈evam ② a-tarkāyā evam ③ a-tarkāvacarāyā evaṃ ④ sūkṣmāyā evaṃ ⑤ nipuṇāyā evaṃ ⑥ dur-dṛśāyā evaṃ ⑦ dur-anubodhāyā evaṃ ⑧ śāntāyā evaṃ ⑨ praṇītāyā evam ⑩ alam-āryāyā evaṃ ⑪ paṇḍita-vijña-vedanīyāyā〉（SK：peyālaṃ yāvad alam-ārya-paṇḍita-vidva-vedanīyā〈yā〉ḥ）deśyamānāyāḥ〈pratyeṣakā〉（SK：[p]rati[cch]itāro）bhaviṣyanti.

Kimura 本よりも SK 本のほうが漢訳に近く，より古い形態を留めていることがわかる。

（22） cf. *Lalita-vistara* XXV［Adhyeṣaṇā-parivarta］（Vaidya［1987］p.327, 1 ～ 4）

iti hi bhikṣavas tathāgatasya tārāyaṇa-mūle viharataḥ prathamābhisaṃbuddhasyaikasya rahogatasya pratisaṃlīnasya lokānuvartanāṃ praty etad abhavat —— ① **gambhīro** batāyaṃ mayā dharmo 'dhigato 'bhisaṃbuddhaḥ ⑧−1 śāntaḥ ⑧−2 praśāntaḥ ⑧−3 upaśāntaḥ ⑨ praṇīto ⑥ dur-dṛśo ⑦ dur-anubodho ② 'tarko ③ 'vitarkāvacaraḥ. ⑩ alam-āryaḥ ⑪ paṇḍita-vijña-vedanīyo......

竺法護訳『仏説普曜経』巻第七「商人奉麨品」第二十二（『大正』vol.3, p.527c）

於是世尊随世習俗。心自念言：是法①**甚深**所入無限。成最正覚。⑧寂然⑨微妙⑥難逮⑦難知。②非心所思③非言所暢。（⑩／⑪）非是凡聖所能逮及……

地婆訶羅訳『方広大荘厳経』巻第十「大梵天王勧請品」第二十五（ibid., pp.602c ～ 603a）

仏告諸比丘：如来初成正覚。住多演林中独坐一処。入深禅定観察世間。作是思惟。我証①**甚深**⑨微妙之法。⑧最極寂静⑥難見⑦難悟。（②／③）非分別思量之所能解。（⑩／⑪）惟有諸仏乃能知之……

（23） なお，旧稿：原田和宗［2002］，p.31，註 21；p.32，註 26 で例示した『八千頌般若』第 15「天神」章の次の一節は諸漢訳に対応を欠き，現行梵文における増広であった。

Aṣṭa XV［Deva-］（Vaidya［1960］，p.150，12 ～ 14）：a-sthānaṃ Subhūte hy etad an-avakāśo 'sya bodhi-sattvasya mahā-sattvasya evaṃ-mahā-saṃnāha-saṃnaddhasya evaṃ **gambhīrāyāṃ prajñā-pāramitāyāṃ car**ataḥ śrāvaka-bhūmir vā pratyeka-buddha-bhūmir vā. api tu buddha-bhūmir evāsya pratikāṅkṣitavyā yenāyaṃ sarva-sattvānāṃ kṛta-śaḥ saṃnāhaḥ saṃnaddhaḥ.

（24）『小本・心経』法隆寺悉曇本“caryāṃ caramāṇo”；不空音訳・慈賢音訳“-caryāṃ caramāṇo”；『大本・心経』梵文“caryāṃ caramāṇa［evaṃ］”；『八千頌般若』などの用例に照らすかぎり，“caryāṃ（行を）”という目的語は蛇足なのであって，“caramāṇo（行じるとき）”という現在分詞動詞句だけで十分である。そのせいか，不空漢訳と智慧輪訳以外の大多数の『心経』諸漢訳は目的語“caryāṃ”を訳していない。逆に，チベット訳『大本・心経』は“caramāṇo”のほうを訳さない。両方とも訳しているのは小本系・不空漢訳敦煌本「行行時」（福井［1987a］, p.139, 6）と大本系・智慧輪訳「行……行時」，そして，敦煌本チベット訳『小本・心経』（上山大峻［1965］, p.75, 2）“spyad pa spyod paḥi tche”である。大本系・般若共利言訳の当該箇所は玄奘訳と同じく「行……時」であるが，別の箇所には「行……行時」とある。般若共利言訳がもとづいた『大本・心経』の梵文原典の当該箇所には逆に“caryaṃ”という目的語だけがあり，“caramāṇo”という現在分詞動詞句が欠けていたことが般若訳『梵本心経』悉曇行・音訳行から判明する。白石真道［1988］：所収「広本般若心経の研究」, p.517, 13；原田和宗［2004b］, 註 23, p.76, 7 ～ 11. これはチベット訳『大本・心経』と合致する。

（25）　もっとも，『八千頌般若』・『二万五千頌般若』では bodhi-sattva-caryā（菩薩行）という語はあまり検出できず，『法華経』や『華厳経・入法界品』などに比べると，極端に少ない。

（26）　竺法護訳『光讃経』巻第十「問品」第二十五（『大正』vol.8, pp.210c ～ 211a）

須菩提白仏言：我身天中天。当報仏恩行反復事。所以者何。過去怛薩阿竭阿羅訶三耶三仏。使諸弟子為諸菩薩説般若波羅蜜。過去仏時為諸菩薩勧助講説六波羅蜜。

無羅叉訳『放光般若経』巻第六「無住品」第二十八（ibid., p.38c）

須菩提白仏言：唯世尊。我当報恩不得不報恩。我当報過去諸如来無所著等正覚恩。及弟子勧助安立諸菩薩等。世尊。爾時亦学六波羅蜜……

羅什訳『大品般若経』巻第七「問住品」第二十七（ibid., p.274a）

須菩提白仏言：世尊。我応報恩不応不報恩。過去諸仏及諸弟子為諸菩薩説六波羅蜜示教利喜。

玄奘訳『大般若経』巻第四百二十五「第二分帝釈品」第二十五之一（『大正』vol.7, p.135a ～ b）

具寿善現白言：世尊。我既知恩不応不報。何以故。過去如来応正等覚及諸弟子。為諸菩薩摩訶薩衆宣説六種波羅蜜多。示現教導讃励慶喜。

Pañca II（Kimura［1986］, p.5, 3 ～ 4）

Subhūtir āha：kṛta-jñānena mayā Bhaga-van bhavitavyaṃ nā-kṛta-jñānena, tathā hi Bhaga-van pūrvaṃ bodhi-sattva-**caryāṃ car**an pūrvakānāṃ tathāgatānām arhatāṃ samyak-sambuddhānām antike taiḥ śrāvakaiḥ ṣaṭsu pārami-tāsv avavadito'nuśiṣṭo......

（27）　達摩笈多訳『仏説薬師如来本願経』［615 年訳出］（『大正』vol.14, p.401b）

一時婆伽婆**遊行**人間至毘舎離国

玄奘訳『薬師瑠璃光本願功徳経』［650 年訳出］（ibid., p.404c. 義浄訳『薬師琉璃光七仏本願功徳経』［707 年訳出］巻上，ibid., p.409a と全く同文）

一時薄伽梵**遊化**諸国至広厳城

Bhaiṣajya（Vaidya［1961］, p.165, 3 ～ 4）

ekasmin samaye bhaga-vān jana-pada-**caryāṃ caramāṇo**'nupūrveṇa yena Vaiśālīṃ(-lī) mahā-nagarīṃ(-rī) tenānuprāpto 'bhūt.

（28）　正量部の文献とはいいながら，『カルマ・ヴィバンガ』梵文写本の冒頭には文殊師利菩薩への〈帰敬呪〉が付く。正量部における大乗菩薩信仰の受容を物語るのか，たまたま写本の伝持者が大乗仏教徒だったのかのいずれかであろう。

(29) *Karma-vibhaṅga* §62（Vaidya［1961］, p.202, 29～30；Kudo［2004］, A写本 p.180, 1～4；B写本 p.181, 1～4；両写本同士の相違が大きいため，ここではほどよく適正な Vaidya 版テキストを掲載する）

uktaṃ ca *Sūtre* —— ye ke cid ānanda caitya-**caryāṃ caramāṇāḥ** prasanna-cittāḥ kālaṃ kariṣyanti, yathā bhallo nikṣiptaḥ pṛthivyāṃ tiṣṭhate, evaṃ kāyasya bhedāt svargeṣūpapatsyanti.

『カルマ・ヴィバンガ』所引経文と『(声聞乗) 大般涅槃経』の梵文断簡・パーリ本・諸漢訳本のテキスト比較は Kudo［2004］, Note68 に詳細に註記されている（pp.307～308)。以下のテキストは工藤氏の註記よりの転載である。『カルマ・ヴィバンガ』所引経文中の“caitya-**caryāṃ caramāṇāḥ**”は梵文『大般涅槃経』にはなぜか存在せず，パーリ経では“cetiya-**cārikaṃ**”となっている。諸漢訳はそれぞれ仏陀耶舎共竺仏念訳『仏説長阿含経』巻第四「遊行経」第二後：「詣其処遊行……諸塔寺已」；不載訳人附東晋録『般泥洹経』巻下「起意行者」；法顕訳『大般涅槃経』巻中：「欲往到」である。

(30) 仏駄跋陀羅訳『大方広仏華厳経（六十華厳)』［420 年訳出］巻第五十六「入法界品」第三十四之十三〈釈迦女瞿夷〉節（『大正』vol.9, p.757b）

応発菩提心覚悟諸群生　無量劫**修行**不起疲倦想

実叉難陀訳『大方広仏華厳経（八十華厳)』［699 年訳出］巻第七十五「入法界品」第三十九之十六〈釈女瞿波〉節（『大正』vol.10, p.409a）

汝発菩提意開悟衆生不　無辺劫**修行**無能疲倦不

般若訳『大方広仏華厳経（四十華厳)』［798 年訳出］巻第二十八「入不思議解脱境界普賢行願品」〈釈女瞿波〉節（ibid., p.791b）

汝為痴闇諸衆生求大菩提開悟不無辺劫海**修諸行**不起身心疲倦不

(31) Vaidya［1960］, p.332, 10：āgatān を āgatā に訂正する。Cf. *GVy* §43（Vaidya［1960］, p.332, 22～23)：bodhi-sattvena sārdhaṃ buddha-kṣetra-śata-paramāṇu-rajaḥ-samān kalpān **āgatā** etaṃ vimokṣaṃ saṃbhāvayamānā.

(32) 仏駄跋陀羅訳『六十華厳』巻第五十六「入法界品」第三十四之十三〈釈迦女瞿夷〉節（『大正』vol.9, p.760b）

聞彼仏説如来性起灯修多羅。聞已得浄智眼。又得観察菩薩三昧海法門。仏子。我得此法門已。於世界微塵等劫。**受持修習**。

実叉難陀訳『八十華厳』巻第七十五「入法界品」第三十九之十六〈釈女瞿波〉節（『大正』vol.10, p.412a）

以衆妙物而為供養。於其仏所。聞説出生一切如来灯法門。即時獲得観察一切菩薩三昧海境界解脱。仏子。我得此解脱已，与菩薩於仏刹微塵数劫，**勤加修習**。

般若訳『四十華厳』巻第二十九「入不思議解脱境界普賢行願品」〈釈女瞿波〉節（ibid., p.795c）

善男子。我従於彼広大歓喜出現威徳如来之所。得此観一切菩薩三昧海微細境界解脱已。

於百仏刹極微塵数劫。常与菩薩。而共**修習**。

(33)「ボーディサットヴァと共」と訳した“bodhisattvena sārdhaṃ”は具格・単数形なので，この「ボーディサットヴァ」は具体的には「釈尊」の前世を指すと思われるが，このフレーズは『六十華厳』には欠けている。

(34) 曇無讖［385～433年在世］訳『金光明経』巻第四「流水長者子品」第十六（『大正』vol.16, p.353a～b）

南無過去宝勝如来応供正遍知明行足善逝世間解無上士調御丈夫天人師仏世尊。宝勝如来本往昔時。**行**菩薩**道**作是誓願。（宝貴合『合部金光明経』［597年併合］巻第七［曇無讖訳］「流水長者子品」第二十一，ibid., p.396a～b は上と同文）

義浄訳『金光明最勝王経』［703年訳出］巻第九「長者子流水品」第二十五（ibid., p.449c）

南謨過去宝髻如来応正遍知明行足善逝世間解無上士調御丈夫天人師仏世尊。此仏往昔**修**菩薩**行時**。作是誓願。

(35)『小本・心経』現行梵文の“svabhāva-śūnyān”という複合語中の前分“svabhāva-”を「その本性からいうと」や「本来」というように肯定的ニュアンスで現代語訳する習慣が Max Müller 氏以来多くの学者たちの間で定着しているけれども，『心経』および『八千頌般若』の文脈においては svabhāva（自性）はむしろ否定されるべきものを表現する術語であって，複合語全体は「本体の欠如／空」を意味し，「自性が空である」と訳されねばならないことを立川武蔵氏は明快に指摘した（立川武蔵［1994］）。副島正光氏の和訳「自性無実体である」（副島正光［1980］，p.303）は立川氏に先立つ正訳として再評価されてよいだろうし，立川論文と同時期に出た宮坂宥洪氏の和訳「固定的な本質を持つものではない」（宮坂宥洪［1994］，p.50）も十分に正訳として評価できる。いっぽう，『小本・心経』系統の羅什訳「空」・玄奘訳「皆空」を見ると，“svabhāva-”の対応訳がない。当該部分の原典は複合語表現をとらず，単に“śūnyān”という一単語だけであったと推定できる。それに反して，玄奘訳の「皆」が“svabhāva-”の対応訳であるかのように取り沙汰する学者が多く，立川武蔵氏にいたっては「スヴァバーヴァを訳さないほうが原義に近いという立場」に立って玄奘は意図的にそれを訳さなかったのだと強弁するほどである（立川武蔵［2001］，p.120）。それでは「皆」すら含まない羅什訳「空」を説明することができないし，玄奘が『大般若経』で「自性皆空」「自相皆空」「本性皆空」と単なる「皆空」とを訳し分けているという事実とも矛盾する。玄奘が依用した『心経』原典には羅什訳のそれと同様に“svabhāva-”という語はもとからなかったと判断せざるをえない。

(36)“vyavalokayati sma（観察した）”の主語を「観自在菩薩」，“paśyati sma（視た）”の主語を「釈尊」というように二つの動詞句の主語（行為主体）を別々に想定したり，“pañca skandhās, tāṃś ca svabhāva-śūnyān”に主格・複数形の関係代名詞 ye を補って，「五蘊なるもの，それらを自性空として」というように一つの目的語として訳し，第二の動詞句“paśyati sma（視た）”のみに配当する，等々の解釈が学者によってなされている。しかし，その場合，接続詞 ca の存在が説明困難になる。

(37) 支婁迦讖訳『道行般若経』[179 年訳出] 巻第八「強弱品」第二十四（『大正』vol.8, p.467b）

菩薩有二事法行般若波羅蜜魔不能中道使得便。何謂：二事。一者諸経法**視皆空**。二者不捨十方人悉護。

鳩摩羅什訳『小品般若経』[408 年訳出] 巻第九「称揚菩薩品」第二十三（『大正』vol.8, p.576b）

須菩提。菩薩成就二法。悪魔不能壊。何等二。一者**観**一切法**空**。二者不捨一切衆生。

玄奘訳『大般若経』[663 年訳出] 巻第五百五十三「第四分堅固品」第二十七之一（『大正』vol.7, p.852c）

善現当知。若菩薩摩訶薩成就二法。一切悪魔不能留難令不能行甚深般若波羅蜜多及於無上正等菩提或有退転。何等為二。一者不捨一切有情。二者**観察**諸法**皆空**。

施護訳『仏母出生三法蔵般若経』[982 年以後訳出] 巻第二十二「堅固義品」第二十七（『大正』Vol.8, p.662c）

須菩提当知。修行般若波羅蜜多菩薩摩訶薩。成就二法不為諸魔伺得其便。何等為二。所謂：**観**一切法**空**。不捨一切衆生。是為二法。

『二万五千頌般若』第 5 章（Kimura [1992], p.42, 1 ～ 2）にも対応文があるが，引用は省く。

(38) 神子上恵生先生・桂紹隆先生より，“śūnyatāto” は「空として」「空なるものとして」と訳すべきではないか，そのほうが後出の『法華経』の用例 “śūnyān” ともよく合う，という提言を賜った。わたしの訳文「〈空性〉として」の意図は五蘊などの個々の存在物を〈空性〉という原理と等置する『二万五千頌般若』のいわゆる「色即是空」段の着想を『八千頌般若』のこの箇所にまで遡って適用する点にある。仮に『八千頌般若』が「空として」を意図していたならば，“śūnyatayā” か，もしくは，“śūnyato” という表記を選んだであろうと推知されるからである。『八千頌般若』には五蘊と〈真如 (tathatā)〉とを等置するいわば「色即是真如」段が含まれており，個物と抽象原理／真理概念とを同等視するという発想自体はすでにある。

(39) わたしは二十年近く前から『八千頌般若』の現行梵文を梶山雄一氏・丹治昭義氏の和訳を手がかりに読み進めていくうち，a.〈空〉や〈空性〉という術語が登場する頻度が思いのほか少なく，また，b.「般若の智慧とは空を悟る智慧のことだ」という，大乗仏教や『心経』に関する解説書でよく見かける安易な説明を裏付けるような記述は『八千頌般若』には一切なく，第一，「空智」だとか「空性智」ということば自体がないという事実に気づいた。むしろ，c. 同経の大部分を満たすのは空思想以外の，菩薩の活動に関わる多様な論題であり，同経はその意味では決して空思想一辺倒ではない内容豊富な経典であること，d. それら多様な諸論題を統括し支配する上位の宗教理念が〈般若波羅蜜多〉に他ならず，だからこそ，〈空〉や〈空性〉ではなく，〈般若波羅蜜多〉が経典名として冠されているのであり，e. 大乗仏教徒に菩薩（『八千頌般若』では「難行者（duṣkara-kāraka）」とも呼ばれる）としての生き方を歩み続けさせるための根底的理念として〈般若波羅蜜多〉を提示し標榜することが同経の主題であることに想到した

(〈般若波羅蜜多〉は,「到彼岸」という語源解釈から想像されるような, 菩薩がそれを目指して修行する到達目標として設定されるのではなく, むしろ菩薩の修行=難行を根底から支え, 持続させ, 推進させる宗教的基盤であり, 母胎であるところの智慧そのものである。事実,『八千頌般若』·『二万五千頌般若』では〈般若波羅蜜多〉は如来たち・菩薩たちの母・生母だと明記される。それが初期密教に至って「仏母般若」という女神, 女性の菩薩として人格神化され崇拝される。佐保田鶴治氏は「仏母般若」崇拝も母性神崇拝の一種であるといい, インド密教も母性神崇拝から興ったと主張する。佐保田[1982], pp.12 ~ 18)。わたしは原田[2002]の脱稿時において,『心経』の〈色即是空〉段のルーツとなる『二万五千頌般若』の“rūpam eva śūnyatā (色即是空性)”というフレーズが『八千頌般若』では“rūpam eva māyā (色即是幻)”であったという事実に触れて, このように論評した。

『二万五千頌般若』は『八千頌般若』の「幻」を「空性」に入れ替えて,「色即是空性」という定型的表現を捻出し,『般若心経』に引き渡したのである。——この事実は示唆的である。『八千頌般若』の段階ではいわゆる「空思想」が当該経典の中心的教義としての地位をまだ確立していなかった, 言い換えれば,『八千頌般若』の編纂者たちは自分たちの奉じる大乗菩薩の宗教行動の規範たる〈般若波羅蜜多〉という実践の内実(思想的基盤)を表現するために「不生」「無相」「不二」「見ない」「認知しない(不可得)」「離脱」「幻」「唯名」「空」「空性」等々の多様なkey terms を文脈に応じて便宜的に使い分けたにすぎないのであって,「空」という term にだけ何か特別な地位を与えていたわけでないこと, つまり, 自分たちの思想を必ずしも「空思想」(śūnya[tā]-vāda)だと自称する意図はなかったことを推測させるからである……『金剛般若経』に「空」という語が一切使用されなかったという著名な事実ほどわれわれの推測とよく符合するものはない。『般若経』といえば「空」が中心的教義だという錯覚をわれわれに与え続けているのは多分にナーガールジュナを祖師とする中観派の誘導によるものだろう。『心経』の大部分が『二万五千頌般若』(実質的には『一万八千頌般若』)内の「空」の教説を説く文章の抜粋から編纂されているのも,「空思想」を前面に押し出した中観派の成立以降なればこそであろう。(p.40, 註34)

要するに, 空思想は『八千頌般若』の段階ではまだ中心的教義の地位を占めていなかったのではないか, という趣旨の疑念をあえて書き記したわけだが, もともと〈空〉や〈空性〉という術語は〈阿含経典〉やアビダルマ論書でも使用されており, 何ら大乗独自の用語ではないし, それらは「不生」·「不二」·「離脱」·「幻」·「唯名」·「甚深」·「無辺」·「無自性」·「不可得」等々の術語とともに使用されてはじめて大乗固有の文脈的意味を帯びることができたと推測される。そうであれば,〈般若経〉即「空思想を説く経典」という短絡的な先入観念を払拭しない限り, 同経の多様性に富んだ諸思想もすべて別の表現方法による間接的な「空思想」の説明として暗黙の裡に解釈処理され, いわば「空思想」一色で塗りつぶされかねないという危険性が懸念されるし, 同経が同じ空思想を別の説き方で繰り返すことに終始するだけの単純で退屈な経典であるかのように早合点されてしまえば, それは〈般若経〉の宗教的生命の死を意味するだろうと, ことさら憂慮せざるをえなかった。

ところが，同拙稿［2002］の初校時になって，「**空思想は初期般若経の中心思想ではなく**，むしろ初期般若経の中心思想を存在論的に説明する原理として導入され発展した思想体系」であったと結論する鈴木広隆［1990］論文の存在に遅ればせながら気付き，慌ただしく追記するという経緯があった（拙稿［2002］，p.40，註34）。さらに拙稿の刊行後，同様の帰結は森山清徹［1978b］；玉城康四郎［1982b］；勝崎裕彦［1983］において早くから表明されていたことも次々に知るに至った。むしろこの種の帰結は**初期般若経の研究者の間では一種の定説**として通用しうるほどの堅牢な研究業績であるといっても過言ではないようである。

とはいえ，インド仏教研究者の間でさえこれらの初期般若経研究が適切に利用されているとはいい難く，相変わらず，〈般若経〉即「空思想経典」という短絡的な説明が踏襲され，幅を利かせているように思える。これらの業績を無視した格好で卑見を表明してしまった非礼を各研究者の方々にお詫びを申し上げます。

(40) 竺法護訳『正法華経』［265年以降308年以前の訳出］巻第七「安行品」第十三（『大正』vol.9, p.107c）

又語溥首：菩薩大士。**観**一切法**皆為空無**。

羅什訳『妙法蓮華経』［406年訳出］巻第五「安楽行品」第十四（ibid., p.37b）

復次菩薩摩訶薩**観**一切法**空**。

闍那崛多共笈多訳『添品妙法蓮華経』巻第五［601年訳出］「安楽行品」第十三（ibid., p.171c）

復次菩薩摩訶薩。**観**一切法**空**。

(41) 『二万五千頌般若』の第8章以外の他章における肯定文でのpaśyatiの用例としては，次の二例を見つけることができた。

第一例

玄奘訳『大般若経』［660～663年間訳出］巻第四百五十九「第二分相摂品」第六十七（『大正』Vol.7, p.320b）

仏告善現：若菩薩摩訶薩安住般若波羅蜜多。**観**一切法**空**無所有。

Pañca V（Kimura［1992］，p.97, 1～2）

Bhaga-vān āha：iha Subhūte bodhi-sattvo mahā-sattvaḥ prajñā-pārami-tāyāṃ caran sarva-dharmāḥ **śūnyā** iti **samanupaśyati**.

幸福に満ちたお方（世尊）は仰った：この世では，スブーティよ，ボーディサットヴァ・マハーサットヴァが〈智慧の完全性〉において実践するとき，「一切の諸存在素は**空**である」と**視る**。（『二万五千頌般若』第5章）

世尊の発言の冒頭部を占めるこの一文は玄奘訳『大般若経』〈第二会〉で支持されるけれども，無羅叉訳『放光般若経』巻第十五「六度相摂品」第六十九；羅什訳『大品般若経』巻第二十「摂五品」第六十八には欠けている。後世の挿入であるのは明らかである。

第二例

無羅叉訳『放光般若経』［291年訳出］巻第十七「教化衆生品」第七十四（『大正』Vol.8, p.117b）
復次須菩提。菩薩行般若波羅蜜。従初発意行……何以故。知諸法相**空**及知不転還法。

羅什訳『大品般若経』［404年訳出］巻第二十二「三善品」第七十三（ibid., p.380b）
復次須菩提。菩薩摩訶薩従初発意。行般若波羅蜜。……何以故。是菩薩摩訶薩知諸法自相**空**無生無定相無所転。

玄奘訳『大般若経』巻第四百六十四「第二分親近品」第七十一（『大正』Vol.7, p.346a）
復次善現。若菩薩摩訶薩従初発心修行般若波羅蜜多時。以一切智智相応作意修学妙慧。是菩薩摩訶薩離諸悪慧。……遠離一切我見・有情見乃至知者見・見者見・有無有見・諸悪見趣。遠離憍慢無所分別。引発種種殊勝善根自所以者何。是菩薩摩訶薩**観**一切法自相**皆空**。無実無成無転無滅。入諸法相……

Pañca V（Kimura［1992］, p.147, 12 ～ 14；16 ～ 20）
punar aparaṃ Subhūte bodhi-sattvo mahā-sattvaḥ prajñā-pārami-tāyāṃ caran prathama-cittotpādam upādāya sarv'ākāra-jña-tā-pratisaṃyuktair manasikārair na duṣ-prajño bhavati......sarva-dṛṣṭi-vigataḥ sarva-śūnya-tā-vigato nir-vikalpo nir-vikāraḥ. tat kasya hetoḥ? tathā hi sa sva-lakṣaṇa-**śūnyān** dharmān jānāti, a-sad-bhūtān a-pariniṣpannān an-abhinirvṛtt**āṃś ca** sarva-dharmān **paśyati**, dharmāṇāṃ dharma-lakṣaṇam avatarati......
さらに次に，スブーティよ，ボーディサットヴァ・マハーサットヴァは〈智慧の完全性〉において実践するとき，［覚醒への］最初の心を発することに依拠して一切の様相に関する智者性と提携した諸注意のおかげで邪悪な智慧者とはならない……一切の諸見解を遊離したものとなり，万有の空性を遊離したものとなり（？），概念知なきもの（無分別）となり，変容なきものとなる。それはなぜか。すなわち，彼は諸存在素を自己の特相の**空なるもの**（自相空）と知るのであり，**そして**，一切の諸存在素を非実在なもの，不完全なもの，未完遂なものと**視る**のであり，諸存在素の存在素としての特相に証入するのであり……（『二万五千頌般若』第５章）
この一節自体は，『放光般若』以来内容的にかなりの変遷の跡が垣間見られるとはいえ，『二万五千頌般若』の原初形態に何らかの形で含まれていたようである。しかしながら，『放光般若』『大品般若』では動詞 jānāti に対する「知」という訳語しかなく，動詞 paśyati が所在したかどうかは保証の限りではない。

(42)　無羅叉訳『放光般若経』巻第十九「畢竟品」第八十三（『大正』vol.8, p.137b）
仏報言：菩薩行**般若波羅蜜**。**見**恒辺沙諸仏皆**空**。

羅什訳『大品般若経』巻第二十六「畢定品」第八十三（ibid., p.410b）
仏告須菩提：菩薩摩訶薩行**般若波羅蜜**時。**観**是十方如恒河沙等国土皆**空**。

玄奘訳『大般若経』巻第四百七十七「第二分正定品」第八十一（『大正』vol.7, p.416a）
仏告善現：諸菩薩摩訶薩行深**般若波羅蜜多**時。**遍観**十方殑伽沙等諸仏世界及諸仏衆。

幷所説法自性皆**空**。

玄奘は『大般若経』訳出の際この箇所（sarvān śūnyān）においてのように，たとえ原文の śūnya に svabhāva- が冠せられていなくても，「自性」を補って「自性皆空」と訳すことが非常に多い。立川武蔵氏が玄奘訳『心経』において想定したような逆の事例（立川［2001］, p.120），つまり，玄奘が svabhāva-śūnya の svabhāva- を省略して「皆空」で済ますような事例はまったく見られない。このことは玄奘訳『心経』「五蘊皆空」の原文にも svabhāva- が含まれておらず，それを含む現行の梵文『小本・心経』が決して玄奘訳の原典たりえないことを逆に裏付けてくれよう。

（43） 無羅叉訳『放光般若経』巻第十九「畢竟品」第八十三（『大正』vol.8, p.137c）

是故菩薩行**般若波羅蜜**。以得天眼**見**諸法**空**。

羅什訳『大品般若経』巻第二十六「畢定品」第八十三（ibid., p.410b）

是菩薩摩訶薩行**般若波羅蜜**時能生如是天眼。用是眼**観**一切法**空**。

玄奘訳『大般若経』巻第四百七十七「第二分正定品」第八十一（『大正』vol.7, p.416b）

善現当知。諸菩薩摩訶薩行深**般若波羅蜜多**時。安住神通波羅蜜多。引発天眼清浄過人。用此天眼**観**一切法自性皆**空**。

（44） 竺法護訳『正法華経』［286 年訳出］巻第三「薬草品」第五（『大正』vol.9, p.85c）

［誨以要法］発菩薩意。不在生死・不住滅度。解三界**空**十方一切如化如幻。如夢野馬深山之響。悉無所有・無所希望。無取・無捨・無冥・無明。爾乃深**覩**。無所不達見無所見。**見**知一切黎庶萌兆。

闍那崛多共笈多訳『添品妙法蓮華経』［601 年訳出］巻第三「薬草喩品」第五（ibid., p.154b）

［彼等仏以菩提教化。］発菩提心。不住流転・不到涅槃。彼悟三界十方**空寂**。皆如化夢及以焰響。**観見諸法不生・不滅**。不縛・不解・不闇・不明。如是**見**甚深法。彼**見**亦無所見。而亦恒**見**満諸三界別異衆生心之信解。

鳩摩羅什訳『妙法蓮華経』［406 年訳出］巻第三「薬草喩品」第五は本章の現行梵文テキストの後半部との対応をまったく欠いており，当該箇所を含まない。このことについては，『法華経』の成立を〈般若経〉との影響関係から論じる辛嶋静志氏の詳細な考察がある。『法華経』第 5 章の後半部が初訳の竺法護訳に所在するにも拘わらず，第二訳の羅什訳に欠けているという事実は『法華経』（もとは中期インド語で書かれ，のちにサンスクリット語に変換されたと推定されるテキスト）の成立史に重大かつ深刻な問題を提起している。長くなるが以下に辛嶋説の要点をまとめて紹介したい。

『法華経』第 5 章は学界で主流となっている法華経を第一類（第 2 ～ 9 章）・第二類（第 1, 10 ～ 20, 27 章）・第三類（残余章）の三層に区分する段階的成立説では第一類に帰属される。辛嶋静志氏はその第一類（第 2 ～ 9 章）を第一期：triṣṭubh 系統の韻律詩（「古法華」と呼ぶ）と第二期：śloka 韻律詩並びに散文テキストとの新古の層に二分して，四段階成立説を採用し，これが出土地域の相異なる梵文写本間に顕著に見られる語句や音韻の交替現象を合理的に説明でき，系統的に整理できる有効な作業仮説であることを実例に即して綿密に考証しておられる。辛嶋静志［1993］, pp.137 ～ 171. したがって,『法華経』第 5 章散文部は第一類の第二期に所属する。

辛嶋氏の写本研究の成果によると，第一期「古法華」においては yāna（Prākrit：jāṇa）は菩薩が求めるべき「仏の智慧（jñāna）」を本来意味し,「乗り物」という意味は濃厚ではなく，buddha-yāna・agra-yāna・udāra-yāna 等々の複合語で表される。しかし，mahā-yāna や bodhisattva-yāna という複合語はまだ現れない。他方，意外なことに，従来 mahā-yāna と一対の語と考えられてきた hīna-yāna という複合語は使用される。「古法華」でその反意語となるのは udāra-yāna（竺法護訳「微妙寂静」／羅什訳「大智」）である［これについて補足すれば，私見では hīna- の本義は「劣った」「卑しい」「乏しい」であり,「小さい」という意味ではない（小さくても高価なものはある）から，hīna-yāna「低劣な智慧」の反意語としての udāra-yāna は「広大な智慧」ではなく,「崇高な智慧」の意味になろうし，agra-yāna「勝れた最高の智慧」も反意語たりうると愚考する］。mahā-yāna（or -yānika）や bodhisattva-yāna（or -yānika）等々の複合語は第二期以降に現れ，特に bodhisattva-yāna には菩薩が求めるべき“［仏の］智慧”という意味はもはや適用できず，この複合語が成立した時点での yāna は“さとりへと到る道，乗り物”という意味で捉え直され始めたことを窺わせる［以上の『法華経』の yāna 概念の考察はわたしに『金剛般若経』の yāna の用例との対比への関心をいざなうが，それについては原田和宗［2009a］, p.19, 註 24 で論評した］。

「古法華」と第二期以降の「法華」とにおける yāna の意味の交替という事象への辛嶋氏の注目は，mahā-yāna を最初から一貫して「乗り物」の意味で規定している『八千頌般若』原初形態との前後関係の問いかけを「古法華」に対して促す契機となる。辛嶋氏の分析では,『八千頌般若』と対応する菩薩の発達した諸教義概念（例：五波羅蜜に優越する「般若波羅蜜」・「法師」など）が顕著に現れるのは『法華経』の第二類以降であり，第一類にはほとんど出ない。唯一の例外は第一類第二期の『法華経』第 5 章の羅什訳に欠落している後半部であり，散文箇所に大乗的な空思想が集中して説かれ，末尾の śloka 韻律詩に「六波羅蜜」の名が見える。第一類の他の箇所に散見する「空」の語は阿含経や部派の空思想の水準を出ない。このことから辛嶋氏は羅什訳に欠落している『法華経』第 5 章後半部を第二期の中でも成立が遅い部分であると判断し，南インドで般若思想が発達した頃，それとは無関係に「古法華」が別の地域で成立し,〈般若経〉が成文化された西北インドで両者が出会った結果,『法華経』は般若思想の影響下に第二類を付加したという経緯を推定する。辛嶋静志［1993］, pp.171 ～ 178. そうであれば,『法華経』第 5 章後半部も第一類の第二期ではなく，第二類に配属させるほうが論理的に整合するであろう。

この辛嶋説に対して，梶山雄一氏は『法華経』第 5 章前半部の空思想の記述に大乗的性格を梵文ではなく竺法護訳によって認定して，後半部との連続性を確保するように努め，羅什訳における欠落を偶然の事故として処理する。梶山雄一［1999］。

(45)　支婁迦讖訳『道行般若経』巻第五「照明品」第十（『大正』vol.8, p.449a）

仏語須菩提：怛薩阿竭持**五陰**示現世間。須菩提言：云何於般若波羅蜜示現**五陰**。何所是般若波羅蜜示現於**五陰**者。仏語須菩提：無所壊者以是故得示現。亦無無壊而示現空者無壊亦無有壊。亦無想亦無願。亦無壊亦無有壊。以是故示現於世間。

支謙訳『大明度経』巻第三「照明十方品」第十（ibid., p.491b）

天尊曰：如来持**五陰**示於世。又問：云何視現壊**五陰**現世耶。不壊現世乎。天尊曰：**五陰**本無壊不壊。何以故。**空**・相・願無壊不壊。無所生無壊無所識。無壊不壊**五陰**本**空**・相・願。無所生，無所識。明度示現於世。

羅什訳『小品般若経』巻第五「小如品」第十二（ibid., p.557c）

仏言：**五陰**是世間；世尊。云何般若波羅蜜示**五陰**。仏言：般若波羅蜜示**五陰**不壊相。何以故。須菩提。**空**是不壊相。無相・無作是不壊相。般若波羅蜜如是示世間。

玄奘訳『大般若経』巻第五百四十七「第四分現世間品」第十二（『大正』vol.7, p.814c）

仏告善現：甚深般若波羅蜜多。能生如来一切智智及余功徳故。説般若波羅蜜多能生如来応正等覚。能示世間諸法実相者。謂能示世間**五蘊**実相。具寿善現復白仏言：云何般若波羅蜜多能示世間**五蘊**実相。仏告善現：甚深般若波羅蜜多能示世間色等**五蘊**無変壊相故。説般若波羅蜜多能示世間諸法実相。所以者何。色等**五蘊**無自性故。説名為**空**・無相・無願・無造・無作・無生・無滅。即真法界非空等法可有変壊故。説般若波羅蜜多能示世間諸法実相。

施護訳『仏母出生三法蔵般若経』巻第十二「顕示世間品」第十二之一（『大正』vol.8, p.628c）

仏告尊者須菩提言：仏説**五蘊**為世間相。所謂色受想行識。般若波羅蜜多顕示如是相。須菩提復白仏言：世尊。云何般若波羅蜜多示**五蘊**法為世間耶。仏告須菩提：当知般若波羅蜜多。顕示**五蘊**壊無壊相。**五蘊**自性無作無生壊無所壊。何以故。彼**空**自性無作無生壊無所壊。無相・無願自性無作無生壊無所壊。法界自性亦無作無生壊無所壊。而此**五蘊**亦復如是。是故如来応供正等正覚。説般若波羅蜜多示世間相。

Aṣṭa XII［Loka-saṃdarśana-parivarta］（Vaidya［1960a］, p.126, 12 ～ 23）

evam ukte Bhaga-vān āyuṣ-mantaṃ Subhūtim etad avocat —— **pañca** Subhūte **skandhāḥ** tathāgatena loka ity ākhyātāḥ. katame **pañca**? yad uta rūpaṃ vedanā saṃjñā saṃskārā vijñānam. ime Subhūte **pañca skandhās** tathāgatena loka ity ākhyātāḥ. Subhūtir āha —— kathaṃ Bhaga-vaṃs tathāgatānāṃ **prajñā-pārami-tayā pañca skandhā** darśitāḥ? kiṃ vā Bhaga-van **prajñā-pārami-tayā** darśitam? evam ukte Bhaga-vān āyuṣ-mantaṃ Subhūtim etad avocat —— na lujyate na pralujyate iti Subhūte **pañca skandhā** loka iti tathāgatānāṃ **prajñā-pārami-tayā** darśitāḥ. tat kasya hetoḥ na lujyate na pralujyate iti darśitāḥ? **śūnya-tā**-sva-bhāvā hi Subhūte **pañca skandhāḥ**, a-sva-bhāva-tvāt. na ca Subhūte **śūnya-tā** lujyate vā pralujyate vā. evam iyaṃ Subhūte **prajñā-pārami-tā** tathāgatānām arhatāṃ samyak-saṃbuddhānām asya lokasya saṃdarśayitrī. na ca Subhūte ānimittaṃ vā a-praṇihitaṃ vā an-abhisaṃskāro vā an-utpādo vā a-bhāvo vā dharma-dhātur vā lujyate vā pralujyate vā. evam iyaṃ Subhūte **prajñā-pārami-tā** tathāgatānām arhatāṃ samyak-saṃbuddhānām asya lokasya saṃdarśayitrī.

(46)　無羅叉訳『放光般若経』巻第十一「大明品」第四十九（『大正』vol.8, p.76b）
須菩提白仏言：……云何為示現世間明。仏告須菩提：般若波羅蜜者……世間者。謂如来説**五陰**。世尊。云何深般若波羅蜜示現**五陰**。仏言：般若波羅蜜亦不生。**五陰**示現亦不滅。**五陰**示現亦不著亦不断。亦不増亦不減。亦不持亦不捨。亦不過去当来今現在。何以故。**空**・無相・無願亦不成敗示現。亦不現有為亦不現無為。亦不示現無所生亦不示現無所有。亦不示現実諸法。如是不示現成敗。須菩提。是為般若波羅蜜示現世間。

羅什訳『大品般若経』巻第十四「仏母品」第四十八（ibid., p.323b ～ c）
須菩提白仏言：……云何諸仏説世間相。仏告須菩提：……須菩提。諸仏説**五陰**是世間相。須菩提言：世尊。云何深般若波羅蜜中説**五陰**相。云何深般若波羅蜜中示**五陰**如；須菩提。般若波羅蜜不示**五陰**破。不示**五陰**壊不示生不示滅。不示垢不示浄。不示増不示減。不示入不示出。不示過去不示不未来不示現在。何以故。**空相**不破不壊。無相相・無作相不破不壊。不起法・不生法・無所有法・性法不破不壊。相如是示。如是須菩提。仏説深般若波羅蜜能示世間相。

玄奘訳『大般若経』巻第四百四十一「第二分仏母品」第四十六之一（『大正』vol.7, p.225b ～ c. 梵文よりもはるかに増広されている）
爾時具寿善現白仏言：……云何諸仏説世間相。仏言：……善現。甚深般若波羅蜜多。能示世間諸法実相者。謂能示世間**五蘊**実相。一切如来応正等覚。亦説世間**五蘊**実相。時具寿善現白仏言。世尊。云何如来応正等覚。甚深般若波羅蜜多。説示世間**五蘊**実相。仏言。善現。一切如来応正等覚。甚深般若波羅蜜多。倶不説示**五蘊**有成有壊有生有滅有続有断有染有浄有増有減有入有出。倶不説示**五蘊**有過去有未来有現在有善有不善有無記有欲界繋有色界繋有無色界繋。所以者何。善現。非**空**・無相・無願之法有成有壊有生有滅有続有断有染有浄有増有減有入有出有過去有未来有現在有善有不善有無記有欲界繋有色界繋有無色界繋。善現。非無生無滅無造無作無性之法有成有壊有生有滅有続有断有染有浄有増有減有入有出有過去有未来有現在有善有不善有無記有欲界繋有色界繋有無色界繋。善現。一切如来応正等覚甚深般若波羅蜜多。如是説示**五蘊**実相。此**五蘊**相即是世間。

Pañca IV（Kimura［1990］, pp.58, 26 ～ 59, 8）
Subhūtir āha：katamaḥ punar Bhaga-vaṃs tathāgatena loka ity ākhyātaḥ? Bhaga-vān āha：**pañca** Subhūte **skandhās** tathāgatena loka ity ākhyātaḥ. Subhūtir āha：kathaṃ Bhaga-van **prajñā-pārami-tāyā pañca skandhā** darśitāḥ? Bhaga-vān āha：na Subhūte **prajñā-pārami-tā** imān **pañca skandhān** lujyamānān darśayati, na pralujyamānān darśayati, notpadyamānān darśayati, na nirūdhyamānān darśayati, na saṃkliśyamānān na vyavadāyamānān darśayati, na vṛddhiṃ na hāniṃ darśayati, tat kasya hetoḥ? na hi **śūnya-tā** lujyate vā pralujyate vā, n'ānimittaṃ lujyate vā pralujyate vā, nā-praṇihitaṃ lujyate vā pralujyate vā, nān-abhisaṃskāro nān-utpādo na nirodho（read：nā-nirodho）nā-bhāvo nā-sva-bhāvo lujyate vā pralujyate vā. evaṃ hi subhūte tathāgatena **gambhīrā prajñā-pārami-tā** lokasya darśayitrī ākhyātā.［iti lokasya jñānam］

(47)　無羅叉訳『放光般若経』巻第十一「問相品」第五十（『大正』vol.8, p.78b）

復次須菩提。般若波羅蜜云何是如来之母為世間導。須菩提。般若波羅蜜示現世間**空**。云何示世間**空**示**五陰空**。

羅什訳『大品般若経』巻第十四「問相品」第四十九（ibid., p.326b）

復次須菩提。般若波羅蜜云何能生諸仏能示世間相。須菩提。般若波羅蜜示世間**空**。云何示世間**空**。示**五陰**世間**空**。

玄奘訳『大般若経』巻第四百四十三「第二分示相品」第四十七之二（『大正』vol.7, p.233c）

復次善現。甚深般若波羅蜜多。能為如来顕世間空。故名「如来母能示如来世間実相」。時具寿善現白仏言：世尊。云何如是甚深般若波羅蜜多。能為如来顕世間空。仏言：善現。甚深般若波羅蜜多能為如来顕**色**世間**空**。顕**受想行識**世間**空**。

(48) 無羅叉訳『放光般若経』巻第十八「信本際品」第八十（『大正』vol.8, p.131c）

［菩薩……］成阿耨多羅三耶三菩。為空性説法説五陰性空。是故菩薩行**般若波羅蜜**説**五陰**性**空**……

羅什訳『大品般若経』巻第二十五「実際品」第八十（ibid., p.402b）

［菩薩摩訶薩……］成阿耨多羅三藐三菩提。為衆生説性空法。須菩提。色性空受想行識性空。菩薩摩訶薩。行**般若波羅蜜**時。説**五陰**性**空**法……

玄奘訳『大般若経』巻第四百七十三「第二分実際品」第七十八之一（『大正』vol.7, p.397c）

［菩薩摩訶薩……］求証無上正等菩提。為饒益有情説本性空法。善現。何等諸法本性皆法而諸菩薩摩訶薩行深**般若波羅蜜多**時。如実了知本性空已。住本性空為他説法。善現。色乃至識本性**皆空**……

(49) わたしが『ラリタ・ヴィスタラ』第25章に着目するきっかけを与えられたのは，原田和宗［2004b］の初校を待つ間に谷川泰教［1999］（pp.10 ～ 17；p.37）を読み返していたときであった。谷川泰教氏は特に同論文［1999］の末尾（pp.37 ～ 38）で金剛界マンダラの西方「世自在王（Lokeśvara-rāja）如来」のサークルに配置された四親近菩薩の意味を仏伝の視点から解釈しうる可能性を提示する際，『ラリタ・ヴィスタラ』同章の〈釈尊による世間観察〉節と「観自在大菩薩」（金剛法）との関連性をこう指摘する：「まず，金剛法菩薩であるが，灌頂前の尊名は観自在大菩薩で，三昧耶形は金剛蓮華，灌頂名は金剛眼である。これは，『ラリタ・ヴィスタラ』でいうと，釈尊が梵天の勧請によって，世間を仏眼をもって観察し（sarvāvantaṃ lokaṃ buddha-cakṣuṣā vyavalokayan sattvāṃ paśyati sma），それを池の蓮華に譬えるところに相当する」（p.37）。谷川氏がわざわざ引用してくださった“vyavalokayan......paśyati sma”というフレーズの重要な意味（谷川氏は「観自在菩薩」を主人公とする『心経』との関連性にも当然気付き，意識しておられるにちがいない）をこれまで察知できなかった自己の愚昧さに狼狽しつつ，わたしは『ラリタ・ヴィスタラ』の検討に慌ただしく着手した。しかし，初校時に新たなセクションを挿入するのは憚られたので，原田和宗［2007a］に委ねることにした。

さらには，同稿［2007a］執筆の途中，当時，松阪大学（現：三重中京大学）名誉教授であられた柏木弘雄先生は私信（2005年2月17日付）を通じて斎藤明氏が『心経』

について並々ならぬ深い学識・持論を抱懐しておられることをご教示くださり，それより十年ほど前の三重県の真言寺院の会合で講師として招いた斎藤明氏の『心経』講話の配付資料を恵送いただいた。その配付資料には，すでに『ラリタ・ヴィスタラ』同章の問題の箇所およびパーリ律蔵『マハーヴァッガ』・説出世部の仏伝『マハーヴァストゥ』の各対応箇所が抄訳で示され，『心経』における観自在菩薩の「観察する」という行為の起源が梵天勧請に応じたブッダによる世間の観察という成道後のブッダがとった初めての振る舞いの中に求めうることが明解に指摘されていた。これを一読した際のわたしの驚きと喜びは尋常なものではなかった。が，残念ながら，斎藤氏のこういった研究はまだ論文化されるに至っていないとの由である。斎藤氏の『心経』研究の公表される日の近からんことを嘱望しつつ，原田和宗［2007a］ではこの件については『ラリタ・ヴィスタラ』だけを検討するに留めた。本書も同じ方針をとることをご寛恕願いたい。わたしの『心経』研究に種々のご配慮を賜りました柏木先生のご厚意に心からの感謝を申し上げます。

(50)　竺法護訳『仏説普曜経』巻第七「梵天勧助説法品」第二十三（『大正』vol.3, p.528c）

以仏道眼普**観**世間。

地婆訶羅訳『方広大荘厳経』［683年訳出］巻第十「大梵天王勧請品」第二十五（ibid., p.604c）

爾時世尊以仏眼**観見**諸衆生上中下根。或邪定聚。或正定聚。或不定聚。比丘。譬如有人臨清浄池。見彼池中所有草木。或未出水。或与水斉。或已出水。如是三種分明見之。如来**観**諸衆生上中下根亦復如是。

(51)　『ラリタ・ヴィスタラ』梵文において全世間を観察した如来によって衆生の資質が二種かつ三種に分類されているという不整合点について谷川泰教氏はこう説明しておられる。

矛盾の原因はすでに初期仏典の仏伝の中に認められる。すなわち，パーリの律大品や聖求経では実際は二分類（上・下，勝・劣，利・鈍など）しているにもかかわらず，その喩例として出された蓮華の比喩は三種（水中・水面・水上）をあげている。もし，蓮華の比喩を重視すれば三分類にならざるをえない。『ラリタ・ヴィスタラ』の用語から判断するに，二分類は伝統説をひきずり，三分類は新たな比喩にあわせて導入されたのであろう。（谷川泰教［1999］，p.16）。

(52)　地婆訶羅訳『方広大荘厳経』［683年訳出］巻第三「誕生品」第七（『大正』vol.3, p.553a）

爾時菩薩既誕生已**観察**四方。猶如師子及大丈夫。安詳**瞻顧**。比丘当知。菩薩於多生中積集善根。是時即得清浄天眼。**観見**一切三千大千世界。国土城邑及諸衆生。所有心行皆悉了知。如是知已。而復**観察**是諸衆生。所有戒定智慧及諸善根与我等不。乃見十方三千大千世界。無一衆生与我等者。

竺法護訳『普曜経』［308年訳出］巻第二「欲生時三十二瑞品」第五には対応訳なし。なお，この直後に菩薩は六方向（東南西北上下）に七歩づつ歩み，自分にとってこの生は最後生であり，世間における最勝者となるという趣旨の「誕生偈」を高らかに宣言する。外薗幸一［1994］，p.823；阿理生［2000］，pp.141 ～ 142；159.

(53) 成道直後の如来が「仏眼」によって世間を「観察」するのに比べ，誕生直後の菩薩は成道前であるためか「天眼」によって世界を「観察」するという格差が設けられているのは興味深い。

(54) じつは『ラリタ・ヴィスタラ』第 13 章の現行梵文には空思想の文脈での paśyati の肯定形の使用例も存する。

Lalita XIII［Saṃcodanā-］kk.107&116（外薗幸一［1994］，p.642, 21 ～ 24；p.646, 9 ～ 12）

vijñāna nirodhu saṃbhavaṃ viñānotpāda-vyayaṃ vipaśyati, akahiṃ ca gataṃ an-āgataṃ **śūnya** māyopama yogi **paśyati**.（k.107）

tatha hetubhi[ḥ] pratyayebhi ca sarva-saṃskāra-gataṃ pravartate, yogī puna[r] bhūta-darśanāc **chūnya** saṃskāra nirīha **paśyati**.（k.116）

しかし，竺法護訳『仏説普曜経』巻第三「試芸品」第十および地婆訶羅訳『方広大荘厳経』巻第五「音楽発悟品」第十三に両偈の対応訳を見出すことはできなかった。両偈は後世の増広部分に属するので，『心経』成立への影響を取り沙汰するには及ばない。

(55) 現行の竺法護訳『光讃経』［286 年訳出］は残念ながら完本ではなく，冒頭部のみが現存する。全体の三分の二は散佚しているので，後半部に属する本章を当然ながら欠く。

無羅叉訳『放光般若経』［291 年訳出］巻第十八「住二空品」第七十八（『大正』vol.8, p.126b）

仏告須菩提：仏以天眼**見**<u>十方</u>恒辺沙等刹土。諸菩薩摩訶薩入泥犁中。泥犁則**為冷**。以三事変化為泥犁中衆生説法。一者神足二者随其所使三者四等之法。以神足**滅火**随意為説四等法。泥犁中衆生便有愛敬帰仰於菩薩。即得離苦痛。次為説三乗之教皆令脱**苦**。

梵文で「東方」とある語句が無羅叉訳『放光般若経』では「十方」と訳されている（下線部）。梵文ではこのあとで「わたしは仏眼によって世界を観察しつつ，南・西・北・上・下・四維の諸世界における諸菩薩……を視る」という記述が続き，同じ内容が繰り返されるので，漢訳者はあえて「十方」と意訳し，重複・冗漫を避けたのであろう。玄奘訳『大般若経』でも同様の処置がとられている。

羅什訳『大品般若経』［404 年訳出］巻第二十四「四摂品」第七十八（ibid., p.393b ～ c）

復次須菩提。我以仏眼**見**東方如恒河沙等諸菩薩摩訶薩。入大地獄**令火滅湯冷**。以三事教化。一者神通・二者知他心・三者説法。是菩薩以神通力。**令**大地獄**火滅湯冷**。知他心以慈悲喜捨随意説法。是衆生於菩薩生清浄心。従地獄得脱。漸以三乗法得尽**苦際**。

玄奘訳『大般若経』［663 年訳出］巻第四百六十九「第二分衆徳相品」第七十六之二（『大正』vol.7, pp.372c ～ 373a）

復次善現。我以仏眼**遍観**十方殑伽沙等諸世界中。有菩薩摩訶薩為欲利楽諸有情類。以故思願入大地獄。見諸有情受**諸劇苦**。見已発起三種示導。云何為三。一者神変示導。

二者記説示導。三者教誡示導。是菩薩摩訶薩。以神変示導。**滅除地獄湯火刀等種種苦具**。以記説示導。記彼有情心之所念而為説法。以教誡示導。於彼発起慈悲喜捨而為説法。令彼地獄諸有情類。於菩薩所生浄信心。由此因縁従地獄出得生天上。或生人中。漸依三乗尽**苦辺際**。証涅槃界究竟安楽。

(56)　三種の示導（prātihārya）については最初期の有部論書『集異門足論』に懇切な説明がある。玄奘訳・舎利子説『阿毘達磨集異門足論』巻第六「三法品」第四之余（『大正』vol.26, pp.389b ～ 390a）

(57)　〈般若経〉における菩薩は有情を三乗によって教化する。つまり，有情の資質に合わせて三乗のいずれかを教化手段として選択するのであって，有情に対して決して大乗・菩薩道だけを押し付けたりしない。〈般若経〉によれば，三乗の教えは〈般若波羅蜜多〉から生じたものであり，〈般若波羅蜜多〉は三乗共通の源泉なのである。

(58)　義浄訳『薬師琉璃光七仏本願功徳経』［707年訳出］巻下（『大正』vol.14, p.416b）
復次阿難。彼琰魔王簿録世間所有名藉。若諸有情不孝五逆毀辱三宝。壊君臣法破於禁戒。琰魔法王随罪軽重考而罰之。是故我今勧諸有情。然灯造幡放生修福。令**度苦厄**不遭衆難。

第4章　第二〈空性〉節——散文部分【承】節

1　第二〈空性〉節のテキスト

観自在菩薩が五蘊を観察し自性空と視たという『小本・心経』の第一節の導入説話を承けて，その観察される「空」という位相そのものを主題とする第二節が幕を開ける。

さきの観自在菩薩という主人公の登場も唐突ではあったが，ここではいきなりシャーリプトラ（舎利弗／舎利子）を聞き手に引っ張り出しつつ，観点のちがいに応じて「五蘊」・「十二処」・「十八界」・「十二縁起」等々と様々な呼称で分類される諸存在素と〈空性〉との不二一体の関係について，ゆっくりと丁寧な語り口ではなく，矢継ぎ早に駆け足で語り終わる。智慧第一の舎利弗ぐらいの聞き手であれば，この速度に遅れることなく理解できるのかもしれないが，凡人のわれわれはただただ取り残されてしまう。

以下にテキストを示す。

羅什訳『大明呪経』（『大正』vol.8, p.847c）

【2.1】（-IIIb'）色空故無悩壊相。受空故無受相。想空故無知相。行空故無作相。識空故無覚相。何以故。舎利弗。（IIa）非色異空。（IIb）非空異色。（Ia）色即是空。（Ib）空即是色。受想行識亦如是。

【2.2】舎利弗是諸法空相。不生・不滅。不垢・不浄。不増・不減。是空法。非過去・非未来・非現在。

【2.3】是故空中。無色無受想行識。無眼耳鼻舌身意。無色声香味触法。無眼界乃至無意識界。無無明亦無無明尽。乃至無老死無老死尽。無苦集滅道。無智亦無得。

梵文（*Prajñā-pāramitā-hṛdaya*. 中村・紀野［1960］，pp.172, 12 ～ 173, 2）

【2.1】iha Śāri-putra（Ia1）rūpaṃ śūnya-tā,（Ib1）śūnya-taiva rūpam.（IIa1）rūpān na pṛthak śūnya-tā,（IIb1）śūnya-tāyā na pṛthag rūpam.（IIIa1）yad rūpaṃ sā śūnya-tā,（IIIb1）yā śūnya-tā tad rūpam. evam eva vedanā-saṃjñā-saṃskāra-vijñānāni.

【2.2】iha Śāri-putra sarva-dharmāḥ śūnya-tā-lakṣaṇā an-utpannā a-niruddhā a-malā-vimalā（Conze［1948］, p.35, 9：a-malā a-vimalā）nonā na paripūrṇāḥ.

【2.3】tasmāc Chāri-putra śūnya-tāyāṃ na rūpaṃ na vedanā na saṃjñā na saṃskārā na vijñānam. na cakṣuḥ-śrotra-ghrāṇa-jihvā-kāya-manāṃsi, na rūpa-śabda-gandha-rasa-spraṣṭavya-dharmāḥ, na cakṣur-dhātur yāvan na mano-vijñāna-dhātuḥ. na vidyā nā-vidyā na vidyā-kṣayo nā-vidyā-kṣayo yāvan na jarā-maraṇaṃ na jarā-maraṇa-kṣayo na duḥkha-samudaya-nirodha-mārgā, na jñānaṃ na prāptiḥ.

梵文和訳（『〈プラジュニャー・パーラミター〉心呪』）

【2.1】この世では，シャーリプトラよ，［五箇の諸基幹のうち，］（Ia）物質（色）は〈空性〉（lit. 空であること：［物質の自己本質を］欠如すること）であり，（Ib）〈空性〉こそ（eva）が物質なのである。（IIa）物質とは別個に〈空性〉はなく，（IIb）〈空性〉とは別個に物質はない。（IIIa）およそ物質なるもの，それが〈空性〉であり，（IIIb）およそ〈空性〉なるもの，それが物質なのである。感受・想念・［諸］意志（行）・識［という残りの四箇の諸基幹］も［事情は］まったく同様である。

【2.2】この世では，シャーリプトラよ，一切の諸存在素は〈空性〉を特相とするものであり，生起したものでもなく，滅したものでもない。塵垢を伴うものでもなく，塵垢を離れたものでもない。不足したものでもなく，すっかり満たされたものでもない。

【2.3】それゆえに，シャーリプトラよ，〈空性〉の次元では，物質もなく，感受もなく，想念もなく，諸意志もなく，識もない。［十二の部門（十二処）における］眼・耳・鼻・舌・身体・思考（意）［という六箇の内なる部門］もなく，色・音声・臭い・味・可触物・存在素（法）［という六箇の外なる部門］もない。［十八の根源界（十八界）における］眼の根源界（眼界）から思考識の根源界（意識界）までもない。［十二支分からなる〈依存的生起〉（十二支縁起）における，無明と敵対する］明智もなく，無明もない。明智の滅尽もなく，無明の滅尽もない。乃至，老

化・死もなく，老化・死の滅尽もない。苦・［苦の］起源・［苦の］消滅・［苦の消滅に導く］道程［という聖者たちにとっての四箇の真理（四聖諦）］もない。［四聖諦に関する八種の］智慧［――八種の智慧によって，凡夫であった修行者は見道位に入って聖者となり，さらに修道位に進むのだが――］もなく，［羅漢果を究極とする声聞の四向四果・独覚菩提・仏菩提／一切智者性といった，聖者としての諸属性の］獲得もない。

その他諸テキスト

玄奘訳『般若心経』（『大正』vol.8, p.848c7 ～ 13）

【2.1】舎利子。（IIa）色不異空，（IIb）空不異色。（Ia）色即是空，（Ib）空即是色。受想行識亦復如是。

【2.2】舎利子。是諸法空相，不生・不滅。不垢・不浄，不増・不減。

【2.3】是故空中無色。無受想行識。無眼耳鼻舌身意。無色声香味触法。無眼界。乃至，無意識界。無無明。亦無無明尽。乃至，無老死。無老死尽。無苦集滅道。無智亦無得。

不空訳『梵本心経』漢訳篇（福井文雅［1987a］, p.139, 6 ～ 9）

【2.1】此舎利子，（Ia）色空，（Ib）空性是色。（IIa）色不異空，（IIb）空亦不異色。（IIIa）是色彼空，（IIIb）是空彼色。如是受想行識，

【2.2】此舎利子，諸法空相，不生・不滅，不垢・不浄，不増・不減，

【2.3】是故舎利子，空中無色，無受無想，無行無識，無眼耳鼻舌身意，無色声香味触法，無眼界乃至無意識界，無明，無明無明尽，無明尽乃至無老死，無老死尽，無苦集滅道，無智無得，無証，

法月訳『普遍智蔵心経』（『大正』vol.8, p.849a ～ b7）

【2.1】（Ia）色性是空，（Ib）空性是色。（IIa）色不異空，（IIb）空不異色。（IIIa）色即是空，（IIIb）空即是色。受想行識亦復如是。識性是空，空性是識。識不異空，空不異識。識即是空，空即是識。

【2.2】舎利子。是諸法空相。不生・不滅，不垢・不浄，不増・不減。

【2.3】是故空中無色。無受想行識。無眼耳鼻舌身意。無色声香味触法。無眼界乃至無意識界。無無明亦無無明尽。乃至無老死亦無老死尽。無苦集滅道。無智亦無得。

般若共利言等訳『般若心経』（ibid., p.849c6 ～ 12）

【2.1】舎利子。（IIa）色不異空，（IIb）空不異色。（Ia）色即是空，（Ib）空即是色。受想行識亦復如是。

【2.2】舎利子。是諸法空相。不生・不滅，不垢・不浄，不増・不減。

【2.3】是故空中無色。無受想行識。無眼耳鼻舌身意。無色声香味触法。無眼

界乃至無意識界。無無明亦無無明尽。乃至無老死亦無老死尽。無苦集滅道。無智亦無得。

般若訳『梵本心経』漢訳行（原田和宗［2004c］，pp.（66), 20 ～（67), 2）

【2.1】（Ia）色空。（Ib）是色。（IIa）色不異空。（IIb）空不異色。（IIIa）即色空。（IIIb）空即色。如是受想行識空。

【2.2】如是。鷲子。一切法空想（read：相）不生・不滅。不垢・無垢。不減・不満。

【2.3】故是。鷲子。空中無色無受無想無行無識。無眼無耳無鼻無舌無身無意。無無声無香無味無触無法。無眼界乃至無意界。無意識界。無明無明無尽乃至無老死無老死尽。無苦集滅道。無智・無得。

智慧輪訳『般若心経』（『大正』vol.8, p.850a20 ～ 27）

【2.1】舎利子。（Ia）色空，（Ib）空性見（？）色。（IIa）色不異空。（IIb）空不異色。（IIIa）是色即空，（IIIb）是空即色。受想行識。亦復如是。

【2.2】舎利子。是諸法性相空。不生・不滅。不垢・不浄。不減・不増。

【2.3】是故空中。無色。無受想行識。無眼耳鼻舌身意。無色声香味触法。無眼界。乃至無意識界。無無明。亦無無明尽。乃至無老死尽。無苦集滅道。無智証・無得。

法成訳『般若心経』（ibid., p.850c4 ～ 12）

【2.1】（Ia）色即是空。（Ib）空即是色。（IIa）色不異空。（IIb）空不異色。如是受想行識。亦復皆空。

【2.2】是故舎利子。一切法空性。無相・無生・無滅。無垢・離垢。無減・無増。

【2.3】舎利子。是故爾時空性之中。無色。無受。無想。無行。亦無有識。無眼。無耳。無鼻。無舌。無身。無意。無色。無声。無香。無味。無触。無法。無眼界。乃至無意識界。無無明。亦無無明尽。乃至無老死。亦無老死尽。無苦集滅道。無智・無得。亦無不得。

施護訳『聖仏母般若経』（ibid., p.852b20 ～ 28）

【2.1】何名「五蘊自性空」耶。所謂：（Ia）即色是空，（Ib）即空是色。（IIa）色無異於空。（IIb）空無異於色。受想行識亦復如是。

【2.2】舎利子。此一切法如是空相。無所生。無所滅。無垢染。無清浄。無増長。無損減。

【2.3】舎利子。是故空中無色。無受想行識。無眼耳鼻舌身意。無色声香味触法。無眼界。無眼識界。乃至無意界。無意識界。無無明。無無明尽。乃至無老死。亦無老死尽。無苦集滅道。無智。無所得。亦無無得。

敦煌写本チベット訳『小本・心経』（上山大峻［1965］，p.75, 3 ～ 16）

【2.1】ḥdi ni Śa riḥi bu（Ia）gzugs stoṅ pa ñid de,（Ib）stoṅ pa ñid kyaṅ gzugs so.（IIa）gzugs daṅ stoṅ pa ñid tha dad pa yaṅ ma yin,（IIb）gzugs daṅ yaṅ tha myi dad do.（IIIa）gag gzugs pa de stoṅ pa ñid,（IIIb）gag stoṅ pa ñid pa de gzugs te. de bshin du tshor ba daṅ, ḥdu śes pa daṅ, ḥdu byed daṅ, rnam par śes paḥo.

【2.2】ḥdi ni śa riḥi bu chos thams cad stoṅ pa ñid kyi mtshan ma ste. myi skye myi ḥgog. myi gtsaṅ myi btsog. myi ḥphel myi ḥbri.
【2.3】de lta bas na śa riḥi bu stoṅ pa ñid la gzugs kyaṅ myed, tshor ba yaṅ myed, ḥdu śes kyaṅ myed, ḥdu byed kyaṅ myed, rnam par śes pa yaṅ myed, myig daṅ rna ba daṅ, sna daṅ lce daṅ, lus daṅ yid kyaṅ myed, 〈kha dog〉（*Vṛtti*：gzugs）daṅ sgra daṅ dri daṅ ro daṅ reg daṅ chos kyaṅ myed, myig gi khams nas yid gyi khams su yaṅ myed, rig pa yaṅ myed, ma rig pa yaṅ myed, rig pa zad pa yaṅ myed, ma rig pa zad pa yaṅ myed pas na rgas śiṅ śi ba yaṅ myed, rgas śiṅ śi ba zad pa yaṅ myed, sdug bsṇal daṅ 〈ḥdus〉（*Vṛtti*：kun ḥbyuṅ）pa daṅ ḥgog pa daṅ lam yaṅ myed,śes pa yaṅ myed, thob pa yaṅ myed ma thob pa yaṅ myed par......

梵文『大本・心経』（中村・紀野［1960］, p.176, 8 ～ 17）

【2.1】（Ia1）rūpaṃ śūnya-tā,（Ib1）śūnya-taiva rūpam.（IIa1）rūpān na pṛthak śūnya-tā,（IIb1）śūnya-tāyā na pṛthag rūpam.（IIIa1）yad rūpaṃ sā śūnya-tā,（IIIb1）yā śūnya-tā tad rūpam. evam vedanā-saṃjñā-saṃskāra-vijñānāni ca śūnya-tā.
【2.2】evaṃ Śāri-putra sarva-dharmā śūnya-tā-lakṣaṇā an-utpannā a-niruddhā a-malāvimalā（Conze［1948］, p.35, 9：a-malā a-vimalā）an-ūnā a-saṃpūrṇāḥ.
【2.3】tasmāt tarhi Śāri-putra śūnya-tāyāṃ na rūpaṃ na vedanā na saṃjñā na saṃskārā na vijñānam. na cakṣur na śrotraṃ na ghrāṇaṃ na jihvā ṃ kāyo mano na rūpaṃ na śabdo na gaṃdho na raso na spraṣṭavyaṃ na dharmāḥ. na cakṣur-dhātur yāvan na mano-dhātur na dharma-dhātur na mano-vijñāna-dhātuḥ. na vidyā nā-vidyā na kṣayo yāvan na jarā-maraṇaṃ na jarā-maraṇa-kṣayaḥ. na duḥkha-samudaya-nirodha-mārgā na jñānaṃ na prāptir nā-prāptiḥ.

チベット訳『大本・心経』（副島正光［1980］, pp.301, 17 ～ 302, 7）

【2.1】（Ia）gzugs stoṅ-paḥo,（Ib）stoṅ-pa-ñid kyaṅ gzugs-so,（IIa）gzugs las kyaṅ stoṅ-pa-ñid gshan ma yin-no,（IIb）stoṅ-pa-ñid las kyaṅ gzugs gshan ma yin-no, de bshin-du, tshor-ba daṅ, ḥdu-śes daṅ, ḥdu-byed daṅ, rnam-par-śes-pa rnams stoṅ-paḥo.
【2.2】Śā-riḥi-bu de-lta-bas-na chos thams-cad stoṅ-pa-ñid de, mtshan-ma med-pa, ma skyes-pa, ma ḥgags-pa, dri-ma med-pa, dri-ma daṅ bral-ba med-pa, bri-ba med-pa, gaṅ-ba med-paḥo.
【2.3】Śā-riḥi-bu de-lta-bas-na stoṅ-pa-ñid la gzugs med, tshor-ba med, ḥdu-śes med, ḥdu-byed med, rnam-par-śes-pa med, mig med, rna-ba med, sna med, lce med, lus med, yid med, gzugs med, sgra med, dri med, ro med, reg-bya med, chos med, mig gi khams med nas yid kyi khams med, yid kyi rnam-par-śes-paḥi khams kyi bar du yaṅ med do, ma rig-pa med, ma rig-pa zad-pa med-pa nas, rga śi med, rga śi zad paḥi bar du yaṅ med do. de bshin du sdug-bsṅal-ba daṅ, kun-ḥbyuṅ daṅ, ḥgog-pa daṅ, lam med, ye-śes med, thob-pa med, ma-thob-pa yaṅ med do.

チベット訳『大本・心経』B 本（Silk［1994］, p.121, 1 ～ 5；123, 1 ～ 4；p.125, 1 ～ 7；p.127, 1 ～ 3；p.129, 1 ～ 2；p.131, 1 ～ 3）

【2.1】（Ia）gzugs stong pa'o.（Ib）stong pa-nyid gzugs so.（IIa）gzugs las stong pa nyid gzhan ma yin no.（IIb）stong pa nyid las gzugs gzhan ma yin no. de bzhin du tshor ba dang, 'du shes dang, 'du byed rnams dang, rnam par shes pa rnams stong pa'o.
【2.2】Shā-ri'i bu de ltar chos thams cad ni stong pa nyid dang, mtshan nyid med pa nyid dang, ma skyes pa dang, ma 'gags pa dang, dri ma med pa dang, dri ma dang bral ba dang, bri ba med pa dang, gang ba med pa'o.
【2.3】Shā-ri'i bu, de lta bas na stong pa nyid la gzugs med do. tshor ba med do. 'du shes med do. 'du byed med do. rnam par shes pa med do. mig med do. rna ba med do. sna med do. lce med do. lus med do. yid med do. gzugs med do. sgra med do. dri med do. ro med do. reg bya med do. chos med do. mig gi khams med cing, mig gi rnam par shes pa'i khams med pa nas, yid kyi khams med cing, yid kyi rnam par shes pa'i khams kyi bar du med do, ma rig pa med cing ma rig pa zad pa med pa nas rga shi med cing rga shi zad pa'i bar du med do. sdug bsgnal ba dang, kun 'byung ba dang, 'gog pa dang, lam rnams med do. shes pa med do. thob pa med do. ma thob pa yang med do.
※　不空訳は文章がかなり混乱している。下線部は，法隆寺本と敦煌本チベット訳を考慮すれば，本来は「無明，無無明，無明尽，無無明尽」とあったか。
※　上掲敦煌本中では註釈書 *Vṛtti* 所引の経文との異同を示した（すでに上山大峻氏が表にまとめている）。なお，敦煌写本中に上掲敦煌本に対する註釈 *Vṛtti* のチベット訳三本が現存，その唯一の完本の識語は“Kamala-śīla”（蓮華戒：8世紀頃）作と明記するが，カマラシーラの既知の『大本・心経』註釈書 *Ṭīkā*（『般若波羅蜜多心広疏』）とまったくの別本で，現存唯一のインド人作『小本』註釈書ということになる。しかし，同書に対する研究の有無はいまだに仄聞しない。
※　敦煌本チベット訳（IIb）下線部について，上山大峻氏は“stoṅ pa ñid daṅ gzugs yaṅ tha myi dad do”となるべきだと指摘する。Ibid, p.76.

本節は内容的に三段に区分できる。

【2.1】五蘊の構成要素である個物各自と〈空性〉という存在原理との一体性を説く最も有名な〈色即是空〉段。

【2.2】「〈空性〉を相とする一切諸法」の「不生・不滅」等々の否定的規定を語る〈一切諸法の六種の否定的規定〉段。

【2.3】〈空性〉における五蘊・十二処・十八界・十二縁起・四聖諦などの無を明かす〈空性次元の諸存在素の非存在〉段。

三段すべてに共有される術語，キーワードは〈空性〉なので，本節をわたしは簡単に「第二〈空性〉節」と名付けることにした。

2 『二万五千頌般若』の対応節テキスト

『小本・心経』の第二〈空性〉節は『二万五千頌般若』第 1 章の以下の節に対応する。

羅什訳『大品般若経』巻第一「習応品」第三（『大正』vol.8, p.223a）

【2.1〈色即是空〉段《2》】舎利弗。（-IIIb）色空中無有色。受想行識空中無有識。舎利弗。（-IIIb'）色空故無悩壊相。受空故無受相。想空故無知相。行空故無作相。識空故無覚相。何以故。舎利弗。（IIa）色不異空，（IIb）空不異色。（Ia）色即是空，（Ib）空即是色。受想行識亦如是。

【2.2】舎利弗。是諸法空相。不生・不滅。不垢・不浄。不増・不減。是空法非過去・非未来・非現在。

【2.3】是故空中無色無受想行識。無眼耳鼻舌身意。無色声香味触法。無眼界乃至無意識界。亦無無明亦無無明尽。乃至亦無老死亦無老死尽。無苦集滅道。亦無智亦無得。亦無須陀洹・無須陀洹果。無斯陀含・無斯陀含果。無阿那含・無阿那含果。無阿羅漢・無阿羅漢果。無辟支仏・無辟支仏道。無仏亦無仏道。

***Pañca* I**.（Dutt［1934］，pp.45，11 ～ 47，6；Cf. 渡辺章悟［1991a］，pp.53 ～ 54；J. Nattier［1992］，pp.161 ～ 163）

【2.1〈色即是空〉段《2》】tathā hi **Śāri-putra**（-IIIb1）**yā** rūpasya **śūnya-tā** na **tad rūpam**.（-IIIb2）yā vedanāyāḥ śūnya-tā na sā vedanā.（-IIIb3）yā saṃjñāyāḥ śūnya-tā na sā saṃjñā.（-IIIb4）yā saṃskārāṇāṃ śūnya-tā na te saṃskārāḥ.（-IIIb5）yā vijñānasya śūnya-tā na tad vijñānam. tat kasya hetoḥ. tathā hi（-IIIb1'）yā rūpa-śūnya-tā na sā rūpayati.（-IIIb2'）yā vedanā-śūnya-tā na sā vedayati.（-IIIb3'）yā saṃjñā-śūnya-tā na sā saṃjānīte.（-IIIb4'）yā saṃskāra-śūnya-tā na sābhisaṃskaroti.（-IIIb5'）yā vijñāna-śūnya-tā na sā vijānāti. tat kasya hetoḥ. tathā hi Śāri-putra（IIa1）

nānyad rūpam anyā **śūnya-tā**,（IIb1）**nā**nyā śūnya-tā anyad **rūpam**.（Ia1）rūpam eva **śūnya-tā**,（Ib1）**śūnya-taiva rūpam**......（IIa5）nānyad vijñānam anyā śūnya-tā,（IIb5）nānyā śūnya-tā anyad vijñānam.（Ia5）vijñānam eva śūnya-tā,（Ib5）śūnya-taiva vijñānam.

【2.2】śūnya-tā Śāri-putra notpadyate na nirudhyate. na saṃkliśyate na vyavadāyate. na hīyate na vardhate. nātītā nāgatā na pratyutpannā.

【2.3】yā ca īdṛśī **na** tatra **rūpaṃ na vedanā na saṃjñā na saṃskārāḥ na vijñānam**. na pṛthivī-dhātur nāb-dhātur na tejo-dhātur na vāyu-dhātur na nākāśa-dhātur na vijñāna-dhātur **na cakṣur**-āyatanaṃ **na rūp**āyatanaṃ, na **śrotr**āyatanaṃ na **śabd**āyatanaṃ, na **ghrāṇ**āyatanaṃ na **gandh**āyatanaṃ, na**jihv**āyatanaṃ na **ras**āyatanaṃ, na **kāy**āyatanaṃ na **spraṣṭavy**āyatanaṃ, na **mana**-āyatanaṃ na **dharm**āyatanaṃ, **na cakṣur-dhātur** na rūpa-dhātur na cakṣur-vijñāna-dhātuḥ. na śrotra-dhātur na śabda-dhātur na śrotra-vijñāna-dhātuḥ. na ghrāṇa-dhātur na gandha-dhātur na ghrāṇa-vijñāna-dhātuḥ. na jihvā-dhātur na rasa-dhātur na jihvā-vijñāna-dhātuḥ. na kāya-dhātur na spraṣṭavya-dhātur na kāya-vijñāna-dhātuḥ. na mano-dhātur na dharma-dhātur **na mano-vijñāna-dhātuḥ**. **nā-vidy**otpādo **nā-vidyā**-nirodhaḥ. na saṃskārotpādo na saṃskāra-nirodhaḥ. [And so on with regard to each of the terms of pratītya-samutpāda formulae up to] **na jarā-maraṇa**-śoka-parideva-duḥkha-daurmanasyopāyāsotpādo **na jarā-maraṇa**-śoka-parideva-duḥkha-daurmanasyopāyāsa-nirodhaḥ, **na duḥkha**ṃ na **samudayo** na **nirodho** na **mārgo na prāptir n**ābhisamayo na srota-āpannā na srota-āpatti-phalam na sakṛd-āgāmī na sakṛd-āgāmi-phalam nān-āgāmī nān-āgāmi-phalam nārhattvam nārhattva-phalam na pratyeka-buddhā na pratyeka-bodhiḥ, na buddho na bodhiḥ.

『二万五千頌般若』第 1 章（Cf. 村上真完［1992a］, pp.81 ～ 82；村上真完［1992b］, p.85）

【2.1〈色即是空〉段《2》】すなわち，**シャーリプトラよ**，（-IIIb1）**およそ**物質にとっての〈**空性**〉［という超越的存在原理］なるもの（**yā** rūpasya **śūnya-tā**), **それは物質で**はない（na **tad rūpam**)。(-IIIb2）およそ感受にとっての〈空性〉なるもの，それは感受ではない。(-IIIb3）およそ想念にとっての〈空性〉なるもの，それは想念ではない。(-IIIb4）およそ諸意志にとっての〈空性〉なるもの，それは諸意志ではない。(-IIIb5）およそ識にとっての〈空性〉なるもの，それは識ではない。それはなぜか。すなわち，(-IIIb1'）およそ〈物質にとっての空性〉（yā rūpa-śūnya-tā）なるもの，それは変容（or 表出）しない（na sā rūpayati)。(-IIIb2'）およそ〈感受にとっての空性〉なるもの，それは感受しない。(-IIIb3'）およそ〈想念にとっての空性〉なるもの，それは想念しない。(-IIIb4'）およそ〈[諸] 意志にとって空性〉なるもの，それは行使せんと意欲しない。(-IIIb5'）およそ〈識にとっての空性〉なるもの，それは認識しない。それはなぜか。すなわち，シャーリプトラよ，(IIa1）物質と**〈空性〉**と**は**別々のものでは**ないし**（**nā**nyad rūpam anyā **śūnya-tā**),(IIb1）〈空性〉と**物質**と**は**別々のものでは**ない**（**nā**nyā śūnya-tā anyad **rūpam**)。(Ia1）**物質**こそ（eva）**が〈空性〉であり**（**rūpam** eva **śūnya-tā**),(Ib1）**〈空性〉こそ**（**eva**）**が物質なのである**（**śūnya-taiva rūpam**)。……(IIa5）識と〈空性〉とは別々のものではないし，(IIb5)〈空性〉と識とは別々のものではない。(Ia5）識こそ（eva）が〈空性〉であり，(Ib5)〈空性〉こそ（eva）が識なのである。

【2.2】〈空性（śūnya-tā)〉は，シャーリプトラよ，生起しないし，滅しもしない。汚されもしないし，清まりもしない。減少もしないし，増加もしない。過去のものでもなく，未来のものでもなく，現在のものでもない。

【2.3】およそこのようなもの（i.e.「生起せず，消滅せず」等々と前述された〈空性〉)，それにおいては（yā ca īdṛśī......tatra),**物質もなく**，**感受もなく**，**想念もなく**，**諸意志もなく**，**識もない**（**na......rūpaṃ na vedanā na saṃjñā na saṃskārāḥ na vijñānam**)。地の根源界もなく，水の根源界もなく，火の根源界もなく，風の根源界もなく，虚空の根源界もなく，識の根源界もない。**眼**という部門**もなく**，**色**という部門**もない**。**耳**という部門も

なく，**音声**という部門もない。**鼻**という部門もなく，**臭い**という部門もない。**舌**という部門もなく，**味**という部門もない。**身体**という部門もなく，**可触物**という部門もない。**思考**という部門もなく，**存在素**という部門もない。**眼の根源界もなく**，色の根源界もなく，眼識の根源界もない。耳の根源界もなく，音声の根源界もなく，耳識の根源界もない。鼻の根源界もなく，臭いの根源界もなく，鼻識の根源界もない。舌の根源界もなく，味の根源界もなく，舌識の根源界もなくい。身体の根源界もなく，可触物の根源界もなく，身体識の根源界もない。思考の根源界もなく，存在素の根源界もなく，**思考識の根源界もない**。**無明**の生起**もなく**，**無明の**消滅**もない**。行使の生起もなく，行使の消滅もない。……**老化・死**・憂愁・悲嘆・苦痛・落胆・懊悩の生起**もなく**，**老化・死**・憂愁・悲嘆・苦痛・落胆・懊悩の消滅**もない**。**苦**もなく，［苦の］**起源**もなく，［苦の］**消滅**もなく，［苦の消滅に導く］**道程もない**。**獲得もなく**，［四聖諦の］ありありとした完全認識（現観）**もない**。［聖者たちの］流れに加入するひとびと（預流）もなく，流れへの加入という結果（預流果）もなく，もう一度だけ［今生に］還り来るひと（一来）もなく，もう一度だけ帰り来るという結果（一来果）もなく，［二度と今生に］還り来らないひと（不還）もなく，還り来らないという結果（不還果）もなく，アルハット（阿羅漢／［供養する］価値あるひと）になることもなく，アルハットになることという結果（阿羅漢果）もない。一機縁によって覚醒したひとびと（独覚）もなく，一機縁による覚醒もない。覚醒したひと（ブッダ）もなく，覚醒（菩提）もない。

その他諸テキスト

竺法護訳『光讃経』巻第一「行空品」第三之一（『大正』vol.8, p.153c）

【2.1】（-IIIb）仮使色空則無有色。仮使痛痒思想生死識空則無有識。（-IIIb'）設使色空則不有見。設痛痒空則無所患。設思想空則無所念。設使行空則無所造。設識空者無所分別。所以者何。舍利弗。（IIa）色者則異不与空同。（IIb）空不為異色不為分別。（Ia）色自然空，色則為空。痛痒思想生死識。不為別異空亦不異。設空不異識亦不異。識自然空，識則為空。

【2.2】仏語：舎利弗。其為空者。不起不滅無所依著無所諍訟。無所増無所損。

無過去無当来無現在。
【2.3】彼亦無色痛痒思想生死識。亦無眼耳鼻舌身心。亦無色声香味細滑。所欲法彼則無。無黠不滅無黠不行。不識不名色不六入不細滑不痛不愛不受不有不生不老不病不死亦不滅。除生老病死。彼亦不苦亦無習亦無所尽亦無所由。彼亦無得亦無有時。彼無須陀洹果。無斯陀含果。無阿那含果。無阿羅漢果。無辟支仏覚。亦無得道亦無仏道。

無羅叉訳『放光般若経』巻第一「仮号品」第三（ibid., p.6a）
【2.1】舍利弗。（-IIIb）用色空故為非色。用痛想行識空故為非識。（-IIIb'）色空故無所見。痛空故無所覚。想空故無所念。行空故無所行。識空故不見識。何以故。（IIab）色与空等無異。所以者何。（Ia）色則是空，（Ib）空則是色。痛想行識則亦是空。空則是識。
【2.2】亦不見生亦不見滅。亦不見著亦不見断。亦不見増亦不見減。亦不過去当来今現在。
【2.3】亦無五陰亦無色声香味細滑法。亦無眼耳鼻舌身意。亦無十二因縁亦無四諦。亦無所逮得。亦無須陀洹・斯陀含・阿那含・阿羅漢・辟支仏。亦無仏亦無道。

玄奘訳『大般若経』巻第四百三「第二分観照品」第三之二（『大正』vol.7, p.14a）
【2.1】舍利子。（-IIIb）諸色空彼非色。諸受想行識空彼非受想行識。何以故。舍利子。（-IIIb'）諸色空彼非変礙相。諸受空彼非領納相。諸想空彼非取像相。諸行空彼非造作相。諸識空彼非了別相。何以故。舍利子。（IIa）色不異空。（IIb）空不異色。（Ia）色即是空。（Ib）空即是色。受想行識不異空。空不異受想行識。受想行識即是空。空即是受想行識。
【2.2】舍利子。是諸法空相。不生・不滅。不染・不浄。不増・不減。非過去・非未来・非現在。
【2.3】如是空中無色・無受想行識。無眼処・無耳鼻舌身意処。無色処・無声香味触法処。無眼界・色界・眼識界。無耳界・声界・耳識界。無鼻界・香界・鼻識界。無舌界・味界・舌識界。無身界・触界・身識界。無意界・法界・意識界。無無明亦無無明滅。乃至無老死愁歎苦憂悩。亦無老死愁歎苦憂悩滅。無苦聖諦・無集滅道聖諦。無得・無現観。無預流・無預流果。無一来・無一来果。無不還・無不還果。無阿羅漢・無阿羅漢果。無独覚・無独覚菩提。無菩薩・無菩薩行。無正等覚・無正等覚菩提。

梵文『二万五千頌般若』第 1 章の本節は『小本・心経』と同様に，三段に区分できる。ちなみに，この中の第一〈色即是空〉段を【2.1】としたが，『二万五千頌般若』第 1 章内にはこの段を含めて計五種類の〈色即是空〉段と呼ぶべきパラグラフが含まれている。【2.1】は『二万五千頌般若』第 1 章全体からみれば第二番目の〈色即是空〉段なので，〈色即是空〉段《2》とする。残りの《1》，《3》～《5》段については，参考までに本章末尾に付録として和訳を収録する。

さて，『心経』の解釈においては，しばしばシャーリプトラに対する語り手が誰なのかということが問題視される。可能性としては，冒頭に登場する観世音菩薩か，あるいは，その名こそ文中に現れないが，釈迦牟尼世尊（釈尊）かのいずれかで解釈が分かれている。しかし，『心経』の下敷きとされた『二万五千頌般若』当該段は釈尊がシャーリプトラを聞き手にして〈空性〉について詳述するものであり，したがって，梵文『小本・心経』の第二〈空性〉節における聞き手シャーリプトラに語りかけているのも釈尊でなければならないであろう。そして，シャーリプトラ以外の聞き手は『小本・心経』散文後半部になっても出てこず，この散文前半部の初期設定を最後まで維持し続ける以上，『小本・心経』の編纂者たちの心づもりでは，釈尊こそ『小本・心経』全体のストーリー・テイラーだったはずである。しかし，梵文『大本・心経』の編纂者たちはそれに気づかず，観自在菩薩をシャーリプトラに対する話し手・説き手として『大本・心経』のストーリーを組成したために，きわめて不自然でぎこちない経典に仕立てあげてしまった。

さて，『小本・心経』と『二万五千頌般若』の梵文を比較してみると，梵文『小本・心経』の第二〈空性〉節は『二万五千頌般若』第1章の対応〈空性〉節の第一〈色即是空〉段のはじめの部分と第三〈空性次元の諸存在素の非存在〉段の後半部を削除して剽窃していることがわかる。しかも，これは単なる剽窃ということではなく，その中の個々の語句はしばしば，あまり意味を変更しない別の類似語句に置き換えられている。

さらには，梵文テキスト間にそのような相違・不一致があるにも拘わらず，なぜか『二万五千頌般若』の漢訳：羅什訳『大品般若経』の当該節の訳文と羅什訳『大明呪経』・玄奘訳『心経』の対応節の訳文はむしろ逐語的な一致を示す。これがジャン・ナティエ氏の提唱する玄奘訳『心経』偽経説・現行梵文還梵説にとって有力な根拠の一つとして取り上げられる。すなわち，ナティエ氏によれば，羅什訳『大品般若経』と玄奘訳『心経』との漢訳文の一致は後者が前者の漢訳文の抜粋から成る偽経だからであり，梵文『二万五千頌般若』と梵文『心経』との梵語テキストの不一致は玄奘訳『心経』の漢文から『心経』の梵文が反訳されたためである，と。

わたしは，ナティエ氏の説に異を唱えるが，次節から『小本・心経』と『二万五千頌般若』との対応を詳しく調べ，必要に応じてナティエ説に触れつつ論を進めていきたい。

3　第一〈色即是空〉段

3.1　第一段目

『小本・心経』現行梵文の〈色即是空〉段は三段から成る。その第一段目を再度引用する。

（Ia）rūpaṃ śūnya-tā,（Ib）śūnya-taiva rūpam.

（Ia）物質（色）は〈空性〉であり，（Ib）〈空性〉こそ（eva）が物質なのである。

前半の（Ia）に関しては，『二万五千頌般若』の対応文は“rūpam **eva** śūnya-**tā**（物質**こそ**が〈空**性**〉である）”である。和訳「こそ」に対応する“eva”の有無の違いがあるものの，『小本』と『二万五千頌』は同意趣と考えてよい。また，不空音訳金蔵本（福井［1987a］，p.128, 10）・慈賢音訳（福井［2000］，p.448, 12 ～ 14）および敦煌本『小本・心経』チベット訳“gzugs stoṅ pa ñid”は法隆寺本テキスト“rūpaṃ śūnya-tā”を支持する（伝澄仁本『心経梵本』“rūpaṃ śucya-tā”も同じ）。これは五蘊の構成要素たる個物と〈空性〉という原理とを同格で表現する極めて破格で過激な構文である。

しかし，『大本・心経』のネパール写本の多くは第一段目前半部（Ia）を

rūpaṃ śūnya**m**（物質は空なるものである）

と綴る（Conze［1948］，p.35 note10；鈴木広隆［1995a］，p.176）。チベット訳『大本・心経』“gzugs stoṅ-paḥo”も同じである。漢訳では小本系の不空漢訳敦煌本と大本系の智慧輪訳「色空」が端的にそれを支持する。小本系・不空音訳のうち，敦煌本も“rūpaṃ śūnyaṃ”である（福井［1987a］，p.128, 9）。この

第二段目の梵漢対照

	Large Sūtra	*Heart Sūtra*	漢訳
IIa	**nānyad** rūpam **anyā** śūnya-tā	rūpān **na pṛthak** śūnya -tā	色**不異**空
IIb	**nānyā** śūnya-tā **anyad** rūpaṃ	śūnya-tāyā **na pṛthag** rūpam	空**不異**色

文言は〈原始仏典〉にも見られるような無難な構文である。わたしはこの前半部（Ia）については『二万五千頌般若』から継承されたフレーズである点を重視して“rūpaṃ śūnya-tā”が『心経』としてはもっとも相応しいと考える(1)。

なお，後半部（Ib）については諸テキスト間で一致している。

3.2　ナティエ氏が注目した第二段目

ナティエ氏は玄奘訳『心経』(the *Heart Sūtra* attributed to Hsüan-tsang）の訳文と羅什訳『大品般若経』(the Chinese *Large Sūtra* of Kumārajīva）の訳文とが全く同一であるにも拘わらず，双方のサンスクリット文が著しく相違する事例を逐一指摘し，そのようなサンスクリット文の相違が生じたのは玄奘訳『心経』という漢文テキスト——その素材はサンスクリット原典より翻訳された羅什訳『大品般若』から提供された——を再びサンスクリット文に還元したことに起因すると推定する。これがナティエ論文の中核となる方法論である。

彼女が最初に注目した事例こそがこの第二段目のテキストである。この行の羅什訳『大品般若』巻第一「習応品」第三と玄奘訳『心経』は「(IIa）色不異空,（IIb）空不異色」で全くの同文である。しかるに,『二万五千頌般若』(the Sanskrit *Large Sūtra*）第1章梵文と『心経』梵文（the Sanskrit *Heart Sūtra*）とでは原文がかなり相違する。

まずは，Nattier［1992］(p.164, 4～5）所載の対照表を参考にし，さらに漢訳語（羅什訳『大品般若経』，玄奘訳『心経』ともに同文）を付加する形で異同を示したい（上掲表)。

上表のサンスクリット文は，双方で文言を違える。しかしながら，文意が全く変わっていないことには注意が必要である。このことからわたしは，玄奘が『心経』原典を翻訳する際，羅什訳『大品般若経』の訳文を踏襲しても何ら不都合はないと考える。

これを証左する事例を挙げたい。玄奘は晩年に『大般若経』六百巻の翻訳にとり組んでいるが，『二万五千頌般若』，したがって，『大品般若』に相当する「第二会」の当該文（巻第四百二「第二分・観照品」第三之一）には旧訳の羅什訳「色不異空，空不異色」をそのまま採用して事を済ませてしまう。新訳の推進者玄奘の眼から見ても，羅什の旧訳は，当該文に関するかぎり，遜色のないものであり，あえて改訳する必要を認めなかったのである(2)。

飜っていえば，もし『心経』の当該梵文が漢訳「色不異**空**，**空**不異色」からの反訳であれば，なぜそれぞれの「空」の対応梵語が“śūnyaṃ/śūnyān”ではなくて，“śūnyatā/śūnyatāyā[ḥ]”となっているのだろうか。玄奘訳『心経』のどこにも「空性」という，“śūnyatā”にとっての正確な訳語は使われていないにも拘わらず，である。

3.3　第三段目の消長から見る〈色即是空〉段の変遷

『小本・心経』現行梵文の〈色即是空〉段の第三段目を以下に再度引用する。

（IIIa）yad rūpaṃ sā śūnya-tā,（IIIb）yā śūnya-tā tad rūpam.

（IIIa）およそ物質なるもの，それが〈空性〉であり，（IIIb）およそ〈空性〉なるもの，それが物質なのである。

『大本・心経』ネパール写本にはこの第三段目を欠くものが多いらしい（Conze［1948］，p.35，notes 13-14；鈴木広隆［1995a］，p.177）。チベット訳『大本・心経』にも第三段目の訳はない。つまり，〈色即是空〉段が（Ia/b）・（IIa/b）という順序の二段構成である。この構成は比較的後期の大本系漢訳である法成訳『心経』［8 世紀］ならびに施護訳『聖仏母般若経』［1005 年］に反映されている。また，インドの註釈書で第三段目を含むのはプラシャーストラセーナ『聖般若波羅蜜多心広疏』のみで，他はそれを欠くと鈴木広隆氏は報告する（鈴木［1995a］，p.182. 註 17）。

三段構成を伝承する小本系原典の系列は法隆寺悉曇本（8世紀頃）・不空（Amogha-vajra：705～774年）音訳・伝澄仁本『心経梵本』・慈賢（Maitrī-bhadra?：10世紀）音訳である。同じく大本系原典の系列は般若訳『梵本心経』悉曇音訳両行およびプラシャーストラセーナが依拠したそれである（渡辺章悟［1992］，pp.231～233の和訳参照）。

三段構成の原典からの翻訳は前掲対照表（本書pp.172～175）のうち，小本系では不空漢訳敦煌本，敦煌本『小本・心経』チベット訳，大本系では法月訳『普遍智蔵心経』［738年］，般若訳『梵本心経』漢訳行，智慧輪訳『般若心経』［855年以前］である[(3)]。また，対照表には入れていないが，伝澄仁本『心経梵本』漢訳割註も，

(Ia) 色空，(Ib) 空即色。(IIa) 色不異空，(IIb) 空異色相。(IIIa) 色相即是空性，(IIIb) 空性即即色。(原田和宗［2006］，pp.18,14～19, 3)

という三段構成である[(4)]。

さて，『心経』〈色即是空〉段の下敷きとなっている『二万五千頌般若』は，『心経』を基準にして言えば（-IIIb）・（-IIIb'）（IIa / b）・（Ia / b）という，『心経』とは逆順の四段構成である。ここで（-IIIb）としているのは『心経』の（IIIb）において肯定文で綴られる関係代名詞yatと指示代名詞tatとで構成された構文が『二万五千頌般若』では否定文で表現されていることをマイナス記号の付加によって示したものである。これを縮める形で継承していると考えられるのが，小本系で（-IIIb'）（IIa/b）（Ia/b）という順序の羅什訳『大明呪経』である。

また，小本系の玄奘訳［649年］は二段構成であるが，（IIa/b）（Ia/b）というように，法成訳・施護訳など，ほかの『心経』とは逆の順序をとる。大本系の般若共利言訳［790年］も玄奘訳と同じ二段構成（IIa/b）（Ia/b）で，訳文も逐語的に一致はしている。けれども，般若共利言訳が依拠した原典である般若訳『梵本心経』は三段構成であり，般若共利言訳は権威ある玄奘訳を踏襲したにすぎないと推定される（般若訳『梵本心経』が梵文原典の逐語訳であるのに対して，般若共利言訳は玄奘訳や法月訳に配慮し，それら先行訳に寄り添う意訳の要素を多く含むことは原田［2004b］で確認済みである）。

以上の経緯から，われわれはこの〈色即是空〉段の変遷過程をこう推定することができる。

a.『二万五千頌般若』の四段構成の〈色即是空〉段から最初（-IIIb'）・（IIa / b）・（Ia / b）という順序の三段構成のテキストが抜粋されて，原初的な『心経』に組み込まれた。**⇒羅什訳『大明呪経』**

b. 次に冒頭部が削除されて，（IIa/b）・（Ia/b）の二段構成に整理された。**⇒玄奘訳『心経』**

c. その後，それらに第三段目（IIIa/b）が後接される際，もとの二段分の順序が前後入れ替えられ，（Ia/b）・（IIa/b）となった。つまり，（II）否定文・（I）肯定文・（III）肯定文というような同内容の肯定文の連続——肯定文（I）と（III）の相違は主語と述語を限定辞 eva で繋ぐか関係代名詞 yat・指示代名詞 tad で繋ぐかの差だけで，同義文の重複に近い——を避けて，（I）肯定文・（II）否定文・（III）肯定文というように肯定文と否定文が交互に入れ替わる配列に組み替えた。こうして，（Ia/b）・（IIa/b）・（IIIa/b）という順序をとる『小本・心経』独自の三段構成のテキストが成立した。**⇒法隆寺悉曇本・不空音漢両訳・敦煌本『小本・心経』チベット訳・伝澄仁本・慈賢音訳**

d.『小本・心経』独自の三段構成の〈色即是空〉段は当初『大本・心経』にも継承されはした。**⇒法月訳『普遍智蔵心経』・般若訳『梵本心経』・プラシャーストラセーナ施釈経**

e. しかし，やがて『大本・心経』において新附の第三段目（IIIa/b）は再び削除され，皮肉にも，順序が逆転したままの（Ia/b）・（IIa/b）という順序の二段構成のテキストが最終形態として残されることになった。**⇒法成訳『心経』・施護訳『仏母般若経』・チベット訳『大本・心経』・梵文『大本・心経』の大多数のネパール写本**

同時に，（Ia/b）・（IIa/b）・（IIIa/b）という順序の三段構成を保持する小本系の法隆寺悉曇写本や不空の音訳本が決してそれ以前の二段構成（IIa/b）・（Ia/b）に留まる玄奘訳『心経』の原典ではありえないことも判明しよう。玄奘訳『心経』は羅什訳『大品般若経』から抜粋された偽経であり，『小本・心経』の梵語原典はその玄奘訳から後世に捏造された還梵であるというナティエ氏の仮説もとうてい成立する余地はない。玄奘訳『心経』をいかに還梵しても，法隆寺本や不空音訳本などのようにはなりえないからである。

3.4　祖型としての『八千頌般若』の〈色即是幻〉段など

『小本・心経』〈色即是空〉段（現行梵文はIa/b，IIa/b，IIIa/bの三段構成）の直接の祖型をなしたのは『二万五千頌般若』第1章の〈色即是空〉段《2》（-IIIb，-IIIb′，IIa/b，Ia/bの四段構成）であった。この〈色即是空〉段《2》の祖型と目されるのは，『八千頌般若』第1章の〈色即是幻〉段である。以下に引用する。

そこでスブーティは幸福に満ちたお方（世尊）にこう申し上げた：幸福に満ちたお方よ，或るひとがこのように質問するとしましょう：「いったいこの幻人（i.e. 幻術によって作り出されたひと）は一切智者性において学習するでしょうか。一切智者性に親しく従事するひとになるでしょうか。一切智者性において出離するでしょうか」。幸福に満ちたお方よ，このように質問する彼に対してどのように教示されるべきでしょうか。

そのように申し上げられると，幸福に満ちたお方は生命溢れるひと・スブーティにこう仰った：「スブーティよ，そういうことであれば，わたしはこの点についてきみに反問するであろう。きみの意に適うとおりに解答してみなさい。

どうぞよろしく，幸福に満ちたお方よ，と生命溢れるひと・スブーティは幸福に満ちたお方に傾聴した。

幸福に満ちたお方はこう仰った：スブーティよ，きみはいったい，かの幻とかの物質とは別々のものである。……かの幻とかの識とは別々のものであると考えるか。

スブーティは申し上げた：じつに，幸福に満ちたお方よ，そうではありません。じつに，幸福に満ちたお方よ，（IIb1）かの幻とかの物質とは別々のものではありません（na......anyā sā māyā anyat tad rūpam）。幸福に満ちたお方よ，（Ia1）物質こそが幻であり（rūpam eva......māyā），（Ib1）

幻こそ（eva）が物質なのです。……幸福に満ちたお方よ，（IIb5）かの幻とかの識とは別々のものではありません。幸福に満ちたお方よ，（Ia5）識こそ（eva）が幻であり，（Ib5）幻こそが識なのです。

幸福に満ちたお方は仰った：スブーティよ，きみはいったいこの点についてどう考えるか。これ，すなわち，「ボーディサットヴァ」という名称，共通の名称，命名，言語表現は五箇の執着の諸基幹（五取蘊）に対するものではないか。

そのように仰せられると，生命溢れるひと・スブーティは幸福に満ちたお方にこう申し上げた：幸福に満ちたお方よ，それはそのとおりです。みごとに立ち去られたお方よ，それはそのとおりです。じつに，彼のボーディサットヴァ・マハーサットヴァによって〈智慧の究極性〉において学習されるとき，無上にして正しく完全な覚醒に向けて幻人によってのごとくに学習されねばなりません。それはなぜか，と申しますと，幸福に満ちたお方よ，彼（i.e. ボーディサットヴァ）——すなわち，五箇の執着の諸基幹——こそ幻人であると記憶されねばならないからです。それはなぜか，と申しますと，幸福に満ちたお方よ，「物質は幻のごときものである」と幸福に満ちたお方によって説かれているからです。およそ物質（色）なるもの，それは六箇の感官（六根）であり，それらは五箇の諸基幹（五蘊）なのです。というのは，幸福に満ちたお方よ，「感受・想念・諸意志は幻のごときものである」と説かれているからです。というのは，幸福に満ちたお方よ，「識は幻のごときものである」と幸福に満ちたお方によって説かれているからです。およそ識なるもの，それは六箇の感官であり，それらは五箇の諸基幹なのです。幸福に満ちたお方よ，新たに乗道に進発し始めたボーディサットヴァ・マハーサットヴァたちはこの教説を聴いて，恐れたり，おののいたり，恐怖に陥ったりしてはなりません。

幸福に満ちたお方は仰った：スブーティよ，もしも新たに乗道に進発し始めたボーディサットヴァ・マハーサットヴァたちが悪友たちの掌中にあるならば，恐れたり，おののいたり，恐怖に陥ったりするであろう。

スブーティよ，はたまた，新たに乗道に進発し始めたボーディサットヴァ・マハーサットヴァたちが善友たちたちの掌中にあるならば，恐れたり，おののいたり，恐怖に陥ったりしないであろう。（第1「〈一切の様相に関する智者性〉における実践項目」章；Cf. 松本史朗［1989］：所収「『般若経』と如来蔵思想」，pp.274 ～ 275；同所収「空について」，註8，pp.362 ～ 363；藤近恵市［1999］，p.55；大南龍昇［1992］p.360）(5)

『八千頌般若』の〈色即是幻〉段の基本構造は（IIb）（Ia / b）の二段から成り，『二万五千頌般若』の〈色即是空〉段《2》と共通する。『二万五千頌般若』の〈色即是空〉段《2》（-IIIb，-IIIb'，IIa/b，Ia/b の四段構成）にとっても核となるのは，後半の（II）・（I）という二段の枠組み部分だと思われる。

〈色即是空〉段《2》前半の（-IIIb）・（-IIIb'）という二段の枠組み部分については，わたしは，現時点ではそのまま対応する構文表現を『八千頌般若』に見出せていない。しかしながら，『八千頌般若』第1章で〈色即是幻〉段《2》よりも後の箇所にある〈色即是不生不滅〉段に近似表現が所在し，それに源泉を求めることができる。

じつに，幸福に満ちたお方（世尊）よ，ボーディサットヴァ・マハーサットヴァがこれらの諸存在素を〈智慧の究極性〉において考察する，その時，物質を認めません。物質を容認しません。物質の生起を視ません（na rūpasyotpādaṃ samanupaśyati）。物質の消滅（rūpasya nirodhaṃ）を視ません。同様に，感受を［認めま］せん。想念を［認めま］せん。諸意志を［認めま］せん。識を認めません。識を容認しません。識の生起を視ません。識の消滅を視ません。それはなぜか，と申しますと，すなわち，（-IIIb1）およそ物質にとっての〈不生起〉なるもの，それは物質ではありません（yo rūpasyān-utpādo na tad rūpam）。（-IIIb1）およそ物質にとっての〈不消滅〉なるもの，それは物質ではありません（yo rūpasyā-vyayo na tad rūpam）。以上のように（IVb1）〈不生起〉と物質とは不二であり（an-utpādaś ca rūpaṃ ca a-dvayam），これは二分割されないものです。以上のように（IVb1）〈不消滅〉と物質とは不二であり（a-vyayaś ca rūpaṃ ca a-dvayam），これは二分割されないものです。およそこれが「物質」と呼ばれるならば，不二なるものについてかかる枚挙換算がなされたのです。すなわち，（-IIIb2−5）およそ感受，想念，諸意志にとっても同様であり，すなわち，およそ識にとっての〈不生起〉なるもの，それは識ではありません。（-IIIb5）およそ識にとっての〈不消滅〉なるもの，それは識ではありません。以上のように（IVb5）〈不生起〉と識とは不二であり，これは二分割されないものです。以上のように（IVb5）〈不消滅〉と識とは不二であり，これは二分割されないものです。およそこれが「識」と呼ばれるならば，不二なるものについてかかる枚挙換算がなされたのです。（Cf. 今西順吉［2000］，pp.30 ～ 32）(6)

〈不生〉〈不滅〉と五蘊との「不二」（a-dvayam）を説く（IVb）は〈幻〉と五蘊との「不別異」（na......anyā sā......anyat tad）を説く（IIb）と，表現形式では大きく相違しながらも，内容趣旨では一致する。

『二万五千頌般若』第 1 章〈空性〉節に所属する四段構成の〈色即是空〉段《2》のうち，第二段（-IIIb'）および第三段前半（IIa）を除く第一段（-IIIb）・第三段後半（IIb）・第四段（Ia / b）についてはその祖型となる構文表現，論述法が『八千頌般若』の別々の箇所に分離して所在することが判明した。『二万五千頌般若』は『八千頌般若』に散在する祖型的表現同士を合体させ，「幻」や「不生」・「不滅」という術語を「空性」に置き換えたにすぎないのである。

3.5 〈色即是幻〉段から読む〈色即是空〉段の反論理

『八千頌般若』第 1 章の〈色即是幻〉段を解読することがその派生形である『二万五千頌般若』第 1 章の〈色即是空〉段《2》を理解する鍵になると期待される (7)。

スリランカ上座部仏教の指導者アルボムッレ・スマナサーラ師は玄奘訳『心経』の〈色即是空〉段を痛烈に批判する。

「（Ia1）色即是空」であれば，お釈迦さまの教えに合致し，「仏教的に正しい」のに，だからといって，「（Ib1）空即是色」というのは完全に誤りである。「リンゴは果物である」は正しいが，「したがって，果物はリンゴである」と言ってしまうと間違いになるようなものである（記号は引用者が付す。アルボムッレ・スマナサーラ［2007］, pp.61 ～ 62；同書の刊行とその意義についてご教示くださいました西森誠三氏に感謝申し上げます)。

スマナサーラ師は『心経』は結局「空」を観念論でもてあそび，実践を置き去りにしていると批評する。漢訳「(Ia1) 色即是空」の原文が梵文『小本・心経』では「(Ia1) 物質が〈空性〉である（rūpam śūnya-tā)」であり，さらにもとになる『二万五千頌般若』第1章では「(Ia1) 物質こそが〈空性〉である（rūpam eva śūnya-tā)」という個物（事）と原理（理）とを同定する言明であることをもしもスマナサーラ師がお知りになれば，「仏教的に正しい」という，『心経』への一応の譲歩を示すコメントすら撤回なさるのではないかと懸念してしまう。

『二万五千頌般若』の申し立てのごとく，両項がまったく同一・同延なのであれば，主語と述語を入れ替えて，「(Ib1)〈空性〉こそが物質である（śūnya-taiva rūpam)」といっても誤りではないことになるが，この同定言明を「感受」・「想念」・「諸意志」・「識」に順次適用していった場合，たちまち矛盾が露呈し，論理的に破綻する。「(Ia1) 物質こそが〈空性〉である」ならば，「(Ia2) 感受こそが〈空性〉である」という同定は許されないはずだし，「想念」・「諸意志」・「識」についても同様である。「(Ia1) 物質こそが〈空性〉である」という同定と「(Ia2) 感受こそが〈空性〉である」等々の同定を同時に許すならば，「物質」と「感受」，「物質」と「想念」等々はすべて同延であることになり，「(Ib1)〈空性〉こそが物質である」という言い換えが無意味になる。「(Ib2–5)〈空性〉こそが感受であり，かつ，想念であり，かつ，諸意志であり，かつ，識である」という言明も成立せざるをえず，「五蘊」の区別ができなくなるからである。

かかる不都合を解消するために，「物質」と同定される〈空性〉は単なる〈空性〉一般ではなく，〈物質の自己本質の空なるものであること〉であり，「感受」と同定される〈空性〉も同様にして〈感受の自己本質の空なるものであること〉であるというように区別されるから，「五蘊」の区別は確保されるはずだと仮定しても，事態は何らかわらない。「物質の自己本質の欠如」は「物質」にのみ独占されるわけではなく，むしろ常識的には「感受」そのほかにこそ平等にあてはまるからである。「感受の自己本質の欠如」等々も同様である。つまり，〈色即是空〉段《2》は論理的にはまったく破綻した言明のあつまりである。

では『八千頌般若』第1章の〈色即是幻〉段はどうか。「幻」というのは幻術師が何らかのトリックや薬品や呪文によって「人」や「象」などが眼前にいるかのような幻覚を観衆に見せるものであるから，「(Ia1) 物質こそが幻であります」というときの「幻」はあくまでも見せ掛けとしての「物質」，幻覚の中で可視化された「物質」である以上，「(Ib1) 幻こそが物質なのです」と言い換えられてもさほど違和感はない。しかし，もともと可視的でない「感受」・「想念」・「諸意志」・「識」に「幻」との同定を準用していくと，さきほどの理解はたちまちに行き詰まる。「感受」等々と同定される「幻」をいくらなんでも幻覚の中で可視化された「感受」等々のことであるとは置換しがたいからである。むしろ，ここで意図される「幻」は実在しないのに実在するかのように錯覚させる，〈空性〉以上にたちの悪い瞞着技術，瞞着の原理そのものを指すのであろう。すると，〈色即是幻〉段も〈色即是空〉段と同様の論理的破綻を回避できないことになる。結局，原理としての「幻」と同定される「五蘊」の成員はすべて同延となり，区別されないことになる。

が，『八千頌般若』の編纂者たちはそのような論理的破綻を十分に承知しており，もともとそれを回避するつもりすらなかったはずである。そのことを明示するのが，「およそ物質（色）なるもの，それは六箇の感官（六根）であり，それらは五箇の諸基幹（五蘊）なのです」「およそ識なるもの，それは六箇の感官であり，それらは五箇の諸基幹なのです」という言明である。これは「色」と「識」と「六根」と「五蘊」を同延・無区別だとする非論理的，反論理的な発言である。われわれのこれまでの〈色即是幻〉段理解が当を得たものであることがわかる（〈色即是空〉段《2》理解も同様に正解）。〈色即是幻〉段がこのように非論理的，反論理的な教説だからこそ「新発趣の菩薩たちはこの教説を聴いて，恐れたり，おののいたり，恐怖に陥ったりしてはなりません」と警告されているのである。

『八千頌般若』第1章の〈色即是不生不滅〉段も非論理的，反論理的な教説である点で〈色即是幻〉段と同列である。「〈不生起〉と物質（or 識）とは不二」「〈不消滅〉と物質（or 識）とは不二」「およそこれが「物質（or 識）」と呼ばれるならば，不二なるものについてかかる枚挙換算がなされたのです」などというこれらの言明も「不生」・「不滅」という原理と「色」・「識」等々の個物が同延（不二）であることを明示しているからである。

ダルマの明晰な分析による決着（択法 dharma-pravicaya）を使命とするのがアビダルマ（無漏の慧根）であったのに対して，ダルマに対する執着から解放されることが菩薩行の前提条件となると考えるのが〈般若経典〉の基本思想であった。ダルマの分析を無効化させてしまう点で〈色即是幻〉段も〈色即是空〉段《2》も〈般若経典〉の基本思想にいかにもふさわしい装置であり，〈アンチダルマ〉・〈アンチアビダルマ〉という〈般若経典〉の基本姿勢をこれほど鮮明に標榜する教説はないといえるだろう。

3.6　『維摩経』・『宝積経・迦葉品』における〈色即是空〉段の萌芽

〈色即是空〉段は『維摩経』（ヴィマラ・キールティの説示；*Vimala-kīrti-nirdeśa*：abbr. ***Vimala***）第8章（入不二法門品；無二元の門戸への証入）第17節にも見られ，『二万五千頌般若』のそれよりもやや簡素な表現をとる点で注目されるべきである。

> Priya-darśano bodhi-satva āha：rūpaṃ śūnyam iti dvayam etat（Ia1）**rūpam** eva hi **śūnya-tā**（IIa1'）**na rūpa**-vināśāc **chūnya-tā**（IIIa1'）**rūpa**-prakṛtir eva **śūnya-tā evaṃ vedanā saṃjñā saṃskārā vijñān**am śūnyam iti dvayam etat（Ia5）vijñānam eva hi śūnya-tā（IIa5'）na vijñāna-vināśāc chūnya-tā（IIIa5'）vijñāna-prakṛtir eva śūnya-tā yo［'］tra paṃcasūpādāna-skandheṣv evaṃ jñānānubodhaḥ ayam a-dvaya-praveśaḥ.（*Vimala* VIII［A-dvaya-mukha-praveśa-parivarta］§17. 大正大学総合仏教研究所梵語仏典研究会［2004b］, p.334, 19 ～ 23）(8)
>
> プリヤダルシャナ・ボーディサットヴァ（喜見菩薩）が申し上げる：「物

質」と「空なるもの」というこれが二元であります。(Ia1) じつに，**物質こそが〈空性〉なのです**。(IIa1') **物質**を滅することによって**〈空性〉が［生じてくるの］ではありません**。(III1') **物質**の本質こそ**が〈空性〉なのです**。**同様に「感受・想念・諸意志・識**」と「空なるもの」というこれが二元です。(Ia5) じつに，識こそが〈空性〉なのです。(IIa5') 識を滅することによって〈空性〉が［生じてくるの］ではありません。(IIIa5') 識の本質こそが〈空性〉なのです。このうち，五箇の執着たる諸基幹（五取蘊）に対して以上のように智慧によって開悟するならば，これが無二元に証入することなのです。

『維摩経』の〈色即是空〉段は『二万五千頌般若』のそれを変形・簡略化させたというよりも，むしろ，『宝積経・迦葉品』（カーシュヤパ章；*Kāśyapa-parivarta*：abbr. ***Kāśyapa***）第 63・64 両節のいっそう簡素な対応章句を敷衍したものといったほうが適切であろう。

punar aparaṃ Kāçyapa dharmāṇāṃ bhūta-pratyavekṣā yan na çunya-（read：çūnya-）tayā dharmā çūnyā（read：dharmā[n] çūnyā[n]）karoti dharmā eva çūnyā（read：çūnyā[ḥ]）......（*Kāśyapa* §63. von Staël-Holstein［rep. 1977］, p.94, 2 ～ 3；Vorobyova-Desyatovskaya［2002］, p.25, 26 ～ 27）(9)

また次に，カーシュヤパよ，諸存在素についての真正な子細観察がある。或るものが〈空性〉によって諸存在素を空なるものにしてしまうのではない。諸存在素こそが空なのである。……（第 63 節）(10)

na khalu punaḥ Kāçyapa pudgala-bhāva-vināçāya çunya-tā（read：çūnya-tā）pudgalaç caiva çūnya-tā çūnya-tā caiva çūnya-tā......（*Kāśyapa* §64. von Staël-Holstein［rep. 1977］, p.95, 20 ～ 21；Vorobyova-Desyatovskaya［2002］, p.26, 9 ～ 10）(11)

げにまた，カーシュヤパよ，人格（プドゥガラ）存在を滅するために〈空性〉があるわけではない。人格こそが〈空性〉なのである。〈空性〉もまた〈空性〉なのである。……（第 64 節）(12)

『八千頌般若』〈色即是幻〉段を改変して『二万五千頌般若』〈色即是空〉段が編成される際，『迦葉品』両節や『維摩経』「入不二法門品」〈色即是空〉段が参照されたにちがいない。そう仮定するほうが,『二万五千頌般若』〈色即是空〉段から『迦葉品』や『維摩経』の関連節が派生したと仮定するよりも遙かに楽であり，思惟の経済に適っているからである。そして何よりも,『二万五千頌般若』の〈色即是空〉段が五蘊の全成員について均等な量の記述を割り当てるのに対して『心経』〈色即是空〉段は受・想・行・識については説明を省略してしまうのだが,『維摩経』〈色即是空〉段でもすでに受・想・行について記述が中略されていることは,『維摩経』が『心経』にとって参考資料の一つであった可能性を推測させる。

3.7 『智光明荘厳経』の〈色即是空〉段

『二万五千頌般若』以降の成立であると考えられるが,『智光明荘厳経』(一切の仏陀の対象領域に証入する智慧の光明の荘厳という経典；*Jñānālokālaṃkāra-sūtra*：abbr. ***JĀAS***）にも〈色即是空〉段が存在し,『維摩経』や『心経』と同じく受・想・行・識の説明をやや省略する傾向が見られる。

> マンジュシュリーよ，もしもボーディサットヴァが「**物質は空**である」と［考えて］実践するのではなく,「空ではない」と［考えて実践するの］でもないならば，マンジュシュリーよ，そのように**実践**するとき，ボーディサットヴァはボーディサットヴァの**実践項目**において実践するのだ。それはなぜか。**物質こそが**物質の自己本質を**欠如**するもの（i.e. 物質の自己本質の空なるもの）だからである。**同様に「感受，想念，諸意志，識も**空である」と［考えて］実践するのでもなく,「空ではない」と［考えて実践するの］でもないならば，マンジュシュリーよ，そのように実践するとき，ボーディサットヴァはボーディサットヴァの実践項目において実践するのだ。(第 36 節)(13)

これを踏まえれば,『心経』〈色即是空〉段における受以下の省略は『維摩経』や『智光明荘厳経』に範を仰ぐのかもしれない。とりわけ,『二万五千頌般若』における「般若波羅蜜多において行じるとき（prajñā-pārami-tāyāṃ caran)」という定型的表現が『智光明荘厳経』において「菩薩行において行じる（carati. bodhi-satva-caryāyāṃ)」に置き換えられ，前者と等価の扱いを受けているのが注目される。『八千頌般若』・『二万五千頌般若』の gaṃbhīrāyāṃ prajñā-pārami-tāyāṃ caran と『華厳経・入法界品』の bodhi-sattva-caryāṃ caramāṇā を接合した観のある『心経』の定型的表現 gaṃbhīrāyāṃ prajñā-pāramitāyāṃ caryāṃ caramāṇo が抵抗感なく編成される下地として『智光明荘厳経』などにおける般若波羅蜜多行と菩薩行の等値という先例を想定してもよさそうである。

4　第二〈一切諸法に対する六種の否定的規定（六不)〉段

4.1　ナティエ氏が着目する六不規定

『小本・心経』第二節は「五蘊」を主軸とする第一〈色即是空〉段のあと,「一切諸法」を〈空性〉の観点から否定的に規定する第二段を置く。そこでは男性名詞・複数形の主語「一切諸法（sarva-dharmāḥ)」が所有複合語「〈空性〉という相をもつもの（śūnya-tā-lakṣaṇā)」によって形容・修飾された上で,「不生・不滅」「不垢・不浄」「不増・不減」と規定される（以下「六不規定」と呼ぶ)。「不生・不滅」「不垢・不浄」（an-utpannā a-niruddhā a-malā a-vimalā）は過去受動分詞や形容詞や名詞に否定辞 a-/an- を前接した否定複合語で表示されるのに対して,「不増・不減（nonā na paripūrṇāḥ)」は形容詞・過去受動分詞を否定辞 na で否定する否定構文で表記される。梵文『大本・心経』はこの表記の不統一を嫌い,「不増・不減」の規定を“an-ūnā a-saṃpūrṇāḥ”という否定複合語に変更して，先行する「不生・不滅」「不垢・不浄」の表記との足並みを揃えようとする。また，羅什訳『大明呪経』にだけはこのあとに「是空法，非過去・非未来・非現在」という一文が続く。

『小本・心経』の当該段冒頭は「一切諸法は〈空性〉を相とするもの（sarva-dharmā śūnya-tā-lakṣaṇā)」であり，諸漢訳も法成訳以外は「諸法空相」等々の同工異曲の訳で，これに一致する。しかし，このテキストをインド・チベットの註釈家たちは「一切の存在素は〈空性〉であり，特相をもたない（無相）（chos thams cad ni stong pa nyid......mtshan nyid med pa ＝ sarva-dharmā śūnya-tā, a-lakṣaṇā)」と読む（渡辺章悟［1992]，p.226；望月海慧［1992]，p.52；高橋尚夫［2008］, p.31)。チベット訳『大本・心経』も同様であり，法成訳「一切法空性。無相」によっても支持される。ただし，敦煌本『小本・心経』チベット訳は梵文『小本・心経』との一致を示す。

前に訳を示したように，『二万五千頌般若』対応節の本来の主語は女性名詞・単数「〈空性（śūnya-tā)〉」であったが，『心経』では「一切の諸存在素(男性名詞・複数)」に主語の地位をとって換わられ，〈空性〉は主語「一切の諸存在素」を限定する従属要素の地位に後退させられた。これに比して，「一切の諸存在素」と〈空性〉とを同格と看なそうとするインド人註釈家やチベット訳者の構文解釈は『二万五千頌般若』の原文脈に回帰せんと意図するかのようである。

対応する『二万五千頌般若』の当該段では女性名詞・単数形の主語「空性」(śūnya-tā) が現在形動詞もしくはその受動態の現在形動詞と否定辞 na とからなる否定文で「不生・不滅」「不垢・不浄」「不増・不減」(notpadyate na nirudhyate. na saṃkliśyate na vyavadāyate. na hīyate na vardhate) と規定され，さらに「非過去・非未来・非現在」(nātītā nāgatā na pratyutpannā) という否定文での規定が続く。したがって，この「非過去・非未来・非現在」という規定を保存している点で『大明呪経』のテキスト形態が『心経』の他のいかなるヴァージョンよりも『二万五千頌般若』梵文に近く，その分だけ『小本・心経』の原初形態を保持するものと評価しうる。

なお，『二万五千頌般若』梵文の主語“śūnya-tā”は竺法護訳『光讃経』では「其為空者」と訳されるが，無羅叉訳『放光般若経』には主語を明示する対応訳を欠き，羅什訳『大品般若経』ならびに玄奘訳『大般若経』では「是諸法空相」で訳され，なぜか羅什訳『大明呪経』・玄奘訳『心経』の主語の訳と同文になっている。『光讃経』から見て『二万五千頌般若』梵文の主語“śūnya-tā”には変動がなかったと思われ，玄奘訳『大般若経』の主語の訳は羅什訳『大品般若経』を踏襲したと推測されるので，羅什が『大品般若経』を翻訳するときに，当時現存していた『小本・心経』梵文（『大明呪経』の原典）を大いに参照したため，それの影響が『大品般若経』の訳文に濃厚に反映されたと想像するのがごく自然な見方であろう。

〈六不段〉の梵漢対照

Large Sūtra	*Heart Sūtra*	漢訳
śūnyatā Śāri-putra	iha Śāri-putra sarva-dharmāḥ śūnyatā-lakṣaṇā	舎利弗（子）是諸法空相
na......utpadyate	anutpannā	不生
na nirudhyate	aniruddhā	不滅
na saṃkliśyate	amalā	不垢
na vyavadāyate	avimalā	不浄
na hīyate	anūnā（or nonā）	不減
na vardhate	aparipūrṇā（or na paripūrṇāḥ）	不増

※漢訳は玄奘訳『心経』が羅什訳『大品般若経』と異なる場合のみ，（　）内に示した。

さて，玄奘訳『心経』偽経説の提唱者であるナティエ氏は，羅什訳『大品般若経』と玄奘訳『心経』の漢訳文の同一性にも拘わらず，双方の梵文が大きく相違する第二の事例としてこの〈六不段〉を取り上げる。

羅什訳『大品般若経』巻第一「習応品」第三之一と玄奘訳『心経』は「不生，不滅。不垢，不浄。不増，不減」と一致するが，双方の原文は全く一致しない。Nattier［1992］，pp.164 ～ 165 における表を参考にして漢訳語を加え，新たに作成したものを示す（上掲表参照）。

表に見られるように，確かに羅什訳『大品般若経』と玄奘訳『心経』との梵文は異なっている。しかし，わたしはこの違いが，ナティエ氏の梵文『心経』が漢訳から反訳されたものであるという説の根拠とはなりえず，むしろ梵文『心経』が間違いなくインド撰述の文献であるということを証明するものであると考える。以下にその根拠を詳しく示そう。

a. まず，双方の文章の主語が異なる以上，各自の述部が文法上異なるのは当然である。『二万五千頌般若』の主語は“śūnya-tā（女性・単数「空性」）”であり，かたや『心経』梵文のそれは“sarva-dharmāḥ（男性・複数「一切諸法」）”であって，性・数が異なる。したがって，双方の述部の性・数が異なっているのは当たり前であり，同じであってはいけないのである。しかし，漢訳ではこのようなサンスクリットの文法上の相違は必ずしも反映されず，無視されることが多い。羅什訳『大品般若経』では“an-utpādā-nirodha-”も“notpadyate, na nirudhyate”も“notpādo na nirodhaḥ”も「不生・不滅（or 無生・無滅）」と訳される。玄奘が『心経』の“an-utpannā a-niruddhā[ḥ]”を「不生・不滅」と訳すことには何の問題もない。動詞語根 ut √ pad（生じる）・ni √ rudh（滅する）は双方とも共通だからである。

b. それでも，「不垢，不浄。不増，不減」に関しては双方の動詞語根自体が全く共通せず，越えがたい溝が横たわる。左頁表にリストアップしたとおり，『二万五千頌般若』の述部の動詞語根はそれぞれ saṃ √ kliś（汚す）・vy-ava- √ dā（清まる）・√ hā（減る）・√ vṛdh（増える）である。『心経』梵文の場合，「不垢，不浄」は名詞 mala（塵垢）の一重否定と二重否定の否定複合語で表現され，「不減」は何らかの過去受動分詞が形容詞化したらしい ūna（不足，未満）の否定文，「不増」では動詞語根 pari √ pṛ（すっかり満たす）から派生した過去受動分詞の否定文が採用される。

われわれは，しかし，漢訳「不増・不減」に反して双方のサンスクリット文での語順が常に「不減・不増（na hīyate na vardhate；nonā na paripūrṇāḥ)」である点で一致することに注意を払う必要があろう（左頁表参照)。もし『心経』梵文が漢訳テキストにもとづく作文であるならば，どうしてその梵文が“na paripūrṇā nonā”というように漢訳「不増，不減」と一致した語順になっていないのだろうか。『心経』梵文の述部リストはたしかに『二万五千頌般若』の述部リストとは語彙を異にするとはいえ，語順は全く一致する。『心経』梵文の当該リストと漢訳テキスト（羅什訳『大品般若経』・玄奘訳『心経』）の同リストとにおける語順の相違はむしろ『心経』梵文のインド撰述を示唆する。

さらに言えば，まさしく『心経』梵文の述部リスト中の“nonā na paripūrṇāḥ（or an-ūnā a-paripūrṇā)”という問題の語彙とその順序が『究竟一乗宝性論』（[三] 宝の［源泉たる］種姓の弁別；*Ratna-gotra-vibhāga*：***RGV***）梵文に引用される如来蔵経典の一つ『不増不減経』の梵語タイトルの綴り“*An-ūnatvā-pūrṇatva-nirdeśa-parivarta*（『不足したものでもないこと・満たされるものでもないことを説示する章』)”にほぼ完全に近い対応を見出す(E.H.Johnston［1950］, p.2, 13)。当該経典の漢訳題名「不増不減」と梵語題名 *An-ūnatvā-pūrṇatva*（不減不増）も『心経』の場合と同様に前後逆になっている。『心経』梵文がインド撰述であることはこの点だけからでも確実視されてよい。

c. より決定的なのは『小本・心経』で採用された述語群“śūnya-tā-lakṣaṇā”・“an-utpannā a-niruddhā”・“nonā na paripūrṇāḥ”は〈般若波羅蜜多〉を主語とする場合には『二万五千頌般若』の諸章に散在することであり，あまつさえ,「一切諸法」を主語とする“an-utpannā a-niruddhā”にいたっては『智光明荘厳経』などの非般若経系列の大乗諸経典において一種の定型句として共有されているだけでなく，やがて後世になると『八千頌般若』や『二万五千頌般若』の増広部分にまで登場するようになることである。

a, b に関してはこれ以上付言することはないが，c に関しては逐一事例を挙げて証明する必要があるので，以下,『小本・心経』第二節第二段における主語「一切諸法」に対する否定的諸規定の来歴を定型句の転用という観点から個々に突き止めていきたい。

4.2 “an-utpannā a-niruddhāḥ”

『八千頌般若』・『二万五千頌般若』・『中論頌』における“an-utpannā a-niruddhāḥ” 『八千頌般若』第 7 章および『二万五千頌般若』第 2 章に「〈般若波羅蜜多〉は不生不滅（an-utpannā 'niruddhā）である」という用例が見られる。まず,『八千頌般若』現行梵文の第 7「地獄」章から見ていくことにしよう。

> ［Śāri-putra：］...... ［A］sarva-jña-taiva Bhaga-van prajñā-pārami-tā. sarva-kleśa-jñeyāvaraṇa-vāsanānusaṃdhi-prahīṇa-tām upādāya［B−1］an-utpādikā Bhaga-van sarva-dharmāṇāṃ prajñā-pārami-tā.［B−2］a-nirodhikā Bhaga-van sarva-dharmāṇāṃ prajñā-pārami-tā.［C］**an-utpannā-niruddhā** Bhaga-van prajñā-pārami-tā. sva-lakṣaṇa-śūnyā-tām upādāya［D］mātā Bhaga-van bodhi-sattvānāṃ mahā-sattvānāṃ prajñā-pārami-tā......（*Aṣṭa* VII［Niraya-］,

Vaidya［1960a］, p.86, 12 ～ 16）(14)

［シャーリプトラ：］……［A］幸福に満ちたお方（世尊）よ,〈智慧の究極性〉は一切智者性に他なりません。一切の煩悩［という障害］・知られるべきものに関する障害(15)の潜在印象の随伴継続を断ち切ったことに因んで，です。［B−1］幸福に満ちたお方よ,〈智慧の究極性〉は一切の諸存在素を生起させるものではありません。［B−2］幸福に満ちたお方よ,〈智慧の究極性〉は一切の諸存在素を消滅させるものでもありません。幸福に満ちたお方よ,［C］〈智慧の究極性〉**は生じたものでもなく，滅したものでもありません**。〈独自相の空性〉に因んで，です。［D］幸福に満ちたお方よ,〈智慧の究極性〉はボーディサットヴァ・マハーサットヴァたちにとっての母であります。……

本節は最古の漢訳『道行般若経』以来の全漢訳に伝承を有する。註に原漢文を示したが，漢訳では古い順に，支婁迦讖訳『道行般若経』［179年訳出］はA → D → B or C，支謙訳『大明度経』［222 ～ 228年間訳出］はB or C → D，鳩摩羅什訳『小品般若波羅蜜経』［408年訳出］はA → D → B−1 → B−2，玄奘訳『大般若波羅蜜多経』［663年訳出］はA → B → D，施護訳『仏説仏母出生三法蔵般若波羅蜜多経』［1004年訳出］はA → B → B or C → Dという順序で文章が展開されている。以下に詳しく見ていきたい。

まず,『道行般若経』「無所生無所滅」・『大明度経』「無生無滅」は「C〈般若波羅蜜多〉は生じたものでもなく，滅したものでもない」という文言に対応し，文言Bを欠くかに見える。逆に『小品般若経』「般若波羅蜜非生法者非滅法者」・『大般若経』〈第四会〉「示一切法無滅無生」は「B〈般若波羅蜜多〉は一切諸法を生起させるものではない。〈般若波羅蜜多〉は一切諸法を消滅させるものではない」のみに対応する文言だけを支持し，文言Cを含まない。そして，玄奘訳『大般若経』〈第四会〉に至って現行梵文に近い順序に文章配列が組み替えられる。さらには,『仏母出生般若経』「般若波羅蜜多是無生法無滅法。無起法無作法」の前半部は明らかに文言Bの対応訳になっているが，後半部が文言Cの訳といえるかどうか判断に苦しむ。

このような伝承経緯からすると，早い時期の『道行般若経』『大明度経』

だけにCが残っているというのも不自然に感じられ,『道行般若経』「無所生無所滅」・『大明度経』「無生無滅」がはたして文言Cの訳だと単純に言い切ることに躊躇を感じる。むしろ,文言Bの原初的な表現「〈般若波羅蜜多〉は生起させるものではなく,消滅させるものでもない(an-utpādikā anirodhikā prajñā-pārami-tā)」のようなものを想定したほうが伝承経路として筋が通るのではないかとさえ思えるほどである。もしそのようであれば,Cが古い伝承を持つものではないという可能性も生じる。

しかし,『八千頌般若』第7「地獄」章の当該段は『二万五千頌般若』第2章に対応を確認できる。

> [Śāri-putra:] ...... [A] sarv'ākāra-jña-tā-karaṇī Bhaga-van prajñā-pārami-tā sarva-vāsan'ānusaṃdhi-kleśa-prahāṇa-tām upādāya, [D] mātā Bhaga-van prajñā-pārami-tā bodhi-sattvānāṃ mahā-sattvānāṃ buddha-dharma-janana-tām upādāya, [C] **an-utpannā** [']**niruddhā** Bhaga-van prajñā-pārami-tā sva-lakṣaṇa-śūnya-tām upādāya...... (*Pañca* II. Kimura [1986], pp.142, 32～143, 2)(16)
>
> [シャーリプトラ:]…… [A] 幸福に満ちたお方(世尊)よ,〈智慧の究極性〉は〈一切の様相に関する智者性〉の製作手段なのです。一切の潜在印象次元と随伴継続次元の煩悩を断捨するものである点に因んで,です。[D] 幸福に満ちたお方よ,〈智慧の究極性〉はボーディサットヴァ・マハーサットヴァたちにとっての母なのです。ブッダの諸属性を産出するものである点に因んで,です。[C] 幸福に満ちたお方よ,〈智慧の究極性〉は**生じたものでもなく,滅したものでもありません**(**an-utpannā** [']**niruddhā** Bhaga-van prajñā-pārami-tā)。〈自己の特相の空性〉に因んで,です。(『二万五千頌般若』第2章)

そして,註に示したように『二万五千頌般若』第2章の当該節のCは古訳:無羅叉訳『放光般若経』によって鮮明に支持される。わたしは先ほどの疑念をこれによって安心して払拭でき,否定複合語“an-utpannā 'niruddhā”による「C般若波羅蜜多は不生不滅」という思想の表現は『八千頌般若』第7章及び『二万五千頌般若』第2章のそれぞれの原初形態に存在したことを確実視できる。

さらに『二万五千頌般若』の同じ第2章には否定複合語表現による「不生不滅なる諸法（an-utpannānām a-niruddhānāṃ dharmāṇāṃ）の法性」という第二の用例がある。

> yathā 'dhimuktis tathā......a-jātānām a-saṃjātānām **an-utpannānām a-niruddhānāṃ dharmāṇāṃ** dharma-tā......（*Pañca* II. Kimura［1986］, p.141, 27～29）(17)
>
> 確信（or 解脱）があるとおりに……誕生したものでもなく，生誕したものでもなく，**生じたものでもなく，滅したものでもない諸存在素**にとっての（**an-utpannānām a-niruddhānāṃ dharmāṇāṃ**）存在素性（法性 dharma-tā）もある。

この第二例の文脈的意味はわたしには非常に捉えにくく，当惑せざるをえない。けれども，ナーガールジュナによって『中論頌』（根本中頌；*Mūla-madhyamaka-kārikā*：abbr. ***MMK***）第18章における「法性不生不滅」思想及び第25章における「涅槃不滅不生」思想が同じ否定複合語の表現を援用して表明されており，少なくとも，ナーガールジュナによるその用例の背景は『二万五千頌般若』第2章の否定複合語による「不生不滅の諸法の法性」思想の表明に求めるのが妥当であろう。

> 言語表現されるべき［対象］は止滅したし，［それゆえ，］心の対象領域も止滅した。じつに，存在素の天然の性質（法性 dharma-tā）が**生じたものでもなく，滅したものでもない**（**an-utpannā-niruddhā**）ことはあたかも涅槃の如く（nirvāṇam iva）である。（『中論頌』第18章第7偈）(18)
>
> 断捨されたものでもなく，獲得されたものでもなく，途絶えたものでもなく，永遠なものでもなく，**滅したものでもなく，生じたものでもない**（**a-niruddham an-utpannam**），それが「涅槃」であると説かれる。（『中論頌』第25章第3偈）(19)

かくして，過去受動分詞の否定複合語による「不生不滅」という表現は『八千頌般若』の原初形態に一箇所，『二万五千頌般若』の原初形態に二箇所あったことになる。

『入法界品』・『十地経』における“an-utpanna/a-niruddha” ナーガールジュナが承知していたと思われる他の初期大乗経典の“an-utpanna/a-niruddha”の用例も挙げておきたい。まずは華厳経典『華厳経・入法界品』（*GVy*）・『十地経（華厳経・十地品）』（十の階梯；*Daśa-bhūmika-sūtra*：abbr. ***DBhS***）を見てみよう。

『入法界品』第44「マーヤー夫人」節劈頭に次のように説かれている。

> さて，じつに，マーヤー妃殿下の面前に趣向せんとしつつある，ブッダの対象領域を考察する智慧を獲得した資産家の御曹子スダナ（善財童子）には次のような考えが浮かんだ：「わたしはいかなる方法によれば，全ての世間のひとびとの次元を越え出た六部門（六［内］処／六感官）を備え，居住することなき善友たちに……**生じたものでもなく，滅したものでもない**身体を備えた（**an-utpannā-niruddha-**kāyānām）……善友たちに拝謁する栄に浴すること……ができようか」。[20]
>
> ……その座席にマーヤー妃殿下が坐っておられるのを［スダナは］見た：三世間を超出した容姿で……一切の世界に生まれ出ることなき，**生じたものでもない**容姿で（**an-utpannena** rūpeṇa），不生起の点で等しい存在素に満足した，**滅したものでもない**容姿で（**a-niruddhena** rūpeṇa）……[21]

この一節からは，マーヤー夫人のもとに向かう途上でスダナが憧憬の念とともに善知識一般の特徴のひとつとして思い描いた〈不生不滅の身体（an-utpannā-niruddha-kāyānām）〉とスダナが実際に目撃したマーヤー夫人の容姿的特徴のひとつ〈不生不滅の容姿（an-utpannena rūpeṇa......a-niruddhena rūpeṇa）〉とがみごとに符合していたことが知られる。

本節の『心経』「不生不滅」に相対応する二章句は『六十華厳』『八十華厳』によって支持される[22]。

続いて，『十地経』第6「現前地」章末尾には「諸行」が「本性的に不生不滅（an-utpannā-niruddhaṃ prakṛtyā）」であるという記述がある。

> 貴君ら，勝者の子息たちよ，以上のように形成素に属するもの（saṃskāra-gataṃ）を沢山の過失によって汚されしもの，自己本質を欠落

せるもの，本性的に**生じたものでもなく**，**滅したものでもないもの**（**an-utpannā-niruddhaṃ** prakṛtyā）と子細に観察する彼には，［それでもなお］大悲を惹起し，かつ，生類たちの群を見捨てないがゆえに，「滞りなき智慧の現前」という名の〈智慧の究極性の住まい〉が光明を放ちつつ現前化する。(23)

『十地経』第6「現前地」章の上掲節は同経の最古の漢訳『漸備一切智徳経』によっても支持されるので，今のところ『入法界品』「マーヤー夫人」節のそれとともに"an-utpannā-niruddha"という否定複合語の比較的早い使用例として認知されてしかるべきだろう。ここでの主語"saṃskāra-gata（形成素に属するもの／諸行のたぐい)"は諸漢訳が意訳しているように「有為法」と同義であり，『心経』の主語「一切諸法」に限りなく近い。ただし，後者の主語が冠する「一切」は「有為法」だけでなく，「無為法」をも包括しうるであろう。

『八千頌般若』増広箇所の定型句「如来不生・不滅」・「一切諸法不生・不滅」

問題の否定複合語の表現は『八千頌般若』の現行梵文第15・31両章にもそれぞれ所在するが，残念ながら，悉く後世における挿入・増広である。

まず現行梵文第15「天神」章の次の文を見てみよう。

あたかも虚空が来着もせず，立ち去りもせず，造られたものでもなく，変容されたものでもなく，形成（or 行使）されたものでもなく，居留するものでもなく，完全に居留するものでもなく，安置されるものでもなく，**生じたものでもなく**，**滅したものでもない**のとまったく同様に，スブーティよ，**一切の諸存在素も**（**sarva-dharmā**）来着もせず，立ち去りもせず，造られたものでもなく，変容されたものでもなく，形成（or 行使）されたものでもなく，居留するものでもなく，完全に居留するものでもなく，安置されるものでもなく，**生じたものでもなく**，**滅したものでもなく**（**an-utpannā a-niruddhā**），虚空が判断（分別）をもたないから，判断なきもの（無分別）である。(24)

この一文は玄奘訳『大般若経』〈第四会〉・施護訳『仏母出生般若経』によ

って支持されるが，支婁迦讖訳『道行般若経』から羅什訳『小品般若経』にかけての全旧訳に欠けている。〈一切諸法の不生不滅〉思想を「否定辞＋過去受動分詞」タイプの否定複合語（an-utpannā a-niruddhā）で表現する点で『心経』や『智光明荘厳経』（後述）と共通する当該文は玄奘訳『大般若経』[660〜663年間訳出]〈第四会〉の原典の成立を下限とする時期に挿入されたもので，『八千頌般若』の原初形態にはまったくなかったことが判明する。

さらに『八千頌般若』現行梵文の第31「ダルモードゥガタ」章には次のようにある。

> 部族の子よ，あなた（i.e. サダープラルディタ・ボーディサットヴァ）は以上のようにかく来れるお方（如来）たちと**一切の諸存在素**とを**生じたものでもなく，滅したものでもない**（tathāgatāṃś ca **sarva-dharmāṃś** ca **an-utpannān a-niruddhāṃś** ca）と完全に知るようになるでしょうから，あなたは無上にして正しき完全な覚醒において確定されたものとなるでしょうし，〈智慧の究極性〉と〈手段についての熟練性〉とにおいて確定的に実践するようになるでしょう。（Cf. 村上真完 [1992a], p.80；津田真一 [1998], pp.210〜211）(25)

この現行梵文は羅什訳『小品般若経』・施護訳『仏母出生般若経』によって支持されるけれども，残念ながら，支婁迦讖訳『道行般若経』・支謙訳『大明度経』の対応箇所には「如来」「一切諸法」「無生無滅」の類の訳文を見出せない。『八千頌般若』の原初形態における当該節はそれらの術語をまったく含んでおらず，それらの術語が挿入された時期は羅什訳『小品般若経』[408年訳出]の原典の成立を下限とするものと推定されよう。

『智光明荘厳経』における定型句 “sarva-dharmāḥ……an-utpannā a-niruddhāḥ” の形成　とはいえ，『八千頌般若』第31章の増広形態において表現された「如来」と「一切諸法」とを「不生・不滅」とする思想は『心経』との関連で注目に値する。その思想を主題とする別の大乗経典が存在するからである。如来蔵系経典のひとつで，『華厳経』「如来出現品」の後継経典でもある『智光明荘厳経』がそれである。まず，『智光明荘厳経』の「如来不生・不滅」思想を一瞥しよう。

> マンジュシュリーよ，かく来れるお方（如来）は**生起されたわけでもなく，滅度されたわけでもない**（**an-utpanno**［'］**niruddho**......tathāgataḥ）。マンジュシュリーよ，かく来れるお方，価値あるお方，正しき完全な覚醒者は原初から完全に涅槃されておられるのだ。（第8節）(26)

『智光明荘厳経』上掲節で「不生・不滅」という述部によって規定される主語「如来」はむろん肝心の『心経』における主語「一切諸法」とは一致しない。けれども，『智光明荘厳経』全篇を貫徹する主題思想である〈法身としての如来の不生不滅性〉と対比させるべく提示される譬喩中には「帝釈天の宮殿」・「大法鼓」・「雲」・「日光」・「虚空」等々の〈不生不滅性〉が次々と例示される。さらに「菩提（bodhi）」と「空性（śūnya-tā）」の〈不二性〉を説く『智光明荘厳経』の第30節では，『心経』のそれと同じ表現で「一切諸法」の〈不生不滅〉思想が明示される。

> evam ete Mañjuśrīḥ **sarva-dharmās** tathāgatena jñātā ādita evā-jātā **'n-utpannā a-niruddhāḥ**. a-lakṣaṇāḥ citta-mano-vijñānāpagatāḥ. an-akṣarāḥ. a-ghoṣāḥ.（*JĀAS* §30. 大正大学梵語仏典研究会［2004c］, p.118, 8 ～ 10）(27)
>
> マンジュシュリーよ，同様に，これら**一切の諸存在素は**まさに原初から誕生したものではなく，**生じたものでもなく，滅したものでもなく**（**sarva-dharmās......'n-utpannā a-niruddhāḥ**），特相なきもの（無相）であり，心・思考（意）・識を遊離したものであり，［対応する］文字をもたず，音響をもたないと，かく来れるお方（如来）によって知られている。

引きつづき，「菩提」と「虚空」との〈平等性〉を主題とする同経の第31節にも“sarva-dharmāḥ an-utpannā-niruddhāḥ”というフレーズが再使用されており(28)，一種の定型的な表現と化していたと評しうる。「不生・不滅」はまさにこの経典全篇の基調をなすキーフレーズといっても過言ではなく，「如来不生・不滅」「一切諸法不生・不滅」という思想の定式化の舞台はやはり『智光明荘厳経』であった確率が高い。『小本・心経』の厳密な成立年代が不明である以上，『心経』が一方的に『智光明荘厳経』の影響を蒙ったとは現時点では断言できないかもしれない。しかし，もし同じような定型的表現がさらに他の大乗経典にも所在することが確認されるならば，一部の複数の大乗経典で定型化した当該表現が『心経』作成時にも取り入れられた結果，『二万五千頌般若』本来の主語「空性」や現在形動詞による述語「生じもせず，滅しもしない」が『心経』において「一切諸法」や過去受動分詞の否定複合語「生じたものでもなく，滅したものでもない」へと交換されるに至ったという経緯が看取されるように思える。

『宝星陀羅尼経』における定型句　『小本・心経』にも採用された定型句「一切法不生不滅」の用例をさらに他の大乗経典から追加して示そう。それは『宝星陀羅尼経』（ラトナ・ケートゥ・ダーラニー；*Ratna-ketu-parivarta*：abbr. ***Ratna-ketu***）第 2「前世における絆」章に見られる。

> 大王よ，さらに別の三つの属性を完備した正しき人は悪魔の索縄の中に囚われることがない。三つとはなにか。すなわち，(1) 一切の生類たちに対して怒らず，欠点を探し求めたりしない。(2) 一切の生類たちに対して平等に施与されるべき対象であるとの想念を抱く。(3) 一切の諸存在素を一箇の観点（理趣）によって考察する。すなわち，虚空と等しい**一切の諸存在素を**（**sarva-dharmān**）無抵抗な点で無相違なものとして，生誕したものでもなく，**生じたものでもなく，滅したものでもないもの**として（**-an-utpannān a-niruddhān**），一切［の諸存在素］を虚空のように実体の特相を遊離したものとして，無認知（不可得）という方法によって，子細に観察する。[29]

『菩薩地』に見られる〈甚深空性相応諸経典〉の定型句　『瑜伽師地論』（*Yogācāra-bhūmi*：abbr. ***YĀBh***）〈本地分〉の主要部を構成する『菩薩地』（*Bodhisattvabhūmi*：abbr. ***BoBh***）諸章では〈般若経〉系列に属するらしい大乗経典が〈甚深空性相応諸経典〉という名でしばしば言及される。この経典の中に，われわれが目下関心を寄せるフレーズ“an-utpannā a-niruddhāḥ”という文言が含まれている[30]。『菩薩地』「菩提分」章に分段的に引用される〈甚深空性相応諸経典〉の章句をつなぎ合わせれば，以下のようになろう。

［ime］**dharmā** niḥ-sva-bhāvā nir-vastukā **an-utpannā a-niruddhāḥ**. dharmā ākāśa-samā māyopamāḥ［*svapnopamāḥ*］......

［これら］**諸存在素は**自己本質なきもの，実在物なきものであり，**生じたものでもなく，滅したものでもない**。諸存在素は虚空と等しいもの，幻術を喩えとするもの［，夢を喩えとするもの］であり……(31)

ここでの主語“dharmā[ḥ]（諸法)”は『心経』の主語“sarva-dharmāḥ（一切諸法)”と内容的には同じである。

ちなみに，『菩薩地』では上記引用文を取り上げ，この経文の文句を文字どおりに理解してしまうせいで，声聞乗のひとたちのように大乗を「仏説」ではないと誹謗したり，一部の大乗教徒のように万有を「仮説のみ」と極論したあげく，仮説の根拠となり言語表現を離れた自己本質を備えた事物の存在までも否認してしまうことの危険性が警告され，如来の意図に沿うように解釈することが推奨される(32)。

『解深密経』に見られる〈第二法輪〉の定型句　『菩薩地』以降に成立した『解深密経』(*Saṃdhi-nirmocana-sūtra*：abbr. ***Saṃdhi***）第7「パラマールタサムドゥガタ」章（Paramārtha-samudgata 無自性相品）では有名な教判「三時法輪」中の〈第二法輪〉に相当する未了義な教説が再三言及される(33)。〈第二法輪〉は大乗に向けて進発する者のために「空性を語る形相によって（*śūnya-tā-vādākāreṇa*)」転ぜられる。したがって，『菩薩地』で言及される〈甚深空性相応諸経典〉と同じく〈般若経〉系統の大乗経典のことが『解深密経』の〈第二法輪〉でも念頭に置かれよう。瑜伽行派の後続の論書『大乗荘厳経論』(*Mahāyāna-sūtrālaṃkāra*：abbr. ***MSA***)「述求品」(Dharma-paryeṣṭi)・『同世親釈』(*Mahāyāna-sūtrālaṃkāra-bhāṣya*：abbr. ***MSABh***)・世親『釈軌論』(*Vyākhyā-yukti*：abbr. ***VyY***) 第2章・『阿毘達磨集論』(*Abhidharma-samuccaya*：abbr. ***AS***)・『阿毘達磨雑集論』(*Abhidharmasamuccaya-Bhāṣya*：abbr. ***ASBh***)・スティラマティ『三十頌唯識釈』(*Triṃśikā-vijñapti-bhāṣya*：abbr. ***TrVBh***）および後期中観派のプラジュニャーカラマティ『入菩提行論難語釈』(*Bodhi-caryāvatāra-pañjikā*：abbr. ***BCAP***）第9章(34)などからその経文は次のように復元されうる。

sarva-dharmā niḥ-sva-bhāvāḥ. **sarva-dharmā an-utpannā aniruddhā** ādi-śāntā［ḥ］ prakṛti-parinirvṛtā［ḥ］...... (35)

一切の諸存在素は自己本質なきものである。**一切の諸存在素は生じたものでもなく，滅したものでもない**，原初から寂静であり，本性的に完全に涅槃したものである。……(36)

ここでの主語「一切諸法」が『心経』現行梵文の主語と完全に一致することは一目瞭然である。〈第二法輪〉の定型的表現の後半部「本来寂静・自性涅槃」は『智光明荘厳経』の「本来涅槃」と類似し，それを敷衍した表現と評しうる。

『心経』における定型句の導入とその余波　これまで尋ねてきた定型句の所在の調査からわれわれは当該の定型句の変遷過程について次のような見通しを描くことができよう。

a. 『心経』現行梵文に見られるような「否定辞＋過去受動分詞」タイプの否定複合語による「一切諸法不生不滅」思想の表現は『八千頌般若』や『二万五千頌般若』の原初形態にそのままの形では見出せないが，『八千頌般若』第 7 章の原初形態には「般若波羅蜜多は不生不滅である」という思想が同じタイプの否定複合語ですでに表明されていたし，その用例が『二万五千頌般若』第 2 章の原初形態にも引き継がれる。

b. やがて同タイプの否定複合語による〈不生不滅〉思想の表現が異系統の華厳経典『入法界品』・『十地経』で「善知識の身体」や「諸行」の形容として使用される。

c. 『二万五千頌般若』第 2 章の原初形態は『八千頌般若』第 7 章から「般若波羅蜜多は不生不滅である」という思想の表現法を継承するに留まらず，同じ表現法で「不生不滅なる諸法の法性」という教説を新たに提示する。ナーガールジュナによって『中論頌』で「法性不生不滅」「涅槃不生不滅」思想を表現するために同じ複合語が採用された直接的な背景には『二万五千頌般若』第 2 章の原初形態における「不生不滅なる諸法の法性」思想の用例が所在するためと推定できるが，ナーガールジュナは a，b にあげた『八千頌般若』第 7 章の原初形態や『入法界品』・『十地経』の表現例も承知していたはずである。

d. その種の否定複合語による「一切諸法不生不滅」思想および「如来不生不滅・本来涅槃」思想の表現が本格的に定式化されるのは華厳経との親密性を色濃く印象付ける如来蔵系列の経典『智光明荘厳経』においてであった。

e. 『小空経』の空思想を継承する瑜伽行派は，

e1. まず『瑜伽論・菩薩地』で〈甚深空性相応諸経典〉の名で〈般若経〉系統の空思想を「諸法無自性・無有事・不生不滅」「諸法等虚空・如夢・如幻」という定型句に集約し，それを声聞や中観派のように文字どおりに解釈することの危険性を警告し，如来の意図は縁起的事物に付託された言語に対応する自性を否定することにあり，言語表現不可能な自性が縁起的事物に備わることまでは否定するものではないと主張した。

e2. さらに『解深密経』では〈第二法輪〉の名のもとに〈般若経〉系列の空思想を「一切諸法無自性」「一切諸法不生不滅・本来寂静・自性涅槃」という定型句に要約して，未了義と判定し，如来の意図は三種の自性を前提とした三種の無自性性を説示することにあると力説した。『解深密経』所引の定型句は玄奘訳『大般若経』〈第一会〉〈第二会〉〈第三会〉に挿入されているが，『解深密経』時代の『二万五千頌般若』の原典に所在したという保証はなく，『二万五千頌般若』現行梵文にも見あたらない。

f. 羅什訳『小品般若経』の原典や玄奘訳『大般若経』〈第四会〉の原典に相当する『八千頌般若』後代の増広部分にも上述のタイプの否定複合語による「一切諸法不生不滅」思想の表現が一種の定型句として挿入されるに至った。

g. 『二万五千頌般若』第 1 章から『心経』散文箇所〈空性〉節が作成される際にも『二万五千頌般若』の現在形動詞句による「空性不生不滅」思想の表現の代わりに「否定辞＋過去受動分詞」タイプの否定複合語による定型句「一切諸法不生不滅」が導入されたが，d. 当該定型句の母胎となった『智光明荘厳経』から直接的に導入されたのか，それとも，e. 瑜伽行派の『菩薩地』や『解深密経』で言及される「空思想」の定型経文からなのか，f. 羅什訳『小品般若経』の原典に相当する『八千頌般若』などの後代の増広部分から間接的に採用されたのかは断定できず，定型句と『小本・心経』を繋ぐルートは複数だった可能性を排除できない。

h. 『小本・心経』へのこのような定型句の導入によって『二万五千頌般若』の現在形動詞句による「不垢不浄・不増不減」思想の表現も『心経』の当該定型句にそのまま後接させることができなくなり，『小本・心経』の現行梵文に見られるような，形容詞や過去受動分詞の否定形による言い換えを余儀なくされた。

i. 上記の見通しのうち，e, f, g といった諸段階間の前後関係を厳密に確定するのはかなり困難であろう。そうではあるにせよ，『心経』に導入されたような，定型化された「一切諸法不生不滅」思想の表現の成立が羅什訳『小品般若経』以前であるのは確実であり，したがって，そのような定型句を当初から含む『小本・心経』の原初形態の形成も羅什以前に措定しうる可能性が浮上してこよう。現行の『大明呪経』が羅什本人の訳出かどうかはなおも議論の余地はあろうが，「空性不生不滅」となっていた『二万五千頌般若』の原文が羅什訳『大品般若経』で「是諸法空相不生不滅」と訳されるに至ったのは，羅什がすでに『小本・心経』の梵文原典を承知しており，それを参考にして『大品般若経』を訳出したためだと仮定すれば，無理なく説明がつけられるのではないかと愚考する。

4.3 “śūnya-tā-lakṣaṇāḥ”

最初に戻ることになるが，「一切諸法は〈空性〉を相とするものである (sarva-dharmāḥ śūnya-tā-lakṣaṇāḥ)」という表現の源泉を探ってみたい。この『小本・心経』の端的な表現を『八千頌般若』や『二万五千頌般若』に直接的に辿るのは容易ではない。しかしながら，これに近い「甚深なる〈般若波羅蜜多〉は〈空性〉を相とするものである」という記述であれば，『二万五千頌般若』第 4 章に所在する。

Bhaga-vān āha：① **śūnya-tā-lakṣaṇā** hi Deva-putrā iyaṃ gambhīrā prajñā-pārami-tā, ② ānimitta-lakṣaṇā hi Deva-putrā iyaṃ gambhīrā prajñā-pārami-tā, ③ a-praṇihita-lakṣaṇā hi Deva-putrā iyaṃ gambhīrā prajñā-pārami-tā.

④ an-utpāda-lakṣaṇā ⑤ a-nirodha-lakṣaṇā...... ⑲ a-lakṣaṇā hi Deva-putrā iyaṃ gambhīrā prajñā-pārami-tā. evaṃ lakṣaṇā hi Deva-putrā iyaṃ gambhīrā prajñā-pārami-tā, tathāgatena loka-saṃketena vyavahriyate na punaḥ paramārthena.（*Pañca* IV. Kimura［1990］, pp.67, 28 ～ 68, 8. Cf. 鈴木広隆［1990］, p.147, 11 ～ 13）[37]

幸福に満ちたお方（世尊）は仰った：天子らよ，じつに，この甚深なる〈智慧の究極性〉は①**〈空性〉を特相とするもの**（**śūnya-tā-lakṣaṇā**......iyaṃ gambhīrā prajñā-pārami-tā）である。天子らよ，じつに，この甚深なる〈智慧の究極性〉は②〈相状因なきもの（無相）〉を特相とするものである。天子らよ，じつに，この甚深なる〈智慧の究極性〉は③〈願わないもの（無願）〉を特相とするものである。天子らよ，じつに，この甚深なる〈智慧の究極性〉は④〈不生起〉を特相とするもの，⑤〈不消滅〉を特相とするもの……⑲無特相なものである。天子らよ，じつに，この甚深なる〈智慧の究極性〉が以上のような諸特相をもつものとして，かく来れるお方（如来）によって世間的な言語協約に則って言語表現されるのであって，最高の意味（勝義）に則って，ではない。

さらに『二万五千頌般若』第 5 章には「般若波羅蜜多」と「一切諸法」が「〈空性〉という相（śūnyatā-lakṣaṇa）」によって等しく規制されることが明言されている。

幸福に満ちたお方（世尊）は仰った：スブーティよ，それはそのとおりだ。或る特相によって（yena lakṣaṇena）〈智慧の究極性〉が現存するならば，その同じ特相によって（tenaiva lakṣaṇena）**一切の諸存在素**も現存するのだ。それはなぜか。というのは，スブーティよ，**一切の諸存在素**（**sarva-dharmā**）は①離脱したものであり，②自己本質なきものであり，③自己本質の空なるもの（sva-bhāva-śūnyāḥ）だからだ。スブーティよ，この教説の観点によって，或る特相によって〈智慧の究極性〉が現存するならば，その同じ特相によって**一切の諸存在素**も現存するのだ。すなわち，①離脱したものという特相・③〈**空性**〉**という特相**によって（**śūnya-tā-lakṣaṇena**），である。[38]

上掲の『二万五千頌般若』第 4・5 両章の箇所は古訳：無羅叉訳『放光般若』の支持を得ており，原初形態にまで遡るであろう。

『二万五千頌般若』第 5 章によれば，「般若波羅蜜多」と「一切諸法」が「〈空性〉という相」によって等しく規制されるとあり，さきほど見たように，『二万五千頌般若』第 4 章において「甚深なる般若波羅蜜多は〈空性〉を相とする」と明言されている以上，「一切諸法」も「〈空性〉を相とする」という思想がそこに含意されることはその読者はもちろん，『小本・心経』編纂者たちにとってはあまりにも自明であり，何ら疑問の余地はなかったであろう。

『小本・心経』編纂者たちは『二万五千頌般若』第 1 章の〈空性不生不滅〉段に代えて『智光明荘厳経』などで定着をみた有力な定型句「一切諸法は不生・不滅（sarva-dharmā an-utpannā a-niruddhāḥ）」を導入するにあたり，〈空性不生不滅〉段の主語「空性」をあえて完全には抹消せず，『二万五千頌般若』第 4・5 両章を参照して定型句の主語「一切諸法」を形容しうる「空性を相とするもの（śūnya-tā-lakṣaṇāḥ）」という所有複合語に変換して保存を試みたのであろう。このことから，『小本・心経』編纂者たちは他経典の定型句を『心経』に導入する際，もとの『二万五千頌般若』にも相当な配慮を払っていることが窺える。

なお『二万五千頌般若』および『心経』の「空性を相とするもの（śūnya-tā-lakṣaṇā/-lakṣaṇāḥ）」という所有複合語は他の大乗経典に余り類例を目にすることがないようだが，今のところプラジュニャーカラマティ『入菩提行論難語釈』第 9 章に引かれる未同定経典の一節に対応例を検出できる。

そして，幸福に満ちたお方（世尊）によって説かれた：「**一切の諸存在素は**空であり，心は〈**空性**〉**を特相とする**。一切の諸存在素は離脱したものであり，心は離脱したものを特相とする」と。[39]

一切諸法が空である以上，諸法の一員である心法も「〈空性〉を相とするもの」であるというのが経文の趣旨であろう。ただし，未同定経典である以上，『心経』との前後関係などはもちろん判断できない。

また，曇無讖訳『大方等大集経』所収の『海慧菩薩経』（*Sāgara-mati-paripṛcchā-sūtra*）にも注目すべき漢訳文が所在している。

> 善男子。若能観法如幻相者。是人則能破壊陰魔。若見**諸法悉是空相**。是人則能壊煩悩魔。若見**諸法不生不滅**。是人則能破壊死魔。……（巻第九「海慧菩薩品」第五之二。『大正』vol.13, p.53a ～ b）(40)

これは，「もし諸存在素を〈空性〉を特相とするものと視るならば（*yadi* [*sarva-*]*dharmān śūnyatā-lakṣaṇān paśyet*）……もし諸存在素を生じたものでもなく，滅したものでもないと視るならば（*yadi* [*sarva-*]*dharmān an-utpannā-niruddhān paśyet*）……」という梵文を想定可能な点で注目すべきである。ただし，曇無讖訳「諸法悉是空相」「諸法不生不滅」は宋代の惟浄等訳ではそれぞれ「空法」「無生無起之法」となっていて，残念ながら，『心経』のフレーズとは一致しない。

4.4　“a-malā a-vimalā”

『二万五千頌般若』第1章の「空性（śūnya-tā)」という主語に対する「汚されもしないし，清まりもしない（na saṃkliśyate na vyavadāyate)」という現在形動詞の否定文による第二の規定は，『小本・心経』編纂者たちが『智光明荘厳経』などで定式化された「一切の諸存在素は生起したものでもなく，滅したものでもない（sarva-dharmāḥ an-utpannā a-niruddhāḥ)」という定型句の導入に踏み切ったことによって，文法構造上釣り合いがとれなくなり，自動的に変更を余儀なくされる。そこで採用されたのが，「一切の諸存在素」に対して「塵垢をともなうもの／塵垢を離れたもの」という一対の矛盾概念によって二者択一を迫り，そのいずれの可能性をも否定する“a-malā a-vimalā”という所有複合語の否定的表現である。かかる表現は，わたしが調査したかぎりでは，『二万五千頌般若』やその他の大乗経典に検出できず，これこそ『小本・心経』独自のものと評するほかなさそうである。

ただし，“amale vimale”という同義語の並列的用例と思しき綴りであれば，初中期大乗経典の陀羅尼句や初期密教経典の明呪に見出すことができる。ここではまず，すでに本田義英氏によって丹念に解説されている5世紀の曇無識訳『大般涅槃経』「憍陳如品」所説の陀羅尼句と，本田氏による和訳を見ておきたい。

阿摩▢・毘摩▢・涅磨▢・瞢伽▢・醯摩羅若竭鞞・三曼多跋提▢・娑婆羅他娑檀尼・婆羅磨他娑檀尼・磨那斯・阿歩提・毘羅氏・菴摩頼低・婆嵐弥・婆嵐摩莎▢・富囉泥・富囉那摩奴頼綈（曇無識訳『大般涅槃経』［421 年訳出］巻第四十「憍陳如品」第十三之二。『大正』vol.12, p.602a）[41]

① ***a-male***, ② ***vimale***, ③ *nir-male*, ④ *maṅgale*, ⑤ *hiraṇya-garbhe*（?）, ⑥ *samanta-bhadre*, ⑦ *sarvārtha-sādhani*, ⑧ *paramārtha-sādhani*, ⑨ *manasi*, ⑩ *adbhute*, ⑪ *virāje*, ⑫ *a-mṛte*, ⑬ *brahme*, ⑭ *brahma-svare*, ⑮ *pūrṇe*, ⑯ *pūrṇa-mano-rathe*.（本田義英氏の還梵。本田［rep.1939］：所収「上世大乗経典に於ける陀羅尼」, p.181, 7 〜 9）

①**無垢羅刹女神よ**，②**離垢羅刹女神よ**，③不垢羅刹女神よ，④吉祥女神よ，⑤金胎女神よ，⑥普賢女神よ，⑦一切処成就女神よ，⑧最高処成就女神よ，⑨摩那斯女神よ，⑩奇異女神よ，⑪遍照女神よ，［⑫訳語欠］，⑬梵女神よ，⑭梵音女神よ，⑮プールナ女神よ，⑯プールナ歓喜女神よ。（本田義英氏の和訳。Ibid., p.186, 8 〜 10；⑦⑧二つの artha を本田氏はなぜか「処」と和訳しておられる。漢訳の慣例では「義」と訳されるところだが，⑦は「一切の目的／利益を達成させる女尊」，⑧は「勝義（最高の意味／目的）を達成させる女尊」であり，artha のニュアンスに相違がある。また，⑫ a-mṛte の訳がおそらく校正上のミスで本田本に欠けている。解説部分では「不死明王女」という暫定訳が認められるので，本田氏の和訳原稿には「不死女神よ」という訳が与えられていたのではないかと推定される。）

本田義英氏は曇無識訳『大般涅槃経』巻第四十に説かれる〈陀羅尼〉十六句のほとんどがそのまま『孔雀明王経』（*Mahā-māyūrī*）の明呪にトレースされる事実[42]を根拠に挙げて，個々の名称の語義・来歴を検討され，

最後に注意すべきは……陀羅尼の各句が総て女性単数呼格の形をなして居る点である，これはそれ等諸神の女性的方面換言すれば**女神又は魔女の呼称**であることを示して居るのであって，之はこの陀羅尼が女神崇拝の信仰が盛んであった時代に成立したといふことを想像せしめる。

（p.187）

という傾聴すべき所見を披瀝しておられる。

“amale vimale” 云々という一連の綴りを含む明呪・陀羅尼句はたしかに『孔雀明王経』や『宝星陀羅尼経』などに所在しており(43)，曇無讖訳『大般涅槃経』の当該陀羅尼のインド起源を裏書きしてくれる（『宝星陀羅尼経』の漢訳「宝幢分」を収録する叢書『大方等大集経』も曇無讖訳であることが注目される)。とはいえ，本田義英氏が和訳に明示し，かつ，適切に註記しておられるように，“amale vimale” は Amalā・Vimalā という別々の羅刹女の個人名を呼格で枚挙したものにほかならず(44)，厳密に言えば，同義語の反復使用なのではない。

そうではあるにせよ，『小本・心経』編者が『二万五千頌般若』の現在形の動詞句 “na saṃkliśyate na vyavadāyate” を改変するにあたり，同じ『二万五千頌般若』ですでに使用されている “na saṃkleśo na vyavadānam” という由緒正しき名詞句ではなく，“a-malā a-vimalāḥ” という所有複合語を採用した背景としては，『小本・心経』の編者たちがこれらの明呪・陀羅尼句の用例に慣れ親しんでいた人物だったという情況を十分に想像せしめるであろう(45)。

4.5　“nonā na paripūrṇāḥ”

『八千頌般若』・『二万五千頌般若』における “a-paripūrṇa/paripūrṇa” 同じように，『二万五千頌般若』第 1 章の「空性」という主語に対する「減少もしないし，増加もしない（na hīyate na vardhate）」という現在形動詞の否定文による第三の規定も，『小本・心経』の「一切の諸存在素（sarva-dharmāḥ）」を主語に頂く上述の定型句にそのままでは接続させることができない。当該規定は「不足したものでもなく，すっかり満たされたものでもない（nonā na paripūrṇāḥ）」という形容詞及び過去受動分詞の否定文に変更されて，接続される。

『小本・心経』第二節第二段で採用された，この改変表現自体もまったくのオリジナルというわけではなく，『二万五千頌般若』第 1 章の本来の対応段とは別の〈般若経〉の諸章に存するいくつかの類似する否定的表現から着想されたのではないかと思われる。着想の元になった否定的表現は『八千頌般若』第 8 章の一箇所および『二万五千頌般若』第 3 章の二箇所，そして，『二万五千頌般若』第 4 章の一箇所に存するので，以下に順に見ていきたい。

まずは『八千頌般若』第 8「清浄」章の箇所を見てみよう。

> もしも「物質は**すっかり満たされたものではない**（**a**-prati**pūrṇaṃ**）」「**すっかり満たされたものである**（prati**pūrṇam**）」というように実践し**ない**（**na**）ならば，〈智慧の究極性〉において実践するのである。そして，「物質にとっての〈**未充満**性（**a**-prati**pūrṇa**-tā）〉であれ，〈**充満**性（prati**pūrṇa**-tā）〉であれ，それは物質ではない」。「感受・想念・諸意志」も同様であって，もしも「識は**すっかり満たされたものではない**」「**すっかり満たされたもので**ある」というように実践し**ない**ならば，〈智慧の究極性〉において実践するのである。そして，「識にとっての〈**未充満**性〉であれ，〈**充満**性〉であれ，それは識ではない」。もしも以上のようにさえ実践し**ない**ならば，〈智慧の究極性〉において実践するでのある(46)。

『八千頌般若』第 8 章のこの一節では五蘊の成員「色・受・想・行・識」のそれぞれについて「すっかり満たされたものではない／すっかり満たされたものである（a-pratipūrṇa / pratipūrṇa）」という一対の矛盾概念による二者択一が否定される。

この『八千頌般若』第 8 章の一節に対応するのが『二万五千頌般若』第 3 章の次の箇所である。

> punar aparaṃ Subhūte bodhi-sattvo mahā-sattvaḥ prajñā-pārami-tāyāṃ caran sa ced rūpam **a-paripūrṇaṃ paripūrṇam** iti **na** carati carati prajñā-pārami-tāyāṃ, vedanā-saṃjñā-saṃskārā vijñānam **a-paripūrṇaṃ paripūrṇam** iti **na** carati carati prajñā-pārami-tāyām, evaṃ skandha-dhātv-āyatana-pratītya-samutpādāṅgāny **a-paripūrṇāni paripūrṇānī**ty **na** carati carati prajñā-pārami-tāyām......yāvat sarva-jña-tā **a-paripūrṇāḥ**（read：**a-paripṇrṇā**）**paripūrṇā** iti **na** carari carati prajñā-pārami-tāyāṃ. tat kasya hetoḥ? rūpasy**ā-paripūrṇa**-tā

paripūrṇa-tā vā yā na tad rūpam evam api **na** carati carati prajñā-pārami-tāyāṃ, vedanāyāḥ samjñāyāḥ saṃskārāṇāṃ vijñānasy**ā-paripūrṇa**-tā **paripūrṇa**-tā vā yā na tad vijñānam evam api **na** carati carati prajñā-pārami-tāyām. evaṃ yāvat sarva-jña-tāyā **a-paripūrṇa**-tā **paripūrṇa**-tā vā yā na sā sarva-jña-tā evam api **na** carati carati prajñā-pārami-tāyām.（*Pañca* III. Kimura［1986］, pp.171, 26 ～ 172, 14）(47)

また次に，スブーティよ，ボーディサットヴァ・マハーサットヴァが〈智慧の究極性〉において実践するとき，彼がもしも「物質は**すっかり満たされたものではない**（**a-paripūrṇaṃ**）」「**すっかり満たされたものである**（**paripūrṇam**）」というように実践し**ない**（**na**）ならば，〈智慧の究極性〉において実践するのである。「感受・想念・諸意志・識は**すっかり満たされたものではない**」「**すっかり満たされたものである**」というように実践し**ない**ならば，〈智慧の究極性〉において実践するのである。同様に，「基幹・根源界・認識部門・条件的生起の諸支分は**すっかり満たされたものではない**」「**すっかり満たされたものである**」というように実践しないならば，〈智慧の究極性〉において実践するのである。……乃至，「〈一切智者性〉は**すっかり満たされたものではない**」「**すっかり満たされたもので**ある」というように実践し**ない**ならば，〈智慧の究極性〉において実践するのである。それはなぜか。「物質にとっての〈**未充満**性（**a-paripūrṇa**-tā)〉であれ，〈**充満**性（**paripūrṇa**-tā)〉であれ，それは物質ではない」というふうにさえ実践し**ない**（**na**）ならば，〈智慧の究極性〉において実践するからである。「感受・想念・諸意志・識にとっての〈**未充満**性〉であれ，〈**充満**性〉であれ，それは識ではない」というふうにさえ実践し**ない**ならば，〈智慧の究極性〉において実践するからである。同様に，乃至，「〈一切智者性〉にとっての〈**未充満**性〉であれ，〈**充満**性〉であれ，それは〈一切智者性〉ではない」というふうにさえ実践し**ない**ならば，〈智慧の究極性〉において実践するからである。

『八千頌般若』第8章におけるのと同様に，ここでも「色・受・想・行・

識」のそれぞれについて「すっかり満たされたものではない／すっかり満たされたものである（a-paripūrṇa/paripūrṇa）」という一対の矛盾概念による二者択一が否定される。事実上，「一切の諸存在素は……不足したものでもなく，すっかり満たされたものでもない（sarva-dharmāḥ......nonā na paripūrṇāḥ）」という『小本・心経』の規定が反対概念の二者択一の否定であるという形式の相違をもつとはいえ，内容的にはそれとほぼ同じ思想が述べられているといえる。『八千頌般若』第 8 章の pratipūrṇa よりも，『二万五千頌般若』第 3 章の paripūrṇa という表現のほうが『小本・心経』のそれと一致する。ただし，『小本・心経』におけるような語句 ūna は使用されていない。

『二万五千頌般若』における “na......ūna-tvaṃ vā pūrṇa-tvaṃ”　しかしながら，幸いなことに，ūna と pūrṇa とが一対で使用される例が『二万五千頌般若』第 3 章の後続箇所に登場する。

> ［Subūti：......］mahā-vīrya-pārami-tā-prāptās te Bhaga-van bodhi-sattvā mahā-sattvā ye sattvānāṃ kṛta-śo 'n-uttarāṃ samyak-sambodhim abhisambudhu-kāmāḥ. tat kasya hetoḥ? sa ced Bhaga-vann ayaṃ tri-sāhasra-mahā-sāhasro loka-dhātus tathāgataiḥ **paripūrṇaḥ** syāt, tad yathā 'pi nāma naḍa-vanaṃ vā veṇu-vanaṃ vā ikṣu-vanaṃ vā śara-vanaṃ vā śāli-vanaṃ vā, te tathāgatāḥ kalpaṃ vā kalpāvaśeṣaṃ vā dharmaṃ deśayeyuḥ, ekaikaś ca tathāgato 'prameyān a-saṃkhyeyān a-parimāṇān sattvān parinirvāpayet, **na** ca Bhaga-van sattva-dhātor **ūna**-tvaṃ vā **pūrṇa**-tvaṃ vā prajñāyate. tat kasya hetoḥ? sattvā-sad-bhūta-tām upādāya, sattva-vivikta-tām upādāya. evam ekaikasyāṃ diśi yāvad daśaṣu sarva-loka-dhātavas tathāgataiḥ **paripūrṇā** bhaveyuḥ, tad yathā 'pi nāma naḍa-vanaṃ vā veṇu-vanaṃ vā ikṣu-vanaṃ vā śara-vanaṃ vā śāli-vanaṃ vā, te ca tathāgatā tiṣṭhantaḥ kalpaṃ vā kalpāvaśeṣaṃ vā dharmaṃ deśayeyuḥ, ekaikaś ca tathāgato 'prameyān a-saṃkhyeyān a-parimāṇān sattvān parinirvāpayet, **na** ca Bhaga-van sattva-dhātor **ūna**-tvaṃ vā **pūrṇa**-tvaṃ vā prajñāyate. tat kasya hetoḥ? sattvā-sad-bhūta-tām upādāya, sattva-vivikta-tām upādāya. anena Bhaga-van

paryāyeṇaivaṃ vadāmi：ākāśaṃ te Bhaga-van parimocayitu-kāmā ye sattvānāṃ kṛta-śo 'n-uttarāṃ samyak-sambodhim abhisambudhu-kāmāḥ.（*Pañca* III. Kimura［1986］, pp.174, 23 ～ 175, 6）(48)

［スブーティ：……］幸福に満ちたお方（世尊）よ，生類たちのために無上にして正しき完全な覚醒をありありと覚醒せんと欲するボーディサットヴァ・マハーサットヴァたちが〈偉大なる精進の究極性〉を獲得したひとたちなのです。それはなぜか。幸福に満ちたお方よ，もしもこの三千大千世界がかく来れるお方たち（如来）によって**すっかり満たされる**（**paripūrṇaḥ**）こと，あたかも［密集した］葦の茂み，あるいは，竹林，あるいは，甘蔗の茂み，矢葦の茂み，あるいは，稲の茂みのようだとしましょう。彼ら，かく来れるお方たちがカルパ，あるいは，カルパ＋α［の遠大な時間］をかけて教法を説き続け，おひとりおひとりのかく来れるお方が量り知れず，数えきれない，無量の生類たちを完全に涅槃させてくださるとしましても，幸福に満ちたお方よ，生類たちの根源界（有情界）が**不足したもの**となる（**ūna**-tvaṃ）とも，**満たされたもの**となる（**pūrṇa**-tvaṃ）とも知られ**ません**（**na**）。それはなぜか。生類たちの非実在性を念頭に置き，生類たちの離脱性を念頭に置くからです。同様にして，もしもひとつひとつの方角にある，おしなべて，十方向にある生類たちの諸世界がかく来れるお方たち（如来）によって**すっかり満たされる**（**paripūrṇaḥ**）こと，あたかも［密集した］葦の茂み，あるいは，竹林，あるいは，甘蔗の茂み，矢葦の茂み，あるいは，稲の茂みのようだとしましょう。彼ら，かく来れるお方たちがカルパ，あるいは，カルパ＋α［の遠大な時間］をかけて存続しつつ教法を説き続け，おひとりおひとりのかく来れるお方が量り知れず，数えきれない，無量の生類たちを完全に涅槃させてくださるとしましても，幸福に満ちたお方よ，生類たちの根源界（有情界）が**不足したもの**となるとも，**満たされたもの**となるとも知られ**ません**。それはなぜか。生類たちの非実在性を念頭に置き，生類たちの離脱性を念頭に置くからです。幸福に満ちたお方よ，この教えの観点によってわたしはこう申し上げるのです：生類たちのた

めに無上にして正しき完全な覚醒をありありと覚醒せんと欲する彼ら（ボーディサットヴァ・マハーサットヴァたち）は虚空をすっかり解脱させようと欲するひとたちである，と。

三千大千世界を満たす（paripūrṇaḥ）数の如来たちの教化によって無量の有情たちが般涅槃に導かれても，有情界の「不足化（ūna-tva）」も「充満化（pūrṇa-tva）」も知られない（つまり，迷える有情が減少したり，悟れる有情が増加していくわけではないということだろうか）。有情は非実在（a-sad-bhūta）かつ離脱した者（vivikta）だからである。無上正等菩提を欲する菩薩は実在しない無量の有情を教化する行為がいわば虚空を解脱せしめるに等しいほどの果てしのない徒労と知りつつ，全力で邁進し，いささかも手を抜かない。それゆえ，偉大なる精進波羅蜜多の獲得者と讃えられる(49)。

『小本・心経』編纂者たちは『二万五千頌般若』第3章の二箇所に見られる一対の矛盾概念及び反対概念の組に関する二様の否定的表現のリスト：

［A］（i）a-paripūrṇaṃ（ii）paripūrṇam iti na［carati］

［B］（i）na......ūna-tvaṃ vā（ii）pūrṇa-tvaṃ vā［prajñāyate］

のうちから，それぞれ片方の概念の表記 A–ii・B–i を選んで，新たに組み合わせた。『小本・心経』はこうして『二万五千頌般若』第3章の記述から着想された“nonā na paripūrṇāḥ”という否定的表現を，『二万五千頌般若』第1章の否定的表現“na hīyate na vardhate”にとってかわらせるために，導入したのである。

『小本・心経』の編纂者たちはここでは下地となる『二万五千頌般若』の本来的な記述を変更するにあたり，改変表現の着想を『二万五千頌般若』の別の章（第3章）の二つのパラグラフに求めている。

さて，以上が『小本・心経』第二節第二段の否定的表現の着想の元になった『八千頌般若』第8章の一箇所および『二万五千頌般若』第3章の二箇所である。そして，『二万八千頌般若』第3章の「不増不減」の用例にとっての祖型表現を提供したと目される定型句が『維摩経』に存在するので，次に見ていきたい（残る『二万五千頌般若』第4章の用例は「般若波羅蜜多は不増不減」であるが，その検討は文勢上あとまわしにする）。

『維摩経』における“na......ūna-tvaṃ......na pūrṇa-tvam”　さきの『二万五千頌般若』第 3 章の二箇所のパラグラフのうち，第一のパラグラフは『八千頌般若』に対応を有し，『八千頌般若』からの継承であることはすでに見たとおりである。他方，第二のパラグラフは，『八千頌般若』に対応をもたなかった。しかしながら，第二のパラグラフは必ずしも『二万五千頌般若』のオリジナルだとはいえない。なぜなら，『二万五千頌般若』第 3 章の第二パラグラフの否定的表現“na......ūna-tvaṃ vā pūrṇa-tvaṃ vā［prajñāyate］”は『維摩経』第 11 章にすでに先例を有するからである。

atha Vimala-kīrttir Licchavis tasyāṃ velāyāṃ tathā-rūpaṃ samādhi*ṃ* samāpannas tādṛśaṃ ca ṛddhy-abhisaṃskāraṃ abhi*saṃ*skṛtavān yas tam ābhiratiṃ loka-dhātuṃ paricchidya dakṣiṇena pāṇinā gṛhītvemaṃ Sahaṃ loka-dhātuṃ praveśayati sma......**na** hy ābhiratyā loka-dhātor imaṃ Sahaṃ loka-dhātuṃ praveśitāyā ***ū*na**-tvaṃ **na pūrṇa**-tvam abhūt. na cāsya loka-dhātor utpīḍane saṃbādhaḥ. **nā**py ābhiratyā loka-dhātor **ūna**-bhāvaḥ yathā pūrvaṃ tathā paścāt saṃdṛśyate.（*Vimala* XI［Abhirati-loka-dhātv-ānayanākṣobhya-tathāgata-darśana-parivarta］§6. 大正大梵語仏典研究会［2004b］, p.454, 20 ～ 23；p.456, 7 ～ 10；do.［2006］, p.113, 6 ～ 9；16 ～ 19）(50)

そこで，リッチャヴィー族のヴィマラ・キールティはその頃合いにそのような様相の精神集中に集中しながら，そのような種類の神通力の行使を行使した。彼はかのアビラティ世界を切り取って右手で把持し，このサハー世界に挿入した。

……じつに，このサハー世界に挿入されたアビラティ世界は**不足したもの**となったり**せず**（**na**......***ū*na**-tvaṃ），**満たされたもの**となったり**しなかった**（**na pūrṇa**-tvam abhū*t*）。そして，この［サハー］世界が圧迫のために窮屈になることもなく，アビラティ世界が**不足**化することも**ない**（**nā**py......**ūna**-bhāvaḥ）。以前も以後も同様［で変わるところがないよう］に見られる。（第 11「アビラティ世界の招来とアクショービャ如来への謁見」章）

『維摩経』第 11 章では維摩居士が神通力によって，彼の故郷である阿閦如来の妙喜世界を釈迦如来の娑婆世界の中に入れても，どちらの世界にも〈不足化〉も〈充満化〉も認められなかったという神変の光景が描写される。

『二万五千頌般若』第3章の第二パラグラフに含まれる「三千大千世界が如来たちによって充満している」様子を〈密集した葦の茂み等〉で喩える比喩は『維摩経』の後続の別の章（第12章）で別の主題のもとに扱われている(51)。『二万五千頌般若』第3章の第二パラグラフは『維摩経』第11・12両章に比喩と思想表現の着想をえ，それらを一つの論題に結合させている。『小本・心経』編纂者たちはむろん『二万五千頌般若』第3章の第二パラグラフだけでなく，『維摩経』第11・12両章の記述も熟知していたであろう。

『宝星陀羅尼経』・『文殊般若経』における “na......ūna-tvaṃ......pūrṇa-tvaṃ”

『維摩経』第11章と『二万五千頌般若』第3章の第二パラグラフに共通するūna-tva・pūrṇa-tvaの否定表現は『宝星陀羅尼経』第5章および『文殊般若経（七百頌般若）』にも継承される。

『維摩経』第11章は維摩居士の神通力の光景描写の中で当該の否定表現を使用するが，『宝星陀羅尼経』第5章は釈迦如来の善巧方便の光景描写の中で援用する。

> ブッダたち，幸福に満ちたお方（世尊）たちがブッダの対象領域に証入する平等性の智慧への熟練性によって生類たちを熟成させることは無限であり，広い間隙（許容量）を備えておられる。部族の子らよ，彼，シャーキャ・ムニというかく来れるお方は偉大なる手段（方便）の熟練性（善巧）を完備しておられる。部族の子らよ，或る生類たちは生類たちの根源界の包摂によって包摂されており，根源界（界）・認識部門（処）に依拠しているが，彼ら生類たちのうち，もしも，仮定の話として，ひとりひとりの身体がスメール山ほどの分量規模であるとすれば，彼，シャーキャ・ムニというかく来れるお方はそのような様相の身体をもった，彼ら生類たちを一粒の芥子の実の中に入れることができる。そして，ひとりひとりの生類は広い間隙（生活空間）を確保したままであろうし，彼らは相互に視野に現前しないであろう。そして，一粒一粒の芥子の実

の中は，一切の生類たちの巨大な身体が入ったからといって，**不足したもの**となった（**ūna**-tvaṃ）とも，**充満したもの**となった（**pūrṇa**-tvaṃ）とも知られ**ない**（**na**）であろう。部族の子らよ，彼，シャーキャ・ムニというかく来れるお方は以上のような様相をもった手段の熟練性を完備しておられる。

部族の子らよ，またさらに，堅牢性があらん限り，それは全て地の根源界（地界）である。彼，シャーキャ・ムニというかく来れるお方はその全ての地の根源界を一粒の塵の粉末に入れることができる。その一粒の塵の粉末の中は，全ての地の根源界が入ったからといって，**不足したもの**となった（**ūna**-tvaṃ）とも，**充満したもの**となった（**pūrṇa**-tvaṃ）とも知られ**ない**（**na**）であろう。彼，シャーキャ・ムニというかく来れるお方は以上のような様相をもった手段の熟練性を完備しておられる。……(52)

『文殊般若経（七百頌般若）』（［*Mañju-śrī-parivartāpara-paryāya*］*Sapta-śatikā Prajñāpāramitā*：abbr. ***Sapta-śatikā***）には二箇所にわたって問題の否定構文が登場する(53)。『文殊般若経』の第一箇所のそれは『二万五千頌般若』第 3 章の第二パラグラフと同じ「有情界の不増不減」思想を主題内容としており，記述もほとんど同じである。

尊者シャーラドヴァティープトラよ，もしも仮定の話として，個々のブッダの国土にガンガー河の砂に喩えられるブッダたち，幸福に満ちたお方（世尊）たちがいらっしゃり，ひとりひとりのかく来れるお方がガンガー河の砂に喩えられる諸カルパをかけて留まり，昼夜にわたって教法を説きつづけ，個々の説法によって，あらん限りの生類たちがガンガー河の砂に等しいブッダたち，幸福に満ちたお方たちのおかげで教化され，それらあらん限りの生類たちをひとりひとりのかく来れるお方が教化しようとも，たとえそのようになすとしても，生類たちの根源界（有情界）が**不足したもの**となる（**ūna**-tvaṃ）とも，**満たされたもの**となる（**pūrṇa**-tvaṃ）とも，決して知られ**ない**（**na**）。それはなぜか。生類たちが離脱した者だからであり，生類たちが現存しない者だからである。尊者シャーラドヴァティープトラよ，生類たちの根源界は**不足したもの**となる（**ūna**-tvaṃ）とも，**満たされたもの**となる（**pūrṇa**-tvaṃ）とも知られ**ない**（**na**）。[54]

『文殊般若経』の第二の箇所は「法の不増不減・不生不滅」思想の文脈の中で件の否定表現を導入する。

幸福に満ちたお方（世尊）よ，いかなる存在素の減少であれ，増加であれ，認知されない（na kasya cid dharmasya hānir vā vṛddhir vopalabhyate），というのが，〈智慧の究極性〉の修習であります。それはなぜか，と申しますと，幸福に満ちたお方よ，〈不生起〉は減少したり，増加したりしません（na......an-utpādo hīyate vā vardhate vā）。そのような修習が〈智慧の究極性〉の修習であります。いかなる存在素も生起させたり，消滅させたりしないもの，それが〈智慧の究極性〉の修習であります。幸福に満ちたお方よ，いかなる**存在素**を（**dharma**sya）も**不足**化させたり（**ūna**-tvaṃ），**充満**化させたり（**pūrṇa**-tvaṃ）し**ない**（**na**......karoti）もの，それが〈智慧の究極性〉の修習であります。[55]

『文殊般若経』の当該箇所の用法は事実上 na hānir......vṛddhir と na......ūna-tvaṃ......pūrṇa-tvaṃ とが同義であり，交換可能であることを示唆してくれており，『二万五千頌般若』第 1 章の“na hīyate na vardhate”を『二万五千頌般若』第 3 章の二箇所に所在する対概念の項目を組み合わせた“nonā na paripūrṇāḥ”に交換した『小本・心経』編纂者たちの処置の正当性・妥当性が確認されるであろう。

なお，参考までに『善勇猛般若』（*Su-vikrānta-vikrāmi-paripṛcchā nāma Sārdha-dvi-sāhasrikā Prajñā-pārami-tā*：abbr. ***Suvikrānta***）第 1 章にも「有情界の不増不減」と「一切諸法の不増不減」とが対比して説かれるので挙げておきたい。

……以上のことを意図してわたしによって「生類の根源界が**不足**化するとも，**充満**化するとも知られ**ない**」と説かれたのである。それはなぜか。生類の根源界が存在しないからであり，生類の根源界が離脱したものだからである。あたかも生類の根源界が**不足**化するとも，**充満**化するとも知られ**ない**のと同様に，**一切の諸存在素**も**不足**化するとも**充満**化すると

も知られ**ない**。（第 1「序」章）(56)

『二万五千頌般若』第 4 章の用例「般若波羅蜜多は不増不減」　では，論述の流れの都合であとまわしにしていた，『二万五千頌般若』第 4 章に登場する否定表現を見ておこう。

そのとき，彼ら，欲望［界］で生活する，および，物質［界］で生活する天子たちが感興の詞を言祝いだ：「幸福に満ちたお方（世尊）よ，これ——すなわち，〈智慧の究極性〉——は〈偉大なる究極性〉です。幸福に満ちたお方よ，これ——すなわち，〈智慧の究極性〉——は〈不可思議な究極性〉，〈比肩するものなき究極性〉，〈量かり知れない究極性〉，〈数え切れない究極性〉，〈対等なものなく平等な究極性〉です。というのは，幸福に満ちたお方よ，この世では，それ——甚深なる〈智慧の究極性〉——において学習してから，信仰に追従するひとたちは出離することになるでしょう。教法に追従するひとたちも，第八のひとたちも，［聖者たちの］流れに加入するひと（預流）たちも，もう一度だけ［今生に］還り来るひと（一来）たちも，［二度と今生に］還り来らないひと（不還）たちも，アルハットたちも，一機縁による覚醒者たちも出離することになるでしょう。

それにおいて学習してから，ボーディサットヴァ・マハーサットヴァたちは無上にして正しき完全な覚醒をかつてありありと覚醒したし，現にありありと覚醒するし，やがてありありと覚醒することでしょう。しかも，この〈智慧の究極性〉が**不足したもの**となることも，**満たされたもの**となることも知られ**ません**（**na** cāsyāḥ prajñā-pārami-tāyā **ūna**-tvaṃ vā **pūrṇa**-tvaṃ vā prajñāyate）」。(57)

『二万五千頌般若』第 4 章ではどれだけの声聞・独覚を出離させ，どれほどの菩薩をして無上正等菩提を証得せしめても，「般若波羅蜜多は不増不減である」という文脈でその構文は使用される。これも『心経』編纂者の念頭にあったものであると言えよう。

隠れた真の主語「般若波羅蜜多」 かくして,『八千頌般若』第 7 章ならびに『二万五千頌般若』第 2 章に「般若波羅蜜多は不生不滅である(an- utpannā' niruddhā......prajñā-pārami-tā)」と叙述され,『二万五千頌般若』第 4 章に「甚深なる般若波羅蜜多は空性を相とするものである(śūnya-tā-lakṣaṇā......gambhīrā prajñā-pārami-tā)」と定義され,同じく『二万五千頌般若』第 4 章に「般若波羅蜜多は不増不減である(na......prajñā-pārami-tāyā ūna-tvaṃ vā pūrṇa-tvaṃ vā [prajñāyate])」と称揚される。『小本・心経』における主語「一切諸法(sarva-dharmāḥ)」に付与された諸規定のうち,「不垢不浄(a-malā a-vimalā)」を除く全規定が『二万五千頌般若』では「般若波羅蜜多」という主語にすでに適用されていたことがわかる。

さて,ここで改めて『二万五千頌般若』第 5 章の「或る相によって般若波羅蜜多が現存するならば,その同じ相によって一切諸法も現存する」という主張を想起すれば,『二万五千頌般若』第 1 章における「空性」を主語とする否定的諸規定から『小本・心経』における「一切諸法」を主語とする定型句「不生不滅」への入れ替えやそれに伴う残余の諸規定の表現改変も些細で皮相的なものにすぎず,その根底・深層には「般若波羅蜜多」が真の主語として君臨し,隠されているというべきかもしれない。極言すれば,〈般若経典〉においては一見主語のように扱われる「一切諸法」も「空性」も「不生」も「大乗」も「真如」も「菩薩」も「如来」等々もじつはすべて「般若波羅蜜多」を意味する仮の符牒にすぎず,それら仮の主語に付けられる様々な述語規定はほんらいすべて真の主語「般若波羅蜜多」のために誂えられたものだったのではあるまいか。

少なくとも,〈ジャータカ〉や〈アヴァダーナ〉文献,〈アビダルマ〉論書や他の大乗経典類で扱われる「般若波羅蜜多」と較べると,『八千頌般若』・『二万五千頌般若』が描きだす「般若波羅蜜多」はまったく質・次元を異にしており,三乗の仏教徒のあらゆる宗教行為の黒幕として暗躍し,跳梁跋扈する,そら恐ろしいまでの不気味な女性原理であるという印象を引きおこす[58]。

5　〈空性次元における諸法非存在〉段

5.1　〈空性次元における五蘊の非存在〉

『二万五千頌般若』第 1 章〈空性〉節第三〈空性次元における諸法非存在〉段は“yā ca īdṛśī......tatra（およそこのようなもの，それにおいては）”という婉曲な表現で導入されるが，『小本・心経』の対応段では“tasmāt tarhi Śāri-putra śūnya-tāyāṃ（それゆえに，シャーリプトラよ，〈空性〉の次元では）”と直截な表現で導入される(59)。そのあと，『二万五千頌般若』でも『小本・心経』でも「五蘊の非存在」が表明される。『二万五千頌般若』第 1 章の対応段ではこのように前提となる「〈空性〉次元」が婉曲に表現されたけれども，『二万五千頌般若』第 1 章の別の箇所では「〈空性〉次元」という前提が端的に表現され，「五蘊ならびに菩薩の非存在」が並説される。

> ［スブーティ：］生命溢れるひと・シャーリプトラよ，物質は物質の空なるもの（lit.：物質を欠如したもの）です。感受・想念・ 諸意志，識は，生命溢れるひと・シャーリプトラよ，識の空なるもの（lit.：識を欠如したもの）です。それはなぜか。というのは，生命溢れるひと・シャーリプトラよ，**〈空性〉の次元には物質は**現存し**ない**（**na......śūnya-tāyāṃ rūpaṃ** saṃvidyate）からです。〈空性〉の次元にはボーディサットヴァも現存しないからです。**感受・想念・諸意志，識は〈空性〉の次元には**現存し**ない**（**vedanā-saṃjñā-saṃskārā. na śūnya-tāyāṃ vijñānaṃ** saṃvidyate）からです。〈空性〉の次元にはボーディサットヴァも現存しないからです。生命溢れるひと・シャーリプトラよ，この教説の観点によって，「物質である」「ボーディサットヴァである」というようにさえ存在せず，認知されないのです。「感受・想念・ 諸意志，識である」「ボーディサットヴァである」というようにさえ存在せず，認知されないのです。(60)

『小本・心経』における「〈空性〉次元」という前提の直截な表現の採用は『二万五千頌般若』第 1 章の直接的な対応段以外の箇所の表現法に倣ったものであろう。

5.2 〈空性次元における十二処の非存在〉

『小本・心経』の〈空性次元における諸法非存在〉段では「五蘊の非存在」のあと，「十二処の非存在」が言及される。もとになる『二万五千頌般若』第1章の相当段の現行梵文では「五蘊の非存在」のあと，「六界（地・水・火・風・虚空・識）の非存在」，「十二処の非存在」と続くが，「六界の非存在」は諸漢訳にはなく，現行梵文における増広であるのは明らかである。そして，『二万五千頌般若』の「十二処の非存在」の言及部分では，六内処・六外処の各対応項目同士（例：眼処・色処，耳処・声処，等々）の組に分けられた上で，十二項目の一々が否定文内に置かれ，その存在が否定される。したがって，否定辞 na は十二個使用される。

na cakṣur-āyatanaṃ na rūpāyatanaṃ, na śrotrāyatanaṃ na śabdāyatanaṃ, na ghrāṇāyatanaṃ na gandhāyatanaṃ, na jihvāyatanaṃ na rasāyatanaṃ, na kāyāyatanaṃ na spraṣṭavyāyatanaṃ, na mana-āyatanaṃ na dharmāyatanaṃ

一方，『小本・心経』は六内処と六外処とを順次並列複合語で一括した上で，否定文内に置くので，否定辞 na も二個で足りる。

na cakṣuḥ-śrotra-ghrāṇa-jihvā-kāya-manāṃsi na rūpa-śabda-gandha-rasa-spraṣṭavya-dharmāḥ

ナティエ氏は『小本・心経』のこの箇所について「六つの感覚器官を否定する表現形式……は，サンスクリット語のよく慣れた耳には「ピン」とこない（つまり慣用的ではない）」と批評し，「梵本『心経』は本来あるはずのサンスクリット語の用法と相違し，その代わりに漢文の『般若心経』の語順にしたがった正確な置き換えであることを示している」とさえ結論する（Nattier［1992］，p.178；ナティエ［2006］，p.43）。

しかし，『小本・心経』のかかる並列複合語の表現は『二万五千頌般若』第1章の〈二十種空性〉分類中に先例を有する（本章末尾に付録として和訳を付す）。そこには，②〈外空性〉に六外処の並列複合語“rūpa-śabda-gandha-rasa-spraṣṭavya-dharmāḥ”が表現され，③〈内外空性〉に六内処と六外処の各並列複合語“cakṣuḥ-śrotra-ghrāṇa-jihvā-kāya-manāṃsi......rūpa-śabda-gandha-rasa-sparśa-dharmaiḥ”が使用される。『小本・心経』は散文スペースの節約のために『二万五千頌般若』第1章の〈二十種空性〉分類中の六内処と六外処の並列複合語を採用したと見て間違いないであろう。

5.3　〈空性次元における縁起の十二支の非存在〉

『小本・心経』第二節第三段中では,「〈空性〉次元における十八界の非存在」に続いて「縁起の十二支の非存在」を語る際,縁起の第一支分〈無明〉と第十二支分〈老死〉だけをとりあげて,その非存在を示し,他の十支分については「乃至（yāvan)」で省略してしまう。

大多数の漢訳「無無明，無無明尽」が支持するテキストは“nā-vidyā nā-vidyā-kṣayo（無明もなく，無明の滅尽もない)”であり，チベット訳『大本・心経』とも一致するし,『二万五千頌般若』の対応文“nā-vidyotpādo nā-vidyā-nirodhaḥ（無明の生起もなく，無明の消滅もない)”の言い換えとして理解可能である。

しかし,『小本・心経』校訂本が底本とした法隆寺悉曇本は“na vidyā nā-vidyā na vidyā-kṣayo nā-vidyā-kṣayo（明もなく，無明もない。明の滅尽もなく，無明の滅尽もない)”というように，かなり拡張されたテキストになっており,敦煌本『小本・心経』チベット訳“rig pa yaṅ myed, ma rig pa yaṅ myed, rig pa zad pa yaṅ myed, ma rig pa zad pa yaṅ myed pas na（明もなく，無明もなく，明の滅尽もなく，無明の滅尽もないことから)”も法隆寺本と完全に一致する（この時点でも『小本・心経』現行梵文が玄奘訳『心経』からの還梵でありえないことが再確認されるべきであろう)。

不空漢訳敦煌本「無明，無明無明尽，無明尽」，不空音訳敦煌本“nā-vidyā na vidyā nā-vidyā-kṣayo nā-vidyā-kṣayo.（金蔵本では“nā-vidyā-kṣayo”は一回だけ)”（福井文雅［1987b］，p.131, 10）；慈賢音訳“nā-vidyā nā-vidyā-nākṣayo nā-vidyā-nākṣayo”（福井［2000］，p.450, 12 ～ 16）はいずれもかなり混乱し,崩れた伝承形態を呈していよう。『大本・心経』ネパール写本では,“na vidyā”が欠如したもの,“nā-vidyā”が欠如したもの,“na vidyā- kṣayo”を含むもの,“na kṣayo”となっているものがあり，やはり錯綜しているという（Conze［1948］，p.36 note 30；鈴木広隆［1995a］，pp.178 ～ 179)。十二支縁起

の各支分を省略せずに，全部枚挙する『大本・心経』ネパール写本もある（Conze［1948］，p.36 notes 30–33；鈴木広隆［1995a］，p.179）。

〈阿含経典〉以来，〈十二支縁起〉の還滅門の定型句では nirodha（滅）が各支分の「消滅」を表現する術語として使用されるのが通常であり，『二万五千頌般若』第 1 章〈空性次元における諸法の非存在〉段内の〈十二支縁起〉の非存在の記述でもやはり nirodha が踏襲される。それに反して，『小本・心経』対応段では異例にも kṣaya（尽）が採用されている。ナティエ氏は『心経』梵文は漢訳『心経』からの反訳（還梵）であるという自己の仮説の論拠のひとつに，この異例な採用の事例をあげつらうほどである（Nattier［1992］，p.164；p.167；pp.171 ～ 172；ナティエ［2006］，p.29；p.32；pp.36 ～ 37）。

しかし，梵文『八千頌般若』第 28 章および『二万五千頌般若』第 5 章は縁起の各支分の〈**無尽**性（**a-kṣaya**tva)〉という独自の主張を唱えており，『心経』はその同じ教説を縁起の各支分の「滅尽はない（na......-kṣayaḥ)」という表現で言い換えたにすぎない[61]。『八千頌般若』第 28 章の経文と『二万五千頌般若』第 5 章の対応文を掲げよう。

> **a-vidyā-kṣaya**-tvena Subhūte bodhi-sattvena mahā-sattvena prajñā-pārami-tā abhinirhartavyā. evaṃ saṃskārā-kṣaya-tvena......**jarā-maraṇā-kṣaya**-tvena śoka-parideva-duḥkha-daurmanasyopāyāsākṣaya-tvena Subhūte bodhi-sattvena mahā-sattvena prajñā-pārami-tā abhinirhartavyā. iyaṃ Subhūte bodhi-sattvasya mahā-sattvasya anta-dvaya-vivarjitā pratītya-samutpāda-vyavalokanā. evaṃ vyavalokayan Subhūte bodhi-sattvo mahā-sattvaḥ pratītya-samutpādam an-ādy-anta-madhyaṃ taṃ vyavalokayati. ayaṃ Subhūte bodhi-sattvasya mahā-sattvasyāveṇiko dharmo bodhi-maṇḍe niṣaṇṇasya......（*Aṣṭa* XXVIII［avakīrṇa-kusuma-］. Vaidya［1960］ed., p.231, 31 ～ 32；p.232, 1 ～ 5. Cf. 中條裕康［1988］，pp.15 ～ 18；村上真完［1998］，p.15；村上［2000］，p.38）[62]
>
> **無明**が**無尽**であることとして（**a-vidyā-kṣaya**-tvena），スブーティよ，ボーディサットヴァ・マハーサットヴァによって〈智慧の究極性〉は説き出されねばならない。同様に，行使が無尽であることとして……**老化**・

死が**無尽**であることとして（**jarā-maraṇā-kṣaya**-tvena），憂愁・悲嘆・苦痛・落胆・懊悩が無尽であることとして，スブーティよ，ボーディサットヴァ・マハーサットヴァによって〈智慧の究極性〉は説き出されねばならない。これが，スブーティよ，ボーディサットヴァ・マハーサットヴァにとっての，二つの極端を遊離した，〈依存的生起〉の観察である。スブーティよ，以上のように（i.e. 無尽なものであると）観察するとき，ボーディサットヴァ・マハーサットヴァはかの〈依存的生起〉を端緒も結末も中間もないものとして観察する。スブーティよ，これが覚醒の座に坐るボーディサットヴァ・マハーサットヴァにとっての流通しない美質である。……（『八千頌般若』第28章）

『八千頌般若』第28章のこの経文は菩提樹下の菩提座で釈尊によって十二縁起の順観・逆観が行われたという成道譚の〈般若経〉流の大乗的読み替えであり，菩薩によって縁起の十二支分それぞれの無尽性が観察されることを説く。

無明という虚空（or 虚空の如き無明）が**無尽**であることとして（**a-vidyā**kāśā-**kṣaya**-tvena），スブーティよ，ボーディサットヴァ・マハーサットヴァによって〈智慧の究極性〉は説き出されねばならない。同様に，行使という虚空が無尽であることとして……**老化・死**・憂愁・悲嘆・苦痛・落胆・懊悩という虚空が**無尽**であることとして（**jarā-maraṇa**-śoka-parideva-duḥkha-daurmanasyopāyās'ākāś**ā-kṣaya**-tvena），スブーティよ，ボーディサットヴァ・マハーサットヴァによって〈智慧の究極性〉は説き出されねばならない。これが，スブーティよ，ボーディサットヴァ・マハーサットヴァにとっての，端緒と結末を遊離した，〈依存的生起〉の観察である。スブーティよ，これが覚醒の座に坐るボーディサットヴァ・マハーサットヴァにとっての流通しない美質である。……（『二万五千頌般若』第5章）[(63)]

『二万五千頌般若』第5章では十二縁起の各支分とa-kṣaya-tva（無尽性）との間にākāśa（虚空）が挿入されているので，『小本・心経』の用例はākāśaの挿入がない『八千頌般若』第28章の経文にむしろ親近性を有する。一般的に『八千頌般若』よりも『二万五千頌般若』に依拠することが多い『小本・心経』としては珍しいといえるだろう。

『二万五千頌般若』第5章における ākāśa の挿入は『維摩経』現行梵文の第3章の維摩居士による菩提座の教説に何ほどか影響されている可能性が予想されるかもしれない。そこでは十二縁起の各支分と a-kṣaya-tā（無尽性）との間に āsrava（漏）が挿入されているからである。

［Vimala-kīrti：］...... ㉒ satya-maṇḍa eṣo sarva-lokā-visaṃvādana-tayā, ㉓ pratītya-samutpāda-maṇḍa eṣo **'vidyā**srava-**kṣaya**-tayā（read：**'vidyā**sra*vā*-**kṣaya**-tayā）(64) **yāvaj jarā-maraṇāsr**ava-**kṣaya**-tayā（read：**jarā-maraṇā**sra*vā*-**kṣaya**-tayā）......（*Vimala* III［Śrāvaka-bodhi-sattva-visarjana-praśna-parivarta］§58 大正大梵語仏典研究会［2004］, p.150, 14 ～ 16；do［2006］, p.37, 22 ～ 23）(65)
［ヴィマラ・キールティ：］……㉒［「ボーディ・マンダ（覚醒の座／菩提場／道場）」という］これは〈真実（satya-)〉の坐です。［ボーディ・マンダは］一切の世間のひとびとを欺かないからです。㉓［「ボーディ・マンダ」という］これは〈条件的生起（縁起)〉の坐です。［ボーディ・マンダにおいては］**無明**という漏出物が**無尽**（**'vidyā**sra*vā*-**kṣaya**-）だからであり，ないし，**老化・死**という漏出物が**無尽**（**jarā-maraṇā**sra*vā*-**kṣaya**-）だからです。（第3「聴聞者たちやボーディサットヴァたちの応答と質疑」章第58節）

もっとも，『維摩経』の漢訳諸本には āsrava の対応訳はまったく確認できない。逆に，『維摩経』現行梵文における āsrava の挿入のほうこそが『二万五千頌般若』の影響下にあると見たほうがよいのだろう。とはいえ，『八千頌般若』や『二万五千頌般若』が〈十二支縁起〉の全十二支分を枚挙して各支分の〈無尽性〉を逐一教示するのに対して，『維摩経』は〈無明(a-vidyā)〉と〈老死（jarā-maraṇa)〉との二支だけの〈無尽性（a-kṣaya-tva)〉を説いて，他を「乃至（yāvat)」で省略する点では『小本・心経』にむしろ最も近い。『維摩経』の原初形態に āsrava が元来欠けていたとなれば，なおさらである。『維摩経』第3章第58節の原初形態を推定すれば以下のようになろう。

pratītya-samutpāda-maṇḍa eṣo **’vidyā-kṣaya**-tayā **yāvaj jarā-maraṇā-kṣaya**-tayā

『維摩経』が『小本・心経』の編纂者たちにとって有力な参考文献のひとつであったことは確定的になったといえよう。

5.4　“na jñānaṃ na prāptiḥ”

『二万五千頌般若』第 1 章の〈空性〉節第三段では「〈空性〉次元における四諦の非存在」のあと，「得・現観・四向・四果・独覚・独覚菩提・仏陀・仏菩提」の合計十四項目「の非存在」が説かれ，終了する。『二万五千頌般若』の当該リスト内の「現観 (abhisamaya)」は「四諦」に先行されるため，声聞乗の修行階梯における見道位に位置する「四諦の現観」を意味すると思われ，修行僧は「四諦の現観」を契機にそれまでの「凡夫」位を脱し，晴れて「聖者」の仲間入りを果たす。「得 (prāpti)」は修行僧をして聖者たらしめる聖法の獲得を意味し，声聞乗では「四向・四果」の最後，「阿羅漢果」「離繋果＝涅槃」の獲得を終極とする。独覚乗では「独覚菩提」の獲得，大乗では「仏菩提 (無上正等覚)」の獲得を終極とする。

しかし，この『二万五千頌般若』の文を『小本・心経』は「智・得」の二項目「の非存在」に省略してしまう。「智 (jñāna)」は「現観」の言い換えとして一応理解可能であるけれども，「得」と順序が入れ替えられている。この入れ替えの結果，「四諦の非存在」の直後に「智の非存在」が置かれるので，この「智」が「四諦」に関する「八忍・八智」のうちの「八智」(「苦法智・苦類智・集法智・集類智・滅法智・滅類智・道法智」の七智が見道，「道類智」が修道) に相当するかもしれないという解釈の余地が出てくる (八忍・八智については小谷信千代 [2000], pp.133 ～ 137 を参看のこと)。さらには，『小本・心経』編纂者たちは「智の非存在」の次にもってきた「得の非存在」だけで「獲得される聖法」のすべて「の非存在」も必然的に含意されると考え，残る十二項目 (四向・四果・独覚・独覚菩提・仏陀・仏菩提) を躊躇うことなく削除したと見るべきであろう。

梵文『小本・心経』の “na jñānaṃ” については全漢訳「無智」・敦煌本チ

ベット訳『小本・心経』“śes pa yaṅ myed”・チベット訳『大本・心経』“ye-śes med（or shes pa med do）”・梵文『大本・心経』によって支持され，テキスト上問題がない。

テキスト上の問題はかえって『二万五千頌般若』の“nābhisamayo”のほうにある。玄奘訳『大般若経』〈第二分〉は「[無得] 無現観」で合致するが，羅什訳『大品般若経』「亦無智［亦無得]」とあり，むしろ『小本・心経』と用語ならびに順序が一致する。そして，無羅叉訳『放光般若経』には“na prāptir”の対応訳「亦無所逮得」だけを保持し，“nābhisamayo”の対応訳を欠く。

『二万五千頌般若』第5章の現行梵文には“nāsti jñānaṃ（智がない）”というフレーズがある(66)。『二万五千頌般若』第5章現行梵文の当該節の文脈は，二分法でものごとを対立的に捉えるひとには〈波羅蜜多〉の六項目も道も「智」も現観も忍もないという好ましくない結果が帰着するというものであるが，諸漢訳には「智」という訳語が認められず，現行梵文での増広ということになる。残念ながら，文脈的にも『小本・心経』の〈空性〉次元における「智の非存在」とは同列に扱うことはできないし，年代的にも『小本・心経』の成立よりも遅れるのは確実である。

他方，『小本・心経』校訂本“na prāptiḥ（得もない）”は異同が激しい。校訂本は羅什訳『大明呪経』・玄奘訳『心経』・法月訳『普遍智蔵心経』・般若共利言等訳『心経』の「亦無得」と般若訳『梵本心経』漢訳行「無得」によって支持されるのに対して，梵文『大本・心経』は“na prāptir nā-prāptiḥ（得もなく，非得もない）”であり，チベット訳『大本・心経』“thob-pa-med, ma-thob-pa yaṅ med do”・法成訳『心経』「無得亦無不得」・施護訳『聖仏母般若経』「無所得亦無無得」によって保証される。アビダルマ論書には〈心不相応行〉として「得」だけでなく，「非得」も説かれるため，その両方を否定するために“nā-prāptiḥ”を付加するに至ったのであろう。“na prāpti-tvaṃ”・“na prāpti-tvaṃ nā-prāptiḥ”と綴る『大本・心経』ネパール写本もある（Conze［1948］，p.36, note 36）。

小本系・不空音訳『心経』の敦煌本（福井文雅［1987a］，p.132, 9）と慈賢

音訳（福井［2000］，p.451, 4 ～ 6）は“na prāptir nābhisamayaḥ”と音写し，『二万五千頌般若』の現行梵文と一致する。渡辺章悟氏は智慧輪訳「無智証無得」が“na jñānaṃ nābhisamayaḥ（?）na prāptiḥ”に対応する可能性を想定する（渡辺章悟［1991a］，p.56, 19）。不空音訳金蔵本は“na prāptiś ca”と音写する（福井文雅［1987a］，p.132, 10）。

法隆寺悉曇本には“na prāptir na prāpti-tvaṃ［bodhi-satvasya］（得もない。得性は［菩薩には所属し］ない）”とあり，次章で詳しく検討するように，“na prāpti-tvaṃ”は“a-prāpti-tvād”という従格形の理由句が崩れて誤って伝承されたテキスト形態と推定される（敦煌本『小本・心経』チベット訳“thob pa yaṅ myed ma thob pa yaṅ myed par［byaṅ chub sems dpaḥ......］”も同様）。したがって，推定形からすれば，法隆寺悉曇本も最終的には現校訂本と一致することになる。とはいえ，“na prāpti-tvaṃ”という誤伝テキストは梵文『大本・心経』ネパール写本にも波及し，混乱をきたす結果となったのは皮肉である。

ちなみに，〈獲得（得 prāpti）〉と〈ありありとした完全認識（現観 abhisamaya）〉が一対で使用される『八千頌般若』第1章の別の箇所も一瞥しておこう。

> 生命溢れるひと・シャーリプトラは生命溢れるひと・スブーティにこう訊ねられた：「もしも，生命溢れるひと・スブーティよ，ボーディサットヴァも〈不生起〉，ボーディサットヴァの諸属性も〈不生起〉，一切智者性も〈不生起〉，一切智者性の諸属性も〈不生起〉，低級なひと（異生／凡夫）も〈不生起〉，低級なひとの諸属性も〈不生起〉なのでしたら，生命溢れるひと・スブーティよ，努力せずに，ボーディサットヴァ・マハーサットヴァによって一切智者性が獲得されてしまうことになりませんか」。そのように訊ねられると，生命溢れるひと・スブーティは生命溢れるひと・シャーリプトラにこう答えられた：「生命溢れるひと・シャーリプトラよ，わたしは生起しない存在素の獲得を認めませんし，［生起しない存在素の］ありありとした完全認識（現観）をも［認め］ません。生起しない存在素によって，生起しない獲得が獲得されることもありません」。（Cf. 津田真一［2001］，p.113）[67]

『八千頌般若』第 1 章のこの文脈ではその「獲得」が認められない「生起しない存在素」というのはボーディサットヴァ・ボーディサットヴァの諸属性・一切智者性・一切智者性の諸属性などのいわば大乗的諸項目を指すのであろう（Cf. 津田真一［2001］, p.113）。これに対応する『二万五千頌般若』第 1 章の箇所（Dutt［1934］, pp.251, 21 ～ 261, 13）ではさらに預流者・預流果・一来者・一来果・不還者・不還果・阿羅漢・阿羅漢果・独覚・独覚菩提などのいわば声聞乗・独覚乗の諸項目が追加され，記述が増広される。

付録 1 『二万五千頌般若』〈色即是空〉段和訳

『二万五千頌般若』第 1 章には〈色即是空〉段が五箇所に点在する。『小本・心経』〈色即是空〉段と直接対応する〈空性〉節所属の〈色即是空〉段《2》は『小本・心経』〈空性〉節と対応するので，すでに本論の中で全訳を示した（本書 pp.178 ～ 179）。以下，残る四箇所の〈色即是空〉段の全訳を枚挙する。ここでは〈色即是空〉段の構成パターンの確認に狙いを絞ったので，それらが置かれる『二万五千頌般若』内の前後の文脈に触れる余裕はなかった。それについては別途の考察が必要となる。

〈色即是空〉段《1》

『二万五千頌般若』第 1 章における〈色即是空〉段の初出，《1》はシャーリプトラを聞き手にして釈尊によって説かれるもので，『八千頌般若』第 1 章〈色即是幻〉段の対応箇所よりも前に置かれている。

［話者：釈尊；聴者：シャーリプトラ；構成：(-IIIb)（IIa）（Ia/b）の三段］ この世では，シャーリプトラよ，ボーディサットヴァ・マハーサットヴァが〈智慧の究極性〉のもとに実践するとき，他ならぬボーディサットヴァとして現存しながら（bodhi-sattva eva samāno），ボーディサットヴァを視ないし（bodhi-sattvaṃ na samanupaśyati），「ボーディサットヴァ」という名称をも視ない。ボーディサットヴァの実践項目（菩薩行）をも視ない。〈智慧の究極性〉をも視ない。物質をも視ない。同様に，

感受，想念，諸意志，識をも視ない。それはなぜか。というのも，ボーディサットヴァ・マハーサットヴァはボーディサットヴァの自己本質の空なるもの（bodhi-sattva-sva-bhāvena śūnyaḥ）であり，〈智慧の究極性〉の自己本質の空なるものであるからである。それはなぜか。それ（i.e. ボーディサットヴァ等の自己本質の欠如／空）が彼（i.e. ボーディサットヴァ）にとっての本性（prakṛtir）だからである。すなわち，（-IIIb1）〈［物質にとっての］空性〉［という超越的原理］にもとづいて物質が空なのではない（śūnya-tayā na rūpaṃ śūnyam）。（-IIIb2–5）感受，想念，諸意志，識も〈［感受・想念・諸意志・識にとっての］空性〉にもとづいて空なのではない。（IIa1）物質とは別のところに〈空性〉があるのではない（na cānyatra śūnya-tāyāḥ rūpaṃ）し……（IIa5）識とは別のところに〈空性〉があるのではない。それはなぜか。（Ia1）物質こそが〈空性〉であり（rūpam eva śūnya-tā）……（Ia5）識こそが〈空性〉である。（Ib1）〈空性〉こそが物質なのであり（śūnya-taiva rūpaṃ）……（Ib5）〈空性〉こそが識なのである。それはなぜか。というのも，これ，すなわち，「ボーディサットヴァ」というのは〈唯だ名称だけ〉（nāma-mātram）のものだからである。これ，すなわち，「〈智慧の究極性〉」というのは〈唯だ名称だけ〉のものだからである。これ，［すなわち，］「物質」「感受」「想念」「諸意志」「識」［というの］は〈唯だ名称だけ〉のものだからである」。（Cf. 鈴木広隆［1987］，p.137）

サンスクリットテキスト及び諸漢訳

Pañca **I**（Dutt［1934］，pp.37，16～38，10；Cf. 梶芳光運［1981a］，pp.687～690；今西順吉［2000］，p.37）

iha Śāri-putra bodhi-sattvo mahā-sattvaḥ prajñā-pāramitāyāṃ caran bodhi-sattva eva 〈samāno〉（or san）bodhi-sattvaṃ na samanupaśyati bodhi-sattva-nāmāpi na samanupaśyati. bodhi-sattva-caryāṃ na samanupaśyati. prajñā-pāramitām api na samanupaśyati. rūpaṃ na samanupaśyati. evaṃ vedanāṃ saṃjñāṃ saṃskārān vijñānam api na samanupaśyati. tat kasya hetoḥ. tathā hi bodhi-sattvo mahā-sattvo bodhi-sattva-sva-bhāvena śūnyaḥ prajñā-pārami-tā-svabhāvena śūnyaḥ. tat kasya hetoḥ. prakṛtir asyaiṣā.《1》tathā hi（-IIIb1）śūnya-tayā na rūpaṃ śūnyaṃ（-IIIb2–5）na vedanā na saṃjñā na saṃskārā na vijñānaṃ śūnya-tayā śūnyaṃ,

（IIa1）nānyatra rūpāc chūnya-tā......（IIa5）nānyatra vijñānāc chūnya-tā. tat kasya hetoḥ.（Ia1）rūpam eva śūnya-tā......（Ia5）vijñānam eva śūnya-tā,（Ib1）śūnya-taiva rūpaṃ......（Ib5）śūnya-taiva vijñānam. tat kasya hetoḥ. tathā hi nāma-mātram idaṃ yad idaṃ bodhi-sattva iti. nāma-mātram idaṃ yad idaṃ

竺法護訳『光讃経』巻第一「順空品」第二（『大正』vol.8, p.152a ～ b）

仏告舎利弗：菩薩摩訶薩行般若波羅蜜。不見菩薩。亦不見「菩薩」字。亦不見般若波羅蜜。亦不見「行般若波羅蜜」字。亦不見非行。所以者何。「菩薩」之字自然空。《1》（-IIIb1）其為空者無色。（-IIIb2−5）無痛痒思想生死識。（IIa1）不復異色空。（IIa2）不復異痛痒思想生死識空。如（Ia1）色空（Ia2−5）痛痒思想生死識亦空。所謂：空者（Ia1）色則為空。（Ia2−5）痛痒思想生死識亦自然。所以者何。所謂：菩薩但仮号耳。所謂：道者則亦仮号。所謂：空者則亦仮号。其法自然不起不滅。亦無塵労無所依倚無所諍訟。若有菩薩所行如是。不見所起亦不見所滅。不見所猗不見所訟。所以者何。誑詐立字因遊客想。或想念故而我此法。從何立字但託虚言。曉了如是。菩薩摩訶薩則為行般若波羅蜜一切不見有名号也已無所見亦非不見。則無所猗。則為行般若波羅蜜。

無羅叉訳『放光般若経』巻第一「無見品」第二（ibid., p.4c）

仏告舎利弗：菩薩行般若波羅蜜者。不見有菩薩亦不見字。亦不見般若波羅蜜。悉無所見亦不見不行者。何以故。菩薩空字亦空,《1》空無有五陰。何謂「五陰」。色陰・痛陰・想陰・行陰・識陰。（Ia）五陰則是空,（Ib）空則是五陰。何以故。但字耳。以字故名為「道」。以字故名為「菩薩」。以字故名為「空」。以字故名為「五陰」。其実亦不生亦不滅。亦無著亦無断。菩薩作如是行者。亦不見生亦不見滅。亦不見著亦不見断。何以故。但以空為法立名仮号為字耳。菩薩行般若波羅蜜。不見諸法之字。以無所見故無所入。

羅什訳『大品般若経』巻第一「奉鉢品」第二（ibid., p.221b ～ c）

仏告舎利弗：菩薩摩訶薩行般若波羅蜜時。不見菩薩，不見「菩薩」字。不見般若波羅蜜亦不見我行般若波羅蜜。亦不見我不行般若波羅蜜。何以故。菩薩「菩薩」字性空。《1》（-IIIb）空中無色無受想行識。（IIa1）離色亦無空。離受想行識亦無空。（Ia1）色即是空。（Ib1）空即是色。（Ia2−5）受想行識即是空。（Ib5）空即是識。何以故。舎利弗。但有名字故謂為「菩提」。但有名字故謂為「菩薩」。但有名字故謂為「空」。所以者何。諸法実性。無生無滅無垢無浄故。菩薩摩訶薩如是行。亦不見生亦不見滅。亦不見垢亦不見浄。何以故。名字是因縁和合作法。但分別憶想仮名説。是故菩薩摩訶薩行般若波羅蜜時。不見一切名字。不見故不著。

玄奘訳『大般若経』巻第四百一「第二分観照品」第三之一（『大正』vol.7, p.11b ～ c）

仏言：舎利子。菩薩摩訶薩修行般若波羅蜜多時。応如是観。<u>実有菩薩</u>。不見有菩薩。不見「菩薩」名。不見般若波羅蜜多。不見「般若波羅蜜多」名。不見行。不見不行。何以故。舎利子。菩薩自性空。菩薩名空。所以者何。《1》

(-IIIb1) 色自性空。不由空故。色空非色。(IIa1) 色不離空。(IIb1) 空不離色。(Ia1) 色即是空。(Ib1) 空即是色。(-IIIb2−5) 受想行識自性空。不由空故。受想行識空非受想行識。(IIa2−5) 受想行識不離空。(IIb2−5) 空不離受想行識。(Ia2−5) 受想行識即是空。(Ib2−5) 空即是受想行識。何以故。舍利子。此但有名謂為「菩提」。此但有名謂為「薩埵」。此但有名謂為「菩薩」。此但有名謂之為「空」。此但有名謂之為「色受想行識」。如是自性無生無滅無染無浄。菩薩摩訶薩如是修行般若波羅蜜多。不見生。不見滅。不見染。不見浄。何以故。但仮立客名。分別於法。而起分別。仮立客名。随起言説。如如言説。如是如是。生起執著。菩薩摩訶薩修行般若波羅蜜多時。於如是等一切不見。由不見故不生執著。

※　梶芳光運氏の調査によれば,『二万五千頌般若』第 1 章の下線部“bodhi-sattva eva samāno”は『放光般若』『大品般若』に対応訳がない。『大般若』では下線部「実有菩薩」が対応するほか,表には挙げなかったが「第三分・舍利子品」第二之二「実有菩薩」; チベット訳『二万五千頌般若』“byaṅ chub sems dpaḥ ñid yod bshin du”に対応が確認できる。梵文『大乗荘厳経論・世親釈』における引用経文では“bodhi-sattva eva sann”とある。See 梶芳光運［1981a］, pp.687 ～ 697］.

〈色即是空〉段《3》

［話者：スブーティ；聴者：釈尊；構成：(V)・(-IIIb)・(IIb)・(Ia/b) の四段］［スブーティ：……］幸福に満ちたお方（世尊）よ，またつぎに〈智慧の究極性〉において実践するボーディサットヴァ・マハーサットヴァによって物質に立脚されてはなりません。ないし，思考に立脚されてはなりません。……それはなぜか，と申しますと，幸福に満ちたお方よ，すなわち，(V1) 物質は物質性（lit. 物質であること）の空なるものです（rūpaṃ rūpa-tvena śūnyaṃ)。感受……(V5) 識は識性の空なるものです。そして，幸福に満ちたお方よ，(-IIIb1) およそ，物質にとっての〈空性〉なるもの，それは物質ではありません。(IIb1)〈空性〉とは別のところに物質はありません。(Ia1) 物質こそが〈空性〉であり，(Ib1)〈空性〉こそが物質であります。……幸福に満ちたお方よ，(-IIIb5) およそ，識にとっての〈空性〉なるもの，それは識ではありません。(IIb5)〈空性〉とは別のところに識はありません。(Ia5) 識こそが〈空性〉であり，(Ib5)〈空性〉こそが識であります。……

幸福に満ちたお方よ，またつぎに，〈智慧の究極性〉において実践するボーディサットヴァ・マハーサットヴァによって「物質は非恒久的（無常）である」というように立脚されてはなりません。「感受は［非恒久的である］」［というように立脚されては］なりません。「想念は［……］」［……］なりません。「諸意志は［……］」［……］なりません。「識は［……］」［……］立脚されてはなりません。それはなぜか，と申しますと，すなわち，（V）物質の非恒久性は非恒久性という自己本質の空なるものです（rūpā-nitya-tā a-nitya-tā-sva-bhāvena śūnyā）。幸福に満ちたお方よ，（-IIIb）およそ，〈物質の非恒久性にとっての空性〉なるもの，それは非恒久性ではありません。（IIb）〈空性〉とは別のところに〈非恒久性〉はありません。（Ia）〈非恒久性〉こそが〈空性〉であり，（Ib）〈空性〉こそが〈非恒久性〉なのです。

サンスクリットテキスト及び諸漢訳

***Pañca* I**（Dutt［1934］，p.128，3 ～ 5；10 ～ 15；p.131，5 ～ 9；Cf. 今西順吉［2000］，p.40）

punar aparaṃ Bhaga-van bodhi-sattvena mahā-sattvena prajñā-pārami-tāyāñ carato（read：cara*tā*）na rūpe sthātavyaṃ［yāvat］na manasi sthātavyaṃ......tat kasya hetoḥ.《3》tathā hi Bhaga-van（V1）rūpaṃ rūpa-tvena śūnyaṃ. vedanā［yāvat］（V5）vijñānaṃ vijñāna-tvena śūnyaṃ（-IIIb1）yā ca Bhaga-van rūpasya śūnya-tā na tad rūpaṃ.（IIb1）na cānyatra śūnya-tāyā rūpaṃ（Ia1）rūpam eva śūnya-tā（Ib1）śūnya-taiva rūpam.［and so on with vedanā, saṃjñā, saṃskārāḥ up to］（-IIIb5）yā ca Bhaga-van vijñānasya śūnya-tā na tad vijñānaṃ（IIb5）na cānyatra śūnya-tāyā vijñānaṃ（Ia5）vijñānam eva eva śūnya-tā（Ib5）śūnya-taiva vijñānam......

punar aparaṃ Bhaga-van bodhi-sattvena mahā-sattvena prajñā-pārami-tāyāñ caratā na rūpam a-nityam iti sthātavyam. na vedanā na saṃjñā na saṃskārā na vijñānam iti sthātavyam. tat kasya hetoḥ. tathā hi（V）rūpā-nitya-tā a-nitya-tā-sva-bhāvena śūnyā（-IIIb）yā ca Bhaga-van rūpā-nitya-tā śūnya-tā（read：rūpā-nitya-tā-śūnya-tā）na sā a-nitya-tā（IIb）na cānyatra śūnya-tāyā a-nitya-tā（Ia）a-nitya-taiva śūnya-tā（Ib）śūnya-taiva a-nitya-tā.

竺法護訳『光讃経』巻第三「仮号品」第八（『大正』vol.8，p.168b ～ 169a）

復次天中天。菩薩摩訶薩不当住於色。不当住痛痒思想生死識。不当住眼。不当住耳鼻舌身意。……所以者何。《3》天中天。（V1）色則為空。（V2−5）痛痒思想生死識亦空。所言「空」者。色則為空，（IIb1）非名異空。（Ia1）彼色則空，

(Ib1) 空者仮色。……復次天中天。菩薩摩訶薩行般若波羅蜜。不当住色想。不当住痛痒思想生死識想。所以者何。(V) 其非常者非常為空。(-IIIb) 其非常者自然為空。則無非常。(IIa) 無異非常而為空者。(IIb) 無有他空非常自空。其為空者無有非常。

無羅叉訳『放光般若経』巻第二「学品」第十 (ibid., p.14b ～ c8)
復次世尊。菩薩行般若波羅蜜。色痛想行識不当於中住。眼耳鼻舌身意不当於中住。……何以故。《3》(V) 以色痛想行識空故。世尊。(-IIIb) 若五陰空者為非五陰。(IIa) 五陰亦不離空。(IIb) 空亦不離五陰。(Ib) 空則是五陰。(Ia) 五陰則是空。……復次世尊。行般若波羅蜜菩薩。色痛想行識無常。不当於中住。何以故。(V) 無常空故。(-IIIb) 仮令無常不空則非無常。(IIb) 空亦不離無常。(Ia) 無常則是空。(Ib) 空則是無常。

羅什訳『大品般若経』巻第三「勧学品」第八 (ibid., p.235a ～ b)
復次世尊。菩薩摩訶薩欲行般若波羅蜜。色中不応住。受想行識中不応住。眼耳鼻舌身意中不応住。……何以故。《3》世尊。(V1) 色色相空。(V2–5) 受想行識識相空。世尊。(-IIIb1) 色空不名為「色」。(IIb1) 離空亦無色。(Ia1) 色即是空，(Ib1) 空即是色。受想行識。(-IIIb5) 識空不名為「識」，(IIb5) 離空亦無識。(Ia5) 識即是空，(Ib5) 空即是識。……復次世尊。菩薩摩訶薩欲行般若波羅蜜。色是無常不応住。受想行識是無常不応住。何以故。(V) 無常無常相空。世尊。(-IIIb) 無常空不名「無常」。(IIb) 離空亦無無常。(Ia) 無常即是空。(Ib) 空即是無常。

玄奘訳『大般若経』巻第四百九「第二分勝軍品」第八之二 (『大正』vol.7, p.47a ～ c)
復次世尊。諸菩薩摩訶薩修行般若波羅蜜多時。不応住色乃至識。不応住眼処乃至意処。……何以故。《3》世尊。(V1) 色色性空。(V2–5) 受想行識受想行識性空。世尊。(-IIIb1) 是色非色空。是色空非色。色不離空。(IIb1) 空不離色。(Ia1) 色即是空。(Ib1) 空即是色。受想行識亦復如是。……復次世尊。諸菩薩摩訶薩修行般若波羅蜜多時。不応住諸法若常若無常……何以故。世尊。(V) 諸法常無常諸法常無常性空。世尊。(-IIIb) 是諸法常無常非諸法常無常空。是諸法常無常空非諸法常無常。(IIa) 諸法常無常不離空。(IIb) 空不離諸法常無常。(Ia) 諸法常無常即是空。(Ib) 空即是諸法常無常。

〈色即是空〉段《4》

[話者：釈尊；聴者：シャーリプトラ；構成：(-IIIb)・(IIb/a)・(Ia/b) の三段]

すなわち，生命溢れるひと・シャーリプトラよ，(-IIIb1) 物質にとっての〈空性〉なるもの，それは物質ではない (yā rūpasya śūnya-tā na tad rūpaṃ)。(IIb1)〈空性〉とは別のところに物質はなく，(IIa1) 物質とは別のところに〈空性〉はない。(Ia1) 物質こそが〈空性〉であり，(Ib1)〈空性〉こそが物質である。(-IIIb2−5) 感受にとっての〈空性〉なるもの，想念にとっての〈空性〉，諸意志にとっての〈空性〉，識にとっての〈空性〉なるもの，それは識ではない。(IIb5)〈空性〉とは別のところに識はなく，(IIb5) 識とは別のところに〈空性〉はない。(Ib5)〈空性〉こそが識であり (Ia5) 識が〈空性〉である。同様に，……(-IIIb) ブッダの諸属性にとっての〈空性〉，それはブッダの諸属性ではない。(IIb)〈空性〉とは別のところにブッダの諸属性はなく，(IIa) ブッダの諸属性とは別のところに〈空性〉はない。(Ib)〈空性〉こそがブッダの諸属性であり，(Ia) ブッダの諸属性こそが〈空性〉である。生命溢れるひと・シャーリプトラよ，以上のようにボーディサットヴァ・マハーサットヴァが〈智慧の究極性〉において実践するならば，手段について熟練したひとであると知られるべきである。生命溢れるひと・シャーリプトラよ，以上のようにボーディサットヴァ・マハーサットヴァが〈智慧の究極性〉において実践するならば，無上にして正しく完全な覚醒をありありと覚醒するのに適した人材である。

サンスクリットテキスト及び諸漢訳

***Pañca* I**（Dutt［1934］, p.141, 2 ～ 11）

《4》tathā hi āyuṣ-man Śāri-putra（-IIIb1）yā rūpasya śūnya-tā na tad rūpaṃ（IIb1）na cānyatra śūnya-tāyāḥ rūpaṃ（IIa1）nānyatra rūpāc chūnya-tā（Ia1）rūpam eva śūnya-tā（Ib1）śūnya-taiva rūpam.（-IIIb2−5）yā vedanāyāḥ śūnya-tā saṃjñāyāḥ śūnya-tā saṃskārāṇāṃ śūnya-tā yā vijñānasya śūnya-tā〈tad〉(read：*na* tad) vijñānaṃ（IIb5）na cānyatra śūnya-tāyā vijñānaṃ（IIb5）nānyatra vijñānāc chūnya-tā（Ib5）śūnya-taiva vijñānaṃ（Ia5）vijñānam śūnya-tā evaṃ vyasta-samasteṣu skandha［yāvat］buddha-dharmeṣu yāvad（-IIIb）buddha-dharmāṇāṃ śūnya-tā na te buddha-dharmā（IIb）na cānyatra śūnya-tāyā buddha-dharmāḥ（IIa）nānyatra buddha-dharmebhyaḥ śūnya-tā,（Ib）śūnya-taiva buddha-dharmā（Ia）buddha-dharmā eva śūnya-tā, evam āyuṣ-man Śāri-putra bodhi-sattvo mahā-sattvaḥ prajñā-pārami-tāyāṃ carann upāya-kuśalo veditavyaḥ.〈em〉(read：evam) āyuṣ-man Śāri-putra bodhi-sattvo mahā-sattvaḥ prajñā-pārami-tāyāñ caran〈bhavyonuttarāṃ〉(read：bhavyo ’nuttarāṃ) samyak-samyak-saṃbodhim abhisaṃbuddhum.

竺法護訳『光讃経』巻第四「行品」第九（『大正』vol.8, pp.171c ～ 172a）

《4》色者則空。（IIa1）色無異空。（Ia1）色則為空。（Ib1）空者為色。色自然空。（-IIIb2–5）痛痒思想生死識空。則無有識。（II5）無有異空。（Ia5）識則為空。（Ib5）空者為識。……十八不共諸仏之法則為空。（IIa?）無有異空。仏法則空，無他別異空。（Ib）空者則法，（Ia）法者則空。如是舎利弗。菩薩摩訶薩行般若波羅蜜。為成漚惒拘舎羅。菩薩摩訶薩行般若波羅蜜。如是者逮得阿耨多羅三耶三菩阿惟三仏。

無羅叉訳『放光般若経』巻第三「空行品」第十二（ibid., p.16a）

《4》舎利弗。（-IIIb）以五陰空為非五陰。（IIb）五陰不離空。（IIa）空不離五陰。（Ia）五陰則是空。（Ib）空則是五陰。……仏十八法皆空。（IIb）仮令空者亦不離十八法。（IIa）十八法亦不離空。菩薩如是行般若波羅蜜。則為是漚惒拘舎羅。菩薩作是行般若波羅蜜。便成阿耨多羅三耶三菩。

羅什訳『大品般若経』巻第三「相行品」第十（ibid., pp.237b ～ c）

《4》舎利弗。（-IIIb1）是色空為非色。（IIb1）離空無色，（IIa1）離色無空。（Ia1）色即是空，（Ib1）空即是色。（-IIIb2–5）受想行識空為非識。（IIb5）離空無識，（IIa5）離識無空。（Ib5）空即是識，（Ia5）識即是空。乃至（-IIIb）十八不共法空。為非十八不共法。（IIb）離空無十八不共法。（IIa）離十八不共法無空。（Ib）空即是十八不共法。（Ia）十八不共法即是空。如是舎利弗。当知是菩薩摩訶薩行般若波羅蜜有方便。是菩薩摩訶薩如是行。般若波羅蜜。能得阿耨多羅三藐三菩提。

玄奘訳『大般若経』巻第四百九「第二分行相品」第九之一（『大正』vol.7, p.50c）

《4》舎利子。（-IIIb1）是色非色空。是色空非色。（IIa1）色不離空。（IIb1）空不離色。（Ia1）色即是空。（Ib1）空即是色。受想行識亦復如是。乃至是十八仏不共法。非十八仏不共法空。（-IIIb）是十八仏不共法空。非十八仏不共法。（IIa）十八仏不共法不離空。（IIb）空不離十八仏不共法。（Ia）十八仏不共法即是空。（Ib）空即是十八仏不共法。舎利子。如是菩薩摩訶薩修行般若波羅蜜多。有方便善巧故能証無上正等菩提。

〈色即是空〉段《5》

［話者：釈尊；聴者：スブーティ；構成：（-IIIb）・（Ia/b）の二段］　次に，スブーティよ，ボーディサットヴァ・マハーサットヴァが〈智慧の究極性〉のもとで実践するとき，以下のように子細に観察する：（-IIIb1）〈物質にとっての空性〉にもとづいて物質が空なのではない。（Ia1）物質こそが〈空性〉であり，（Ib1）〈空性〉こそが物質なのである。

（-IIIb2）〈感受にとっての空性〉にもとづいて感受が空なのではない。（Ia2）感受こそが〈空性〉であり，（Ib2）〈空性〉こそが感受なのである。……以上が，スブーティよ，ボーディサットヴァ・マハーサットヴァにとっての〈智慧の究極性〉なのである。じつに，スブーティよ，このようにボーディサットヴァ・マハーサットヴァが〈智慧の究極性〉のもとに実践するとき，恐れたりしないのである（nottrasyati）。

サンスクリットテキスト及び諸漢訳

***Pañca* I**（Dutt［1934］，pp.155, 15 ～ 156, 1）

punar aparaṃ Subhūte bodhi-sattvo mahā-sattvaḥ prajñā-pārami-tāyāṃ carann evaṃ pratyavekṣate：《5》（-IIIb1）na rūpa-śūnya-tayā rūpaṃ śūnyaṃ,（Ia1）rūpam eva śūnya-tā,（Ib1）śūnya-taiva rūpam；（-IIIb2）na vedanā-śūnya-tayā vedanā śūnyā,（Ia2）vedanaiva śūnya-tā,（Ib2）śūnya-taiva vedanā, [and so on with the remaining skandhas；the group of dhāutus；āyatanas；vijñānas；saṃsparśas；saṃsparśa-pratyaya-vedayitas；smṛty-upasthānas......] iyaṃ Subhūte bodhi-sattvasya mahā-sattvasya prajñā-pārami-tā, evaṃ hi Subhūte bodhi-sattvo mahā-sattvaḥ prajñā-pārami-tāyāñ caran nottrasyati.

竺法護訳『光讃経』巻第四「幻品」第十（『大正』Vol.8, pp.175c ～ 176a）

復次須菩提。菩薩摩訶薩行般若波羅蜜。当造斯観。《5》（-IIIb1）不用色空而為空也。（Ia1）色則為空，（Ib1）空者則色，……是為菩薩摩訶薩行般若波羅蜜不恐不怖亦不畏懅。

無羅叉訳『放光般若経』巻第三「問幻品」第十三（ibid., p.17c）

復次須菩提。菩薩行般若波羅蜜。当作是観。《5》言：（-IIIb）不以五陰空。（Ib）空則五陰。……是故菩薩行般若波羅蜜不恐不怖。

羅什訳『大品般若経』巻第四「幻学品」第十一（ibid., p.240b ～ c）

復次須菩提。菩薩摩訶薩行般若波羅蜜。如是思惟。《5》（-IIIb1）不以空色故色空。（Ia1）色即是空，（Ib1）空即是色。受想行識亦如是。……如是須菩提。菩薩摩訶薩行般若波羅蜜。不驚不畏不怖。

玄奘訳『大般若経』巻第四百十「第二分幻喩品」第十（『大正』Vol.7, p.54c）

復次善現。若菩薩摩訶薩修行般若波羅蜜多時如実観察。《5》（-IIIb1）非空色故色空。（Ia1）色即是空。（Ib1）空即是色。受想行識亦如是。……善現。是為菩薩摩訶薩無著般若波羅蜜多。善現。如是菩薩摩訶薩修行般若波羅蜜多時。有方便善巧故。聞説如是甚深般若波羅蜜多。其心不驚不恐不怖。

〈色即是空〉段は『二万五千頌般若』第１章において五回も繰り返し説かねばならないほど，了解困難で論理的に不合理な教説であり，むしろ祖型となった『八千頌般若』以来の〈色即是幻〉段などと並説されて初めてその真意が辛うじて了解されうるかもしれないきわどい内容の教義であった。事実，〈色即是空〉段《5》の最後に置かれる「このように菩薩が〈般若波羅蜜多〉のもとに実践するとき，恐れたりしない」という言明は『八千頌般若』の〈色即是幻〉段における「新発趣の菩薩たちはこの教説を聴いて，恐れたり，おののいたり，恐怖に陥ったりしてはなりません」という警告と照応している。

〈空性〉の弁証のためには詭弁的論法の行使を何ら厭わなかったナーガールジュナでさえ『中論頌』・『広破論』・『廻諍論』においては『二万五千頌般若』の〈色即是空〉段の論法を一切依用せず，忌避したほどである。『小本・心経』におけるように僅か一回だけ，しかも，その前後を省略して抜粋引用されるにすぎない〈色即是空〉段によって何人もその内容を完全に把捉することなど不可能であったろうし，もとより『小本・心経』の編纂者たち自身，かかる〈色即是空〉段から読者が〈般若経〉の〈空思想〉を効果的に学習し修得してくれることを期待していたとは思えない。『小本・心経』編纂者たちによる〈色即是空〉段の設置はもっと別の目的のために向けられていたと考えるべきであろう。

付録2　アビダルマ論書と『二万五千頌般若』とにおける空性分類

1　『施設論』・『婆沙論』における〈十種空性〉分類

〈空性〉の分類は，『八千頌般若』では試みられなかったが，『二万五千頌般若』になって十八種ないし二十種に細分された。『八千頌般若』とちがって，『二万五千頌般若』は〈空性〉分類以外にも大乗の様々な教義項目について定義を施すという傾向があり，いわば，大乗のアビダルマ化への志向が顕著である(68)。他方，部派仏教ではアビダルマ論書においてすでに〈空性〉分類が遂行されており(69)，したがって，『二万五千頌般若』の編纂者たちは部派アビダルマ論書における〈空性〉分類を参考にして大乗独自の〈空性〉分類と定義内容を考案したという経緯が推定可能となる。

『二万五千頌般若』の〈空性〉分類を考察する上では，着想や素材の源泉となったであろうアビダルマ論書の〈空性〉分類の検討が不可欠であろう。ところが，アビダルマの〈空性〉分類は『倶舎論』には見られず，それ以前のアビダルマ論書に所在するのだが，それらは漢訳でのみ現存する。逆に今度は，『二万五千頌般若』の〈空性〉分類が漢訳アビダルマ文献の〈空性〉分類の解明に役立つ貴重な梵文資料としての意義を帯びてくる。両者の分類の比較が相互の解明に相補的に寄与する点を踏まえつつ，まず，漢訳アビダルマ文献の〈空性〉分類の検討に着手しよう。

部派仏教内で最大の勢力を誇る主流派は説一切有部（Sarvāsti-vādin/Vaibhāṣika）であり，有部の根本論書『阿毘達磨発智論』（*Jñāna-prasthāna*）に対する浩瀚な註釈文献『阿毘達磨大毘婆沙論』（*Abhidharma-*［*mahā-*］*vibhāṣā*）には三種三摩地の一つ〈空三摩地（śūnya-tā-samādhi）〉・三重三摩地の一つ〈空空三摩地（śūnya-tā-śūnya-tā-samādhi）〉・四諦十六行相の一つ〈空行相（śūnya-tākāra）〉・薩迦耶見の対治〈十種空性〉分類など，空思想に関する言及が広範囲に所在する。ここでは『婆沙論』の薩迦耶見の対治としての〈十種空性〉分類リストをとりあげよう。

> 復次薩迦耶見。是十種空近所対治。所以偏説。十種空者。謂：①内空。②外空。③内外空。④有為空。⑤無為空。⑥散壊空（無散壊空？）。⑦本性空。⑧無際空。⑨勝義空。⑩空空。（玄奘訳・五百大阿羅漢等造『阿毘達磨大毘婆沙論』［659年訳出］巻第八「雑蘊第一中世第一法納息」第一之七。『大正』vol.27, p.37a）[70]

『婆沙論』の〈十種空性〉分類はもともと有部の初期論書『施設論』の所説であることが次の引用文から判明する。

> 『施設論』説空有多種。謂：①内空。②外空。③内外空。④有為空。⑤無為空。⑧無辺際空。⑦本性空。⑥無所行空。⑨勝義空。⑩空空。如是十種空如余処分別。問：何縁諸処多分別空。答：以空行相是二十種薩迦耶見近対治故。彼二十種薩迦耶見能為一切煩悩根本。流注生死不趣涅槃過患増上故。多説彼近対治法。（『婆沙論』巻第一百四「智蘊第三中他心智納息」第三之六。ibid., p.540a）[71]

〈十種空性〉の梵語名比定

① adhyātma-śūnya-tā　内空
② bahirdhā-śūnya-tā　外空
③ adhyātma-bahirdhā-śūnya-tā　内外空
④ saṃskṛta-śūnya-tā　有為空
⑤ a-saṃskṛta-śūnya-tā　無為空
⑥ an-avakāra-śūnya-tā　散壊空［or 無散壊空？］／無所行空
⑦ prakṛti-śūnya-tā　本性空／性空
⑧ an-avarāgra-śūnya-tā　無際空／無辺際空／無始空
⑨ paramārtha-śūnya-tā　勝義空／第一義空
⑩ śūnya-tā-śūnya-tā　空空

したがって，〈十種空性〉分類は相当に古い起源を有することが知られる。なお，十種分類のうち，①〈内空〉・②〈外空〉・③〈内外空〉の三種はさらに原始経典にまで遡るようである。

残念ながら，『婆沙論』は『施設論』の〈十種空性〉分類リストに言及するにとどまり，『施設論』に所在したであろう〈十種空性〉の定義を引用してくれないために各種の〈空性〉の具体的な定義内容を直接知ることができない。ただ，〈空性〉の十種分類の動機が二十種の薩迦耶見を対治する対抗策とするためであることが再説されるのみである。

なお，『施設論』・『婆沙論』の〈十種空性〉分類の各名称はすべて梵文『二万五千頌般若』の〈二十種空性〉分類リストに対応項目を見出すので，その梵語名もほぼ判明する（上掲表参照）。

「⑦本性空／性空（本性の空性 prakṛti-śūnya-tā）」や「⑩空空（空性の空性 śūnya-tā-śūnya-tā）」は『二万五千頌般若』に頻出するので，一見〈般若経〉独自，大乗独自の〈空性〉思想の表現と思われがちだが，『施設論』以来のアビダルマ用語であることがわかり，わたしには意外な発見であった。

思い起こせば，『識身足論』「補特伽羅蘊」において犢子部の〈諦義勝義補特伽羅実有〉説を論破して自派の〈無我〉説を擁護するために「補特伽羅論者」と対峙するとき，有部はすでに「⑦ 性空論者（*prakṛti-śūnya-tā-vādin*）」を自称していた。『婆沙論』「智蘊第三中他心智納息」では「我レ多ク空三摩地

(śūnya-tā-samādhi) ニ住ス」という世尊の言明における「空」をめぐって「⑥無所行空」か「⑦本性空」かが議論され，「⑦本性空」が妥当と判定される[72]。また，『婆沙論』の同じ「智蘊第三中他心智納息」が引用する『施設論』の〈三重三摩地〉説には〈空空三摩地 (śūnya-tā-śūnya-tā-samādhi)〉が含まれており，〈十種空性〉分類内の「⑩空空」がこれに関連していることは間違いない。

有三重三摩地。謂：空空三摩地。無願無願三摩地。無相無相三摩地。『施設論』説：「云何**空空三摩地**。謂：有苾芻。思惟有漏有取諸行皆悉是空。観此有漏有取諸行空無常。恒不変易法我及我所。如是観時無間。復起心心所法。思惟前空観亦復是空。観此空観亦空無常。恒不変易法我及我所。如人積聚衆多柴木以火焚之。手執長竿周旋斂撥。欲令都尽既知将尽。所執長竿亦投火中。焼令同尽[73]。云何無願無願三摩地。……」(『婆沙論』巻第一百五「智蘊第三中他心智納息」第三之七。ibid., p.543a ～ b) [74]

上記引用文によれば，「有漏の諸行」を「空・無常」と思惟・観察した直後にかかる〈空観〉［としての心・心所］もまた「空」であると思惟・観察するのが〈空性・空性三摩地〉である。たとえば，積み上げられた柴木を火で焼き尽くすとき，「長竿」で柴木を掻き回して火の通りがよくなるように調節するが，最後にはその「長竿」も火中に投じて一緒に焼き尽くすようなものである。

2 『雑阿毘曇心論』における〈二種空性〉分類と〈九種空性〉分類

後代の『雑阿毘曇心論』は三三昧のひとつ〈空性三昧〉に関連して〈二種空性〉分類と〈九種空性〉分類という二重の分類を提示する（丸囲み番号は『婆沙論』の〈十種空性〉と対応する）。

彼三摩提者。三三摩提。空・無願〈無願応言「無実」〉・無相彼善心平正故説三摩提。彼空者二種。謂：I 有漏・II 無漏。若 I 有漏者一切法縁。II 無漏者有漏縁。此復九種。謂：i ／①内空・ii ／②外空・iii ／③内外空・iv ／④有為空・v ／⑤無為空・vi 有為無為空・vii 無事空・viii ／⑨第一義空・ix ／⑩空空。i ／①**内空**者。謂：内入空作無我思惟。ii ～ vi

外空・内外空・有為空・無為空・有為無為空亦如是。vii **無事空**者。謂：無彼彼物。viii ／⑨**第一義空**者。謂：眼起時無所従来。滅時無所至。如是比説。ix ／⑩**空空**者。謂：I 有漏空於 II 無漏空作空空思惟。（僧伽跋摩等訳・法救造『雑阿毘曇心論』［431 年訳出］巻第七「定品」第七。『大正』vol.28, p.925b ～ c）

『雑心論』の〈九種空性〉分類では，

vi 有為無為空（*saṃskṛtā-saṃskṛta-śūnya-tā*）

vii 無事空（*nirvastuka-śūnya-tā?*）

という 2 種が新たに立項される代わりに，『施設論』以来の「⑥散壊空［無散壊空？／無所行空］」・「⑦本性空［性空］」・「⑧無際空［無辺際空／無始空］」の 3 種が削除される。しかし，『雑心論』の〈空性〉定義は簡潔すぎて，わかりづらい。「i ／①内空」は「内入空」つまり「六内処」の「空性」であり，「六内処」について「無我思惟」をなすことである。したがって，六内処が無我であること，自我を欠如することが「内的なものの空性」である。「i ／①内空」から「vi 有為無為空」までの六種空性はそれぞれの主題について「無我思惟」をなすことという共通の規定が準用される。「viii ／⑨第一義空」はその定義文「眼起時無所従来。滅時無所至」から『第一義空経』の教説に依拠することが窺える[(75)]。

3 『舎利弗阿毘曇論』の〈六種空性〉分類

法蔵部の『舎利弗阿毘曇論（舎利弗論）』は三三昧のひとつ〈空定〉の項目で〈六種空性〉分類を提示する。

何謂「**空定**」。如比丘。一切法。若一処法。思惟空，知空，解空，受空。以何義空。以我空。我所亦空。如是不放逸観。得定心住正住。是名「空定」。復次空定六空。a ／①内空。b ／②外空。c ／③内外空。d ／⑩空空。e 大空。f ／⑨第一義空。何謂「a ／①**内空**」。如比丘。一切内法。若一処内法。思惟空，知空，解空，受空。以何義空。以我空。我所亦空。常空不変易空。如是不放逸観。得定心住正住。是名「内空」。何謂「b ／②**外空**」。如比丘。一切外法。若一処外法。思惟空，知空，解空，受空。以何義空。以我空。我所亦空。如是不放逸觀。得定心住正住。是名「外空」。云何 c ／③**内外空**。如比丘。一切内外法。若一処内外法。思惟空，知空，解空，受空。以何義空。以我空。我所亦空。如是不放逸觀。得定心住正住。是名「内外空」。何謂「d ／⑩**空空**」。如比丘。成就空定行。比丘思惟空，知空，解空，受空。以何義空。以我空。我所亦空。常空，不変易空。如是不放逸観。得空定心住正住。是名「空空」。何謂「e **大空**」。如比丘。一切法。思惟空，知空，解空，受空。以何義空。以我空。我所亦空。如是不放逸観。得定心住正住。是名「大空」。何謂「f ／⑨**第一義空**」。第一謂「涅槃」。如比丘。思惟涅槃空，知空，解空，受空。以何義空。以我空。我所亦空。常空，不変易空。如是不放逸観。得定心住正住。是名「第一義空」。如是六空。是名「空定」。何謂「無相定」。……（曇摩耶舎共曇摩崛多等訳『舎利弗論』［415 年訳出］巻第十六「非問分道品」第十之二。『大正』vol.28, p.633a ～ b）

『舎利弗論』の〈六種空性〉のすべてに「以我空。我所亦空」という共通の定義項があり，「常空，不変易空」という特殊な定義項は「d ／⑩空空」と「f ／⑨第一義空」だけに限られる。「e 大空」は有部『施設論』・『婆沙論』・『雑心論』の〈空性〉分類には見られない法蔵部『舎利弗論』独自の立項であり，「一切諸法が我・我所を欠如する点で空であること」である。『二万五千頌般若』の〈二十種空性〉分類にやはり対応項目があるので，「広大なる空性（mahā-śūnya-tā）」という原語を確認できる。

以上，アビダルマの空思想についてはこのほかにも多様な展開があり，本節で十分に紹介しきれていない。しかし，ここで挙げたアビダルマ論書における〈空性〉分類は，以下に進める『二万五千頌般若』の〈二十種空性〉分類を検討する上での備考として記憶にとどめておいていただきたい。

4 『二万五千頌般若』第 1 章の〈二十種空性〉分類

大乗独自の〈二十種空性〉分類とその個別的定義は『二万五千頌般若』第 1 章において説示される。当該〈二十種空性〉段は「菩薩にとっての大乗とは何か」というスブーティの質問を皮切りとして「大乗」という総称によってカバーされるべき――つまり，菩薩によって修得されるべき――多数の大乗的教義や実践項目を枚挙し，定義付けしていく広大な節に属する。その節の先頭に〈六波羅蜜多〉段が位置し，第二段として〈二十種空性〉段が配置される。まず初めに，この段の全訳を各種の〈空性〉ごとに分割して提示しよう。

なお，和訳されるテキストの範囲と掲載の順番は次の通りである。

pañca I（Dutt［1934］, pp.195, 10 ～ 198, 10；村上真完［1992a］, pp.89 ～ 92 に抄訳あり）

竺法護訳『光讃経』巻第六「三昧品」第十六（『大正』vol.8, pp.189b ～ 190a）

無羅叉訳『放光般若経』巻第四「問摩訶衍品」第十九（ibid., p.23a ～ b）

羅什訳『大品般若経』巻第五「問乗品」第十八（ibid., pp.250b ～ 251a）

玄奘訳『大般若経』巻第四百一十三「第二分三摩地品」第十六之一（『大正』vol.7, pp.73a ～ 74a）

① adhyātma-śūnya-tā（内的なもの［六内処］の空性）

スブーティよ，またつぎに，ボーディサットヴァ・マハーサットヴァにとっての偉大なる乗道（大乗）がある，すなわち，〈内的な空性〉……〈他者本質の空性〉である。

それらのうち，①〈**内的なものの空性**（adhyātma-śūnya-tā)〉とは何か。眼・耳・鼻・舌・身体・思考（意）のことが「内的な諸存在素」(ādhyātmikā dharmā) と呼ばれる。それらのうち，眼は（cakṣuś）眼の空なるもの（i.e. 眼を欠いたもの cakṣuṣā śūnyaṃ）である。耐久物として存続せず，消滅しないものであるという点に因んで（a-kūṭa-sthā-vināśi-tām upādāya), である[76]。それはなぜか。これにとってそれが本性（prakṛti）だからである。耳は耳の空なるものである。耐久物として存続せず，消滅しないものであるという点に因んで，である。それはなぜか。これにとってそれが本性だからである。……以上が〈内的なものの空性〉であると説かれる。

サンスクリットテキスト及び諸漢訳

Pañca punar aparaṃ Subhūte bodhi-sattvasya mahā-sattvasya mahā-yānam yad uta adhyātma-śūnya-tā[yāvat (for full list see p.24)]para-bhāva-śūnya-tā. tatra katamā

① **adhyātma-śūnya-tā**. ādhyātmikā dharmā ucyante cakṣuḥ śrotraṃ ghrāṇaṃ jihvā kāyo manaḥ. tatra cakṣuś cakṣuṣā śūnyaṃ a-kūṭa-sthā-vināśi-tām upādāya. tat kasya hetoḥ. prakṛtir asyaiṣā. śrotraṃ śrotreṇa śūnyaṃ a-kūṭa-sthā-vināśi-tām upādāya. tat kasya hetoḥ. prakṛtir asyaiṣā, [and so on with the other indriyas]. iyam ucyate adhyātma-śūnya-tā.

『光讃経』 復次須菩提。菩薩摩訶薩摩訶衍者。①諸内為空。②外亦為空。③内外悉空。④空亦復空。⑤空号大空。⑥真妙之空。⑦清浄之空。⑧有為空・⑨無為空。⑩自然相空。⑪一切法空。⑫無所得空。⑬無有空而⑭自為空。⑮而有所見無所有空。彼何謂為「①**内空**」。謂：内法者。眼耳鼻舌身意。彼所謂：眼眼所見者則亦為空。不可毀傷不可壊起。所以者何。本浄故也。其耳耳所聴者則亦為空。不可毀傷不可壊起。所以者何。本浄故也。其鼻鼻所嗅者則亦為空。不可毀傷不可壊起。所以者何。本浄故也。其舌舌所嘗味者則亦為空。不可毀傷不可壊起。所以者何。本浄故也。其身身所受者亦復為空。不可毀傷不可壊起。所以者何。本浄故也。其心心所念者亦復為空。不可毀傷不可壊起。所以者何。本浄故也。是謂「内空」。

『放光般若経』 又須菩提。復有摩訶衍。内空・外空乃至有無空是也。何等為①**内空**。内法是。謂：眼耳鼻舌身意。眼本空。不著垢亦不壊。何以故。本性爾。耳耳本空。鼻鼻本空。舌舌本空。身身本空。意意本空。亦不著垢亦不壊。何以故。本性爾。是為内空。

『大品般若経』 復次須菩提。菩薩摩訶薩復有摩訶衍。所謂。①内空。②外空。③内外空。④空空。⑤大空。⑥第一義空。⑦有為空。⑧無為空。⑨畢竟空。⑩無始空。⑪散空。⑫性空。⑬自相空。⑭諸法空。⑮不可得空。⑯無法空。⑰有法空。⑱無法有法空。須菩提白仏言：何等為①**内空**。仏言：内法名「眼耳鼻舌身意」。眼眼空非常非滅故。何以故。性自爾。耳耳空・鼻鼻空・舌舌空・身身空・意意空。非常非滅故。何以故。性自爾。是名「内空」。

『大般若経』 復次善現。菩薩摩訶薩大乗相者。謂：①内空・②外空・③内外空・④空空・⑤大空・⑥勝義空・⑦有為空・⑧無為空・⑨畢竟空・⑩無際空・⑪散無散空・⑫本性空・⑬自共相空・⑭一切法空・⑮不可得空・⑯無性空・⑰自性空・⑱無性自性空。云何①**内空**。内謂：内法。即是眼耳鼻舌身意。当知此中眼由眼空非常非壊。乃至意由意空非常非壊。何以故。本性爾故。善現。是為内空。

② bahirdhā-śūnya-tā（外的なもの［＝六外処］の空性）

それらのうち，②〈**外的なものの空性**（bahirdhā-śūnya-tā)〉とは何か。およそ外的な諸存在素（bahirdhā dharmās)，すなわち，色・音声・味・可触物・諸存在素（法）なるもの，それらのうち，色は色の空なるものである（rūpaṃ rūpeṇa śūnyam)。耐久物として存続せず，消滅しないものであるという点に因んで，である。それはなぜか。これにとってそれが本性だからである。……以上が〈外的なものの空性〉であると説かれる。

サンスクリットテキスト及び諸漢訳

Pañca tatra katamā ② **bahirdhā-śūnya-tā**. ye bahirdhā dharmās tad yathā rūpa-śabda-gandha-rasa-spraṣṭavya-dharmāḥ. tatra rūpaṃ rūpeṇa śūnyam a-kūṭa-sthā-vināśi-tām upādāya. tat kasya hetoḥ. prakṛtir asyaiṣā, [and so on with the other āyatanas]. iyam ucyate bahirdhā-śūnya-tā.

『光讃経』 彼何謂「②**外空**」。外所云法色声香味細滑念也。其色色者亦復為空。不可毀傷不可壊起。所以者何。本浄故也。是色声香味細滑法空。不可毀傷不可壊起。所以者何。本浄故也。

『放光般若経』 何等為②**外空**。謂：色声香味細滑法。色本空。亦不著垢亦不壊。何以故。色本性爾。声香味細滑法皆爾。何以故。本性空故。是為外空。

『大品般若経』 何等為②**外空**。外法名「色声香味触法」。色色空。非常非滅故。何以故。性自爾。声声空・香香空・味味空・触触空・法法空。非常非滅故。何以故。性自爾。是名「外空」。

『大般若経』 云何②**外空**。外謂：外法。即是色声香味触法。当知此中色由色空非常非壊。乃至法由法空非常非壊。何以故。本性爾故。善現。是為外空。

③ adhyātma-bahirdhā-śūnya-tā（内的なもの・外的なものの空性［＝六内処における六外処の空性および六外処における六内処の空性］）

それらのうち，③〈**内的なもの・外的なものの空性**（adhyātma-bahirdhā-śūnya-tā)〉とは何か。③六箇の内的な諸部門（六内処 ṣaḍ-ādhyātmikāny āyatanāni)，六箇の外的な諸部門（六外処 ṣaḍ-bāhyāny āyatanāni）がある。以上が〈内的なもの・外的なものの空性〉（？）と呼ばれる。

それらのうち，③-a 内的な諸存在素は③-b 外的な諸存在素の空なるものであるというのは何か。③-a 眼・耳・鼻・舌・身体・思考という内的なものが③-b 色・音声・味・可触物・諸存在素の空なるものであるということである。耐久物として存続せず，消滅しないものであるという点に因んで，である。それはなぜか。これらにとってそれが本性だからである。それらのうち，③-b 外的な諸存在素は③-a 内的な諸存在素の空なるものであるとは何か。③-b 色・音声・味・可触物・諸存在素が③-a 眼・耳・鼻・舌・身体・思考の空なるものであるということである。耐久物として存続せず，消滅しないものであるという点に因んで，である。それはなぜか。これらにとってそれが本性だからである。以上が〈内的・外的なものの空性〉であると説かれる。

サンスクリットテキスト及び諸漢訳

Pañca tatra katamā ③ **adhyātma-bahirdhā-śūnya-tā**. ṣaḍ-ādhyātmikāny āyatanāni ṣaḍ-bāhyāny āyatanāni. iyam ucyate adhyātma-bahirdhā-śūnya-tā.

tatra katamā ③-a ādhyātmikā dharmā ③-b bahirdhā-dharmaiḥ śūnyāś cakṣuḥ-śrotra-ghrāṇa-jihvā-kāya-manāṃsi ādhyātmikāni rūpa-śabda-gandha-rasa-sparśa-dharmaiḥ śūnyāni a-kūṭa-sthā-vināśi-tām upādāya. tat kasya hetoḥ. prakṛtir eṣām eṣā. tatra katame ③-b bahirdhā dharmā ③-a ādhyātmikaiḥ dharmaiḥ śūnyāḥ. rūpa-śabda-gandha-rasa-sparśa-dharmāś cakṣuḥ-śrotra-ghrāṇa-jihvā-kāya-manobhiḥ śūnyā a-kūṭa-sthā-vināśi-tām upādāya. tat kasya hetoḥ. prakṛtir eṣām eṣā. iyam ucyate adhyātma-bahirdhā-śūnya-tā.

『光讃経』 彼何謂「③**内外法空**」。内六入外六入。是為内外法空。彼何謂「外法空」。不可毀傷不可壊起。所以者何。本浄故也。是内法外法則悉空故。故不可毀傷不可壊起。所以者何。本浄故也。是為内外法空。

『放光般若経』 何等為③**内外空**。内六衰・外六衰。是為内外法。以外法故内法空。以内法故外法空。亦不著亦不壊。何以故。本性爾。是為内外空。

『大品般若経』 何等為③**内外空**。内外法名「内六入・外六入」。内法内法空。非常非滅故。何以故。性自爾。外法外法空。非常非滅故。何以故。性自爾。是名「内外空」。

『大般若経』 云何③**内外空**。内外謂：内外法。即内六処及外六処。当知此中内法由外法空非常非壊。外法由内法空非常非壊。何以故。本性爾故。善現。是為内外空。

④ śūnya-tā-śūnya-tā（空性の空性）

それらのうち，④〈**空性の空性**（śūnya-tā-śūnya-tā）〉とは何か。一切の諸存在素にとっての〈空性〉なるものはかかる〈空性〉の空なるものである（yā sarva-dharmāṇāṃ śūnya-tā tayā śūnya-tayā śūnyā）。耐久物として存続せず，消滅しないものであるという点に因んで，である。それはなぜか。

これにとってそれが本性だからである。以上が〈空性の空性〉であると説かれる。

サンスクリットテキスト及び諸漢訳

Pañca tatra katamā ④ **śūnya-tā-śūnya-tā.** yā sarva-dharmāṇāṃ śūnya-tā tayā śūnya-tayā śūnyā a-kūṭa-sthā-vināśi-tām upādāya. tat kasya hetoḥ. prakṛtir asyaiṣā. iyam ucyate śūnya-tā-śūnya-tā.

『光讃経』 彼何謂「④**空亦空**」。謂：一切法空諸法空亦此空空。是謂「空空」。

『放光般若経』 何等為④**空空**。諸法之空持諸法空空於空。是為空空。

『大品般若経』 何等為④**空空**。一切法空是空亦空。非常非滅故。何以故。性自爾。是名「空空」。

『大般若経』 云何④**空空**。空謂：一切法空。此空復由空空非常非壊。何以故。本性爾故。善現。是謂「空空」。

⑤ mahā-śūnya-tā（広大なるもの［＝十方向］の空性）

それらのうち，(5)〈**広大なるものの空性**(mahā-śūnya-tā)〉とは何か。東方は東方の空なるものであり，同様に，南，西……下方は下方の空なるものである。耐久物として存続せず，消滅しないものであるという点に因んで，である。それはなぜか。これにとってそれが本性だからである。以上が〈広大なるものの空性〉であると説かれる。

サンスクリットテキスト及び諸漢訳

Pañca tatra katamā ⑤ **mahā-śūnya-tā**. pūrvā dik pūrvayā diśā śūnyā evaṃ dakṣiṇā paścimā［yāvat］ūrdhvā dik ūrdhvayā diśā śūnyā a-kūṭa-sthā-vināśi-tām upādāya. tat kasya hetoḥ. prakṛtir asyaiṣā. iyam ucyate mahā-śūnya-tā.

『光讃経』 彼何謂為「⑤**大空**」。所謂：東方亦空。南方西方北方東南西南西北東北方上方下方。皆亦悉空。不可毀傷不可壊起。所以者何。本浄故也。

『放光般若経』 何等為⑤**大空**。八方上下皆空是為大空。

『大品般若経』 何等為⑤**大空**。東方東方相空。非常非滅故。何以故。性自爾。南西北方四維上下。南西北方四維上下空。非常非滅故。何以故。性自爾。是名「大空」。

『大般若経』 云何⑤**大空**。大為十方。即東西南北四維上下。当知此中東方由東方空非常非壊。乃至下方由下方空非常非壊。何以故。本住爾故。善現。是為大空。

⑥ paramārtha-śūnya-tā（最高の意味［＝涅槃］の空性）

それらのうち，⑥〈**最高の意味（勝義）の空性**（paramārtha-śūnya-tā）〉とは何か。涅槃（nirvāṇa）のことが「最高の意味」と呼ばれる。そして，それ（涅槃）は涅槃の空なるものである。耐久物として存続せず，消滅しないものであるという点に因んで，である。それはなぜか。これにとってそれが本性だからである。以上が〈最高の意味（勝義）の空性〉であると説かれる。

サンスクリットテキスト及び諸漢訳

Pañca tatra katamā ⑥ **paramārtha-śūnya-tā**. paramārtha ucyate nirvāṇam. tac ca nirvāṇena śūnyam a-kūṭa-sthā-vināśi-tām upādāya. tat kasya hetoḥ. prakṛtir asyaiṣā. iyam ucyate paramārtha-śūnya-tā.

『光讃経』 何謂「⑥**真妙空**」者。曰無為者也其無為者無為亦空。不可毀傷不可壊起。所以者何。本浄故也。是謂「真妙空」。

『放光般若経』 何等為⑥**最空**。泥洹是不著不壊是為最空。

『大品般若経』 何等為⑥**第一義空**。第一義名「涅槃」。涅槃涅槃空。非常非滅故。何以故。性自爾。是名「第一義空」。

『大般若経』 云何⑥**勝義空**。勝義謂「涅槃」。当知此中涅槃由涅槃空非常非壊。何以故。本性爾故。善現。是為勝義空。

⑦ saṃskṛta-śūnya-tā（造作物［三界］の空性）

それらのうち，⑦〈**造作物（有為）の空性**（saṃskṛta-śūnya-tā）〉とは何か。欲望の根源界（欲界）と物質の根源界（色界）と無物質性の根源界（無色界）とが「造作物」と呼ばれる。それらのうち，欲望の根源界は欲望の根源界の空なるものである。耐久物として存続せず，消滅しないものであるという点に因んで，である。それはなぜか。これにとってそれが本性だからである。物質の根源界は物質の根源界の空なるものである。耐久物として存続せず，消滅しないものであるという点に因んで，である。それはなぜか。これにとってそれが本性だからである。無物質性の根源界は無物質性の根源界の空なるものである。耐久物として存続せず，消滅しないものであるという点に因んで，である。それはなぜか。これにとってそれが本性だからである。以上が〈造作物の空性〉であると説かれる。

サンスクリットテキスト及び諸漢訳

Pañca tatra katamā ⑦ **saṃskṛta-śūnya-tā**. saṃskṛta ucyate kāma-dhātuḥ rūpa-dhātur ārūpya-dhātuś ca. tatra kāma-dhātuḥ kāma-dhātunā śūnyo 'kūṭa-sthā-vināśi-tām upādāya. tat kasya hetoḥ. prakṛtir asyaiṣā. rūpa-dhātuḥ rūpa-dhātunā śūnyo 'kūṭa-sthā-vināśi-tām upādāya. tat kasya hetoḥ. prakṛtir asyaiṣā. ārūpya-dhātur ārūpya-dhātunā śūnyo 'kūṭa-sthā-vināśi-tām upādāya. tat kasya hetoḥ. prakṛtir asyaiṣā. iyam ucyate saṃskṛta-śūnya-tā.

『光讃経』 彼何謂「⑦**所有空**」。所有空者。謂：欲界・色界・無色界空。不可毀傷不可壊起。所以者何。本浄故也。

『放光般若経』 何等為⑦**有為空**。従不著不壊本至三界空。是為有為空。

『大品般若経』 何等為⑦**有為空**。有為法名「欲界・色界・無色界」。欲界欲界空。色界色界空。無色界無色界空。非常非滅故。何以故。性自爾。是名「有為空」。

『大般若経』 云何⑦**有為空**。有為謂「欲界・色界・無色界」。当知此中欲界由欲界空非常非壊。色無色界由色無色界空非常非壊。何以故。本性爾故。善現。是為有為空。

⑧ a-saṃskṛta-śūnya-tā（非造作物の空性）

それらのうち，⑧〈**非造作物（無為）の空性**（a-saṃskṛta-śūnya-tā)〉とは何か。生起することもなく，消滅することもなく，持続することもなく，変化することもないものが「非造作物」と呼ばれる。これが非造作物であると説かれる。非造作物は非造作物の空なるものである。耐久物として存続せず，消滅しないものであるという点に因んで，である。それはなぜか。これにとってそれが本性だからである。以上が〈非造作物の空性〉であると説かれる。

サンスクリットテキスト及び諸漢訳

Pañca tatra katamā ⑧ **a-saṃskṛta-śūnya-tā**. a-saṃskṛta ucyate yasya notpādo na nirodho na sthitr nānyathā-tvam. idam ucyate a-saṃskṛtam. a-saṃskṛtam a-saṃskṛtena śūnyaṃ a-kūṭa- sthā-vināśi-tām upādāya. tat kasya hetoḥ. prakṛtir asyaiṣā. iyam ucyate a-saṃskṛta-śūnya-tā.

『光讃経』 彼何謂「⑧**無為空**」。所謂：無為空者。不起不滅亦不自在。亦無所住存在真諦。是為無為空。彼所謂：無為空。其無為空者。不可毀傷不可壊起。所以者何。本浄故也。

『放光般若経』 何等為⑧**無為空**。不生不滅住於不異。従不著不壊皆空。何以故。本空故。是為無為空。

『大品般若経』　何等為⑧**無為空**。無為法名「若無生相・無住相・無滅相」。無為法無為法空。非常非滅故。何以故。性自爾。是為無為空。

『大般若経』　云何⑧**無為空**。無為謂「無生・無滅・無住・無異」。当知此中無為由無為空非常非壊。何以故。本性爾故。善現。是為無為空。

※　『大般若』と現行梵文では「無為」が有為の四相の非存在として定義されるが,『放光般若』や『大品般若』では有為の三相の非存在が言及されるだけである。

⑨ atyanta-śūnya-tā（究極的なものの空性）

それらのうち，⑨〈**究極的なもの（畢竟）の空性**（atyanta-śūnya-tā)〉とは何か。それにとっての限界（anta）が認知されないもの，そういう究極的なもの（atyanta）は究極的なものの空なるものである。耐久物として存続せず，消滅しないものであるという点に因んで，である。それはなぜか。これにとってそれが本性だからである。以上が〈究極的なものの空性〉であると説かれる。

サンスクリットテキスト及び諸漢訳――――――――――――――

Pañca　tatra katamā ⑨ **atyanta-śūnya-tā**. yasya anto nopalabhyate tad atyantam atyantena śūnyam a-kūṭa-sthā-vināśi-tām upādāya. tat kasya hetoḥ. prakṛtir asyaiṣā. iyam ucyate atyanta-śūnya-tā.

『光讃経』　彼何謂「⑨**究竟空**」。究竟空者。謂：不可得崖際。所以者何。本浄故也。是謂「究竟空」。

『放光般若経』　何等為⑨**至竟空**。所可不得辺際者是為至竟空。

『大品般若経』　何等為⑨**畢竟空**。畢竟名「諸法畢竟不可得」。非常非滅故。何以故。性自爾。是名「畢竟空」。

『大般若経』　云何⑨**畢竟空**。畢竟謂：若法究竟不可得。当知此中畢竟由畢竟空非常非壊。何以故。本性爾故。善現。是為畢竟空。

⑩ an-avarāgra-śūnya-tā（終始なきものの空性）

それらのうち,⑩〈**終始（or 後先）なきものの空性**（an-avarāgra-śūnya-tā)〉とは何か。或るものにとって終わりも始めも決して認知されないならば,それには中間も存在しない。そして，或るものにとって初めも中間も終わりも認知されないならば，それには来ることもなく，去ることもない。始点・中間点・終点も始点・中間点・終点の空なるものである。耐久物として存続せず，消滅しないものであるという点に因んで，である。それはなぜか。これらにとってそれが本性だからである。以上が〈終始なきものの空性〉であると説かれる。

サンスクリットテキスト及び諸漢訳

Pañca tatra katamā ⑩ **an-avarāgra-śūnya-tā**. yasya naivāgraṃ nāvaram upalabhyate. tasya madhyā-bhāvaḥ. yasya ca nādir na madhyaṃ nāvaram upalabhyate tasya nāgatir na gatiḥ. ādi-madhyāvasānāny api ādi-madhyāvasānaiḥ śūnyāny a-kūṭa-sthā-vināśi-tām upādāya. tat kasya hetoḥ. prakṛtir eṣām eṣā. iyam ucyate an-avarāgra-śūnya-tā.

『光讃経』 彼何謂「⑩**広遠空**」。謂：不見来亦無所得。所以者何。本浄故也。是謂「広遠空」。

『放光般若経』 何等為⑩**不可得原空**。諸可来者不知所従来無有処故。是為無有原空。

『大品般若経』 何等為⑩**無始空**。若法初来処不可得。非常非滅故。何以故。性自爾。是名「無始空」。

『大般若経』 云何⑩**無際空**。無際謂：無初後際可得。当知此中無際由無際空非常非壊。何以故。本性爾故。善現。是為無際空。

⑪ an-avakāra-śūnya-tā（散失なきものの空性）

それらのうち，⑪〈**散失なきものの空性**（an-avakāra-śūnya-tā)）〉とは何か。およそ存在素には決して散失がない。「散失」というのは散失すること，棄捨すること，排棄することである。散失は散失の空なるものである。耐久物として存続せず，消滅しないものであるという点に因んで，である。それはなぜか。これにとってそれが本性だからである。以上が〈散失なきものの空性〉であると説かれる。

サンスクリットテキスト及び諸漢訳

Pañca tatra katamā ⑪ **an-avakāra-śūnya-tā**. yasya dharmasya na kaś cid avakāraḥ. avakāraṃ nāma a-vikiraṇaṃ（read：vikiraṇaṃ）choraṇam utsargaḥ. avakāro 'vakāreṇa śūnyo 'kūṭa-sthā-vināśi-tām upādāya. tat kasya hetoḥ. prakṛtir asyaiṣā. iyam ucyate an-avakāra-śūnya-tā.

『光讃経』 彼何謂「⑪**不分別空**」。彼無能捨法亦無所住。所以者何。本浄故也。是為不分別空。

『放光般若経』 何等為⑪**無作空**。於諸法無所棄。是為無作空。

『大品般若経』 何等為⑪**散空**。散名「諸法無滅」。非常非滅故。何以故。性自爾。是為散空。

『**大般若経**』 云何⑪**散無散空**。散謂：有放有棄有捨可得。無散謂：無放無棄無捨可得。当知此中散無散由散無散空非常非壊。何以故。本性爾故。善現。是為散無散空。

⑫ prakṛti-śūnya-tā（本性の空性）

それらのうち，⑫〈**本性の空性**（prakṛti-śūnya-tā)〉とは何か。およそ，諸造作物であれ，非造作物であれ，一切の諸存在素にとっての本性は聴聞者（声聞）たちによって造られたものではないし，一機縁による覚醒者（独覚）たちによって造られたものではないし，かく来れるお方・価値あるお方・正しき完全な覚醒者（如来応等正覚）たちによって造られたものではないし，損なわれることもない。本性は本性の空なるものである。耐久物として存続せず，消滅しないものであるという点に因んで，である。それはなぜか。これにとってそれが本性だからである。以上が〈本性の空性〉であると説かれる。

サンスクリットテキスト及び諸漢訳

Pañca tatra katamā ⑫ **prakṛti-śūnya-tā**. yā sarva-dharmāṇāṃ prakṛtiḥ saṃskṛtānāṃ vā a-saṃskṛtānāṃ vā na śrāvakaiḥ kṛtā na pratyeka-buddhaiḥ kṛtā na tathāgatair arhadbhiḥ samyak-saṃbuddhaiḥ kṛtā nāpakṛtā. prakṛtiḥ prakṛtyā śūnyā a-kūṭa-sthā-vināśi-tām upādāya. tat kasya hetoḥ. prakṛtir asyaiṣā. iyam ucyate prakṛti-śūnya-tā.

『**光讃経**』 彼何謂「⑫**本浄空**」。悉能解了一切諸法。悉為本浄。有為・無為。非声聞所作・非辟支仏所作。是謂「本浄空」。

『**放光般若経**』 何等為⑫**性空**。諸法所有性及有為無為性。非羅漢辟支仏諸仏世尊所不作。是為性空。

『**大品般若経**』 何等為⑫**性空**。一切法性。若有為法性若無為法性。是性非声聞辟支仏所作。非仏所作亦非余人所作。是性性空。非常非滅故。何以故。性自爾。是名「性空」。

『**大般若経**』 云何⑫**本性空**。本性謂：若有為法性若無為法性。如是一切皆非声聞・独覚・菩薩・如来所作。亦非余所作故名「本性」。当知此中本性由本性空非常非壊。何以故。本性爾故。善現。是為本性空。

⑬ sarva-dharma-śūnya-tā（一切の諸存在素の空性）

それらのうち，⑬〈**一切の諸存在素の空性**（sarva-dharma-śūnya-tā)〉とは何か。物質……思考との接触を条件とする感受・造作物たる諸存在素・非造作物たる諸存在素のことが「一切の諸存在素」と呼ばれる。これらが一切の諸存在素であると説かれる。それらのうち，諸存在素は諸存在素の空なるものである。耐久物として存続せず，消滅もしないという点に因んで，である。それはなぜか。これらにとってそれが本性だからである。以上が〈一切の諸存在素の空性〉であると説かれる。

サンスクリットテキスト及び諸漢訳

Pañca tatra katamā ⑬ **sarva-dharma-śūnya-tā**. sarva-dharmā ucyante rūpaṃ [etc., i.e., all the skandhas ; indriyas ; āyatanas ; vijñānas ; saṃsparśas ; saṃsparśapratyayavedanās up to] manaḥ-saṃsparśa-pratyaya-vedanā saṃskṛtā dharmā a-saṃskṛtā dharmāḥ. ima ucyante sarva-dharmāḥ. tatra dharmāḥ dharmaiḥ śūnyā a-kūṭa-sthā-vināśi-tām upādāya. tat kasya hetoḥ. prakṛtir eṣām eṣā. iyam ucyate sarva-dharma-śūnya-tā.

『光讃経』 彼何謂「⑬**一切法空**」。一切法者。謂：色痛痒思想生死識。眼耳鼻舌身意。色声香味細滑之法。眼色識耳声識鼻香識舌味識身細滑識意法識。眼所更耳鼻舌身意所更。痛痒之事。有為法・無為法。是謂為「一切法空」。諸法法空。無所毀傷不可壊起。所以者何。用本浄故。是謂「一切法空」。

『放光般若経』 何等為⑬**諸法空**。諸法者謂：五陰・十二衰・十八性・有為法・無為法。是為諸法。従不著不壊至諸法之性。是為諸法空。

『大品般若経』 何等為⑬**諸法空**。諸法名「色受想行識。眼耳鼻舌身意。色声香味触法。眼界色界眼識界。乃至意界法界意識界」。是諸法諸法空。非常非滅故。何以故。性自爾。是為諸法空。

『大般若経』 云何⑬**一切法空**。一切法謂：五蘊・十二処・十八界。有色・無色。有見・無見。有対・無対。有漏・無漏。有為・無為。是為一切法。当知此中一切法由一切法空非常非壊。何以故。本性爾故。善現。是為一切法空。

⑭ sva-lakṣaṇa-śūnya-tā（自己の特相の空性）

それらのうち，⑭〈**自己の特相（自相）の空性**（sva-lakṣaṇa-śūnya-tā)〉とは何か。物質は表出することを特相とする，感受は感知体験することを特相とする，想念は把捉することを特相とする，意志（行）は行使せんと意欲することを特相とする，識は識ることを特相とする云々と，およそ，造作物たる諸存在素にとっての特相・非特相，および，非造作物たる諸存在素にとっての特相・非特相は詳細に看なされるべきである。これら一切の諸存在素は自己の特相の空なるものである。耐久物として存続せず，消滅もしないという点に因んで，である。それはなぜか。これらにとってそれが本性だからである。以上が〈自己の特相の空性〉であると説かれる。

サンスクリットテキスト及び諸漢訳

Pañca tatra katamā ⑭ **sva-lakṣaṣa-śūnya-tā**. rūpaṇa-lakṣaṇaṃ rūpam. anubhava-lakṣaṇā vedanā. udgrahaṇa-lakṣaṇā saṃjñā. abhisaṃskāra-lakṣaṇāḥ saṃskārāḥ. vijānana-lakṣaṇaṃ vijñānaṃ vistareṇa kartavyaṃ yac ca saṃskṛtānāṃ dharmāṇāṃ lakṣaṇālakṣaṇaṃ yac cā-saṃskṛtānāṃ dharmāṇāṃ lakṣaṇālakṣaṇaṃ sarva ete dharmāḥ sva-lakṣaṇa-śūnyā（写本 A：sva-lakṣa*ṇena* śūnyā）a-kūṭa-sthā-vināśi-tām upādāya. tat kasya hetoḥ. prakṛtir eṣām eṣā. iyam ucyate sva-lakṣaṇa-śūnya-tā.

『光讃経』 彼何謂「⑭**自然相空**」。為色相故色無所有相。受痛痒思相造生死相。知生死識相。痛痒思想生死識。亦復如是。眼耳鼻舌身意。色声香味細滑法。及十八種一切所更。有為法相・無為法相。是一切法自然相空。

『放光般若経』 何等為⑭**自相空**。色相所受相。是所持相為想。所有相便有所覚相是為識。乃至有為無為相。従有為無為相至諸法皆悉空。是為自相空。

『大品般若経』 何等為⑭**自相空**。自相名「色壊相。受受相。想取相。行作相。識識相」。如是等有為・無為法各各自相空。非常非滅故。何以故。性自爾。是名「自相空」。

『大般若経』 云何⑭**自共相空**。自相謂：一切法自相。如変礙是色自相。領納是受自相。取像是想自相。造作是行自相。了別是識自相。如是等。若有為法自相。若無為法自相。是為自相。共相謂：一切法共相。如苦是有漏法共相。無常是有為法共相。空無我是一切法共相。如是等有無量共相。当知此中自共相由自共相空非常非壊。何以故。本性爾故。善現。是為自共相空。

⑮ an-upalambha-śūnya-tā（［三世法の］無認知という点での空性）

それらのうち，⑮〈**無認知（不可得）という点での空性**（an-upalambha-śūnya-tā)〉とは何か。およそ過去・未来・現在の諸存在素なるもの，それらは認知されない（nopalabhyante)。それはなぜか。過去において未来の諸［存在素］は認知されないし，未来においても過去の諸［存在素］は認知されないし，現在において過去・未来の諸［存在素］は認知されない。過去・未来においてもおよそ現在の諸［存在素］なるもの，それらにはかかる無認知がある。始源以来，清浄（ādi-viśuddhi）だからである。耐久物として存続せず，消滅もしないという点に因んで，である。

それはなぜか。これらにとってそれが本性だからである。以上が〈無認知の空性〉であると説かれる。

サンスクリットテキスト及び諸漢訳――――――――――――――――――

Pañca tatra katamā ⑮ **an-upalambha-śūnya-tā**. ye dharmā atītān-āgata-pratyutpannās te nopalabhyante. tat kasya hetoḥ. nātīte an-āgatā upalabhyante. nāpy an-āgate atītāḥ. na pratyutpanne 'tītān-āgatā upalabhyante. nāpy atītā an-āgate (read: atītān-āgate) yāḥ (read : ye) pratyutpannā eṣām iyam an-upalabdhir ādi-viśuddhi-tvāt a-kūṭa-sthā-vināśi-tām upādāya. tat kasya hetoḥ. prakṛtir eṣām eṣā. iyam ucyate an-upalambha-śūnya-tā.

『光讃経』 彼何謂「⑮**不可得無所有空**」。一切諸法亦不可得。無所毀害不可壊起。所以者何。本浄故也。是謂「不可得無所有空」。

『放光般若経』 何等為⑮**無所得空**。従無著無壊至無所得法。亦無所得。是為無所得空。

『大品般若経』 何等為⑮**不可得空**。求諸法不可得是不可得空。非常非滅故。何以故。性自爾。是名「不可得空」。

『大般若経』 云何⑮**不可得空**。不可得謂：此中求諸法不可得。当知此中不可得由不可得空非常非壊。何以故。本性爾故。善現。是為不可得空。

※　現行梵文で「認知されない（不可得）」とされるのは過未現の三世の法であるが，漢訳諸本では単に「諸法」「一切諸法」が言及され，「過未現」という時間的限定は付されていない。初訳『光讃経』「本浄故也」は現行梵文 ādhi-viśuddhi-tvāt の逐語訳のように見えるが，位置関係からいえば，prakṛtir eṣām eṣā の対応訳である。従って，ādhi-viśuddhi-tvāt という理由句は全漢訳本に対応訳がなく，現行梵文における後世の付加であることになる。

⑯ a-bhāva-sva-bhāva-śūnya-tā（非存在を自己本質とする空性）

それらのうち，⑯〈**非存在を自己本質とする（or 非存在なる自己本質の）空性**（a-bhāva-sva-bhāva-śūnya-tā)〉とは何か。連合提携する存在素には自己本質はない（nāsti sāṃyojikasya dharmasya sva-bhāvaḥ)。条件によって生起したもの（pratītya-samutpanna）だからである。連合（saṃyoga）は連合の空なるものである。耐久物として存続せず，消滅しないものであるという点に因んで，である。それはなぜか。これにとってそれが本性だからである。以上が〈非存在を自己本質とする空性〉であると説かれる。

サンスクリットテキスト及び諸漢訳――――――――――――――――――

Pañca tatra katamā ⑯ **a-bhāva-sva-bhāva-śūnya-tā**. nāsti sāṃyojikasya dharmasya sva-bhāvaḥ pratītya-samutpanna-tvāt. saṃyogaḥ saṃyogena śūnyaḥ a-kūṭa-sthā-vināśi-tām upādāya. tat kasya hetoḥ. prakṛtir asyaiṣā. iyam ucyate a-bhāva-sva-bhāva-śūnya-tā.

『光讃経』 彼何謂「⑯**無所有空**」。索所有形貌而不可得。是謂「無所有空」。彼何謂「⑰**自然空**」。無有合会為自然。是為自然空。彼何謂「⑱**其無所有自然空**」者。其自然者無有合会。是謂「其無所有自然空」也。

『放光般若経』 何等為⑯**無空**。於中無所見。是為無空。何等為⑰**有空**。諸法無有偶者。於諸合会中皆無有実。是為有空。何等為⑱**有無空**。於諸聚会中亦無有実。是為有無空。

『大品般若経』 何等為⑯**無法空**。若法無是亦空。非常非滅故。何以故。性自爾。是名「無法空」。何等為⑰**有法空**。有法名「諸法和合中有自性相」。是有法空。非常非滅故。何以故。性自爾。是名「有法空」。何等為⑱**無法有法空**。諸法中無法。諸法和合中有自性相。是無法有法空。非常非滅故。何以故。性自爾。是名「無法有法空」。

『大般若経』 云何⑯**無性空**。無性謂：此中無少性可得。当知此中無性由無性空非常非壊。何以故。本性爾故。善現。是為無性空。云何⑰**自性空**。自性謂：諸法能和合自性。当知此中自性由自性空非常非壊。何以故。本性爾故。善現。是為自性空。云何⑱**無性自性空**。無性自性謂：諸法無能和合者性。有所和合自性。当知此中無性自性由無性自性空非常非壊。何以故。本性爾故善現。是為無性自性空。

※　定義内容を照合していくと，現行梵文の⑯ a-bhāva-sva-bhāva-śūnya-tā は漢訳本の⑯・⑰・⑱の三種に対応することになる。三種の原語は『大般若経』の名称からはそれぞれ⑯ a-bhāva-śūnya-tā（無性空）・⑰ sva-bhāva-śūnya-tā（自性空）・⑱ a-bhāva-sva-bhāva-śūnya-tā（無性自性空）と推定できるが，これでは現行梵文リストの⑱ a-bhāva-śūnya-tā と⑲ sva-bhāva-śūnya-tā と名称が重複してしまう。現行梵文は〈二十二種〉分類のこのような不都合な重複部分を削除して，〈二十種〉に整理したのかもしれない。なお，梵文の pratītya-samutpanna-tvāt（縁生であるから）という理由句は全ての漢訳本に欠けており，『中論頌』などの影響下にかなり後世に付加されたものと断定しうる。

⑰ bhāva-śūnya-tā（存在物［＝五取蘊］の空性）

それらのうち，⑰〈**存在物の空性**（bhāva-śūnya-tā）〉とは何か。五箇の執着の基幹（五取蘊）のことが「存在物」と呼ばれる。そして，かかる存在物は存在物の空なるものである。耐久物として存続せず，消滅しないものであるという点に因んで，である。それはなぜか。これにとってそれが本性だからである。以上が〈存在物の空性〉であると説かれる。

サンスクリットテキスト及び諸漢訳――――――――――――――――

Pañca tatra katamā ⑰ **bhāva-śūnya-tā**. bhāva ucyate pañcopādāna-skandhāḥ. sa ca bhāvo bhāvena śūnyo 'kūṭa-sthā-vināśi-tām upādāya. tat kasya hetoḥ. prakṛtir asyaiṣā. iyam ucyate bhāva-śūnya-tā.

『光讃経』 復次須菩提。⑲其所有者所有空。⑳無所有者無所有空。㉑自然者自然空。㉒為他故者他故亦空。彼何謂「⑲**所有所有空**」。謂「五陰」也。彼五陰者所有所有空。是謂「所有所有空」。

『放光般若経』 復次須菩提。⑲有以有為空。⑳無以無為空。㉑異以異為空。⑲何等為有。有者謂：五陰性性以性為空是為有空。

『大品般若経』 復次須菩提。⑲法法相空。⑳無法無法相空。㉑自法自法相空。㉒他法他法相空。何等名「⑲**法法相空**」。法名「五蔭」。五蔭空是名「法法相空」。

『大般若経』 復次善現。⑲有性由有性空。⑳無性由無性空。㉑自性由自性空。㉒他性由他性空。云何⑲**有性由有性空**。有性謂「有為法」。此有性由有性空。

⑱ a-bhāva-śūnya-tā（非存在物［＝無為］の空性）

それらのうち，⑱〈**非存在物の空性**（a-bhāva-śūnya-tā)〉とは何か。非造作物（無為）のことが「非存在物」と呼ばれる。そして，かかる非造作物は非造作物の空なるものである。耐久物として存続せず，消滅しないものであるという点に因んで，である。それはなぜか。これにとってそれが本性だからである。以上が〈非存在物の空性〉であると説かれる。

サンスクリットテキスト及び諸漢訳――――――――――――――――

Pañca tatra katamā ⑱ **a-bhāva-śūnya-tā**. a-bhāva ucyate a-saṃskṛtam. tac cā-saṃskṛtam a-saṃskṛtena śūnyam a-kūṭa-sthā-vināśi-tām upādāya. tat kasya hetoḥ. prakṛtir asyaiṣā. iyam ucyate a-bhāva-śūnya-tā.

『光讃経』 何謂「⑳**無所有無所有空**」。謂「無為」也。彼無為者無為故空。是謂「無所有無所有空」。

『放光般若経』 ⑳何等為無。以無為空無所成無所成為空。

『大品般若経』 何等名「⑳**無法無法相空**」。無法名「無為法」。是名「無法無法空」。

『大般若経』 云何⑳**無性由無性空**。無性謂「無為法」。此無性由無性空。

⑲ sva-bhāva-śūnya-tā（自己本質［＝本性］の空性）

それらのうち，⑲〈**自己本質（自性）の空性**（sva-bhāva-śūnya-tā)〉とは何か。じつに，自己本質とは本性（prakṛti）であり，錯倒していないこと（無錯倒性）である。およそ，それ（本性）にはそれ（本性）の〈空性〉がある（tasyā yā tayā śūnya-tā）。耐久物として存続せず，消滅しないものであるという点に因んで，である。それ（本性）は智や見解によって造られることはない。それはなぜか。これにとってそれが本性だからである。以上が〈自己本質の空性〉であると説かれる。

サンスクリットテキスト及び諸漢訳

Pañca tatra katamā ⑲ **sva-bhāva-śūnya-tā**. sva-bhāvo hi prakṛtir a-viparīta-tā tasyā yā tayā śūnya-tā a-kūṭa-sthā-vināśi-tām upādāya. na sā jñānena darśanena ca kṛtā. tat kasya hetoḥ. prakṛtir asyaiṣā. iyam ucyate sva-bhāva-śūnya-tā.

『光讃経』 何謂「㉑**自然自然空**」。其為空者。則無有相亦無所作亦無所見。是謂「自然空」。

『放光般若経』 ㉑空者亦非知可作亦非見可作。

『大品般若経』 何等名「㉑**自法自法空**」。諸法自法空。是空非知作非見作。是名「自法自法空」。

『大般若経』 云何㉑**自性由自性空**。謂：一切法皆自性空。此空非智所作。非見所作。亦非余所作。是謂「自性由自性空」。

⑳ para-bhāva-śūnya-tā（他者による本質［＝法性等］の空性）

それらのうち，⑳〈**他者による本質（or 最高本質）の空性**（para-bhāva-śūnya-tā）〉とは何か。およそ，かく来れるお方（如来）たちが生起するにせよ，生起しないにせよ，諸存在素にとって確定したものにほかならない（sthitaiva）この存在素性（法性 dharma-tā）・存在素の持続性（法住 dharma-sthiti-tā）……実在の極限（実際 bhūta-koṭi）なるもの，およそ，それ（存在素性）にはそれ（存在素性）の〈空性〉がある。耐久物として存続せず，消滅しないものであるという点に因んで，である。それ（存在素性）は他者によって造られることはない（na sā pareṇa kṛtā）。それはなぜか。これにとってそれが本性だからである。以上が〈他者による本質の空性〉であると説かれる。

以上が，スブーティよ，ボーディサットヴァ・マハーサットヴァにとっての偉大なる乗道であると説かれる。［以上，智の資糧］

サンスクリットテキスト及び諸漢訳

Pañca　tatra katamā ⑳ **para-bhāva-śūnya-tā**. yā utpādād vā tathāgatānām an-utpādād vā sthitaivaiṣā dharmāṇāṃ dharma-tā dharma-sthiti-tā [yāvat] bhūta-koṭis tasyā yā tayā śūnya- tā. a-kūṭa-sthā-vināśi-tām upādāya. na sā pareṇa kṛtā. tat kasya hetoḥ. prakṛtir asyaiṣā. iyam ucyate para-bhāva-śūnya-tā. idam ucyate subhūte bodhi-sattvasya mahā-sattvasya mahā-yānam. [iti jñāna-sambhāraḥ.]

『光讃経』　彼何謂為「㉒**他故空**」。仮使怛薩阿竭興出現者。若怛薩阿竭不興出現。其法常住。其法界亦寂滅故無本。無本斯則本際。其於此者為他空。是謂為「他故空」。是謂：須菩提菩薩摩訶薩摩訶衍也。

『放光般若経』　何等為㉒**余事空**。有仏無仏法性法寂如。及爾真際住如故。以是異空是為余事空。須菩提。是為菩薩摩訶薩摩訶衍。

『大品般若経』　何等名「㉒**他法他法空**」。若仏出若仏未出。法住法相法位法性如実際。過此諸法空。是名「他法他法空」。是名「菩薩摩訶薩摩訶衍」。

『大般若経』　云何㉒**他性由他性空**。謂：一切法若仏出世。若不出世。法住・法定・法性・法界・法平等性・法離生性・真如・不虚妄性・不変異性・実際。皆由他性故空。是謂「他性由他性故空」。善現当知。是為菩薩摩訶薩大乗相。(77)

※　以上のように，梵文『二万五千頌般若』第 1 章での〈空性〉分類が〈二十種〉であるのに対して，漢訳諸本では〈二十二種〉になっており，配当にずれがある。『光讃経』・『大品般若経』・『大般若経』では最初〈十八種〉がリストアップされる。その第十八番目が定義されたあとで，〈四種〉のリストが追加されて（これで合計二十二種となる），残りの〈四種〉が順次定義されていく。しかし，漢訳〈二十二種〉と現行梵文〈二十種〉とを定義内容で照合すれば，現行梵文の十六番目（a-bhāva-sva-bhāva-śūnya-tā）が漢訳で三つに細分されていたことになる。

『二万五千頌般若』第 1 章の〈二十種空性〉分類のうち，以下の五種の名称：

① adhyātma-śūnya-tā　内空

② bahirdhā-śūnya-tā　外空

③ adhyātma-bahirdhā-śūnya-tā　内外法空／内外空

④ śūnya-tā-śūnya-tā　空亦空／空空

⑥ paramārtha-śūnya-tā　真妙空／最空／第一義空／勝義空

は有部『施設論』・『婆沙論』と法蔵部『舎利弗論』の分類リストに共通する。とりわけ，『二万五千頌般若』の⑥〈勝義空性〉の「勝義」が「涅槃」を意味する点は『舎利弗論』の定義と一致する。別の五種：

⑦ saṃskṛta-śūnya-tā　所有空／有為空

⑧ a-saṃskṛta-śūnya-tā　無為空

⑩ an-avarāgra-śūnya-tā　広遠空／不可得原空／無始空／無際空

⑪ an-avakāra-śūnya-tā　不分別空／無作空／散空／散無散空

⑫ prakṛti-śūnya-tā　本浄空／性空／本性空

は有部『施設論』・『婆沙論』に所在し，次の一種の名称：

⑤ mahā-śūnya-tā　大空

は法蔵部『舎利弗論』に既出するけれども，『舎利弗論』の〈大空性〉の「大」が「一切法」を意味するのに対して，『二万五千頌般若』の〈大空性〉の「大」が意味するのは「東西南北四維上下の十方向」であり，「大」の定義内容が異なる。『舎利弗論』の〈大空性〉の主題となる「一切法の空」については『二万五千頌般若』は文字通り⑬〈一切法空性〉を別に立項して取り扱う。このように，『二万五千頌般若』〈二十種空性〉分類のうち，合計十一種の名称が有部『施設論』・『婆沙論』や法蔵部『舎利弗論』の各〈空性〉分類リスト内に対応を見出せるが，主題項目の内容には微妙な違いがあったりする。有部以外の大多数の部派のアビダルマ論書が現存しないため，『二万五千頌般若』〈二十種空性〉分類の源泉を一義的に決定することはできない。残る九種（『二万五千頌般若』〈二十種〉分類と諸漢訳〈二十二種〉分類との対応関係は梵文の⑯からずれ始めるので，漢訳のずれている番号もあえて付加する）：

⑨ atyanta-śūnya-tā　究竟空／至竟空／畢竟空

⑬ sarva-dharma-śūnya-tā　一切法空

⑭ sva-lakṣaṇa-śūnya-tā　自然相空／自相空／自共相空

⑮ an-upalambha-śūnya-tā　不可得無所有空／無所得空／不可得空

⑯ a-bhāva-sva-bhāva-śūnya-tā　⑯無所有空／無空／無法空／無性空・⑰自然空／有空／有法空／自性空・⑱其無所有自然空／有無空／無法有法空／無性自性空

⑰ bhāva-śūnya-tā　⑲有法空／自性空（有性空？）

⑱ a-bhāva-śūnya-tā　⑳無法有法空／無性自性空

⑲ sva-bhāva-śūnya-tā　㉑自法自法空／自性由自性空

⑳ para-bhāva-śūnya-tā　㉒他法他法空／他性由他性空

が大乗独自の項目であることになる[(78)]。しかし，その独自性は名目上のことに過ぎず，この九種の〈空性〉の定義を確認すれば，有部の〈十種空性〉リストに由来する〈空性〉項目と名前が違うだけで内容は一致し，重複しているものがある。⑱〈非存在の空性〉の定義によれば，ここにいう「非存在(a-bhāva)」は「無為（a-saṃskṛta)」法を指す。しかし，⑧〈無為の空性〉であれば，前出のリストにすでにカウントされている。⑲〈自性の空性〉の定義において「自性（sva-bhāva)」は端的に「本性（prakṛti)」と言い換えられるので，実質的に⑲〈自性の空性〉は既出の⑫〈本性の空性〉とまったく同じものである。にも拘わらず，これらをわざわざ別立しなければならない理由がよくわからない。『二万五千頌般若』の〈二十種空性〉リストには明らかに誤魔化し・欺瞞がある。

もっとよくわからないのは，〈二十種空性〉の各定義内に共通の理由句として挿入された「耐久物として存続せず，消滅しないものであるという点に因んで（a-kūṭa-sthā-vināśi-tām upādāya)，である。それはなぜか（tat kasya hetoḥ)。これにとってそれが本性だからである（prakṛtir asyaiṣā)」という定型文である。「①眼は眼の空なるものである」・「④一切諸法にとっての〈空性〉は〈空性〉の空なるものである」等々の主張命題がどうして「耐久物として存続せず，消滅しないものであるという点に因んで」という理由命題によって根拠付けられることになるのだろうか。この理由命題の省略されている主語は「眼」・「一切諸法にとっての〈空性〉」等々と推測されるが，それらが「耐久物として存続せず，消滅もしない」という前提から，それらがそれらの「空なるものである」という結論がどうして帰着するのかは不明というほかない。

その理由句は「これにとってそれが本性だからである」という理由句によってさらに根拠付けられているが，論理的関係はむしろ逆ではないかと思える。「これ（眼・〈空性〉等々）にとってそれ（眼・〈空性〉等々の空なるものであること）が本性（prakṛtir）だからである」こそが「①眼は眼の空なるものである」・「④一切諸法にとっての〈空性〉は〈空性〉の空なるものである」

等々の主張に対する直接的な理由句であり，「耐久物として存続せず，消滅しないものであるという点に因んで」はむしろ「本性」という術語に対する補足的説明語のように思える。そして，「耐久物として存続せず，消滅もしない」と規定される「本性」という術語は〈二十種の空性（śūnya-tā）〉すべてに付される「性（-tā）」という「抽象化の接尾辞（bhāva-pratyaya）」を説明するために置かれているのであろう（bhāva-pratyaya の意味をめぐる文法学派の議論については小川英世［1986］を参看のこと）。

「耐久物として存続せず，消滅しないものであるという点に因んで」という語句は『二万五千頌般若』第 2 章に再登場するけれども，〈空性〉ではなく，〈般若波羅蜜多〉を主題とする言明に対する理由句として使用されている。

> saṃsāra-vimokṣā Bhaga-van prajñā-pārami-tā. a-kūṭa-sthā-vināśi-tām upādāya.（*Pañca* II. Kimura［1986］, p.143, 2 ～ 3）(79)
>
> 幸福に満ちたお方（世尊）よ，〈智慧の究極性〉は輪廻からの解脱［をもたらすもの］なのです。耐久物として存続せず，消滅しないものであるという点に因んで（a-kūṭa-sthā-vināśi-tām upādāya），です。（『二万五千頌般若』第 2 章）(80)

〈般若波羅蜜多〉が「輪廻」と対極の次元にあることの理由として「耐久物として存続せず，消滅しないものであるという点に因んで」があげられている。理由句の省略された主語は「〈般若波羅蜜多〉」である。わたしにはその理由句の合理的解釈を現時点ではなしえず，今後の課題としてなおも猶予を頂戴したいけれども，少なくとも，その理由句が『八千頌般若』の原初形態には確認できず，『二万五千頌般若』の原初形態に初出し，しかも〈空性〉や〈般若波羅蜜多〉に適用されるという事実から考えて，『二万五千頌般若』が独自に意図し設定する大乗的真理概念の性格を描写するものなのではないかと想像しておく。

最後に，『二万五千頌般若』〈二十種空性〉分類の各定義に見られるナーガールジュナ『中論頌』との共通性と相違性についてそれぞれ一点づつ触れて，本節を閉じたい。

⑲〈終始（or 後先）なきものの空性〉（an-avarāgra-śūnya-tā）の定義文に，

yasya naivāgraṃ nāvaram upalabhyate. tasya madhyā-bhāvaḥ.（およそ或るものにとって終わりも始めも決して認知されないならば，それには中間も存在しない。）

とあるが，これを反語で言い換えたのが『中論頌』第11「前後の極致の考察」章第2偈ab句（三枝充悳［1984b］，p.339, 4）：

naivāgraṃ nāvaram yasya tasya madhyaṃ kuto bhavet（*MMK* XI k.2ab）

およそ或るものにとって決して終わりもなく，始めもないならば，そのものにどうして中間があろうか。(81)

であろう。『中論頌』が『二万五千頌般若』に依拠する数少ない確実な一例として記憶されるべきであろう。

⑳〈他者による本質（or 最高本質）の空性〉（para-bhāva-śūnya-tā）におけるpara-bhāvaはその定義文：

yā utpādād vā tathāgatānām an-utpādād vā sthitaivaiṣā dharmāṇāṃ dharma-tā dharma-sthiti-tā［yāvat］bhūta-koṭis......na sā pareṇa kṛtā.

およそ，如来たちが生起するにせよ，生起しないにせよ，諸法にとって確定したものにほかならない法性・法住……実際なるもの，……それ（法性）は他者によって造られることはない。

から見る限り，「法性」等の真理概念そのものを表すようなので，「最高本質／最高存在」とでも訳しうるし，また，「法性が他者によって造られることはない」という意味をその〈空性〉が担うとすれば，「他者によって造られる本質」の否定としての〈空性〉という解釈も成り立つ。いずれにしても，『二万五千頌般若』のpara-bhāvaはsva-bhāva（自己本質）とは対称関係にはなく，非対称である。しかし，『中論頌』第15「自己本質の考察」章第3偈ではpara-bhāvaは単純にsva-bhāvaと対称関係にある対概念である（三枝充悳［1984b］p.403, 3 ～ 4）。

kutaḥ sva-bhāvasyā-bhāve para-bhāvo bhaviṣyati / sva-bhāvaḥ para-bhāvasya para-bhāvo hi kathyate //（*MMK* XV k.3）

自己本質が非存在であるとき，どうして他者本質があろうか。なにしろ，他の存在物にとっての自己本質が「他者本質」であると語られるのだから。[82]

『二万五千頌般若』〈二十種空性〉分類の定義文には他にも『中論頌』と対比すべき記述があると思われるが，これ以上の探索は好奇心と熱意に溢れた読者諸氏にお任せしたい。

註

(1) 村上真完氏は“rūpaṃ śūnyam”という読みを是とする松本史朗氏の見解を批判し，『二万五千頌般若』の観点から『大本・心経』ネパール写本中の「śūnyaṃ とするのは誤写と考えられる」と断じ，不空音訳の敦煌本もやはり「誤写」であり，金蔵本「に従うべき」であると警告する（村上真完［1992a］，註 18，pp.107 ～ 108）。今西順吉氏は『十万頌般若』・『二万五千頌般若』の対応梵文の文脈を検討した上でご自身の所見をこう書き添えておられる：「〈般若心経〉の少なからざる写本に rūpaṃ śūnyam とあっても，般若経の思想的立場からするとこれは適当ではなく，やはり rūpaṃ śūnyatā でなければならないことが明らかとなった」（今西［2000］，p.40）と。両氏のご見解にわたしも同感の意を表したい。

(2) なお，阿理生氏はごく最近の論文で，チベット訳『一万八千頌般若』第 3 章の〈色即是空〉段の対応文は“*śūnya-tāyā* ***na pṛthag*** *rūpam*”と還梵されうるとし，本来『心経』と同文であったと推定する（阿理生［2009］，pp.179 ～ 180）。まことに貴重なご指摘で，本書でも氏の説に触れ，詳論したいところであるが，残念ながら，阿理生［2009］では掲載誌のスペースの都合でチベット訳原文が一切引用されていないなど，要旨のみの提示にとどまっている。このため，わたしにはまだ氏の説を十分に検証できておらず，本書の中にその成果を採り入れるのは断念せざるをえなかった。後学のためにも氏にはぜひ，スペースに余裕がある詳論での再提示をお願いしたいところである。

(3) ナティエ氏は第一段目は全ての漢訳『心経』に欠けているという（Nattier［1992］，p.203，note 12；ナティエ［2006］，p.66，註 12）。明らかな事実誤認であり，わたしは彼女の漢文資料の読解能力に信頼を置くことができない。

(4) 大本系の般若共利言訳［790 年］も玄奘訳と同じ二段構成（IIa/b）（Ia/b）で，訳文も逐語的に一致はしている。けれども，般若共利言訳が依拠した原典である般若訳『梵本心経』は三段構成であり，般若共利言訳は権威ある玄奘訳を踏襲したにすぎないと推定される。

(5) 支婁迦讖訳『道行般若経』巻第一「道行品」第一（『大正』vol.8，p.427a）
須菩提言：天中天。若有問者：「是幻為学。仏得作仏」。或作是問。当何以数之。仏言：我故自問。若随所報之。於須菩提意云何。幻与色有異無。幻与痛痒思想生死識有異無。須菩提報仏言：爾天中天。（IIb1）幻与色無異也。（Ia1）色是幻。（Ib1）幻是色。（IIb2−5）幻与痛痒思想生死識等無異。仏言：云何須菩提。所想等不随法従五陰字菩薩。

須菩提言：如是。天中天。菩薩学欲作仏為学幻耳。何以故。幻者当持此所有。当如持五陰幻如色色六衰五陰，如幻痛痒思想生死識作是語字六衰五陰。須菩提白仏言：若有新学菩薩。聞是語得無恐怖。仏言：設使新学菩薩。与悪師相得相随。或恐或怖。与善師相得相随。不恐不怖。

支謙訳『大明度経』巻第一「行品」第一（ibid., p.480b）
善業白言：如世尊言：「是為幻人学一切智。已学一切智乃出諸法」。如直言之当云何。仏言：吾因是以問汝所安便説〈師言所安便説如言旦説汝所知也〉対曰：甚善。仏言：云何幻与色異乎。不也世尊。幻与痛想行識為有異乎。不也世尊〈云何知想在此経者及行同此法者意処是経者盛陰已滅者持生死五陰成菩薩道者皆云何也〉（Ia1）色猶幻。（Ia2−5）痛想行識猶為幻。云何善業。明是中想知立行五陰而為菩薩。対曰：菩薩学如幻人。是中持如幻者即五陰。所以者何。如仏説識如幻〈善業説往者所聞仏語引以喩業也〉若此識六根亦然。何者意幻為三界耳。如三界即六根即五陰。秋露子言：菩薩聞是得無懈怠。仏言：設為悪友所制必持懈怠。若得善友終不懈也。〈若識如幻者六根亦復如幻意所幻化令有三界耳〉

曇摩蜱共竺仏念訳『摩訶般若鈔経』巻第一「道行品」第一（ibid., p.510a）
須菩提白仏：若有問者。天中天。「幻為学仏得作仏」。或時作是問当何以報之。仏語須菩提：我故問汝随所報之。於須菩提云何。幻与色為有異乎。幻与痛痒思想生死識有異乎。須菩提報仏言：（IIb1）無有異。幻与色天中天。無有異。（Ia1）色是幻，（Ib1）幻是色。（IIb2−5）幻与痛痒思想生死識等無有異。仏言：云何須菩提。所問等不随法。従五陰字菩薩。須菩提言：如是天中天。菩薩摩訶薩。学欲作仏為学幻耳。何以故。作幻者持陰色如幻無所有色。六衰五陰如幻。痛痒思想生死識皆空無所有。但有字六衰五陰耳。須菩提。須菩提白仏言：若新学菩薩摩訶薩。聞是語得無恐怖。仏語須菩提：設使新学菩薩摩訶薩。与悪師相得相随或恐或怖。設与善師相随不恐不怖。

羅什訳『小品般若経』巻第一「初品」第一（ibid., p.538b ～ c）
須菩提白仏言：世尊。若有問：「幻人学薩婆若当成就薩婆若不」。世尊。我当云何答；須菩提。我還問汝随意答。於意云何。幻異色，色異幻。幻異受想行識耶。須菩提言：（IIb1）幻不異色，（IIa1）色不異幻。（Ia1）幻即是色，（Ia1）色即是幻。（IIb2−5）幻不異受想行識。（IIa−5）識不異幻。（Ib−5）幻即是識，（Ia5）識即是幻。須菩提。於意云何。五受陰名為「菩薩」不。如是世尊。仏告須菩提：菩薩学阿耨多羅三藐三菩提。当如幻人学。何以故。当知五陰即是幻人。所以者何。説「色如幻」。説「受想行識如幻」。識是六情五陰。世尊。新発意菩薩聞是説者将無驚怖退没耶。仏告須菩提：若新発意菩薩随悪知識。則驚怖退没。若随善知識聞是説者。則無驚怖没退。

玄奘訳『大般若経』巻第五百三十八「第四分妙行品」第一之一（『大正』vol.7, p.766a）
爾時善現便白仏言：設有人来作如是問：「諸幻化者若有修学一切智智。彼能隣近一切智智及能速成辦一切智智不」。我得此問当云何答。仏告善現：我還問汝。随汝意答。於意云何。幻化与色為有異不。幻化与受想行識為有異不。善現答言：（IIb1）幻化不異色。（IIa1）色不異幻化。（Ib1）幻化即是色。（Ia1）色即是幻化。（IIb2−5）幻化不異受想行識。（IIa2−5）受想行識不異幻化。（Ib2−5）幻化即是受想行識。（IIa2−5）受想行識即是幻化。仏告善現：於意云何。五取蘊中起想等想。施設言説仮名菩薩摩訶薩不。善現対曰：如是世尊。仏告善現：諸菩薩摩訶薩求趣無上正等菩提。修学般若波羅蜜多。一切皆如幻化者学。何以故。幻化即是五取蘊故。所以者何。我説五蘊眼等六根皆如幻化都非実有。具寿善現復白仏言：若菩薩摩訶薩新学大乗。聞如是説其心将無驚怖退屈。仏告善現：若菩薩摩訶薩新学大乗。親近悪友聞如是説。心便驚怖則生退屈。若近善友雖聞此説。而不驚怖亦無退屈。

施護訳『仏母出生三法蔵般若経』巻第一「了知諸行相品」第一之一（『大正』vol.8, p.589b 〜 c）

是時尊者須菩提白仏言：世尊。若有幻人作是問言：「云何修学一切智。云何親近一切智。云何成就一切智」。彼若作是問我当云何答。仏言：須菩提。我今問汝随汝意答。須菩提言：善哉世尊。願楽欲聞。仏言：須菩提。於汝意云何。幻異於色・色異幻不。如是幻異受想行識。受想行識異於幻不。須菩提言：不也世尊。（IIb1）異幻非色，（IIa1）異色非幻。（Ib1）彼幻即色，（Ia1）彼色即幻。受想行識亦復如是。仏言：須菩提。於意云何。所有五取蘊是菩薩不。須菩提言：如是世尊。如是善逝。仏告須菩提：答由知五取蘊即是幻人。何以故。説色如幻受想行識亦如幻。彼色受想行識。即是六根五蘊。是故菩薩摩訶薩亦如幻。若欲修学般若波羅蜜多者。当如幻学即得阿耨多羅三藐三菩提須菩提白仏言：世尊。若有初住大乗菩薩。聞作是説得無驚怖耶。仏言：須菩提。彼初住大乗菩薩若随悪知識。即於是法聞已驚怖。而彼菩薩若随善知識。即聞是法不生驚怖。

Aṣṭa I［Sarvākāra-jña-tā-caryā］（Vaidya［1960］, pp.8, 23 〜 9, 14；Cf. 鈴木広隆［1990］, p.150）

atha khalv āyuṣ-mān Subhūtir Bhaga-vantam etad avocat —— yo Bhaga-van evaṃ paripṛcchet —— kim ayaṃ māyā-puruṣaḥ sarva-jña-tāyāṃ śikṣiṣyate, sarva-jña-tāyā āsannī-bhaviṣyati, sarva-jña-tāyāṃ niryāsyatīti? tasya Bhaga-van evaṃ paripṛcchataḥ kathaṃ nirdeṣṭavyaṃ syāt? evam ukte Bhaga-vān āyuṣ-mantaṃ Subhūtim etad avocat —— tena hi Subhūte tvām evātra pratiprakṣyāmi. yathā te kṣamate, tathā vyākuryāḥ. sādhu Bhaga-vann ity āyuṣ-mān Subhūtir Bhaga-vataḥ pratyaśrauṣīt. Bhaga-vān etad avocat —— tat kiṃ manyase Subhūte anyā sā māyā, anyat tad rūpam, ...anyā sā māyā, anyat tad vijñānam? Subhūtir āha —— na hy etad Bhaga-van.（IIb1）na hi Bhaga-van anyā sā māyā anyat tad rūpam.（Ia1）rūpam eva Bhaga-van māyā,（Ib1）māyaiva rūpam......（IIb5）na Bhaga-van anyā sā māyā anyat tad vijñānam.（Ia5）vijñānam eva Bhaga-van māyā,（Ib5）māyaiva vijñānam.

Bhaga-vān āha —— tat kiṃ manyase Subhūte atraiṣā saṃjñā sama-jñā prajñaptir vyavahārāḥ pañcasūpādāna-skandheṣu yad uta bodhi-sattva iti? evam ukte āyuṣ-mān Subhūtir Bhaga-vantam etad avocat —— evam etad Bhaga-van, evam etat Sugata. tena hi Bhaga-van bodhi-sattvena mahā-sattvena prajñā-pārami-tāyāṃ śikṣamāṇena māyā-puruṣeṇeva śikṣitavyaṃ bhavaty an-uttarāyāṃ samyak-saṃbodhau. tat kasya hetoḥ? sa eva hi Bhaga-van māyā-puruṣo dhārayitavyo yad uta pañcopādāna-skandhāḥ. tat kasya hetoḥ? tathā hi Bhaga-van māyopamaṃ rūpam uktaṃ Bhaga-vatā. yac ca rūpaṃ tat ṣaḍ-indriyaṃ te pañca-skandhāḥ. tathā hi Bhaga-van māyopamā vedanā-saṃjñā-saṃskārā uktāḥ. tathā hi Bhaga-van māyopamaṃ vijñānam uktaṃ Bhaga-vatā. yac ca vijñānam tat ṣaḍ-indriyaṃ te pañca-skandhāḥ. mā Bhaga-van nava-yāna-saṃprasthitā bodhi-sattvā mahā-sattvā imaṃ nirdeśaṃ śrutvā uttrasiṣuḥ saṃtrasiṣuḥ saṃtrāsam āpatsyante. Bhaga-vān āha —— yadi Subhūte nava-yāna-saṃprasthitā bodhi-sattvā mahā-sattvāḥ pāpa-mitra-hasta-gatā bhaviṣyanti, uttrasiṣyanti saṃtrasiṣyanti saṃtrāsam āpatsyante. atha cet Subhūte nava-yāna-saṃprasthitā bodhi-sattvā mahā-sattvāḥ kalyāṇa-mitra-hasta-gatā bhaviṣyanti, nottrasiṣyanti na saṃtrasiṣyanti na saṃtrāsam āpatsyante.

なお，『八千頌般若』の〈色即是幻〉段は『二万五千頌般若』第 1 章にも継承されるが（*Pañca* I. Dutt［1934］, pp.150, 17 ～ 154, 19），記述内容が大幅に増広され，余りにも長大化しているので，引用は断念したい。

(6)　支婁迦讖訳『道行般若経』巻第一「道行品」第一（『大正』vol.8, p.428b）

行般若波羅蜜法。当熟思惟如是。是時為不入色。何以故。（-IIIb1）色無所生為非色。設爾非色為無色。亦無有生。従其中無所得。字為色法中本無。無是菩薩行般若波羅蜜視法思惟深入法。是時亦不入痛痒思想生死識。何以故。識無所生為非識故。亦不出識中。亦不入識中。法中計了無所有。

支謙訳『大明度経』巻第一「行品」第一（ibid., p.481b）

行此経時以如是法孰観斯道。是時為不近色。不近色者不見滅也。所以者何。（-IIIb1）於自然色而不起為非色。（-IIIb1）若色費耗亦非色。（IVb1）来無興衰我者。此為無二事。如為之色是我即由是為我色。是為造計。痛想行識如法観時為不近識。於自然識而不起為非識。若識費耗亦非識。来亦無興衰我者此為無二事。如謂之識是我。即由是為我識。彼為造計者〈師云観明度為不起色故言不近也〉

曇摩蜱共竺仏念訳『摩訶般若鈔経』巻第一「道行品」第一（ibid., p.511a ～ b）

般若波羅蜜者。天中天。熟思惟是時。為不入色。何以得（-IIIb1）色無所生為非色。設非色為無色亦無有生。従其中無所得字。是色為法作数。是時菩薩摩訶薩。為行般若波羅蜜。当視法思惟深入中。是時亦不入痛痒思想生死識。何以故。識無所生為非識。設非識為無識。亦無有生。従其中無所得字是識為法作数。

羅什訳『小品般若経』巻第一「初品」第一（ibid., p.539b）

世尊。菩薩随行般若波羅蜜時。作是観。諸法即不受色。何以故。（-IIIb1）色無生即非色。（-IIIb1）色無滅即非色。（IVb1）無生無滅無二無別。若説是色即是無二法。菩薩行般若波羅蜜。時不受受想行識。何以故。識無生即非識。識無滅即非識。無生無滅無二無別。若説識即是無二法。

玄奘訳『大般若経』巻第五百三十八「第四分妙行品」第一之一（『大正』vol.7, p.768a）

若時菩薩摩訶薩行深般若波羅蜜多観察諸法。是時菩薩摩訶薩於一切色都無所得。無受無取無住無著。亦不施設為色。於一切受想行識都無所得無受無取無住無著。亦不施設為受想行識。是菩薩摩訶薩行深般若波羅蜜多時。不見色亦不見受想行識。所以者何。（-IIIb1）以色性空無生無滅。受想行識性空無生無滅。世尊。色無生無滅即非色。受想行識無生無滅即非受想行識。所以者何。（IVb）色乃至識与無生無滅無二無二分。何以故。以無生無滅法非一非二非多非異。是故色乃至識無生無滅。即非色乃至識。世尊。色無二即非色。受想行識無二即非受想行識。世尊。色入無二法数。受想行識入無二法数。若説色即説無二法。若説受想行識即説無二法。

施護訳『仏母出生三法蔵般若経』巻第二「了知諸行相品」第一之二（『大正』vol.8, p.591a ～ b）

世尊。若菩薩摩訶薩於般若波羅蜜多。若行若観想時不受於色。不見色生不見色滅。如是不受受想行識。不見受想行識生不見受想行識滅。何以故。（-IIIb1）若色無生即非色。（-IIIb1）若色無滅即非色。（IVb1）此無生与色無二無別。（IVb1）無滅与色亦無二無別。若説色即是無二法。若受想行識無生即非受想行識。若受想行識無滅即非受想行識。此無生与受想行識無二無別。無滅与受想行識亦無二無別。若説受想行識即是無二法。

Aṣṭa I（Vaidya［1960］, p.13, 20 ～ 30；Cf. 今西順吉［2000］, p.30）

yasmin hi samaye Bhaga-van bodhi-sattvo mahā-sattvaḥ imān dharmān prajñā-pāramitāyāṃ vyupaparīkṣate, tasmin samaye na rūpam upaiti, na rūpam upagacchati, na rūpasyotpādaṃ samanupaśyati, na rūpasya nirodhaṃ samanupaśyati. evaṃ na vedanāṃ na saṃjñāṃ na saṃskārān. na vijñānam upaiti, na vijñānam upagacchati, na vijñānasyotpādaṃ samanupaśyati, na vijñānasya nirodhaṃ samanupaśyati. tat kasya hetoḥ? tathā hi（-IIIb1）yo rūpasyān-utpādo na tad rūpam.（-IIIb1）yo rūpasyā-vyayo na tad rūpam. ity（IVb1）an-utpādaś ca rūpaṃ ca a-dvayam etad a-dvaidhī-kāram. ity（IVb1）a-vyayaś ca rūpaṃ ca a-dvayam etad a-dvaidhī-kāram. yat punar etad ucyate rūpam iti, a-dvayasyaiṣā gaṇanā kṛtā. evaṃ tathā hi（-IIIb2−5）yo vedanāyāḥ saṃjñāyāḥ saṃskārāṇām. tathā hi yo vijñānasyān-utpādo na tad rūpam.（-IIIb5）yo vijñānasyā-vyayo na tad rūpam. ity（IVb5）an-utpādaś ca vijñānaṃ ca a-dvayam etad a-dvaidhī-kāram. ity（IVb5）a-vyayaś ca ca vijñānaṃ ca a-dvayam etad a-dvaidhī-kāram. yat punar etad ucyate vijñānam iti, a-dvayasyaiṣā gaṇanā kṛtā.

（7） 鈴木広隆［1990］, pp.150 ～ 152 にも『八千頌般若』の幻説から『二万五千頌般若』の空思想への展開が考察されている。

（8） 支謙訳『維摩詰経』［222 ～ 229 年間訳出］巻下「不二入品」第九（『大正』vol.14, p.531b）

愛観菩薩曰：世間空耳作之為二。色空, 不色敗空。色之性空。如是痛想行識空而作之為二。識空, 不識敗空。識之性空。彼於五陰知其性者。是不二入。

鳩摩羅什訳『維摩詰所説経』［406 年訳出］巻中「入不二法門品」第九（ibid., p.551a）

喜見菩薩曰：色色空為二。**色即是空**, 非色滅空, 色性自空。**如是受想行識**, 識空為二。識即是空, 非識滅空, 識性自空。於其中而通達者。是為入不二法門。

玄奘訳『説無垢称経』［650 年訳出］巻第四「不二法門品」第九（ibid., p.577c）

復有菩薩名曰「喜見」。作如是言：色受想行及識与空分別為二。若知取蘊性本是空。**即是色空**，非色滅空。乃至識蘊**亦復如是**。是為悟入不二法門。

(9)　*Kāśyapa*［Tib.］(von Staël-Holstein［rep. 1977］, p.94, 14 ～ 16)

ḥod-sruṅ-gzhan-yaṅ-dbu-maḥi-lam-chos-rnams-la-yaṅ-dag-par-so-sor-rtog-pa-ni. gaṅ-stoṅ-pa-ñid-kyis-chos-rnams-stoṅ-par-mi-byed-de. chos-rnams-ñid-stoṅ-pa-daṅ.

支婁迦讖訳『仏説遺日摩尼宝経』(『大正』vol.12, p.191a)

仏語迦葉：空不作法。法本無空。

晋代訳失三蔵名『仏説摩訶衍宝厳経（一名「大迦葉品」)』(ibid., p.196b)

復次迦葉。中道真実観諸法者。不以空三昧観諸法空。諸法自空故。

失訳附秦録勘同編入『大宝積経』巻第百十二「普明菩薩会」第四十三（『大正』vol.11, p.634a)

復次迦葉。真実観者。不以空故令諸法空。但法性自空。

施護訳『仏説大迦葉問大宝積正法経』［986年訳出］巻第二（『大正』vol.12, p.207b)

復次迦葉。応当正観影像中法。彼法非空。亦非不空。如是空法。

Cf. 大竹晋［2008］, pp.220 ～ 221, 頭註5.

(10)　『迦葉品』第63節ではさらに諸法と「無相」・「無願」・「無造作」・「不生」等々の教義項目との同一性に関する同様な規定が続く。

(11)　*Kāśyapa*［Tib.］(von Staël-Holstein［rep. 1977］, p.96, 1 ～ 2)

yaṅ-ḥod-sruṅ-gaṅ-zag-rnam-par-gzhig-paḥi-phyir-stoṅ-pa-ñid-ma-yin-gyi-stoṅ-pa-ñid-stoṅ-paḥo.

支婁迦讖訳『仏説遺日摩尼宝経』(『大正』vol.12, p.191a)

不自分別解身為空也。空棄空中之空本自空。

晋代失訳『仏説摩訶衍宝厳経』(ibid., p.196b ～ c)

不以無人観諸法空。諸法自空故。如是本空

『大宝積経』巻第一百一十二「普明菩薩会」第四十三（『大正』vol.11, p.634a)

復次迦葉。非無人故名曰為「空」。但空自空。

施護訳『仏説大迦葉問大宝積正法経』巻第二（『大正』vol.12, p.207b)

復次迦葉。補特伽羅非破壊空。即体是空。本非有故。

Cf. 大竹晋［2008］, p.222；p.402, 補註（一七八15)。

(12)　『迦葉品』第64節ではこのあとに慢心する者にとって〈空性〉の見解がしがみつかれるよりもスメール山ほどのプドゥガラの見解が依拠されるほうがましであるという有名な教説が続く。Cf. 相馬一意［1985］, p.3；藤田祥道［2006b］, p.51；大竹晋［2008］, pp.224 ～ 225；p.403, 補註（一八〇10)。

(13)　曇摩流支訳『如来荘厳智慧光明入一切仏境界経』［501年訳出］巻下（『大正』vol.12, p.247b ～ c)

文殊師利。菩薩不見色空。不見色不空。如是行名「行菩薩行」。何以故。色空色性。如是文殊師利。菩薩如是不行受想行識。不離受想行識。如是行名為「行菩薩行」。

僧伽婆羅等訳『度一切諸仏境界智厳経』［518年訳出］(ibid., p.253a)

文殊師利。若菩薩不行色空是菩薩行。不行色不空是菩薩行。何以故。以色自性空故。如是菩薩不行受想行識空不空。是菩薩行。

法護等訳『仏説大乗入諸仏境界智光明荘厳経』[11世紀中頃訳出。法護の死後，惟浄等に訳業が引き継がれる] 巻第四（ibid., p.262a）

又妙吉祥。菩薩不行色空。不行色不空。菩薩若如是行。是為菩薩勝行。何以故。**色即是空**，色自性空。**受想行識亦復如是**。是故不行識空。不行識不空。菩薩若如是行。是為菩薩勝行。

JĀAS§36（大正大学梵語仏典研究会 [2004c]，p.136, 8 ～ 12）

sacen Maṃju-śrīr bodhi-satvo nna（read：na）**rūpaṃ śūnya**m iti carati nā-śūnyam iti. evaṃ caraṃ maṃju-śrīr bodhi-satvaś carati bodhi-satva-**caryā**yāṃ. tat kasmād dhetoḥ. **rūpam eva śūnya**ṃ rūpa-svabhāvena. **evam vedanā saṃjñā saṃskārā vijñānaṃ śūnya**m iti. carati（read：*na* carati）nā-śūnyam iti. evaṃ caraṃ Maṃju-śrīr bodhi-satvaś carati. bodhi-satva-caryāyāṃ.

(14) 支婁迦讖訳『道行般若経』[179年訳出] 巻第三「泥犁品」第五（『大正』vol.,8 p.440b）

[A] 天中天。薩芸若者。即般若波羅蜜是。[D] 天中天。般若波羅蜜者。是菩薩摩訶薩母。[B or C ?] 天中天。無所生無所滅。即般若波羅蜜是。

支謙訳『大明度経』[222 ～ 228年間訳出] 巻第三「地獄品」第六（ibid., p.487b）

[B or C ?] 無生無滅。苦者得安悉入無想。[D] 明度慧門大士之母。抜生死根大神已足。

鳩摩羅什訳『小品般若波羅蜜経』[408年訳出] 巻第三「泥犁品」第八（ibid, p.550a）

[A] 世尊。般若波羅蜜即是薩婆若。[D] 世尊。般若波羅蜜是諸菩薩母。[B−1] 世尊。般若波羅蜜非生法者 [B−2] 非滅法者。

玄奘訳『大般若波羅蜜多経』[663年訳出] 巻第五百四十四「第四分地獄品」第七（『大正』vol.7, p.798c）

[A] 顕諸法性即薩婆若。[B] 示一切法無滅無生。[D] 是諸菩薩摩訶薩母。

施護訳『仏説仏母出生三法蔵般若波羅蜜多経』[1004年訳出] 巻第七「地獄縁品」第七之一（『大正』vol.8, p.613c）

[A] 般若波羅蜜多是一切智蔵。普摂煩悩等障為作断滅。[B] 般若波羅蜜多是無生法無滅法。[B or C ?] 無起法無作法。般若波羅蜜多自相本空。[D] 般若波羅蜜多是諸菩薩母。

(15) 白館戒雲氏は「煩悩障」の除去のために人無我を修し，「所知障」の除去のために法無我を修すべきと説く『中論註・無畏論』が『菩薩地』の影響を受けており，それを説かないブッダパーリタ註よりも以降の成立であることを例証する際，『八千頌般若』現行梵文第7章のこの一節にも言及し，小品系般若経の古い諸漢訳には当該の語句「煩悩・所知障」が欠けている事実を確認しておられる。白館戒雲 [1991]，p.39；p.50 註50.

（16）　無羅叉訳『放光般若経』巻第九「照明品」第四十一（『大正』vol.8, p.61a）

［A］世尊。般若波羅蜜者薩云若。是能除諸習緒。［D］世尊。般若波羅蜜者菩薩之母。生諸仏法故。世尊。［C］般若波羅蜜者**不生不壊**。従有名至竟空故。

羅什訳『大品般若経』巻第十一「照明品」第四十（ibid., p.302a ～ b）

［A］世尊。般若波羅蜜是一切種智。一切煩悩及習断故。［D］世尊。般若波羅蜜是諸菩薩摩訶薩母。能生諸仏法故。［C］世尊。般若波羅蜜**不生不滅**。自相空故。

玄奘訳『大般若経』巻第四百三十四「第二分大師品」第三十八（『大正』vol.7, p.182b）

［A］如是般若波羅蜜多善能発生一切相智。永断一切煩悩相続并習気故。［D］如是般若波羅蜜多是諸菩薩摩訶薩母。菩薩所修一切仏法従此生故。［C］如是般若波羅蜜多**不生不滅**。自相空故。

（17）　無羅叉訳『放光般若経』巻第八「勧助品」第四十（『大正』vol.8, p.60c）

解脱亦……如……不生**無所生不滅**無所滅**之法**。

羅什訳『大品般若経』巻第十一「随喜品」第三十九（ibid., p.301c）

亦与解脱等。**不生不滅**故。

玄奘訳『大般若経』巻第四百三十三「第二分随喜廻向品」第三十七之二（『大正』vol.7, p.181b ～ c）

与解脱等。如**諸法**性……無起無尽**無生無滅**……

（18）　龍樹菩薩造・梵志青目釈・鳩摩羅什訳『中論』巻第三「観法品」第十八（『大正』vol.30, p.24a）

諸法実相者心行言語断　**無生亦無滅**寂滅如涅槃

MMK XVIII［Ātma-parīkṣā］k.7（de Jong［1977］, p.25, 1 ～ 2）

nivṛttam abhidhātavyaṃ nivṛttaś citta-gocaraḥ/
an-utpannā-niruddhā hi nirvāṇam iva dharma-tā //7//

MMK XVIII k.7ab 句は，学者たちによって通常依用される *Prasanna-padā* 現行梵文所引のテキスト（三枝充悳［1984b］, p.493, 4）では，

nivṛttam abhidhātavyaṃ nivṛtte citta-gocare /

心の対象領域が止滅したとき，言語表現されるべき［対象］も止滅したのである。

とあるが，わたしは〈心の対象領域の止滅→言葉の対象の止滅〉という次第順序にナーガールジュナ本来の思想〈空性における戯論の止滅→分別の止滅→業・煩悩の止滅〉との齟齬を以前から感じていたため，現行テキストに疑問をもっていた。そこで斎藤明［2003b］, p.12 に比較対照される諸テキストを拝見すると，de Jong の『根本中頌』版本のテキストがチベット訳および『大智度論』所引の『中論頌』漢訳二種と非常によく合致しているという事実に気付かされた。斎藤明氏の示唆により de Jong 本をここでは採用する。なお，『中論頌』第 20 章ではナーガールジュナは原因の総体や結果の実在性を両刀論法に追い込んで批判する帰謬的文脈でも“a-niruddham an-utpannam”を使用する。

Cf. 羅什訳『中論』巻第三「観因果品」第二十（『大正』vol.30, p.27b）

果不空不生果不空不滅　以果不空故**不生亦不滅**

MMK XX［Sāmagrī-parīkṣā］k.17（三枝充悳［1984c］, p.535, 3 ～ 4）
phalaṃ notpatsyate 'sūnyam a-śūnyaṃ na nirotsyate /
a-niruddham an-utpannam a-śūnyaṃ tad bhaviṣyati //17//
空ならざる結果は生じないだろうし，空ならざる［結果］は滅しもしないだろう。空ならざるそれ（i.e. 結果）は**滅したものでもなく，生じたものでもない**ことになろう。
羅什訳『中論』巻第三「観因果品」第二十（『大正』vol.30, p.27b）
果空故不生果空故不滅　以果是空故**不生亦不滅**
MMK XX［Sāmagrī-parīkṣā］k.18（三枝充悳［1984c］, p.535, 9 ～ 10）
katham utpatsyate śūnyaṃ kathaṃ śūnyaṃ nirotsyate /
śūnyam apy **a-niruddhaṃ** tad **an-utpannaṃ** prasajyate //18//
［逆に,］空なる［結果］がどうして生じようか。空なる［結果］がどうして滅しようか。それ（i.e. 結果）がたとえ空であっても，**滅したものでもなく，生じたものでもない**ことになる。

（19）羅什訳『中論』巻第四「観涅槃品」第二十五（『大正』vol.30, p.34c）
無得亦無至不断亦不常　**不生亦不滅**是説名「涅槃」
MMK XXV［Nirvāṇa-parīkṣā］k.3（三枝充悳［1984c］, p.681, 11 ～ 12）
a-prahīṇam a-saṃprāptam an-ucchinnam a-śāśvatam /
a-niruddham an-utpannam etan nirvāṇam ucyate //3//

（20）仏駄跋陀羅訳『大方広仏華厳経（六十華厳）』［421 年訳出］巻第五十七「入法界品」第三十四之十四（『大正』vol.9, p.761c）
爾時善財童子作如是念。我当云何見善知識。善知識者遠離世間。住無所住不著諸入。……**非生滅**身。……
実叉難陀訳『大方広仏華厳経（八十華厳）』［699 年訳出］巻第七十六「入法界品」第三十九之十七（『大正』vol.10, p.413c）
爾時善財童子。一心欲詣摩耶夫人所。即時獲得観仏境界智。作如是念。是善知識。遠離世間。住無所住。超過六処。……**無生滅**身。……
GVy §44［Māyā］.（Vaidya［1960b］, p.339, 2 ～ 3；6；12）
atha khalu Sudhanasya śreṣṭi-dārakasya Māyāyā devyāḥ sa-kāśaṃ gamanābhimukhasya buddha-gocara-vicāra-jñāna-pratipannasya etad abhavat —— kenopāyena mayā śakyaṃ sarva-lokoccalita-ṣaḍ-āyatanānām a-pratiṣṭitānāṃ kalyāṇa-mitrāṇāṃ......**an-utpannā-niruddha**-kāyānām......kalyāṇa-mitrāṇāṃ darśanam ārāgayitum......

（21）仏駄跋陀羅訳『六十華厳』巻第五十七「入法界品」第三十四之十四（『大正』vol.9, pp.762c ～ 763a）
見摩耶夫人処彼座上。端正姝妙。具浄色身。出三世間色身。……於一切趣無所生故。**不起**色身。不起不現故。**不滅**色身。……
実叉難陀訳『八十華厳』巻第七十六「入法界品」第三十九之十七（『大正』vol.10, p.415a）
摩耶夫人。在彼座上於一切衆生前。現浄色身。所謂：超三界色身。……於諸世間無所出故。**不生**色身。無生起故。**不滅**色身。……

GVy §44.（Vaidya［1960b］, p.343, 5；10 ～ 11）

tasmiṃś cāsane Māyā-devīṃ niṣaṇṇām adrakṣīt trailokya-samatikrāntena rupeṇa...... sarva-jagad-a-saṃbhūtena **an-utpannena** rūpeṇa, an-utpatti-sama-dharma-niratena **a-niruddhena** rūpeṇa......

(22)『入法界品』の部分訳である聖堅訳『羅摩伽経』や地婆訶羅訳『大方広仏華厳経入法界品』は残念ながら「マーヤー」節を含んでいない。

その他, “an-utpanna / a-niruddha”の用例は『入法界品』現行梵文第35「サマンタ・ガンビーラ・シュリー・ヴィマラ・プラバー女神」節にも認められる。

実叉難陀訳『八十華厳』巻第六十九「入法界品」第三十九之十〈普徳浄光夜神〉節（『大正』vol.10, p.372b）

知諸如来。……**非生**。法身平等故。**非滅**。無有生相故。

GVy §35［Samanta-gambhīra-śrī-vimala-prabhā］.（Vaidya［1960b］, p.184, 1 ～ 2）

an-utpannā hi tathāgatāḥ, an-utpāda-dharma-tā-sama-śarīra-tvāt. **a-niruddhā** hi te tathāgatāḥ, an-utpāda-lakṣaṇa-tvāt.

じつに, かく来れるお方たちは**生じたものではありません**。〈不生起〉という存在素性と等しい身体を備えておられるからです。かれら, かく来れるお方たちは**滅したものでもありません**。〈不生起〉を特相としておられるからです。

本節の一文は〈如来の不生不滅〉思想を説く点で『智光明荘厳経』のそれ（後述）を想起させるが,『六十華厳』巻第五十一「入法界品」第三十四之八〈甚深妙徳離垢光明夜天〉節にはなぜか対応訳を欠く。『入法界品』の最古の部分訳であるはずの聖堅訳『仏説羅摩伽経』巻下〈普甚深微妙功徳離垢光明夜天〉節（『大正』vol.10. p.867c）には対応訳：

諸仏如来。**不生**不起。不退不没。**不滅**示現。故名「法身」。

が存するとはいえ, 意訳による敷衍・増広部分を含む。

(23) 竺法護訳『漸備一切智徳経』巻第三「目前住品」第六（『大正』vol.10, p.477a）

如是仏子。若能行此。処在無恨。殃毒悪世。導御自然。観本浄者。**不起不滅**。遵奉大哀。化順衆生。行智度無極。号「無礙慧門」。

鳩摩羅什訳『十住経』巻第三「現前地」第六（ibid., p.515b）

諸仏子。菩薩如是。知有為法。多過無性。離堅固相。**無生無滅**。与大慈悲和合。不捨衆生。即時得無障礙。般若波羅蜜。光明現在前。

尸羅達摩訳『仏説十地経』巻第四「菩薩現前地」第六之一（ibid., p.554a）

唯諸仏子菩薩如是。観諸有為多咎汚染。永無自性本性畢竟**不生不滅**。観察此時興大悲故。不捨一切有情聚故。名「無著智現前般若波羅蜜多住」。以寄現故而現在前。

DBhS VI［Abhimukhī］（Kondo［rep. 1983］, pp.102, 14 ～ 103, 2）

evam asya bhavaṃto jina-putrāḥ saṃskāra-gataṃ bahu-doṣa-duṣṭaṃ sva-bhāva-rahitam **an-utpannā-niruddhaṃ** prakṛtyā praty-avekṣamāṇasya mahā-karuṇābhinirhāra-taś ca sattva-kāryān-utsarga-taś（read：sattva-kāyān-utsarga-taś）ca. a-saṃga-jñānābhimukho nāma prajñā-pārami-tā-vihāra āmukhībhavaty avabhāsa-yogena.

(24) 玄奘訳『大般若経』巻第五百四十八「第四分天讃品」第十五（『大正』vol.7, p.821c）

如太虚空無来無去無作無住。無所安立**無生無滅**。**諸法**亦爾皆如虚空無分別故無所分別。

施護訳『仏母出生三法蔵般若経』巻第十四「賢聖品」第十五之一（『大正』vol.8, p.636c）

如彼虚空不来不去無作無相無住無所住無住法**無生無滅**。而**一切法**亦不来不去無作無相無住無所住無住法**無生無滅**。以是義故即無分別及分別者。

Aṣṭa XV［Deva-］（Vaidya［1960a］, p.148, 24 ～ 27）

yathā ākāśam an-āgatam a-gatam a-kṛtam a-vikṛtam an-abhisaṃskṛtam a-sthitam a-saṃsthitam a-vyavasthitam **an-utpannam a-niruddham**, evam eva subhūte ***sarva-dharmā** an-āgatā a-gatā a-kṛtā a-vikṛtā an-abhisaṃskṛtā a-sthitā a-saṃsthitā a-vyavasthitā **an-utpannā a-niruddhā** ākāśa-kalpa-tvād（read：ākāśā-kalpa-tvād）**a-vikalpāḥ.

* 以下の梵文は Lamotte［1935］, p.193 note 2 に引用される。

** Lamotte, p.193 note2 での引用は "a-vikalpyāḥ" となっている。

(25) 支婁迦讖訳『道行般若経』巻第十「曇無竭菩薩品」第二十九（『大正』vol.8, p.477a）

菩薩当作是念。当作是習。当作是守。菩薩作是行得仏疾。

支謙訳『大明度経』巻第六「法来闓士品」第二十九（ibid., p.507c）

闓士作是念。守行者得仏疾。

羅什訳『小品般若経』巻第十「曇無竭品」第二十八（ibid., p.584c）

善男子。汝若如是観諸如来及**一切法**。無来無去。**無生無滅**。必至阿耨多羅三藐三菩提。亦得了達般若波羅蜜方便。

施護訳『仏母出生三法蔵般若経』巻第二十五「法上菩薩品」第三十一（ibid., p.674b）

若知諸仏無来去故。即住**一切法無生無滅**。如是知者。是行般若波羅蜜多善巧方便。決定得成阿耨多羅三藐三菩提。

Aṣṭa XXXI［Dharmodgata-］（Vaidya［1960a］, p.255, 3 ～ 5；cf. 渡辺章悟［1986］, p.48 註 15）

yataḥ Kula-putra tvam evaṃ tathāgatāṃś ca **sarva-dharmā**ṃś ca **an-utpannān a-niruddhā**ṃś ca saṃprajñāsyasi, tatas tvaṃ niyato bhaviṣyasy an-uttarāyāṃ samyak-saṃbodhau. prajñā-pārami-tāyām upāya-kauśalye ca niyataṃ cariṣyasi.

(26) 曇摩流支訳『如来荘厳智慧光明入一切仏境界経』巻上（『大正』vol.12, p.241c）

文殊師利。如来応正遍知。不生不死**不起不滅**。文殊師利。如来応正遍知。無始世来証於常住大般涅槃。

僧伽婆羅等訳『度一切諸仏境界智厳経』には欠。

法護等訳『仏説大乗入諸仏境界智光明荘厳経』巻第二（ibid., p.256b）

以仏如来**不生滅故**。如来応供正等正覚本来寂静。

チベット訳『智光明荘厳経』（大正大学梵語仏典研究会［2004c］, p.44, 23 ～ 25）

ḥJam dpal de bźin gśegs pa ni **ma skyes pa ma ḥgags pa** ste, ḥJam dpal de bźin gśegs pa ni gzod ma nas yoṅs su mya ṅan las ḥdas pa yin no.

JĀAS §8（大正大学梵語仏典研究会［2004c］, p.44, 8 ～ 10）

an-utpanno [']niruddho Mañjuśrīs tathāgataḥ. ādi-parinirvṛto Mañjuśrīs tathāgato [']rhan samyak-sambuddhaḥ.

『智光明荘厳経』のこの一段は後代の『宝性論』（［三］宝の［源泉たる］種姓の弁別; *Ratna-gotra-vibhāga*：***RGV***）にも引用される。

勒那摩提訳『究竟一乗宝性論』巻第三「一切衆生有如来蔵品」第五（『大正』vol.31, p.835c）

自性本来浄者。依此義故。『経』中仏告文殊師利：「如来応正遍知本際以来入涅槃」故。

真諦訳・天親菩薩造『仏性論』巻第四「弁相分第四中無変異品」第九（ibid., p.812a）

本性寂静者。如『文殊師利遍行経』説。仏言：「文殊師利諸仏如来本性。自般涅槃**不生不滅**」。以是義故。故知本来自性寂静。

JĀAS quoted in *RGV*（Johnston［1950］, pp.55, 19 ～ 56, 1）

atyantopaśamārthaḥ. yam adhikṛtyoktam："ādi-parinirvṛta eva tathāgato 'rhan samyak-saṃbuddho **'n-utpanno 'niruddha**" iti.

［「如来蔵」には］〈究極的に寂静〉という意味がある。それに関しては［幸福に満ちたお方（世尊）によって『一切の仏陀の対象領域に証入する智慧の光明の荘厳という経典』にこう］説かれている：「かく来れるひと・価値あるひと・正しき完全な覚醒者は必ず最初から完全に涅槃されておられるお方にほかならず，**生起されたわけでもなく，滅度されたわけでもない**」と。

お気づきのように，『智光明荘厳経』の原文と比較すると，『宝性論』における引用文はやや改変を施されている。大正大学梵語仏典研究会［2004a］：所収「『智光明荘厳経』解題」, p.62. にこの『宝性論』所引の経文が『智光明荘厳経』写本の上掲箇所に比定されることが正しく示されている。『宝性論』は同経を引用する際，重複する "tathāgata（如来）" という主語の引用を一回で済ませるために冒頭部の否定複合語句 "an-utpanno 'niruddho" を最後尾に移動させたのであろう。

(27)　曇摩流支訳『如来荘厳智慧光明入一切仏境界経』巻下（『大正』vol.12, p.246b）

如是文殊師利。如来如実知一**切法**。本来不生・**不起**・**不滅**。無相・離心意意識。無字・無声。

僧伽婆羅等訳『度一切諸仏境界智厳経』（ibid., p.252b）

文殊師利。如来悉知一**切諸法**従本以来。不生・**不起**・不尽・**不滅**。無名・無相・離心意識。

法護等訳『仏説大乗入諸仏境界智光明荘厳経』巻第三（ibid., p.261a）

彼一**切法**亦復如是。如来了知本来如是。**不生・不滅**・無起・無相。離心意識・無文字・無音声。

チベット訳『智光明荘厳経』(大正大学梵語仏典研究会［2004c］, p.118, 20 ～ 22)

ḥjam dpal de bźin gśegs pas ni **chos** de dag **thams cad** de ltar gzod ma ñid nas ma skyes pa **ma byuṅ ba, ma ḥgags pa**, mtshan ñid med pa, sems daṅ yid daṅ rnam par śes pa daṅ bral ba, yi ge med pa, sgra med par śes so.

(28) 曇摩流支訳『如来荘厳智慧光明入一切仏境界経』巻下(『大正』vol.12, p.246b)

文殊師利。何者是如実智。文殊師利。如実知一切法者。**一切法**無本来**不生・不滅**。法本不生，生已還滅。

僧伽婆羅等訳『度一切諸仏境界智厳経』(ibid., p.252c)

文殊師利。云何真実智知**諸法**。未生者生。生已即滅。彼**一切諸法無生**。

法護等訳『仏説大乗入諸仏境界智光明荘厳経』巻第四(ibid., p.261a)

妙吉祥。以何義故名為「実智」。謂：**一切法**了無根本**無生無滅**。彼無実性亦無所得。

チベット訳『智光明荘厳経』(大正大学梵語仏典研究会［2004c］, p.120, 19 ～ 21)

ḥJam dpal yaṅ dag paḥi śes pa yaṅ gaṅ źe na, ḥJam dpal **chos thams cad** rtsa ba med pa daṅ, **ma skyes pa** daṅ, **ma ḥgags pa** daṅ, ma byuṅ ba las ḥbyuṅ ba daṅ, byuṅ nas kyaṅ ḥjig par ḥgyur te,

JĀAS §31(大正大学梵語仏典研究会［2004c］, p.120, 7 ～ 9)

katamac ca Maṃju-śrīḥ［*bhūta-jñānam. a-mūlā Maṃju-śrīḥ*］**sarva-dharmāḥ an-utpannā-niruddhāḥ** a-bhūtvā bhavanti. a-bhūtvā(read：*bhūtvā*) prati vigacchanti......(［ ］内の語句は，筆写生の不注意で脱落したもので，チベット訳ならびに諸漢訳によって補う)

マンジュシュリーよ，［真実智とは］何か。［マンジュシュリーよ，］**一切の諸存在素は**［根元なきものにして］**生じたものでもなく，滅したものでもない**。あらかじめ存在することなくして，生じるし，生じ終わっては，還滅する。……

(29) 曇無讖訳『大方等大集経』巻第十九「宝幢分中往古品」第二(『大正』vol.13, p.132c)

又有三法能過魔業。一者於諸衆生不生悪心。二者修行施時不観福田及非福田。三者観**一切法**平等無二猶如虚空。**不生不滅**無行無物。無有相貌不可宣説。

波羅頗蜜多羅訳『宝星陀羅尼経』［630 年訳出］巻第二「本事品」第二(ibid., p.543b)

大王。復有具足三法。能令不著魔羂。何等為三。一者所謂：於一切衆生。得不起瞋不求過短。二者平等観一切衆生作福田想。三者能得一切法作一法観。所謂：虚空等**一切法**。無作無種種無生**無起無滅**。一切空如実相。捨離不可得相応観。

チベット訳『宝星陀羅尼経』(*Ārya-mahā-sannipāta-ratna-ketu-dhāraṇī nāma Mahā-yāna-sūtra*)第 2 章(久留宮［1979］, pp.45, 22 ～ 46, 7)

rgyal po chen po gźan yaṅ chos gsum daṅ ldan na,［ḍ201b］skyes bu dam pa bdud kyi źags pas mi zin ciṅ bdud kyi lam las thar te, gsum gaṅ źe na, 'di lta ste, sems can thams cad la mi khro źiṅ klan ka mi tshor ba yin, sems can thams cad la mthuṅs par sbyin gnas su［P217a］'du śes pa yin, chos thams cad la tshul gcig tu yoṅs su rtog ste, 'di ltar **chos thams cad** nam mkha' daṅ mthuṅs śiṅ bcos su med pa, tha dad pa ma yin pa, ma skyes pa, **ma byuṅ ba, ma 'gag pa** ste, chos thams cad nam mkha' lta bur rdzas kyi mthan ñid daṅ bral bar mi dmigs pa'i tshul gyis rab tu rtog pa'o.

Ratna-ketu II［Pūrva-yoga-parivarta］（久留宮［1978］, pp.35, 11 ～ 36, 4）

aparais tribhir mahā-rāja dharmaiḥ samanvāgataḥ sat-puruṣo māra-pāśeṣu na sajjate. katamais tribhir yad uta（1）sarva-sa[t]tveṣv a-krodhano bhavati. an-avatāra-prekṣī.（2）sarva-sa[t]tva-sama-dakṣiṇīya-sa[ṃ]jño bhavati.（3）sarva-dharmān eka-nayena vyupaparīkṣate. yad utākāśa-samān［**sarva-dharmān**］niṣp[r]atikārā-nānātvān a-jāt**ān-utpannān a-niruddhān**[.] sarvān ākāśa-vad dravya-lakṣaṇa-vigatān an-upalaṃbha-yogena pratyavekṣate.

(30)　弥勒菩薩説・玄奘訳『瑜伽師地論』[648年訳出］巻第四十五「本地分中菩薩地」第十五〈初持瑜伽処〉「菩提分品」第十七之二（『大正』vol.30, p.541a）

云何菩薩随順会通方便善巧。……若諸有情於仏所説甚深空性相応経典。不解如来密意義趣。於此『経』中説「一切法皆無自性皆無有事**無生無滅**」。説「一切法皆等虚空皆如幻夢」。彼聞是已如其義趣不能解了。心生驚怖。誹謗如是「一切経典言非仏説」。菩薩為彼諸有情類。方便善巧如理会通如是『経』中如来密意甚深義趣。如実和会摂彼有情。菩薩如是正会通時。為彼説言。此『経』不説一切諸法都無所有。但説諸法所言自性都無所有。是故説言「一切諸法皆無自性」。雖有一切所言説事。依止彼故諸言説転。然彼所説可説自性。拠第一義非其自性。是故説言「一切諸法皆無有事」。一切諸法所言自性理既如是。従本已来都無所有。当何所生当何所滅。是故説言「**一切諸法無生無滅**」……是故宣説「一切諸法皆等虚空」……是故宣説「一切諸法皆如幻夢」。

異訳の『地持経』と『善戒経』については煩を恐れて経文の引用部分だけを抜粋する。

曇無讖訳『菩薩地持経』[410年訳出］巻第八「菩提分品」之余（ibid., p.933a）

彼諸衆生於如来説『甚深微妙空相応経』。如其旨趣。彼『経』中説。「離自性法及離諸事**不起不滅**。如虚空如幻如夢」。……是名「離自性離言説」。……是故説言「離一切事」。……是故説言「**不生不滅**」。……是故「一切諸法。譬如虚空譬如幻」。……故説「如幻」。

求那跋摩訳『菩薩善戒経』[431年訳出］巻第六「三十七助道品」第十八（ibid., p.995b ～ c）

若有衆生不解如来甚深空義。即為開示分別演説。若有衆生誹謗方等大乗経典。即為説法令其調伏。若有衆生作如是言。如来所説「無一切法無一切物。一切諸法**無生無滅**。猶如虚空如幻如夢。如熱時焔乾闥婆城。如水中月。如呼声響」。……名為「無法」。……名為「無物」。……是故説名「**無生無滅**」。……是故如来説「一切法同於虚空。如幻」。

BoBh Bodhi-pakṣya-paṭala（Wogihara［rep. 1971］, p.265, 3 ～ 16；19 ～ 23；p.266, 16；23；cf. 池田道浩［2000］, pp.634 ～ 635；本節の冒頭部のみの検討が藤田祥道［2007］, pp.2 ～ 3にあり）

tatrāyaṃ bodhi-sattvasy' ānulomika upāyaḥ. ......ye ca sattvā gaṃbhīrā-（p.265, 4）ṇāṃ tathāgata-bhāṣitānāṃ śūnya-tā-pratisaṃyuktānāṃ sūtrā-（5）ntānāṃ ābhiprāyikaṃ tathāgatānām artham a-vijñāya ye (6) te sūtrāṃtāḥ niḥ-sva-bhāva-tāṃ dharmāṇāṃ abhivadaṃti nir- (7) vastuka-tām **an-utpannā-niruddha**-tām ākāśa-sama- tāṃ māyā- (8) svapnopama-tāṃ dharmāṇām abhivadaṃti. teṣāṃ yathā-vad (9) artham a-vijñāyottrasta-mānasāḥ tāṃ sūtrāṃtāṃ sarveṇa (10) sarvaṃ pratikṣipaṃti naite tathāgata-bhāṣitā iti. teṣām api (11) sattvānāṃ sa bodhi-sattvaḥ ānulomikenopāya-kau- (12) śalena teṣāṃ sūtrāntānāṃ tathāgat'ābhiprāyikam arthaṃ (13) yathā-vad anulomayati. tāṃś ca sattvāṃ grāhayati. evaṃ ca (14) punar anulomayati yathā neme dharmāḥ sarveṇa sarvaṃ na (15) saṃvidyate. api tv abhilāp'ātmakaḥ sva-bhāva eṣāṃ nāsti. (16) ten- "eme niḥ-sva-bhāvā" ity ucyaṃte......tasmān "nirvastukā" ity ucy- (20) aṃte. evaṃ ca sati te ' bhilāpyāḥ sva-bhāvā dharmāṇām (21) ādita eva sarveṇa sarvaṃ na saṃvidyaṃte. te kiṃ utpat- (22) syaṃte vā nirotsyaṃte vā tasmād "**an-utpannā a-niruddhā**" ity (23) ucyante......tasmād "dharmā ākāśa- (p.266, 16) samā" ity ucyante...... (23) ......tasmān "māyopamā" ity ucyante......

(31) 〈甚深空性相応（śūnyatā-pratisaṃyukta-）経典〉とはいいながら，〈空性〉という術語自体は経文に含まれないようである。

(32) 〈甚深空性相応諸経典〉の経文の意図に関する解釈をめぐって声聞乗と一部の大乗教徒（事実上，中観派）双方の理解を排斥するという『菩薩地』がとった戦術・論法はのちの『釈軌論』において経文を『解深密経』〈第二法輪〉のそれに換えて世親によって踏襲され準用された。しかも，世親は『釈軌論』で〈大乗仏説〉論（『大乗荘厳経論』「成宗品」所説）や瑜伽行派固有の〈三性〉説を擁護するし，また，『入楞伽経』「偈頌品」を引用する。これは『釈軌論』が大乗・瑜伽行派の立場で書かれたことを意味する。従来，『倶舎論』や『成業論』は瑜伽行派転向以前の世親の有部もしくは経量部の立場にたつ著作といわれてきたが，松田和信氏によって確定されている『倶舎論』・『釈軌論』・『成業論』・『縁起経釈』［……『唯識二十論』］という世親の著作順序［なお世親『摂大乗論釈』も『釈軌論』直後の著作とされる］を考慮すれば，『倶舎論』執筆時の世親は最初から瑜伽行派に所属しており，自己の所属学派をカムフラージュするために「有部」や「経量部」の名を『倶舎論』や『成業論』で騙り，偽装したのではないかとわたしは常々考えている。

(33) 玄奘訳『解深密経』巻第二「無自性相品」第五（『大正』vol.16, p.693c）

世尊復説：「**一切諸法**皆無自性**無生無滅**本来寂静自性涅槃」。

Saṃdhi VII［Tib.］（Lamotte［1935］, p.66, 23 ～ 27；袴谷憲昭［1994］, p.121 に和訳あり。別の箇所の同一の教説が藤田祥道［2007］, p.12, etc. に和訳されている）

bcom ldan ḥdas kyis "chos thams cad ṅo bo ñid ma mchis pa / **chos thams cad ma skyes pa** / **ma ḥgags pa** / gzod ma nas zhi ba / raṅ bzhin gyis yoṅs su mya ṅan las ḥdas pa" zhes kyaṅ bkaḥ stsal lags na /

(34) 以下，復元の際に依拠した資料を挙げる。

波羅頗蜜多羅訳・無著菩薩造『大乗荘厳経論』巻第五「述求品」之二（『大正』vol.31, p.615a）

無自体故成前為後依止　**無生復無滅**本静性涅槃
釈曰。無自体故成前為後依止者。由前無性故次第成立後無生等。問：此云何。答：無**生復無滅**本静性涅槃。若無性則**無生**。若**無生**則**無滅**。若**無滅**則本来寂静。若本来寂静則自性涅槃。如是前前次第為後後依止。此義得成。已説求無自性。

MSA XI［Dharma-paryeṣṭi］k.51 with *MSABh*（舟橋尚哉［2000］, p.50, 14 ～ 19）
niḥ-sva-bhāva-tayā siddhā uttarottara-niśrayāt /
an-utpannā-niruddhā*di-śānta-prakṛti-nirvṛtāḥ* //XI.51//
siddhā niḥ-sva-bhāva-tayā 'n-utpādādayaḥ.（Ns 56b）yo hi niḥ-sva-bhāvaḥ so **'n-utpanno** yo **'n-utpannaḥ** so **'niruddho** yo **'niruddhaḥ** sa ādi-śānto ya ādi-śāntaḥ sa prakṛti-parinirvṛta ity evam uttarottara-niśrayair ebhir *niḥ-sva-bhāva-tādibhir* niḥ-sva-bhāva-tayā 'n-utpādādayaḥ siddhā bhavanti.（Lévi 氏の *MSA* のフランス語訳に示される還梵テキストが Lamotte［1935］, p.193 note 2 にチベット訳とともに引用されるほか，池田道浩［2000］, pp.628 ～ 629 に引用・和訳され，岩本明美［2002］, p.423 でも和訳されている）

VyY II（Lee［2001］, p.229, 12 ～ 13. 本庄良文［1992］, p.105 に和訳あり）
"chos thams cad ni ṅo bo ñid med pa / ma skyes pa ma ḥgags pa" ṣes bya ba......

『釈軌論』の作者ヴァスバンドゥはこの経文の意図を「愚者による遍計所執自性の存在性に対する執着を除去するためである」と説明する。Cf. 本庄良文［1992］, p.105；T. Horiuchi［2004］, pp.41 ～ 42.

玄奘訳・無著菩薩造『大乗阿毘達磨集論』巻第六「決択分中法品」第二（『大正』vol.31, p.687c ～ 688a）
如方広分説：「一**切諸法**皆無自性」。依何密意説……又於彼説言：「一切諸法**無生無滅**。本来寂静自性涅槃」。依何密意説。

AS［Dharma-pariccheda］（Pradhan［1950］, p.84, 11；15 ～ 16）
yad uktaṃ Vaipulye："niḥ-sva-bhāvāḥ **sarva-dharmā**" iti. tatra ko 'bhisandhiḥ......
"**an-utpannā a-niruddhā** ādi-śāntā(ḥ) prakṛti-parinirvṛtā" iti. ko 'bhisandhiḥ.（Gokhale による *AS* の梵文断片の刊本は未入手につき，直接披見していない。けれども，この節が Gokhale 本にも収録されていることは袴谷憲昭［1994］, p.127；瑜伽行思想研究会［2003］, p.696；p.698 における転載から確認できる）

玄奘訳・安慧菩薩糅釈上集論『大乗阿毘達磨雑集論』巻第十二「決択分中法品」第二之二（『大正』vol.31, p.751a）
……大乗経中所説：「**一切諸法**皆無自性**無生無滅**本来寂静自性涅槃」等言……

ASBh［Dharma-viniścaya］§132B（i）（Tatia［1976］, p.112, 20 ～ 21）
tatra（i）"niḥ-sva-bhāvāḥ **sarva-dharmā an-utpannā**" ity evam-ādikaṃ mahā-yāne rutam......

Sthiramati's *TrVBh* ad k.23（Lévi［1925］, p.41, 2 ～ 3. 池田道浩［2000］, p.627；p.638, 註 6 に引用・和訳されている）
yadi dravyam eva para-tantraḥ kathaṃ ṣūtre "**sarva-dharmā** niḥ-sva-bhāvā **an-utpannā**

a-niruddhā” iti nirdiśyante.

BCAP IX［Prajñā-pāramitā］（Vaidya［1988］, p.254, 5 ～ 6；8）

ata eva “**sarva-dharmāḥ**” sarva-kalpanā-śūnya-tvād **an-utpannā-niruddha**-tvāc ca “prakṛti-parinirvṛtā ādi-śāntā” ity ucyante......vāstava-rūpā-bhāvāc ca “**an-utpannā-niruddhā**” ity ucyante.

Also cf. *BCAP* IX（ibid., p.252, 30；p.255, 10；p.281, 1；12；17 ～ 18）

(35) 袴谷憲昭［1994］（pp.14 ～ 15）において袴谷憲昭氏は『解深密経』がそれに対して解釈学をうち立てようとした〈般若経〉の文言の所在について「それは『二万五千頌般若』の系統に現れる文言なのであるが，とりわけこの系統には後世の増広改変もあったと想定されるので，当の箇所の文言の確定さえ容易ではない」としながらも，玄奘訳『大般若経』の次の箇所を註に指示しつつ（ibid., p.49, 註 15），現代語訳を試みておられる（現代語訳の引用は省略する）。

玄奘訳『大般若経』巻第三百九十四「初分厳浄仏土品」第七十二之二（『大正』vol.6, p.1038b）

於樹林等内外物中。常有微風互相衝撃。発起種種微妙音声。彼音声中説：「**一切法**皆無自性。無性故空。空故無相。無相故無願。無願故**無生**。**無生**故**無滅**。是故諸法**本来寂静自性涅槃**。若仏出世若不出世法相常爾」。彼仏土中諸有情類。若昼若夜若行若立若坐若臥。常聞如是説法之声。

袴谷氏は同註において玄奘訳『大般若経』「初会」のこの経文が同じく「第二会」「第三会」にもほとんど同文で現れることを指摘し，Conze 版『一万八千頌般若』の梵文テキストの頁数をも指示しておられる。そして，旧訳『放光般若』や『大品般若』の各頁数を指示しつつ，「いずれと比較しても，玄奘訳が『解深密経』に近い最も進んだ形態を示している」という論評でその註を締めくくる。旧訳の対応箇所を見ると，〈空・無相・無願〉の三解脱門の教説がもっぱら言及され，肝心の「不生不滅・本来寂静・自性涅槃」のたぐいの文言はまったく確認できない。

無羅叉訳『放光般若経』巻第十九「建立品」第八十二（『大正』vol.8, p.136b）

但聞空無相無願之声。所聞内外音声譬如風過。所出音声如：「諸法之相。有仏無仏諸法常空。空者無相無有相者亦無有願」。所出音声其教如是。昼夜臥覚若坐若行常聞是音声。

羅什訳『大品般若経』巻第二十六「浄土品」第八十二（ibid., p.409a）

風吹七宝之樹随所応度而出音声。所謂：「空無相無作。如諸法実相」之音。「有仏無仏一切法相一切法相空。空中無有相。無相中則無可作出」。如是法音。若昼若夜若坐若臥若立若行常聞此法。

袴谷氏が『一万八千頌般若』の梵文テキスト（筆者未見）を具体的に引用しておられないという事実から憶測すると，旧訳と同じようにそこでも肝心の語句が欠けているのではないか，と想像したくなる。少なくとも，『二万五千頌般若』現行梵文には見出せないように思える。わたしは『解深密経』などの瑜伽行派経論が念頭に置き，玄奘訳『大般若経』の梵文原典に定着を見た経文は『入法界品』『十地経』『中論』『智光明荘厳経』などを経て徐々に定型化を遂げた表現であったのだろうと推定する。『瑜伽論・菩薩地』所引の〈甚深空性相応諸経典〉や『心経』の文言はその定型化の途上の段階にあるバリエーションのひとつであろう。

(36)「空性を語る形相」によって転ぜられると『解深密経』自身が規定する〈第二法輪〉の経文にも，先の〈甚深空性相応経典〉の場合と同様に，〈空性〉という術語は含まれない。

(37)　無羅叉訳『放光般若経』巻第十一「問相品」第五十（『大正』vol.8, p.77b）

仏告諸天子言：深般若波羅蜜者。**空則是相**無相無願相。［無行之相］無生滅相。……諸天子。般若波羅蜜甚深如是。如来者。為世俗故。亦不為道不為滅尽。

羅什訳『大品般若経』巻第十四「問相品」第四十九（ibid., p.325b）

仏告欲界色界諸天子：諸天子。**空相**是深般若波羅蜜相。無相無作［無起］無生無滅……是深般若波羅蜜相。諸天子。如是等相是深般若波羅蜜相。仏為衆生用世間法故説。非第一義。

玄奘訳『大般若経』巻第四百四十二「第二分示相品」第四十七之一（『大正』vol.7, p.230b）

爾時仏告諸天衆言：甚深般若波羅蜜多以**空為相**。甚深般若波羅蜜多以無相為相。甚深般若波羅蜜多以無願為相。……甚深般若波羅蜜多以無生無滅為相。……甚深般若波羅蜜多有如是等無量諸相。諸天当知。如是諸相一切如来応正等覚。為欲饒益世間天人阿素洛等。依世俗諦以想等想施設言説。不依勝義。

(38)　無羅叉訳『放光般若経』巻第十四「阿惟越致相品」第六十二（『大正』vol.8, p.97c）

仏言：如是。須菩提。欲知般若波羅蜜相。如**諸法**相。何以故。**諸法**寂故。**諸法**常浄故。以是故須菩提。般若波羅蜜相。則**諸法之相**。以**空**寂故。

羅什訳『大品般若経』巻第十八「夢誓品」第六十一（ibid., p.354a）

仏告須菩提：如是如是。如般若波羅蜜相**諸法**相亦如是。何以故。須菩提。**一切法**離相自性空相。以是因縁故。須菩提。如般若波羅蜜相**諸法**相亦如是。所謂離相**空相**故。

玄奘訳『大般若経』巻第四百五十三「第二分増上慢品」第六十之二（『大正』vol.7, p.288c）

仏告善現：如是如是如汝所説。有因縁故可説般若波羅蜜多所有妙相。**諸法**亦有如是妙相。何以故。善現。甚深般若波羅蜜多遠離為相。**諸法**亦以遠離為相。甚深般若波羅蜜多性空為相。**諸法**亦以性空為相。由此因縁可作是説。甚深般若波羅蜜多所有妙相。**諸法**亦有如是妙相。以**一切法**皆自性**空**離諸**相**故。

Pañca V（Kimura［1992］, p.12, 6 ～ 10）

Bhaga-vān āha：evam etad yena lakṣaṇena Subhūte prajñā-pārami-tā saṃvidyate tenaiva lakṣaṇena **sarva-dharmāḥ** saṃvidyante. tat kasya hetoḥ **sarva-dharmā** hi Subhūte（1）viviktā（2）a-sva-bhāvāḥ（3）sva-bhāva-śūnyāḥ, anena Subhūte paryāyeṇa yena lakṣaṇena prajñā-pārami-tā saṃvidyate tenaiva lakṣaṇena **sarva-dharmāḥ** saṃvidyante yad uta（1）vivikta-lakṣaṇena（3）**śūnya-tā-lakṣaṇena**.

(39)　Unidentifeid Sūtra quoted in *BCAP* IX（Vaidya［1988］, p.194, 8 ～ 10） uktaṃ ca Bhaga-vatā

——"**sarva-dharmāḥ** śūnyāḥ, **śūnya-tā-lakṣaṇa**ṃ cittam. sarva-dharmā viviktāḥ, vivikta-lakṣaṇaṃ cittam" iti.

『入菩提行論難語釈』第 9 章の当該箇所は〈自己感知批判〉節に含まれ，同節は塚田貫康［1988］，森山清徹［1996］に和訳されているが，当該箇所の引用経典は両氏によっても同定されていない。

(40)　惟浄等訳『仏説海意菩薩所問浄印法門経』巻第五（ibid., p.487a）

若或伺察幻法即能降蘊魔。安住**空法**能降煩悩魔。伺察**無生**無起之**法**能降死魔。……

(41)　恵厳等依泥洹経加之『大般涅槃経』［436 年訳出］巻第三十六「憍陳如品」下（『大正』vol.12, p.850b）

阿摩隷・毘摩隷・涅磨隷・瞢伽隷・醯摩羅若竭鞞・三慢那跋提・娑婆他娑檀尼・婆羅磨他娑檀尼・磨那斯・阿拙提・毘羅祇・菴羅頼低・婆嵐弥・婆嵐摩莎隷・富泥・富那摩奴頼綈

(42)　失訳『大金色孔雀王呪経』［大塚伸夫（2004b）に従って西域沙門帛尸利蜜多訳の別本に比定：317 〜 322 年訳出］および失訳『仏説大金色孔雀王呪経』［帛尸利蜜多訳に比定：317 〜 322 年訳出］には当該真言句は含まれていない。

僧伽婆羅訳『孔雀王呪経』［518 〜 524 年訳出］巻上（『大正』vol.19, p.448a）

悉提〈途枳反〉醯〈呼枳反後皆同〉藪悉提醯・武遮尼武叉尼・木柢〈都此反後皆同〉毘木柢・阿摩離・毘摩離〈都紙反〉・尼摩離・曼陀離・亡伽離・喜蘭耳治跋婢・頼那伽婢・醯摩牖里跋陀離・修跋陀離・婆修跋陀離・娑満多跋陀離・薩婆他娑陀尼・波羅末他娑陀尼・摩那死・摩訶摩那死・鶡部柢〈都紙反後皆同〉・鶡哲部柢・鶡帚柢・阿羅是・毘羅是・阿摩里柢・阿摩隷・婆羅弥・婆羅娑離・趺〈方牟反後皆同〉羅耐〈奴翅反〉・趺羅那摩弩脂・弥里多三恃婆底・死里跋陀隷・旃〈遮千反後皆同〉陀隷・旃陀羅波羅譬〈敷俾反〉・修離易〈易移反下皆同〉・修羅那干諦〈都豉反〉・毘多頗易・修跋抳・婆羅摩瞿屣・婆羅摩述柢〈都此反後皆同〉・薩婆波羅底訶柢・娑訶・礼一切諸仏。願守護我令得安穏。止咎・止咎・臭止・母止・娑訶。

義浄訳『仏説大孔雀呪王経』［705 年訳出］巻上（ibid., p.461b）

南謨・仏陀也・南謨・達摩也・南謨・僧伽也・南謨・蘇跋拏婆薩写・摩瑜利曷囉慎若南・謨莫・訶摩瑜利褭仳地〈亭夜反〉囉慎若〈而褭反〉・怛姪他・悉睇・蘇悉睇・謨折儞・木察儞・木帝・毘木底・**阿末麗・毘末麗**・涅末麗・班達〈亭黠〉囇・忙掲勵呬闌若掲鞞曷・喇怛娜掲鞞・跋姪囇・蘇跋姪麗・三曼頞跋姪囇・薩婆頞他〈上〉娑但儞・鉢囉摩頞他娑但儞・薩婆捺他娑但儞・薩婆忙掲羅娑但儞・末捺死・摩捺死・莫訶摩捺死・頞歩帝・頞窒歩帝・頞卒〈子律反〉帝頞喇逝・毘喇誓・毘末麗・阿蜜嘌帝・阿末麗・阿末喇儞・跋囉蚶〈火甘反〉謎跋囉蚶摩莎〈入〉麗・哺哼泥〈去〉・哺哼拏曼奴喇剃・阿蜜嘌頞僧侍伐儞・室唎跋姪麗・旃姪囇・旃達鉢喇媲・蘇利耶・蘇利耶千帝・鼻多婆耶・蘇伐泥〈去〉・跋囉蚶摩瞿屣〈生豉反〉・跋囉蚶摩樹率帝・薩跋怛囉阿鉢底喝帝・莎訶・南謨・薩婆仏陀喃・莎悉底・我名某甲幷諸眷属。所求願満常為擁護。寿命百歳得見百秋・忽止・輸止・具止・母止・莎訶。

不空訳『仏母大金曜孔雀明王経』［741 ～ 771 年訳出］巻上（ibid., pp.418b ～ 419a）
曩謨・母馱〈引〉野〈一〉曩謨・達麼野〈二〉曩謨・僧〈去〉伽〈去引〉野〈三〉曩謨〈四〉蘇〈上〉韈囉拏〈二合引四〉嚩婆〈引〉薩写〈五〉麼庾〈引〉囉〈引〉囉枳孃〈二合六〉曩謨・摩賀麼〈引〉庾哩曳〈二合七〉尾儞也〈二合〉囉枳惹〈二合八〉怛儞也〈二合〉他〈引九〉悉第〈十〉蘇悉第〈十一〉謨左額〈十二〉謨刹抳〈十三〉目訖帝〈二合十四〉尾目訖帝〈二合十五〉**阿麼黎**〈十六〉**尾麼黏**〈十七〉額〈寧逸反〉麼黎〈十八〉甞誐黎〈十九〉呬懶孃糵陛〈二十〉囉怛曩〈二合〉糵陛〈二十一〉跛捺嚇〈二合二十二〉蘇跛捺嚇〈二合二十三〉三満多跛捺嚇〈二合二十四〉薩嚩〈引〉囉他〈二合〉娑〈引〉馱額〈二十五〉跛羅沫〈引〉他娑〈引〉馱額〈二十六〉薩嚩囉他〈二合〉鉢囉〈二合〉嚩〈引〉馱額〈二十七〉薩嚩甞誐囉娑〈去引〉馱額〈二十八〉麼曩枲〈二十九〉麼曩枲〈三十〉摩賀麼〈引〉曩枲〈三十一〉曷歩帝〈三十二〉頞頞窒〈丁結反〉納部〈二合〉帝〈三十三〉頞卒〈子律反〉帝〈三十四〉阿〈上〉惹嚇〈二合三十五〉尾惹嚇〈三十六〉尾麼黎〈三十七〉阿〈上〉蜜哩〈二合〉帝〈三十八〉阿〈上〉麼黎〈三十九〉阿麼囉抳〈四十〉没囉〈二合〉憾謎〈二合四十一〉没囉〈二合〉憾麼〈二合〉娑嚩嚇〈四十二〉布囉儜〈四十三〉布囉拏〈二合〉麼努〈鼻引〉囉剃〈四十四〉蜜哩〈二合〉多散喏〈引〉嚩額〈四十五〉室哩〈二合引〉跛捺嚇〈二合〉戦捺嚇〈二合四十六〉戦捺囉〈二合〉鉢囉〈二合〉陛〈四十七〉素哩曳〈二合四十八〉素哩野〈二合〉建〈引〉帝〈四十九〉味多婆曳〈五十〉蘇韈額〈五十一〉没囉〈二合〉憾麼〈二合〉具〈引〉灑〈五十二〉没囉〈二合〉憾麼〈二合〉乳瑟皶〈二合五十三〉薩嚩怛囉〈二合五十四〉鉢囉〈二合〉底賀帝〈五十五〉娑嚩〈二合〉賀〈五十六〉那莫・薩嚩没馱南〈五十七〉娑嚩〈二合〉娑底〈二合〉麼麼曩薩写〈五十八〉颯跛哩嚩囉乞産〈二合引五十九〉屈勿〈二合引〉挽〈引〉覩〈六十〉喏〈引〉嚩覩〈六十一〉韈囉灑〈二合〉設単鉢扇覩〈六十二〉設囉難〈引〉設単〈六十三〉護呰〈六十四〉虞呰・具呰・畝呰〈六十五〉娑嚩〈二合引〉賀〈引六十六〉

Mahā-māyūrī（田久保［1972］, pp.8, 15 ～ 9, 4；曇無讖訳『大般涅槃経』巻第四十所説〈陀羅尼〉十六句に相当する語句に番号を付した）

namo buddhāya namo dharmāya namaḥ saṃghāya, namaḥ Suvarṇāvabhāsasya māyūra-rājñaḥ. namo Mahā-māyūryai vidyā-rājñyai. **tad yathā**. siddhe susiddhe, mocani mokṣaṇi, mukte vimukte,（1）**a-male**（2）**vimale**（3）nir-male, aṇḍare paṇḍare,（4）maṅgale maṅgalye, hiraṇye（5）hiraṇya-garbhe, ratne ratna-garbhe, bhadre subhadre（6）samanta-bhadre,（7）sarvārtha-sādhani（8）paramārtha-sādhani **sarvān**-artha-**praśamani** sarva-maṅgala-sādhani, sarva-maṅgala-vādhani,（9）manasi mānasi mahā-mānasi,（10）adbhute atyadbhute, mukte mocani mokṣaṇi, a-cyute, a-raje（11）viraje, vimale,（12）a-mṛte a-mare a-maraṇi（13）brahme（14）brahma-svare,（15）pūrṇe（16）pūrṇa-mano-rathe, mṛta-saṃjīvani, śrī-bhadre candre candra-prabhe, sūrye sūrya-kānte, vīta-bhaye, suvarṇe brahma-ghoṣe brahma-jeṣṭe sarvatrā-pratihate, rakṣa rakṣa māṃ sarva-satvānāṃś ca **svāhā**. namaḥ sarva-buddhānāṃ svastir bhavatu Svāter bhikṣor mama sarva-satvānāñ ca. jīvantu varṣa-śataṃ paśyantu śaradā-śataṃ. **tad yathā**. huci guci muci **svāhā**

『孔雀明王経』の当該真言句中の **sarv**ān-artha-**praśamani**（**一切の**不利益／害悪**を鎮めてくれる**女尊よ）は『小本・心経』に説く真言の効能 sarva-duḥkha-praśamanaḥ（一切の苦しみを鎮めてくれるもの）を連想させる。

(43) 『孔雀明王経』の初訳にもトレースできる別の明呪をあげておく。失訳［帛尸利蜜多訳別本］『大金色孔雀王呪経』（『大正』vol.19, p.478b ～ c）

即説呪曰　何迦帝〈都界反〉・毘迦帝……吉祥・普賢・成一切事・**無垢・浄妙**・月賢・日愛……

失訳［帛尸利蜜多訳］『仏説大金色孔雀王呪経』（ibid., pp.480c ～ 481a）

即説呪曰　阿迦帝・阿迦帝……吉利・善賢・成一切事・**無垢・浄妙**・月賢・日愛……

僧伽婆羅訳『孔雀王呪経』巻上（ibid., pp.451c ～ 452a）

説呪如是　阿柯智・毘柯智……亡伽離・三曼陀跋陀離・薩婆羅他莎他膩・**柯摩離・毘摩離**・旃陀羅波羅譬〈敷臂反〉・修利竿智……

義浄訳『仏説大孔雀呪王経』巻中（ibid., pp.466c ～ 467a）

怛姪他・阿羯智〈貞勵反〉・毘羯智……忙揭勵・三曼多跋姪囇・呬闌喏揭鞞・薩婆頞他娑憚儞・**阿末囇・毘末麗**・旃達羅鉢喇婗・蘇利耶建帝……

不空訳『仏母大孔雀明王経』巻中（ibid., p.426a ～ b）

怛儞也〈二合〉他〈引一〉阿〈上〉迦皺〈二〉尾迦皺〈三〉……瞢蘗黎〈引六十一〉三〈去〉満多跛捺嚟〈二合六十二〉薩嚩〈引〉囉他〈二合〉娑〈去引〉馱韥〈六十三〉**阿麼嚟**〈六十四〉**尾麼嚟**〈六十五〉賛捺囉〈二合〉鉢囉〈二合〉陛〈六十六〉素〈引〉哩野〈二合〉建〈去引〉帝〈六十七〉……

Mahā-māyūrī（田久保［1972], p.23, 21 ～ 22；p.24, 9 ～ 10）

tad yathā akaṭe vikaṭe......maṅgale samanta-bhadre hiraṇya-garbhe, sarvārtha-sādhani, **a-male vimale**, candre candra-prabhe, sūrye sūrya-prabhe sūrya-kānte......

また,『宝星陀羅尼経』の例は以下のとおりである。

曇無讖訳『大方等大集経』巻第二十一「宝幢分第九中陀羅尼品」第六（『大正』vol.13, p.147a）

即説呪曰：**阿摩犁**〈一〉**比摩犁**〈二〉伽那沙蹋〈三〉……

波羅頗蜜多羅訳『宝星陀羅尼経』巻第六「陀羅尼品」第六之一（ibid., p.567a）

多地也他〈一〉**阿摩離**〈二〉**毘摩離**〈三〉伽拏山地〈四〉……

Ratna-ketu VI（久留宮［1978], p.143, 9）

tad yathā **a-male vimale** gaṇa-ṣaṇḍe......

(44) 不空訳『仏母大孔雀明王経』巻中（『大正』vol.19, p.430a ～ b）

阿難陀復有七十三大羅刹女。彼等於菩薩処胎時初生時及生已。此羅刹女等常為守護。其名曰：

劫比囉羅刹女……**尾麼羅**羅刹女・馱囉抳羅刹女……摩哩支羅刹女……迦離羅刹女……摩蹬儗羅刹女・冰蘗羅羅刹女……没羅憾弥羅刹女……持金剛羅刹女……持地羅刹女……**無垢**羅刹女……燥暴羅刹女……

Mahā-māyūrī（田久保［1972], p.35, 2 ～ 3；5 ～ 9；12 ～ 13；15 ～ 16；p.36, 4；

七十五の羅刹女名リストに通し番号を打ち，わたしの興味を惹く名前だけを抜粋した）

udgṛhṇa tvam Ānanda mahā-rākṣasīnāṃ nāmāni tad yathā.

① Kapilā nāma rākṣasī...... ⑨ **Vimalā** nāma rākṣasī, ⑩ Dharaṇī nāma rākṣasī...... ⑬ Mārīcī nāma rākṣasī...... ⑯ Kālī nāma rākṣasī...... ㉒ Mātaṅgī nāma rākṣasī, ㉓ Piṅgalā nāma rākṣasī...... ㊱ Brāhmī nāma rākṣasī...... ㊳ Vajra-dharā nāma rākṣasī...... ㊻ Vasuṃ-dharā nāma rākṣasī...... ㊾ **A-malā** nāma rākṣasī...... ⑪ Caṇḍālī nāma rākṣasī......

(45)　本文では本田義英氏の研究を活用するために便宜上『大般涅槃経』を表に出しておいたが，『小本・心経』散文部やマントラとの親近性は『大般涅槃経』よりもむしろ『孔雀明王経』や『宝星陀羅尼経』に多く認められる。

(46)　支婁迦讖訳『道行般若経』［179年訳出］巻第三「清浄品」第六（『大正』vol.8, p.443a）

不満色行。為行般若波羅蜜。**不満**痛痒思想生死識行。為行般若波羅蜜。色**不満**為非色行。為行般若波羅蜜。痛痒思想生死識**不満**為非識行。為行般若波羅蜜。

羅什訳『小品般若経』［408年訳出］巻第四「歎浄品」第九（ibid., p.552a ～ b）

若**不**行色**不満足**。即行般若波羅蜜。**不**行受想行識**不満足**。即行般若波羅蜜。何以故。色**不満足**則非色。受想行識**不満足**則非識。若能如是行**不満足**相。即行般若波羅蜜。

玄奘訳『大般若経』巻第五百四十五「第四分清浄品」第八（『大正』vol.7, p.803a ～ b）

復次善現。諸菩薩摩訶薩若**不**行色**不円満**相是行般若波羅蜜多。若**不**行受想行識**不円満**相是行般若波羅蜜多。所以者何。色**不円満**即非色。受想行識**不円満**即非受想行識。若**不**如是行是行般若波羅蜜多。

施護訳『仏母出生三法蔵般若経』［1004年訳出］巻第八「清浄品」第八之一（『大正』vol.8, p.617b）

不行色**満足・不満足**相是行般若波羅蜜多。何以故。若行色**満足・不満足**相即非色。**不**行受想行識**満足・不満足**相是行般若波羅蜜多。何以故。若行受想行識**満足・不満足**相即非識。若如是**不**行諸法是名行般若波羅蜜多。

Aṣṭa VIII［Viśuddhi-parivarta］（Vaidya［1960a］, p.96, 23 ～ 27）

sa ced rūpam **a**-prati**pūrṇaṃ** prati**pūrṇam** iti **na** carati, carati prajñā-pārami-tāyāṃ. yā ca rūpasy**ā**-prati**pūrṇa**-tā prati**pūrṇa**-tā vā, na tad rūpam. evam vedanā samjñā saṃskārāḥ. sa ced vijñānam **a**-prati**pūrṇaṃ** prati**pūrṇam** iti **na** carati, carati prajñā-pārami-tāyām. yā ca vijñānasy**ā**-prati**pūrṇa**-tā prati**pūrṇa**-tā vā, na tad vijñānam. sa ced evam api **na** carati, carati prajñā-pārami-tāyāṃ.

(47)　無羅叉訳『放光般若経』巻第九「無作品」第四十四（『大正』vol.8, p.65c）

復次須菩提。菩薩行般若波羅蜜。**不具足**行五陰。為行般若波羅蜜。乃至薩云若**不具足**行。為行般若波羅蜜。何以故。五陰**不具足**為非五陰。**不**作是行為行般若波羅蜜。乃至薩云若**不具足**為非薩云若。**不**作是行為行般若波羅蜜。

羅什訳『大品般若経』巻第十二「無作品」第四十三（ibid., p.308c）

復次須菩提。菩薩摩訶薩行般若波羅蜜時。**不**行色**不具足**。是行般若波羅蜜。**不**行受想行識**不具足**。是行般若波羅蜜。乃至**不**行一切種智**不具足**。是行般若波羅蜜。何以故。色**不具足**者是不名色。如是亦**不**行為行般若波羅蜜。受想行識**不具足**者。是不名識。如是亦**不**行為行般若波羅蜜。乃至**不**行一切種智**不具足**者。是不名一切種智。如是亦**不**行為行般若波羅蜜。

玄奘訳『大般若経』巻第四百三十六「第二分無摽幟品」第四十一之一（『大正』vol.7, p.197a ～ b）

復次善現。菩薩摩訶薩行般若波羅蜜多時。**不**行色**円満**。**不**行色**不円満**是行般若波羅蜜多。**不**行受想行識**円満**。**不**行受想行識**不円満**是行般若波羅蜜多。如是乃至**不**行一切智**円満**。**不**行一切智**不円満**是行般若波羅蜜多。……何以故。善現。菩薩摩訶薩行般若波羅蜜多時。尚不見不得色受想行識。況見況得色受想行識若**円満**若**不円満**。如是乃至尚不見不得一切智［道相智一切相智］。況見況得一切智［道相智一切相智］若**円満**若**不円満**。

（48） 無羅叉訳『放光般若経』巻第九「無作品」第四十四（『大正』vol.8, p.66a ～ b）

諸菩薩摩訶薩発阿耨多羅三耶三菩意者。為建大精進力。世尊。菩薩為衆生発阿耨多羅三耶三菩意者。為建大誓已。世尊。是菩薩摩訶薩為大勇猛為虚空等衆生発阿耨多羅三耶三菩。何以故。世尊。仮令三千大千刹土。其中所有尽為如来。譬如叢林甘蔗竹葦稲麻草木薬果諸樹尽為如来。一一諸仏各説経法。或至一劫復過一劫。一一如来各度衆生。無央数衆不可復計。**不**覚衆生之性有**増**有**減**。何以故。衆生無所有寂故。世尊。置是三千大千国土。十方恒辺沙一沙為一仏国。爾所仏国其中所有皆為如来。教化衆生不可計量不可称度。衆生之性**無増無減**。所以者何。一切衆生皆空寂故。是故衆生無始無終与空等故。世尊。以是故我作是説。欲度衆生者為欲度空耳。

羅什訳『大品般若経』巻第十二「無作品」第四十三（ibid., p.309b）

世尊。諸菩薩摩訶薩得大精進力。欲度衆生故発阿耨多羅三藐三菩提心。世尊。諸菩薩摩訶薩大誓荘厳。欲度衆生故発阿耨多羅三藐三菩提心。世尊。諸菩薩摩訶薩大勇猛為度如虚空等衆生故。発阿耨多羅三藐三菩提心。何以故。世尊。若三千大千世界満中諸仏。譬如竹葦甘蔗稲麻叢林諸仏。若一劫若減一劫常説法。一一仏度無量無辺阿僧祇衆生令入涅槃。世尊。是衆生性亦**不減**亦**不増**。何以故。衆生無所有故。衆生離故。乃至十方世界中。諸仏所度衆生亦如是。世尊。以是因縁故我如是説。是人欲度衆生故発阿耨多羅三藐三菩提心。為欲度虚空。

玄奘訳『大般若経』巻第四百三十七「第二分無摽幟品」第四十一之二（『大正』vol.7, p.198b）

世尊。諸菩薩摩訶薩最極勇健。為如虚空所求無上正等菩提擐功徳鎧発勤精進。世尊。諸菩薩摩訶薩為如虚空諸有情類成熟解脱獲大利楽勤修苦行。欲証無上正等菩提甚為希有。何以故。世尊。仮使三千大千世界満中如来応正等覚。如竹麻葦甘蔗等林。若経一劫或一劫余。為諸有情常説正法。各度無量無辺有情。令入涅槃畢竟安楽。而有情界**不増不減**。所以者何。以諸有情皆無所有性遠離故。世尊。仮使十方一切世界満中如来応正等覚。如竹麻葦甘蔗等林。若経一劫或一劫余。為諸有情常説正法。各度無量無辺有情。令入涅槃畢竟安楽。而有情界**不増不減**。所以者何。以諸有情皆無所有性遠離故。

世尊。由此因縁我作是説。諸菩薩摩訶薩為如虚空諸有情類成熟解脱獲大利楽勤修苦行。欲証無上正等菩提甚為希有。

(49)「不足化（ūna-tva）」・「充満化（pūrṇa-tva）」というターミノロジーの一致と「有情界」という主題の一致がまさに『不増不減経（*An-ūnatvā-pūrṇatva-nirdeśa-parivarta*）』にも認められる。『不増不減経』という経題の命名の由来となった「有情界に増減はなく，増減ありとするのは大邪見である」という主張が同経の冒頭部で詳述されており，『二万五千頌般若』第 3 章の第二パラグラフに萌芽した「有情界不増不減」思想をアレンジして発展させたことが判明するが，『宝性論』は『不増不減経』から「法身」思想の記述を頻繁に引用するにも拘わらず，同経の冒頭部をまったく引用せず，言及もしない。『不増不減経』の「有情界不増不減」思想は後世のインドにおける如来蔵教義学の体系からは締め出され，無視されているようである。菩提流支訳『仏説不増不減経』の冒頭部のほんのさわりを引用しておく（『大正』vol.16, p.466a ～ b）。

世尊。一切衆生従無始世来。周旋六道往来三界。於四生中輪廻生死受苦無窮。世尊。此衆生聚衆生海。為有**増減**為**無増減**。此義深穏我未能解。若人問我当云何答。爾時世尊。告舎利弗。善哉善哉。舎利弗。汝為安穏一切衆生。安楽一切衆生。憐愍一切衆生。利益一切衆生。饒益安楽一切衆生。諸天人故。乃能問我是甚深義。舎利弗。汝若不問如来応供正遍知如是義者有多過咎。所以者何。於現在世及未来世。諸天人等一切衆生。長受衰悩損害之事。永失一切利益安楽。舎利弗。大邪見者。所謂：見衆生界**増**。見衆生界**減**。舎利弗此大邪見諸衆生等。以是見故生盲無目。是故長夜妄行邪道。以是因縁於現在世堕諸悪趣。……

詳細は高崎直道氏の明解な現代語訳を参看願いたい。高崎直道［1975］所収「不増不減経」(pp.45 ～ 53)。

(50)　大正大梵語仏典研究会［2004b］で提示された梵語写本の“na cāsya loka-dhātor utpīḍane saṃbādhaḥ”という読み（p.457, 8 ～ 9）は大正大梵語仏典研究会の校訂本［2006］では“na cāsya loka-dhātor utpī*ḍo na* saṃbādhaḥ”（p.113, 17 ～ 18）と校訂され，写本自体の読みも脚註 4 において“na cāsya loka-dhātor utpī*ḍā na* saṃbādhaḥ”と変更されている。校訂テキストは「そして，この［サハー］世界は圧迫されることもなく (na)，窮屈になることもない (na)」というように否定辞 na が二つ挿入された文章として試訳しうる。しかるに諸漢訳「**不**迫隘（or **不**迫迮)」でもチベット訳“dog ciṅ gcer baḥan med do”でも否定辞は一つしか使われておらず，校訂テキストは諸漢訳・チベット訳によって支持されない。校訂者の一人，高橋尚夫先生から頂戴した 2009 年 3 月 26 日付けの書簡と写本コピーによってやはり写本の綴りは utpīḍāna で動かし難いことを承ったが，梵語写本の当初の読みで十分に意味が通り，諸漢訳・チベット訳にも違背しない以上，むしろそれを校訂結果として採用するほうが合理的であろう。この提案は幸い高橋先生の賛同も得られた。ちなみにチベット訳『維摩経』の当該箇所は先学たちによってこう和訳されている。大鹿実秋訳［1969］「狭くなって圧迫されることもない」(p.266b16 ～ 17)；長尾雅人訳［1983］「窮屈に押しこめられているわけでもない」(p.165, 14)。

支謙訳『維摩詰経』［222 ～ 229 年間訳出］巻下「見阿閦仏品」第十二（『大正』

vol.14, p.535a）
維摩詰念欲喜衆会。即如其像正受三昧而為神足。居諸衆前於師子座。以右掌接妙楽世界来入忍土。……而妙楽世界入此忍土**不増不減**。又此土不迫隘。而彼土亦**不損**也。

鳩摩羅什訳『維摩詰所説経』［406 年訳出］巻下「見阿閦仏品」第十二（ibid., p.555b ～ c）
作是念已入於三昧現神通力。以其右手断取妙喜世界置於此土。……妙喜世界雖入此土而**不増減**。於是世界亦不迫隘如本無異。

玄奘訳『説無垢称経』［650 年訳出］巻第六「観如来品」第十二（ibid., p.585a ～ b）
其無垢称既作是思。不起于床入三摩地。発起如是殊勝神通。速疾断取妙喜世界。置于右掌入此界中。……妙喜国土雖入此界。然其衆相**無減無増**。堪忍世間亦不迫迮。雖復彼此二界相雑。各見所居与本無異。

チベット訳『維摩経』（大正大梵語仏典研究会［2004b］, p.454, 24 ～ 27；p.456, 16 ～ 19）
de nas Lid tsa bī Dri ma med par grags pa de ḥdi lta buḥi tiṅ ṅe ḥdsin la sñoms par źugs nas ḥdi lta buḥi rdsu ḥphrul mṅon par ḥdu byed ba mṅon par byas te, ḥjig rten gyi khams Mṅon par dgaḥ ba de ñi tshe bar bcad nas lag pa gyas pas blaṅs te ḥjig rten gyi khams Mi mjed ḥdir bcug go......ḥjig rten gyi khams Mṅon par dgaḥ ba de ḥjig rten gyi khams Mi mjed ḥdir bcug kyaṅ ḥjig rten gyi khams ḥdi **gaṅ baḥan, dri bar yaṅ mi** mṅon te, dog ciṅ gcer baḥan med do. ḥjig rten gyi khams Mṅon par dgaḥ ba de yaṅ **dri ba med** de sṅon ji lta ba bźin du phyis kyaṅ de bźin du sṅan ṅo.

（51） *Vimala* XII［Nigamana-parīndanā-parivarta］§5（大正大梵語仏典研究会［2004b］, p.470, 18 ～ 23）
yaś ca punaḥ Devendra kula-putro vā kula-duhitā vā imaṃ tri-sāhasra-mahā-sāhasraṃ loka-dhātuṃ tathāgata-［***pari-***］**pūrṇṇaṃ** tad yathāpi nāmekṣu-vanaṃ vā naḍa-vanaṃ vā veṇu-vanaṃ vā tila-vanaṃ vā evaṃ śāli-vanaṃ vā prati**pūrṇṇaṃ** kalpaṃ vā kalpāvaśeṣaṃ vā satkuryād gurukuryān mānayet pūjayet tāṃs tathāgatān sarva-pūjābhi［*-ḥ*］sarva-sukhopadhānaiḥ.
神々の帝王よ，さらに誰であれ，部族の子息，或いは，部族の娘が――この三千大千世界がかく来れるお方たちによって**すっかり満たされている**こと，あたかも甘蔗の茂み，あるいは，葦の茂み，あるいは，竹林，あるいは，胡麻の茂み，あるいは，稲の茂みが**充満している**が如くだとして――カルパ，あるいは，カルパ＋α［の遠大な時間］をかけて，彼ら，かく来れるお方たちを尊敬し，尊重し，崇拝し，一切の供養物・一切の快適な調度品で供養するとしよう。（第 12「結論と委嘱」章）

（52） 曇無讖訳『大集経』巻第二十「宝幢分第九三昧神足品」第四（『大正』vol.13, p.143b）
諸仏境界不可思議。智慧方便不可思議。為欲調伏一切衆生。善男子。娑婆世界釈迦如来。智慧方便不可限量。善男子。釈迦如来一切衆生陰所摂身。一一皆如須弥山王。能令耆藶容其座処。是名如来智慧方便。亦令衆見葶藶不寛所座不迮。而葶藶子其質如本

無増減相。復次善男子。一切世界所有大地。悉令入於一微塵中。亦令微塵**無増減相**。是名「如来智慧方便」。……

波羅頗蜜多羅訳『宝星陀羅尼経』巻第五「相品」第五（ibid., p.562b）

諸仏境界入無辺平等智巧。無辺成熟衆生。無辺広博空処。諸善男子。彼釈迦如来大巧方便具足。善男子。所有衆生衆生界所摂者。但界入所依処。彼諸衆生。若一一衆生。仮使如須弥等身。彼釈迦如来。能令一切無量衆生。如是等身入芥子中。一一衆生所居之処。皆得広博空処。遠不相見一切衆生。如是大身入一芥子。而**不**覚知有**増減相**。復次善男子。所有地界是堅靭者。釈迦如来。悉能令彼一切地界入一最細隣虚塵中。彼大地微塵亦**不**覚知有**増減相**。是名「如来巧方便智如是具足」。……

チベット訳『宝星陀羅尼経』第 5 章（久留宮［1979］, p.157, 3 ～ 20）

saṅs rgyas bcom ldan 'das rnams kyi saṅs rgyas kyi źiṅ du 'dug pa［Id 63a］mñam pa ñid kyi ye śes la mkhas pas sems can yoṅsu su smin par mdzad pa ni mtha' yas so. rigs kyi bu dag de bźin gśegs pa śākya thub pa de thabs mkhas pa chen po daṅ ldan pas go skabs yaṅs so. rigs kyi bu dag yoṅs su brtags pa bzuṅ ste sems can gaṅ la la sems can gyi［L 368b］khams su bsdu bar bsdus pa, khams daṅ skye mched la gnas pa'i sems can de dag gal te re re'i lus kyaṅ ri rab tsam du gyur tu zin kyaṅ de bźin gśegs pa śākya thub pa des sems can lus de lta bur gyur pa de dag thams cad yuṅs 'bru gcig gi naṅ du chud par nus so. sems can re re źiṅ yaṅ yul daṅ gnas kyi go skabs yaṅs te, sems can de dag phan tshun du mig rgyaṅ gis kyaṅ mi sleb bo. yuṅs 'bru gcig tu sems can thams cad kyi lus bcug kyaṅ **bri ba** daṅ **gaṅ bar mi** mṅon te, rigs kyi bu dag de bźin gśegs pa śākya thub pa de ni thabs mkhas pa de lta bu daṅ ldan no.

rigs kyi bu dag gźan yaṅ sra ba ñid ji sñed pa de dag thams cad ni sa'i khams te, de bźin gśegs pa śākya thub pa des sa'i khams thams cad rdul gcig gi steṅ du 'jog nus la, rdul de gcig gi steṅ du sa'i khams thams cad［D236a］bźag kyaṅ **bri ba** daṅ **gaṅ bar mi** mṅon te, de bźin gśegs pa śākya thub pa de ni thabs mkhas pa de lta bu daṅ ldan no......

Ratna-ketu V［Lakṣaṇa-parivarta］（久留宮［1978］, pp.117, 12 ～ 118, 12）

(an-a)nto buddhānāṃ bhaga-vatāṃ buddha-viṣayāvatāra-sama-tā-jñāna-kauśalya-sa[t]tva-paripākaḥ[.] vistīrṇāvakāśaḥ. sa kula-putrā Śā（kya-munis tathāgato mahopāya-kauśalyena samanvāga)taḥ[.] ye ke cit kula-putrāḥ sa[t]tvāḥ sa[t]tva-dhātu-saṃgraha-saṃgṛhītāḥ dhātv-āyatana-saṃniśṛtās teṣāṃ sa[t]tvānāṃ sa ced ekaikasya su-(meru-pramāṇa ātma-bhāvo bhavet parikalpam upādā)ya śaktaḥ sa śākya-munis tathāgatas tān sarva-sa[t]tvān evaṃ-rūpātma-bhāvān ekasmin sarṣapa-phale praveśayituṃ[.] ekaikaś ca（sattvo vistīrṇāvakāśaḥ syān na ca parasparaṃ) te cakṣuṣa ābhāsam āgaccheran[.] **na** caikasyaikasya sarṣapa-phalasya sarva-sa[t]tva-mahātma-bhāva-praveśen**ona**-tvaṃ vā **pūrṇa**-tvaṃ vā prajñā[y]e（ta. evaṃ-rūpeṇa kula-putrā upāya-kauśalyena sa)manvāgataḥ sa śākya-munis tathāgatas iti.

punar aparaṃ kula-putrā yāvat karkaśa-tvaṃ tat sarva[ṃ] pṛthivī-dhātu. śaktaḥ sa （śākya-munis tathāgatas taṃ sarva-pṛthivī-dhātum eka）-rajāgre praveśayituṃ[.] **na** ca tasyaika-rajāgrasya sarva-pṛthivī-dhātu-praveśen**ona**-tvaṃ vā **pūrṇa**-tvaṃ vā prajñāyeta[.] evaṃ-rūpeṇo（pāya-kauśalyena samanvāgataḥ sa śākya-munis tathā）gata[ḥ] ......

本節はこのあと水界・風界・火界について同様に語り，最終的に釈迦如来は十方の仏国土を一切有情・四大種と一緒に一粒の塵の粉末に入れることができ，それでも，塵の粉末の中の〈不足化〉も〈充満化〉も知られないと述べる。わたしが『宝星陀羅尼経』第5章の当該記述に着目しえたのは『宝星陀羅尼経』の梵文断簡を扱う辛嶋静志氏の論文のおかげである。Karashima［2006］.

（53） 梵文『文殊般若経』への注意をわたしに喚起してくれたのは『大乗起信論』の「一行三昧」等々の止観行の記述の一部が曼陀羅仙訳『文殊般若波羅蜜経』の独自の訳文を踏襲していることを指摘する大竹晋氏の論文であった。大竹晋［2005a］.

（54） 曼陀羅仙訳『文殊師利所説摩訶般若波羅蜜経』［506年以降訳出］巻上（『大正』vol.8, p.726c）

仮使一仏住世。若一劫若過一劫。如此一仏世界。復有無量無辺恒河沙諸仏。如是一一仏若一劫若過一劫。昼夜説法心無暫息。各各度於無量恒河沙衆生。皆入涅槃。而衆生界亦**不増不減**。乃至十方諸仏世界。亦復如是。一一諸仏説法教化。各度無量恒河沙衆生。皆入涅槃。於衆生界亦**不増不減**。何以故。衆生定相不可得故。是故衆生界**不増不減**。

僧伽婆羅訳『文殊師利所説般若波羅蜜経』［520年以前訳出］（ibid., p.733b）

［無相無形不増不減。］舍利弗汝常作是念。一一世界有恒河沙等諸仏。住世恒河沙劫。説一一法。教化度脱恒河沙衆生。一一衆生皆得滅度。汝有如是念不。舍利弗言。文殊師利。我常作是念。

玄奘訳『大般若経』巻第五百七十四「第七曼殊室利分」之一（『大正』vol.7, p.964c）

使於此一仏土中。有如殑伽沙数諸仏。一一皆住爾所大劫。昼夜常説爾所法門。一一法門各能度脱爾所仏土諸有情類。悉皆令入無余涅槃。如此仏土有如是事。余十方面各如殑伽沙等世界亦復如是。雖有爾所諸仏世尊。経爾所時説爾所法。度脱爾所諸有情類。皆令証入無余涅槃。而有情界亦**無増減**。何以故。以諸有情自性離故。無辺際故**不可増減**。

Sapta-śatikā（Vaidya［1961］, p.341, 23 ～ 28）

sa ced bhadanta Śārad-vatī-putra parikalpam upādāya ekaikasmin buddha-kṣetre Gaṅgā-nadī-vālukopamā buddhā bhaga-vanto bhaveyuḥ, ekaikaś ca tathāgato Gaṅgā-nadī-vālukopamān kalpāṃs tiṣṭhet sa-rātriṃdivaṃ ca dharmaṃ deśayamānaḥ, ekaikayā dharma-deśanayā yāvanto Gaṅgā-nadī-vālukā-samair buddhair bhaga-vadbhiḥ sattvā vinītāḥ, tāvataḥ sattvān ekaikas tathāgataḥ ekaikayā dharma-deśanayā vinayet, evam api kṛtvā **na**iva sattva-dhātor **ūna**-tvaṃ vā **pūrṇa**-tvaṃ vā prajñāyate. tat kasmāt hetoḥ? sattva-vivikta-tvāt sattvā-sat-tvād bhadanta śārad-vatī-putra sattva-dhātor **na** c**ona**-tvaṃ vā **pūrṇa**-tvaṃ vā prajñāyate.

（55） 曼陀羅仙訳『文殊師利所説摩訶般若経』巻上（『大正』vol.8, p.727a）

於一切法心無増減。何以故。不見法界有増減故。世尊。若能如是是名修般若波羅蜜。

世尊。不見諸法有生有滅。是修般若波羅蜜。世尊。**不見諸法有増有減**。是修般若波羅蜜。

僧伽婆羅訳『文殊師利所説般若経』（ibid., p.734a）

若有増減則非修般若波羅蜜。世尊。不為法増不為法減。是修般若波羅蜜。

玄奘訳『大般若経』巻第五百七十四「第七曼殊室利分」之一（『大正』vol.7, p.965a ～ b）

世尊。修学甚深般若波羅蜜多。不得諸法可増可減。所以者何。非真法界有増有減。世尊。若能如是修者名「真修学甚深般若波羅蜜多」。復次世尊。若修般若波羅蜜多。於一切法不増不減。名「真修学甚深般若波羅蜜多」。若修般若波羅蜜多。於一切法不生不滅。名「真修学甚深般若波羅蜜多」。若修般若波羅蜜多。於**一切法不見増減**。名「真修学甚深般若波羅蜜多」。

Sapta-śatikā（Vaidya［1961］, pp.342, 31 ～ 343, 3）

sā Bhaga-van prajñā-pārami-tā-bhāvanā yā na kasya cid dharmasya hānir vā vṛddhir vopalabhyate. tat kasmāt hetoḥ? na hi Bhaga-van an-utpādo hīyate vā vardhate vā. yaivaṃ bhāvanā, sā prajñā-pārami-tā-bhāvanā. sā prajñā-pārami-tā-bhāvanā yā na kaṃ cid dharmam utpādayati vā nirodhayati vā. sā Bhaga-van prajñā-pārami-tā-bhāvanā yā na kasya cid **dharmasyona**-tvaṃ vā **pūrṇa**-tvaṃ vā karoti.

(56)　玄奘訳『大般若経』巻第五百九十三「第十六般若波羅蜜多分」之一（『大正』vol.7, p.1070a ～ b）

復次善勇猛。我依此義密意説言：「諸有情界**不**可施設有**減**有**満**」。所以者何。以有情界非有性故。諸有情界離有性故。如有情界**不**可施設有**減**有**満**。**諸法**亦爾**不**可施設有**減**有**満**。

Suvikrānta I［Nidāna-parivarta］（Vaidya［1961］, p.8, 6 ～ 8）

idaṃ ca me saṃdhāya bhāṣitam ―― **na** sattva-dhātor **ūna-tvaṃ** vā **pūrṇa-tvaṃ** vā prajñāyate. tat kasmād dhetoḥ? a-sat-tvāt sattva-dhātoḥ, vivikta-tvāt sattva-dhātoḥ. yathā ca sattva-dhātor **nona-tvaṃ na pūrṇa-tvaṃ** prajñāyate, evaṃ **sarva-dharmāṇām** api **nona-tvaṃ na pūrna-tvaṃ** prajñāyate.

(57)　無羅叉訳『放光般若経』巻第十一「大事興品」第五十一（『大正』vol.8, p.79c）

於是諸色天子諸欲天子。同時歎言：世尊。是摩訶般若波羅蜜不可思議。於是中出信楽。使諸声聞各得所応。威（成？）須陀洹・斯陀含・阿那含・阿羅漢・辟支仏道。又使諸菩薩摩訶薩。得或阿耨多羅三耶三菩阿惟三仏。是深般若波羅蜜亦**不増亦不減**。

羅什訳『大品般若経』巻第十五「成弁品」第五十（ibid., p.328c）

是時欲色界諸天子。倶発声言：世尊。是般若波羅蜜名「摩訶波羅蜜」。世尊。是般若波羅蜜名「不可思議・不可称・無有量・無等等波羅蜜」。信行・法行人・八人学是深般若波羅蜜。得成須陀洹・斯陀含・阿那含・阿羅漢・辟支仏。学是深般若波羅蜜。得成菩薩摩訶薩。是深般若波羅蜜中学得阿耨多羅三藐三菩提。是深般若波羅蜜亦**不増亦不減**。

玄奘訳『大般若経』巻第四百四十四「第二分成弁品」第四十八（『大正』vol.7, p.239a ～ b）

時諸天衆倶発声言：如是般若波羅蜜多是大波羅蜜多。是不可思議波羅蜜多。是不可称量波羅蜜多。是無数量波羅蜜多。是無等等波羅蜜多。世尊。諸随信行・若随法行・第八・預流・一来・不還・阿羅漢・独覚。皆於如是甚深般若波羅蜜多。精勤修学速出生死。証無余依般涅槃界。一切菩薩摩訶薩衆。皆於如是甚深般若波羅蜜多。精勤修学速証無上正等菩提。入無余依般涅槃界。世尊。雖諸声聞・独覚・菩薩皆依如是甚深般若波羅蜜多精勤修学各得究竟所作事業。而是般若波羅蜜多**無増無減**。

Pañca IV（Kimura［1990］, pp.80, 27 ～ 81, 4）

atha khalu te Kāmāvacarā Rūpāvacarāś ca deva-putrā udānam udānayāmāyuḥ：mahā-pārami-teyaṃ Bhaga-van yad uta prajñā-pārami-tā, a-cintya-pārami-tā 'tulya-pārami-tā 'prameya-pārami-tā'saṃkhyeya-pārami-tā 'sama-sama-pārami-teyaṃ Bhaga-van yad uta prajñā-pārami-tā, yatra hi nāma Bhaga-vann iha gambhīrāyāṃ prajñā-pārami-tāyāṃ śikṣitvā śraddhānusāriṇo niryāsyanti dharmānusāriṇo niryāsyanti aṣṭamakāḥ, srotaāpannāḥ sakṛd-āgāmino 'n-āgāmino arhantaḥ pratyeka-buddhāḥ, yatra śikṣitvā bodhi-sattvā mahā-sattvā an-uttarāṃ samyak-saṃbodhim abhisaṃbuddhā abhisaṃbudhyante abhisaṃbotsyante. **na** cāsyāḥ prajñā-pārami-tāyā **ūna**-tvaṃ vā **pūrṇa**-tvaṃ vā prajñāyate.

(58) わたしが「般若波羅蜜多」に対して三乗の仏教徒のあらゆる宗教行為の黒幕として暗躍する不気味な女性原理であるという印象をもつようになったのは拙稿：原田和宗［2005］で『八千頌般若』の“kṛtyaṃ karoti”の用法を調査したときだった。〈般若経典〉の「般若波羅蜜多」の全体像をここで描ききるのはとうてい不可能なので，拙稿［2005］でとり扱った『八千頌般若』の一例を梵文と和訳で再掲するだけにとどめたい。

Aṣṭa XIII［A-cintya-］.（Vaidya［1960a］, p.140, 5 ～ 11）

［Bhaga-vān：］......tad yathāpi nāma Subhūte rājñaḥ kṣatriyasya mūrdhābhiṣiktasya jana-pada-sthāma-vīrya-prāptasya yāni tāni rāja-kṛtyāni, yāni ca nagara-kṛtyāni, yāni ca jana-pada-kṛtyāni, sarvāṇi tāni amātya-samāyuktāni bhavanti. alpotsukas tato rājā bhavaty apahṛta-bhāraḥ. evam eva Subhūte ye ke-cid buddha-dharmā vā praty-eka-buddha-dharmā vā śrāvaka-dharmā vā, sarve te prajñā-pārami-tā-samāyuktāḥ. prajñā-pārami-tā tatra kṛtyaṃ karoti. anena Subhūte paryāyeṇa mahā-kṛtyenaiyaṃ prajñā-pārami-tā pratyupasthitā rūpasyā-parigrahāya an-abhiniveśāya.

［世尊：］……たとえば，スブーティよ，士族にして，灌頂され，民衆（or 地方）に対する支配権・威勢を獲得した王に［課せられる］王としての諸責務（kṛtyāni），都城に関する諸責務，民衆（or 地方）に関する諸責務，それら一切は大臣に委任されており，それゆえ，煩い少なき王は重荷をおろしている。それとまったく同じように，スブーティよ，いかなるブッダの諸教法（or 仏としてなすべき諸義務）であれ，一機縁による覚醒者の諸教法（or 独覚としてなすべき諸義務）であれ，聴聞者の諸教法（or 声聞としてなすべき諸義務）であれ，それら一切は〈智慧の究極性〉に委任されており，〈智慧の究極性〉がそれらに代わって責務を果たしてくれる（kṛtyaṃ karoti）。スブーティよ，こういった，交々の偉大な責務［の遂行］によって（mahā-kṛtyena），［生類たちが］物質を把捉しないようにし，執着しないようにするために，この〈智慧の究極性〉が現前してくるのである。（第 13 章）

(59)　チベット訳でのみ現存するプラシャーストラセーナ『聖般若波羅蜜多心広疏』およびジュニャーナミトラ『聖般若波羅蜜多心釈』では「〈空性〉**は**」(stong pa nyid **ni**) というようになぜか主格 (Nominative) で引用されている (渡辺章悟［1992］, p.225；望月海慧［1992］, p.52)。しかし, チベット訳『大本・心経』では「〈空性〉においては」(stoṅ-pa ñid la) と正しく於格 (Locative) で訳されている。

(60)　無羅叉訳『放光般若経』巻第五「不可得三際品」第二十六 (『大正』vol.8, p.34b)
舎利弗所問五陰是菩薩耶不可得見。是故五陰与菩薩皆不可得見。
竺法護訳『光讃経』巻第九「等三世品」第二十三 (ibid., p.205c)
舎利弗。色与菩薩亦無所有亦不可得。痛痒思想生死識亦復如是。
羅什訳『大品般若経』巻第七「十無品」第二十五 (ibid., p.268b)
空中色不可得。受想行識不可得。以是因縁故。舎利弗。色是菩薩是亦不可得。受想行識是菩薩是亦不可得。
玄奘訳『大般若経』巻第四百二十一「第二分無辺際品」第二十三之二 (『大正』vol.7, p.116a ～ b)
舎利子。色色性空。受想行識受想行識性空。何以故。色性空中色無所有不可得故。諸菩薩摩訶薩亦無所有不可得。受想行識性空中受想行識無所有不可得故。諸菩薩摩訶薩亦無所有不可得。
Pañca I (Dutt［1934］, pp.248, 20 ～ 249, 3)
［Subhūti：］rūpam Āyuṣ-man Śāri-putra rūpeṇa śūnyam vedanā-saṃjñā-saṃskārā vijñānam Āyuṣ-man Śāri-putra vijñānena śūnyam. tat kasya hetoḥ. **na** hy Āyuṣ-man Śāri-putra **śūnya-tāyāṃ rūpaṃ** saṃvidyate. nāpy śūnya-tāyāṃ bodhi-sattvaḥ saṃvidyate. **vedanā-saṃjñā-saṃskārā**. **na śūnya-tāyāṃ vijñānaṃ** saṃvidyate. nāpy śūnya-tāyāṃ bodhi-sattvaḥ saṃvidyate. anenāyuṣ-man Śāri-putra paryāyeṇa rūpam bodhi-sattva iti evam api na vidyate nopalabhyate. vedanā-saṃjñā-saṃskārā vijñānaṃ bodhi-sattva iti evam api na vidyate nopalabhyate.

(61)　『小本・心経』における〈空性次元における縁起の十二支の非存在〉の記述が『八千頌般若』第28章に対応することは中條裕康氏がつとに中條裕康［1988］, pp.15 ～ 18で指摘しておられたのだが, わたしは当初中條氏の論文の存在に気づかずに, abhinir√hṛの用法を採集する村上真完氏の一連の論文：村上真完［1998］・［2000］に引用・和訳される『八千頌般若』第28章の経文を拝見して『小本・心経』のkṣayaの用例との符合に思い至り, 拙稿：原田和宗［2002］pp.45 ～ 46, 註47でナティエ氏の『心経』偽経説に対する反論ポイントのひとつとしてこれをとりあげた。その研究成果の見落としにつきまして, 中條裕康氏に失礼をお詫び申し上げます。

(62)　支婁迦讖訳『道行般若経』［179年訳出］巻第九「不可尽品」第二十六 (『大正』vol.8, p.469b ～ c)
十二因縁**不可尽**。当作是思惟。般若波羅蜜。仏語：須菩提。菩薩当作是思惟。般若波羅蜜。菩薩当作是思惟。十二因縁適得其中。菩薩初坐樹下時。不共法思惟十二因縁。
羅什訳『小品般若経』［408年訳出］巻第九「見阿閦仏品」第二十五 (ibid., p.578c)

［受想行識**無尽**故是生般若波羅蜜。］須菩提。菩薩坐道場時。如是観一因縁。離於二辺。是為菩薩不共之法。

玄奘訳『大般若経』巻第五百五十四「第四分散花品」第二十八（『大正』vol.7, p.858b）

応観**無明**如虚空**無尽**故引発般若波羅蜜多。応観行……**老死**愁歎苦憂悩如虚空**無尽**故引発般若波羅蜜多。善現。諸菩薩摩訶薩応作如是引発般若波羅蜜多。善現当知。諸菩薩摩訶薩如是観察十二縁起遠離二辺。諸菩薩摩訶薩如是観察十二縁起無中無辺。是諸菩薩摩訶薩衆不共妙観。謂要安坐妙菩提座。

施護訳『仏母出生三法蔵般若経』［1004年訳出］巻第二十三「散華縁品」第二十八之二（『大正』vol.8, p.666b）

又菩薩摩訶薩。当観**無明無尽**故。般若波羅蜜多如是生。如是行無尽。……**老死**憂悲苦悩等**無尽**故。般若波羅蜜多如是生。須菩提。……菩薩坐道場時。応当如是観縁生法。如是観已不堕二辺不住中道。是為菩薩不共之法。

（63） 無羅叉訳『放光般若経』巻第十五「無尽品」第六十八（『大正』vol.8, p.106a ～ b）

復次須菩提。**痴**如虚空**不可尽**。菩薩当作是入。所作行如虚空不可尽……**老**病**死**憂悲勤苦如虚空**不可尽**当作是入。須菩提。菩薩摩訶薩当作是入般若波羅蜜中。菩薩摩訶薩於十二縁起作是観者。為捨痴際為応無所入。菩薩作是観十二縁起法者。則為得坐道場。

羅什訳『大品般若経』巻第二十「無尽品」第六十七（ibid., p.364b）

復次須菩提。**痴**空**不可尽**故。菩薩摩訶薩般若波羅蜜応生。行空不可尽故。……**老死**憂悲苦悩空**不可尽**故。菩薩般若波羅蜜応生。如是須菩提。菩薩摩訶薩般若波羅蜜応生。須菩提。是十二因縁是独菩薩法。能除諸辺顛倒。坐道場時……

玄奘訳『大般若経』巻第四百五十八「第二分無尽品」第六十六（『大正』vol.7, p.315c）

復次善現。諸菩薩摩訶薩応観**無明**縁行如虚空**無尽**故引発般若波羅蜜多。応観行縁識如虚空無尽故……応観生縁**老死**愁歎苦憂悩如虚空**無尽**故引発般若波羅蜜多。善現。諸菩薩摩訶薩応如是引発般若波羅蜜多。善現。諸菩薩摩訶薩如是観察十二縁起遠離二辺是諸菩薩摩訶薩衆不共妙観。善現。諸菩薩摩訶薩菩提樹下坐金剛座。如実観察十二縁起。……

Pañca V（Kimura［1992］, p.79, 20 ～ 21；p.80, 1 ～ 5）

a-vidyākāś**ā-kṣaya**-tvena Subhūte bodhi-sattvena mahā-sattvena prajñā-pārami-tā 'bhinirhartavyā. evaṃ saṃskārākāśā-kṣaya-tvena......**jarā-maraṇa**-śoka-parideva-duḥkha-daurmanasyopāyās'ākāś**ā-kṣaya**-tvena Subhūte bodhi-sattvena mahā-sattvena prajñā-pārami-tā 'bhinirhartavyā. iyaṃ Subhūte bodhi-sattvasya mahā-sattvasya pratītya-samutpāda-vyavalokanā ādy-anta-vivarjitā, āveṇiko 'yaṃ bodhi-sattvasya mahā-sattvasya dharmo bodhi-maṇḍa-niṣaṇṇasya......

（64） チベット訳 zad pa は梵語写本 kṣaya を支持しており，大正大梵語仏典研究会の校訂本はこれを採用している。その処置は『維摩経』現行梵文テキストの校訂としては確かに妥当であるけれども，諸漢訳「無尽／不可尽」はすべて a-kṣaya を支持する点と縁起の十二支の無尽性を説く『八千頌般若』ならびに『二万五千頌般若』の前掲節との親密な教説上の対応を考慮すれば，やはり a-kṣaya こそが梵文『維摩経』の原初形態だったはずであり，この点については註記されることが望ましかったという所感をいだく。

(65)　支謙訳『仏説維摩詰経』巻上「菩薩品」第四（『大正』vol.14, p.524b）

諦心則是。諸世間報已不積故。縁起之心是。以**不明不可尽至於老死**皆**無尽**故。

羅什訳『維摩詰所説経』巻上「菩薩品」第四（ibid., p.542c）

諦是道場不誑世間故。縁起是道場**無明乃至老死**皆**無尽**故。

玄奘訳『説無垢称経』巻第二「菩薩品」第四（ibid., p.565c）

一切諦実是妙菩提。於諸有情不虚誑故。十二縁起是妙菩提。**無明不尽乃至老死**憂苦熱悩皆**不尽**故。

チベット訳『維摩経』（*Ārya-Vimalakīrti-nirdeśa nāma mahāyānasūtra*. 大正大梵語仏典研究会［2004］, p.150, 22 ～ 24）

ḥjig rten thams cad mi slubaḥi phyir de ni bden paḥi sñiṅ poḥo, **ma rig pa**ḥi zag pa **zad pa nas rga śiḥi bar** gyi zag pa **zad pa**ḥi phyir de ni rten ciṅ ḥbrel bar ḥbyuṅ baḥi sñiṅ poḥo.

(66)　*Pañca* V（Kimura［1992］, p.166, 18 ～ 20）

tad anena Subhūte paryāyeṇaivaṃ veditavyaṃ, nāsti dvaya-saṃjñino dānaṃ, nāsti śīlaṃ nāsti kṣāntir nāsti vīryaṃ nāsti dhyānaṃ nāsti prajñā nāsti mārgo **nā**sti **jñānaṃ** nāsty abhisamayo nāsty anta-śo 'nulomikī kṣāntiḥ.

スブーティよ，以上の教説の観点によって以下のように知られるべきである：「二元」という想念を抱くひとには布施もない。戒もない。忍耐もない。精進もない。瞑想もない。智慧もない。道程もない。**智もない**（**nā**sti **jñānaṃ**）。ありありとした完全認識もない。最終的に，順応的な容認力もない。

無羅叉訳『放光般若経』巻第十七「教化衆生品」第七十四（『大正』vol.8, p.119c）

以是故須菩提。当知有二者無有六波羅蜜。亦無有道亦無所逮亦無所覚。

羅什訳『大品般若経』巻第二十二「遍学品」第七十四（ibid., p.383b ～ c）

以是因縁故。須菩提。当知二相者無有檀那波羅蜜乃至般若波羅蜜。無有道・無有果。乃至無有順忍。

玄奘訳『大般若経』巻第四百六十五「第二分遍学品」第七十二之二（『大正』vol.7, p.353b）

善現。由是因縁。当知：一切有二想者定無布施・浄戒・安忍・精進・静慮・般若波羅蜜多。無得・無現観・下至順忍。

(67)　支婁迦讖訳『道行般若経』巻第一「道行品」第一（『大正』vol.8, p.428c）

舎利弗謂須菩提：是中菩薩無所生。菩薩為無所生。薩芸若亦無所生。薩芸若法為無所生。悉逮得禅具足亦無所生。悉逮得禅法亦無所生。是為無所逮得菩薩。為無所逮得薩芸若須菩提言：無所生法逮得無所生。亦無所生法逮得。亦無無無所生逮得。

支謙訳『大明度経』巻第一「行品」第一（ibid., p.481c）

秋露子曰：如是菩薩於道人法。従一切智至凡人法皆無起者。是為不近不起得一切智耶

〈凡人法者謂生死法也皆無起者想寂然也近持將也起生者念也〉善業曰：不起之法無欲得要也不起之念亦非有法〈不起之法無有望欲得之想也〉可択取也。

羅什訳『小品般若経』巻第一「初品」第一（ibid., p.539c）

舎利弗語須菩提：若菩薩無生菩薩法亦無生。薩婆若無生。薩婆若法亦無生。凡夫無生凡夫法亦無生。今以無生得無生。菩薩応得薩婆若。須菩提言：我不欲令無生法有所得。何以故。無生法不可得故。

玄奘訳『大般若経』巻第五百三十九「第四分妙行品」第一之二（『大正』vol.7, p.768c）

時舎利子語善現言：若諸菩薩皆実無生。諸菩薩法亦実無生。一切智智是実無生。一切智智法亦実無生。諸異生類是実無生。異生類法亦実無生者。豈不菩薩摩訶薩応随証得一切智智。是則無生法応得無生法。善現答言：我意不許無生法中有証得有現観。所以者何。諸無生法不可得故。

施護訳『仏母出生三法蔵般若経』巻第二「了知諸行相品」第一之二（『大正』vol.8, p.591c）

尊者舎利子白須菩提言：若菩薩菩薩法。一切智一切智法。異生異生法皆無生者。彼菩薩摩訶薩得一切智即是無生。得無生耶。尊者須菩提言：舎利子。我不欲令無生法有所得。何以故。無生法不可得故。

Aṣṭa I［Sarvākāra-jñatā-caryā-］（Vaidya［1960a］, p.15, 5 ～ 10）

āyuṣ-mān Śāri-putra āyuṣ-mantaṃ Subhūtim etad avocat —— yady āyuṣ-man Subhūte bodhi-sattvo 'py an-utpādaḥ, bodhi-sattva-dharmā apy an-utpādaḥ, sarva-jñatāpy an-utpādaḥ, sarva-jñatā-dharmā apy an-utpādaḥ, pṛthag-jano 'py an-utpādaḥ, pṛthag-jana-dharmā apy an-utpādaḥ, nanv āyuṣ-man Subhūte anuprāptaiva a-yatnena bodhi-sattvena mahā-sattvena sarva-jñatā bhavati. evam ukte āyuṣ-man Subhūtir āyuṣ-mantaṃ Śāri-putram etad avocat —— nāham āyuṣ-man Śāri-putra an-utpannasya dharmasya **prāpti**m icchāmi nāpy **abhisamaya**m. nāpy an-utpannena dharmeṇa an-utpannā prāptiḥ prāpyate.

(68) 『八千頌般若』や『金剛般若』がアビダルマ哲学の伝統に反抗して一種の反定義主義・逆説主義を貫くのに対して,『二万五千頌般若』はやや態度をやわらげ, 定義主義を要所要所に導入し, 後代における大乗のアビダルマ化（大乗教義の体系的統合化）への端緒となった。

(69) 原始仏典の空思想についての総合的研究としては玉城康四郎［1982a］・藤田宏達［1982］・向井亮［2000］などがある。その他, 原始仏典の空思想に関説する論文は数多い。とりわけ, 藤田宏達［1982］はアビダルマ論書の空思想にも比較的よく言及しており, 有益である。桜部建［1982］は梵文『倶舎論』とパーリ『清浄道論』の「空」の用例を枚挙する。村上真完［1995］は『舎利弗阿毘曇論』および『智度論』の空思想を検討する。アビダルマ論書の空思想の本格的な研究は今後の課題であるといえる。

(70) 浮陀跋摩共道泰等訳・迦旃延子造・五百羅漢釈『阿毘曇毘婆沙論』巻第四「雑犍度世第一品」之四（『大正』vol.28, p.27a）

復有説者：為対治我見故。仏説十種空。十種空者。所謂：①内空。②外空。③内外空。

④有為空。⑤無為空。⑨第一義空。⑥無所行空。⑧無始空。⑦性空。⑩空空。此十種空。与何法相対。与我見相対。以空与我見相対故。

(71)　『阿毘曇毘婆沙論』巻第四十六「使犍度十門品」之十（『大正』vol.28, p.347c）

『施設経』広説空。謂：①内空。②外空。③内外空。④有為空。⑤無為空。⑧無始空。⑦性空。⑥無所有空（無所行空？）。⑨第一義空。⑩空空。問曰：『施設経』何故広説空耶。答曰：以空是二十身見近対治。

(72)　玄奘訳『婆沙論』巻第一百五「智蘊第三中他心智納息」第三之七（『大正』vol.27, p.542b）

遂漸行至室羅筏城。暫時住在鹿母精舎爾時阿難憂苦稍止。来詣仏所而白仏言：我憶一時乃至広説。由此尊者聞是法時。心憂悩故而生疑惑。問仏言：我多住空三摩地者。多住何空。有説：多住⑥**無所行空**。於四威儀順此空故。謂：若有一。余三便空。是故此空仏所多住。評曰：応作是説。住⑦**本性空**。観法⑦**本性空**無我故。雖見変壊而不憂悩。

『阿毘曇毘婆沙論』巻第四十六「使犍度十門品」之十（『大正』vol.28, p.349c）

漸次遊行到舎衛国東方精舎弥迦羅母堂。爾時長老阿難愁悩転滅。往詣仏所頭面礼足。而白仏言：広説如上。以是事故。阿難問此事時。心有愁悩。聞仏所説。我常住空三昧。所以生疑。問曰：仏説我多住空。為住何空。答曰：或有説者：住⑥**無所行空**。所以者何。⑥**無所行空**随順四威儀法行時余三威儀空余威儀時亦爾。評曰：応作是説。住⑦**性空**。所以者何。但観法性故。

(73)　僧伽跋摩等訳・法救造『雑阿毘曇心論』巻第九「雑品」第九（『大正』vol.28, p.948b）

問：**空空**何行・何自性・何縁・何地摂耶。答：

空行有垢住是説為空空　説無学境界在於十一地

空行生已空空後起。空行観**五盛陰空**。彼空空起於彼空思惟空。如人焼死屍時執杖転側然後焼杖。彼亦如是。「有垢」者。謂：有漏義。撃聖道故。空空撃聖道。不以聖道撃聖道。以無漏厭行不縁無漏故。「住」者。三昧自性。「空空」者。於空行空義。「無学境界」者。以無学為縁義。謂：無学空行是彼縁。又説。縁空行倶生五陰。「十一地」者。有漏故。普境界空。空空十一地。欲界乃至非想非非想処。

玄奘訳・世親造『倶舎論』［654年訳出］巻第二十八「分別定品」第八之一（『大正』vol.29, p.150a）

頌曰：

重二縁無学取空非常相　後縁無相定非択滅為静

有漏人不時離上七近分

此三等持縁前空等取空等相故立空空等名。空空等持縁前無学空三摩地取彼空相。空相順厭勝非我故。

真諦［499～569年在世］訳・婆藪盤豆造『倶舎釈論』［567年訳出］巻第二十一「分別三摩跋提品」第八（ibid., p.301b）

偈曰：

空空等名定。復有三別定。

釈曰。有空空定。有無願無願定。有無相無相定。以空定等為境界故。彼名「空空定」等。於中偈曰：

二定縁無学。由空無常相。

釈曰。有二別定。縁無学諸定為境。空空定縁無学空定為境。由空行相故。

AKBh VIII［Samāpatti-nirdeśa］, kk.25cd ～ 26ab（Śastri［1987］, p.1165, 4 ～ 11）

punaś cocyante ——

śūnya-tā-śūnya-tādy-ākhyās trayo 'para-samādhayaḥ //25//

śūnya-tā-śūnya-tā, a-praṇihitā-praṇihitaḥ, ānimittā-nimittaś ca / śūnya-tādy-ālambana-tvāt tan-nāma //25//

teṣāṃ punaḥ ——

ālambete a-śaikṣaṃ dvau śūnya-tā cāpy a-nitya-taḥ /

a-śaikṣaṃ samādhiṃ dvāv apara-samādhī ālambete / śūnya-tā-śūnya-tā a-śaikṣaṃ śūnya-tā-samādhim ālambate śūnya-tākāreṇa /

Cf. 桜部・小谷・本庄［2004］, p.303, 4 ～ 10. 空空三摩地についての陳述が『施設論』・『雑心論』において具体的かつ詳細なのに比べ,『倶舎論』の記述はあまりにも抽象的でそっけなく不親切であるという印象を禁じえない。『倶舎論』が有部の〈空性〉分類をとりあげず,『婆沙論』の「甚深なる阿毘達磨」（本書第 3 章に詳述）や「愛・見の二種戯論」説にまったく言及しないという事実をも顧慮すると, 世親の処置に意図的なものを感じる。これらの処置は『倶舎論』執筆時の世親がすでに瑜伽行派に所属する大乗仏教徒であったと仮定すれば納得できる。われわれが「本性空」・「空空」・「甚深」・「戯論」等々がアビダルマ用語であるという基本的認識さえ常識としてもちえず, 欠落させているのはたぶんに『倶舎論』の影響・制約によるのかもしれない。『倶舎論』「定品」末尾の「カシミーラ・ヴァイバーシカの綱要書」という自己申告を額面どおりに受け取るのはあまりにも危険である。『倶舎論』にはこのような陥穽がいたるところに設けられているからである。

(74) 『阿毘曇毘婆沙論』巻第四十六「使犍度十門品」之十（『大正』vol.28, p.350b）

復有三三昧。謂：空空三昧。無願無願三昧。無相無相三昧。云何**空空三昧**。答曰：如『施設経』説：「若比丘観有漏取行是空。此有漏取行空中。無有常不変易法空無我無我所。作如是思惟時。復更生心心数法。観前思惟心是空。中無有常不変易法空無我無我所。譬如有人欲焼十木百木千木聚以為積然火焼之。復捉長竿在辺其中。若有堕落不焼者。以長竿聚之知木已焼。所捉長竿亦投火中。行者亦爾。先観有漏取行是空」。広説如上。云何無願無願三昧。……

(75) 『第一義空経（勝義空性経）』については松田和信［1984］・宮下晴輝［1986］・青原令知［1986］などを参看のこと。

(76) 梵文『二万五千頌般若』第 1 章〈二十種空性〉段の理由句“a-kūṭa-sthā-vināśi-tām upādāya”に対する漢訳語は次のとおり。竺法護訳『光讃経』：「不可毀傷不可壊起」; 無羅叉訳『放光般若経』：「不著垢亦不壊」; 羅什訳『大品般若経』：「非常非滅故」; 玄奘訳『大般若経』〈第二分〉：「非常非壊」。漢訳間の相違は a-kūṭa-stha- という否定的複合語における kūṭa の意味をどうとるかに起因する。(i) kūṭāgāra（楼閣）におけるような「突起物／隆起物／峰／頂」の意味にとれば，その否定的複合語 a-kūṭa-stha- は「屹立しない」「頂上に位置しない」という意味になり，羅什訳・玄奘訳の「非常」に通じるのであろう。(ii) 一方，kūṭa-sākṣin（偽証者）におけるような「贋物／欺瞞／虚偽」の意味にとれば，否定的複合語の意味は「虚偽ならざるもの（i.e. 真実のもの）として住する」となり，竺法護訳「不可毀傷」・無羅叉訳「不著垢」に通じる。(iii) Ratna-kūṭa（宝積）におけるような「積集」の意味はここでは適合しないと思われるので，度外視してよいだろう。わたしはこれを prakṛti（本性）に対する説明語とみなし，(ii) を採用する。なお a-kūṭa-stha- の訳文が羅什訳になって「非常」へと一変したのは，ナーガールジュナの『中論頌』第24「[四] 聖諦の考察」章第38偈において逆に kūṭa-stha という肯定的な複合語が「常住」の意味で使用されているからであろう（三枝充悳 [1984c], p.673, 7 ～ 8）

a-jātam a-niruddhaṃ ca **kūṭa-sthaṃ** ca bhaviṣyati/
vicitrābhir avasthābhiḥ sva-bhāve rahitaṃ jagat//（*MMK* XXIV k.38）

自己本質上，種々雑多な諸状態を欠いた世界のひとは誕生したものでもなく，滅したものでもなく，**[峰のごとく耐久的に] 聳え立つもの（kūṭa-sthaṃ）**となろう。

羅什訳『中論』巻第四「観四諦品」第二十四（『大正』vol.30, p.34b）

若有決定性世間種種相　則不生不滅**常住**而不壊

波羅頗蜜多羅訳・偈本龍樹菩薩釈論分別明菩薩『般若灯論釈』巻第十四「観聖諦品」第二十四（ibid., p.127b）

無生亦無滅是則名為**「常」**　種種諸物類皆住於自体

[わたしは2009年6月始めに脱稿した時点の原稿では『二万五千頌般若』の否定的複合語 a-kūṭa-stha- に (ii) の解釈を適用し，「虚偽ならざるもの（i.e. 真実のもの）として存続し」と訳した。しかし，その後，あることがきっかけで，幸いにも文法学書『マハー・バーシュヤ』に kūṭa-stha- という否定辞のない複合語が所在することに気づき，しかも，『中論頌』と同じく「常住」という文脈的意味で使用されているのを知ることになった。その「きっかけ」というのは，山部能宜氏からのお勧めもあってこの原稿の脱稿直後に袴谷憲昭氏に拙論を送付し始めて以来，袴谷氏との間で書簡を頻繁にやりとりしていくうちに話題が pramāṇa-bhūta に移り，11月下旬，『マハー・バーシュヤ』における pramāṇa-bhūta ācāryo の用例を再確認すべく，同書を再読しようとしたことであった。僥倖を得る「きっかけ」の遠因・近因を賜った山部氏と袴谷氏に感謝しつつ，以下，『マハー・バーシュヤ』の検討に着手したい。]

文法学派の根本聖典『パーニニ・スートラ』に対するパタンジャリ（Patañjali）の註釈書『マハー・バーシュヤ』（*Mahā-bhāṣya*：***MBh***）の冒頭部では学祖パーニニに帰される定義における siddha（確立した）という術語の妥当な意味を検討するが，最初に「恒久（nitya　常住）」という意味の可能性を提示する際，nitya を kūṭa-stha と言い換えて説明している。*MBh* 1.1.1（Kielhorn [rep.1985], p.6, 14 ～ 19）

kathaṃ punar idaṃ Bhaga-vataḥ Pāṇiner ācāryasya lakṣaṇaṃ pravṛttam.

siddhe śabdārtha-saṃbandhe

siddhe śabde 'rthe saṃbandhe ceti. atha siddha-śabdasya kaḥ padārthaḥ. **nitya**-paryāya-vācī siddha-śabdaḥ. kathaṃ jñāyate. yat **kūṭa-stheṣv** a-vicāliteṣu bhāveṣu vartate. tad yathā. siddhā dyauḥ siddhā pṛthivī siddham ākāśam iti.

【問】さらに，幸福に満ちたお方（世尊）・パーニニ師の以下の定義はどのように使用されたのか。

語・意味・結合関係が確立している場合に

［パタンジャリはこれを始めとする一連の言明を文法学の使命に関する師パーニニの定義として扱っているが，後代の復註者たちはカーティヤーヤナの『ヴァールッティカ』の文として註解する。］

「語と意味と［両者の］結合関係とが確立している場合に」と［定義項は語義分解される］。さて，［定義中の］「確立している」という語にとって何が単語項目の意味なのか。【答】「確立している」という語は「**恒久なもの（nitya）**」の同義語である。【問】どのようにして知られるのか。【答】それは**耐久物として存続する**，揺るがない諸存在物に対して（**kūṭa-stheṣv** a-vicāliteṣu bhāveṣu）使用される。例えば，「天空は確立している」「地は確立している」「虚空は確立している」というように。

『マハー・バーシュヤ』に対する後代の二種の復註も見てみよう。カイヤタ（Kaiyaṭa）の *Pradīpa*（『灯火』。Shastri［1988］，p.48b16 ～ 17）：

kūṭa-stheṣv iti. a-vināśiṣu. **a-vicāliteṣv** iti. deśāntara-prāpti-rahiteṣu.

「**耐久物として存続する諸**［存在物］に対して」とは，消滅しない諸［存在物］に対して，であり，「**揺るがない諸**［存在物］に対して」とは，他の場所への到達（or 移動）を欠いた諸［存在物］に対して，である。

ナーゴージーバッタ（Nāgojī-bhaṭṭa）の *Uddyota*（『解明』。Shastri［1988］，p.48b18 ～ 49a4）：

Bhāṣye —— **kūṭa-stheṣv** iti. **kūṭa**m ayo-ghanas tad-vat tiṣṭhanti ye teṣu. saṃsargi-nāśe 'pi svayam a-naṣṭeṣv ity arthaḥ. nanv ayo-ghanasyāpi tarhi nitya-tvaṃ syād ata āha —— **a-vicāliteṣv** iti. *Bhāṣye* dyāvā-pṛthivy-ādy api vyāvahārika-nitya-tvābhirāyeṇa dṛṣṭāntitam. ākāśasyāpi vyāvahārika-nitya-tvam evācāryābhimatam......

『バーシュヤ』における「**耐久物として存続する諸**［存在物］に対して」とは［次の通りである］。**耐久物**とは鉄槌（ayo-ghana：lit. 鉄の塊）であって，およそ，それ（i. e. 鉄槌）の如くに存続する諸々のもの，それらに対して，である。結合要素がたとえ消滅しても，みずからは消滅しないものたちに対して，という意味である。すると，鉄槌も恒久であることになるのではないか。というわけで，［パタンジャリ師は］仰せになる：「**揺るがない諸**［存在物］に対して」と。『バーシュヤ』においては天地などもあくまでも言語慣用上の恒久性を意図して喩例とされたのである。虚空にも言語慣例上の恒久性だけが［パタンジャリ］師によって容認されたのである。……

ナーゴージーバッタによれば，高々と聳え立つ「峰」のイメージではなく，「鉄槌」のように単に日常生活上頑丈で壊れることがないもののイメージが kūṭa には帰されるらしい。厳密には，ヴァイシェーシカの実在論に照らせば，「鉄槌」は加工品である以上，すでに火元素で構成された金属の変化したものであり，最終的には熱で熔けてしまう無常なる存在である。天・地も宇宙が崩壊する周期がやってくると帰滅してしまうので，決して永遠不滅のものではない。しかし，人間の実生活上の感覚では天・地は確固・不動の存在である。パタンジャリは nitya（常住）を分かりやすく言い換えるために日常感覚で捉えられるような頑丈で長持ちするものというイメージを喚起させる kūṭa-stha という比喩的な用語を採用したといえる。パタンジャリはさらに siddha（確立した）という語が kārya（結果）や maṅgala（吉慶）の意味にも使用されるという反例や，nitya も kūṭa-stha の意味にではなく，ābhīkṣṇye（反復性）の意味でも使用されるという反例をとりあげて考察し，パーニニの件の定義は dravya（実体）ではなく，ākṛti（形相）に関して述べられているので，定義中の siddha は kūṭa-stha という観点での nitya の意味に解釈するのが nyāyya（合理的）であると結論する。ナーガールジュナは〈空性〉を認めない限り，〈縁起〉も否定されるので，世間の多様性や変化も説明できなくなるという帰謬的文脈で kūṭa-stha を使い，『二万五千頌般若』はその否定的複合語 a-kūṭa-stha を常住性の否定のために導入した。

(77)　校正中，⑳ para-bhāva-śūnya-tā の箇所のチベット訳テキストとそれからの和訳が袴谷憲昭［2008］，pp. 65 ～ 66 に所在することに気づいた。そのチベット訳は現行梵文よりも漢訳のほうに近い。読者諸兄に同書への参照を請いつつ，本書でそれにもとづく再検討の余裕がないことをお詫び申し上げます。

(78)　⑨〈畢竟空性〉は『宝積経・迦葉品』の現行梵文にもあるが，その漢訳諸本には欠けている。

(79)　無羅叉訳『放光般若経』巻第九「照明品」第四十一（『大正』vol.8, p.61a）

世尊。般若波羅蜜者離於生死亦無所滅。不与作本故。

羅什訳『大品般若経』巻第十一「照明品」第四十（ibid., p.302b）

世尊。般若波羅蜜遠離生死。非常非滅故。

玄奘訳『大般若経』巻第四百三十四「第二分大師品」第三十八（『大正』vol.7, p.182b）

如是般若波羅蜜多離一切生死。非常非壊故。

(80)　『二万五千頌般若』第2章のこの言明は『八千頌般若』第7章に一応のパラレリズを有する。

Aṣṭa VII［Niraya-parivarta］（Vaidya［1960a］，p.86, 18 ～ 19）

saṃsāra-pratipakṣā Bhaga-van prajñā-pārami-tā. a-kūṭa-stha-tām upādāya.

幸福に満ちたお方（世尊）よ，〈智慧の究極性〉は輪廻への対抗策（対治 -pratipakṣā）なのです。耐久物として存続しないという点に因んで（a-kūṭa-stha-tām upādāya），です。（『八千頌般若』第7「地獄」章）

『八千頌般若』第7章の現行梵文では理由句が「耐久物として存続しないという点に因んで」という，より簡潔な表現をとるが，漢訳諸本のすべてがこの理由句を欠く。

支婁迦讖訳『道行般若経』［179年訳出］巻第三「泥犁品」第五（『大正』vol.8,

p.440b）

天中天。般若波羅蜜。於生死作護。

支謙訳『大明度経』巻第三「地獄品」第六（ibid., p.487b）

抜生死根大神已足。

羅什訳『小品般若経』巻第三「泥犂品」第八（ibid, p.550a）

世尊。般若波羅蜜能滅生死。

玄奘訳『大般若経』［663 年訳出］巻第五百四十四「第四分地獄品」第七（『大正』vol.7, p.798c）

甚深般若波羅蜜多……能除一切生死苦悩。

施護訳『仏母出生三法蔵般若経』巻第七「地獄縁品」第七之一（『大正』vol.8, p.613c）

般若波羅蜜多是安楽法。能断衆生生死苦悩。

かなり後世になって『二万五千頌般若』第 2 章の影響が及び，『八千頌般若』第 7 章の現行梵文に理由句が付加されたのであろう。

（81） 羅什訳『中論』巻第二「観本際品」第十一（『大正』vol.30, p.16a）「若無有始終中当云何有」; 波羅頗蜜多羅訳『般若灯論釈』巻第七「観生死品」第十一（ibid., p.87b）「此既無前後彼中何可得」。

（82） 羅什訳『中論』巻第三「観有無品」第十五（ibid., p.20a）

法若無自性云何有他性　自性於他性亦名為「他性」

波羅頗蜜多羅訳『般若灯論釈』巻第九「観有無品」第十五（ibid., p.94a）

法既無自性云何有他性　自他性已遣何処復有法

第5章　第三〈般若波羅蜜多依存の四特性〉節 ——散文部分【転】節

1　第三〈般若波羅蜜多依存の四特性〉節のテキスト

観自在菩薩によって観察された〈空性〉の位相を駆け足で敷衍しおわったあと，『小本・心経』は一転して〈般若波羅蜜多〉に話題を引き戻す。もともと観自在菩薩の五蘊観察にしても同菩薩が甚深なる〈般若波羅蜜多〉という大乗的理念を奉じて菩薩行を行ずる中でなされたわけであるから，今度は〈般若波羅蜜多〉という理念に依拠して住する観自在菩薩の内面がどれほど充実し，自信に溢れ，強靱であるかを四つの項目で示し，「般若波羅蜜多依存の四特性」についてアピールする第三節を設ける。そして，『小本・心経』はこれ以降の節で，〈般若波羅蜜多〉への依存だけを話題とし，もはや〈空性〉について振り返ることはない。

以下にテキストを示す。

羅什訳『大明呪経』（『大正』vol.8, p.847c20 ～ 22）

以無所得故。菩薩依般若波羅蜜故。（1）心無罣礙。無罣礙故（2）無有恐怖。（3）離一切顚倒夢想苦悩。（4）究竟涅槃。

梵文（*Prajñā-pāramitā-hṛdaya*. 中村・紀野［1960］，p.173, 3 ～ 4）

tasmād a-prāpti-tvād bodhi-sattvānāṃ prajñā-pārami-tām āśritya viharaty（1）a-cittāvaraṇaḥ. cittāvaraṇa-nāsti-tvād（2）a-trasto（3）viparyāsātikrānto（4）niṣṭha-nirvāṇaḥ.

梵文和訳（『〈プラジュニャー・パーラミター〉心呪』）

それゆえに，ボーディサットヴァたちが［聴聞者の乗道や一機縁による覚醒者の乗道やボーディサットヴァの乗道に属する聖者として諸属性を］獲得することがないのだから，［アヴァローキテーシュヴァラ・ボーディサットヴァは］〈智慧の究極性〉に依存して，住まう——（1）心に障壁をもたないひと，として。心に障壁がないひとだから，［甚深なる〈智慧の究極性〉の教えについて］（2）もはや恐怖しない（i.e. 不退転な）ひと，として。（3）〈［想念・心・見解の］錯倒〉を超越したひと，として。（4）涅槃において終極するひと，としてである。

その他諸テキスト

玄奘訳『般若心経』（『大正』vol.8, p.848c14 ～ 16）

以無所得故。菩提薩埵。依般若波羅蜜多故。（1）心無罣礙。無罣礙故。（2）無有恐怖。（3）遠離顛倒夢想。（4）究竟涅槃。

不空訳『梵本心経』漢訳篇（福井文雅［1987a］，p.139, 9 ～ 10）

以無所得故，菩提薩埵，般若波羅蜜多，依於住，（1）心無罣礙，心無罣礙，（2）無有恐怖，（3）顛倒遠離，（4）究竟涅槃，

法月訳『普遍智蔵心経』（『大正』vol.8, p.849b7 ～ 9）

以無所得故。菩提薩埵依般若波羅蜜多故（1）心無罣礙。無罣礙故（2）無有恐怖。（3）遠離顛倒夢想。（4）究竟涅槃。

般若共利言等訳『般若心経』（ibid., p.849c13 ～ 15）

以無所得故。菩提薩埵依般若波羅蜜多故（1）心無罣礙。無罣礙故（2）無有恐怖。（3）遠離顛倒夢想。（4）究竟涅槃。

般若訳『梵本心経』漢訳行（原田和宗［2004c］，p.67, 3 ～ 4）

無得故。鷲子。無得菩提薩埵慧彼岸到依住。（1）心罣导。心罣导無有。（2）無恐怖。（3）顛倒遠離。（4）究竟円寂。

智慧輪訳『般若心経』（『大正』vol.8, p.850a27 ～ 29）

以無所得故。菩提薩埵。依般若波羅蜜多住。（1）心無障礙。心無障礙故。（2）無有恐怖。（3）遠離顛倒夢想。（4）究竟寂然。

法成訳『般若心経』（ibid., p.850c12 ～ 14）

是故舎利子。以無所得故。諸菩薩衆。依止般若波羅蜜多。（1）心無障礙。（2）無有恐怖。（3）超過顛倒。（4）究竟涅槃。

施護訳『聖仏母般若経』（ibid., p.852b29 ～ c3）

舎利子。由是無得故。菩薩摩訶薩。依般若波羅蜜多相応行故。（1）心無所著。亦無罣礙。以無著無礙故。（2）無有恐怖。（3）遠離一切顛倒妄想。（4）究竟円寂。

敦煌写本チベット訳『小本・心経』（上山大峻［1965］，p.75, 16 ～ 19）

［ma thob pa yaṅ myed par］【3】byaṅ chub sems dpaḥ śes rab kyi pha rol tu phyin pa la gnas te, spyod pas,（1）sems spyod pa yaṅ myed, sems myi spyod pa yaṅ myed.（2）de ltar myed pa la gnas pas na,（3）log pa las śin tu ḥdaḥs te,（4）〈thub〉（*Vṛtti*：thar）pa ni mya ṅan las ḥdaḥs paḥo.

梵文『大本・心経』（中村・紀野［1960］，p.177, 1 ～ 2）

tasmāc Chāri-putra a-prāpti-tvena bodhi-sattvānāṃ prajñā-pāramitām āśritya viharaty（1）a-cittāvaraṇaḥ. cittāvaraṇa-nāstitvād（2）a-trasto（3）viparyāsātikrānto（4）niṣṭha-nirvāṇaḥ.

梵文『大本・心経』異本（中村・紀野［1960］，p.178, 4 〜 6）

tasmāt tarhi Śāri-putra a-prāptitāprāptir yāvavat（read：*yāvat*）prajñā-pāramitām āśritya viharaṃś（1）cittālambanaṃ nāstitvād（read：*cittālambana-nāstitvād*）（2）a-trasto（3）viparyāsātikrāṃto（4）niṣṭhā-nirvāṇaṃ prapnuti（read：*prāpnoti*）.

チベット訳『大本・心経』（副島［1980］，p.302, 8 〜 10）

Śā-riḥi-bu de-lta-bas-na byaṅ-chub-sems-dpaḥ rnams thob-pa med-paḥi phyir, śes-rab kyi pha-rol-tu-phyin-pa la brten-ciṅ gnas te,（1）sems la sgrib-pa med ciṅ,（2）skrag-pa med de,（3）phyin-ci-log-pa śin-tu-ḥdas nas,（4）mya-ṅan-las-ḥdas-pa〈chen-po〉ḥi mthar phyin-no.

チベット訳『大本・心経』B本（Silk［1994］，p.133b1 〜 5）

Shā ri'i bu de lta bas na, byang chub sems dpa' rnams thob pa med pa'i phyir, shes rab kyi pha rol tu phyin pa la brten nas gnas te,（1）sems kyi sgrib pa med pas（2）'jigs pa med cing,（3）phyin ci log las 'das te,（4）mya ngan las 'das pa'i mthar phyin to.

※　副島版の下線部 chen po（大）は，シルク氏校訂のチベット訳『大本・心経』A・B両本にはともに含まれない。もちろん，ないほうが適切である。この点を除けば，副島版はA本と訳文が近い。それゆえ，相違が大きいB本だけを掲げる。また，中村・紀野［1960］に標準的『大本・心経』梵文とは著しく相違する読みをもつ「シナ伝承本」のうち，異読が表れる当該節以下のテキスト部分だけが「梵文『大本・心経』異本」として掲載されているので，この表に加えておく。

この第三〈般若波羅蜜多依存の四特性〉節は『二万五千頌般若』等に節単位での対応を欠く『小本・心経』独自の節である。

2　“tasmād a-prāpti-tvād bodhi-sattvānāṃ......”

『小本・心経』における第三〈般若波羅蜜多依存の四特性〉節の冒頭部は『小本・心経』の中でテキストの校訂と文法解釈の上で最も問題を孕んだ箇所である。

まず，小本系のサンスクリット諸本の間で異なるので，前掲のチベット訳も加えて以下に原文と和訳を対照させて示し，比較しよう。

『小本・心経』諸本の第三節導入文の対照

中村校訂本（前掲） tasmād a-prāpti-tvād bodhi-sattvānāṃ prajñā-pāramitām āśritya viharaty...... それゆえに，菩薩たちが得をもたないのだから，〈般若波羅蜜多〉に依存して住まう……
法隆寺悉曇本 na prāpti-tvaṃ bodhi-sattvasya prajñā-pārami-tām āśṛtya viharati...... 菩薩は得をもたない［lit. 無得性は菩薩に所属しない］。〈般若波羅蜜多〉に依存して住まう……；or 無得性はない。菩薩の〈般若波羅蜜多〉に依存して住まう……
伝澄仁本（法隆寺本と類似するが，誤写が多い） na prapti-dvaṃ ta bodhi-sattasya prajña-pārami-tam aślatya vaharaty......
敦煌本チベット訳（前掲） ma thob pa yaṅ myed par byaṅ chub sems dpaḥ śes rab kyi pha rol tu phyin pa la gnas te, spyod pas...... 非得もなく菩薩は〈智慧の彼岸への到達〉に住して行ずるから……

中村校訂本の“tasmād”は法隆寺悉曇本・伝澄仁本にはなく，敦煌本チベット訳にも対応訳がない。中村校訂本を支持するのは小本系・不空音訳両本（“tasmān”福井［1987a］，p.132, 8 ～ 11）と慈賢音訳（“tasmā”福井［2000］，p.451, 6），『大本・心経』梵本“tasmāc Chāri-putra”ならびに同チベット訳“Śā-riḥi-bu de-lta-bas-na”，大本系の法成訳「是故舍利子」・施護訳「舍利子。由是」である。しかし，それ以外の大多数の漢訳には反映されておらず，“tasmād”は『小本・心経』の原初形態にはなかったと断定しうる。

“tasmād”に続く中村校訂本“a-prāpti-tvād”はすべての漢訳本に支持される。羅什訳「以無所得故」に一致し，玄奘訳・不空漢訳・法月訳・般若共利言等訳・智慧輪訳・法成訳がこれを踏襲し，般若訳漢訳行と施護訳は「無得故」で一致する。梵文『大本・心経』は“a-prāpti-tvena（得をもたないことによって）”であるが，チベット訳『大本・心経』“thob-pa med-paḥi phyir”はむしろ小本の“a-prāpti-tvād”に合致する。福井文雅氏（福井［1987a］，p.132, 8 ～ 14）によれば，不空音訳敦煌本は“na prāpti-tvād”，不空音訳金蔵本は

“nāprāpti-tvād” と還梵されるが，音写漢字はどちらも tva を写すに留まり，tvād と明確に読めるわけではない。すると，逐語的には不空音訳敦煌本は “na prāpti-tva” となって，法隆寺悉曇本・伝澄仁本に類似するし，不空音訳金蔵本は “nāprāpti-tva” となり，敦煌本チベット訳に接近する。福井文雅氏がそれでもなお tvād とあえて還元されたのは，不空漢訳に「故」が付いているからであり，また，大抵の漢字音訳本ではサンスクリット語の従格語尾 āt や ād における末尾音 t・d は明瞭に音写されることのほうが滅多になく希であるためであろう。

ここで注目したいのが一見不可解・無意味に思える ta を残存させる伝澄仁本『心経梵本』“na prapti-dvaṃ ta” である。図らずも，末尾の dvaṃ（read: *tvaṃ*）ta は tvāt という従格の名残り，残滓を留めた姿ではないかと想像される。やはりほとんどの漢訳本によって支持される “a-prāpti-tvād（or a-prāpti-tvāt)” こそ本来のテキストであったが，法隆寺本 “na prāpti-tvaṃ” や敦煌本チベット訳（＝ *nāprāpti*[*-tvaṃ*]）は誤伝されて，崩れ出し，錯綜していくテキスト伝承の走りなのではないかと思われる。この誤伝は大本系心経にも紛れ込み，『大本・心経』ネパール写本におけるテキストの混乱・紛糾をもたらす結果となった。

『小本・心経』校訂本の “bodhi-satvānāṃ（菩薩たちにとって)” という属格(Genitive)・複数形は不空音訳（福井［1987a]，p.132, 12 ～ 14)・慈賢音訳（福井［2000]，p.451, 7 ～ 8）と『大本・心経』梵文によって保証される。『大本・心経』チベット訳：

> byaṅ-chub-sems-dpaḥ **rnams** thob-pa med-paḥi phyir（菩薩**たち**は獲得することがないから）

は属格・複数形の “bodhi-satvānāṃ” を “a-prāpti-tvād” という理由句の主語として主格・複数形で訳すけれども，シュリーシンハ・ヴァイローチャナ『真言を開示する般若心註』（大八木隆祥［2002a]，p.19, 3）には byaṅ chub sems dpaḥ **rnams la** thob pa med paḥi phyir（菩薩**たちには**獲得がないから）というように属格・複数形であることが明示される（名詞 A などに抽象化の接尾辞である tva や tā がつき，「A であること」という述語の意味で使用される場合，その主語として要請されるのは属格の名詞 B である。かくして,「B が A であること」という同定表現が成立する)。ところが,法隆寺本“bodhi-sattvasya”ならびに伝澄仁本“bodhi-sattasya”は属格・単数であり,敦煌本チベット訳“byaṅ chub sems dpaḥ”は主格であるけれども,とにかく単数である。

漢訳ではサンスクリット語の単数・双数・複数の区別はあまり反映されないので,必ずしも判断の基準にはできないけれども,複数形を明示するのは唯一法成訳「諸菩薩衆」だけである。初訳の羅什訳「菩薩」に始まって,第二訳の玄奘訳「菩提薩埵」が不空漢訳・法月訳・般若共利言等訳・般若訳・智慧輪訳に代々踏襲され,大勢を占める。少数派に施護訳「菩薩摩訶薩」がある。ただし,不空漢訳『梵本心経』・般若訳『梵本心経』以外の漢訳はすべて主格に訳しており,この点は敦煌本チベット訳と一致する。この場合の主格は不特定の「菩薩」一般が「〈般若波羅蜜多〉に依存する」主体であることを意味する。

結局,bodhi-sattva を巡るテキスト校訂上の争点は属格か主格か,複数か単数かという二局面に収斂する。複数形が『大本・心経』で定着していることとの対比でいえば,法隆寺本等の単数のほうが古型を保っているのではないかという印象を受ける。さきほど“a-prāpti-tvād”こそ本来のテキストであると認定した以上,その従格形の理由句はその主語として属格形の名詞を要求するのは必至である。それにふさわしい主語は属格・単数形の“bodhi-sattvasya”か属格・複数形の“bodhi-satvānāṃ”か以外にはない。『小本・心経』の原初形態としては“bodhi-sattvasya”を選択すべきであり,『小本・心経』原初形態の理由句は“a-prāpti-tvād bodhi-sattvasya(菩薩は獲得をもたないのだから)”という文法的に完全なテキストとして再構成されたことになる。

原初形態の属格・単数形“bodhi-sattvasya”にせよ,校訂本の属格・複数形“bodhi-satvānāṃ”にせよ,“a-prāpti-tvād”という従格形の理由句の主語とはなりえても,主格・単数形の主語を要求する“āśritya viharati(依存して住する)”という動詞構文の主語に絶対的になりえないことは文法上あまりにも明白である。そして,その動詞構文にふさわしい主格・単数形の主語はすでに『小本・心経』冒頭部に登場した主人公“Āryāvalokiteśvaro bodhi-sattvo（聖観自在菩薩）”以外にはありえない。すなわち，「聖者である観自在菩薩が甚深なる〈般若波羅蜜多〉のもとに行を行じるとき」，五蘊・十二処・十八界・十二支縁起・四聖諦などの〈空性〉をひとつひとつ観察していった結果，かの観自在菩薩は「〈般若波羅蜜多〉に依存して住する」というように『心経』散文部の前後の文脈はみごとに繋がり，首尾一貫するのである。

もし，般若波羅蜜多依存の四特性を具える者が観自在菩薩でないとすれば，観自在菩薩は『心経』の冒頭部にだけ登場したきり，すぐに『心経』という舞台から退場して姿を消したことになる。わたしには，『心経』制作者たちが本気でそんな不可解で無様なドラマのシナリオを考えていたとは想像できない。

3　“prajñā-pārami-tām āśritya viharaty”

「〈般若波羅蜜多〉に依存して」という意味合いのフレーズは梵文『八千頌般若』や『二万五千頌般若』にきわめて頻繁に登場し，通常，

prajñā-pārami-tām āgamya（〈般若波羅蜜多〉のおかげで）

という絶対分詞句で現れる。しかし，『小本・心経』では異例にも，

prajñā-pārami-tām āśritya（〈般若波羅蜜多〉に依存して）

と絶対分詞句が綴られ，そのあとに絶対分詞句を受ける真正な動詞“viharaty（= viharati 住する）”が続く。

“āśritya viharaty（依存して住する）”という動詞表現は不空訳『梵本心経』敦煌本漢訳「依於住」・般若訳『梵本心経』漢訳行「依住」といった梵語テキストに対する逐語訳と智慧輪訳『心経』「依……住」によって支持されるが，それ以外の漢訳『心経』では“āśritya”の訳語「依……故」「依止」だけが見られ，“viharaty”の訳がない（この事例もただちに梵文『心経』が玄奘訳『心経』の漢文から反訳されたというナティエ氏の仮説に対する反証となる）。チベット訳『大本・心経』“brten-ciṅ gnas te”・“brten nas gnas te”は現行梵文“āśritya viharaty”を鮮明に支持するが，敦煌本チベット訳『小本・心経』には“gnas te, spyod pas（住して行じるから）”と訳される。新訳制定以前の翻

訳のため，チベット訳『大本・心経』とは訳語が相違するけれども，一応，これも現行梵文を支持するものとみなしておくことにしよう。

大多数の漢訳が“āśritya”の対応訳しかもたない点を重視すれば，“viharaty”は元来『小本・心経』の原初形態には含まれていなかったのではないかという疑念も湧きそうだが，それでは絶対分詞“āśritya（依存して）”を受けるべき「～する」という真正な動詞が欠けていることになり，構文が破綻してしまう。それゆえ，文法的見地からすれば，“viharaty（住する）”のような動詞があったとするほうが合理的である。

『二万五千頌般若』第4章には“**prajñā-pārami-tā**-dharma**m** upani**śritya viharati**（〈般若波羅蜜多〉という法に依存して住する）”という動詞句があり，『小本・心経』の梵文表現と非常によく似ている。ここでは「〈般若波羅蜜多〉に依存して住まう」主語は「如来」であり，〈般若波羅蜜多〉は如来にとっての生母であることがそれに「依存」する理由である。

atha khalu Bhaga-vān āyuṣ-mantaṃ Subhūtim āmantrayām āsa：prajñā-pārami-tā Subhūte tathāgatasyārhataḥ samyak-saṃbuddhasya yenaiva janayitrī asya ca lokasya darśayitrī tena kāraṇena tathāgata imaṃ **prajñā-pārami-tā**-dharma**m** upani**śritya viharati**.（*Pañca* IV. Kimura［1990］, p.70, 15 ～ 18）(1)

じつにそのとき，幸福に満ちたお方（世尊）は生命溢れるひと・スブーティに告知された：スブーティよ，〈智慧の究極性〉がかく来れるお方・価値あるお方・完全な覚醒者を産み出す母であり，この世間のひとびとに指南を垂れる［師］であるというまさにこの理由で，かく来れるお方はこの〈**智慧の究極性**〉という教法**に依存して住まう**のである（tathāgata imaṃ **prajñā-pārami-tā**-dharma**m** upani**śritya viharati**）。

『二万五千頌般若』第2章では「〈般若波羅蜜多〉に依存して（niśrāya）」と「〈般若波羅蜜多〉のおかげで（āgamya）」というふたつの絶対分詞表現が平行して使用される。

アーナンダよ，たとえば，大地に**依存して**（**niśrāya**），［諸原因の］総体の**おかげで**（**-vaśena**），諸種子が発芽成長していくのとちょうど同じように，アーナンダよ，**〈智慧の究極性〉に依存して**（**prajñā-pārami-tāṃ niśrāya**），**〈智慧の究極性〉のおかげで**（**prajñā-pārami-tām āgamya**），［残りの］一切の〈究極性〉（＝五波羅蜜多），覚醒のために協力する三十七箇の修行項目，［四種の心の］無量・［四種の］瞑想・無物質［界］に属する［四種の］精神集中，聖者にとっての［四箇の］諸真理，六箇の超自然力，一切のダーラニーのための諸門戸も発芽成長していくし，十力・［四種の］自信・［四種の］熟練知・［十八種の］流通しないブッダの諸美質も発芽成長していくのであり，ないし，一切智者性も発芽成長していく。(2)

『二万五千頌般若』第1章には「〈般若波羅蜜多〉によって住する（viharanti）菩薩たちが不退転だと知られるべきだ」という記述がある。

amī Śāri-putra bodhi-sattvā mahā-sattvā a-vinivartanīyā veditavyāḥ ye anayā **prajñā-pārami-tayā viharanti**.（*Pañca* I. Dutt［1934］, p.72, 9 ～ 11）(3)

シャーリプトラよ，この**〈智慧の究極性〉**によって**住まう**（anayā **prajñā-pārami-tayā viharanti**）ボーディサットヴァ・マハーサットヴァたちが不退転であると知られるべきである。

『小本・心経』と同じ“āśritya”という絶対分詞が〈般若波羅蜜多〉の満足と〈無上正等覚〉の証得に関わる文脈で使用される例は『瑜伽論・菩薩地』「智慧」章に所在する。

itīyaṃ bodhi-sattvānāṃ su-viniścitā cā-prameyā ca **prajñā** mahā-bodhi-phalā yām **āśritya** bodhi-sattvāḥ **prajñā-pārami-tāṃ** paripūry**ān-uttarāṃ saṃyak-saṃbodhim abhisaṃbudh**yaṃte.（*BoBh*［Prajñā-paṭala］. Wogihara［rep.1971］, p.215, 10 ～ 13）(4)

以上がボーディサットヴァたちにとってのみごとに確定せる，かつ，量り知れない**智慧**（**prajñā**）であり，偉大なる覚醒（大菩提）を果報としてもたらしてくれるものである――それ（智慧）に**依存して**（**āśritya**），ボーディサットヴァたちは**〈智慧の究極性〉**をすっかり満たして，**〈無上にして正しく完全な覚醒〉にありありと覚醒**するのである。

ここでは「依存して」という絶対分詞の目的語は菩薩の「智慧」であり，

その「智慧に依存」して菩薩が〈般若波羅蜜多〉を満足し，〈無上正等覚〉を証得するという。『小本・心経』のテキストとは逐語的には一致せず，文章表現の点では微妙なずれがあるとしても，文脈内容の面では大差はないであろう。

4 “（1）a-cittāvaraṇaḥ. cittāvaraṇa-nāsti-tvād”

〈般若波羅蜜多〉に依存して住する観自在菩薩にはその依存の結果としていかなる特性が付与されのか。『小本・心経』は四つの特性を枚挙する。第一番目の特性が“a-cittāvaraṇaḥ（心に障壁をもたないひと）”である。そして，その第一特性はさらに“cittāvaraṇa-nāsti-tvād（心に障壁がないひとだから）”という従格形に言い換えられ，“a-trasto（恐怖しないひと）”という第二の特性を根拠付ける理由句として転用される。

梵文『小本・心経』の“a-cittāvaraṇaḥ. cittāvaraṇa-nāsti-tvād”は羅什訳『大明呪経』では「心無罣礙。無罣礙故」と訳され，理由句のほうの“citta-”が省略される。これは玄奘訳『心経』・法月訳『普遍智蔵心経』・般若共利言等訳『心経』で踏襲される。また『小本・心経』現行梵文は智慧輪訳『般若心経』「心無障礙。心無障礙故」・梵文『大本・心経』でも支持される。不空訳『梵本心経』「心無罣礙，心無罣礙」・般若訳『梵本心経』「心罣导。心罣导無有」は理由句末尾の“-tvād”という従格形の訳を欠き，やや不鮮明であるが，梵文『小本・心経』の系列には近いであろう。施護訳『聖仏母般若経』の訳文「心無所著。亦無罣礙。以無著無礙故」のうちの「無所著」の原語は不明である。

ところが，法成訳『心経』「心無障礙」は“a-cittāvaraṇaḥ”のみの訳で，理由句“cittāvaraṇa-nāsti-tvād”の訳を欠く。チベット訳『大本・心経』の副島版ならびにA本“sems la sgrib-pa med ciṅ（a-cittāvaraṇaḥ）”も法成訳と一致する。プラシャーストラセーナ『聖般若波羅蜜多心広疏』（渡辺章悟［1992］, p.48, 27）が引用するのも“sems kyi sgrib pa med”という規定句だけである。逆に，チベット訳『大本・心経』B本には“sems kyi sgrib pa med pas”というように，理由句“cittāvaraṇa-nāsti-tvād”だけの訳がある（高橋尚夫［2008］，p.35にも同様の指摘あり）。シュリーシンハ・ヴァイローチャナ『真言を開示する般若心註』（大八木隆祥［2002a］p.19, 7；高橋尚夫［2008］，p.35）も理由句“sems la sgrib pa med pas（cittāvaraṇa-nāsti-tvād）” だ け を 引 用 す る。cittāvaraṇa の否定的複合語の繰り返しが『大本・心経』の伝持者たちの間で冗漫に感じられ，それぞれの判断でどちらか一方を削除して片方だけを保存するテキストに改変して伝承したという経緯が推定されよう。

他方，梵文『大本・心経』異本には“cittālambanaṃ nāsti-tvād”と綴られ，現行梵文の āvaraṇa（遮蔽／障害／障壁）が ālambana（所縁／認識対象）に交換されている。『大本・心経』ネパール写本にも“cittālambanaṁ nāsti-tvād”，或いは，“cittālambaṇa-mātra-tvāt”と綴るものがある（中村・紀野［1960］，p.178, 5；Conze［1948］，p.36 note 41；鈴木広隆［1995a］，p.179）。後で紹介する『八千頌般若』の viparyāsa（顛倒）の用例が出る一節には ārambaṇa（＝ālambana）という術語も併出すること（本章第6節参照）や『十地経』〈十尽句〉内に cittālambana（心所縁）というそのものずばりの項目が含まれていること（本章第7節参照）を考慮すると，諸漢訳の支持は得られないが，

a-cittālambanaḥ　cittālambana-nāsti-tvād......（心の認識対象をもたないひとである。心の認識対象がないひとだから……）

というテキストを想定しても，それなりに意味が通ってしまうからおもしろい。敦煌本『小本・心経』チベット訳“sems spyod pa yaṅ myed（心が行じることもない／心［の］行［境］もない）”はややこれに近く，カマラシーラの『般若波羅蜜多心広疏』所引経文“sems-la dmigs-pa med-pa”（芳村修基［1974］，p.172）は明確に“a-cittālambanaḥ”を支持する。しかし，漢訳『心経』でこれを支持するものは一例もない。

“a-cittāvaraṇaḥ（心に障壁をもたないひと／心無罣礙）”という術語自体は『八千頌般若』・『二万五千頌般若』に跡付けることこそできないけれども，類似した用語であれば『華厳経・入法界品』（*GVy*）の諸節から摘出できる。

『華厳経・入法界品』第56「普賢行願」(「サマンタバドラの実践と［その実践に関する］誓願」）節には善財童子が「障壁なき心で（an-āvaraṇena cittena）」

菩提座に対面することが描かれる。

tasminn eva Vajra-sāgara-garbha-bodhi-maṇḍe tathāgata-siṃhāsanābhimukhaḥ sarva-ratna-garbha-padmāsana-niṣaṇṇaḥ ① ākāśa-dhātu-vipulena cittena sarvābhiniveśoccalitena, ② subhāvitayā sarva-kṣetra-saṃjñayā, sarva-saṅga-samatikrāntena cittena, ③ sarva-dharm**ān-āvaraṇa**-gocareṇa a-pratihatena **cittena**, ④ sarva-dik-samudra-spharaṇena **an-āvaraṇena cittena**, ⑤ sarva-jña-tā-viṣayākramaṇena śuddhena cittena, ⑥ bodhi-maṇḍālaṃkāra-vipaśyanā-pariśuddhena suvibhaktena cittena, ⑦ sarva-buddh-dharm-samudrāvatīrṇena vipulena cittena, ⑧ sarva-sattva-dhātu-paripāka-vinaya-spharaṇena mahad-gatena cittena, ⑨ sarva-buddha-kṣetra-pariśodhanena a-parimāṇena cittena, ⑩ sarva-buddha-pariṣan-maṇḍala-pratibhāsa-prāptena sarva-kalpa-saṃvāsāparyādattena an-antena cittena sarva-tathāgata-bala-vaiśāradyāveṇika-buddha-dharma-paryavasānena.（*GVy* §56［Samanta-bhadra-caryā-praṇidhāna］. Vaidya［1960b］, p.420, 20 ～ 28）[(5)]

その同じヴァジュラ・サーガラ・ガルバ（金剛海蔵）という菩提場において［サマンタバドラ・ボーディサットヴァ（普賢菩薩）に謁見せんことを渇仰する資産家の御曹子スダナ（善財童子）はヴァイローチャナという］かく来れるお方（如来）の獅子坐に対面して，サルヴァ・ラトナ・ガルバ・パドマ（一切宝蔵蓮花）という坐席に着いた――①虚空の根源界のように広大であり，一切の執着を超出した心で，②一切の国土に関するよく修習された（or よく除去された）想念によって一切の固着を超越した心で，③一切の存在素を**障壁なき**対象領域とする妨害されない**心**で（sarva-dharm**ān-āvaraṇa**-gocareṇa a-pratihatena **cittena**），④全方位の海に拡散する**障壁なき心**で（sarva-dik-samudra-spharaṇena **an-āvaraṇena cittena**），⑤一切智者性の境界に踏み入らんとする清浄な心で，⑥菩提場の荘厳の観察によってすっかり浄化された，とても鮮明な心で，⑦一切のブッダの教法の海に証入した，広大な心で，⑧一切の生類たちの根源界の熟成化と教化のために拡充する，高邁な心で，⑨一切の仏国土を浄化する無量な心で，⑩一切のブッダの集会のマンダラが現前化するに至った，かく来れるお方の力（十力）・自信（四無畏）・流通しないブッダの諸属性（十八不共仏法）を究極とする，一切のカルパに渉る居住によっても消耗することのないほど無限な心で。

では「心の障壁」とは何か。『入法界品』第44「マーヤー夫人」節内の〈都城の女神ラトナネートラ〉段にその解答がある。

汝，部族の子よ，以上のように**心**の都城の浄化に精励するボーディサットヴァは一切の善［根］の収集を得ることができます。それはなぜか？ すなわち，**心**の都城（**citta**-nagara-）をすっかり清めたボーディサットヴァには，①ブッダにまみえること（見仏）に対する**障壁**であれ，②教法の聴聞（聞法）に対する**障壁**であれ，③かく来れるお方に供養し奉仕することに対する**障壁**であれ，④生類たちを包容する実践に対する**障壁**であれ，⑤ブッダの国土を浄化すること（浄仏国土）に対する**障壁**であれ，一切の**障壁**が（sarv**āvaraṇāni**）もはや眼前に立ちはだかることが**ない**（**na**）からです。汝，部族の子よ，じつに，一切の**障壁**から離脱した**心**の高度な決意によって（sarv**āvaraṇa**-vigatena......**cittā**dhyāśayena）善友を探訪することに精励するボーディサットヴァには僅かな労苦で善友たちが眼前に出現します。そして，部族の子よ，ボーディサットヴァたちが一切智者［であるブッダ］に成れるかどうかは善友［との邂逅］のいかんにかかっています（lit.：菩薩たちにとっての一切智者性は善知識に依託します）。(6)

「心の障壁」は次の五種である。①見仏に対する障壁・②聞法に対する障壁・③如来への供養・奉仕に対する障壁・④有情を摂すること（四摂事？）に対する障壁・⑤仏国土の浄化に対する障壁。心の都城を清めた菩薩にはこれら五種の障壁が立ち塞がることはなく，善根が収集されているので，一切智者性の獲得（成仏）の成否を左右する善知識たちに労せずに邂逅できるという。

『入法界品』第20「アナラ王」節は「不退転」を実感した善財童子に「心の無障壁性（cittān-āvaraṇa-tā）」が獲得されることを述べる。

そこで，資産家の御曹子スダナは［これまで歴訪した］彼ら善友たちの系譜を追憶し，それらの，善友たちの諸教誡の門戸に思考を傾注し，「わたしは善友たちによって包容されている」というように，自己の心を満足させ，「善友たちによって守護されているわたしはもはや無上にして正しき完全な覚醒から退転することはあるまい」というように洞察して，①心の喜悦を獲得した。②心の澄明・③心の歓喜・④心の満足・⑤心の満悦・⑥心の欣喜・⑦心の沈静・⑧心の広大性・⑨心の荘厳性・⑩心の無固着性・⑪**心の無障壁**性（i.e. 心に障壁がないこと **cittān-āvaraṇa-**tāṃ）・⑫心の離脱性……⑲十力［を備えた如来］への思考の傾注から遊離しない心を抱くことを獲得した。(7)

自分は善知識に摂られ，無上正等覚から「不退転」であると実感した善財童子に「心の無障壁性」等が獲得される。『二万五千頌般若』では〈般若波羅蜜多〉によって住まう菩薩が「不退転」であると記されていたが，『入法界品』では「心の無障壁性」が「不退転」と関連づけられる。

5 “（2） a-trasto”

動詞語根√tras の過去受動分詞を男性名詞化させて否定辞を前接させた複合語“atrasto（恐れないひと）”は『心経』の全漢訳本で「無有恐怖」と訳され，チベット訳『大本・心経』の副島版“skrag-pa rned”，B 本“jigs pa med cing”によっても支持される。ただ，敦煌本チベット訳『小本・心経』においてのみ“de ltar myed pa la gnas pas na（そのようでないものに住するから）”と訳され，“*a-tathā-stho*”のような梵語テキストを想定せしめるが，基づいた梵語写本における誤写に由来するものと判断されよう。

かつてわたしは旧稿（原田和宗［2002］）において『小本・心経』当該節の“a-trasto”までのテキストを，

それゆえに，ボーディサットヴァたちが［離繋果＝涅槃を］獲得する［ことによって声聞乗で理想とされるアルハット（阿羅漢）になる］ことがないのだから，［アヴァローキテーシュヴァラ・ボーディサットヴァは］〈智慧の完全性〉に依存して，心に遮蔽をもたないものとして

[輪廻の世界に] 住み続ける。心に遮蔽がないのだから，[アヴァローキテーシュヴァラは輪廻に留まりながらも，輪廻に対して] 恐怖を抱かない（a-trasto）……

と和訳した（p.22, 12 ～ 17)。和訳の際，わたしが根拠としたのは梵文『八千頌般若』第15章のスブーティの言明に含まれる「[菩薩たちは] 輪廻を恐れたりしません（saṃsārān nottrasyanti)」というフレーズであった（原田和宗[2002]，p.51, 註58)。じつのところ，『八千頌般若』や『二万五千頌般若』では菩薩が〈般若波羅蜜多〉について説かれるのを聞いても，恐れたり，怯えたり，心が竦んだりしないという趣旨の言明が至る処で繰りかえされている。〈般若経〉では「菩薩は恐れない」というフレーズはこの文脈で登場することが圧倒的に多い。しかし，『小本・心経』の「恐怖しないひとである」という語句は「般若波羅蜜多に依存して［観自在菩薩は］住する」という前文を承けた四種の性格規定のひとつである以上，すでに「般若波羅蜜多に依拠」している人物についていまさらながら「般若波羅蜜多が説かれるのを聞いても，恐れない」と叙述される必要があるともわたしには思えなかった。ゆえに，それ以外の文脈での用法を〈般若経〉内に求めようとしたわけである。以下に『八千頌般若』第15「天神」章の当該箇所を引用しよう。

スブーティは申し上げた：幸福に満ちたお方（世尊）よ，ボーディサットヴァ・マハーサットヴァたちは為し難いことを行う者たちです。彼らは無上にして正しき完全な覚醒にありありと完全に覚醒することに出発したひとたちですが，【以上の性格をもった布施のおかげで，以上の性格をもった戒，以上の性格をもった忍耐，以上の性格をもった精進，以上の性格をもった禅定，以上の性格をもった智慧のおかげで，自分次第でどうにでもなるにも拘わらず，完全な涅槃のもとに完全に涅槃してしまおうとは望みません。そうではなくて，最高度に苦しむ生類の根源界をありありと注視して，無上にして正しき完全な覚醒にありありと完全に覚醒せんと欲するひとたちであり，輪廻を**恐れ**たりしません（saṃsārān not**tras**yanti)。】

そのように申し上げられると，幸福に満ちたお方は生命溢れるひと・

スブーティに仰せられた：スブーティよ，それはそのとおりだ。それはそのとおりだ。ボーディサットヴァ・マハーサットヴァたちは為し難いことを行う者たちである。彼らは世間のひとびとの裨益のために出発したひとたちであり，世間のひとびとの安楽のため，世間のひとびとへの憐れみのために出発したひとたちである。……（Cf. 藤近恵市［1999］，pp.5 ～ 6）(8)

残念ながら，『八千頌般若』第 15 章の現行梵文における「［菩薩たちは］輪廻を恐れたりしません」というフレーズを含む【 】で囲ったスブーティの非常に含蓄ある言明部分は，諸漢訳本に照会すると，玄奘訳『大般若経』〈第四分〉に初出する後代の増広テキストであることが判明する(9)。『二万五千頌般若』第 4 章の現行梵文の対応すべき箇所でさえこの言明は欠けている（*Pañca* IV. Kimura［1990］，p.95, 26f.）。したがって，7 世紀以前における『八千頌般若』独自の増広であるから，『心経』当該文の訳を確定させる根拠としては弱い。

〈般若波羅蜜多〉について説かれるのを聞いても，恐れないという〈般若経〉の大勢を占める文脈に立ち返ると，『二万五千頌般若』第 4 章には甚深なる〈般若波羅蜜多〉を「新発趣の菩薩」の前で説くと恐怖に陥る危険があるので，その危険がない「不退転の菩薩」の前で説くべきであるという趣旨の教説がある。

シャーリプトラは申し上げた：あたかも，幸福に満ちたお方（世尊）よ，この**〈智慧の究極性〉が甚深**であり，幸福に満ちたお方よ，この**〈智慧の究極性〉**が知り尽くし難く，量り知れないままに，そのままに新たに乗道に進発し始めたボーディサットヴァ・マハーサットヴァたちの前で語られるべきではありません。彼らがこの**甚深なる〈智慧の究極性〉**を聴いて，恐れ，怖がり，恐怖に陥ることがあってはなりません。**不退転の**ボーディサットヴァ・マハーサットヴァの前で説かれるべきです。彼であれば，この**〈智慧の究極性〉**を聴いても，恐れず，怖がらず，恐怖に陥ったりせず，懸念せず，疑ったりしないでしょう（nottrasiṣyati na saṃtrasiṣyati na saṃtrāsam āpatsyate na kāṅkṣayiṣyati na nirvicikitsiṣyati）。そして，聴いた後でやがて解脱することでしょう[10]。

甚深なる〈般若波羅蜜多〉を聴いても，「恐怖しない」ことが「不退転の菩薩」の特徴として明言される。『二万五千頌般若』第 4 章の記述に則るかぎり，『小本・心経』の「恐怖しないひと」に「甚深なる〈般若波羅蜜多〉を聴いても，恐怖しない不退転の菩薩」という文脈的意味を重ね合わせることができよう。

6 “(3) viparyāsātikrānto”

『小本・心経』は〈般若波羅蜜多〉に依存して住する菩薩に関する第三の特性として“viparyāsātikrānto（錯倒を超越したひと）”を挙げる。

不空訳『梵本心経』・般若訳『梵本心経』は「顚倒遠離」，法成訳『心経』は「超過顚倒」と直訳している。玄奘訳『心経』「遠離顚倒**夢想**」は原典にない「夢想」を付加し，法月訳・般若共利言等訳・智慧輪訳に踏襲される。円測『心経賛』は最初「遠離顚倒夢想」という経文を引用したあと，「或有本云「遠離一**切**顚倒夢想」雖有二本後本為勝」と論評し，基『心経幽賛』になると「遠離一**切**顚倒夢想」だけを引用し，施釈するようになる。したがって，円測『心経賛』執筆時にはさらに原典にない「一切」を挿入した玄奘訳『心経』の流布本が出現していたことがわかる。このことから，羅什訳『大明呪経』「遠離一**切**顚倒**夢想苦悩**」の影響が玄奘訳『心経』ならびにその流布本に及んだのではないかと想像される[11]。施護訳『聖仏母般若経』は「遠離一切顚倒妄想」である。

松浦秀光氏は玄奘訳『心経』「遠離顚倒［夢想］」との対応を『大品般若経』・『大般若経』〈第二分〉に見られる「遠離顚倒」に求めておられる（松浦秀光［1983］，pp.69 ～ 72）。しかし，残念ながら，この場合の「遠離顚倒」という訳語を梵文『二万五千頌般若』第 1 章に照会すれば，その原語は“viparyāsāḥ parivarjayitavyāḥ（諸錯倒がすっかり遠ざけられるべきである）”であり，『小本・心経』の原語とは異なっていることが確認できる。

スブーティよ，それらのうち，どのようにしてボーディサットヴァ・マハーサットヴァによって**諸錯倒**がすっかり遠ざけられるべき（**viparyāsāḥ** parivarjayitavyāḥ）か。すなわち，一切の諸事物を認知しないもの（不可得）となることに準拠して，である。スブーティよ，じつにそのようにボーディサットヴァ・マハーサットヴァによって**諸錯倒**がすっかり遠ざけられるべきである（**viparyāsāḥ** parivarjayitavyāḥ）(12)。

とはいえ，『二万五千頌般若』第1章の「菩薩によって諸錯倒が遠ざけられるべきである」という菩薩に課せられる規定は『小本・心経』において「錯倒を超越したひと」という菩薩に付与される特性を導入する下地になったであろうことは想像に難くない。

梵文『小本・心経』の“viparyāsātikrānto”という複合語の起源を〈般若経典〉以外の初期大乗経典に捜査するならば，『入法界品』第41「〈全世界を守護せんとする誓願への精進の光明〉という女神」節に“saṃjñā-citta-dṛṣṭi-**viparyāsam atikrāntaḥ**（想念・心・見解の諸錯倒を超越している）”という構文表現を見出す。

evam eva kula-putra bodhi-sattvo mahā-sattvo uccalito bhava-samudrād udgatas tathāgata-dharma-dhātu-gagane dharma-sva-bhāva-gagana-gocara-vihārī śānta-gagana-nilayaḥ sarva-bhava-gaty-upapattiṣu saṃdṛśyate sarva-sattva-sadṛśaiḥ kāyaiḥ sattvānāṃ paripāka-vinayam upādāya. na ca saṃsāra-doṣair lipyate, na cyuty-upapatti-duḥkhair upatapyate, na ca kalpa-vikalpaiḥ saṃvasati, na cāsya kalpe dīrgha-saṃjñā bhavati na hrasva-saṃjñā. tat kasya hetoḥ? tathā hi bodhi-sattvo 'tyantam a-viparyasta[*ḥ*] saṃjñā-citta-dṛṣṭi-**viparyāsam atikrāntaḥ**, svapnopama-sarva-loka-yathā-bhūta-jñāna-darśī māyopama-sarva-lokāvatīrṇo niḥ-sattva-vatī-dhātu-jñāna-pratilabdho yathā-bhūta-dharma-darśī su-vipula-karuṇā-maṇḍala-mahā-praṇidhāna-vaśena sarva-sattvābhimukhaḥ saṃdṛśyate paripāka-vinayam upādāya.（*GVy* §41［Sarva-jagad-rakṣā-praṇidhāna-vīrya-prabhā］. Vaidya［1960b］, pp.271, 29 ～ 272, 1）(13)

それとちょうど同じように，ボーディサットヴァ・マハーサットヴァも生存の海から超出しており，かく来れるお方たちの存在素の根源界（如来法界）という虚空に上昇しており，存在素の自己本質という虚空の領域に住まいをもち，寂滅（i.e. 涅槃）という虚空を住居としていながら，生類たちを成熟させ，教化するために，一切の生存の道程に誕生する際，あえて一切の生類たちと同じような諸身体をとっているのが見られます。しかも，輪廻の諸疾患によって汚されたりせず，生死の諸苦痛によって悩まされたりもせず，カルパをめぐる諸概念知と同居することもありません。彼には，カルパに対して「長い」という想念もおきないし，「短い」という想念もおきません。それはなぜか。すなわち，ボーディサットヴァは絶対的に錯倒しないひとであり，想念・心・見解の**錯倒を超越したひと**であり（saṃjñā-citta-dṛṣṭi-**viparyāsam atikrāntaḥ**），一切の世間を夢の如きものとして，ありのままに知る智慧によって，視る者であり，幻の如き一切の世間に証入するひとであり，［生類たちの世］界を生類なきものとして知る智慧を獲得しており，ありのままに存在素を視る者でありながら，とてつもなく広大な悲愍（大悲）のマンダラと壮大な誓願にもとづいて，［生類たちを］成熟させ，教化するために，あえて一切の生類たちの前に出現するのです。

それによれば，「如来の法界」という虚空の高みに昇りながら，有情を成熟させるために「生存（i.e. 輪廻）の海」にあえて誕生する菩薩が輪廻に汚されず，輪廻の苦しみに苛まれないのは，菩薩が「想念・心・見解の錯倒を超越したひと」だからであり，世間を如実に視るひとだからである。この「想念・心・見解の錯倒を超越したひと」という術語が置かれている『入法界品』の原文脈から，『小本・心経』の（3）「錯倒を超越したひと」を眺め返せば，その直前の（2）「恐怖しないひと」という規定も旧拙稿の原案どおり「［輪廻に対して］恐怖しないひと」という意味にとりたくなるほどである。『心経』の「恐怖しないひと」には恐怖の対象が明示されていないが，それは『二万五千頌般若』の観点によれば「甚深なる〈般若波羅蜜多〉の教えを聴く」ことであり，『入法界品』の文脈からみれば，「輪廻」であるといえるだろう。

『入法界品』の第41節の「想念・心・見解の錯倒（saṃjñā-citta-dṛṣṭi-viparyāsa）」という術語は『八千頌般若』第6章にも登場する。

以上のように告げられると，生命溢れるひと・スブーティ上座はマイトレーヤ・ボーディサットヴァ・マハーサットヴァにこう申し上げた：「もしも彼（i.e. ボーディサットヴァ・マハーサットヴァ）が存在しない事物，存在しない認識対象を認識対象と看なし，相状と看なしますならば，すると，どうして彼には**〈想念の錯倒〉**・**〈心の錯倒〉**・**〈見解の錯倒〉**（**saṃjñā-viparyāsaś citta-viparyāso dṛṣṭi-viparyāso**）が生じないのでしょうか。それはなぜか。すなわち，愛欲（貪）もやはり存在しない事物を，非恒久であるのに「恒久なもの」，苦であるのに「楽なもの」，無我であるのに「自我である」，不浄であるのに「浄である」と仮構し，共通に観念化して，生じてまいります――**〈想念の錯倒〉**・**〈心の錯倒〉**・**〈見解の錯倒〉**として……もしも事物（or 事項），認識対象，形相［が存在しないの］と同じように覚醒（菩提）も心も［存在しないの］でしたら，すると，［ボーディサットヴァ・マハーサットヴァ］はいかなる諸事物（or 諸事項），いかなる諸認識対象，いかなる諸形相でもっていかなる心を〈無上にして正しき完全な覚醒〉に廻向するのでしょうか。あるいは，いかなる〈随喜することに随伴／起因する福徳的行為事項〉をいかなる〈無上にして正しき完全な覚醒〉に廻向するのでしょうか。……

以上のように告げられると，マイトレーヤ・ボーディサットヴァ・マハーサットヴァは生命溢れるひと・スブーティ上座にこう仰った：聖者スブーティよ，もしもボーディサットヴァ・マハーサットヴァが或る心によって或るものを廻向するとき，その心に対して「心である」という想念を懐かないならば，ボーディサットヴァ・マハーサットヴァによって〈随喜することに随伴 / 起因する福徳的行為事項〉が〈無上にして正しき完全な覚醒〉に廻向されたことになります。彼がその心を「これは心である」と想念しないのと同様に，ボーディサットヴァ・マハーサットヴァには**〈想念の錯倒〉**も生じないし，**〈心の錯倒〉**も生じないし，**〈見解の錯倒〉**も生じないのです。……。（Cf. 小谷信千代［2000］，p.213；これと類似する『八千頌般若』の別の一節が津田真一［2001］，pp.124 ～ 125 で引用・和訳されている）[14]

『八千頌般若』第6章の当該節は『二万五千頌般若』第2章（*Pañca* II. Kimura［1986］, p.124, 11 ～ 22；p.125, 1 ～ 11；p.128, 18 ～ 23）にも対応を見出す。『入法界品』の「想念・心・見解の錯倒」という術語 (15) は『八千頌般若』第6章ならびに『二万五千頌般若』第2章に共有される以上,〈般若経典〉の伝統にとっても異質なものではなく，許容範囲に属する。『小本・心経』の「錯倒を超越したひと」という規定は『入法界品』の「想念・心・見解の錯倒を超越したひと」に由来すると見て間違いないであろう。

7　“（4）niṣṭha-nirvāṇaḥ”

『小本・心経』が〈般若波羅蜜多〉に依存して住する菩薩に関する第四の特性として提示するのは,“niṣṭha-nirvāṇaḥ（涅槃において終極したひと）”である。羅什訳『大明呪経』以来,「究竟涅槃」がそれに対する訳語として玄奘訳『心経』・不空訳『梵本心経』・法月訳『普遍智蔵心経』・般若共利言等訳『心経』・法成訳『心経』に継承された。例外は般若訳『梵本心経』および施護訳『聖仏母般若経』の「究竟円寂」と智慧輪訳『心経』の「究竟寂然」である。敦煌本チベット訳『小本・心経』“〈thub〉（*Vṛtti*：thar）pa ni mya ṅan las ḥdaḥs paḥo（究極は涅槃である）”からは“niṣ*ṭhā* nirvāṇaḥ”というテキストが想定され，チベット訳『大本・心経』“mya-ṅan-las-ḥdas-pa〈chen-po〉（omit）ḥi mthar phyin-no（涅槃の究極に到達する）”は梵文『大本・心経』異本“niṣṭhā-nirvāṇaṃ〈prapnuti〉（read：prāpnoti）”を支持する。『大本・心経』ネパール写本には“......nirvāṇaṃ prāpnoti”とするものや,“......nirvāṇa-prāptāḥ”とするものがあるという（Conze［1948］, p.36 note 44）。

『心経』の“niṣṭha-nirvāṇaḥ”という言葉から，わたしが往々にして想起する大乗経典の一節は『十地経（華厳経・十地品）』（*DBhS*）第1「初歓喜地」章〈十尽句〉のそれであった。「涅槃（nirvāṇa）」と「究竟／尽（niṣṭhā）」という術語が含まれているからである。

そして，それらの壮大な諸誓願を十箇の**終極**という足場によって（daśabhir **niṣṭhā**-padair）実現していく。いかなる十箇によってか。すなわち，①生類たちの根源界（有情界）の**終極**・②世間の根源界の**終極**・③虚空の根源界の**終極**・④存在素の根源界の**終極**・⑤**涅槃**の根源界の**終極**（**nirvāna**-dhātu-**niṣṭhayā**）・⑥ブッダの出生の根源界の**終極**・⑦かく来れるお方の智の根源界の**終極**・⑧**心の認識対象**の根源界の**終極**（**cittālambana**-dhātu-**niṣṭhayā**）・⑨ブッダの対象領域に関する智への証入の根源界の**終極**・⑩世間の持続的活動と教法の持続的活動と智の持続的活動との根源界の**終極**によって，である――じつに，願わくば，①生類たちの根源界の**終極**にとって**終極**あることがわたしのこれらの壮大な諸誓願にとっての**終極**であらんことを。ないし，⑩智の持続的活動の根源界の**終極**にとって**終極**あることがわたしのこれらの壮大な諸誓願にとっての**終極**であらんことを――じつに，願わくば，①生類たちの根源界の**終極**は**終極**をもたざるものなれば，わたしのこれらの諸善根も**終極**をもたざるものであらんことを。ないし，⑩智の持続的活動の根源界の**終極**が**終極**をもたざるものなれば，わたしのこれらの諸善根も**終極**をもたざるものであらんことを。(16)

類似文が『入法界品』および『普賢行願讃』(17)にも見られるが，そこには「涅槃」という語は登場しない。『十地経』「初歓喜地」章〈十尽句〉が話題とするのは，「涅槃」などの十項目に「終極」があるかいなかであり，その真意は「終極」はなく，それゆえ，菩薩の〈十大願〉も「終極」を迎えることがないという点にある。〈十尽句〉における「終極（niṣṭhā）」の有無を問われる主題は「涅槃」などの十項目および〈十大願〉であるのに対して，『心経』での「終極する（niṣṭha）」主体は「［観自在］菩薩」であり，「涅槃」自体ではない。

『十地経』第８「不動地」章では「第八菩薩地」が「不動地」などの十種の呼称をもつことが説かれる。『十地経』の現行梵文のリストでは第七番目に「みごとにすっかり**終極したひと**の階梯（su-pari**niṣṭh**ita-bhūmir）」，第八番目に「**涅槃**の階梯（**nirvāṇa**-bhūmir）」という呼称が列挙される。

ああ，勝者の息子よ，ボーディサットヴァにとってこの第八の智の階梯は「①無動なる階梯」と呼ばれる。［ボーディサットヴァのその智が］

剥奪されえないからである。「②不退転なる階梯」と呼ばれる。智が不退転だからである。「③近寄り難い階梯」と呼ばれる。全世界のひとびとには知られ難いからである。「④嫡子の階梯」と呼ばれる。欠点がないからである。「⑤生誕の階梯」と呼ばれる。意の儘に振る舞うからである。「⑥完成されたひとの階梯」と呼ばれる。もはやなすべき義務がないからである。「⑦みごとにすっかり**終極したひと**の階梯（su-pari**niṣṭh**ita-bhūmir）」と呼ばれる。智による決着をみごとに成し遂げているからである。「⑧**涅槃**の階梯（**nirvāṇa**-bhūmir）」と呼ばれる。誓願をみごとに実現させているからである。……[18]

『十地経』の漢訳諸本を照合すると，第七番目の呼称はすべて「究竟地（su-pari**niṣṭh**ita-bhūmir）」で一致しており，問題がない。su-pariniṣṭhita（みごとにすっかり終極した）という過去受動分詞の主語は「第八地の菩薩」である。

第8番目の呼称については初訳：竺法護訳『漸備一切智徳経』「無為地」と最後訳：尸羅達摩訳『仏説十地経』「涅槃地」および菩提流支訳・天親『十地経論』「涅槃地」が近藤本“nirvāṇa-bhūmir”を支持する反面，他の諸漢訳は悉く「変化地」となっており，むしろ，Rahder刊本“nirmāṇa-bhūmir”を支持する。その呼称の理由句「誓願をみごとに実現させているから（sv-abhinirhṛta-praṇidhāna-tvāt）」は，菩薩が利他の誓願を実現するために種々の変化身や神変を出現させるという意味ではnirmāṇa-bhūmi（変化地）に相応しいし，第十地や仏地ではなく，第八地の段階で「涅槃地」と呼ぶのも一見早すぎるようにも思える。けれども，初地の〈十尽句〉ですでに「涅槃」と「誓願」との結びつきが見られるし，第八「不退転地」にあえて「涅槃地」という過分な呼称を与えることで，不退転の段階に達したほどの菩薩であれば如来に匹敵する救済活動をなしうるという意味で，第八地の重要性をアピールしようという狙いが経典編纂者にあったとも推定しうる。いずれにせよ，梵文『十地経』のテキスト伝承にnirvāṇa-bhūmi・nirmāṇa-bhūmiの二系統があったことは否定できない。

『十地経』以外では，『維摩経』（*Vimala*）第6「神格」章にはatyanta-niṣṭhaという術語が見られる。ここでのniṣṭhaは「菩薩」を主語とし，「終極しているひと」を意味する点で『小本・心経』の niṣṭha-nirvāṇa と通じるものがある。

a-kopya-maitry atyanta-**niṣṭha**-tayā.（*Vimala* VI［Devatā-parivarta］§2. 大正大梵語仏典研究会［2004b］, p.262, 2 ～ 3；do.［2006］, p.66, 13）(19)

［ヴィマラ・キールティ：］……［ボーディサットヴァには］怒りに掻き立てられない慈愛が［一切の生類たちに対して生じるのです］。［彼は］究極的次元で**終極しているひと**（atyanta-**niṣṭha**-）でありますから。

同じ atyanta-niṣṭha という術語は『瑜伽論・声聞地』（*Śrāvaka-bhūmi*：abbr. ***ŚrBh***）〈第二瑜伽処〉（Dvitīyaṃ yoga-sthānam）にも二回ほど出てくる。

一箇所目の atyanta-niṣṭha は「行による婆羅門」を主語とする。「ひとは生まれによって婆羅門になるのではなく，行為によって婆羅門になるのだ」という，『マハーバーラタ』に淵源する釈尊の有名な教説が『声聞地』の体系内に組み込まれたことがわかる。

それらのうち，三箇のブラーフマナたちがいる。すなわち，①生まれによるブラーフマナ・②名称によるブラーフマナ・③実践によるブラーフマナである。

それらのうち，①生まれによるブラーフマナとは，ブラーフマナの部族に生まれた出生のもの，母から誕生したもの，母と父が［欠けずに］揃っているもののことである。

それらのうち，②名称によるブラーフマナとは，世間において［「ブラーフマナ」という］名前，名称，共通名称，命名，言語表現が行われる。

それらのうち，③実践によるブラーフマナとは，究極的次元で**終極したひと**（atyanta-**niṣṭha**），目的を遂行し終えたひととなっており，彼によって邪悪・不善なる諸存在素は取り除かれている。「ブラーフマナにはなすべきことがすでになくなっている，というので，目的を遂行し終えたブラーフマナであると記憶伝承される」と説かれているとおりである。(20)

『声聞地』の二箇所目の atyanta-niṣṭha の主語は「梵行の実践者」である。

> 究極的次元で**終極したひと**（atyanta-**niṣṭha**）になり，究極的次元で無垢なひとになる点で，究極的次元における貞潔者の実践（梵行）の終極化に役立つ，**涅槃**に順応した通達的な［感受］は非肉欲的（or 非享楽的）である。(21)

後代の『宝性論』（［三］宝の［源泉たる］種姓の弁別；*Ratna-gotra-vibhāga*：***RGV***）第1章第21偈には gaṇa を主語とする tan-niṣṭha という述語表現が現れる。複合語の前分である指示代名詞 tan-（＝tad- それにおいて）は buddha-tva（仏陀たること／仏陀に成ること）を指す。

> 最高の意味（勝義）次元の仏陀たることが［他に避難所をもたず,］ひとりぼっち［残された］世界のひとびとにおける避難所である。①寂黙者（牟尼）が教法の身体（法身）だからであり，かつ，②団体（衆）がそれ（仏陀たること，つまり，仏陀に成ること）において**終極する**（tan-**niṣṭha**-）からである。

主語 gaṇa は『宝性論』散文部において「三乗の衆」，つまり，声聞僧の集団・独覚の集団・菩薩の集団を意味するものとして註釈される。

> 他方，以上の，前述された論法によって，①〈不生・不滅〉として説明された「寂黙者が」清浄なる［〈消滅〉〈道程〉の］二真理［を特相とする］〈離欲〉なる「教法の」身体「であるから，かつ」，②三つの乗道に属する「団体が」教法の身体の浄化の**極致**（-**niṣṭhā**）の確証を終局「とするから」，［唯一］「最高の意味次元のもの」だけ「が」——すなわち，かく来れるお方たち・価値あるお方たち・正しき完全な覚醒者たちが——救護処もなく避難所もない世間のひとびとにおける，後（i.e. 未来）の際限に等しい，不滅の「避難所」，恒久なる避難所，堅牢な避難所「である」。(22)

結局，わたしは『小本・心経』の niṣṭha-nirvāṇa とまったく同じ表現を他の仏教典籍に発見するには至らなかったけれども，菩薩などの仏教徒を主語とする niṣṭha の用法，しかも，atyanta や buddha-tva をその目的語とする niṣṭha の用法には遭遇できた。

これまでの調査によれば，『小本・心経』における「〈般若波羅蜜多〉に依存して，住まう」・(2)「もはや恐怖しないひと」という語句は『二万五千頌般若』では「不退転の菩薩」の指標となるものであり，『小本・心経』における (1)「心に障壁をもたないひと」も『入法界品』では「不退転」と関連づけられていた。『小本・心経』の主人公「観自在菩薩」が「不退転の菩薩」であることは大乗仏教徒にとって自明のことであり，あえて言挙げするまでもない情報であろう。『小本・心経』の編纂者たちは「不退転」という術語の直接的な使用を避けつつ，「不退転」の境位を仄めかす具体的で多様性に富んだ別々の表現法を『二万五千頌般若』や『入法界品』などの大乗経典から採用したのであろう。

註

(1) 無羅叉訳『放光般若経』巻第十一「問相品」第五十（『大正』vol.8, pp.77c ～ 78a）

於是仏告須菩提言：般若波羅蜜者。是諸仏如来無所著等正覚之母。般若波羅蜜者是諸仏如来世間之大明。如来**依**是法**而得有所作**。

羅什訳『大品般若経』巻第十四「問相品」第四十九（ibid., p.326a）

爾時仏告須菩提：般若波羅蜜是諸仏母。般若波羅蜜能示世間相。是故仏**依止**是法**行**。

玄奘訳『大般若経』巻第四百四十三「第二分示相品」第四十七之二（『大正』vol.7, p.232b）

爾時世尊告具寿善現曰：善現当知。甚深般若波羅蜜多是諸仏母。甚深般若波羅蜜多能示世間諸法実相。是故如来応正等覚**依**法**而住**。

(2) 無羅叉訳『放光般若経』巻第七「無二品」第三十七（『大正』vol.8, p.49c）

譬如大地下五穀種。**以**散其中随時而生。**般若波羅蜜**者是地。諸波羅蜜三十七品至薩云若皆**従**其中出生。

羅什訳『大品般若経』巻第九「尊導品」第三十六（ibid., p.288b）

阿難。譬如大地**以**種散中**得**因縁和合便生。是諸種子**依**地而生。如是阿難。五波羅蜜**依般若波羅蜜**得生。四念処乃至一切種智亦**依般若波羅蜜**得生。

玄奘訳『大般若経』巻第四百二十九「第二分天来品」第三十四之一（『大正』vol.7, p.158b）

慶喜当知。譬如大地以種散中衆縁和合則得生長。応知大地与種生長。**為所依止為能建立**。如是**般若波羅蜜多**及所廻向一切相智与前五種波羅蜜多乃至十八仏不共法。**為所依止為能建立**。令得生長故。

Pañca II（Kimura［1986］, pp.78, 28 ～ 79, 1）

tad yathā 'pi nām'Ānanda mahā-pṛthivīṃ **niśrāya** sāmagrī-**vaśena** bījāni virohanti. evam ev'Ānanda **prajñā-pārami-tāṃ niśrāya prajñā-pārami-tām āgamya** sarvāḥ pārami-tāḥ sapta-triṃśad-bodhi-pakṣyā dharmāḥ, a-pramāṇa-dhyān'ārūpya-samāpattaya ārya-satyāni ṣaḍ-abhijñāḥ sarva-dhāraṇī-mukhāni virohanti. daśa-bala-vaiśāradya-pratisaṃvid-āveṇikā buddha-dharmā virohanti yāvat sarva-jña-tā virohanti.

(3)　無羅叉訳『放光般若経』巻第二「学五眼品」第四（『大正』vol.8, p.8a）

行**般若波羅蜜**者。当知是為阿惟越致。

竺法護訳『光讃経』巻第二「行空品」第三之二（ibid., p.157a）

則知開士為不退転行是**智慧度無極**。

羅什訳『大品般若経』巻第二「往生品」第四（ibid., p.226b）

舎利弗是菩薩摩訶薩。如是行**般若波羅蜜**。当知是阿惟越致地中**住**。

玄奘訳『大般若経』巻第四百四「第二分観照品」第三之三（『大正』vol.7, p.19b）

舎利子。当知是菩薩摩訶薩**住**不退転地。与**般若波羅蜜多**相応能為斯事。

(4)　玄奘訳『瑜伽論』巻第四十三「本地分中菩薩地」第十五〈初持瑜伽処〉「慧品」第十四（『大正』vol.30, p.529b）

如是菩薩極善決定無量妙慧。能証菩薩大菩提果。菩薩依此能円満慧波羅蜜多。速証無上正等菩提。

曇無讖訳『菩薩地持経』巻第六「方便処慧品」第十四（ibid., p.923a）

如是菩薩善決定無上慧。得大菩提果。菩薩依是満足般若波羅蜜。得阿耨多羅三藐三菩提。

求那跋摩訳『菩薩善戒経』巻第五「菩薩地慧品」第十五（ibid., p.989a）

以是無量慧因縁故。菩薩具足般若波羅蜜。具足般若波羅蜜故。得阿耨多羅三藐三菩提。

(5)　仏駄跋陀羅訳『六十華厳』巻第六十「入法界品」第三十四之十七（『大正』vol.9, p.784b）

爾時善財。即見普賢菩薩在金剛蔵道場。於如来前処蓮華蔵師子之座大衆囲遶。**心**如虚空無所染著。除滅障礙浄一切刹。**以無礙**法充満十方。住一切智。入諸法界教化衆生。於一切劫行菩薩行。恭敬供養一切諸仏心無退転。於衆生中最勝最上。一切世間無能壊者。一切菩薩不能察其智慧境界。具不思議諸妙功徳。普観三世等諸如来。

実叉難陀訳『八十華厳』巻第八十「入法界品」第三十九之二十一（『大正』vol.10, p.439c）

即於此金剛蔵菩提場。毘盧遮那如来師子座前一切宝蓮華蔵座上。起等虚空界広大心。捨一切刹離一切著無礙心。普行一切**無礙**法無礙心。遍入一切十方海**無礙心**。普入一切智境界清浄心。観道場荘厳明了心。入一切仏法海広大心。化一切衆生界周遍心。浄一切国土無量心。住一切劫無尽心。趣如来十力究竟心。

般若訳『四十華厳』巻第三十八「入不思議解脱境界普賢行願品」(ibid., p.838b)

即於金剛海蔵菩提道場如来師子座前。一切宝蓮華蔵座上。起等虚空界広大心。抜一切現前執著心。集一切徳無染心。浄一切刹無想心。了一切法歓喜心。観一切境無礙心。入一切方周遍心。行一切行**無障心**。浄一切智境界妙行自在心。観一切菩薩道場荘厳清浄明了心。深入一切如来法海広大心。調伏成熟一切衆生周遍心。浄一切仏刹無量心。了一切衆会如影心。住一切劫無尽心。究竟如来力無所畏不共仏法無退転心。

『入法界品』の類似の用例を追加しておく。

GVy §5［Sāgara-megha］（Vaidya［1960b］, p.51, 25 ～ 26）

...... ⑥ a-saṅga-**cittaṃ** sarv**āvaraṇa**-vinivartana-tāyai......

［かく来れるお方たちの境界を希求する生類たちに］……⑥固着がない**心**が［生じるの］は，一切の**障壁**を除去するものとなるためである……

GVy §11［Bhīṣmottara-nirghoṣa］（Vaidya［1960b］, p.87, 4）

...... ⑨ sarv**āvaraṇa**-vikiraṇa-**citto**......

［資産家の御曹子スダナは……］⑨一切の**障壁**を雲散霧消させる**心**を抱き……

(6) 仏駄跋陀羅訳『六十華厳』巻第五十七「入法界品」第三十四之十四〈摩耶夫人〉節中〈宝眼城天〉段（『大正』vol.9, p.762a）

菩薩摩訶薩。若如是知諸心城者。則能積集一切善根。何以故。蠲除無量**諸障礙**故。所謂見仏**障**。聞法**障**。供養仏**障**。摂衆生**障**。浄仏刹**障**。仏子。菩薩摩訶薩。若有如是無**障礙心**。以少方便。能見一切諸善知識。究竟成就一切種智。

実叉難陀訳『八十華厳』巻第七十六「入法界品」第三十九之十七〈摩耶夫人〉節中〈宝眼主城神〉段（『大正』vol.10, p.414a）

菩薩摩訶薩。若能如是浄修心城。則能積集一切善法。何以故。蠲除一切**諸障難**故。所謂見仏**障**。聞法**障**。供養如来**障**。摂諸衆生**障**。浄仏国土**障**。善男子。菩薩摩訶薩。以離如是**諸障難**故。若発希求善知識心。不用功力。則便得見。乃至究竟必当成仏。

般若訳『四十華厳』巻第三十「入不思議解脱境界普賢行願品」〈摩耶夫人〉節中〈宝眼主城神〉段（ibid., p.798a）

善男子。菩薩摩訶薩。若能如是浄修心城。則能積集一切善根。随所修行。皆能証入。何以故。蠲除一切**諸障難**故。所謂見仏**障**。聞法**障**。親近供養諸如来**障**。方便摂取諸衆生**障**。厳浄種種仏国土**障**。善男子。菩薩摩訶薩。以離如是**諸障難**故。若発希求善知識心。不用功力。則便得見。乃至究竟。成一切智。

GVy §44［Māyā］（Vaidya［1960b］, p.340, 18 ～ 21）

evaṃ **citta**-nagara-pariśuddhy-abhiyuktena te kula-putra bodhi-sattvena śakyaṃ sarva-kuśala-samārjanam anuprāptum. tat kasya hetoḥ? tathā hi bodhi-sattvasya evaṃ **citta**-nagara-pariśuddhasya sarv**āvaraṇāni** purato **na** saṃtiṣṭhante ① buddha-darśan**āvaraṇaṃ** vā ② dharma-śravaṇ**āvaraṇaṃ** vā ③ tathāgata-pūjopasthān**āvaraṇaṃ** vā ④ sattva-saṃgraha-prayog**āvaraṇaṃ** vā ⑤ buddha-kṣetra-pariśuddhy-**āvaraṇaṃ** vā. sarv**āvaraṇa**-vigatena hi kula-putra **cittā**dhyāśayena kalyāṇa-mitra-paryeṣṭy-abhiyuktasya bodhi-sattvasya alpa-kṛcchreṇa kalyāṇa-mitrāṇy ābhāsam āgacchanti. kalyāṇa-mitrādhīnā ca kura-putra bodhi-sattvānāṃ sarva-jña-tā.

(7) 仏駄跋陀羅訳『六十華厳』巻第四十九「入法界品」第三十四之六〈満足王〉節（『大正』vol.9, p.708a ～ b）

爾時善財童子。次第憶念諸善知識。正念思惟善知識教。復作是念。善知識者。能摂取我。能守護我。令我不退阿耨多羅三藐三菩提。如是思惟。得大歓喜心。無量歓喜心。発清浄心。寂滅心。広大心。荘厳心。無著心。**無礙心**。……念十力心。不捨諸仏善知識心。

実叉難陀訳『八十華厳』巻第六十六「入法界品」第三十九之七〈無厭足王〉節（『大正』vol.10, p.355a）

爾時善財童子。憶念思惟善知識教。念善知識。能摂受我。能守護我。令我於阿耨多羅三藐三菩提。無有退転。如是思惟。生歓喜心。浄信心。広大心。怡暢心。踊躍心。欣慶心。勝妙心。寂静心。荘厳心。無著心。**無礙心**。……不捨十力心。

般若訳『四十華厳』巻第十一「入不思議解脱境界普賢行願品」〈甘露火王〉節（ibid., p.712b）

爾時善財童子。於普遍眼善知識所。聞説菩薩能令衆生普見諸仏歓喜法門。随順憶念。心心相続。歓喜踊躍。作是思惟。善知識者。以善方便能摂受我。以深重心能守護我。令我於阿耨多羅三藐三菩提。得不退転。如是専念。生浄信心。欣慶心。怡暢心。調順心。勇進心。寂静心。広大心。荘厳心。無著心。**無礙心**。……恒不離仏心。専求十力心。一向無退心。

GVy §20［Anala］（Vaidya［1960b］, p.120, 2 ～ 8）

atha khalu Sudhanaḥ śreṣṭhi-dārakas tāṃ kalyāṇa-mitra-paraṃparām anusmaran, tāni kalyāṇa-mitrānuśāsanī-mukhāni manasikurvan, parigṛhīto 'smi kalyāṇa-mitrair iti sva-cittaṃ saṃtoṣayan, kalyāṇa-mitrārakṣito 'smi na bhūyo vinivartiṣyāmi an-uttrāyāḥ samyak-saṃbodher ity anuvicintayan pratyalabhata ① citta-prītim. ② citta-prasādaṃ ③ citta-prāmodyaṃ ④ citta-tuṣṭiṃ ⑤ citta-praharṣaṃ ⑥ citta- nandīṃ ⑦ citta- vyupaśamaṃ ⑧ citta-vipula-tāṃ ⑨ cittālaṃkāra-tāṃ ⑩ cittā-saṅga-tāṃ ⑪ **cittān-āvaraṇa**-tāṃ ⑫ citta-vivikta-tāṃ...... ⑲ daśa-bala-manasikārā-vipravāsa-citta-tāṃ pratyalabhata.

(8)　*Aṣṭa* XV［Deva-parivarta］（Vaidya［1960a］, p.146, 21 ～ 27）

Subhūtir āha —— duṣ-kara-kārakā Bhaga-van bodhi-sattvā mahā-sattvāḥ, ye 'n-uttarāṃ samyak-saṃbodhim abhisaṃboddhuṃ saṃprasthitāḥ.【evaṃ-rūpaṃ dānam āgamya, evaṃ-rūpaṃ śīlam, evaṃ-rūpāṃ kṣāntim, evaṃ-rūpaṃ vīryam, evaṃ-rūpaṃ dhyānam, evaṃ-rūpāṃ prajñām āgamya svādhīne 'pi parinirvāṇe necchanti parinirvātum. api tu parama-duḥkhitaṃ sattva-dhātum abhisamīkṣya an-uttarāṃ samyak-saṃbodhim abhisaṃboddhu-kāmāḥ saṃsārān not**tras**yanti.】evam ukte Bhaga-vān āyuṣ-mantaṃ Subhūm etad avocat —— evam etat Subhūte, evam etat. duṣ-kara-kārakāḥ Subhūte bodhi-sattvā mahā-sattvāḥ ye loka-hitāya saṃprasthitāḥ, loka-sukhāya lokānukampāyai saṃprasthitāḥ......

支婁迦讖訳『道行般若経』巻第五「分別品」第十三（『大正』Vol.8, p.452b）

須菩提言：菩薩謙苦。欲得阿耨多羅三耶三菩。仏言：菩薩謙苦安隠於世間。

羅什訳『小品般若経』巻第六「大如品」第十五（ibid., p.561a）

世尊。諸菩薩発阿耨多羅三藐三菩提心。欲得阿耨多羅三藐三菩提。所為甚難。如是如是。須菩提。如諸菩薩発阿耨多羅三藐三菩提心。欲得阿耨多羅三藐三菩提。所為甚難。是人為安隠世間故発心。為安楽世間故発心。

玄奘訳『大般若経』巻第五百四十八「第四分天讃品」第十五（『大正』Vol.7, p.821a）

爾時善現復白仏言：諸菩薩摩訶薩能為難事〈依如是相。布施・浄戒・安忍・精進・静慮・般若波羅蜜多〉。発趣無上正等菩提。【不欲自在而取滅度。観極重苦諸有情界。求証無上正等菩提。欲尽未来方便抜済。而不**怖畏**生死流転。】仏告善現：如是如是。諸菩薩摩訶薩能為難事。謂為利楽諸世間故。発趣無上正等菩提。哀愍世間諸有情故。発趣無上正等菩提。

施護訳『仏母出生三法蔵般若経』巻第十四「賢聖品」第十五之一（『大正』Vol.8, p.635c）

須菩提復白仏言：世尊。菩薩摩訶薩趣求阿耨多羅三藐三菩提。為欲普令一切衆生断諸苦悩安住涅盤。而諸菩薩所為甚難。【謂：布施波羅蜜多如是相。持戒・忍辱・精進・禅定・智慧波羅蜜多如是相。諸相甚深所為甚難。是故菩薩摩訶薩為欲成就阿耨多羅三藐三菩提者。於輪廻中当発精進勿生**驚怖**。】仏言須菩提：如是如是。菩薩摩訶薩所為甚難。須菩提。而諸菩薩摩訶薩為欲利益安楽悲愍諸世間故。趣求阿耨多羅三藐三菩提。

(9) 『八千頌般若』第 15 章の増広テキストにおける「[菩薩たちは] 輪廻を恐れたりしません」というフレーズは日本真言僧に不空訳『理趣経』〈百字偈〉の菩薩観との通底を連想させることであろう。ただ, 〈百字偈〉は「恐れない」という語句を含まないので, その語句をもつ後期の密教経典の類似する偈を引用しておきたい。

施護等訳『仏説秘密三昧大教王経』巻第三（『大正』Vol.18, p.457c）

菩薩最勝悲願力乃能久処輪廻中　　不入涅槃善所行救度衆生無等比
如是菩薩真大士処**輪廻**中常**不怖**　　広利衆生無懈心一切精進善所作
虚空無住復無辺而彼輪廻亦如是　　勇発利益衆生心菩薩願力能清浄

(10) 無羅叉訳『放光般若経』巻第十「真知識品」第四十六（『大正』vol.8, p.70a）

舎利弗白仏言：**般若波羅蜜甚深**・難解・不可平相。不当於新学菩薩前説是**深般若波羅蜜**。聞者或恐或怖狐疑作礙不信不楽。当為阿惟越致菩薩摩訶薩説是**深般若波羅蜜**。聞是終不恐怖終不疑閡聞則信解。

羅什訳『大品般若経』巻第十三「聞持品」第四十五（ibid., p.314c）

舎利弗白仏言：世尊。是**般若波羅蜜甚深甚深相**。難見難解・不可思量。不応在新発意菩薩前説。何以故。新発意菩薩聞是**甚深般若波羅蜜**。或当驚怖心生疑悔不信不行。是**甚深般若波羅蜜**。当在阿惟越致菩薩摩訶薩前説。是菩薩聞是**甚深般若波羅蜜**。不驚不怖心不疑悔則能信行。

玄奘訳『大般若経』巻第四百三十八「第二分東北方品」第四十三之一（『大正』vol.7, p.206b）

爾時舎利子白仏言：世尊。如是**般若波羅蜜多**。既**最甚深**・難測・無量・難可信解。不応在彼新学大乗菩薩前説。勿彼聞此**甚深般若波羅蜜多**。其心驚惶恐怖猶予不能信解。但応在彼不退転位菩薩前説。彼聞如是**甚深般若波羅蜜多**。心不驚惶不恐不怖亦不猶予。聞已信解受持読誦。如理思惟為他演説。

Pañca IV（Kimura［1990］, p.15, 10 ～ 17；梶芳光運［1981a］, p.309b7 ～ 18）

Śāri-putra āha：yathā **gambhīrey**aṃ Bhaga-van **prajñā-pārami-tā** dur-avagāhā a-pramāṇā iyaṃ Bhaga-van **prajñā-pārami-tā** tathā nava-yāna-saṃprasthitānāṃ bodhi-sattvānāṃ mahā-sattvānāṃ purato na vaktavyā mā te imāṃ **gambhīrāṃ prajñā-pārami-tāṃ** śrutvā uttrasiṣuḥ saṃtrasiṣuḥ saṃtrāsam āpatsyante. a-vinivartanīyasya〈yaṃ〉（梶芳 omit）bodhi-sattvasya mahā-sattvasya purato〈bhāṣitavyo〉（梶芳：bhāṣitavyā）sa imāṃ **prajñā-pārami-tāṃ** śrutvā nottrasiṣyati na saṃtrasiṣyati na saṃtrāsam āpatsyate na kāṅkṣayiṣyati na nirvicikitsiṣyati, uttare ca śrutvā mokṣate.

（11）台北・故宮博物院収蔵の玄奘訳『心経』刊本に含まれる「一切」の字に関する情報が福井文雅［2000］：所収「日本国流布本般若心経の「一切」と「咒」について」（p.529f.）で報告されている。

（12）竺法護訳『光讃経』巻第七「十住品」第十八（『大正』vol.8, p.197c）

何謂菩薩離於**顚倒**。察諸所有而不可得故。

無羅叉訳『放光般若経』巻第四「治地品」第二十一（ibid., p.28c）

用何等為菩薩遠離**顚倒**。仏言：以形不可得見故。

羅什訳『大品般若経』巻第六「発趣品」第二十（ibid., p.258c）

云何菩薩遠離**顚倒**。**顚倒**処不可得故。是名「遠離**顚倒**」。

玄奘訳『大般若経』巻第四百一十六「第二分修治地品」第十八之二（『大正』vol.7, p.85c）

云何菩薩摩訶薩応遠離**顚倒**。善現。若菩薩摩訶薩観顚倒事都不可得。是故定応遠離**顚倒**。是為菩薩摩訶薩応遠離**顚倒**。

Pañca I（Dutt［1934］, p.221, 8 ～ 9）

tatra kathaṃ Subhūte bodhi-sattvena mahā-sattvena **viparyāsāḥ** parivarjayitavyāḥ. sarva-vastūnām an-upalabdhi-tām upādāya. evaṃ hi Subhūte bodhi-sattvena mahā-sattvena **viparyāsāḥ** parivarjayitavyāḥ.

（13）仏駄跋陀羅訳『六十華厳』巻第五十五「入法界品」第三十四之十二〈願勇光明守護衆生夜天〉節（『大正』vol.9, p.748a）

菩薩智日。亦復如是。出三有海。於仏実法虚空中行。住於寂滅。応現一切趣趣生処。同衆生身而化度之。実不生死無所染著。離一切虚妄無脩短想。何以故。仏子。菩薩摩訶薩。**離諸顚倒**。了一切世悉如夢幻。解真実法無有衆生。円満大悲皆悉対現。一切衆生而教化之。

実叉難陀訳『八十華厳』巻第七十三「入法界品」第三十九之十四〈大願精進力救護一切衆生夜神〉節（『大正』vol.10, p.398c）

菩薩智輪。亦復如是。出諸有海。住仏実法寂静空中。無有所依。為欲化度諸衆生故。而於諸趣随類受生。実不生死。無所染著。無長短劫諸想分別。何以故。菩薩究竟。**離**心・想・見一切**顚倒**。得真実見。見法実性。知一切世間。如夢如幻。無有衆生。但以大悲大願力故。現衆生前。教化調伏。

般若訳『四十華厳』巻第二十五「入不思議解脱境界普賢行願品」〈守護一切衆生大願精進力光明主夜神〉節（ibid., p.773b ～ c）

菩薩浄智円満日輪。亦復如是。出諸有海。住仏実法。寂静空中。無有所依。但為化度諸衆生故。而於諸趣。随類受生。実不生死。亦無染著。無長短劫諸想分別。何以故。

菩薩究竟**離**心・想・見一切**顛倒**。得真寂見。見法実性。知諸世間如夢如幻無我無人。但以大悲大願力故。放無垢光広大円満。現衆生前教化調伏。

（14） 支婁迦讖訳『道行般若経』巻第三「勧助品」第四（『大正』vol.8, p.438b ～ c）
弥勒菩薩語須菩提：其不作是求。乃能有所得。其作思想者。以為無黠。生是意用**思想悔還**。用**信悔還**。但用無黠故還堕四**顛倒**。無常謂「有常」。苦謂「有楽」。空謂「有実」。無身謂「有身」。以故**思想悔還**。**心悔還**・**信悔還**。菩薩不当作是念心有所求。於所求無処所。云何求阿耨多羅三耶三菩……

［何所是菩薩摩訶薩**想**不**悔還**。**心**不**悔還**。**信**所不**悔還**。］正使菩薩摩訶薩。持心作阿耨多羅三耶三菩。其心無所想者。是菩薩摩訶薩心得作阿耨多羅三耶三菩。

羅什訳『小品般若経』巻第三「廻向品」第七（ibid., p.548a）
須菩提言：若是諸縁諸事不爾者。是人将無**想顛倒**・**見顛倒**・**心顛倒**。無常謂「常」。苦謂「楽」。不浄謂「浄」。無我謂「我」。生**想顛倒**・**見顛倒**・**心顛倒**。……若諸縁・諸事菩提及心無異者。何等是随喜心廻向阿耨多羅三藐三菩提。……

［是菩薩今当云何不堕**想顛倒**・**見顛倒**・**心顛倒**。］若是菩薩用是心廻向阿耨多羅三藐三菩提。於是心中不生心相。則是廻向阿耨多羅三藐三菩提。

玄奘訳『大般若経』巻第五百四十三「第四分随喜廻向品」第六之一（『大正』vol.7, p.791b ～ p.792a）
時具寿善現謂慈氏菩薩言：若無如是所縁・諸事如彼菩薩所取相者。彼諸菩薩随喜廻向。豈不皆成**想**・**心**・**見倒**。所以者何。如有貪著無所有事。無常謂「常」。実苦謂「楽」。無我謂「我」。不浄謂「浄」。即便発起**想**・**心**・**見倒**。……若一切種皆無所有無差別者。何等是所縁・事。何等是随喜心。何等是菩提。何等是廻向。云何菩薩摩訶薩縁如是事起随喜心。廻向無上正等菩提……

爾時慈氏菩薩摩訶薩謂具寿善現言：若菩薩摩訶薩於自所起随喜廻向倶行之心。不作随喜廻向心想。於所念仏及諸弟子所有功徳。不作諸仏及諸弟子功徳之想。於諸天人阿素洛等所種善根。不作天人阿素洛等善根之想。而能随喜廻向無上正等菩提。是菩薩摩訶薩所起随喜廻向之心。則不堕於**想**・**心**・**見倒**。

施護訳『仏母出生三法蔵般若経』巻第六「随喜廻向品」第六之一（『大正』vol.8, p.608c ～ p.609b）
須菩提復白慈氏菩薩言：若諸縁・諸事・諸相如心所取不可得者。是人将無**想顛倒**・**心顛倒**・**見顛倒**耶。何以故。有所生故。無常謂「常」。以苦謂「楽」。不浄謂「浄」。無我謂「我」。於疑惑心謂「正思惟」。由是於**想**・**心**・**見**皆成**顛倒**。……若諸縁・諸事・諸相。菩提及心皆無異者。即於何所縁取於何相。当以何心随喜功徳。又復以何善根。廻向阿耨多羅三藐三菩提……

爾時慈氏菩薩告尊者須菩提言：若菩薩摩訶薩。所用心随喜及廻向時於是心中不生心想。如実知心無所取相。若菩薩摩訶薩。能以如是随喜功徳。廻向阿耨多羅三藐三菩提者。是菩薩摩訶薩。即得不堕**想**・**心**・**見倒**。

Aṣṭa VI［Anumodanā-pariṇāmanā-］（Vaidya［1960a］, p.70, 23 ～ 31；p.72, 16 ～ 21） evam ukte āyuṣ-mān Subhūtiḥ sthaviro Maitreyaṃ bodhi-sattvaṃ mahā-sattvam etad avocat：“yadi so 'saṃvidyamānaṃ vastu a-saṃvidyamānam ārambaṇam ārambaṇīkuryāt, nimittīkuryāt, katham asya **saṃjñā-viparyāsaś citta-viparyāso dṛṣṭi-viparyāso** na bhavet? tat kasya hetoḥ? tathā hi rāgo 'py a-saṃvidyamānaṃ vastu a-nitye nityam iti duḥkhe sukham iti an-ātmany ātmeti a-śubhe śubham iti vikalpya saṃkalpya utpadyate, **saṃjñā-viparyāsaś citta-viparyāso dṛṣṭi-viparyāsaḥ**......yadi ca yathā vastu yathā ārambaṇaṃ yathā ākāras tathā bodhis tathā cittam, tat katamair vastubhiḥ katamair ārambaṇaiḥ katamair ākāraiḥ katamaṃ cittam an-uttarāyāṃ samyak-saṃbodau pariṇāmayati? katamad vā anumodanā-saha-gataṃ puṇya-kriyā-vastu kva an-uttarāyāṃ samyak-saṃbodau pariṇāmayati?” ......

evam ukte Maitreyo bodhi-sattvo mahā-sattva āyuṣ-mantan Subhūtiṃ sthaviram etad avocat：“saced Ārya Subhūte bodhi-sattvo mahā-sattvo yena cittena yat pariṇāmayati, tasmiṃś citte na citta-saṃjñī bhavati. evaṃ bodhi-sattvena mahā-sattvena anumodanā-saha-gataṃ puṇya-kriyā-vastu an-uttarāyai samyak-saṃbodhe pariṇāmitaṃ bhavati, yathā tac cittaṃ na saṃjānīte idaṃ tac cittam iti. evaṃ bodhi-sattvasya mahā-sattvasya na **saṃjñā-viparyāso** na **citta-viparyāso** na **dṛṣṭi-viparyāso** bhavati......”

(15)　『八千頌般若』・『入法界品』・『二万五千頌般若』に共有される「想念・心・見解の錯倒」(saṃjñā-citta-dṛṣṭi-viparyāsa) という術語は『大集法門経』に遡り，歴代のアビダルマ論書でも依用されるものであるが，ほとんど研究されていないようである。施護訳『仏説大集法門経』巻上 (『大正』vol.1, p.229c)；玄奘訳『大毘婆沙論』巻第一百四「智蘊第三中他心智納息」第三之六 (『大正』vol.27, p.536c)；浮陀跋摩共道泰等訳『阿毘曇毘婆沙論』巻第五十四「智揵度他心智品」第二之六 (『大正』vol.28, p.387b ～ c)；曇摩耶舎共曇摩崛多等訳『舎利弗阿毘曇論』巻第十九「非問分煩悩品」第十一之二 (ibid., p.651c)；僧伽跋澄等訳・尊婆須蜜造『尊婆須蜜所集論』巻第三「心揵度」首 (ibid., p.743b)；僧伽提婆共恵遠訳・法勝造『阿毘曇心論』巻第四「契経品」第八 (ibid., pp.828c ～ 829a)；曹魏代訳失三蔵名・瞿沙造『阿毘曇甘露味論』巻下「雑品」第十六 (ibid., p.979a)；玄奘訳『倶舎論』巻第十九「分別随眠品」第五之一 (『大正』vol.29, p.100c)；真諦訳『倶舎釈論』巻第十四「分別惑品」第五 (ibid., p.254b ～ c)；*AKBh* V [Anuśaya-nirdeśa] (Śastri [1987], pp.778, 8 ～ 780, 10)；Cf. 小谷・本庄 [2007], pp.50 ～ 53.

(16)　竺法護訳『漸備一切智徳経』[297 年訳出] 巻第一「初発意悦予住品」第一 (『大正』vol.10, p.463a)

以成此願。復有十事所可班宣不可**究竟**。何謂為「十」。衆生境界不可**究竟**。諸仏境界亦不可**尽**。其虚空界亦不可**量**。思法境界亦不可**暢**。**無為**境界亦不可**限**。仏之境界不可得底。如来境界亦無**崖際**。其**心因縁**亦不可**限**。慧行本末不可得**崖**。諸仏境界所可**進退**。法廻慧転不可**究竟**。是為十事衆生境界不可**究竟**成大弘誓。是十事業。一切皆悉不可**究竟**。諸界・虚空。法界・**無為**。仏与如来。其**心**・慧行。世界・法転。慧進致成。是大弘誓亦尽無**尽**。衆生之界亦不可**尽**。以不可**尽**此衆徳本。如是**究竟**成其道慧。以是巨**尽**

衆徳之本。

羅什訳『十住経』［402年以後訳出］巻第一「歓喜地」第一（ibid., pp.501c ～ 502a）

以十不可尽法。而生是願。為満此願。勤行精進。何等為十。一衆生不可尽。二世間不可尽。三虚空不可尽。四法性不可尽。五涅槃不可尽。六仏出世不可尽。七諸仏智慧不可尽。八**心縁**不可尽。九起智不可尽。十世間道種法道種智慧道種不可尽。如衆生尽。我願乃尽。如世間尽。如虚空尽。如法性尽。如**涅槃**尽。如仏出世尽。如諸仏智慧尽。如**心縁**尽。如起智慧尽。如道種尽。我願乃尽。而衆生実不可尽。世間・虚空。法性・**涅槃**。仏出世。諸仏智慧。**心縁**・起智・道種。実不可尽。我是諸願福徳亦不可尽。

尸羅達摩訳『仏説十地経』巻第一「菩薩極喜地」第一之一（ibid., p.539b）

是諸大願以十尽句而引発之。何等為十。所謂：以有情界尽。以世界尽。以虚空界尽。以法界尽。以**涅槃**界尽。以仏興界尽。以入如来智慧界尽。以**心所縁**界尽。以智入仏所行界尽。以世間転法輪智転界尽。若有情界有断尽者。是大誓願乃有断尽。乃至若智転界有断尽者。是大誓願乃有断尽。然有情界終無断尽。此諸善根願無断尽。乃至智縁界終無断尽。此諸善根亦無断尽。

仏駄跋陀羅訳『六十華厳』巻第二十三「十地品」第二十二之一（『大正』vol.9, p.546a）；実叉難陀訳『八十華厳』巻第三十四「十地品」第二十六之一（『大正』vol.10, p.182b）；菩提流支訳・天親菩薩造『十地経論』［509年訳出開始］「初歓喜地」巻之三（『大正』vol.26, p.141a ～ b；大竹晋［2005b］, pp.187 ～ 188）。

DBhS I［Pramuditā］（R. Kondo［1983］, pp.22, 8 ～ 23, 16）

tāni ca mahā-praṇidhānāni daśabhir **niṣṭhā**-padair abhinirharati. katamair daśabhir yad uta. ① sattva-dhātu-**niṣṭhayā** ca. ② loka-dhātu-**niṣṭhayā** ca. ③ ākāśa-dhātu-**niṣṭhayā** ca. ④ dharma-dhātu-**niṣṭhayā** ca. ⑤ **nirvāṇa**-dhātu-**niṣṭhayā** ca. ⑥ buddhotpāda-dhātu-**niṣṭhayā** ca. ⑦ tathāgata-jñāna-dhātu-**niṣṭhayā** ca. ⑧ **cittālambana**-dhātu-**niṣṭhayā** ca. ⑨ buddha-viṣaya-jñāna-praveśa-dhātu-**niṣṭhayā** ca. ⑩ loka-vartanī-dharma-vartanī-jñāna-vartanī-dhātu-**niṣṭhayā** ca. iti hi yā **niṣṭhā** ① sattva-dhātu-**niṣṭhāyāḥ** sā me **niṣṭhā**iṣāṃ mahā-praṇidhānānāṃ bhavatu. yā **niṣṭhā** yāvaj ⑩ jñāna-vartanī-dhātu-**niṣṭhāyāḥ** sā me **niṣṭhā**iṣāṃ mahā-praṇidhānānāṃ bhavatu. iti hy a-**niṣṭhā** ① sattva-dhātu-**niṣṭhā** a-**niṣṭhā**nīmāni me kuśala-mūlāni bhavantu. a-**niṣṭhā** yāvaj ⑩ jñāna-vartanī-dhātu-**niṣṭhā** a-**niṣṭhā**nīmāni me kuśala-mūlāni bhavantu.

（17） *GVy* §10［Āśā］（Vaidya［1960b］, p.85, 16 ～ 19）

tasyā mama kula-putra evaṃpraṇidher yan-**niṣṭhā** kāma-dhātu-viśudhiḥ, tan-**niṣṭhāni** mama praṇidhānāni bhavantu. yan-**niṣṭhā** loka-dhātu-viśudhiḥ, tan-**niṣṭhāni** mama praṇidhānāni bhavantu.

部族の息子よ，わたしのかかる，かくの如き誓願にとって，願わくば，欲望の根源界の浄化が或るものを**終極**とするならば，わたしの諸誓願もそれを**終極**とするものであらんことを。願わくば，世間の根源界の浄化が或るものを**終極**とするならば，わたしの諸誓願もそれを**終極**とするものであらんことを。

Samanta-bhadra-caryā-praṇidhāna：***SBhCP*** k.46 in *GVy* §56（Vaidya［1960b］, p.434, 17 ～ 20；白石真道［1988］, pp.447, 19 ～ 20）

yāvata **niṣṭha** nabhasya bhaveyyā sattva a-śeṣata（白石：a-śeṣato）**niṣṭha**（白石：niṣṭhu）tathaiva /

karmatu kleśatu yāvata niṣṭhā tāvata niṣṭha mama praṇidhānam // 46 //

願わくば，虚空にとって**終極**があり，生類が悉く**終極したもの**となる限り，同様に，行為と煩悩にとって**終極**がある限り，その限り，わたしの誓願も**終極したもの**とならんことを。

（18）竺法護訳『漸備一切智徳経』巻第四「不動住品」第八（『大正』vol.10, pp.483c ～ 484a）

金剛藏曰：是為仏子諸菩薩業住於慧地。而不可動。是謂「無侶」。亦復号曰「不退転地」。慧不廻還。則謂：難当一切衆生。所不能逮。則童真地。為無所生。為所生地。所願自在。為滅具地。無所造作。**究竟**之地。積累真慧。則**無為**地。善修志願……

羅什訳『十住経』巻第三「不動地」第八（ibid., p.522b）

諸仏子。諸菩薩摩訶薩。此地不可壊故。名為「不動地」。智慧不転故。名為「不転地」。一切世間。難測知故。名「威徳地」。無家過故。名「王子地」。随意自在故。名「菩薩生地」。更不作故。名為「成地」。善択知故。名為「**究竟**地」。善発大願故。名為「<u>変化</u>地」……

尸羅達摩訳『仏説十地経』巻第六「菩薩不動地」第八（ibid., p.561b）

仏子此之第八菩薩智地。名為「不動地」不可映奪故。名為「不退地」智無退故。名為「難得地」一切世間無能測故。名為「童真地」無過失故。名為「生地」如所楽欲自在転故。名為「成就地」無復所作故。名為「**究竟**地」以能善作智決択故。名為「**涅槃**地」以善引発本願力故……

仏駄跋陀羅訳『六十華厳』巻第二十六「十地品」第二十二之四（『大正』vol.9, pp.565c ～ 566a）

諸仏子。菩薩此地不可壊故。名為「不動地」。智慧不転故。名為「不転地」。一切世間不能測知故。名「威徳地」。無色欲故。名「童真地」。随意受生故。名「自在地」。更不作故。名為「成地」。決定知故。名為「**究竟**地」。善発大願故。名為「<u>変化</u>地」……

実叉難陀訳『八十華厳』巻第三十八「十地品」第二十六之五（『大正』vol.10, p.200c）

仏子。此菩薩智地。名為「不動地」。無能沮壊故。名為「不転地」。智慧無退故。名為「難得地」。一切世間無能測故。名為「童真地」。離一切過失故。名為「生地」。随楽自在故。名為「成地」。更無所作故。名為「**究竟**地」。智慧決定故。名為「<u>変化</u>地」。随願成就故……

DBhS VIII［A-carā-bhūmi］（Kondo［1983］, p.144, 7 ～ 11）

iyaṃ bho jina-putra bodhi-sattvasyāṣṭhamī-jñāna-bhūmir ① a-calety ucyate a-saṃhārya-tvāt. ② a-bhi-（read：a-*vi*-）vartya-bhūmir ity ucyate jñānā-vivartya-tvāt. ③ dur-āsada-bhūmir ity ucyate sarva-jagad-dur-jñeya-tvāt. ④ kumāra-bhūmir ity ucyate 'n-avadya-tvāt. ⑤ janma-bhūmir ity ucyate yathābhiprāya-vaśa-varti-tvāt. ⑥ pariniṣpanna-bhūmir ity ucyate 'punaḥ-kārya-tvāt. ⑦ su-pari**niṣṭhita**-bhūmir ity ucyate su-kṛta-jñāna-vicaya-tvāt. ⑧ **nirvāṇa**-bhūmir ity ucyate sv-abhinirhṛta-praṇidhāna-tvāt......

⑧の太字箇所は大竹晋［2006］, p.585, 頭註 28 によれば, Rahder の梵文『十地経』刊本［筆者未見］には "nirmāṇa-" とあるようである)。

菩提流支訳・天親菩薩造『十地経論』「不動地」第八巻之十（『大正』vol.26, p.184b ～ c；Cf. 大竹晋［2006］pp.584 ～ 585）

経曰：仏子。此菩薩智地名為「不動地」。不可壊故。名為「不転地」。智慧不退故。名為「難得地」。一切世間難知故。名為「王子地」。無家過故。名為「生地」。随意自在故。名為「成地」。更不作故。名為「**究竟**地」。智慧善分別故。名為「**涅槃**地」。善起大願力故……論曰：釈名有二種。一地釈名。二智者釈名……四世間出世間有作浄勝。如経：「名為「成地」更不作故。名為「**究竟**地」智慧善分別故」。是中出世間有作浄勝者。以智慧善分別智障浄故。五彼二無作浄勝。如経：「名為「**涅槃**地」善起大願力故」。無作浄勝者。以本願力不捨利益一切衆生故。

(19) 支謙訳『維摩詰経』巻下「観人物品」第七（『大正』vol.14, p.528a）：「行不怒慈為都**成就**」；羅什訳『維摩詰所説経』巻中「観衆生品」第七（ibid., p.547b）：「行不壊慈畢竟**尽**故」；玄奘訳『説無垢称経』巻第四「観有情品」第七（ibid., p.573a）：「修無壊慈畢竟**住**故」。

(20) 玄奘訳『瑜伽論』巻第二十九「本地分中声聞地」第十三〈第二瑜伽処〉之四（『大正』vol.30, p.447a）

第二婆羅門復有三種。一種姓婆羅門。二名想婆羅門。三正行婆羅門。種姓婆羅門者。謂：若生在婆羅門家。従母産門之所生出。父母円備名「婆羅門」。名想婆羅門者。謂：諸世間由想等想。仮立言説名「婆羅門」。正行婆羅門者。謂：所作事決定**究竟**。已能駆擯悪不善法。如説：当知。婆羅門更無有所作。所作事已弁。是謂「婆羅門」。

ŚrBh II〈A-II-14［Pudgala-paryāya］〉（声聞地研究会［2007］, p.252, 13 ～ 18；p.254, 1 ～ 3）

tatra trayo brāhmaṇāḥ. tad yathā ① jāti-brāhmaṇaḥ, ② saṃjñā-brāhmṇaḥ, ③ pratipatti-brāhmaṇaś ca.

tatra ① jāti-brāhmaṇaḥ, yo 'yaṃ brāhmaṇa-kule jāto yoni-jo mātṛ-saṃbhūtaḥ, upeto mātṛ-taḥ pitṛ-taḥ.

tatra ② saṃjñā-brāhmaṇa iti loke nāma bhavati saṃjñā sama-jñā prajñaptir vyavahāraḥ.

tatra ③ pratipatti-brāhmaṇaḥ, yo 'tyanta-**niṣṭho** bhavati kṛtārthaḥ. vāhitā bhavanty anena pāpakā a-kuśalā dharmāḥ. yathoktaṃ na kāryaṃ brāhmaṇasyāsti kṛtārtho brāhmaṇaḥ smṛta iti.

(21) 玄奘訳『瑜伽論』巻第二十八「本地分中声聞地」第十三〈第二瑜伽処〉之三（『大正』vol.30, p.440c）

如是諸受若随順**涅槃**。随順決択畢竟**出離**・畢竟離垢・畢竟能令梵行円満名「無愛味受」。

ŚrBh II〈A-II-12［Yoga-bhāvanā］〉（声聞地研究会［2007］, p.182, 16 ～ 17）

yā **nirvāṇ**ānukūlā nairvedhikī atyanta-**niṣṭha**-tāyā atyanta-vimala-tāyā atyanta-brahmacarya-paryavasānāyai saṃvartate sā nir-āmiṣā.

(22) 勒那摩提訳『究竟一乗宝性論』巻第二「僧宝品」第四（『大正』vol.31, p.826b ～ c；『仏性論』には対応箇所なし）

衆生帰一処／仏法身彼岸／依仏身有法／依法**究竟**僧

此偈明何義。如向所説。諸仏如来不生不滅寂静不二。離垢法身故。以唯一法身**究竟**清浄処故。又三乗之人無有救者。無帰依者。以唯有彼岸無始本際畢竟無尽。是可帰依恒可帰依。所謂：唯是諸仏如来故。

RGV I k.21（Johnston［1950］, p.20, 4 ～ 9）

jagac-charaṇam ekatra buddha-tvaṃ pāramārthikam /

muner dharma-śarīra-tvāt tan-**niṣṭha**-tvād gaṇasya ca //21//

anena tu pūrvoktena vidhinān-utpādā-nirodha-prabhāvitasya "muner" vyavadāna-satya-dvaya[-*lakṣaṇa*]-virāga-"dharma"-kāya-"tvād" dharma-kāya-viuddhi-**niṣṭh**ādhigama-paryavasāna-"tvāc ca" traiyānikasya "gaṇasya" "pāramārthikam" [*ekam*] evā-trāṇe 'śaraṇe loke 'parānta-koṭi-samam a-kṣaya-"śaraṇaṃ" nitya-śaraṇaṃ dhruva-śaraṇaṃ yad uta tathāgatā arhantaḥ samyak-saṃbuddhāḥ.

第6章　第四〈真言としての般若波羅蜜多〉節
——散文部分【結】節

1　第四〈真言としての般若波羅蜜多〉節のテキスト

『小本・心経』散文部の最終節は【4.1】三世に留まるブッダたちが無上正等覚を証得できたのは〈般若波羅蜜多〉に依拠したおかげであるという理由で，【4.2】〈般若波羅蜜多〉を（1）偉大なる真言，（2）偉大なる明呪たる真言，（3）無上の真言，（4）無等かつ等しい真言に次々に等置していく。そして，真言［としての般若波羅蜜多］の効能を「一切の苦の鎮静化」の一句に集約させる(1)。「一切の苦の鎮静化」という奇瑞をもたらすような呪的効力をもつ点で〈般若波羅蜜多〉は欺くことなく偽りがないから，インド説話文学における「真実語」にも比せられる。

羅什訳『大明呪経』（『大正』vol.8, p.847c23 ～ 26）

【4.1】三世諸仏依般若波羅蜜故。得阿耨多羅三藐三菩提。

【4.2】故知般若波羅蜜（2）是大明呪。（3）無上明呪。（4）無等等明呪。能除一切苦真実不虚故。

梵文（*Prajñā-pāramitā-hṛdaya*. 中村元・紀野一義［1960］，p.173, 4 ～ 8）

【4.1】try-adhva-vyavasthitāḥ sarva-buddhāḥ prajñā-pārami-tām āśrityān-uttarāṃ samyak-sambodhim abhisambuddhāḥ.

【4.2】tasmāj jñātavyaṃ：prajñā-pārami-tā（1）mahā-mantro（2）mahā-vidyā-mantro（3）'n-uttara-mantro（4）'sama-sama-mantraḥ sarva-duḥkha-praśamanaḥ, satyam a-mithya-tvāt.

梵文和訳（『〈プラジュニャー・パーラミター〉心呪』）

【4.1】そもそも三世［それぞれ］に留まる一切のブッダ（覚醒者）たちは〈智慧の究極性〉に依存して，〈無上にして正しく完全な（or 等質な）覚醒〉にありありと覚醒したのである。

【4.2】それゆえに，知られるべきである：〈智慧の究極性〉は（1）偉大

なるマントラ，(2) 偉大なる明知のマントラ，(3) 無上のマントラ，(4) 比肩すべきものなく平等なるマントラにして，一切の苦しみを鎮めてくれるものであり，真実［の言葉］である。［一切の苦の鎮静化という効果を必ず成就する点で］虚偽ではないからである。

その他諸テキスト

玄奘訳『般若心経』（『大正』vol.8, p.848c16 ～ 19）

【4.1】三世諸仏。依般若波羅蜜多故。得阿耨多羅三藐三菩提。

【4.2】故知般若波羅蜜多。(1) 是大神咒。(2) 是大明咒 (3) 是無上咒。(4) 是無等等咒。能除一切苦。真実不虚故。

法月訳『普遍智蔵心経』（ibid., p.849b10 ～ 13）

【4.1】三世諸仏依般若波羅蜜多故。得阿耨多羅三藐三菩提。

【4.2】故知般若波羅蜜多 (1) 是大神呪。(2) 是大明呪。(3) 是無上呪。(4) 是無等等呪。能除一切苦真実不虚故。

不空訳『梵本心経』漢訳篇（福井文雅［1987a］，p.139, 10 ～ 12）

【4.1】三世所住諸仏，般若波羅蜜多故，得無上等正竟（E 本：覚），

【4.2】是故，応知般若波羅蜜多，(1) 大呪，(2) 大明呪，(3) 無上呪，(4) 無等呪，一切苦正（B 本：止）息，真実不虚，

般若共利言等訳『般若心経』（『大正』vol.8, p.849c15 ～ 19）

【4.1】三世諸仏依般若波羅蜜多故。得阿耨多羅三藐三菩提。

【4.2】故知般若波羅蜜多 (1) 是大神呪。(2) 是大明呪。(3) 是無上呪。(4) 是無等等呪。能除一切苦。真実不虚故。

般若訳『梵本心経』漢訳行（原田和宗［2004c］，p.67, 4 ～ 7）

【4.1】三世一切諸仏慧彼岸倒依無上正等覚現証正覚。

【4.2】故知。慧彼岸到 (1) 大咒〈正翻云「真言」〉。(2) 大明咒。(3) 無上咒。(4) 無等等咒。(5) 一切苦消滅咒。真実不虚。

智慧輪訳『般若心経』（『大正』vol.8, p.850b1 ～ 5）

【4.1】三世諸仏。依般若波羅蜜多故。得阿耨多羅三藐三菩提。現成正覚。

【4.2】故知般若波羅蜜多。(1) 是大真言。(2) 是大明真言。(3) 是無上真言。(4) 是無等等真言。能除一切苦。真実不虚故。

法成訳『般若心経』（ibid., p.850c15 ～ 19）

【4.1】三世一切諸仏。亦皆依般若波羅蜜多故。証得無上正等菩提。舎利子。

【4.2】是故当知 (1) 般若波羅蜜多大蜜咒者。(2) 是大明咒。(3) 是無上咒。(4) 是無等等咒。(5) 能除一切諸苦之咒。真実無倒。故知般若波羅蜜多。是秘密咒。

施護訳『聖仏母般若経』（ibid., p.852c3 ～ 7）

【4.1】所有三世諸佛。依此般若波羅蜜多故。得阿耨多羅三藐三菩提。

【4.2】是故応知。般若波羅蜜多。(2) 是広大明。(3) 是無上明。(4) 是無等

等明。而能息除一切苦悩，是即真実無虚妄法。諸修学者。当如是学。

敦煌写本チベット訳『小本・心経』（*Ārya-prajñā-pāramitā-hṛdaya*. 上山大峻［1965］，p.75, 19 ～ 25）

【4.1】dus gsum du rnam par shugs paḥi saṅs rgyas thams cad kyaṅ śes rab kyi pha rol tu phyin pa la〈gnas te, spyod pas〉（*Vṛtti*：gnas pas）lba na myed pa〈gyuṅ〉（*Vṛtti*：yaṅ dag par）druṅ rdsogs paḥi byaṅ chub du kun tu mṅon par saṅs rgyas so.

【4.2】〈de bas na〉（*Vṛtti*：de bas na śes par bya te）（1）śes rab kyi pha rol tu phyin pa chen poḥi sṅags,（2）rig pa chen poḥi sṅags,（3）bla na myed paḥi sṅags,（4）〈mñam pa daṅ myi〉（*Vṛtti*：myi mñam pa daṅ）mñan paḥi sṅags,（5）sdug bsṅal thams cad rab tu shi baḥi sṅags, bden te, myi brdsun bas na......

梵文『大本・心経』（*Prajñā-pāramitā-hṛdaya-sūtra*. 中村・紀野［1960］，p.177, 2 ～ 6）

【4.1】try-adhva-vyavasthitā[ḥ] sarva-buddhāḥ prajñā-pāramitām āśrityān-uttarāṃ samyak-saṃbodhim abhisaṃbuddhāḥ.

【4.2】tasmāj jñātavyaḥ（1）prajñā-pāramitā-mahā-maṃtro（2）mahā-vidyā-maṃtro（3）'n-uttara-maṃtro（4）'sama-sama-maṃtraḥ sarva-duḥkha-praśamana-maṃtraḥ satyam a-mithyatvāt.

梵文『大本・心経』異本（中村・紀野［1960］，p.178, 6 ～ 9）

【4.1】try-adhva-vyavasthitaiḥ sarva-buddhaiḥ prajñā-pārami-tām āśrityān-uttarā samyak-saṃbodhiḥ prāptā.

【4.2】etasmāj jñātavyaḥ（1）prajñā-pārami-tā-maṃtro（2）vidyā-maṃtro（3）'n-uttaro maṃtraḥ（5）sarva-duḥkha-praśamano maṃtraḥ samyak-tvaṃ a-mithyā-tvaṃ.

チベット訳『大本・心経』（副島正光［1980］，p.302, 10 ～ 15）

【4.1】dus gsum tu rnam-par-bshugs-paḥi saṅs-rgyas thams-cad kyaṅ, śes-rab kyi pha-rol-tu-phyin-pa la brten nas, bla-na-med-pa yaṅ-dag-par-rdsogs-paḥi-byaṅ-chub tu mṅon-par-rdsogs-par-saṅs-rgyas-so.

【4.2】de-lta-bas-na bden-par śes-par-bya ste,（1）śes-rab-kyi pha-rol-tu-phyin-paḥi sṅags,（2）rig-pa chen-poḥi sṅags,（3）bla-na-med-paḥi sṅags,（4）mi-mñam-pa-daṅ- mñan-paḥi sṅags,（5）sdug-bsṅal thams-cad rab-tu-shi-bar-byed-paḥi sṅags,

チベット訳『大本・心経』A 本（J. Silk［1994］，p.136a1 ～ 5）

【4.2】de lta bas na（1）shes rab kyi pha rol tu phyin pa'i sngags,（2）rig pa chen po'i sṅags,（3）bla na med pa'i sngags,（4）mi mnyam pa dang mnyan pa'i sngags,（5）sdug bsngal thams cad rab tu zhi bar byed pa'i sngags, mi brdzun pas na bden par shes par bya ste,

B 本（ibid., p.136b1 ～ 6）

【4.2】shā ri'i bu de lta bas na,（1）shes rab kyi pha rol tu phyin pa'i sngags te,（2）rig pa chen po'i sṅags dang,（3）bla na med pa'i sngags dang,（4）mi mnyam pa dang mnyan pa'i sngags,（5）sdug bsngal thams cad rab tu zhi bar byed pa'i sngags te, ma log pa'i phyir［shes rab kyi pha rol tu phyin pa ni, gsang sngags］bden zhing,［rigs pa yin］par shes par bya'o,

※　副島版のチベット訳『大本・心経』のパラグラフ【4.2】はジョナサン・シルク氏刊行のチベット訳『大本・心経』の A・B 本とはかなり文の順序が異なるので，ここではシルク版 A・B 本ともに掲げておく。

小本系統の羅什訳『大明呪経』は一番目の（1）“mahā-mantro”を含まず，般若波羅蜜に第二番目のマントラ名を等置する文「般若波羅蜜（2）是大明呪」(prajñā-pārami-tā（2）mahā-vidyā-mantro）で始まり，(3)「是無上明呪」(4)「是無等等明呪」と続くので合計三種のマントラ名を記載するに留まる。大本系統の施護訳も「般若波羅蜜多是広大明」で始まり，羅什訳と一致するかのように見える。しかし，「是無上明」「是無等等明」と施護訳は続けるので，施護の場合，「明」は“vidyā”の対応訳ではなくて，むしろ“-mantra”に対応するのではないかと疑われるかもしれない。施護訳の「是広大明」が一番目の“mahā-mantro”の訳であるとすれば，今度は第二番目の“mahā-vidyā-mantro”を欠いていることにもなりかねない。施護訳記載のマントラ名の合計も三種のみである点で羅什訳と一致する点を考慮すれば，やはり『二万五千頌般若』の三種の明呪名のリストを羅什訳も施護訳も継承していると考えたほうが無難であろう(2)。

第一番目のマントラ名を記載する諸漢訳中，玄奘・法月・般若共利言・智慧輪の四訳はテキストを“prajñā-pāramitā mahā-mantro”と区切って同格構文とみなし，「〈智慧の究極性〉は（1）偉大なるマントラ……」という趣旨に解釈する。「般若波羅蜜」とマントラ名との等置を意味する同格構文で訳す点では羅什訳・施護訳も同じである。確かにそのほうが「般若波羅蜜多」と明呪名とを等置していく『八千頌般若』『二万五千頌般若』の各対応節の文脈にうまく合致するのである（次節参照）。

しかし，チベット訳『大本・心経』は“prajñā-pāramitā-*mantro”という格限定複合語（*“-mahā-”の欠如に注意！）とみなし，「〈智慧の彼岸への到達〉**の**マントラ」(śes rab kyi pha rol tu phyin pa**ḥi** sṅags）と訳す。後出のテキスト箇所“prajñā-pāramitāyām ukto mantraḥ（〈般若波羅蜜多〉についてマントラが説かれた）”をチベット語訳者が考慮したためであろうか。敦煌本『小本・心経』チベット訳“śes rab kyi pha rol tu phin pa **chen poḥi** sṅags（**偉大なる**〈智慧の彼岸への到達〉**の**マントラ）”もほぼ同見解であるが，“mahā-”の訳語を保持する。また，大本系・法成訳「般若波羅蜜多大蜜呪者」は「大」という訳語を含む点で敦煌本チベット訳『小本・心経』と一致する。

さらには，梵文『大本・心経』のテキストには（5）“sarva-duḥkha-praśamana-**mantraḥ**（一切の苦しみを鎮める**マントラ**）”とあり，第五番目のマントラ名として数えられている。チベット訳『大本・心経』“sdug bsṅal thams cad rab tu shi bar byed paḥi **sṅags**”および敦煌本『小本・心経』チベット訳“sdug bsṅal thams cad rab tu shi paḥi **sṅags**”も同様である。しかし，般若訳「一切苦消滅**咒**」・法成訳「能除一切諸苦之**咒**」以外の『大本・心経』の諸漢訳には「マントラ」の対応訳が欠けており，その点ではむしろ『小本・心経』諸漢訳と一致するようである。

2　『八千頌般若』・『二万五千頌般若』の対応節テキスト

『小本・心経』第四〈真言としての般若波羅蜜多〉節が『八千頌般若』第3章や『二万五千頌般若』第2章の〈明呪としての般若波羅蜜多〉節に対応を有し，それを改変したものであることはよく知られている。

『八千頌般若』第3章および『二万五千頌般若』第2章の〈明呪としての般若波羅蜜多〉節ではまず帝釈天，別名「カウシカ」が【4.2'】「般若波羅蜜多」を複数の「明呪」に比定して讃え，世尊が【4.2】「般若波羅蜜多」を複数の「明呪」に比定する帝釈天の言明を反復して承認し，【4.1】両者を比定する理由として過未現の如来たちが「明呪＝般若波羅蜜多」のおかげで（āgamya）無上正等覚を証得した点をあげる。

『小本・心経』当該節【4.1】・【4.2】は〈般若経〉対応節本来の順序【4.2】・【4.1】を前後入れ替えたものであることが判明する。しかも，その際，世尊による聞き手・帝釈天に対する呼びかけの語「カウシカよ」を『小本・心経』第四節は意図的に省いている。聞き手を第二節の「シャーリプトラ」だけに制限することで，複数の聞き手が脈絡もなく登場し，同居するという事態を事前に回避したかったのであろう。

『八千頌般若』第 3 章の対応節は以下のとおり（【4.2'】は【4.2】と共通するため省略）。

evam ukte Bhaga-vān Śakraṃ devānām indram etad avocat：evam etat Kauśikaivam etat. 【4.2】（1/i）**mahā**-vidyeyaṃ Kauśika yad uta **prajñā-pārami-tā**.（ii）a-pramāṇeyaṃ Kauśika vidyā yad uta prajñā-pārami-tā.（iii）nir-uttareyaṃ Kauśika vidyā yad uta prajñā-pāramitā.（2/iv）**an-uttar**eyaṃ Kauśika vidyā yad uta prajñā-pāramitā.（v）a-sameyaṃ Kauśika vidyā yad uta prajñā-pāramitā.（3/vi）**a-sama-sam**eyaṃ Kauśika vidyā yad uta prajñā-pāramitā.

【4.1】tat kasya hetoḥ? imāṃ hi Kauśika vidyām āgamya paurvakās tathāgatā arhantaḥ samyak-sambuddhā **an-uttarāṃ samyak-sambodhim abhisambuddhāḥ**, yad uta **prajñā-pārami-tām**. ye 'pi te Kauśika bhaviṣyanty an-āgate 'dhvani tathāgatā arhantaḥ samyak-sambuddhāḥ......te 'pi Kauśika imām eva vidyām āgamya **an-uttarāṃ samyak-sambodhim** abhisambhotsyante yat uta **prajñā-pārami-tām**. ye 'pi kecit Kauśika etarhi a-prameyeṣv a-saṃkhyeyeṣu tri-sāhasra-mahā-sāhasreṣu loka-dhātuṣu **buddhā** bhaga-vanto......te 'pi Kauśika imām eva vidyām āgamyā**n-uttarāṃ samyak-sambodhim** abhisambudhyante yad uta **prajñā-pārami-tām**. aham api Kauśika imām eva vidyām āgamyā**n-uttarāṃ samyak-sambodhim abhisambuddho** yad uta **prajñā-pārami-tām**.（*Aṣṭa* III［A-prameya-guṇa-dhāraṇa-stūpa-satkāra-］. Vaidya［1960a］, p.37, 3 ～ 15；Cf. 小峰弥彦［1988］, p.28；小峰弥彦［1998］, p.172；渡辺章悟［1991a］, pp.62 ～ 63）

［シャクラによって］そのように申し上げられると，幸福に満ちたお方（世尊）は神々の帝王シャクラにこう告げられた：カウシカよ，それはそのとおりだ。それはそのとおりだ。【4.2】カウシカよ，これ――すなわち，**〈智慧の究極性〉――が**（1/i）**偉大なる明呪**（**mahā-vidyā**）なのだ。

これ――すなわち，〈智慧の究極性〉――が（ii）無量なる（a-pramāṇā）明呪なのだ。これ――すなわち，〈智慧の究極性〉――が（iii）至上なる（nir-uttarā）明呪なのだ。これ――すなわち，〈智慧の究極性〉――が（2/iv）**無上なる**（**an-uttarā**）明呪なのだ。これ――すなわち，〈智慧の究極性〉――が（v）比肩すべきものなき（a-samā）明呪なのだ。これ――すなわち，〈智慧の究極性〉――が（3/vi）**比肩すべきものなく平等なる**（**a-sama-samā**）明呪なのだ。

【4.1】それはなぜか。というのは，カウシカよ，この明呪――すなわち，**〈智慧の究極性〉**――のおかげで（imāṃ......vidyām āgamya......yad uta **prajñā-pāramitām**），往昔の（paurvakās）かく来れるひとびと・価値あるひとびと・正しき覚醒者たちは**〈無上にして正しき完全な覚醒〉にありありと覚醒した**からである。未来世にいますであろうかく来れるひとびと……も，この同じ明呪――すなわち，**〈智慧の究極性〉**――のおかげで，**〈無上にして正しき完全な覚醒〉に**やがてありありと覚醒するであろうからである。かくして，カウシカよ，無量・無数の［現在の］三千大千世界におけるいかなる**ブッダ（覚醒者）たち**・幸福を分与してくれるお方（世尊）たち……も，この同じ明呪――すなわち，**〈智慧の究極性〉**――のおかげで，**〈無上にして正しき完全な覚醒〉**に現にありありと覚醒するからである。わたしも，カウシカよ，この同じ明呪――すなわち，**〈智慧の究極性〉**――のおかげで，**〈無上にして正しき完全な覚醒〉**にありありと覚醒したからである。

その他諸テキスト――――――――――――――――――――――――

支婁迦讖訳『道行般若経』巻第二「功徳品」第三（『大正』vol.8, p.433b）

仏言：如是拘翼。【4.2】（1）極大祝般若波羅蜜。（2）極尊祝般若波羅蜜。（3）無有輩祝般若波羅蜜。拘翼。持是祝者。

【4.1】過去諸怛薩阿竭阿羅呵三耶三仏。皆従是祝自致作仏。甫当来諸怛薩阿竭阿羅阿三耶三仏。皆学是祝自致作仏。今現在十方諸仏。皆起是祝自致作仏。

支謙訳『大明度経』巻第二「持品」第三（ibid., p.484b）

［釈言：【4.2'】（1）大尊呪天中天。］

仏言：【4.1】然天輩過去当来今現在十方諸仏。皆起是呪自致作仏。

曇摩蜱共竺仏念訳『摩訶般若鈔経』巻第二「功徳品」第三（ibid., p.515c）

仏言：如是如是。拘翼。【4.2】般若波羅蜜為（1）極大呪。般若波羅蜜為（2）極尊呪。般若波羅蜜（3）無有輩呪。是呪。
【4.1】拘翼。過去怛薩阿竭阿羅訶三耶三仏。皆従是呪自致作仏。甫当来諸怛薩阿竭阿羅訶三耶三仏。皆学是呪自致得仏。今現在諸仏。皆従是呪自致作仏。

羅什訳『小品般若経』巻第二「明呪品」第四（ibid., p.543b ～ c）
仏言：如是如是憍尸迦。【4.2】般若波羅蜜（1）是大明呪。般若波羅蜜（2）是無上呪。般若波羅蜜（3）是無等等呪。
【4.1】何以故。憍尸迦。過去諸仏因是明呪。得阿耨多羅三藐三菩提。未来諸仏亦因是呪。当得阿耨多羅三藐三菩提。今十方現在諸仏亦因是呪。得阿耨多羅三藐三菩提。

玄奘訳『大般若経』巻第五百四十「第四分供養窣堵波品」第三之二（『大正』vol.7, p.777c）
［時天帝釈即白仏言：【4.2'】甚深般若波羅蜜多。（1）是大神呪。（2）是大明呪。（3）是無上呪。（4）是無等等呪。是一切呪王。最尊最勝最上最妙。能伏一切不為一切之所降伏。所以者何。甚深般若波羅蜜多能滅一切悪不善法。能満一切殊勝善法。］爾時仏告天帝釈言：如是如是。如汝所説。
【4.1】何以故。憍尸迦。過去未来現在諸仏皆依如是甚深般若波羅蜜多大神呪王。証得無上正等菩提。転妙法輪度有情衆。我亦依此甚深般若波羅蜜多大神呪王。証得無上正等菩提。為諸天人説無上法。

施護訳『仏母出生三法蔵般若経』巻第三「宝塔功徳品」第三之二（『大正』vol.8, p.598b ～ c）
爾時仏告帝釈天主言：如是如是。憍尸迦。【4.2】此般若波羅蜜多。（1/i）是広大明。（ii）是無量明。（iii）是無上明。（3/iv）是最勝明。（v）是無等明。（3/vi）是無等等明。
【4.1】何以故。所有過去未来現在如来応供正等正覚。従是大明所出生故。諸仏阿耨多羅三藐三菩提。学是大明得成就故。乃至無量無数三千大千世界諸仏世尊。阿耨多羅三藐三菩提。皆学是般若波羅蜜多広大明故而得成就。憍尸迦当知。阿耨多羅三藐三菩提。従是般若波羅蜜多中来。
※　漢訳が【4.2】の文を省略している場合は［　］内に【4.2'】の文を表示して，補足した。

渡辺章悟氏の厳密な調査（渡辺章悟［1991a］, pp.69 ～ 70）によれば，『八千頌般若』第3章の現行梵文の【4.2'】では帝釈天によって**七種の明呪**が「般若波羅蜜多」に比定され，【4.2】では世尊によって一つ少ない**六種の明呪**が反復されている。この点，現行梵文自体にすでに不整合が認められる。

事実，七種の明呪を支持する漢訳はなく，施護訳『仏母出生三法蔵般若』

は【4.2'】・【4.2】どちらも六種の明呪で統一されている。それでもなお，それ以前の諸漢訳では，玄奘訳『大般若経』〈第四分〉の**五種の明呪**を例外として，古い漢訳諸本はいずれも**三種の明呪**名のみを伝える。これこそが『八千頌般若』本来の明呪リストなのであって，『二万五千頌般若』にもそのまま継承された。その後，『八千頌般若』の明呪リストは現行梵文に至って六種／七種にまで拡張されたが，『二万五千頌般若』のほうでは，やはり玄奘訳『大般若経』〈第二分〉の五種の明呪を例外として，古い漢訳諸本と現行梵文とは**三種の明呪**リストを原則的に保持し続けたことになる。渡辺章悟氏はいう：「したがって，「心経」のテキストはこれら後代の変化を受ける以前に成立したことがわかる」(p.69)。この指摘は有益である。

『二万五千頌般若』第2章の対応節は以下のとおり（【4.2'】は【4.2】と共通するため省略）。

evam ukte Bhaga-vān Śakraṃ devānām indram etad avocat：evam etat Kauśikaivam etat,【4.2】（1）**mahā**-vidyeyaṃ Kauśika yad uta **prajñā-pārami-tā**,（2）**an-uttar**eyaṃ Kauśika vidyā yad uta prajñā-pārami-tā,（3）**a-sama-same**yaṃ Kauśika vidyā yad uta prajñā-pārami-tā.

【4.1】tat kasya hetos? tathā hi Kauśika ye 'tītān-āgata-pratyutpannā daśa-diśi loke tathāgatā arhantaḥ samyak-sam**buddhāḥ sarve** te imām eva **prajñā-pārami-tām** āgamyā**n-uttarāṃ samyak-sambodhim abhisambuddhā** abhisambuddhyante abhisambhotsyante ca.（*Pañca* II. Kimura［1986］, p.70, 16～23；Cf. 小峰弥彦［1988］, p.27；小峰弥彦［1998］, pp.168～169；渡辺章悟［1991a］, p.68）

そのように申し上げられると，幸福に満ちたお方（世尊）は神々の帝王シャクラにこう告げられた：カウシカよ，それはそのとおりだ。それはそのとおりだ。【4.2】これ――すなわち，〈**智慧の究極性**〉――**が**（1）**偉大なる明呪**なのだ（**mahā**-vidyeyaṃ......yad uta **prajñā-pāramitā**)。これ――すなわち，〈智慧の究極性〉――が（2）**無上なる**明呪（**an-uttarā**......vidyā）なのだ。これ――すなわち，〈智慧の究極性〉――が

(3) **比肩すべきものなく平等なる**明呪（**a-sama-samā**......vidyā）なのだ。

【4.1】それはなぜか。というのも，カウシカよ，およそ**過去・未来・現在**（'tītān-āgata-pratyutpannā）の十方世間のかく来れるひとびと・価値あるひとびと・正しき完全な**覚醒者たちは皆すべて**（samyak-sam**buddhāḥ sarve**）この同じ〈**智慧の究極性**〉［という明呪］のおかげで（imām eva **prajñā-pārami-tām** āgamya）〈**無上なる完全な覚醒**〉**にありありと覚醒した**（**an-uttarāṃ samyak-sambodhim abhisambuddhā**）し，現にありありと覚醒するし，やがてありありと覚醒するだろうからである。

その他諸テキスト

無羅叉訳『放光般若経』巻第七「持品」第三十五（『大正』vol.8, p.48b）
仏告釈提桓因言：如是拘翼。【4.2】是般若波羅蜜者。(1) 極大之術・(2) 無上・(3) 無等之術。
【4.1】何以故。過去諸如来無所著等正覚。皆由是術得阿耨多羅三耶三仏。当来今現在諸仏。亦当由是術得成阿耨多羅三耶三仏。

羅什訳『大品般若経』巻第九「勧持品」第三十四（ibid., p.286c）
仏語釈提桓因言：如是如是。憍尸迦【4.2】般若波羅蜜 (1) 是大明呪・(2) 無上明呪・(3) 無等等明呪。
【4.1】何以故。憍尸迦。過去諸仏因是明呪故得阿耨多羅三藐三菩提。未来世諸仏今現在十方諸仏。亦因是明呪得阿耨多羅三藐三菩提。

玄奘訳『大般若経』巻第四百二十九「第二分功徳品」第三十二（『大正』vol.7, p.156a）
［爾時天帝釈白仏言：世尊。【4.2'】如是般若波羅蜜多。(1) 是大神呪。(2) 是大明呪。(3) 是無上呪。(4) 是無等等呪。(5) 是一切呪王。最尊最勝。最上最妙。能伏一切。不為一切之所降伏。何以故。世尊。如是般若波羅蜜多能除一切悪不善法。能摂一切殊勝善法。］爾時仏告天帝釈言：如是如是如汝所説。
【4.1】何以故。憍尸迦。過去未来現在諸仏。皆因如是甚深般若波羅蜜多大神呪王。証得無上正等菩提。転妙法輪度無量衆。
※　漢訳が【4.2】の文を省略している場合は［　］内に【4.2'】の文を表示して，補足した。

『八千頌般若』【4.1】では「明呪＝般若波羅蜜多のおかげで無上正等覚を証得した／するであろう／する」という過未現の時制をとる動詞句のそれぞれを「過去の如来たち」・「未来の如来たち」・「現在の如来たち」という三通りの主語に逐次適用するのに対して，『二万五千頌般若』【4.1】は「過未現の如来たち一切」というひとつの主語にまとめ,「無上正等覚を証得した／するであろう／する」という過未現の時制をとる三種の動詞句をその同一の主語に接合する。『小本・心経』【4.1】は『二万五千頌般若』【4.1】の主語をさらに「三世に住する一切の仏陀たち」と言い換え,「無上正等覚を証得した」という過去受動分詞句だけを述語として残し, さらに「般若波羅蜜多のおかげで（āgamya）」という絶対分詞を『小本・心経』第三節で導入済みの「般若波羅蜜多に依存して（āśritya）」に交換する。このことから,『小本・心経』第四節が『八千頌般若』ではなく,『二万五千頌般若』を素材にした改作であることが確認できる。

3　漢訳陀羅尼経典に見られる類似語句

過未現の三世諸仏が「般若波羅蜜多」に依って阿耨多羅三藐三菩提を得るというときの「般若波羅蜜多」が『八千頌般若』・『二万五千頌般若』ではあらかじめ「明呪」に同定されていたのに対して,『小本・心経』ではあとで「真言／神呪」に等置される。これに似た文例はほかの漢訳陀羅尼経典にも見られる。

まず, 智通訳『千眼千臂観世音菩薩陀羅尼神呪経』［627 ～ 649 年間訳出］では過未現三世諸仏が端的に「陀羅尼法門」に依って阿耨多羅三藐三菩提を得るという表現が見られ,「陀羅尼法門」が成仏の要因とされる。

過去未来現在諸仏。皆因此陀羅尼法門。得阿耨多羅三藐三菩提。（巻上。『大正』vol.20, p.84a）(3)

次に,『小本・心経』現行梵文では「般若波羅蜜多」が四種の「神呪（真言）」に等置され,「一切苦を能く除き, 真実」であることの理由が「不虚」性に求められるが, 義浄訳『仏説抜除罪障呪王経』［710 年訳出］では「心王神呪（心呪）」が玄奘訳『心経』と同じ四種の「神呪」に言い換えられ,「一切の苦・罪障を能く除き, 真実にして不虚」であると説かれる。

曼殊室利。此即是汝最勝根本呪蔵心王神呪。**能除一切苦**悩厄難。諸悪罪障悉皆銷滅……一切如来幷諸菩薩当共証知。此大呪王是不思議法。**是大**

神呪・是大明呪。**是無上呪・是無等等呪**。**能除**罪苦障・**真実不虚**。爾時諸天大衆聞説呪王。皆大歓喜頂戴奉持。(『大正』vol.21, p.913b)

空海が『般若心経秘鍵』に記す義浄訳『仏説般若波羅蜜多心経』の伝承を想起させる点でも興味深い。

5世紀の偽経『観仏三昧海経』巻第一「六譬品」第一に「般若波羅蜜是大明呪。是無上呪。無等等呪。審実不虚」というフレーズが所在することはすでに触れた(本書第2章1.5)。

4　“try-adhva-vyavasthitāḥ sarva-buddhāḥ”

『二万五千頌般若』第2章対応節における主語：

ye **'tītān-āgata-pratyutpannā** daśa-diśi loke tathāgatā arhantaḥ samyak-sam**buddhāḥ sarve** te(およそ**過去・未来・現在**の十方世間のかく来れるひとびと・価値あるひとびと・正しき完全な**覚醒者たちは皆すべて**)

は『小本・心経』では,

try-adhva-vyavasthitāḥ sarva-buddhāḥ(三世［それぞれ］に留まる一切のブッダ(覚醒者)たちは)

と言い換えられる。

「過去・未来・現在」という部分を「三世(try-adhva-)」と言い換えて〈三世一切の諸仏／諸如来〉を総称する大乗諸経典の用例はすこぶる多い。たとえば,『宝星陀羅尼経』第10「守護」章の“**sarva-try-adhvā**nugatānāṃ **buddhā**nāṃ bhaga-vatāṃ(一切の三世［それぞれ］に随行するブッダたち,世尊たちにとって)[(4)]”とか,『不空羂索神変真言経』第1節の〈不空羂索心呪(A-mogha-pāśa-hṛdaya)〉冒頭部の帰敬呪：

namas **try-adhvā**nugata-pratiṣṭhitebhyaḥ **sarva-buddha**-bodhi-satvebhyaḥ. namaḥ sarvva-pratyeka-buddhārya-śrāvaka-saṃghebhyo [']tītān-āgata-pratyutpannebhyaḥ......(*Amogha-pāśa* §1 Ms. 3a. 密教聖典研究会［1998］, p.18, 1〜3)[(5)]

三世［それぞれ］に随行し,留まれる**一切のブッダたち**,ボーディサットヴァたちに敬礼します。／過去・未来・現在の一切の一機縁による覚醒者たち，聖者である聴聞者たちの諸僧団に敬礼します。

とか，『華厳経・入法界品』諸節の“an-avaśeṣa-**sarva-try-adhva-buddha**-kāya-（悉くの一切の三世のブッダの身体）”，“**sarva-try-adhva**-tathāgata-（一切の三世の如来）”，“**try-adhva**-prāptāḥ **sarva**-tathāgatāś（三世［それぞれ］に到来せる一切の如来たち）”，“**try-adhva**-prāpta-**sarva**-tathāgata-（三世［それぞれ］に到来せる一切の如来）”等々が〈三世の諸仏／諸如来〉を表記するために使用される。また，『入法界品』には「三世［それぞれ］に住する［一般の］ひとびと」を表記する“**try-adhva-sthita**syāpi janasya”という用例もある(6)。しかし，意外なことに，『小本・心経』のように「三世」に“vyavasthitāḥ”という過去分詞を後続させて「一切諸仏」を形容する表現法は初中期大乗経典や初期密教経典にはなかなかトレースできない。

最も近似する用例は本格的な密教経典『一切如来真実摂経（初会金剛頂経）』（一切のかく来れるお方の真実の包摂；*Sarva-tathāgata-tattva-saṃgrahaṃ nāma Mahā-yāna-sūtram*：abbr. ***TSS***）〈内篇〉第 1 部「一切如来の大乗現証という名の大儀軌王（金剛界品）」第 1〈金剛界大曼荼羅広大儀軌〉章の導入部に垣間見られる。

> mahā-kṛpo Vairocanaḥ śāśvatas **try-adhva**-samaya-**vyavasthitaḥ** sarva-kāya-vāk-citta-vajras tathāgataḥ......（*TSS* I. 1. §3. 堀内寛仁［1983］, p.2, 5 ～ 6）(7)
> 偉大な悲愍（大悲）を有する者，ヴァイローチャナ，永遠なる者，**三世**の時間［のすべて］**に存立する者**（**try-adhva**-samaya-**vyavasthitaḥ**），一切の身体・言葉・心の金剛なる者というかく来れるお方（如来 tathāgataḥ）は……

『一切如来真実摂経』の場合，ヴァイローチャナ如来が「三世の時間に」渉って「永遠なる」一者として「存立する」ことが意図されるのに対して，『小本・心経』や他の大乗諸経典でのそれはもちろん過去諸仏・未来諸仏・現在十方諸仏の総称である点に重大な相違があるものの，その点を度外視すれば，『小本・心経』の“try-adhva-vyavasthitāḥ”という表現法自体はたとえ後代のインド密教経典にであるにせよ，由緒あるインド文献に裏付けられたことになる。

また，過未現の一切の仏・菩薩が十方世界に「住する」ことを過去受動分詞 vyavasthita で表現する例は『善勇猛般若』(*Suvikrānta*) 梵文写本劈頭の〈帰敬呪〉に所在する。

> Oṃ namaḥ sarva-buddha-bodhi-satvebhyaḥ! namaḥ daśa-dig-an-antā-paryanta-loka-dhātu-**vyavasthitebhyaḥ sarva-buddha**-bodhi-satvebhyo 'tatītān-āgata-pratyutpannebhyaḥ! namo bhaga-vatyai ārya-prajñā-pāramitāyai! (*Suvikrānta*. T. Matsumoto［1956］, p.1, 1 ～ 4)
>
> オーム・一切のブッダたち・ボーディサットヴァたちに敬礼します。
>
> 十方の限りなく果てしない世界に**留まれる**過去・未来・現在の**一切のブッダたち**・ボーディサットヴァたちに敬礼します。
>
> 幸福に満ちた女尊・聖者である〈プラジュニャー・パーラミター〉に敬礼します。

なお，『小本・心経』の "try-adhva-vyavasthitāḥ" は決して玄奘訳「三世諸仏」からの還梵ではありえない。そもそも "-vyavasthitāḥ" は漢訳文に対応語「住」を保持しておらず，漢訳文から還梵することは不可能なのである。

5　"mahā-mantro mahā-vidyā-mantro"

5.1　『婆沙論』における「明」の両義性

『婆沙論』は「無漏の慧」が「四諦」に関して真実に「能達・能解・能了する」機能に因んで「明 (vidyā)」と名付けられると定義したあとで，「有漏の慧」にも「能達・能解・能了する」機能があるにも拘わらず，「明」とは名付けられない理由を「四諦」に関して真実にはまだ「能達・能解・能了しえない」点に求める。その際，世間において「呪 (mantra)」が「明」と名付けられるのは病気を完全に治療できる効力に因むと指摘し，それに比べて，有漏の慧は煩悩の病を完全には治療できないので「明」とは名付けられないのだと説明している。

> 問：何故名「明」。明是何義。答：能達・能解・能了是明義。問：若爾

有漏慧亦能達能解能了何故不名「明」。答：若達解了能於四諦真実通達説名為「明」。諸有漏慧雖達解了而於四諦不能真実通達故不名「明」。如暖等四順決択分雖能猛利推求四諦。而未真実通達四諦不名為「明」……復次能療病**呪**説名為「明」。謂：世間人鬼魅所著**明呪**能療。如是聖道能療衆生諸煩悩病故説為「明」。諸有漏慧不能究竟療煩悩病故不名「明」。……（玄奘訳『婆沙論』巻第二十五「雑蘊第一中補特伽羅納息」第三之三。『大正』vol.27, pp.129c ～ 130a）

智慧としての「明」と呪文としての「明」との親近性を踏まえての説明として注目される。

5.2 『二万五千頌般若』における「明呪」

前掲の『八千頌般若』第 3 章で〈般若波羅蜜多〉に等置される vidyā（明）が呪文としての「明呪」を意味することは全漢訳本の訳語に徴しても明らかであり，ほとんどの学者によって承認されている。ところが，最近，阿理生氏は〈般若波羅蜜多〉に等置される vidyā（明）について智慧（prajñā）と同義の「明知」を指し，「明呪」という意味は含意されないという異論を提出された（阿理生［2008］，pp.163 ～ 164）。

阿氏の仮説に対する反証の一つとして，ここでは『二万五千頌般若』第 2 章の別の一節をとりあげ，〈般若波羅蜜多〉に等置される vidyā（明）が〈般若経〉を受持する善男子・善女人の身体に迫る危険を回避させてくれる点で文脈上呪術的な意味で使用されることを確認しておきたい。

また次に，カウシカよ，部族の息子であれ，部族の娘であれ，もしもこの〈智慧の究極性〉を［聞き］取り，記憶し，語り，すっかり理解し，実践し，根源的に思惟を傾注し，一切智者性を欲する心を遊離しないひとになるならば，彼に対して何人が毒薬（a-bhaiṣajyam）を散布し，蠱道（kākhordaṃ）をしかけ，火穴（agni-khadāṃ）に近づけ，剣によって（chastreṇa ＝ śastreṇa）殺害し（hanyād），毒（viṣaṃ）を施し，水にそれ（or 彼）を投じようと，これらすべては彼の身近に迫ることはない。それはなぜか。カウシカよ，これ――すなわち，**〈智慧の究極性〉――が**（1）

偉大なる明呪だからだ（**mahā-vidya**iṣā......yad uta **prajñā-pārami-tā**）。カウシカよ，これ――すなわち，**〈智慧の究極性〉**――が（4）**無上なる**明呪だからだ（**an-uttara**iṣā......**vidyā** yad uta **prajñā-pārami-tā**）。カウシカよ，じつに，それにおいて学習する部族の息子であれ，部族の娘であれ，自己を苛むために［行動すべく］意思しないし，他者を苛むために［行動すべく］意思しないし，［自他の］両者を苛むために［行動すべく］意思しない。それはなぜか。すなわち，［彼 or 彼女は］決して自己を認知しないからだ。他者を［認知し］ないし，両者を認知しないからだ。色を認知しないからだ。感受を［認知し］ないし，想念を［認知し］ないし，諸意志を［認知し］ないし，識を認知しないからだ。ないし，個別的・総合的にも，［五箇の］諸基幹・［十二箇の］認識部門・［十八箇の］根源界・［十二支分からなる］条件的生起・［六箇の］〈究極性〉・［三十七箇の］覚醒を扶助する修行項目・［四箇の心の］無量・［四箇の］自信・［四箇の］熟練知・十八箇の流通しないブッダの諸特性を［認知し］ないし，ないし，一切智者性をも認知しないからだ。［それらを］認知しない［彼 or 彼女は］自己を苛むために［行動すべく］意思しないし，他者を苛むために［行動すべく］意思しないし，［自他の］両者を苛むために［行動すべく］意思しないわけである。［彼 or 彼女は］**無上にして正しき完全な覚醒**を獲得し，かつ，一切の生類たちを観察する（avalokayati）。それはなぜか。これなる**明呪**において（atra hi **vidyāyāṃ**）学習する過去のかく来れるお方・価値あるお方・正しき完全な覚醒者たちによって**無上にして正しき完全な覚醒**が**ありありと覚醒された**からである。［未来に］ましますであろうかく来れるお方・価値あるお方・正しき完全な覚醒者たち，彼らもこれなる**〈智慧の究極性〉**において（atra **prajñā-pārami-tāyāṃ**）学習するとき，**無上にして正しき完全な覚醒**をありありと覚醒されるであろうからである。十方の世間の根源界における現在のかく来れるお方・価値あるお方・正しき完全な覚醒者たち，彼らもこれなる**〈智慧の究極性〉**において学習するとき，**無上にして正しき完全な覚醒**をありありと覚醒するからである。(8)

『八千頌般若』・『二万五千頌般若』内にはこの種の記述はいくども登場する。インド古典文学の常套的手法からいえば,〈般若波羅蜜多〉に等置される vidyā には智慧と同義の「明知」と,呪文としての「明呪」という二重の意味は当然籠められているであろう。その智慧としての側面に注意を喚起された阿理生氏の論考は傾聴に値するものである。しかし,そこから呪文としての意味を排除しようとする氏の提案は文献学的反証を免れないであろう。

5.3　初期密教経典・中期大乗経典における「明呪」の同義語

『孔雀明王経』(*Mahā-māyūrī*)では「大孔雀明王呪」が① mahā-vidyā・② mahā-mantra・③ mahā-pratisarā・④ mahā-rakṣā・⑤ vidyā-mantra-pada 等々の別称で呼ばれる。

A. 以上の①**偉大なる諸明呪**・②**偉大なる諸マントラ**(**mahā-vidyābhir mahā-mantrair**)・③偉大なる諸護符紐・④偉大なる諸守護呪によって,乞食者(比丘)スヴァーティとわたしと一切の生類たちに対する魔術者たち(or 諸魔術?)は破滅した。呪術者たち(or 諸呪術?)は破滅した。……[(9)]

B. アーナンダよ,以下の⑤**明知のマントラ**の諸句(**vidyā-mantra-padāni**)が注意憶念されるべきである。

タディヤター・チリ・ミリ・キリ・ミリ……[(10)]

『金光明最勝王経』(〈最上なる金色の光明〉という経典の帝王;*Suvarṇa-prabhāsottama-sūtrendra-rāja*:abbr. ***Suvarṇa***)第9「吉祥大天女」章では vidyā-mantra は単に vidyā とも呼ばれる。

したがって,シュリーという偉大なる女神を招聘しようと欲するひとは以下の**明知の諸マントラ**(**vidyā-mantrāḥ**)を憶念すべきである。

ダディヤター(すなわち)・ナマハ・サルヴァ・ブッダーナーム・アティーターナーガタプラティウトパンナーナーム(過去・未来・現在の一切のブッダたちに敬礼します)!

ナマハ・サルヴァ・ブッダ・ボーディサットヴァーナーム(一切のブッダたちとボーディサットヴァたちに敬礼します)!

ナモー・マイトレーヤ・プラブリティーナーム・ボーディサットヴァーナーム（マイトレーヤを初めとするボーディサットヴァたちに敬礼します）！

テーシャーム・ナマスクリトゥヤ（彼らに敬礼してから）・**ヴィドヤーム**・プラヨージャヤーミ（わたしは**明呪**を使用します）・イヤム・メー・**ヴィドヤー**・サムリディヤトゥ（わたしにこの**明呪**が霊験あらたかならんことを！）

スヤーディヤテーダム（すなわち）・パリプールナ・ヴァレー（所願がすっかり満たされた女尊よ）・サマンタ**ガテー**（普く到達せる女尊よ）・マハー・カーリヤ・プラティプラーパネー（偉大なる果報を獲得させてくれる女尊よ）・サットヴァールタ・サマターヌプラプーレー（生類たちの利益＝目的の平等性を満たしたまえる女尊よ？）・アーヤーナ・ダルミテー（？）・マハー・バーギネー（？）・マハー・テージョーパマム・ヒテー（偉大なる威光の如くに裨益せる女尊よ？）・リシ・サムグリヒーテー（仙人によって包摂された女尊よ）・サマヤーヌパーラネー（誓約を護持したまえる女尊よ）！

以上の灌頂の存在素性（法性）である**マントラ**の諸句は唯一の**真実**の諸句であり，欺かない**マントラ**の諸句である。(11)

『金光明最勝王経』では vidyā-mantra（明真言）は単に vidyā と略称されるだけでなく，mantra-pada（真言句）とも言い換えられる。それは「真実（satya）」の句であり，「欺かない（a-visaṃvādanā）」真言句である。

『八千頌般若』や『二万五千頌般若』における般若波羅蜜多としての（1）mahā-vidyā（大明呪）が『小本・心経』現行梵文で（1）mahā-mantra（大神呪）・（2）mahā-vidyā-mantra（大明呪）の二呼称に置換されたのは，以上のような初期密教経典や中期大乗経典における呪文としての vidyā の慣用的な呼称法に則ったものであるということがわかる。もっとも，羅什訳『大明呪経』には（2）「是大明呪」だけが所在し，（1）「是大神呪」はまだ含まれない以上，『小本・心経』の原初形態では『二万五千頌般若』に所在した（1）mahā-vidyā（大明呪）から（2）mahā-vidyā-mantra（大明呪）への一対一の交換だけが遂行され，玄奘訳『心経』の原典段階でさらに（1）mahā-mantra（大神呪）が付加され，先頭に置かれたと推定するのが順当であろう。

6　a-sama-sama という複合語の考察

しかし，『八千頌般若』・『二万五千頌般若』における（2）an-uttarā vidyā（無上明呪）・（3）a-sama-samā vidyā（無等等明呪）を置換した『小本・心経』の（3）an-uttara-mantra（無上呪）・（4）a-sama-sama-mantra（無等等呪）というマントラの呼称は，案外，初期密教経典や中期大乗経典には見当たらないようである。これは vidyā の mantra への機械的な置換作業の結果というべきであり，an-uttara-mantra・a-sama-sama-mantra という既成の呼称が当時の初期密教経典や中期大乗経典に所在したわけではないのであろう。

『八千頌般若』・『二万五千頌般若』において vidyā に冠せられた（1）mahā-・（2）an-uttarā・（3）a-sama-samā という形容語は〈般若経〉内では本来 pārami-tā（波羅蜜多）にこそ付与されたものだったのであり，そして，（1）mahā-pārami-tā（摩訶／大波羅蜜多）・（2）an-uttara-pārami-tā（無上波羅蜜多）・（3）a-sama-sama-pārami-tā（無等等波羅蜜多）等々の複合語はすべて prajñā-pārami-tā（般若波羅蜜多）の美称にほかならない。〈般若経〉内で「般若波羅蜜多」が vidyā に等置されたとき，かかる vidyā に対しても同じ形容詞群をスライドさせるのはごく自然の成りゆきだったといえよう。『小本・心経』にいたってそれらの形容詞群が mantra にまで強制的にスライドさせられたために，それ以前にはなかった（3）an-uttara-mantra・（4）a-sama-sama-mantra という新たなマントラの呼称が俄に出現してしまったのである。

〈般若経〉における（2）an-uttarā（無上）という形容詞については特に問題はない。文法解釈上の問題を引きおこすのは（3）a-sama-samā（無等等）という複合語である。『大本・心経』チベット訳は「等しくなくかつ等しい」，もしくは「等しくないものと等しい」のどちらにも読めるが，最近の学者たちはむしろ「全く等しくない」という第三の解釈を採用する傾向がある。

たしかに a-sama-sama-mantra（無等等呪）という術語自体は密教経典には

見出し難いにしても，陀羅尼呪句の綴りの中には「無等・等」「等・無等」という正反対の意味の語句が一対に使用されるケースは珍しくない。次章（第3節）で紹介する『金光明最勝王経』第8「弁才天女」章の明呪では弁才天女のことが“same viṣame（平等なる女尊よ・特異なる女尊よ）”という正反対の異名で標示される。また，『大日経』「普通真言蔵品」第四の〈釈迦牟尼如来の自心及眷属真言〉では“gagana-samā-sama（虚空に等しく，かつ，等しくないひとよ）”と釈尊が呼称される（栂尾祥雲［rep.1982］，p.439, 8；白石真道［1988］，p.584, 12 ～ 13）。『大日経』「入漫荼羅具縁真言品」第二の〈入仏三昧耶持明〉には“a-same tri-same samaye（等しくない女尊よ・三と等しい女尊よ，本誓女尊よ）”という呼称がある（栂尾祥雲［rep.1982］，p.405, 9；白石真道［1988］，p.574, 4）(12)。シュリーシンハ・ヴァイローチャナ『真言を開示する般若心註』（大八木［2002a］，p.21, 6）では『大本・心経』の“a-sama-sama-”が“mtshan ma daṅ mi mtshan ma pa（等しくかつ等しくない）”と逆の順序で訳されている。敦煌本『小本・心経』チベット訳も同様に逆の順序になっている。

『二万五千頌般若』第4章には a-sama-sama が sama-viṣama の否定として語られており，そこでは sama の否定が a-sama，viṣama の否定が sama という等式が成り立つ。

> スブーティよ，かく来れるお方（如来）たちにとって**等しいものなぞいない**（**nāsti......samaḥ**）。どうして上のものがあろうか。スブーティよ，この教説の観点によって，**等しくなく**，**かつ**，**等しい**用途によって（**a-sama-sama**-kṛtyena），かく来れるお方たちにとって**〈智慧の究極性〉**が現前したのである（tathāgatānāṃ **prajñā-pārami-tā** pratyupasthitā）。……
>
> スブーティは申し上げた：幸福に満ちたお方（世尊）よ，いったいいかなるわけで物質，ないし，一切の様相に関する智者性が思議されたり，比較されたり，量られたり，数えられたりすること，**等しいのか等しくないのか**ということが知られ**ない**（**sama-viṣama**-tvaṃ **na** prajñāyate）のでしょうか。
>
> 幸福に満ちたお方は仰せられた：スブーティよ，物質の自己本質は不

可思議であり，比較できず，量り知れず，数えきれず，**等しくなく，かつ，等しいもの**（**'sama-samo**）である。自己本質なきものだからである。……

……スブーティよ，「**等しくなく，かつ，等しいもの**（**a-sama-samā**）」というこれは〈**等しいとか等しくないとかではないもの**〉の同義語（**a-sama-viṣamā**dhivacanam）である。スブーティよ，これら，かく来れるお方にとってのかく来れるお方としての諸属性は不可思議であり，比較できず，量り知れず，数えきれず，**等しくなく，かつ，等しいもの**である。虚空と**等しくなく，かつ，等しいもの**だからである（or 虚空が等しくなく，かつ，等しいものだからである ākāś**ā-sama-sama**-tvād）。スブーティよ，以上のように，かく来れるお方にとってのかく来れるお方としての諸属性は不可思議であり，比較できず，量り知れず，数えきれず，**等しくなく，かつ，等しいもの**であり，それらは一切の聴聞者たちや一機縁による覚醒者たちよっても，一切の神々を伴う世間のひとびとによっても，思議されたり，比較されたり，量られたり，数えられたり，**等しいのか等しくないのか**（**sama-viṣamaṃ**）ということを試されたりすることはできない。(13)

したがって，陀羅尼呪句の用法ならびに『二万五千頌般若』第 4 章の a-sama-sama の用例から，a-sama-sama-mantra の意味は「無等にしてかつ等しい真言」「比肩するものなく，かつ，平等なるマントラ」と解釈することにしたい。

7 "sarva-duḥkha-praśamanaḥ"

7.1 『大本・心経』における "sarva-duḥkha-praśamana-mantraḥ"

『小本・心経』第四節は〈般若波羅蜜多〉を四種の真言に等置した上で，その効能を明示するべく「一切の苦しみを鎮めるもの（sarva-duḥkha-praśamanaḥ）」と表記した。しかるに，梵文『大本・心経』になると，これが第五番目の真言として数えられるようになり，(5) "sarva-duḥkha- praśamana-

mantraḥ（一切の苦しみを鎮める**真言**）” と表示される。チベット訳『大本・心経』“sdug bsṅal thams cad rab tu shi bar byed paḥi **sṅags**” および敦煌本『小本・心経』チベット訳 “sdug bsṅal thams cad rab tu shi paḥi **sṅags**” も同様である。しかし，般若訳・法成訳以外の『大本・心経』の諸漢訳には「マントラ」の対応訳が欠けており，その点はむしろ『小本・心経』諸漢訳および現行梵文と一致するようである。

7.2　初中期密教経典における呪句の効能

真言・明呪・陀羅尼呪句がもつ「除災」機能を「〜を鎮めるもの(praśamana)」という動名詞で表示する例は初期密教経典や中期大乗経典などにごく普通に見られるものである。

『孔雀明王経』では「大孔雀明王呪」を「一切の恐怖・戦慄を鎮めるもの」(Mahā-māyūrī-vidyā-rājñīṃ sarva-bhaya-vaira-praśamanīṃ) と形容する（*Mahā-māyūrī*. 田久保周誉［1972］, p.59, 14)。さきに本書第4章（4・4 “a-malā a-vimalā”）で『大般涅槃経』「憍陳如品」所説の陀羅尼句と共通の語彙を「大孔雀明王呪」が含むことを確認した際，その「大孔雀明王呪」の中に “sarvān-artha-praśamani（一切の不利益／害悪を鎮めてくれる女尊よ)” という呼格の女性名詞があることを註記しておいたことも想起されたい。また，次章（第6節）で “tad yathā......bodhi bodhi bodhi bodhi......svāhā” という『小本・心経』のマントラと共通する語群を保持する陀羅尼経典のひとつとして『梵字菩提場荘厳陀羅尼』を取りあげるが，同陀羅尼の中に “sarva-pāpa-praśamane（一切の罪悪を鎮めてくれる女尊よ)” という呼格の女性名詞が垣間見られる。

マントラ読誦によって得られる効果は，A. 唱えられた言葉自身の呪術的効能による直接的な効果と，B. マントラ読誦によって突き動かされた尊格（仏・菩薩・天部・鬼神など）が施す恩恵による間接的なそれとに二分されるであろう（もっとも，A. マントラに備わる呪術的効力自身もあらかじめ特定の尊格によって加持／付与されたものである場合が多い)。

『金光明最勝王経』第8「弁才天女」章では，もし行者が弁才天女に対する複数のマントラを駆使した沐浴儀礼を執行するならば，弁才天女が様々な恩恵的行為を施してくれることを誓願・約束する。それらの行為は「わたしは……全面的に病気の鎮静化（平癒）をなすであろう（sarvato roga-praśamanaṃ kariṣyāmi）」；「わたしは……ヴェーターラたちを鎮めるであろう（......vetālān praśamayiṣyāmi）」等々と表現され，世間的利益として言及されるが，さらに続けて，この『金光明最勝王経』を受持する比丘等の四衆には「輪廻の寂滅涅槃（saṃsāra-nirvāṇaṃ）が得られ」，「無上正等覚から不退転なひとたち（a-vaivartikāś）になるであろう」と出世間的利益まで弁才天女によって約束される（*Suvarṇa* VIII. Bagchi［1967］，p.57, 3 ～ 8）。

以上のように，意味上近い文は見出せるものの，残念ながら，わたしの現時点の調査では『小本・心経』と同じ sarva-duḥkha-praśamana という表記を初期密教経典や中期大乗経典の陀羅尼呪句の効能に掲げた例は確認できなかった。

7.3　初中期大乗経典における菩薩行としての sarva-sattva-duḥkha-praśamana

初中期大乗経典では sarva-sattva-duḥkha-praśamana（一切の有情の苦を鎮めること）が菩薩の実践や誓願の一項目として時々言及されることがある。

『二万五千頌般若』第 1 章の現行梵文には菩薩が地獄の有情たちの「苦を鎮める（duḥkhāni praśāmya）」という表現がある。

> この世では，スブーティよ，ボーディサットヴァ・マハーサットヴァは偉大なる乗道を［甲冑として］まとって――すなわち，彼は〈布施の究極性〉という甲冑，ないし，〈智慧の究極性〉という甲冑をまとっている――……ブッダの分身をまとって，三千大千世界を光明によって輝かし，六箇の変異に震動せしめ，すべての地獄の住人の住居における火の塊を吹き消し（agni-skandhaṃ nirvāpya），地獄の生類たちの**諸苦痛を鎮め**（nairayikānāṃ sattvānāṃ **duḥkhāni praśāmya**），彼らが皆林なき［危険地帯］に直面していること（nirvaṇābhimukhān）を認識して，ボーディサットヴァ・マハーサットヴァは次のような言葉を発し，響声を聞かしめる：「かく来れるお方・価値あるお方・正しき完全な覚醒者に敬礼します」と。かくして，彼ら，地獄の生類たちは「ブッダ」というその響声を聞

きくと，安楽を得る。(14)

残念ながら，『二万五千頌般若』第1章現行梵文の上掲節は漢訳本との対応を確認できなかった。とはいえ，『二万五千頌般若』第8章には菩薩が地獄の「苦を鎮める（duḥkhāny upaśāmya）」のを世尊が視るという類似表現があり，古訳（無羅叉訳『放光般若経』[291年訳出]）にも跡付けられることは第3章で見たとおりであり（第10節），古い源泉を持つ表現であることは間違いない。

『華厳経・入法界品』に目を転じると，同経の諸節に，

① **sarva**-sattva-kleśa-**duḥkha**-saṃtāpa-**praśamana**-（**一切の**生類たちの煩悩と［それに起因する］**苦しみ**との熱**を鎮めるもの**）

② **sarva**-sattva-**duḥkha-praśamana**-（**一切の**生類たちの**苦しみを鎮める**）

という類似表現が確認できる。『入法界品』第35「〈全面的に甚深・吉祥・無垢なる光明をもつ者〉という夜の女神」節ではその女神が欲界四禅のうちの第三禅を修習する動機に①の表現が使われる。

> わたしは**一切の**生類たちの煩悩と［それに起因する］**苦しみ**との熱**を鎮めるもの**（**sarva**-sattva-kleśa-**duḥkha**-saṃtāpa-**praśamana**-）となるために第三の禅定を修習します。(15)

『入法界品』第38「〈寂静なる音声の海をもつ者〉という夜の女神」節ではその女神が前世において得た三昧の名称に②の表現が冠せられる。

> その次に，その同じ覚醒の座において「ジュニャーノールカーヴァバーサ・ラージャ（智の炬火の光明王）」という名のかく来れるお方（如来）に神の娘だったわたしは拝謁する栄に浴しました。彼を見るやいなや，わたしには「**一切の**生類たちの**苦しみを鎮める**（**sarva**-sattva-**duḥkha-praśamana**-）光明の灯火」という名の精神集中（三昧）が得られました。(16)

『宝星陀羅尼経』（*Ratna-ketu*）第2「前世における絆」章では菩薩が微細な智慧の持ち主になるために完備すべき正しい人の三属性の第二番目に，「**一切の**生類たちの**苦しみを鎮める**ために（**sarva**-sa[t]tvānāṃ **duḥkha-praśamā**ya）熱心に努力すること」があげられる。『入法界品』の前掲の表現とよく似て

いる。

部族の子よ，そのとき，ジュヨーティヒ・ソーミャ・ガンダ・アヴァバーサ・シュリー（月光の快さという薫香の光輝の吉祥）というかく来れるお方（如来）はウトパラ・ヴァクトラ（「青蓮華の面差しをもつもの」という）王にこう述べられた：正しい人の三つの諸属性を完備したボーディサットヴァは微細な智慧の持ち主となるのである。いかなる三つを，か。①卓越した志願によって一切の生類たちに対して悲愍を施す。②**一切の**生類たちの**苦しみを鎮める**ために（**sarva**-sa[t]tvānāṃ **duḥkha-praśamā**ya）熱心に努力すること，あたかも母親の如くである。③一切の諸存在素を生命体なきもの・養育者なきもの・人格主体なきものとして，差別なく平等なものとして考察する。(17)

『入法界品』や『宝星陀羅尼経』に共通する「一切の有情たちの苦しみを鎮める」という用法に留意すれば，『小本・心経』の「一切の苦しみを鎮めるもの」という表記の「一切」も「一切の有情たち」を含意し，端的に「万人」と訳してもかまわないのかもしれない。

7.4 sarva-duḥkha-praśamana と nirvāṇa との同等視——『勝思惟梵天所問経』

『小本・心経』の“sarva-duḥkha-praśamanaḥ”という綴りと逐語的に一致する語句の用例が見出せるのは『大乗荘厳経論・世親釈』（*MSABh*）第 11「求法」章における引用文を通じてその梵文断片が回収される『勝思惟梵天所問経』（〈ヴィシェーシャ・チンティン（勝れた思惟をもつ者）〉というブラフマ神の問い；*Brahma-viśeṣa-cinti-paripṛcchā-sūtra*：abbr. ***Brahma-paripṛcchā***）(18) の一節において，である。

[ata evoktaṃ **Brahma-paripṛcchā-sūtre**：]“caturbhir dharmai samanvāgatā bodhi-sattvā dharmaṃ paryeṣante. ratna-saṃjñayā dur-labhārthena bhaiṣajya-saṃjñayā kleśa-vyādhi-**praśamanā**rthena artha-saṃjñayā a-vipraṇāśārthena **nirvāṇa**-saṃjñayā **sarva-duḥkha-praśamanā**rthena.”（*Brahma-paripṛcchā* quoted in *MSABh* XI [Dharma-paryeṣṭy-adhikāra]. Lévi [rep.1983]，pp.75, 19 ～ 76, 2；舟橋尚哉 [2000a]，p.58, 13 ～ 17）(19)

［だからこそ，『ブラフマ神の問いという経典』において［幸福に満ちたお方（世尊）によってこう］説かれているわけである：］四つの属性を完備したボーディサットヴァたちが教法を探求する。①［教法に対する］「宝石だ」という想念を，であって，［教法は宝石のように］得難いという意味で，である。②「医薬だ」という想念を，であって，煩悩という病気を**鎮めてくれる**という意味で，である。③「財産だ」という想念を，であって，失わしめないという意味で，である。④「**涅槃**だ」という想念を，であって，**一切の苦しみを鎮めてくれる**（**sarva-duḥkha-praśamana-**）という意味で，である。[20]

菩薩を「教法の探求」に駆り立てる動機付けという文脈において「一切の苦しみを鎮めてくれるもの」と「涅槃」とを同等視する『勝思惟梵天所問経』の一節[21]は甚だ興味深い。『小本・心経』が掲げる「一切の苦しみを鎮めてくれるもの」という，「マントラ」に期待している効能もやはり世間的な次元の災厄の除去・現世利益に留まるのではなく，出世間的な次元の「涅槃」をその射程に収めているであろう，と推定されるからである。

この推定は『小本・心経』の直前の第三節に記述された，〈般若波羅蜜多〉に依存する［観自在］菩薩が獲得する四特性の最終項目「究竟涅槃（niṣṭha-nirvāṇaḥ 涅槃において終極するひと）」ともみごとに符合していよう。『小本・心経』編纂者たちは初期密教経典や中期大乗経典における「～を鎮めるもの（praśamana）」という動名詞を主に陀羅尼呪句の「除災」機能の表示に使用してきた慣例にあきたらず，「涅槃の獲得」への期待を含意させる『勝思惟梵天所問経』の「ダルマ」の価値表現のひとつ“sarva-duḥkha-praśamana（一切の苦しみを鎮めてくれるもの）”に着目し，『小本・心経』の効能表示に転用したのであろう。

8　“satyam a-mithya-tvāt”

8.1　『心経』テキスト間の異同

『小本・心経』は続いて，「般若波羅蜜多」に等置された「真言」を「真実

(satyam)」であるともいい，その理由を「虚偽ではないから（a-mithya-tvāt）」と付言する。『大本・心経』の梵文テキストも基本的には同じであるが，“samyak-tvaṃ na mithyā-tvaṃ” と綴る一見特異な『大本・心経』ネパール写本もある（Conze［1948］, p.37 note 57；中村・紀野［1960］, p.178, 9）。これと近いのは，法成訳『般若心経』「真実無倒」，施護訳『聖仏母般若経』「是即真実無虚妄法」，および，プラシャーストラセーナ『聖般若波羅蜜多心広疏』やジュニャーナミトラ『聖般若波羅蜜多心釈』に引用される『大本・心経』「真実にして虚偽ではない」（bden te ma nor ba）である（渡辺［1992］, p.217 註 1；p.219；望月［1992］, p.54）が，完全に一致するわけではない。bden という訳語は samyak-tvaṃ ではなく，やはり satyam に対応すると思えるからである。

8.2 「不退転菩薩」の判定基準としての真実語

インドの説話文学では主人公によって発せられた「真実語／真実の言明(satya-vacana/satya-vākya)」を機にその呪術的効果によって奇蹟・奇瑞がおこり，その物語が大団円を迎えるというストーリー構成を採るものが少なくない。仏教説話も例外ではない。アヴァダーナ文学やそのアヴァダーナ文学を換骨奪胎した大乗諸経典のいたるところにその用例がでてくる（奈良康明［1973a］など，多数の研究あり）。

『小本・心経』の “satya” が説話文学における「真実語」に相当することを最初に指摘されたのは白石真道氏であった（白石真道［1988］：所収「広本般若心経の研究」。pp.509 ～ 510；「般若心経梵本の解釈について」, pp.543 ～ 544, etc.）。事実，説話文学における「真実語」は単に「真実（satya）」という一語でしばしば略称される。〈般若経典〉においては菩薩の宣誓としての「真実」「真実語」が実現するかどうかを「不退転の菩薩」の判定基準に据える。『八千頌般若』第 20「実践手段についての熟練性の考察」章のその場面をご覧いただきたい。

> またさらに，スブーティよ，もしも夢の中にいたボーディサットヴァ・マハーサットヴァがその夢から醒めると，都城の火災，或いは，村落の

火災が現に起こっている場合（or 現在の都城の火災，或いは，村落の火災）に対して，以下のように念願する：「夢の中にいるわたしによって，不退転のボーディサットヴァ・マハーサットヴァであれば，保持していてしかるべき，それぞれの諸様相・諸表徴・諸相状因が見られたが，そういう諸様相・諸表徴・諸相状因がわたしに現に備わっているならば，願わくば，かかる**真実**にかけて（**satyena**），**真実**の言葉によって（**satya**-vacanena），この現に起こっている都城の火災であれ，村落の火災であれ，鎮火されるように（upaśāmyatu），冷却化するように，消火してしまうように」と。スブーティよ，もしも村落の火災，或いは，都城の火災が鎮火され，冷却化し，消火するならば，スブーティよ，「このボーディサットヴァ・マハーサットヴァは彼ら，過去世のかく来れるお方たち・価値あるお方たち・正しき完全な覚醒者たちによって〈無上にして正しき完全な覚醒から退転しない者〉として予告約束（授記）されたひとである」と知られるべきである。もしも鎮火されず，冷却化せず，消火しないならば，スブーティよ，「このボーディサットヴァ・マハーサットヴァは無上にして正しき完全な覚醒に関して予告約束されたひとではない」と知られるべきである。(22)

『八千頌般若』第20章のこの場面は『二万五千頌般若』第5章で繰り返されるが，文章がさらに複雑化して入り組んだ構造になっている。

またさらに，スブーティよ，不退転のボーディサットヴァ・マハーサットヴァは，夢の中にいようと，目醒めていようと，現在の都城の火災に対して以下のように念願する：「夢の中にいたときであれ，目醒めたときであれ，わたしによって，それらを完備しているボーディサットヴァ・マハーサットヴァが不退転となるような，それぞれの諸様相・諸表徴・諸相状因が見られたが，それらのおかげで不退転のボーディサットヴァ・マハーサットヴァが〈**真実**にかけて（**satyena**），**真実**の言葉によって（**satya**-vacanena），わたしが無上にして正しき完全な覚醒に関して予告約束されたのだ〉というように**真実**の加持を（**satyā**dhiṣṭhānaṃ）なすような，そういう諸様相・諸表徴・諸相状因がわたしに現に備わっているならば，願わくば，かかる**真実**にかけて（**satyena**），**真実**の言葉によって（**satya**-vacanena），この都城の火災が鎮火されるように，冷却化するように，消火してしまうように」と。スブーティよ，もしも鎮火され，冷却化し，消火するならば，スブーティよ，「ああ，このボーディサットヴァ・マハーサットヴァは無上にして正しき完全な覚醒において退転しない者となるように予告約束されたひとなのである」と知られるべきである。(23)

「不退転」の授記を受けた菩薩の「真実語」による誓願は必ず成就するという〈般若経典〉の観点から『心経』における「真言」を「真実［語］」に等置する意図を推測すれば，「不退転菩薩」（例：観自在菩薩）が用いる「真言」は「真実語」としてその期待される効果を必ず成就する機能を備えるという趣旨になるだろう。

8.3　陀羅尼呪句内の「真実」

中期大乗経典や初期密教経典では明呪や陀羅尼自体に「真実」・「真実語」が取り込まれている。『金光明最勝王経』第 8「弁才天女」章における弁才天女を招聘するための明呪はその一例である。

......buddha-**satyena** dharma-**satyena** saṃgha-**satyena** indra-**satyena** Varuṇa-**satyena** ye loke **satya**-vādinaḥ santi. tena teṣāṃ **satya**-vacena（read：**satya**-va*cane*na）āvāhayāmi Mahā-devi......namo Bhaga-vatyai Saras-vatyai siddhyantu mantra-padāḥ svāhā.（*Suvarṇa* VIII. Bagchi［1967］, p.58, 3～5）(24)

……ブッダ・**サティエーナ**・ダルマ・**サティエーナ**・サンガ・**サティエーナ**・インドラ・**サティエーナ**・ヴァルナ・**サティエーナ**・イェー・ローケー・**サティヤ**・ヴァーディナハ・サンティ（世間にはブッダの**真実**によって，教法の**真実**によって，僧団の**真実**によって，インドラ神の**真実**によって，ヴァルナ神の**真実**によって**真実**を語る者たちがまします）・テーナ・テーシャーム・**サティヤ**・ヴァチャネーナ（彼らのかかる**真実**語によって）・アーヴァーハヤーミ（わたしは招聘いたします）・マハーデェーヴィ（偉大なる女神よ）……ナモー・バガヴァティヤーイ・サラスヴァティヤーイ（幸福に満ちた女尊，サラスヴァティー女神に敬礼します）・シッディヤントゥ・マントラ・パダーハ（マントラの諸句が成就せんことを）・スヴァーハー（献供あらん）！

『孔雀明王経』では貪瞋痴の三毒が三宝の真実によって破滅するという趣旨の偈が一種の呪文として導入される。

愛欲・嫌悪・愚昧，これらは世間のひとびとにおける三つの毒である。幸福に満ちたお方（世尊）・ブッダは無毒である。毒はブッダの**真実**（buddha-**satya**-）によって破滅した。

愛欲・嫌悪・愚昧，これらは世間のひとびとにおける三つの毒である。幸福に満ちたお方の教法は無毒である。毒は教法の**真実**（dharma-**satya**-）によって破滅した。

愛欲・嫌悪・愚昧，これらは世間のひとびとにおける三つの毒である。幸福に満ちたお方の僧団は無毒である。毒は僧団の**真実**（saṃgha-**satya**-）によって破滅した。[25]

後世の〈持世陀羅尼〉・〈雨宝陀羅尼〉にも三宝の真実が読み込まれる[26]。三宝や神格の「真実／真実語」が陀羅尼句中の祈願文で言及される例は『摩利支天経』の諸漢訳[27]や義浄訳『仏説一切功徳荘厳王経』[705 年訳出][28]などに所在する。

8.4　漢訳陀羅尼経典における「真実不虚」

『小本・心経』におけるように陀羅尼／神呪がその威力について保証されていることを「真実不虚」という表現で称揚する漢訳陀羅尼経典は夥しい数にのぼる。その最も初期の例は晋代訳失三蔵名今附東晋録『七仏八菩薩所説大陀羅尼神呪経』であると思われる。

我今説此陀羅尼句。三千大千世界内。其中諸仏諸菩薩釈梵四天王諸仙人及諸龍王。皆悉証知大誓成就。願果**不虚真実**如是。（巻第一〈観世音菩薩所説大陀羅尼〉。『大正』vol.21, p.539b）

同経の「真実不虚／誠諦不虚」の用例はさらに七件を数える[29]。北魏時代の釈曇曜［5 世紀後半？］訳『大吉義神呪経』の用例がこれに次ぐ。

応於四十里中結作呪界。人天鬼神無能越者。此呪亦是諸仏所説。越此呪者必獲衰悩。当有沸血従面門出。心当燋熱而得重病遂至於死。身壊命終堕阿鼻地獄。由違呪故。此呪**真実無有虚妄**。(元魏昭玄統沙門釈曇曜訳『大吉義神呪経』巻第二。Ibid., p.572b)

未詳撰者今附梁録『陀羅尼雑集』は巻第一から巻第二にかけて晋代失訳『七仏八菩薩所説大陀羅尼神呪経』の経文を「七仏所説大陀羅尼神呪〈幷八菩薩所説神呪〉」の名で再録し(30), 巻第三に〈難陀龍王所説一頭陀羅尼〉の用例を加える。

勤修読誦此大神呪。**誠諦不虚**。(『陀羅尼雑集』巻第三「八龍王呪八首」〈難陀龍王所説一頭陀羅尼〉。Ibid., p.592b)

その他, 唐代の義浄訳『仏説抜除罪障呪王経』[710 年訳出](前出)や伽梵達摩訳『千手千眼観世音菩薩経』および不空訳『仏説大吉祥天女十二名号経』・『仏説穰麌梨童女経』などに「真実不虚」の用例が散見する(31)。しかし,『小本・心経』の「不虚故(a-mithya-tvāt)」のように,「真実」に対する理由句としてこれを用いる例は他経典には検出できなかった。また, 漢訳陀羅尼経典の「不虚」の原語が a-mithya であったという保証もない。この点に『小本・心経』の用例のささやかな独自性があるともいえる。

註

(1) 三世のブッダたちに無上正等覚の証得せしめることが〈般若波羅蜜多〉を「真言」に同定する理由にしているからには,「一切の苦の鎮静化」は「現世利益」・「後世功徳」といった世間的な次元の効果よりも,「無上正等覚の証得(成仏)」という出世間的次元の効果に重きを置くのであろう。しかし,『心経』の信仰の実際は皮肉なことに,『慈恩伝』が端的に語り, 福井文雅氏が漢訳『心経』諸写本の識語の解読によって鮮やかに示されたように, もっぱら「除災招福」という側面に祈願が集中する。

(2) 渡辺章悟氏は三種のマントラ名のみを記載する点を羅什訳『大明呪経』偽経説の根拠の一つにしている(渡辺[1991a], pp.62 ~ 73)が, 施護訳への考察を省いているため, 説得力がない。同じ施護がかたや『八千頌般若』系統の『仏母出生般若』の訳者であったことも考慮に入れなければならない。

(3) 菩提流志訳『千手千眼観世音菩薩姥陀羅尼身経』[709 年訳出](『大正』vol.20, p.96c)

復見過去未来現在諸仏世尊。亦等皆因此姥陀羅尼三昧耶門。得成阿耨多羅三藐三菩提。

Cf. 智通訳『千眼千臂観世音菩薩陀羅尼神呪経』巻上〈千眼千臂観世音菩薩総持陀羅尼印第二〉(ibid., p.85b)
往昔釈迦牟尼如来。臨欲成道為魔王所悩。作此総持陀羅尼印獲得安楽禅定。

菩提流志訳『千手千眼観世音菩薩姥陀羅尼身経』〈千手千眼観世音菩薩総持陀羅尼印第二〉(ibid., p.98c)
今釈迦牟尼仏。往昔初坐菩提樹下。為諸魔王之所悩乱。亦作此印獲得安楽。

(4)　曇無讖訳『大方等大集経』巻第二十一「宝幢分第九中護法品」第十（『大正』vol.13, p.150b)：「十方諸仏（？）」；波羅頗蜜多羅訳『宝星陀羅尼経』［630年訳出］巻第九「擁護品」之余（ibid., p.575c)：「一切三世諸仏世尊」；*Ratna-ketu* X［Ārakṣā-parivarta］（久留宮［1978], p.152, 3～4；cf. ibid., p.152, 13～14；p.153, 15；p.157, 1)

(5)　菩提流志訳『不空羂索神変真言経』［707～709年訳出］巻第一「母陀羅尼真言序品」第一（『大正』vol.20, p.229a)。その他，対応する異本は以下のとおり。闍那崛多訳『不空羂索呪経』［587年訳出］(ibid., p.400b)；玄奘訳『不空羂索神呪心経』［659年訳出］(ibid., p.403c)；菩提流志訳『不空羂索呪心経』［693年訳出］(ibid., p.407b)；阿目佉訳『仏説不空羂索陀羅尼儀軌経』巻上（ibid., p.434a～b)；施護等訳『仏説聖観自在菩薩不空王秘密心陀羅尼経』［1010年訳出］(ibid., p.444c)。

Cf. *Amogha-pāśa* §1 Ms. 12b（密教聖典研究会［1998], p.43, 7)
try-adhvānugatā **buddhā** bhaga-vantaḥ......

Amogha-pāśa §1 Ms. 12a (ibid., p.42, 17～18)
try-adhvānugataḥ (read：**try-adhvā**nuga*tāḥ*) pratiṣṭhitā **buddhā** bhaga-vantaḥ......

(6)　以上の『入法界品』の用例の箇所を順に示す。*GVy* §40［Sarva-vṛkṣa-praphullana-sukha-saṃvāsā]. Vaidya［1960b], p.245, 12～13；*GVy* §38［Praśānta-ruta-sāgara-vatī]. Ibid., p.225, 18；*GVy* §35［Samanta-gambhīra-śrī-vimala-prabhā]. Ibid., p.183, 25；*GVy* §36［Pramudita-nayana-jagad-virocanā]. Ibid., p.188, 22；*GVy* §38. Ibid., p.225, 11；*GVy* §38［Praśānta-ruta-sāgara-vatī] k.19a. Ibid., p.232, 5.

(7)　不空訳『金剛頂一切如来真実摂大乗現証大教王経（三巻教王経)』巻上「金剛界大曼荼羅広大儀軌品」之一（『大正』vol.18, p.207a)
大悲毘盧遮那。常恒**住三世**。一切身口心金剛如来。……

施護等訳『仏説一切如来真実摂大乗現証三昧大教王経（三十巻教王経)』［1015年訳出］巻第一「金剛界大曼拏羅広大儀軌分」第一之一（ibid., p.341a)
［大］毘盧遮那如来。……常**住三世**一切身語心金剛大慈悲者。……

般若訳『諸仏境界摂真実経』巻上「序品」第一（ibid., p.270a)
大慈毘盧遮那如来。体性常住。**無始無終**。三業堅固。猶若金剛。……

(8)　無羅叉訳『放光般若経』巻第七「守行品」第三十三（『大正』vol.8, pp.45c～46a)
復次拘翼。善男子善女人。受持諷誦守行般若波羅蜜。不遠離薩云若意者。終不中毒終不中蠱終不中兵終不中水終不中火。衆悪之事終不得忓。何以故。拘翼。是**般若波羅蜜者**（2）**無上之術**。善男子善女人学是術者。亦不自念悪亦不念他人悪亦不念両悪。何以故。亦不自有亦不有彼。亦不有知見亦不有五陰。上至薩云若亦無所有亦無所得。無所有者亦不自念悪亦不念他人悪亦不念両悪。至得阿耨多羅三耶三仏観衆生之意。何以故。学是術故。過去當来今現在諸如来無所著等正覚。悉従是術中目致得阿惟三仏。

羅什訳『大品般若経』巻第九「大明品」第三十二（ibid., p.283b）

復次憍尸迦。是善男子善女人聞是深般若波羅蜜。受持親近読誦正憶念不離薩婆若心。若以事薬熏。若以蠱道若以火坑若以深水若欲刀殺若与其毒。如是衆悪皆不能傷。何以故。是**般若波羅蜜**（1）**是大明呪**・（2）**是無上明呪**。若善男子善女人。於是明呪中学。自不悩身亦不悩他亦不両悩。何以故。是善男子善女人。不得我不得衆生不得寿命。乃至知者見者皆不可得。不得色受想行識。乃至一切種智亦不可得。以不得故。不自悩身亦不悩他亦不両悩。学是**大明呪**故得**阿耨多羅三藐三菩提**。観一切衆生心随意説法。何以故。過去諸仏学是**大明呪**得**阿耨多羅三藐三菩提**。当来諸仏学是**大明呪**当得**阿耨多羅三藐三菩提**。今現在諸仏学是**大明呪**得**阿耨多羅三藐三菩提**。

玄奘訳『大般若経』巻第四百二十八「第二分摂受品」第二十九之二（『大正』vol.7, p.151a ～ b）

復次憍尸迦。若善男子善女人等。不離一切智智心。以無所得而為方便。常於如是甚深般若波羅蜜多。至心聽聞受持読誦。精勤修学如理思惟。供養恭敬尊重讃歎。書写解説広令流布。是善男子善女人等。一切毒薬・蠱道・鬼魅・厭祷・呪術皆不能害。水不能溺。火不能焼。刀仗悪獣怨賊悪神衆邪魍魎不能損害。何以故。憍尸迦。如是般若波羅蜜多是大神呪。如是**般若波羅蜜多**（1）**是大明呪**。如是**般若波羅蜜多**（2）**是無上呪**。如是般若波羅蜜多（3）是無等等呪。如是般若波羅蜜多（4）是一切呪王。最上最妙無能及者。具大威力能伏一切。不為一切之所降伏。是善男子善女人等。精勤修学如是呪王。不為自害。不為害他。不為倶害。何以故。憍尸迦。是善男子善女人等。学此般若波羅蜜多。了自他倶不可得故。憍尸迦。是善男子善女人等。学此般若波羅蜜多大呪王時。不得我。不得有情。乃至不得知者見者。不得色。不得受想行識乃至不得一切智。不得道相智一切相智。以於此等無所得故。不為自害。不為害他。不為倶害。憍尸迦。是善男子善女人等。学此般若波羅蜜多大呪王時。於我及法雖無所得。而証**無上正等菩提**。観諸有情心行差別。随宜為転無上法輪。令如説行皆得利楽。何以故。憍尸迦。過去菩薩摩訶薩衆。於此般若波羅蜜多**大神呪**王。精勤修学已証**無上正等菩提**。転妙法輪度無量衆。未来菩薩摩訶薩衆。於此**般若波羅蜜多大神呪王**。精勤修学当証**無上正等菩提**。転妙法輪度無量衆。現在十方無辺世界有諸菩薩摩訶薩衆。於此**般若波羅蜜多大神呪王**。精勤修学現証**無上正等菩提**。転妙法輪度無量衆。

Pañca II（Kimura［1986］, pp.54, 24 ～ 55, 20；Cf. 梶芳光運［1981a］, pp.494 ～ 496）

punar aparaṃ Kauśika sa cet kula-putra vā kula-duhitā vā imāṃ **prajñā-pārami-tām** udgrahīṣyati dhārayiṣyati vācayiṣyati paryavāpsyati pravartayiṣyati yoniśaś ca manasikariṣyati, a-virahitaś ca sarva-jña-tā-cittena bhaviṣyati tasya kaś cid evā-bhaiṣajyam avakiret, kākhordaṃ vā kuryād agni-khadāṃ vopanāmayec chastreṇa vā hanyād viṣaṃ vā dadyād udake vainac chorayet sarvāṇy etāni tasya na krāmanti. tat kasya hetoḥ?（1）**mahā-vidya**iṣā Kauśika yad uta **prajñā-pārami-tā**,（2）**an-uttara**iṣā

Kauśika **vidyā** yad uta **prajñā-pārami-tā**. atra hi Kauśika śikṣamāṇaḥ kula-putra vā kula-duhitā vā n'ātma-vyābādhāya cetayate, na para-vyābādhāya cetayate, nobhaya- vyābādhāya cetayate.［iti upakramādhisahya-tā-kāritram］

tat kasya hetos? tathā hi naiv'ātmānam upalabhate. na parān nobhayam upalabhate. na rūpam upalabhate. na vedanāṃ na saṃjñāṃ na saṃskārān na vijñānam upalabhate. na yāvad vyasta-samastān skandha-dhātv-āyatana-pratītya-samutpāda-pāramitā-bodhi- pakṣya-dharmā-pramāṇa-vaiśāradya-pratisaṃvid-aṣṭā-daś'āveṇikān buddha-dharmān yāvat sarv'ākāra-jña-tām api nopalabhate. an-upalabhamāno n'ātma-vyābādhāya cetayate, na para-vyābādhāya cetayate, nobhaya-vyābādhāya cetayate. **an-uttarāṃ samyak-saṃbodhiṃ** pratilabhate sarva-sattvāṃś cāvalokayati. tat kasya hetor? atra hi **vidyāyāṃ** śikṣamāṇair atītais tathāgatair arhadbhiḥ samyak-sambuddhair **an-uttarā samyak-sambodhir abhisambuddhā**. ye 'pi te bhaviṣyanti tathāgatā arhantaḥ samyak-sambuddhās te 'py atra **prajñā-pārami-tāyāṃ** śikṣamāṇā **an-uttarāṃ samyak-sambodhim** abhisambhotsyante. ye 'pi te daśa-dig-loka-dhātuṣv etarhi pratyutpannās tathāgatā arhantaḥ samyak-sambuddhās te 'py atra **prajñā-pārami-tāyāṃ** śikṣamāṇā **an-uttarāṃ samyak-sambodhim** abhisambudhyante.［iti samyak-sambodhi-kāritram］

(9)　僧伽婆羅訳『孔雀王呪経』［518 ～ 524 年訳出］巻下（ibid., p.454b）

以此**大明・大呪**・大行・大護。令我某甲滅悪事業。

義浄訳『仏説大孔雀呪王経』［705 年訳出］巻中（ibid., p.470b）

如是等**大神・大明呪**・大行・大擁護者。令我某甲幷諸眷属寿命百年。消滅難事除衆悪業。

不空訳『仏母大金曜孔雀明王経』［741 ～ 771 年訳出］巻中（『大正』vol.19, p.431c）

如是等**大明・大真言**。大結界・大護。能除滅一切諸悪。

失訳『大金色孔雀王呪経』［帛尸利蜜多訳別本に比定］ならびに失訳『仏説大金色孔雀王呪経』［帛尸利蜜多訳に比定］には対応訳なし。

Mahā-māyūrī（田久保［1972］, p.38, 1 ～ 2）

ābhir **mahā-vidyābhir mahā-mantrair** mahā-pratisarābhir mahā-rakṣābhiḥ Svāter bhikṣor mama sarva-satvānāṃ ca hatāḥ kṛtyāḥ, hatāḥ karmaṇāḥ......

(10)　僧伽婆羅訳『孔雀王呪経』巻上（ibid., p.448c）

応当憶念其呪如是。

熈利・熈利・基利・眉〈無梨反〉利……

義浄訳『仏説大孔雀呪王経』巻上（ibid., pp.461c ～ 462a）

復次阿難陀復有**明呪**。汝当受持即説呪曰。

怛姪他・只里・弭里・吉里・弭里……

不空訳『仏母大金曜孔雀明王経』巻上（『大正』vol.19, p.420a）

復次阿難陀。又有**明王陀羅尼**。汝当受持即説明曰：

怛儞也〈二合〉他〈引一〉・伊〈上〉里・弭里〈二〉……

失訳『大金色孔雀王呪経』および失訳『仏説大金色孔雀王呪経』には対応訳なし。

Mahā-māyūrī（田久保［1972］, p.10, 6 ～ 7）
imāni cĀnanda **vidyā-mantra**-padāni manasi-kartavyāni：
“tad yathā cili mili kili mili......”

（11） 曇無讖訳［385 ～ 433 年在世］『金光明経』巻第二「功徳天品」第八（『大正』vol.16, p.345b）

爾時当説如是章句：
波利（婆梨）富楼那遮利・三曼陀達舎尼羅佉（－羅佉）摩訶毘呵羅**伽帝**・三曼陀毘陀那**伽帝**・摩訶迦梨波帝波婆祢（娑弥）・薩婆哆咜（－咜）三曼陀脩（修）鉢梨富隷・阿夜那達摩帝・摩訶毘鼓畢帝・摩訶弥勒簸僧祇帝・醯帝簁三博祇悕帝・三曼陀阿㘄阿㝹婆（娑）羅尼（＋〈此下呪八行新飜出還是功徳天説与旧呪不同不知何者是非故並写出之〉南無一切三世仏南無一切諸菩薩南無弥勒菩薩等。我今当欲説神呪。哆姪㘄・波梨富楼那遮利・三曼陀達舎尼・摩訶毘呵羅**伽帝**・三曼陀毘陀那**伽帝**・摩訶迦葉梨耶波利波羅波祢・薩婆利陀三曼多修鉢利帝富隷・那阿夜那達摩多・摩訶倶畢帝・摩訶弥勒帝・盧簸僧祇帝・帝醯帝・簁僧祇晞帝・三曼陀遏㘄何㝹波羅尼・莎波呵）
是灌頂章句。必（畢）定吉祥**真実**不虚。（括弧内は宝貴合『合部金光明経』［597 年併合］巻第六「功徳天品」［曇無讖訳］第十三, ibid., p.388b との異同を示す）

義浄訳『金光明最勝王経』［703 年訳出］巻第八「大吉祥天女増長財物品」第十七（ibid., p.439b ～ c）
即当誦呪請召於我。先称仏名及菩薩名字。一心敬礼。
南謨一切十方三世諸仏・南謨宝髻仏・南謨無垢光明宝幢仏・南謨金幢光仏・南謨百金光蔵仏・南謨金蓋宝積仏・南謨金花光幢仏・南謨大灯光仏・南謨大宝幢仏・南謨東方不動仏・南謨南方宝幢仏・南謨西方無量寿仏・南謨北方天鼓音王仏・南謨妙幢菩薩・南謨金光菩薩・南謨金蔵菩薩・南謨常啼菩薩・南謨法上菩薩・南謨善安菩薩。敬礼如是仏菩薩已。次当誦呪請召我大吉祥天女。由此呪力。所求之事皆得成就。即説呪曰：
南謨室唎莫訶天女・怛姪他・鉢唎脯嗶拏折囇・三曼頞達喇設泥〈去声下皆同爾〉・莫訶毘訶囉**掲諦**・三曼哆毘曇末泥・莫訶迦哩也鉢喇底瑟侘鉢泥・薩婆頞他娑弾泥蘇鉢喇底晡囇・痾耶娜達摩多・莫訶毘倶比諦・莫訶迷咄嚕鄔波僧呬羝・莫訶頡唎使蘇僧近〈入声〉哩呬羝・三曼多頞他阿奴波喇泥・莎訶
世尊。若人誦持如是神呪請召我時。我聞請已即至其所令願得遂。世尊。是灌頂法句。定成就句。**真実**之句。無虚誑句。

阿地瞿多訳『仏説陀羅尼集経』［654 年訳出］巻第十〈諸天巻上〉「功徳天法一巻」（『大正』vol.18, pp.874c ～ 875c）
爾時当説如是章句作功徳天身印誦大身呪……呪曰：
波利富楼那〈一〉遮利・三曼陀〈二〉達舎尼〈三〉摩訶毘訶羅**伽帝**〈四〉三曼陀〈五〉毘陀那**伽帝**〈六〉摩訶迦梨波帝〈七〉波婆弥薩婆呫〈八〉三曼陀〈九〉修鉢梨富隷〈十〉阿夜那達摩帝〈十一〉摩訶毘鼓畢帝〈十二〉摩訶弥勒簸僧祇帝〈十三〉醯帝徙〈十四〉三博祇希帝〈十五〉三曼陀阿陀〈十六〉阿㝹絮羅尼〈十七〉〈娑婆訶者云「散去」此呪求財物故無娑婆訶為是不著莎訶句也〉

是名「第一根本印」……是灌頂章句。必定吉祥**真実**不虚。

Suvarṇa IX［Śrī-Mahā-devī-parivarta］（Bagchi［1967］, p.61, 12 ～ 17）
tena Śrīr（?）Mahā-devīm āvāhayitu-kāmeneme **vidyā-mantrāḥ** smarayitavyāḥ：“tad yathā namaḥ sarva-buddhānām atītānāgata-pratyutpannānām. namo Maitreya-prabhṛtīnāṃ bodhi-sattvānām. teṣāṃ namas-kṛtya vidyāṃ prayojayāmi. iyaṃ me **vidyā** samṛdhyatu.〈syād yathedam〉（宝貴・義浄両訳は *tad yathā* を指示）pratipūrṇa-vare（read：*pari*pūrṇa-vare）samanta-**gate**. mahā-kārya-pratiprāpaṇe sattvārtha-samatānuprapure（read：sattvārtha-samatānupra*pū*re*）. āyāna-dharmitā（read：āyāna-dharmi*te*）mahā-bhāgine. mahā-tejopamaṃ hite. ṛṣi-saṃgṛhīte. samayānupālane.”

ime mūrdhābhiṣeka-dharmatā **mantra**-padāḥ.（read：mūrdhābhiṣeka-dharmatā-**mantra**-padāḥ）ekā śaśi-padā（諸漢訳：***satya***-padā）a-visaṃvādanā **mantra**-padāḥ.

*Bagchi［1967］, p.61 note 30 に K（京大写本）には -pū- と綴られていることが註記されている。

（12）『大日経』のサンスクリット原典は未発見であるが，日本真言宗では，空海『御請来目録（新請来経等目録)』に記載される『梵字大毘盧舎那胎蔵大儀軌』二巻・『梵字胎蔵曼陀羅諸尊梵名』一巻が現存するので，『大日経』所説の諸真言や諸尊名の梵字表記が伝承され，読誦にも依用されている。

（13）無羅叉訳『放光般若経』巻第十一「問相品」第五十（『大正』vol.8, p.78c ～ p.79a）
一切**無有与**如来**等**者。況欲出其上。是故**般若波羅蜜**諸如来無所著等正覚為無有限事興……須菩提言：何以故。世尊言：「五陰不可思議・**無有与等**者。乃至薩云若亦不可思議・**無有与等**」者。仏言：五陰不可為作限……如来之法不可思議・**無有与等**。不可得限亦不可量。是為不可思議。所説亦不可思議。虚空不可思議。亦**無有与等**者。須菩提。是如来之法。非世間人及諸天阿須倫所能思議。

羅什訳『大品般若経』巻第十四「問相品」第四十九（ibid., pp.327a ～ c）
須菩提。一切衆生中**無有能与**仏**等**者。何況過。以是故。須菩提。般若波羅蜜為**無等等**事故起……須菩提白仏言：世尊。何因縁色不可思議乃至**無等等**。是亦不可得。受想行識乃至一切種智**無等等**。是亦不可得。仏語須菩提：色量不可得故……**無等等**。名是義**無等等**。須菩提。是諸仏法不可思議乃至**無等等**。不可思義如虚空不可思識。不可称如虚空不可称。無有量如虚空無有量。**無等等**如虚空**無等等**。須菩提。是亦名諸仏法不可思議乃至**無等等**。仏法如是無量。一切世間天及人阿修羅。無能思議籌量者。

玄奘訳『大般若経』巻第四百四十三「第二分示相品」第四十七之二（『大正』vol.7, pp.235c ～ 237a）
善現。一切如来応正等覚所有正等覚性。如来性。自然覚性。一切智性。一切世間有情及法尚**無等**者。況有能過。甚深般若波羅蜜多。為此**無等等事**故出現世間……時具寿善現白仏言：世尊。何因縁故。色不可施設思議・称量・数量。**平等不平等**性。受想行識亦不可施設思議・称量・数量。**平等不平等**性。如是乃至一切智不可施設思議・称量・数量。**平等不平等**性。道相智一切相智亦不可施設思議・称量・数量。**平等不平等**性。仏言。善現。色自性不可思議・不可称量・無数量・**無等等**。無自性故……**無等等**者。

但有**無等等**増語。善現。由此因縁。一切如来応正等覚所有正等覚法。如来法。自然覚法。一切智法。皆不可思議。不可称量・無数量・**無等等**。善現。不可思議者。如虚空不可思議故。不可称量者。如虚空不可称量故。無数量者。如虚空無数量故。**無等等**者。如虚空**無等等**故。善現。由此因縁。一切如来応正等覚所有正等覚法。如来法。自然覚法。一切智法。皆不可思議・不可称量・無数量・**無等等**。善現。一切如来応正等覚所有正等覚法。如来法。自然覚法。一切智法。声聞縁覚。世間天人阿素洛等。皆悉不能思議・称量・数量・**等等**。

Pañca IV（Kimura［1990］, p.75, 2 ～ 4；33 ～ p.76, 3；28 ～ p.77, 3）

nāsti Subhūte tathāgatānāṃ **samaḥ** kutaḥ punar uttaraḥ. anena Subhūte paryāyeṇa **a-sama-sama**-kṛtyena tathāgatānāṃ **prajñā-pārami-tā** pratyupasthitā......

Subhūtir āha：kena kāraṇena Bhaga-van rūpasya yāvat sarvākāra-jña-tāyās cintanaṃ tulanaṃ pramāṇaṃ gaṇanaṃ **sama-viṣama**-tvaṃ **na** prajñāyate?

Bhaga-vān āha：rūpasya Subhūte sva-bhāvo 'cintyo 'tulyo 'prameyo 'saṃkhyeyo **'sama-samo** niḥsva-bhāva-tvāt

......**a-sama-samā** iti Subhūte **a-sama-viṣamā**dhivacanam etat, ime te Subhūte tathāgatasya tathāgata-dharmā a-cintyā a-tulyā a-prameyā a-saṃkhyeyā **a-sama-samāḥ** ākāś**ā-sama-sama**-tvād, evaṃ hi Subhūte tathāgatasya tathāgata-dharmā a-cintyā a-tulyā a-prameyā a-saṃkhyeyā

a-sama-samāḥ, te **na** śakyante sarva-śrāvaka-pratyeka-buddhaiḥ sarva-devakenāpi lokena cintayituṃ vā tulayituṃ vā pramātuṃ vā saṃkhyātuṃ vā **sama-viṣamaṃ** vā kartum.

（14） *Pañca* I（Dutt［1934］, p.185, 22 ～ 24；p.186, 3 ～ 7）

iha Subhūte bodhi-sattvo mahā-sattvo mahā-yānaṃ sannahya yad uta dāna-pārami-tā-sannāhaṃ yāvat **prajñā-pārami-tā**-sannāhaṃ sannahyate......buddha-vigrahaṃ sannahya tri-sāhasra-mahā-sāhasraṃ laka-dhātum avabhāsena sphurati ca ṣaḍ-vikāraṃ kampayati ca sarvasmin nairayika-bhavane ca agni-skandhaṃ nirvāpya nairayikānāṃ sattvānāṃ **duḥkhāni praśāmya** tān sarvān nirvaṇābhimukhān vijñāya bodhi-sattvo mahā-sattvaḥ evaṃ śabdam udīrayati ghoṣam anuśrāvayati —— namas tathāgatāyārhate samyak-sambuddhāyeti. tatas te nairayikāḥ sattvās taṃ buddha-ghoṣaṃ śrutvā sukhaṃ pratilabhante.

（15） 仏駄跋陀羅訳『六十華厳』［421 年訳出］巻第五十一「入法界品」第三十四之八〈甚深妙徳離垢光明夜天〉節（『大正』vol.9, p.723b）

修第三禅。**滅一切**衆生諸煩悩**苦**。

実叉難陀訳『八十華厳』［699 年訳出］巻第六十九「入法界品」第三十九之十〈普徳浄光夜神〉節（『大正』vol.10, p.372b）

修第三禅。**悉能息滅一切**衆生**衆苦**熱悩。

般若訳『四十華厳』［798 年訳出］巻第十八「入不思議解脱境界普賢行願品」〈普遍吉祥無垢光主夜神〉節（ibid., p.742b）

修第三禅。**悉能息滅一切**衆生**衆苦**熱悩。

GVy §35［Samanta-gambhīra-śrī-vimala-prabhā］（Vaidya［1960b］, p.184, 14） tṛtīyaṃ dhyānaṃ bhāvayāmi **sarva**-sattva-kleśa-**duḥkha**-saṃtāpa-**praśamana**-tāyai.

(16)　仏駄跋陀羅訳『六十華厳』巻第五十三「入法界品」第三十四之十〈寂静音夜天〉節（『大正』vol.9, p.736b）

彼道場上。次有如来出興于世。号「智慧炬明浄灯王」。時我為天女。値彼如来復得三昧。名「明浄灯**滅**衆生**苦**」。

実叉難陀訳『八十華厳』巻第七十一「入法界品」第三十九之十二〈寂静音海主夜神〉節（『大正』vol.10, p.386b）

次有如来。出興於世。名「智灯照耀王」。我於彼時。身為夜神。因得見仏。承事供養。即獲三昧。名「**滅一切**衆生**苦**清浄光明灯」。

般若訳『四十華厳』巻第二十一「入不思議解脱境界普賢行願品」〈具足功徳寂静音海主夜神〉節（ibid., p.758c）

次有如来出興於世。名「智炬光照王」。我為夜神。因得見仏。承事供養。令其歓喜。即獲三昧。名「**滅一切**衆生**苦**光照灯」。

GVy §38［Praśānta-ruta-sāgara-vatī］.（Vaidya［1960b］, p.226, 31 ～ 32）

tasyān-antaraṃ tatraiva bodhi-maṇḍe Jñānolkāvabhāsa-rājo nāma tathāgata ārāgito deva-kanyā-bhūtayā. tasya me saha-darśanena **sarva**-sattva-**duḥkha-praśamana**-pratibhāsa-pradīpo nāma samādhiḥ pratilabdhaḥ.

(17)　曇無讖訳『大方等大集経』巻第十九「宝幢分中往古品」第二（『大正』vol.13, p.132c.［*有仏。号「香功徳如来」; **有転輪王名曰「華目」］）

仏*言大王**。具足三法得甚深智。何等為三。一者至心縁念一切衆生。二者修集大悲**破**衆生**苦**。三者見一切法無有衆生寿命士夫。不生分別。

波羅頗蜜多羅訳『宝星陀羅尼経』［630年訳出］巻第二「本事品」第二（ibid., p.543a ～ b）

善男子。爾時彼月光明香勝如来告優鉢羅王言：大王。具足三法能得菩薩微妙智慧。何等為三。一者大悲如母能作一切衆生極依止処。二者精懃。不息**能滅一切**衆生**苦悩**。三者等観一切諸法無命無養育無人無種種相。

チベット訳『宝星陀羅尼経』第2章（久留宮［1979］, p.45, 14 ～ 20）

rigs kyi bu de nas de bźin gśegs pa 'Od źi spos snaṅ dpal des rgyal po ūt pa la'i gdoṅ la 'di skad ces bha' stsal to.［Id 18a］skyes bu dam pa chos gsum daṅ ldan na byaṅ chub sems dpa' blo gros źi ba yin te, gsum gaṅ źe na, 'di lta ste,［Ic 8b］lhag pa'i bsam pas sems can thams cad la sñiṅ brtes ba daṅ, ma lta bur sems can **thams cad** kyi［L 312b］**sdug bsṅal rab tu źi bar bya ba** la brtson pa daṅ, chos thams cad la srog med pa daṅ, gso ba med pa daṅ, gaṅ zag med pa daṅ, tha dad du dbyer med ciṅ mñam par yoṅs su rtog pa ste,

Ratna-ketu II［Pūrva-yoga-parivarta］（久留宮［1978］, p.35, 5 ～ 9）

atha khalu kula-putra sa Jyotiḥ-somya-gandhāvabhāsa-śrīs tathāgato rājānam Utpala-vaktram etad avocat : tṛbhiḥ sat-puruṣa-dharmaiḥ samanvāgato bodhi-sa[t]tvaḥ sūkṣma-matir bhavati. katamais tṛbhiḥ. adhyāśayena sarva-sa[t]tveṣu karuṇāyate. **sarva**-sa[t]tvānāṃ

duḥkha-praśamāyodyukto bhavati mātṛ-vat. sarva-dharmān nir-jīva-niṣ-poṣa-niṣ-pudgalān a-nānā-karaṇa-samān vyupapa［rī］kṣate.

（18） 五島清隆氏は『勝思惟梵天所問経』の漢訳年代だけでなく，同経に見られる諸思想や諸表現を他の大乗経典類のそれらと比較・検討した結果，その成立年代を次のように推定しておられる。「本経は，『迦葉品』成立以後に，『維摩経』とほぼ同時あるいは少し後れて，『法華経』の最終的な形態が確立する以前に編纂されたと考えられる。したがって筆者は，本経の成立時期を 2 世紀後半遅くとも 3 世紀初頭までと考える」（五島［1988］，p.57）

（19） 波羅頗蜜多羅訳・無著菩薩造『大乗荘厳経論』［630 年訳出］巻第五「述求品」之二（『大正』vol.31，p.618a）

如『梵天王問経』説：菩薩求法具足四想。一者如妙宝想。難得義故。二者如良薬想。除病義故。三者如財物想。不散義故。四者如**涅槃**想。**苦滅**義故。

チベット訳『大乗荘厳経論・世親釈』（Goshima［1981］，〈Appendix I〉，［（4）D–1］，pp.2，22 ～ 3，3）

（……de ñid kyi phyir）**tshaṅs pas źus pa'i mdo** las, chos bźi daṅ ldan pa'i byaṅ chub sems dpa' rnams chos yoṅs su tshor bar 'gyur te, dkon pa'i don gyis rin po che'i 'du śes daṅ, ñon moṅs pa'i nad **rab tu źi bar byed pa'**i don gyis sman gyi 'du śes daṅ, chud mi za ba'i don gyis nor gyis 'du śes daṅ, **sdug bsṅal thams cad rab tu źi bar byed pa'**i don gyis **mya ṅan las 'da' ba'**i 'du śes daṅ ldan pa źes gsuṅs so.

竺法護訳『持心梵天所問経』［286 年訳出］巻第一「四法品」第二（『大正』vol.15，p.3b）

又有四事。務求善本存在法議。何等四。**除去**一切塵労之病猶如医王。順於徳本而不違失。諸議道想**滅群黎苦**。志泥胆議。

鳩摩羅什訳『思益梵天所問経』［402 年訳出］巻第一「四法品」第二（ibid., p.35c）

梵天。菩薩有四法。善求法宝。何等四。一者於法中生宝想。以難得故。二者於法中生楽想。**療**衆病故。三者於法中生財利想。以不失故。四者於法中生**滅一切苦**想。至**涅槃**故。

菩提流支訳『勝思惟梵天所問経』［518 or 536 年訳出］巻第一（ibid., p.65b）

梵天。諸菩薩摩訶薩。畢竟成就四法。善求於法。何等為四。一者於法生珍宝想以難得故。二者於法生妙薬想**療**衆病故。三者於法生財利想以不失故。四者於法生**滅苦**想至**涅槃**故。是為四法。

チベット訳『勝思惟梵天所問経』（Goshima［1981］，pp.22，21 ～ 23，4）

（II–3–11）tshaṅs pa chos bźi daṅ ldan pa na byaṅ chub sems dpa' sems dpa' chen po rnams chos yoṅs su tshol te, bźi gaṅ źe na, rñed par dka' ba'i phyir rin po cher 'du śes daṅ, nad **thams cad rab tu źi bar byed pa'**i phyir rtsir 'du śes daṅ, chud mi za ba'i phyir don du 'du śes daṅ, **mya ṅan las 'da' ba'**i phyir **sdug bsṅal thams cad rab tu źi bar** 'du śes pa ste. bźi po 'di dag go.

Cf. 大竹晋［2003］，pp.18 ～ 20. 大竹氏は『大乗荘厳経論・世親釈』の二箇所で引用される『勝思惟梵天所問経』の経文に対して同『世親釈』が施した解釈と菩提流支訳・天親菩薩造『勝思惟梵天所問経論』に示される解釈とが語句や内容の点でよく一致する事実を確認し，『大乗荘厳経論・世親釈』と『勝思惟梵天所問経論』を著したのは同一の人物であることを論証する（pp.18 ～ 22）。また，ヴァスバンドゥ『釈軌論』第4章に引用される未同定経典のひとつがじつは『勝思惟梵天所問経』の経文であることも新たに指摘する（p.36）。

(20)　『世親釈』所引の経文のこの箇所は実際の経文とは若干異なり，語句が前後入れ替わっている。『勝思惟梵天所問経』チベット訳・諸漢訳から本来の経文を復元すれば，次のようになろう。

***sarva-duḥkha-praśamana**-saṃjñayā **nirvāṇā**rthena.*

(4)「**一切の苦しみを鎮めてくれるもの**だ」という想念を，であって，**涅槃**という意味で，である。

(21)　『瑜伽論・菩薩地』「菩提分」章も「涅槃が寂静たる」ゆえんを「煩悩を鎮めている」点と「苦を鎮めている」点の二局面から説明している。

yaḥ punar eṣām saṃskārāṇāṃ pūrvaṃ hetu-samucchinānāṃ paścād a-śeṣoparamas tad-anyeṣām cātyaṃtam an-abhinirvṛttir a-prādurbhāvaḥ. idam ucyate **nirvāṇaṃ**. tac ca śāntaṃ kleśopa**śamanād duḥkh**opa**śamanāc** ca veditavyaṃ.（*BoBh* Bodhi-pakṣya-paṭala. Wogihara［1971］, p.281, 2 ～ 5）

さらに，先に原因が切断されたこれらの諸形成素が後に悉く止息すること，および，それ以外の諸［形成素］が究極的に生起せず，出現しないこと，これが「**涅槃**」であると説かれる。そして，それ（涅槃）が寂静であるのは，①煩悩を**鎮めている**からであり，②**苦しみ**を**鎮めている**からであると知られるべきである。

玄奘訳『瑜伽論』巻第四十六「本地分中菩薩地第十五初持瑜伽処菩提分品」第十七之三（『大正』vol.30, p.544c）；曇無讖訳『菩薩地持経』巻第八「菩薩地持菩提分品」之余（ibid., p.935b）；求那跋摩訳『菩薩善戒経』巻第七「菩薩地助菩提数法余品」第一九（ibid., p.997c）

(22)　支婁迦讖訳『道行般若経』巻第七「遠離品」第十八（『大正』vol.8, p.459c）

復次須菩提。是菩薩摩訶薩於夢中覚已。若見城郭火起時。便作是念：我於夢中所見。用是比用是相見不怖。用是比用是相行具足。菩薩摩訶薩如是。是為阿惟越致相。持是比持是相行具足。是為阿惟越致菩薩摩訶薩。今我審応審至審是所向者当無異。今是城郭火起。用我故。悉当滅。悉当消。悉当去不復現。仏言：仮令火賜滅已。賜消已。賜去已。知是須菩提。菩薩摩訶薩受決已。過去怛薩阿竭阿羅訶三耶三仏。授阿耨多羅三耶三菩。知是阿惟越致相。仮令火不滅不消不去。知是菩薩摩訶薩未受決。

羅什訳『小品般若経』巻第七「阿毘跋致覚魔品」第十九（ibid., p.570a）

復次須菩提。菩薩若見城郭火起。即作是念：如我夢中所見相貌。菩薩成就如是相貌。当知是阿毘跋致菩薩。若我有是相貌作阿毘跋致者以此**実語力**故。此城郭火今当滅尽。若火滅尽。当知是菩薩已於先仏。得受阿耨多羅三藐三菩提記。若火不滅。当知是菩薩未得受記。

玄奘訳『大般若経』巻第五百五十一「第四分覚魔事品」第二十一之二（『大正』vol.7, p.836b ～ c）
復次善現。若諸菩薩夢中見火焼地獄等諸有情類。或復見焼城邑聚落。便発誓願：我若已受不退転記当証無上正等菩提。願此大火即時頓滅変為清涼。若此菩薩作是願已。夢中見火即時頓滅。当知已受不退転記。若此菩薩作是願已。夢中見火不即頓滅。当知未受不退転記。復次善現。若諸菩薩覚時現見大火卒起焼諸城邑或焼聚落。便作是念。我在夢中或在覚位。曾見自有不退転地諸行状相未審虚実。若我所見是実有者。願此大火即時頓滅変為清涼。善現当知。若此菩薩作是誓願発**誠諦言**。爾時大火即為頓滅。当知已受不退転記。若此菩薩作是誓願発**誠諦言**火不頓滅。当知未受不退転記。

施護訳『仏母出生三法蔵般若経』巻第十九「善巧方便品」第二十之二（『大正』vol.8, p.651b）
復次須菩提。若菩薩摩訶薩於諸方処或見州城聚落忽為火焚。菩薩見已即作是言：如我夢中先所見相等無有異。我若已得安住不退転者。願我以是**実語力**故。速令此火自然息滅。不復展転遍諸方処。須菩提。彼菩薩作是言已。即時若能火自息滅。当知是菩薩已従先仏如来応供正等正覚所。得授阿耨多羅三藐三菩提記已住不退転地。若菩薩作是言已火不滅者。当知是菩薩未得授記。未能安住不退転地。

Aṣṭa XX［Upāya-kauśalya-mīmāṃsā-parivarta］.（Vaidya［1960a］, p.189, 12 ～ 21）
punar aparaṃ Subhūte svapnāntara-gato vā bodhi-sattvo mahā-sattvo nagara-dāhe vā grāma-dāhe vā vartamāne prativibuddhaḥ saṃs tataḥ svapnād evaṃ samanvāharati yathā —— mayā svapnāntara-gatena vā ye ākārāḥ yāni liṅgāni yāni nimittāni dṛṣṭāni, yair ākārair yair liṅgair yair nimittair a-vinivartanīyo bodhi-sattvo mahā-sattvo dhārayitavyaḥ, te ākārās tāni liṅgāni tāni nimittāni mama saṃvidyante. etena **satyena satya**-vacanena ahaṃ nagara-dāho vā grāma-dāho vā vartamāna upaśāmyatu, śītī-bhavatu, astaṃ gacchatu. sacet Subhūte nagara-dāho vā grāma-dāho vā upaśāmyati, śītī-bhavati, astaṃ gacchati, veditavyam etat Subhūte vyākṛto 'yaṃ bodhi-sattvo mahā-sattvas taiḥ paurvakais tathāgatair arhadbhiḥ samyak-saṃbuddhair a-vinivartanīyo 'n-uttarāyāḥ samyak-saṃbodher iti. sacen nopaśāmyati, na śītī-bhavati, nāstaṃ gacchati, veditavyam etat Subhūte nāyaṃ vyākṛto bodhi-sattvo mahā-sattvo 'n-uttarāyāṃ samyak-saṃbodhāv iti.

（23） 無羅叉訳『放光般若経』巻第十四「阿惟越致相品」第六十二（『大正』vol.8, p.96a）
復次須菩提。菩薩夢中見泥犁中火焼湯煮。覚已念言：我於夢中所見形像及其災変。若於夢中自見阿惟越致相便作誓言。如我所見。泥犁中火即当滅去。若火滅湯冷。当知是菩薩以受記莂。当成阿耨多羅三耶三菩。是為阿惟越致相。

羅什訳『大品般若経』巻第十八「夢誓品」第六十一（ibid., p.352a）
復次須菩提。菩薩摩訶薩。夢中見地獄火焼衆生。作是誓：若我実是阿惟越致者是火当滅。是火即滅若地獄火即滅是阿惟越致相。復次若菩薩昼日見城郭火起。作是念我夢中見阿惟越致行類相貌。我今実有是者。自立誓言是火当滅。若火滅者当知是菩薩得受阿耨多羅三藐三菩提記住阿惟越致地。

玄奘訳『大般若経』第四百五十二「第二分増上慢品」第六十之一（『大正』vol.7,

p.283b ～ c）
復次善現。若菩薩摩訶薩。夢中見火焼地獄等諸有情類。或復見焼城邑聚落。便発誓願：若我已受不退転記。当得無上正等菩提。願此大火即時頓滅変為清涼。若此菩薩作是願已。夢中見火即時頓滅。当知已得不退転記。

Pañca V（Kimura［1992］, pp.2, 25 ～ 3, 5）
punar aparaṃ Subhūte 'vinivartanīyo bodhi-sattvo mahā-sattvaḥ svapnāntara-gato vā prativibuddho vā nagara-dāhe vartamāne, evaṃ samanvāharati, yena mayā svapnāntara-gatena vā prativibuddhena vā ya ākārā yāni liṅgāni yāni nimittāni dṛṣṭāni yair ākārair yair liṅgair yair nimittaiḥ samanvāgato bodhi-sattvo mahā-sattvo 'vinivartanīyo bhavati, yadi ta ākārās tāni liṅgāni tāni nimittāni mama saṃvidyante tair a-vaivartiko bodhi-sattvo mahā-sattva evaṃ **satyā**dhiṣṭhānaṃ karoti, yena **satyena satya**-vacanenāhaṃ vyākṛto 'n-uttarāyāṃ samyak-saṃbodhau tena **satyena satya**-vacanenāyaṃ nagara-dāha upaśāmyatu śītī-bhavatv astaṃ gacchatu. saced upaśāmyati śītī-bhavaty astaṃ gacchati veditavyaṃ Subhūte vyākṛto batāyaṃ bodhi-sattvo mahā- sattvo 'n-uttarāyāṃ samyak-saṃbodhāv 'vinivartanīya-tāyai......

（24）曇無讖訳『金光明経』巻第二「大弁天神品」第七は極めて短く，呪句の類を含まない。

宝貴合『合部金光明経』巻第六「大弁天品」［曇無讖訳・闍那崛多補訳］第十二（『大正』vol.16, p.387c）
……仏陀**薩知那**。達摩**薩知那**・僧伽**薩知那**・因陀羅**薩知那**・婆婁那**薩知那**・移・盧只・**薩知那**婆題那知爽薩知那**薩知那**婆支祢那・阿婆呵咩弥・摩呵題毘……南無・婆伽婆帝・摩呵題毘・娑邏娑波帝・膝填妬・曼多羅波陀・娑波呵

義浄訳『金光明最勝王経』巻第七「大弁才天女品」第十五之一（ibid., p.436b）
……勃陀**薩帝娜**・達摩**薩帝娜**・僧伽**薩帝娜**・因達囉**薩帝娜**・跋嘍拏**薩帝娜**・裔・薦雞・**薩底**婆地娜・羝釤〈引〉薩帝娜・**薩底**伐者泥娜・阿婆訶耶弭・莫訶提鼻……南謨・薄伽伐底〈丁利反〉・莫訶提鼻・薩囉酸底・悉甸覩・曼怛囉鉢陀弥・莎訶

（25）僧伽婆羅訳『孔雀王呪経』巻下（『大正』vol.19, p.458b）
貪欲瞋痴。為世三毒。如来已無。道**諦**所除。貪欲瞋痴。法**諦**所滅。如此三毒。衆**諦**能殺。

義浄訳『仏説大孔雀呪王経』巻下（ibid., p.475c）
貪欲瞋恚痴是世間三毒　仏陀皆已断**実語**毒消除／貪欲瞋恚痴是世間三毒　達摩皆已断**実語**毒消滅／貪欲瞋恚痴是世間三毒　僧伽皆已断**実語**毒消除

不空訳『仏母大金曜孔雀明王経』巻下（ibid., p.439a）
貪欲瞋恚痴是世間三毒　諸仏皆已断**実語**毒消除／貪欲瞋恚痴是世間三毒　達磨皆已断**実語**毒消除／貪欲瞋恚痴是世間三毒　僧伽皆已断**実語**毒消除

Mahā-māyūrī.（田久保［1972］, p.59, 17 ～ 22）
rāgo dveṣaś ca mohaś ca ete loke trayo viṣāḥ,
nir-viṣo bhaga-vān buddho buddha-**satya**-hataṃ viṣaṃ.

rāgo dveṣaś ca mohaś ca ete loke trayo viṣāḥ,

nir-viṣo bhaga-vad-dharmo dharma-**satya**-hataṃ viṣaṃ.

rāgo dveṣaś ca mohaś ca ete loke trayo viṣāḥ,

nir-viṣā（read：nir-viṣo）bhaga-vat-saṃgho saṃgha-**satya**-hataṃ viṣaṃ.

（26） 玄奘訳『持世陀羅尼経』［654年訳出］（『大正』vol.20, p.667a）

……呾他揭多**薩点**・娑揭洛・晛懼衫・呾他揭耽頞奴颯沫洛・颯沫洛・達磨**薩点**・颯沫洛・僧伽**薩点**・颯沫洛……

『大正』vol.20 所収：不空訳『仏説雨宝陀羅尼経』巻末付録「空海『三十帖策子』第二十九帖所載〈梵字持世陀羅尼〉」(p.669b)

......sarva-tathāgata-**satyam** anusmara dharma-**satyam** anusmara saṃgha-**satyam** anusmara......

不空訳『仏説雨宝陀羅尼経』(ibid., p.668b)

……薩嚩怛他〈引〉孽路〈四十二〉**薩底也**〈二合四十三〉**麼**弩娑麼〈二合〉囉〈四十四〉［達磨**薩底也**〈二合〉**麼**弩娑麼〈二合〉囉・］僧伽**薩底也**〈二合〉**麼**弩娑麼〈二合〉囉〈四十五〉……

『大正』vol.20 所収：不空訳『仏説雨宝陀羅尼経』巻末付録「霊雲寺版『普通真言蔵』所載〈梵字雨宝陀羅尼〉」(p.669b) は上掲の〈梵字持世陀羅尼〉と同じ綴りを含む。

（27） 阿地瞿多訳『仏説陀羅尼集経』巻第十〈諸天巻上〉「仏説摩利支天経一巻」(『大正』vol.18, p.870a)

……鬼難中護我。毒薬難中護我。仏**実語**護我。法**実語**護我。僧**実語**護我。天**実語**護我。仙人**実語**護我。……

不空訳『末利支提婆華鬘経』(『大正』vol.21, p.256a)

……荼雞支儞鬼難中毒薬難。仏**語真実**・法**語真実**・僧**実語**。天**実語**・仙人**実語**覆護我……

不空訳『仏説摩利支天菩薩陀羅尼経』(ibid., p.259c) および不空訳『仏説摩利支天経』(ibid., p.260c. 空海『請来目録』にはこの経名が記載される) には若干の語句の増減がある。

（28） 義浄訳『仏説一切功徳荘厳王経』［705年訳出］〈執金剛菩薩所説陀羅尼呪〉(ibid., p.892b)

……当与我願以仏陀**真実**・達摩**実語**・菩薩**実語**・声聞**実語**・莎訶

（29） 晋代失訳『七仏八菩薩所説大陀羅尼神呪経』巻第一

〈跋陀和菩薩所説大陀羅尼〉

我跋陀和菩薩所説陀羅尼句。神力如是**誠諦不虚**（『大正』vol.21, p.540a）

〈釈摩男菩薩所説大神呪〉

五穀熟成疫気消滅。王於爾時日日三時。応当読誦此陀羅尼。所願成就**真実不虚**。(ibid., p.541c)

〈観世音菩薩所説随心自在呪〉

此観世音菩薩摩訶薩本所誓願抜度一切広救衆生。**真実**如是**誠諦不虚**」(p.543a)

巻第二

〈文殊師利菩薩所説神呪〉

応当与此陀羅尼呪令其読誦。婬欲之火漸漸消滅。婬欲滅已慢心自滅。慢心滅已其心則定。其心定已結使都滅。結使滅已心得解脱。心解脱已即得道果。是則名為大神呪力。**誠諦不虚**神力如是（p.545a）

〈定自在王菩薩所説神呪〉

我定自在王菩薩所説神呪。**誠諦不虚**神力如是（p.545c）

〈善名称菩薩所説呪〉

今説此呪為行人故。救済拯抜令其速得三乗聖果。勅諸行人勤心読誦。**誠諦不虚**必当得道（p.546b）

〈化楽天王所説大陀羅尼〉

応得無生法忍者授与無生法忍。悉授与之**真実不虚**（p.549a）

その他

失訳人名今附東晋録『仏説善法方便陀羅尼経』（『大正』vol.20, pp.580c ～ 581a）

如是善法陀羅尼呪如来所説。為利一切諸衆生故。大慈悲故。我今当更為汝説之。如昔如来応正遍知如是妙説。去来今仏之所印可**誠実不虚**。……是陀羅尼呪即是諸仏微密蔵処。一切諸仏之所護念。**真実不虚**微妙善説。

ただし，同本異訳：失訳人名今附東晋録『金剛秘密善門陀羅尼呪経』の対応箇所には「誠実不虚」・「真実不虚」に相当する訳語が見られない。

(30)　未詳撰者今附梁録『陀羅尼雑集』巻第一（『大正』vol.21, p.583c；p.584b）；巻第二（p.585c；p.586b；p.587a, c；p.590a）

(31)　伽梵達摩訳『千手千眼観世音菩薩治病合薬経』（『大正』vol.20, p.103c）

此観世音菩薩所説広大円満無礙大悲心陀羅尼神呪者。**真実不虚**。

伽梵達摩訳『千手千眼観世音菩薩広大円満無礙大悲心陀羅尼経』（ibid., p.110a）

此観世音菩薩所説神呪**真実不虚**。

不空訳『仏説大吉祥天女十二名号経』（『大正』vol.21, p.252b）

知此大吉祥天女十二名号。受持読誦修習供養為他宣説。能除一切貧窮業障。獲得豊饒財宝富貴。爾時会中一切天龍八部。異口同音咸作是言：世尊所説**真実不虚**。［不空訳『仏説大吉祥天女十二名号経』（ibid., p.252c）もほとんど同文。］

不空訳『仏説穰麌梨童女経』（ibid., p.293b ～ c）

我此真言能解世間一切諸毒。蟲毒魅毒蠱毒薬毒等不能為害。若有被毒中者。以此真言加持皆得消滅。諸苾芻此穰麌梨陀羅尼。於一切如来大会中説。**真実不虚**・不顛倒語。如語・不異語……

第7章　第五〈般若波羅蜜多心呪〉節

1　第五〈般若波羅蜜多心呪〉節のテキスト

『小本・心経』の「前書き」ともいうべき短い散文部についての長々とした検討がようやく終わりを告げた。われわれはやっと『小本・心経』の本体〈般若波羅蜜多心呪〉に歩を進めることができる。

羅什訳『大明呪経』（『大正』vol.8, p.847c26 ～ 28）

説般若波羅蜜呪

即説呪曰：竭帝・竭帝・波羅竭帝・波羅僧竭帝・菩提・僧莎呵

梵文（*Prajñā-pāramitā-hṛdaya*. 中村・紀野［1960］, p.173, 9 ～ 11）

prajñā-pārami-tāyām ukto mantraḥ：

tad yathā gate gate pāra-gate pāra-saṃgate bodhi svāhā.

iti Prajñā-pāramitā-hṛdayaṃ samāptam.

梵文和訳（『〈プラジュニャー・パーラミター〉心呪』）

〈智慧の究極性〉において（or〈プラジュニャー・パーラミター〉という意味で）説かれたマントラがある：

［第一候補訳］タディヤター（すなわち）・ガテー（到達せる女尊よ）・ガテー（到達せる女尊よ）・パーラガテー（彼岸へ到達せる女尊よ）・パーラサンガテー（彼岸へ完全に到達せる女尊よ）・ボーディ（覚醒なる女尊よ）・スワーハー（献供あらん）！

［第二候補訳］すなわち，道程／帰趨なる女尊よ，道程／帰趨なる女尊よ，彼岸への道程／帰趨なる女尊よ，彼岸への完全なる道程／帰趨なる女尊よ……

［第三候補訳］すなわち，理解たる（智慧の）女尊よ，理解たる女尊よ，究極の理解たる女尊よ，究極の完全なる理解たる女尊よ……

以上，『〈智慧の究極性〉という心呪』が終わる。

その他諸テキスト――――――――――――――――――――――――――

玄奘訳『般若心経』（『大正』vol.8, p.848c20 ～ 22）
説般若波羅蜜多咒
即説咒曰：掲帝・掲帝・般羅掲帝・般羅僧掲帝・菩提・僧莎訶
不空訳『梵本心経』漢訳篇（福井文雅［1987a］, p.139, 12）
般若波羅蜜多，說呪曰：誐諦・誐諦・播囉誐諦・播囉僧誐諦・冒地・薩嚩賀
法月訳『普遍智蔵心経』（『大正』vol.8, p.849b13 ～ 15）
説般若波羅蜜多呪。
即説呪曰：掲諦・掲諦・波羅掲諦・波羅僧掲諦・菩提・莎婆訶
般若共利言等訳『般若心経』（ibid., p.849c19 ～ 21）
説般若波羅蜜多呪。
即説呪曰：蘖諦・蘖諦・波羅蘖諦・波羅僧蘖諦・菩提・娑〈蘇紇反〉婆訶
般若訳『梵本心経』漢訳行（原田和宗［2004c］, p.67, 7 ～ 8）
慧彼岸到即説咒曰。
所謂：誐帝・誐帝・播羅誐帝・播羅散誐帝・冒地・薩嚩〈二合引〉訶〈引〉
智慧輪訳『般若心経』（『大正』vol.8, p.850b5 ～ 7）
説般若波羅蜜多真言。
即説真言：唵〈引〉・誐帝・誐帝。播〈引〉囉誐帝。播〈引〉囉散誐帝。冒〈引〉地・娑縛〈二合〉賀〈引〉
法成訳『般若心経』（ibid., p.850c20 ～ 21）
即説般若波羅蜜多咒曰：峩帝・峩帝。波囉峩帝。波囉僧峩帝。菩提・莎訶
施護訳『聖仏母般若経』（ibid., p.852c8 ～ 10）
我今宣説般若波羅蜜多大明曰：怛　他〈切身〉他〈引一句〉・唵〈引〉・誐帝〈引〉・誐帝〈引引（？）二〉播〈引〉囉誐帝〈引三〉播〈引〉囉僧誐帝〈引四〉冒提・莎〈引〉賀〈引五〉
敦煌写本チベット訳『小本・心経』（上山大峻［1965］, p.75, 24 ～ 27）
［myi brdsun bas na］ śes rab gyi pha rol tu phyin paḥi sṅags smras so, sṅags la（*Vṛtti* omit）
tad dya tha ḥgaḥ te ḥgaḥ te pa ra ḥgaḥ te pa ra saṅ ḥgaḥ te, bo de svāḥā.
ḥPhags pa Śes rab kyi pha rol tu phyin paḥi sñin po rdsosg so.
梵文『大本・心経』（中村・紀野［1960］, p.177, 6 ～ 7；14 ～ 15）
prajñā-pārami-tāyām ukto mantraḥ：
tad yathā gate gate pāra-gate pāra-saṃgate bodhi svāhā.
......iti Prajñā-pāramitā-hṛdaya-sūtraṃ samāptam.
梵文『大本・心経』異本（中村・紀野［1960］, p.178, 9 ～ 10；p.179, 1 ～ 3）
prajñā-pārami-tā-yukto maṃtraḥ：
tad yathā gate gate pāra-gate pāra-saṃgate bodhi svāhā
......iti Ārya-pañcāviṃśatikā Bhaga-vatī Prajñā-pāramitā-hṛdayaṃ.

チベット訳『大本・心経』（副島正光［1980］，p.302，15 ～ 16；p.303，4 ～ 5）

smras-pa：

ta-dya-thā oṃ ga-te ga-te pā-ra-ga-te pā-ra-saṃ-ga-te bo-dhi svā-hā

......bCom-ldan-ḥdas ma Śes-rab kyi pha-rol-tu-phyin-paḥi sñin-po shes-bya-ba theg-pa chen-poḥi mdo rdsogs-so.

チベット訳『大本・心経』A 本（Silk［1994］，pp.138a5 ～ 139a2；p.148，1 ～ 2）

shes rab kyi pha rol tu phyin pa'i sngags smras pa,

tadya thā, oṃ ga te ga te, pā ra ga te, pā ra saṃ ga te, bo dhi swā hā

......bCom ldan 'das ma Shes rab kyi pha rol tu phyin pa'i snying po zhes bya ba theg pa chen po'i mdo rdzogs s.ho.

チベット訳『大本・心経』B 本（ibid., pp.138b5 ～ 139b2；p.149, 1 ～ 2）

shes rab kyi pha rol tu phyin pa ni, gsang sngags［bden zhing］, rigs pa yin par［shes par bya'o］,

tad ya thā, ga te ga te, pa ra ga te, pa ra sang ga te, bo dhi swā hā

......'Phags pa bCom ldan 'das ma Shes rab kyi pha rol tu phyin pa'i snying po rdzogs so.

※　敦煌写本チベット訳『小本・心経』は「聖なる世尊母般若の到彼岸の心臓が終わる」と締め括る。

※　チベット訳『大本・心経』A 本は「世尊母般若の到彼岸の心臓という名の大乗経典が終わる」とあり，B 本は「聖なる世尊母般若の到彼岸の心臓が終わる」と締め括る。

この第五節のマントラについては，三種類の訳を示した。“gate” という語をいかに解釈するかによってこの三種類のように訳せる可能性が浮上する。このうち，わたしは第一候補訳を最も確度の高いものと考えながらも，その妥当性を完全には否定しきれない第二・第三の訳の候補を挙げざるをえなかった。詳細は以下，順に論じていく。

2　“prajñā-pārami-tāyām ukto mantraḥ”

第五節は，これまでの散文を結び，『小本・心経』本体であるマントラを導入する次のような文言で始まる。

prajñā-pārami-tāyām ukto mantraḥ.（〈般若波羅蜜多〉において説かれたマントラがある；or〈般若波羅蜜多〉においてマントラが説かれた）

梵文『大本・心経』のネパール写本の中には，

prajñā-pārami-tā-yukto maṃtraḥ.（〈般若波羅蜜多〉にふさわしいマントラがある）

となっているものがあるらしい（Conze［1948］，p.37 note 58；中村・紀野［1960］，p.178, 9）のだが，諸漢訳でこれを支持するものはない。

また，敦煌本チベット訳では“prajñā-pārami-tāyām”という於格は「〈般若波羅蜜多〉の／についての」という属格の意味で訳されている（後述）。この点ではチベット訳『大本・心経』A 本“shes rab kyi pha rol tu phyin pa'i sngags smras pa（〈智慧の彼岸への到達〉の真言を説かれた）”と等しい。諸漢訳「説般若波羅蜜［多］呪」の類も同趣旨の訳文になっている。

しかし，それ以外のチベット訳『大本・心経』の訳文はかなり錯綜している。副島版は“smras-pa（説かれた）”だけである。チベット訳 B 本は“shes rab kyi pha rol tu phyin pa ni, gsang sngags［bden zhing］，rigs pa yin par［shes par bya'o］（〈智慧の彼岸への到達〉は真言であり，［真実にして］，正しいと［知られるべきである］）”であり，“rigs pa yin（正しい）”はおそらく前掲ネパール写本の“yukto”に対応しているのであろう。

第四節との接続において言えば，敦煌本チベット訳『小本・心経』は第四節末尾の“a-mithya-tvāt（偽りでないから）”という従格形を直前の“satyam（真実である）”に対してではなく，最近，阿理生氏によって注目されたように（阿理生［2008］），直後の第五節冒頭の“prajñā-pārami-tāyām ukto mantraḥ”に対する理由句として読む。

［myi brdsun bas na］śes rab gyi pha rol tu phyin paḥi sṅags smras so,〈sṅags la〉（*Vṛtti* omit）（［偽りでないから,］〈智慧の彼岸への到達〉の真言を説かれた。真言には……）

近代の学者の解釈で注目をひくのは白石真道氏の「般若波羅蜜多（の意味で）説かれたる咒あり」（白石［1988］：所収「般若心経秘鍵に現れたる弘法大師の炯眼」，p.554. Also p.551）という和訳に見られるもので，“gate gate”云々の真言が prajñā-pāramitā（般若波羅蜜多）という綴りをなぞった言い換えであるという点に着眼して発想された解釈である。たしかにインドの文法学派などにおける意味論的議論の文脈では，於格形（Locative）の名詞 A と主格形（Nominative）の名詞 B で構成される構文は「A という意味で語 B が使用される」ということを表現しうる（語形の派生過程を説明する文脈では同じ構文は「A 音の前で B 音が添加される」ということを表現する）。

この解釈はたしかに魅力的であり，学者によって最近俄に採用されはじめている（立川武蔵［2001］，p.9；宮元啓一［2004］，p.88）。しかし，“prajñā-pārami-tāyām”という於格形は『八千頌般若』・『二万五千頌般若』で頻繁に使用されているとはいえ，その中に「〈智慧の究極性〉という意味で」と訳しうるような用例にわたしはいまだかつて出会ったことがなく，また他の密教経典で真言句がそのような仕方で導入される事例の有無も調査ができていない。わたしも白石氏の解釈を魅力的に感じるもののひとりではあるが，目下のところ，その是非についての判断は保留したい。したがって，和訳では“or”とし，一つの可能性としてこの訳を示すに留めた。

もっとも，『小本・心経』のマントラが prajñā-pāramitā という字句に対する何らかの言い換え，アナグラムの類になっていることは否定しがたいであろう。

3 “gate gate pāra-gate pāra-saṃgate”

3.1 “gate”という語形が見られる大乗経典中の呪句の例

『小本・心経』のマントラの意味を解明するためには，当該のマントラを構成する個々の語句の出自・由来を確認する必要がある。まずは“gate”の他の典籍における用例を見よう。

中期大乗経典や初期密教経典のマントラ・ダーラニー類には“gate”という語形の綴りがよく見られる。『金光明最勝王経』第 8「弁才天女」章のマントラでは弁才天女のことが“sugate”・“vigate”と呼ばれる。

tad yathā su**gate** vi**gate** vi**gatā**-vati svāhā.（*Suvarṇa* VIII［Sarasvatī-devī-parivarta]. Bagchi [1967], p.56, 17) [(1)]

タディヤター（すなわち）・ス**ガテー**（みごとに立ち去れる［善逝］女尊よ）・ヴィ**ガテー**（離脱せる女尊よ）・ヴィ**ガター**・ヴァティ（離脱せる者を有する女尊よ？）・**スヴァーハー**（献供あらん）！

“vigatā-vati”（女性名詞 vigatā-vatī の単数・呼格）からみて，“sugate”・“vigate”が女性名詞 sugatā・vigatā の単数・呼格であるのは決定的である。とりわけ，sugatā は如来の十号のひとつ sugata（善逝）という過去受動分詞に由来する男性名詞を女性名詞化させたものである。

『金光明最勝王経』同章のもう一箇所にも“sugate”が出る。

same viṣame svāhā. su**gate** svāhā...... (*Suvarṇa* VIII [Sarasvatī-devī-parivarta]. Bagchi [1967], p.56, 21) [(2)]

サメー（平等なる女尊よ）・ヴィシャメー（特異なる女尊よ）・スヴァーハー！／ス**ガテー**（みごとに立ち去れる女尊よ）・**スヴァーハー**！……

『大随求陀羅尼経』(*Mahā-pratisarā-dhāraṇī*) 中の非常に長大な〈根本呪〉内にも“vigate”が含まれる。

......**tad yathā** oṃ......sarva-bhaya-vi**gate**......vi**gate** vi**gate** vi**gata**-mala (read：vi**gata**-ma*le*) ......**svāhā**. (『大正』vol.20 所収：不空訳『普遍光明清浄熾盛如意宝印心無能勝大明王大随求陀羅尼経』巻下末尾付録の梵文ローマナイズ, p.632b, 1；5；27；p.633, 21) [(3)]

……**タディヤター**・オーム……サルヴァ・バヤ・ヴィ**ガテー**（一切の恐怖から離脱せる女尊よ）……ヴィ**ガテー**・ヴィ**ガテー**（離脱せる女尊よ・離脱せる女尊よ）・ヴィ**ガタ**・マレー（塵垢から離脱せる女尊よ）……**スヴァーハー**！

『出生無辺門陀羅尼経』(*An-anta-mukha-nirhāra-dhāraṇī*：abbr. ***Ananta-mukha***) のチベット訳に対する堀内寛仁氏の和訳に示されるやや長大な〈ダーラニーの真言句〉の音写 [(4)] からは『小本・心経』のマントラおよび散文部と近似する語句として，

tad yathā......**satye satyā**rame......an-anta-**gate**......sarvatrānu**gate**......**svāhā** (*Ananta-mukha*)

タディヤター……**サティエー**（**真実なる女尊よ**）**・サティヤー**ラメー（**真実**を休息処とする女尊よ）……アナンタ・**ガテー**（無限に**至った女尊よ**）……サルヴァトラーヌ**ガテー**（あらゆる処**に行き渡った女尊よ**）……**スヴァーハー！**

等々の語句が拾える。

“sarvatrānu**gate**（女性名詞 sarvatrānugatā の呼格）”は九種の『出生無辺門陀羅尼経』漢訳本すべてに確認されるけれども，“an-anta-**gate**（女性名詞 an-anta-gatā の呼格）”のほうは，最後の漢訳本となった不空訳『出生無辺門陀羅尼経』［746 ～ 774 年訳出］における鮮明な綴りを除けば，他の八種の漢訳本には確認できず，欠けていた可能性が高い(5)。また，『小本・心経』において「マントラ（神呪／真言）」に等置される「サティヤ（真実［語］）」が『出生無辺門陀羅尼経』では「サティヤー（真実女尊）」という女性神格の名称として陀羅尼内に組み込まれていることも興味をひかれる。

以上の陀羅尼呪句に見られた“sugate”・“vigate”・“an-anta-gate”・“sarvatrānugate”という呼格の女性名詞はいずれも女性尊への呼びかけである。とはいえ，それらに『小本・心経』に見られるような〈般若波羅蜜多〉信仰との関連性を特に読み取ることはできそうもない。もちろん，『小本・心経』マントラの“gate gate”もそれ単独では〈般若波羅蜜多〉という意味を文脈的に担いえないであろう。その意味を共有しうるのは，“pāra-saṃgate”などと併用されるときに限られるはずである。

3.2 “pāra-saṃgate”が見られる漢訳陀羅尼経典の呪句

『小本・心経』のマントラにおける“pāra-saṃgate”という語句を共有する漢訳陀羅尼経典の呪句が三種あることが福井文雅氏によって指摘されているので，個別に見ていこう。福井氏が指摘するのは闍那崛多訳『東方最勝灯王陀羅尼経』，曇無讖訳『大方等無想経』，失訳『陀羅尼雑集』の三種である。

闍那崛多訳『東方最勝灯王陀羅尼経』の末尾には他の同本異訳には見られない独自の付加部分があり，そこに約四種の陀羅尼呪が収容されている。その第二番目の呪(6)は驚くべきことに，

a-(or *ā-*)*gate pāra-gate pāra-saṃgate......*

と還梵しうる語句で始まっている（Cf. 福井文雅［1987a］p.58)。『小本・心経』のマントラの祖型のひとつなのか，『小本・心経』のマントラを剽窃したのかはこれだけでは判断できないが，この陀羅尼呪が6世紀後半以前にインドで成立していたことは確かであろう。この陀羅尼呪の綴りは〈般若波羅蜜多〉信仰を漠然と予想させるが，具体的な関連性にまでここで踏み込むことはできない。

同じような出だしをもつ別の陀羅尼句が曇無讖訳『大方等無想経』巻第二「大雲初分大衆健度」余および『陀羅尼雑集』巻第五〈降雨陀羅尼〉に所在する（Cf. 福井文雅［1987a］pp.55 〜 56）[(7)]。5世紀前半（曇無讖訳『大方等無想経』）以前に成立していたであろうその〈降雨陀羅尼〉の冒頭部を逐語的に還梵すれば，

gate pari-(or *pra-*)*gate* saṃgate pāra-saṃgate......

となろう。『陀羅尼雑集』巻第五所引の〈降雨陀羅尼〉は，割註に「大雲経ニ出ズ」と註記される。『大雲経』(*Mahā-megha-sūtra*) は，その第64「雲輪」章に該当する漢訳諸本で現存し，同章の前半部の梵文も公開されている[(8)]。しかし，漢訳『大雲経』には，『大方等無想経』を除けば，〈降雨陀羅尼〉との対応が見出せないから，〈降雨陀羅尼〉は『大雲経』第64章以外の別の章からの抜粋であり，そして，『大方等無想経』こそがその別の章の原典からの貴重な訳本だと認定されよう（残念ながら，大乗仏教における〈ナーガ（龍神)〉信仰を説く『大雲経』や『大方等無想経』についての本格的研究は今後の課題である)。

とはいえ，『大雲経』第64章に説かれる第一番目の〈施一切衆生安楽陀羅尼（sarva-sukhaṃ-dadā-nāma-dhāraṇī)〉には“sahā-jñāna-vati（智を伴い有する女尊よ)”とか“sahā-prajñā-jñānā'bhe（般若智の光明を伴う女尊よ)”といった「智慧」に関連する女性形・呼格の語句が散見するし，あまつさえ，第二番目の〈震吼奮迅勇猛幢陀羅尼〉の末尾は，

......***Mahā-prajñā-pārami-te*** *svāhā.* [(9)]

……マハー・プラジュニャー・パーラミテー（偉大なるプラジュニャー・

パーラミター女尊よ）・スヴァーハー！

と還梵しうる語句で締めくくられる［この末尾の語句は不空訳『仁王護国般若波羅蜜多経』巻下の金剛手菩薩等所説の陀羅尼句の末尾とまったく同じである(10)］。

『大雲経』・『大方等無想経』との関連から，『陀羅尼雑集』巻第五〈降雨陀羅尼〉の冒頭句“*gate pari-*(or *pra-*)*gate saṃgate pāra-saṃgate*”も大乗的〈ナーガ〉信仰と結びついた，すでに人格神化された〈般若波羅蜜多〉信仰を反映するものと見なしてよいだろう。

4　pāra-gatā の可能性

4.1　マントラを構成する名詞と動詞の語法

さて，前節では特に“gate”と“pāra-saṃgate”の用例について順次調査したが，文法上はそれぞれ何らかの女性名詞の単数・呼格と理解するのが適切である。“pāra-gate”についても当然そう理解すべきであろう。

マントラを構成する名詞は一般的尊格もしくは特定の尊格が敬意・礼拝の対象であることを示す与格（Dative）や属格（Genitive）か，自分たちの願い事をその尊格に叶えてもらえるようにその尊名を呼びかける呼格（Vocative）で使用されるのが多い（ただし，教義内容を表現する定型的な語句がマントラとして使用される場合は，主格構文をとることもある。例：五相成身観の真言など）。さらに動詞がマントラ内で使用される場合は，その尊格に行使してもらいたいと自分たちが願望する動作を促す命令法（Imperative）をとるのが普通である。したがって，『心経』のマントラ中，“gate gate pāra-gate pāra-saṃgate”という同格の四語句について gata・gata・pāra-gata・pāra-saṃgata という過去受動分詞を男性名詞の単数・於格に活用させたものと文法解釈する多くの学者によって支持される和訳「往けるときに，往けるときに，彼岸に往けるときに，彼岸に完全に往けるときに」の類は文法的に可能とはいえ，マントラの語法としては異常であり，不自然極まりない。

その次によく見かける和訳「往ける者よ，往ける者よ，彼岸に往ける者よ，彼岸に全く往ける者よ」の類は上記の過去受動分詞を女性名詞化させたgatā・gatā・pāra-gatā・pāra-saṃgatāの単数・呼格として四語句の語形を解釈する見地に立つ。その解釈は「到彼岸（pāram-itā）」という〈波羅蜜多〉の通俗的語源解釈とよく一致しているし，呼格もマントラには相応しいので，前者の解釈よりは確かに合理的である。わたしがさきに示した和訳の第一候補もこの理解に基づく。

4.2　prajñā-pārami-tāの語義解釈

われわれは先ほどまで『小本・心経』のマントラのうち，“gate gate pāra-gate pāra-saṃgate”という一連の語群の出自・来歴について辿ってきたが，それによれば，種々の陀羅尼呪句に含まれる“gate”という語形は文法上ほぼ例外なく過去受動分詞gataから派生させた女性名詞gatāの単数・呼格であり，女性尊を意味すると解釈される。したがって，やはり『小本・心経』マントラのそれも女性名詞gatā・gatā・pāra-gatā・pāra-saṃgatāの単数・呼格と理解しておくのが穏当ではある。

この文法理解は，『小本・心経』マントラを「智慧到彼岸」という意味を担う〈般若波羅蜜多（prajñā-pāram-itā）〉のパラフレーズであるとする，かつて白石真道氏によって創唱された仮説（白石真道［1988］：所収「広本般若心経の研究」pp.510 ～ 511；「般若心経の読み方――特に呪文の復元を中心として――」pp.539 ～ 541, etc.）に支持を与える。

では，白石氏の“pāra-gate”がpāram-itāのパラフレーズであるとする説について考えてみよう。まず，『二万五千頌般若』第1章本文の始めのほうでは「到彼岸」という直截なニュアンスを〈般若波羅蜜多〉に帯びさせた経文がある。

> シャーリプトラよ，またつぎに，造作物・非造作物たる諸存在素にとっての**彼岸に到達**したい（dharmāṇāṃ **pāraṃ gantu-**）と欲するボーディサットヴァ・マハーサットヴァによって**〈智慧の究極性〉**において学習されるべきである。[(11)]

prajñā-pārami-tāは上記の和訳のように「智慧の究極性」という訳が語源的

に正確なものである。「到彼岸」という有名な定義づけは通俗的解釈の一種にすぎない。しかしながら，それは prajñā-pārami-tā を主題とする〈般若経典〉の中にもしばしば言及される解釈であるので，『心経』制作者も当然念頭に置いていたと考えて間違いないだろう。

『二万五千頌般若』第5章には〈般若経〉の主題である〈般若波羅蜜多〉という術語についての総合的な語義解釈が提示されている（渡辺章悟［1998］にも和訳あり）。

以上のように告げられると，生命溢れるひと・スブーティは幸福に満ちたお方（世尊）にこう申し上げた：幸福に満ちたお方よ，〈プラジュニャー・パーラミター〉〈プラジュニャー・パーラミター〉と説かれますが，いったいいかなる意味で〈プラジュニャー・パーラミター〉と説かれるのですか。

幸福に満ちたお方は仰った：①スブーティよ，この**〈最高のパーラミター**（**parama-pārami-tā**)〉が，一切の諸存在素にとって**到達することがない**（**a-gamana-**）という意味で（or 一切の諸存在素にとっての彼岸に到達するという意味で），〈プラジュニャー・パーラミター〉と説かれる。

②けれども，またさらに，スブーティよ，この〈プラジュニャー・パーラミター〉によって一切の聴聞者たちと一機縁による覚醒者たちとボーディサットヴァ・マハーサットヴァたちとかく来れるお方・価値あるお方・正しき完全な覚醒者たちとが**彼岸に到達した**（**pāraṅ-gatās**）という，その意味で〈プラジュニャー・パーラミター〉と説かれる。

③けれども，またさらに，スブーティよ，**最高**の意味の次元では一切の諸存在素にとって相異なることがない意味がここなる〈プラジュニャー・パーラミター〉において一切の諸存在素における**彼岸**（**pāro**）として彼らかく来れるお方・価値あるお方・正しき完全な覚醒者たちによって**認識されない**（**nopalabdhas**）という，その意味で〈プラジュニャー・パーラミター〉と説かれる。

④けれども，またさらに，スブーティよ，〈プラジュニャー・パーラミター〉において真理態（真如）が**内含される**（**antar-gatā**），実在の極致

（実際）が内含される，存在素の根源界（法界）が内含されるという，その意味で〈プラジュニャー・パーラミター〉と説かれる。

⑤けれども，またさらに，スブーティよ，この〈プラジュニャー・パーラミター〉はいかなる存在素と連合することも，連合しないことも，可視的であることも，不可視であることも，［いかなる存在素と］抵触することも，抵触しないこともない。それはなぜか。というのも，この〈プラジュニャー・パーラミター〉は非物質的であり，非可視的であり，非抵触的であり，同一の特相を帯びるものである，つまり，**無特相なもの**（**a-lakṣaṇa-**）だからである。……(12)

梵文テキストに不明な部分もあり，自信をもって和訳はできなかったが，その趣旨は以下の五点にまとめられよう。

①「一切諸法にとっての〈パーラ（彼岸／究極）〉に到達する／しない（？）」目標。

②「それによって声聞・独覚・菩薩・如来たちが〈パーラ〉に到達した」手段。

③「それにおいて〈パーラ〉が如来によって認識されない」次元。

④「それにおいて〈パーラ〉（真如／実際／法界）が内含された」場所。

⑤〈プラジュニャー・パーラミター〉の定義付け自体の否定。

①から④はいずれも pāramitā を pāram と itā とに分離させ，動詞語根 √i（行く／理解する）から派生する過去受動分詞 ita の女性形・単数の itā を①／②「到達した（gata）」・③「認識された（upalabdha）」・④「内含された（antar-gatā）」の三通りの意味を読み込ませた上で，さらに①と③には否定辞を付して逆説的な意味に定義した解釈である。この中で itā という女性形を辛うじて説明できるのは④女性形の過去受動分詞「内含された（antar-gatā）」だけであろう。それは主語となる女性名詞 tatha-tā（真如）に起因する。しかし，④の語義解釈は最も不自然で，嘘っぽい。

〈般若経典〉自身の prajñā-pārami-tā 解釈には，「到彼岸」という解釈が gata という語を用いて説かれている。このことは，『心経』の “pāra-gate” が prajñā-pārami-tā のパラフレーズであるという説を支持する根拠となろう。

しかしながら，そこに並べられる解釈の中には不審なものも含まれ，にかわに信じがたい部分もある。わたしは経典自身が施す不自然な語義解釈を真に受ける前に，経典内での実際の〈波羅蜜多〉やその類似語の使用例から〈般若波羅蜜多〉の意味を再考してみたい。

4.3 pāraṅ・pārami・pārami-tā・parama-pārami-tā の同義性

初期大乗諸経典の〈序分〉や本文内にはしばしば以下の類似した複合語が散見する。

① pāraṅ-gata　彼岸／究極に到ったひと。

② pārami-prāpta　究極（波羅蜜）に達したひと。

③ pārami-tā-prāpta　究極性（波羅蜜多）に達したひと。

④ parama-pārami-tā-prāpta　最高の究極性（最高の波羅蜜多）に達したひと。

また，複合語ではないが，“[sarva-samādhi-vaśi-]pārami-tāṃ gatān（[一切の精神集中について自在なるものとしての]〈究極性〉に至ったひとびとを)”という構文もある（*Pañca* I. Dutt［1934］，p.13, 11 ～ 12)。

とくに大乗経典の〈序分〉では対告衆である大比丘衆や菩薩衆を形容する典型的な修飾語句が一定の順序で配列され，パターン化していることが目につく。複数の大乗経典の〈序分〉同士を比較すると，相対応する同一の箇所で上記のリスト内の複合語が交替して場を占めていることが確認でき(13)，事実上，すべて同義語として使用されていることは確実である。そうすると，複合語の後分 gata（到ったひと）と prāpta（達したひと）とが同義であるのとおなじように，複合語の前分① pāraṅ・② pārami・③ pārami-tā・④ parama-pārami-tā 同士も当然ながら同義であり，交換可能である。これは大衆部系説出世部の仏伝『マハー・ヴァストゥ（大事)』における pārami・pāramī・pārami-tā という三語の用例を精査して，すべて同義語であることを突き止められた藤村隆淳氏の著名な研究成果（藤村隆淳［1978]）とも符合する。

かくして，pāramitā から itā という語形を分離させて，動詞語根 √i（行く）に由来する過去受動分詞 ita（到達した／去った）の女性形だと解釈して，

パーリ〈十波羅蜜〉一覧

① dāna-pāramī（布施波羅蜜）	② sīla-pāramī（戒波羅蜜）
③ nekkhamma-pāramī（出離波羅蜜）	④ paññā-pāramī（般若波羅蜜）
⑤ viriya-pāramī（精進波羅蜜）	⑥ khanti-pāramī（忍波羅蜜）
⑦ sacca-pāramī（真実［語］波羅蜜）	⑧ adhiṭṭhāna-pāramī（加持波羅蜜）
⑨ mettā-pāramī（慈波羅蜜）	⑩ upekkhā-pāramī（捨波羅蜜）

※パーリ術語は福井設了［1988］, p.28a, 註 12 より転載。

その複合語全体に「彼岸に到達した（到彼岸）」という意味を付与する処置が文法学的見地からはまったく論外であることは明らかである。もし仮に pāramitā に「到彼岸」という意味を付与することを許すならば，③ pāramitā-prāpta という複合語は「到到彼岸」というナンセンスな語形であるという不合理に陥るだろう。そもそも過去受動分詞 ita がなぜ itā と女性名詞化される必要性があるのか，説明できたひとは誰もいない。

とはいえ，これらの複合語に含まれる pārami-tā はいわゆる〈六波羅蜜多〉説とは無関係であるとして，〈波羅蜜多〉の語義検討の際，学者によってまったく無視されることもある。しかし，或る大乗経典の〈序分〉や本文内には上記の pārami-prāpta 等々の複合語が使用されるべき箇所でごく希に⑤ prajñā-pārami-tā-gatiṃ-gata（智慧の究極性への行程を行き終えた／に通達した）という複合語が嵌め込まれるケースさえある（『法華経』〈序分〉・『維摩経』本文）。そもそも玄奘訳で新たに採用された「波羅蜜多」に相当する旧訳「波羅蜜」の原語は，pārami-tā ではなく，元来 pāramī か，もしくは，pārami だったはずである。事実，パーリ・ジャータカ文学（本生譚）における〈十波羅蜜〉の原語は上に示す表のとおり，pāramī である。

この pāramī という俗語の女性名詞に抽象化の接尾辞 tā が付加されて pārami-tā という術語が形成されたのは間違いないであろう。女性名詞 pāramī は「究極」という抽象的な意味で使用され，もともと具体的な物を指すわけではないので，それに抽象化の接尾辞 tā（〜性）が添加されても，より抽象性が強調されるだけで実質的な意味に変化はないといってよい[14]。

わたしは，旧稿［2002］にこの“pāra-gate”を含むマントラ部分の和訳を掲載したが，発表した時点では“pāra-gate”を女性名詞 pāra-gatā（彼岸に往ける者）の呼格とする解釈に以下の理由で賛同できなかった。というのも，それが女性名詞の呼格である以上，「彼岸に往ける者」とは〈般若波羅蜜多〉の実践によって彼岸に至った大乗の修行者（菩薩）一般を意味するのではなく，事実上，女性の菩薩としての仏母般若（Bhaga-vatī Prajñā-pāramitā）以外のものを指しえない。つまり，「彼岸に往ける女尊」にほかならない。しかし，女性尊として人格神化されているのはあくまで智慧（般若）自体であり，その智慧が仏道修行を積んで彼岸に到るものとして描かれるのも，考えてみれば，おかしなものである。むしろ，大乗の求道者たちこそがその智慧のおかげで彼岸に到り，ブッダとなるのである。仏母般若とは菩薩たちを彼岸に到らせる源泉であるという点でブッダたちの母なのである。

次のように説かれることがそれを端的に示していよう。

> スブーティよ，この〈智慧の究極性〉という〈真理態（真如）〉がかく来れるお方（如来）たちを産み出す母なのである。（『二万五千頌般若』第4章）[15]

それゆえに，わたしは仏母般若が彼岸に到る主体であるかのように理解されかねない過去受動分詞の女性名詞的活用とみなす文法解釈にも賛同できず，別の解釈を採用した和訳を掲載した（原田和宗［2002］，p.58，註 73）。また，旧稿では明記していないが，当時のわたしには『マハー・ヴァストゥ』における pārami・pāramī・pārami-tā という三語の同義性を指摘された藤村隆淳氏の論文も念頭にあったので，pāramitā を過去受動分詞の女性形「彼岸に到達した（pāram-itā）」という語義に理解する文法解釈を受容するのには抵抗感があった。そして，“pāra-gate”をこの語義解釈と連動した過去受動分詞の女性形 pāra-gatā で文法解釈することを潔しとしなかった。それゆえ，pārami・pāramī・pārami-tā という三語の同義性を損なわず，菩薩たちを彼岸に到らせる源泉としての prajñā-pārami-tā の地位・役割にふさわしい“pāra-gate”の語義解釈の可能性を当時のわたしは模索しようとしていた。

5　pāra-gati の可能性

5.1 「行路／帰趨」としての gati

田久保周誉氏の解釈　そこでわたしが出会ったのが田久保周誉氏の次のような和訳であった。

「行道よ，行道よ，彼岸に至る行道よ，彼岸に至るよい行道よ」(田久保周誉［rep.2001］，p.58；田久保・金山［1981］，p.244)

これは“gate gate pāra-gate pāra-saṃgate” を gati・gati・pāra-gati・pāra-saṃgati の女性名詞・単数・呼格（Vocative）とみる文法的解釈に基づくもので，わたしは旧拙稿（原田和宗［2002］，p.58, 註 73）でこの解釈にとびつき採用した。これであれば，『小本・心経』のマントラの趣旨を菩薩たちを彼岸に導いてくれる道程（pāra-gati）・源泉としての Bhaga-vatī Prajñā-pāramitā（仏母般若）という女尊への呼びかけとしてスムーズに理解できるからである。

また，仏典では gati は通常「六道」や「五趣」といった生死輪廻の「道程・帰趨」として多用される反面，菩薩の歩むべき「道のり・道程」という意味でも gati が使われていることは津田真一氏によって双方の文脈的対応関係が指摘されている『八千頌般若』と『華厳経・入法界品』の各節に確認される（津田真一［1998］所収:「『般若経』から『華厳経』へ」;原田和宗［2000］)。

今となってはこの訳にも問題点があり，むしろ前節で示した和訳の方が妥当性が高いとわたしは考えているが，かといってその可能性を完全に切り捨てることもできないため，あえて本節をもうけ，旧稿より進めて『二万五千頌般若』の gati の用例を調査し，それが〈般若波羅蜜多〉に関与しうるかいなかを検証していきたい。

世間の行路／帰趨としての菩薩　『二万五千頌般若』第 4 章は「世間の行路／帰趨（gati)」となるべく無上正等覚を証得せんと欲するものとして菩薩を描写する。

幸福に満ちたお方（世尊）は仰った：スブーティよ，それはそのとおりだ。それはそのとおりだ。スブーティよ，じつにボーディサットヴァ・

マハーサットヴァたちは為し難きことを実践する者である。彼らは自己の特相の空なる諸存在素において無上にして正しき完全な覚醒を希求する。世間のひとびとの裨益のために無上にして正しき完全な覚醒をありありと覚醒せんと欲する者である。スブーティよ，ボーディサットヴァ・マハーサットヴァたちは……「われわれは世間のひとびとにとっての休息所に，世間のひとびとにとっての避難所に，世間のひとびとにとっての洲に，世間のひとびとにとっての指導者，哀愍者，庇護者に，世間のひとびとにとっての**行路／帰趨**（**gatir**）になるであろう」というように［考えて]，無上にして正しき完全な覚醒に向けて進発した者たちである。(16)

さらに，『二万五千頌般若』同章の後続箇所に無上正等覚を目指す菩薩がどのように「世間の有情の行路／帰趨」となるのかが説かれる。

スブーティよ，どのようにして無上にして正しき完全な覚醒をありありと覚醒せんと欲するボーディサットヴァ・マハーサットヴァが生類たちにとっての**行路／帰趨**（**gatir**）となるのか。スブーティよ，ボーディサットヴァ・マハーサットヴァは愚迷な行路をいく生類たちのために無上にして正しき完全な覚醒をありありと覚醒してから**行路／帰趨**（**gatir**）となるのである。「物質は虚空を**行路／帰趨とするもの**（**gatikaṃ**）である」というように生類たちに教法を説く。……(17)

『二万五千頌般若』同章によれば，菩薩は無上正等覚を証得してから「行路／帰趨」となるという。その際，愚迷な行路をいく有情たちを正しい行路に引き戻させるために「五蘊の一員である色は虚空を行路／帰趨とする」と説法する。

〈般若波羅蜜多〉という行路／帰趨　さらに後続箇所では「一切諸法は〈六波羅蜜多〉を行路／帰趨とする」とも言い換えられる。「〈般若波羅蜜多〉を行路／帰趨とする」という部分だけを瞥見しよう。

じつに，スブーティよ，一切の諸存在素は**〈智慧の究極性〉を行路／帰趨とするもの**（**prajñā-pārami-tā-gatikā**）である。それらはかの**行路／帰**

趣を（**gatin**）逸脱しない。[18]

これに近い表現は『法華経』にもみられる。『法華経』（*Saddharma*）第 1 章〈序分〉では対告衆の「諸菩薩」に対して「〈般若波羅蜜多〉という行路を歩み終えたもの／帰趨に到達したもの（prajñā-pārami-tā-gatiṃ-gata）」という特性を付与する。

このようにわたしによって聞かれました。一時，幸福に満ちたお方（世尊）はラージャ・グリハにおけるグリドゥラ・クータ山に滞在された。偉大なる乞食者（大比丘）たちの僧団にして，千二百人の乞食者たちで，全員アルハットであり……〈一切の心の自在者性の**最高の究極性**〉**に到達したひとたち**（sarva-ceto-vaśi-tā-**parama-pārami-tā-prāptair**）……を伴い，及び，八万人のボーディサットヴァにして，全員……ダーラニー（[教法を］記憶する力）を獲得したひとたちで……**〈智慧の究極性〉という行路を歩み終えた（i.e. 通達した）ひとたち**（**prajñā-pārami-tā-gatiṃ-gatair**）……を伴っていた。（導入部）[19]

〈一切種智者性〉という行路／帰趨　『二万五千頌般若』第 4 章では甚深なる〈般若波羅蜜多〉を確知する点で〈一切種智者性〉を行路／帰趨とする菩薩たちが一切の有情たちにとっての行路／帰趨となると規定される。

スブーティは申し上げた：幸福に満ちたお方（世尊）よ，この**甚深なる〈智慧の究極性〉**を確知するであろう彼らボーディサットヴァ・マハーサットヴァたちはいかなる**行路／帰趨を歩む者**となるのでしょうか。幸福に満ちたお方は仰った：スブーティよ，じつに，この**甚深なる〈智慧の究極性〉**を確知するであろう彼らボーディサットヴァ・マハーサットヴァたちは〈一切の様相に関する智者性〉を**行路／帰趨とする者**（sarv'ākāra-jña-tā-**gatikā**）となるであろう。スブーティは申し上げた：幸福に満ちたお方よ，〈一切の様相に関する智者性〉を**行路／帰趨とする**ボーディサットヴァ・マハーサットヴァたちは一切の生類たちにとっての**行路／帰趨**（**gatir**）となるでありましょう。幸福に満ちたお方は仰った：スブーティよ，それはそのとおりだ。それはそのとおりだ。この**甚深なる〈智**

慧の究極性〉を確信するであろう彼ら，〈一切の様相に関する智者性〉を**行路／帰趨とする**ボーディサットヴァ・マハーサットヴァたちは一切の生類たちにとっての**行路／帰趨**となるであろう。[20]

〈般若波羅蜜多〉という道程　『二万五千頌般若』第4章では〈甚深なる般若波羅蜜多〉はそれによって菩薩が無上正等覚を証得するための道程（mārga）であると明言される。この道程は前述の行路／帰趨（gati）と同義であろう。

幸福に満ちたお方（世尊）は仰った：スブーティよ，部族の息子であれ，部族の娘であれ，この世では上述した**甚深なる〈智慧の究極性〉**において（**gambhīrāyāṃ prajñā-pārami-tāyām**）修行に没頭する，まさにこのひとはそれ（i.e.〈智慧の究極性〉から遊離してガンガー河の砂に喩えられるカルパに渉って布施をし続けたことに起因する福徳）よりもいっそう沢山の福徳を産出するであろう。それはなぜか。というのは，これ（i.e **甚深なる〈智慧の究極性〉**）がボーディサットヴァ・マハーサットヴァたちにとって，それによって無上にして正しき完全な覚醒をありありと覚醒するようになる，**道程**（**mārgo**）だからである。[21]

以上に見てきたように，〈般若波羅蜜多〉を「行路／帰趨（gati）」，もしくは，「道程（mārga）」と捉える用例が『二万五千頌般若』に所在することは確かである。とはいえ，さすがにpāra-gati・pāra-saṃgatiという複合語表現は『二万五千頌般若』からは検出されず，わたしは旧稿を発表した頃のように自信を持ってこの解釈を採用することができなくなってしまった。「行路／帰趨」という意味での女性名詞gatiの呼格形であるという視点を『小本・心経』のマントラ“gate gate......”に適用しうる可能性は過去受動分詞の女性形gatāの呼格であるという文法解釈の妥当性よりも文献学的には低いであろう。ただし，完全に切り捨てることもできないので，「行路／帰趨」という意味での女性名詞gatiの呼格形という視点による『心経』マントラの和訳はあくまでも第二の候補として保留しておいた。

5.2 「理解」としての gati

ところで，女性名詞 gati には「行路／帰趣」という意味以外に「認識／理解」という意味もある。そして，般若菩薩の諸真言の一つには“gati”という語を含むものがあり，「理解」という意味で使用されるのが注目される。そうすると，田久保周誉氏の想定形 gati・gati・pāra-gati・pāra-saṃgati における gati も「智慧（prajñā）」の同義語としての「理解」という意味に解釈される余地があり，“gate gate pāra-gate pāra-saṃgate”を「理解する［智慧の］女尊よ，理解する［智慧の］女尊よ，彼岸／究極を理解する［智慧の］女尊よ，彼岸／究極を完全に理解する［智慧の］女尊よ」，或いは，「理解たる［智慧の］女尊よ，理解たる［智慧の］女尊よ，究極の理解たる［智慧の］女尊よ，究極の完全なる理解たる［智慧の］女尊よ」という新たな読みの可能性が俄に浮上する。

『帝釈般若波羅蜜多［心］経』（*Kauśika-prajñā-pāramitā*：***Kauśika***）末尾には十二種のマントラが収録されているが，それらすべてに“namo［Bhagavatyai］Prajñā-pārami-tāyai”という〈般若波羅蜜多女尊〉への帰敬呪が冠せられている。それらのうち，第七番目のマントラは gati という語をその綴りに含み，「理解」という意味に使用している。

⑦ namo **Prajñā-pārami-tāyai. tad yathā** —— oṃ hrī śrī dhī śruti-smṛti-mati-**gati**-vijaye **svāhā**......

⑩ namo Prajñā-pārami-tāyai. tad yathā —— oṃ Ārolik svāhā......

⑫ namo Prajñā-pārami-tāyai. **tad yathā —— gate gate pāra-gate pāra-saṃgate bodhi svāhā**.（*Kauśika*. Vaidya［1961］, p.96, 21；24；26）(22)

⑦ナモー・**プラジュニャー・パーラミターヤーイ**（**プラジュニャー・パーラミター女尊**に敬礼します）・**タディヤター**（**すなわち**）——オーム・フリー（廉恥）・シュリー（吉祥）・ディー（智慧）・シュルティ・スムリティ・マティ・**ガティ**・ヴィジャイェー（聴聞・憶念・知恵・**理解**において勝利を有する女尊よ）・**スヴァーハー**（**献供あらん**）！……

⑩ナモー・プラジュニャー・パーラミターヤーイ・タディヤター　・オ

ーム・アーローリク・スヴァーハー！……

⑫ナモー・**プラジュニャー・パーラミターヤーイ・タディヤター・ガテー・ガテー・パーラガテー・パーラサムガテー・ボーディ・スヴァーハー！**

『帝釈般若波羅蜜多経』のマントラ⑩は〈般若女尊〉への帰敬呪と観自在菩薩のマントラとの合成であり，『心経』や『陀羅尼集経』「大神力陀羅尼経釈迦仏頂三昧陀羅尼品」における観自在菩薩と〈般若波羅蜜多〉思想・信仰との融合を連想させる（観自在菩薩のマントラについては頼富本宏［1975］，pp.367 ～ 369 を参看のこと）。マントラ⑫は〈般若女尊〉への帰敬呪と『心経』の心呪との合成である。問題のマントラ⑦は〈般若女尊〉を「廉恥・吉祥・智慧の体現者，聴聞・憶念・知恵・理解において勝利／制圧／卓越している女尊」としてキャラクタライズする。

『帝釈般若波羅蜜多経』の第七マントラとほぼ同じマントラが『金光明最勝王経』梵文写本における〈帰敬呪〉としても採用されている。

oṃ namaḥ śrī-sarva-buddha-bodhi-sattvebhyaḥ. oṃ namaḥ śrī-**bhaga-vatyai Ārya-Prajñā-pārami-tāyai**. **tad yathā**. oṃ śruti-smṛti-**gati**-vijaye **svāhā**. （*Suvarṇa* I［Nidāna-parivarta］〈Maṅgala〉. Bagchi［1967］, p.1, 3 ～ 5）

オーム・ナマハ・シュリー・サルヴァ・ブッダ・ボーディサットヴェービャハ（吉祥なる一切のブッダたち・ボーディサットヴァたちに敬礼します）！　オーム・ナマハ・シュリー・**バガ・ヴァティヤーイ・アーリヤ・プラジュニャー・パーラミターヤーイ**（吉祥なる**幸福に満ちた女尊**・**聖女なるプラジュニャー・パーラミター**に敬礼します）！・**タディヤター**（**すなわち**）――オーム・シュルティ・スムリティ・**ガティ**・ヴィジャイェー（聴聞・憶念・**理解**において勝利を有する女尊よ）・**スヴァーハー**（**献供あらん**）**！**（第 1「序」章〈帰敬呪〉）

この〈般若女尊〉のマントラを構成する hrī（廉恥）・śruti（聴聞）・smṛti（想念）・mati（知恵）・gati（理解）という諸項目は大乗経典において菩薩が大乗の教説を受容し咀嚼するために備えるべき不可欠な知的特性として描かれる。たとえば，『二万五千頌般若』第 1 章では阿字等の陀羅尼門に精通してそれを説法に利用する菩薩が獲得する二十種の福徳リスト内に上記の諸特性が枚挙される（二十種項目全体の梵文和訳と解説が氏家覚勝［1987］，pp.76 ～ 83 にある）。

スブーティよ，或るボーディサットヴァ・マハーサットヴァはこの〈A〉字等の音節の門戸を聴くであろう。聴いてから，受持し，記憶し，唱え，他のひとびとに説明し，喜ばせるであろう。かかることの連続によって彼には二十箇の諸福徳（anuśaṃsāḥ）が期待されてしかるべきである。二十箇とは何か。①憶念（smṛti）を備えたひとになるであろう。②知恵（mati）を備えたひとになるであろう。③**理解**（**gati**）を備えたひとになるであろう。④堅持（dhṛti）を備えたひとになるであろう。⑤廉恥（hrī）を備えたひとになるであろう。⑥智慧（prajñā）を備えたひとになるであろう。⑦弁才の閃き（pratibhāna）を備えたひとになるであろう。(23)

同様の規定は『無量寿経』（*Sukhāvatī-vyūha*：abbr. ***Sukhāvatī***）(24) や『華厳経・入法界品』（*GVy*）(25) にも現れる。

さきの〈般若女尊〉のマントラは大乗の教説を聴聞して記憶し理解し，かつ，他者に解説するために必要不可欠な知的諸特性を菩薩に授けてくれる女神としての期待が「仏母般若」に寄せられていたという信仰の実態をわたしどもに知らしめる。本章冒頭に示した第三候補訳はこのような解釈にもとづく。

しかし，そのマントラの形態はかなり後世になってから出揃ったものである。例えば，不空訳『修習般若波羅蜜菩薩観行念誦儀軌』の本尊真言（般若波羅蜜多根本真言）は，越智淳仁氏の還梵によれば，以下のようである。

Namo ***bhagavatyai prajñāpāramitāyai*** *Oṃ Hrīḥ Dhīḥ Śrīḥ śruti-vijaye* ***svāhā***
（越智淳仁［2004］，p.292, 12；p.294, 11）(26)

ここでは gati がまだ登場せず，同〈般若女尊〉のマントラの初期段階では必須ではなかったことがわかる。このマントラの gati 等を加えた完成形はやがて『心経』のフリダヤとともに『帝釈般若波羅蜜多経』に収録され，親縁な関係性のもとに同居するに至るが，〈般若女尊〉の同マントラの完成形態が『心経』のフリダヤの成立よりもかなり遅れることは否定しがたいであろう。つまり，『心経』のフリダヤに対して「理解」としての gati の呼格形という視点を安心して導入するための前提条件は調っているとはいいがたい。

ただし，こちらについても第二候補訳と同じく，完全に切り捨てられず，可能な解釈の一つであることまでは否定できない。かくして，この視点による『心経』のフリダヤの和訳は第三の候補として据え置かねばなるまい。

6 “tad yathā......bodhi......svāhā”

6.1 “bodhi......svāhā”を含む他の陀羅尼経典の例

『小本・心経』マントラのうち，残余の語句“tad yathā......bodhi svāhā”の素性・由来を“bodhi”というキーワードから捜索してみよう。

順序としてはまず梵文原典が現存する初期密教経典から着手するのが手近であろう。予想に違わず，『孔雀明王経』(*Mahā-māyūrī*) 内の〈弥勒菩薩所説大孔雀明王呪〉に“tad yathā......bodhi bodhi bodhi bodhi bodhi bodhi......svāhā”という『心経』マントラと共通の語句が見出される（すでに原田和宗［2004b］, pp.60 ～ 62 で指摘）。

> iyaṃ cĀnanda Mahā-māyūrī vidyā-rājñī Maitreyena bodhisatvena mahā-satvena bhāṣitā cābhyanumoditā ca.
>
> **tad yathā**. śiri śiri, bhadre, jyoti jyoti jyoti, bhadre, hare hare hare, hariṇi hāriṇi, danti śabari śive śūra-pāṇini, **bodhi bodhi bodhi bodhi bodhi bodhi**, bodhi-satve, bodhi-paripācaṇīye **svāhā**. (*Mahā-māyūrī*. 田久保［1972］, p.45, 5 ～ 9) (27)
>
> そして，アーナンダよ，以下のマハー・マーユーリーという明呪の女王がマイトレーヤ・ボーディサットヴァ・マハーサットヴァによって説かれ，かつ，随喜された：
>
> **タディヤター**（すなわち）・シリ（吉祥なる女尊よ）・シリ・バドレー（貴婦人よ）・ジョーティ（星光なる女尊よ）・ジョーティ・ジョーティ・バドレー・ハレー（獅子なる女尊よ）・ハレー・ハレー・ハリニ（牝鹿な

る女尊よ)・ハーリニ（魅惑的な女尊よ)・ダンティ（歯［or 牙］なる女尊よ)・シャバリ（シャバラ族の女尊よ)・シヴェー（幸運なる女尊よ)・シューラパーニニ（英雄を手中にする女尊よ)・**ボーディ（覚醒なる女尊よ）**・**ボーディ（覚醒なる女尊よ）**・**ボーディ（覚醒なる女尊よ）**・**ボーディ（覚醒なる女尊よ）**・**ボーディ（覚醒なる女尊よ）**・**ボーディ（覚醒なる女尊よ）**・ボーディサットヴェー（覚醒への志望を抱く女尊／女性の菩薩よ)・ボーディパリパーチャニーイェー（覚醒によって成熟される女尊よ)・**スヴァーハー（献供あらん！）**

弥勒菩薩所説の孔雀明王呪は『孔雀明王経』の全漢訳本にトレースできるので，帛尸利蜜多訳に比定される初訳（『大金色孔雀王呪経』［317 ～ 322 年訳出］）の翻訳年代からいって遅くとも 4 世紀始め以前の成立であることは確実である。当該の孔雀明王呪では“tad yathā”と“svāhā”で挟まれた語群は悉く女性名詞・単数・呼格である。この点で『心経』マントラと同一の構造であるといえる。その中の六回も繰り返される“bodhi”は，そのあとに“bodhi-satve（女性の菩薩よ），bodhi-paripācaṇīye（菩提によって成熟される女尊よ)”という女性名詞の呼格が続くので，「菩提／覚醒／悟り」という意味の女性名詞であるのは必至である。

日本真言宗依用の「三陀羅尼」は漢訳だけでなく悉曇文字による梵語テキストが伝承され，日常読誦されるのはその悉曇本なのであるが，その「三陀羅尼」のひとつ『一切如来心秘密全身舎利宝篋印陀羅尼』にも“bodhi”が 2 回反復されていることは真言宗僧侶にとってはお馴染みの用例であり，わたしもかつて高野山専修学院で初めて「三陀羅尼」を習ったときに気づき，興味深く感じたものである。そして，『心経』について自己の最初の研究結果をまとめた拙稿（原田和宗［2002］）でもこの『宝篋印陀羅尼』をとりあげて，『小本・心経』マントラの解明の足がかりとした。

......sarva-tathāgatādhiṣṭhite bodhaya bodhaya **bodhi bodhi** budhya budhya saṃbodhani saṃbodhaya......sarva-pāpa-vi**gate**......sarva-śoka-vi**gate**......buddhe subuddhe......**svāhā**.（頼富本宏［1975］, pp.332, 10 ～ 333, 3；6）

サルヴァ・タターガターディシュティテー（一切のかく来れるお方たちに

よって加持された女尊よ）・ボーダヤ（覚醒せしめよ）・ボーダヤ（覚醒せしめよ）・**ボーディ（覚醒なる女尊よ）**・**ボーディ（覚醒なる女尊よ）**・ブドゥヤ（覚醒せよ）・ブドゥヤ（覚醒せよ）・サムボーダニ（完全に覚醒させる女尊よ）・サムボーダヤ（［われわれを］完全に覚醒せしめよ）……サルヴァ・パーパ・ヴィ**ガテー**（一切の罪悪から離脱せる女尊よ）……サルヴァ・ショーカ・ヴィ**ガテー**（一切の憂慮から離脱せる女尊よ）……ブッデー（覚醒せる女尊よ／女性のブッダよ）・スブッデー（みごとに覚醒せる女尊よ）……**スヴァーハー（献供あらん！）**

かつて拙稿［2002］において『小本・心経』マントラについて従来の解釈の難点と自分の解釈案を以下のように提示した。

従来，“bodhi” は幾多の学者たちによって bodhi（菩提／覚醒／悟り）という名詞の単数・呼格と理解されてきた。ところが，名詞の bodhi は梵語仏典では原則的に女性名詞であり，非仏教徒のインド文献では男性名詞としても使用される以上，どちらの場合でもその単数・呼格は “bodhe（覚醒よ）” となるはずである。単数・主格で解釈する説もあるが，その場合の語形は “bodhiḥ（覚醒あり）” でなければならない。いずれにせよ，“bodhi” を名詞 bodhi の呼格や主格で解釈するのは，それをサンスクリット語とみなす限り，文法上無理なのであり，したがって，どの学者も “bodhi” を何らかの俗語・インド方言と措定して自説の正当化を謀らざるをえなかった（諸説の詳細については木村俊彦・竹中智泰［1998］所収：「般若心経の陀羅尼」, pp.107 ～ 115 を参看のこと）。そのほか，“bodhi-prajñā” という複合語が原型であったが，韻律上の理由で後分の “prajñā” が削除されて前分の “bodhi-” が語幹形のまま残された（白石真道氏説）とか，“bodhi-svāhā” という複合語表現で理解すべきだ（鈴木勇夫氏説）といった特異な解釈すらある。わたしにはいずれも荒唐無稽な仮説だと思われる。動詞の活用形が名詞化したり，不変化辞として使用される例なら希にあるが，名詞が活用形をとらずに語幹形のままマントラで使用された例は他に見出せないし，マントラ専用の語句ともいうべき “svāhā” が複合語の後分として使用されているようなマントラなど一例も知られていないからである。

では，名詞 bodhi がだめなら，むしろ視点をかえて，“bodhi” が動詞である可能性を探ってみるのはどうだろうか。というのも，“gate......pāra-saṃgate” という一連の呼格形名詞のあとに命令法の動詞が来れば，マントラの語法としては完璧であり，申し分がないからである。しかし，動詞√budh（覚醒する／目覚める）の第一類・二人称・単数の命令法は “bodha（覚醒せよ)” という語形となるし，第四類・二人称・単数の命令法であれば，“budhya” となる。その使役形は第一類・第四類ともに “bodhaya（覚醒せしめよ)” であり，これらも合致しない。かくして，われわれはやはり “bodhi” は何らかの名詞であるという視点に立ち戻って，可能な解答を引き出さねばなるまい。

そこであらためて考え直してみると，じつは，a. bodhī という女性名詞か，b. bodhin（覚醒を有するもの）の中性名詞であれば，その単数・呼格は文法上 “bodhi” となりうることに気づかされた。b の場合は，しかし，bodhin が中性名詞として使用されるための文脈的理由・目的が説明できない。a の場合，女性名詞でありうる bodhi をさらに女性名詞化して bodhī とするのは一見無駄とも思えるが，例えば，密教の男性尊を示す男性名詞 vajra（金剛尊）に対して，それを女性名詞化した vajrī（金剛女尊）が女性の尊格を表しうるように，もともと女性名詞と男性名詞のいずれにもとりうる bodhi をあえて bodhī と女性名詞化させることで，「覚醒／悟り」という教義概念，大乗仏教徒が至高の目標とする宗教理念に女性尊としての人格神性を付与する狙いがマントラ作者にあったのかもしれない。

その可能性を推測させる “bodhi” の用例が幸いなことに『宝篋印陀羅尼』に見られる。その陀羅尼句の中の “sarva- tathāgatādhiṣṭhite” は sarva-tathāgatādhiṣṭhita（一切如来によって加持された）という過去受動分詞で終わる複合語を女性名詞化させた sarva-tathāgatādhiṣṭhitā（一切如来によって加持された女尊）の呼格であり，“saṃbodhani” は中性名詞 saṃbodhana（目覚めさせること・呼びかけること・呼び醒ますこと）を女性名詞化させた saṃbodhanī（完全に覚醒させる女尊）の呼格である（じつはもとの saṃbodhana はサンスクリット文法学の術語としては「呼格」を意味する)。そうであってみれば，これら両者に挟まれた“bodhi”も bodhi（覚醒）を女性名詞化させた bodh**ī**（覚醒なる女尊）の呼格ととるのが文脈上自然ではなかろうか。『孔雀明王経』弥勒菩薩所説の孔雀明王呪でも同様である。短母音 i で終わる一連の語群“śiri”・“hāriṇi”・“danti”・“śabari”・“śūra-pāṇini”はすべて ī 語幹の女性名詞 śir**ī**・hāriṇ**ī**・dant**ī**・śabar**ī**・śūra-pāṇin**ī** の呼格である。であるなら，“bodhi”も ī 語幹の女性名詞 bodh**ī** の呼格であろう。

わたしは『心経』の“bodhi”についても **ī 語幹の女性名詞 bodhī の呼格**とみる解釈を推奨しておきたい[28]。少なくとも，『宝篋印陀羅尼』の“bodhi”の女性名詞・呼格としての用例は『心経』の“bodhi”を主格の俗語形・語幹形のまま・“bodhi-svāhā”という複合語の前分・目的格の俗語形（最後のは渡辺照宏氏説。See 木村・竹中［1998］，pp.113 ～ 114）と見なした先学たちの諸仮説の可能性を悉く排除するに足るであろう。

6.2 “tad yathā......bodhi svāhā”を含む他の陀羅尼経典の例

“tad yathā......bodhi svāhā”という三要素を揃える最初の陀羅尼経典は支謙［222 ～ 253 年間に訳業従事］訳『仏説華積陀羅尼神呪経』（*Puṣpa-kūṭa-dhāraṇī*）ではないかと思われる。

> **但施**〈峙耶反〉**他**〈一〉杜羅祢〈二〉拖羅祢〈三〉拖羅尼〈四〉拖羅尼〈五〉侔尼〈六〉波羅婆〈負荷反〉娑祢〈七〉悉諦〈八〉栴禘〈九〉那侔紙〈十〉媚訶〈引〉囇〈狸迤反十一〉魯伽婆底〈十二〉仏陀婆底〈十三〉底囇〈狸迤反十四〉柯羅知〈胝迤反十五〉羅竪波**伽知**〈胝迤反十六〉知〈胝迤反〉杜婆底〈十七〉毘捨羅**仏地**〈十八〉達摩婆徙〈十九〉悪叉耶葛俾〈二十〉葛波毘**伽知**〈胝迤二十一〉阿媚多葛波・休多大多祢〈二十二〉闍波底〈三十三〉哆媚〈微耶反〉沙摩憙〈呉音反〉知〈胝迤反二十四〉蜀伽羅婆底〈二十五〉陟沙拏**仏朕**〈持引反〉地耶**仏地・瑣訶**〈引二十六〉（『大正』vol.21, p.875a）[29]
>
> ***tad yathā***［*dharaṇi*］*dharaṇi dharaṇi dharaṇi mune prabhāsane*（or *prabhā-svare*）*siddhe*（or *siddhi*）*caṇḍali namuci nirhāre ārogya-vati buddha-vati dhīre*（or *dhairye*）*ugra-......rajo'pa**gate** tejo-vati viśāla-**bodhi** dharmābhāse*

（or *dharmāvabhāse*）*a-kṣaya-garbhe garbha-vi**gate*** （or *garbha-**gate*** or *garbha-vati*）*a-mṛta-garbhe ......tejo-vati nitya-samāhite tejo'gra-vati* （or *tejo-gṛha-vati*）*tīkṣṇa-**bodhi*** *indriya-*（?）***bodhi svāhā***.（支謙訳に基づく『華積陀羅尼』拙還梵案；ところどころ還梵できなかった語句がある；後続の漢訳本の異読からの還梵をカッコ内に表示）

“tad yathā”は支謙訳『仏説華積陀羅尼神呪経』から施護訳『仏説花積楼閣陀羅尼経』にいたる五種類の漢訳本のすべてにおいて音写されている。他方，羅什訳『大明呪経』以来，梵文『小本・心経』の“tad yathā”は代々の漢訳『心経』でたいてい「即説呪曰」と意訳される。しかし，真言宗僧侶にとって日常読誦する『無量寿如来根本陀羅尼』などの陀羅尼類には大抵“tad yathā（「タニャタ」と発音）”が含まれており，“tad yathā”がマントラ・ダーラニーの一部であることは常識であり，何ら違和感を覚えない（このことは天台宗僧侶や禅宗系僧侶にとっても同様であろう）。事実，敦煌本『小本・心経』チベット訳・『大本・心経』チベット訳[(30)]・施護訳『聖仏母般若波羅蜜多経』は“tad yathā”を音写している。『小本・心経』のそれと同じ綴りのマントラが『大般若経』六百巻末尾の〈般若仏姆心呪〉・『陀羅尼集経』巻第三「般若波羅蜜多大心経」内の〈般若大心陀羅尼第十六〉・『帝釈般若心経』の諸真言の一つとして所在するが，そこでも“tad yathā”が音訳されている。

『孔雀明王経』のような，他の漢訳陀羅尼経典の中には古訳では“tad yathā”が陀羅尼の構成要素と認識されずに「即説呪曰」と意訳され，義浄訳や不空訳といった新訳になって音訳されることが多い。この事実はともすれば，インドにおいて“tad yathā”が陀羅尼・神呪の構成要素として同化されたのは比較的後代のことだという印象を与えかねないであろう。しかし，『華積陀羅尼』では3世紀前半の支謙訳においてすら，その語句が音訳されているわけであるから，**3世紀以前のインドにおいてすでに“tad yathā”が陀羅尼と同化していたことは疑いの余地がない**。したがって，『小本・心経』の“tad yathā”を〈般若波羅蜜多心呪〉の構成要素として扱うことに何の問題もない。

『華積陀羅尼』では“bodhi”という呼格形が“*viśāla-bodhi*（広大なる覚醒

女尊よ)”;“*tīkṣṇa-bodhi*（鋭利鮮明な覚醒女尊よ)”;“*indriya-bodhi*（機根／能力ある［?］覚醒女尊よ)”等々の複合語名詞で登場する。最後の“*indriya-bodhi*”の直後に“*svāhā*”が付くので,『心経』心呪の“bodhi svāhā”と形態が非常に近い。したがって,『心経』心呪の“bodhi”を動詞語根√bhū から派生させた命令法動詞であるとする阿理生氏の斬新な解釈（阿［2008］）は他の陀羅尼経典の神呪に含まれる「覚醒」という文脈的意味で使用される女性名詞としての“bodhi”の用法と抵触する以上，支持できない。また,『華積陀羅尼』には,『心経』心呪の“gate”という呼格形を連想させる“*rajo'pagate*（塵垢を脱却した女尊よ)”;“*garbha-vigate* or *garbha-gate*（胎を離脱 or に到達した女尊よ)”という複合語名詞も併用される。しかし，これらの用法に〈般若波羅蜜多〉思想の反映を読み取ることはできない。

『心経』マントラの“tad yathā gate gate......bodhi svāhā”という綴りの起源を辿る上での『華積陀羅尼』の資料としての重要性は特筆に値する。

漢訳年代からいえば後代の成立と思われるけれども，梵文テキストが得られる点で重宝な陀羅尼類における“bodhi”の用例を採集しよう。

そのひとつは『大随求陀羅尼経』の〈一切仏心呪〉である。〈一切仏心呪〉には梵文が現存するが，後世の形態なので註で示すことにし，ここでは初訳からの還梵をあえて掲げる。

> oṃ sarva-tathāgatā-mūrtte（sarva-tathāgata-mūrtte のミスプリントか）parāvara-gata-bhaye śamayet mama ca sarva-pāpebhyaḥ svastir bhāvatu（bhavatu のミスプリントか）muni 2 vimuni cari calane **gate** bhaya-harini **bodhi** 2 bodhaya 2 budhili 2 sarva-tathāgata-hṛdaya-jaṣṭe（-juṣṭe のミスプリントか）svāhā.（浅井覚超氏による宝思惟訳『仏説随求即得大自在陀羅尼神呪経』〈一切仏心呪〉の還梵。浅井覚超［1987］, pp.98, 28 ～ 99, 3）(31)

『無垢浄光陀羅尼経』(*Ārya-raśmi-vimala-viśuddha-prabhā nāma dhāraṇī*: abbr. ***Raśmi-vimala***）からは,

> ......**bodhi bodhi** budhya budhya, bodhaya bodhaya ……**svāhā**. (32)

という語句が摘出される。

空海『三十帖策子』に筆写されている『梵字菩提場荘厳陀羅尼』(*Bodhi-*

maṇḍa-vyūha-dhāraṇī［?］；その陀羅尼句の綴り自体は『百千印陀羅尼』の〈根本陀羅尼〉と同文）にも，

......**tad yathā** oṃ **bodhi bodhi bodhi bodhi**......**praśama praśama sarva-**pāpa-**praśamane**......**svāhā**. (33)

が見出される。『梵字菩提場荘厳陀羅尼』の“sarva-pāpa-praśamane（一切の罪悪を鎮めてくれる女尊よ）”は『心経』散文部に説くマントラの効能“sarva-duḥkha-praśamanaḥ（一切の苦しみを鎮めてくれるもの）”との類似性を印象づける。

このほかにも，“［tad yathā］......bodhi bodhi......svāhā”の音訳綴字を保有すると推定できる陀羅尼句が少なからぬ漢訳陀羅尼経典群に所在する(34)。それら漢訳陀羅尼経典からは“*bahu-bodhi*（豊穣な覚醒女尊よ）”；“*viśiṣṭa-bodhi*（卓越した覚醒女尊よ）”；“*a-pratihata-bodhi*（妨げられない覚醒女尊よ）”；“*mahā-bodhi*（偉大なる覚醒女尊よ）”といった複合語名詞とか，“*subodhi*（すばらしき覚醒女尊よ）”；“*saṃbodhi*（完全に覚醒せる女尊よ）”といった接頭辞を冠した名詞句が抽出でき，バラエティーに富んでいる。また『宝篋印陀羅尼』においてと同様に，“bodhi bodhi”の前後に“budhya budhya（覚醒せよ，覚醒せよ）”とか“bodhaya bodhaya（覚醒せしめよ，覚醒せしめよ）”といった命令形動詞が挿入され，反復されている事例も珍しくない。

以上の陀羅尼経典の用例すべてからいえることは，『心経』以外の陀羅尼経典では“bodhi bodhi......”というように bodhī という女性名詞の呼格形は必ず複数回（最低でも二回）反復されており，『心経』マントラのように一回だけで終わる例は皆無であるという事実である。『心経』マントラのその点での特異性も際立つ。

6.3　供物を献じるときのことば“svāhā”

『小本・心経』の心呪に限らず，仏典やヒンドゥー教聖典に説かれる多くのマントラが“svāhā”という謎の語句で終わっている。

佐保田鶴治氏はインド寺院での勤行に参加した体験例から「インドで svāhā! というのは，神さまに供物をささげる時に唱えることば」であるという貴重な指摘をされ（佐保田［1982］，p.106），『心経』の真言句の“svāhā”に「わが献げものをご嘉納あれ！」というみごとな訳を与えておられる（ibid., p.99）。

ごく最近，木村俊彦氏が楞厳呪に関する論文の付記で“svāhā”の用法・意味について短いながら重要な報告をされている。その付記の大部分を引用させていただく。

> 「薩婆訶＝svāhā」について，初出の婆羅門教祈祷集『白ヤジュルヴェーダ』（Vājasaneyisaṃhitā）についての調べを報告する。それに解説を加えたマヒーダラに依ると，「供物なり」の謂で，火神アグニの三兄弟に供えると，神々はそれを資糧とするという。バター油などをくべると燃え上がるので，それを供物と言うのである。……白石真道師の「弥栄」や，それを承けた中村元博士の「幸あれ」が巷間に流布しているが，信者の幸の為に神々を動かす祈祷であるから，それらは誤訳である。（木村俊彦［2003］，p.19）

阿理生氏によると，『リグ・ヴェーダ』に対する註釈者サーヤナはsvāhāについてhaviṣ-pradāna-vācī（供物を施与する言葉）と註解しており，近代の研究者も「供物の奉施に際しての感嘆詞」と理解してきたという（阿理生［2008］，p.165）。

阿理生氏はsvāhāの語源をsu＋√ah（よく言う）に求めたモニエル氏の有力な仮説を斥け，接頭辞su（良い）を冠した動詞語根√vah（運ぶ）に「随伴状況」を示す具格語尾āを付したsu-vāhā（原義「よく運ぶことによって」）の訛った語形であるという新説を提示された（阿理生［2008］，pp.165～166）。氏はアルダマーガディー語での綴りはまさにsu-vāhāであると指摘し，ヴェーダ語やプラークリット語におけるsuvとsvの音韻交替現象を例証に掲げる。しかし，具格接辞āをつけるためにはsu-vāhという名詞（？）の存在を裏付ける具体的な例証（或いは具格形以外の活用形の例証）を挙げる必要があるし，su-vāhという名詞語幹への派生過程の文法的説明も不可欠だが，それらは未提示であり，結局，suvāhā＝svāhāという語はいかなる品詞なのか，つまり，名詞の具格形のままなのか，それとも，副詞や不変化辞に転用されているのかが明示されていない。名詞の具格形のままなのであれば，『リグ・ヴェーダ』に見られる svāhā-kṛtāni という複合語は阿氏の意図するところとは反対に説明困難になろう。具格形のままなのであれば，svāhā kṛtāni というように分離された構文になるはずだし，それを複合語化させれば，svāh-kṛtāni というように，不活用の名詞語幹として想定される svāh を前分としなければならないからである。以上の諸点について詳論での再説明が求められる。

わたし自身は恥ずかしながら svāhā の語源について定見をもつには至っていない。ただ，その詞が「神さまに供物をささげる時に唱えることば」であるという佐保田鶴治氏の体験上の所見はヴェーダ文献の諸註釈とも抵触しないようなので，語源・原意の如何をさしおいて，祭式儀礼においてその詞を発声する契機は「供物の奉施の際」であることを確実視したい。そのような文脈的意味を込めて「献供あらん！」という感嘆詞として和訳しておく。

7　『心経』マントラの形成過程

『心経』マントラの各構成語句と共通する綴りの有無を初期ないし中期密教経典内の多数のマントラ類に追跡調査してきた。そこから浮かび上がる『心経』マントラの形成過程をスケッチすれば，こうなるであろう。

［1］『小本・心経』のマントラのうち，**“bodhi” という呼格形，しかも，それを中核とする “tad yathā”・“bodhi”・“svāhā” という相互に提携した**三**句は**最初期の密教経典『孔雀明王経』・『華積陀羅尼経』に遡るだけでなく，それ以降の陀羅尼経典群に広範かつ頻繁に現れる以上，**“pāra-gate pāra-saṃgate” という呼格形よりもはるかに古い起源を有し，かつ，〈般若波羅蜜多〉思想とはまったく無関係な土壌で出生し，使用されていた**ことが判明する（付言すれば，女性名詞・呼格の “bodhi” は『心経』のマントラではわずか一回だけで済まされるのに対して，これらの陀羅尼経典群では必ず複数回，最低でも二回は反復されるのが常である。また，それはしばしば “budhya”・“bodhaya” といった命令形の動詞句を伴う）。

［2］その一方で，“gate”・“anugate”・“sugate”・“vigate”という呼格形が単独で使用される陀羅尼・呪句が多数あり，また，“gate”・“vigate”・“apagate”を“bodhi”と併用する陀羅尼・呪句もときどきあるが，“anugate”以外はどこかに「到達した女尊」という意味を担わず，むしろ恐怖や罪悪から「離脱した女尊」・輪廻世界から「立ち去った女尊」というニュアンスを帯びている。〈般若波羅蜜多〉を必ずしも予想させるものではない。

［3］他方，かなり後代になって〈ナーガ〉信仰と併合した〈般若波羅蜜多女尊〉信仰のもとに“pāra-gate”・“saṃgate”・“pāra-saṃgate”などの呼格形を含む雑多な陀羅尼句が別個に発生した。

［4］やがて，〈般若波羅蜜多女尊〉信仰の進展・波及にともなって，“bodhi”という呼格形も同女尊のマントラに吸収されたと推定される――本来は2回以上反復されるべき“bodhi”が『心経』のマントラではたったの1回に抑制されているのもそのような形成過程に由来するのであろう――が，その際，“bodhi”と併用されたこともある“gate”という呼格形が“pāra-gate”・“pāra-saṃgate”に“bodhi”を接続する上での接着剤・触媒の役割を演じたのではないかと思われる。

8 “Prajñā-pāramitā-hṛdayaṃ”とは何か

インドの梵語仏典の題名は梵文写本の末尾に表示されるのが一般的であり，漢訳仏典やチベット訳仏典のように冒頭に掲げるようなことはないようである。ご存知のとおり『小本・心経』梵文校訂本の尾題は，

iti Prajñā-pāramitā-hṛdayaṃ samāptam（以上，『般若波羅蜜多心』が終わる）

と表記される。これは法隆寺悉曇本を底本としており，それの文法上の誤記だけを訂正したものである。

いったい『小本・心経』とはいかなる仏教聖典であるのかという最も基礎的かつ本質的な問いは，結局のところ，〈プラジュニャー・パーラミター・フリダヤ〉という梵語タイトル内の最後の〈フリダヤ〉をどう解釈するのかという問いに収斂する。

以下，〈プラジュニャー・パーラミター・フリダヤ〉が「般若波羅蜜多心呪」の意味で使用される用例を枚挙していきたい。

その最も有名な用例は空海『般若心経秘鍵』でとりあげられた阿地瞿多訳『陀羅尼集経』［654年訳出］巻第三「般若波羅蜜多大心経」にある（空海以前の『心経』註釈者で『陀羅尼集経』に着眼したものはいない）。『小本・心経』のそれと同じマントラが〈般若大心陀羅尼〉の名で導入され，さらに，それと類似する別のマントラが〈般若小心陀羅尼〉の名で追加される（〈般若小心陀羅尼〉の還梵については越智淳仁［2004］，p.253を参看のこと）。

> **般若大心陀羅尼**第十六呪曰：
> 跢姪他〈一〉掲帝・掲帝〈二〉波羅掲帝〈三〉波囉僧掲帝〈四〉菩提〈五〉莎訶〈六〉
> 是大心呪。用大心印。作諸壇処一切通用。
> **般若小心陀羅尼**呪曰：跢姪他〈一〉掲帝・掲帝〈二〉波囉民〈弥忍反〉掲帝〈三〉波囉若〈若冶反〉他（read：地）〈四〉莎訶〈五〉
> 用小心印通一切用。（阿地瞿多訳『陀羅尼集経』巻第三「般若波羅蜜多大心経」。『大正』vol.18, p.807b）

〈般若大心陀羅尼〉は同じ『陀羅尼集経』の巻第十二「仏説諸仏大陀羅尼都会道場印品」では〈般若大心呪〉の名で再登場する。

> 仰啓一切諸仏・**般若菩薩**・金剛天等。及与一切冥聖業道。「今此地者是我之地。我今欲立七日七夜都大道場法壇之会。供養一切十方世界恒沙仏等。一切**般若波羅蜜多**。一切大地諸菩薩衆金剛天等。仰請諸仏領諸徒衆。決定一切秘密法蔵不可思議大法門故。取諸証成。我今欲作護身結界供養法事。……」……次阿闍梨更作一度軍荼利法結界畢已。即作種種香埿一瓮。用柳枝攪。以誦**般若大心呪**呪曰：
> 　跢姪他〈一〉掲〈去音下同〉帝・掲帝〈二〉波羅掲帝〈三〉波羅僧掲帝〈四〉菩提〈五〉莎訶〈六〉
> 　其呪遍数。若為国王誦之満足一百八遍。……一切壇法皆如是呪。呪泥既竟用泥塗地。塗地之法随日摩之。（阿地瞿多訳『陀羅尼集経』巻第十二「仏説諸仏大陀羅尼都会道場印品」。Ibid., p.886a；b ～ c）

玄奘訳『大般若経』［663 年訳出］六百巻末尾には，『小本・心経』のそれと同じマントラが〈般若仏姆心呪〉の名で付加され(35)，つぎにそれと類似する別のマントラが〈般若仏姆親心呪〉の名で並記される。

『大般若波羅蜜多経』巻第六百

般若仏姆心呪

ta 怛 ya 耶 thā 他・oṃ 唵・ga 伽 te 帝・ga 伽 te 帝・pa 鉢 ra 囉 ga 伽 te 帝・pā 鉢 ra 囉 saṃ 僧 ga 伽 te 帝・bo 菩 dhi 提・svā 薩嚩 hā 訶

般若仏姆親心呪

oṃ 唵・pra 鉢囉 jñā（read：*jñe*）娘・pra 鉢囉 jñā（read：*jñe*）娘・ma 摩 hā 訶 pra 鉢囉 jñā（read：*jñe*）娘・svā 娑嚩 hā 訶（玄奘訳『大般若経』巻第六百。『大正』vol.7, p.1110a ～ b）

『小本・心経』のマントラが『陀羅尼集経』では「般若大心陀羅尼／般若大心呪」と呼ばれ，『大般若経』末尾では「般若仏姆心呪」の名で付加される（それらすべてが“tad yathā”で始まることに注意！）。その原語はいずれも prajñā-pāramitā-hṛdaya だったと推定され，『小本・心経』の梵文タイトルと同名だったに違いない。もっとも，羅什訳『大品般若経』の原典の末尾にはかかる「般若仏姆心呪」の類はまだ付いていなかったと断定してよい。もし付いていたならば，羅什訳『金剛般若経』末尾の〈金剛般若呪〉のようにそれも漢訳されたはずだからである。

『二万五千頌般若』の梵文写本の末尾には縁起法頌と『小本・心経』のマントラが付加されており，玄奘訳『大般若経』末尾における〈般若仏姆心呪〉の付加と照応している。

Ārya-Pañcaviṃśatisāhasrikāyāṃ Bhaga-vatyāṃ Prajñā-pārami-tāyāṃ Abhisamayālaṃkārānusāreṇa saṃśodhitāyāṃ dharma-kāyādhikāraḥ śikṣā-parivarto nāmāṣṭamaḥ samāpta iti

ye dharmā hetu-prabhavā hetuṃ teṣāṃ tathāgato hy avadat, teṣāñ ca yo nirodha evaṃ-vādī mahā-śravaṇaḥ.

oṃ gate 2 pāra-gate pāra-saṃgate bodhi svāhā.（*Pañca* VIII. Kimura［2006］, p.179, 23 ～ 30）

般若訳『大乗理趣六波羅蜜多経』[788年訳出] 巻第二「陀羅尼護持国界品」第二では六波羅蜜多菩薩たちが各自の真言（陀羅尼秘密文句）を説く。その中の「智慧波羅蜜多菩薩」が説く真言は仏母への帰敬呪（*namo Bhagavatyai*）に『心経』の心呪を接合したものである。仏母への帰敬呪で始まる点は他の五波羅蜜多菩薩の各真言に共通である。

> 第六**智慧波羅蜜多菩薩**説真言曰：南謨・薄伽伐諦曳〈一合二〉掲諦・掲諦〈二〉波羅掲諦〈三〉波羅僧掲諦〈四〉冒地・莎訶（『大正』vol.8, p.873a）

六波羅蜜多菩薩たちは世尊に『大乗理趣六波羅蜜多経』を受持する者たちを擁護するためにこの陀羅尼秘密文句を説いたのであり，持経者である善男子・善女人を仏に対する如く供養・恭敬・尊重・讃歎するであろうと言上する。

『小字般若波羅蜜多経』（極少文字の〈智慧の究極性〉；*Sv-alpākṣarā Prajñāpāramitā*：abbr. ***Svalpākṣarā***）は「釈迦牟尼の真言」をPrajñā-pāramitā-hṛdayaの名で導入し，かつ，Prajñā-pāramitāという略称で再言及する（「釈迦牟尼の真言」が「般若波羅蜜多の真言」とみなされるに至った経緯については木村高尉[1980]で考察されている)。

> idaṃ ca **Prajñā-pāramitā-hṛdayam** āgrahītavyam —— “namo ratna-trayāya. namaḥ Śākya-munaye tathāgatāya arhate samyak-saṃbuddhāya. tad yathā —— oṃ mune mune mahā-mune svāhā.”
>
> asyāḥ **Prajñā-pāramitāyā** lābhāt mayā an-uttarā samyak-saṃbodhir anuprāptā. sarva-buddhāś ca ato niryātāḥ. mayā api iyam eva **Prajñā-pāramitā** śrutā Mahā-śākya-munes tathāgatasya sākṣāt.（*Svalpākṣarā*. Vaidya [1961], pp.93, 27～94, 1）[36]
>
> 以下の〈「**プラジュニャー・パーラミター」という心呪**（**Prajñā-pāramitā-hṛdayam**)〉が把持されるべきである：ナモー・ラトナ・トラヤーヤ（三宝に敬礼します)・ナマッハ・シャーキャ・ムナイェー・タターガターヤ・アルハテー・サミャク・サムブッダーヤ（「シャーキャ族の寂黙者」というかく来れるお方・価値あるお方・正しき完全な覚醒者に敬礼し

ます)・タディヤター（すなわち)・オーム・ムネー・ムネー・マハームネー（オーム，寂黙者よ，寂黙者よ，偉大なる寂黙者よ)・スヴァーハー（献供あらん）！

この〈**プラジュニャー・パーラミター（Prajñā-pāramitā)**〉を獲得することによって，わたしは無上にして正しき完全な覚醒に到達した。一切のブッダたちもやはりこれのおかげで出離したのである。わたしも［前世において］この同じ〈**プラジュニャー・パーラミター**〉を［過去仏である］マハー・シャーキャ・ムニというかく来れるお方に直接お聞きしたものである。

『小字般若波羅蜜多経』においては Prajñā-pāramitā-hṛdaya は単に Prajñā-pāramitā と略称もされるが，明らかに「般若波羅蜜多心呪」の意味で使用される。

以上をまとめると，『小本・心経』と同じマントラが『陀羅尼集経』・『大般若経』（末尾）において「般若仏母／般若菩薩の心呪」という意味の名称で呼ばれ，『大乗理趣六波羅蜜多経』でも「智慧波羅蜜多菩薩の真言」として導入される。『小字般若波羅蜜多経』では「釈迦牟尼の真言」が「般若波羅蜜多心呪」と呼称され，「般若波羅蜜多」とも略称される。したがって，『小本・心経』の尾題 Prajñā-pāramitā-hṛdaya が呪文としての「般若波羅蜜多心呪」を表示するものであることは疑いの余地がないように思える。

たとえインド系の主要な『心経』註釈が Prajñā-pāramitā-hṛdaya を『十万頌般若』の「精髄」として註解している（越智淳仁［1991b]，pp.94 ～ 95；渡辺章悟［1992]，p.240；望月海慧［1992]，p.50）としても，それらの註釈書は経典としての体裁を調えた『大本・心経』に対するものであり，それらは悉く〈般若経〉を壮大かつ複雑な「現観」の体系と捉える『現観荘厳論』の影響下にあるため，残念ながら，『小本・心経』の原意を読み解く上ではむしろ障害にさえなるという点で警戒しなければならないであろう。

以上，『小本・心経』の散文部とマントラとに関する文献学的考察を微力ながら精一杯試みた。それに基づくわたし自身の『小本・心経』の成立史・

編纂者像・「マントラ文献」としての性格についての見通しは第１章「序論」であらかた語りおえているので，もはや贅言を要しないであろう。たとえわたしのそのような『心経』観・『心経』評が読者諸氏の反発を招き，最終的な賛同を得なかったとしても，本書の大部分を占める『心経』の文献学検討で提示したデータは今後の『心経』研究にとっても基礎的な資料として活用してもらえるものと信じたい。

なお，マントラの行使も菩薩行のひとつであることを仄めかす『瑜伽論・菩薩地』「発心」章（Cittotpāda-paṭala）の一文を引用して，本章を閉じることにしよう。

> たとえ彼（i.e. すでに発心したボーディサットヴァ）以外の他のひとの掌中にあって，生類たちの疫病・災厄・不幸を鎮めるものとしては成就しなかった真言の諸句・明呪の諸句でさえ，彼（発心菩薩）の掌中にあるならば，成就する。すでに成就している諸［真言句］であれば，なおさら何をか況や，である。(37)

註

(1)　曇無讖訳『金光明経』巻第二「大弁天神品」第七には対応呪なし。
　宝貴合『合部金光明経』巻第六［曇無讖訳・闍那崛多補訳］「大弁天品」第十二（『大正』vol.16, p.387a）
哆姪哋・娑**伽遲**・毘**伽遲**・毘**伽茶**跋帝・娑波呵
　義浄訳『金光明最勝王経』巻第七「大弁才天女品」第十五之一（ibid., p.435b）
怛姪他〈一〉索**掲智**〈貞勵反下同二〉・**毘掲智**〈三〉**毘掲茶**伐底〈四〉莎訶〈五〉

(2)　曇無讖訳『金光明経』には対応呪なし。
　宝貴合『合部金光明経』巻第六［曇無讖訳・闍那崛多補訳］「大弁天品」第十二（『大正』vol.16, p.387a）
娑瀰・毘娑瀰・娑波呵・娑**伽遲**・毘**伽遲**・**娑波呵**
　義浄訳『金光明最勝王経』巻第七「大弁才天女品」第十五之一（ibid., p.435b）
怛姪他・三謎・毘三謎・莎訶・索**掲滞**・毘**掲滞**・**莎訶**・毘掲茶〈亭耶反〉伐底・莎訶

(3)　宝思惟訳『仏説随求即得大自在陀羅尼神呪経』［693 年訳出］〈根本呪〉（『大正』vol.20, p.638a ～ 639c. 同〈根本呪〉等四種の陀羅尼は同経の巻末［p.642bf.］にも再掲される）
……唵〈三〉……掲底〈丁儞反〉掲底〈十九上同〉……囈婆婆〈重〉啷毘掲底〈丁儞反二十四〉……〈一百〉……毘掲坻・毘掲坻〈四十八〉毘掲多末隷……莎呵

〈二百五十〉

不空訳『普遍光明清浄熾盛如意宝印心無能勝大明王大随求陀羅尼経』巻上［第一呪］（ibid., p.618b ～ p.620b. 同経巻下末尾［p.628bf］にも再掲される）

……唵〈引〉……誐底・誐底……薩嚩婆野尾誐帝……尾誐帝・尾誐帝・尾誐多麼〈鼻〉攞……麼攞尾蘖帝……薩嚩〈二合〉賀

不空訳『金剛頂瑜伽最勝秘密成仏随求即得神変加持成就陀羅尼儀軌』〈是真言是為無数億恒河沙諸仏智根本〉（ibid., p.645a ～ p.646b）

……怛爾野〈二合〉他〈引其詞曰〉唵〈引〉……誐底・誐底……薩嚩婆野尾誐帝〈引〉……尾蘖帝〈引〉尾蘖帝〈引梵王梵王〉尾誐多摩攞〈大自在天大自在天〉……麼攞尾蘖多〈引乾闥婆敬愛〉……娑婆賀

（4） *Ananta-mukha*［e 帙 247B］（堀内［1967］，pp.64b ～ 65b）

tad yathā ① oṃ ane ane ane ② mukhe mukhe mukhe ③ samanta-mukhe ④ jyoti-saume **satye satyā**rame ⑤ sauti-yukte ⑥ nirukte ⑦ nirukte prabhe ⑧ hili hili ⑨ kalape ⑩ kalapesi sāre ⑪ sāra-vati ⑫ buddhi-vati ⑬ hili hili ⑭ hile hile hile hile ⑮ hele hile ⑯ hilile ⑰ mahā-hilile ⑱ hile tuṇḍe ⑲ caṇḍe caṇḍe ⑳ carā carāṇe ㉑ a-cale macale ㉒ an-ante ㉓ an-anta-**gate** ㉔ an-anta-mukhe ㉕ a-raṇe ㉖ nir-male ㉗ nir-bhavane ㉘ nir-varttane ㉙ nir-dānta ㉚ dharma-dhare ㉛ nirhāra nirhāra ㉜ vimale viśodhane ㉝ śīla-viśodhane ㉞ prakṛti ㉟ dībane ㊱ bhavane ㊲ bhava-vibhavane ㊳ a-saṅge ㊴ a-saṅga-vihare ㊵ dame ㊶ śame ㊷ vimale ㊸ vimala-prabhe ㊹ samākarṣaṇe（samākarṣaṇe のミスプリントであろう）㊺ dhire ㊻ dhidhire ㊼ mahā-dhidhire ㊽ yaśo yaśo-vati ㊾ cale ㊿ a-cale 51 ma cale 52 samācale 53 ḍiḍhi-sandhi-su-sthire 54 a-saṅge 55 a-saṅga-vihare 56 a-saṅga-nirhare（*samanta-mukhe*）57 nirhara-vimale 58 nirhara-viśodhane 59 ḍiḍhi-some 60 sthīre sthāma sthāma-vati 61 mahā-prabhe 62 samanta-prabhe 63 vipula-prabhe 64 vipula-rasmi-sambhave（read：vipula-raśmi-sambhave） 65 sarvatrānu**gate** 66 an-ācchedya pratibhane（read：an-ācchedya-prati*bhā*ne） 67 dhāraṇī-nidhāna（read：*-ne*） 68 dharma-nidhane 69 dharma-nidhana-gotre 70 samanta-bhadre 71 sarva-tathāgata-hṛdaya 72 adhiṣṭhāna-adhiṣṭhite（read：sarva-tathāgata-hṛda*yā*dhiṣṭhā*nā*dhiṣṭhite）**svāhā**

『大正』vol.20 所収：不空訳『出生無辺門陀羅尼経』末尾（p.679b ～ c）には「霊雲寺版『普通真言蔵』所載〈梵字出生無辺門陀羅尼〉」が添えられている。

（5） 支謙訳『仏説無量門微密持経』［223 ～ 253 年訳出］（『大正』vol.19, p.680c）

謂是：……**無不入**……。

仏陀跋陀羅訳『仏説出生無量門持経』［398 ～ 421 年間訳出］（ibid., pp.682c ～ 683a）

所謂：……**普無不入**。……［此善妙持諸仏所住］

求那跋陀羅訳［435 ～ 443 年間訳出］『阿難陀目佉尼呵離陀経』（ibid., p.685c）

……**至一切護**……［総持門現在仏所説如是神呪四十八名］

功徳直共玄暢訳『無量門破魔陀羅尼経』［462 年間訳出］（『大正』vol.19, pp.688c ～ 689a）

……薩婆哆糯〈女留反〉**竭帝**〈五十五〉……**莎波訶**〈五十八〉

僧伽婆羅訳『舎利弗陀羅尼経』[500 ～ 520 年間訳出]（ibid., pp.695c ～ 696a）

……薩婆多羅阿毟**伽底**……**莎呵**

仏駄扇多訳『仏説阿難陀目佉尼呵離陀隣尼経』[525 ～ 539 年間訳出]（ibid., p.692c）

……薩和呂毟**掲提**〈生所護〉……[現在仏所説如是神呪四十八名]

闍那崛多訳『仏説一向出生菩薩経』[585 ～ 595 年間訳出]（ibid., p.699b ～ c）

……薩知耶囉米蘇米〈四〉……薩抜多囉奴**伽帝**〈六十三〉……**蘇婆呵**〈七十二〉

智厳訳『出生無辺門陀羅尼経』[720 年訳出]（ibid., p.703b ～ c）

……娑低〈低耶反〉邏咩〈五〉……薩婆怛囇〈二合〉女**掲低**〈八十二〉……**莎訶**〈八十九〉

不空訳『出生無辺門陀羅尼経』[746 ～ 774 年間訳出]（ibid., p.676b ～ c）

怛儞也〈二合〉他……婆底〈丁以反〉也囉迷〈七〉……阿難多**蘖底**〈三十〉……薩嚩怛囉〈二合引〉努**蘖低**〈七十三〉……**娑嚩**〈二合〉**訶**

(6)　闍那崛多訳『東方最勝灯王陀羅尼経』（『大正』vol.21, p.867c）

阿**竭帝**・**波羅竭帝**・**波羅僧竭帝**・婆羅毘羅延帝・波羅波羅・摩牟闍摩牟闍羅帝・三波羅闍羅帝・毘提提希希尼尼・憂句隷牟句頭帝・檀那**竭帝**・檀那羅帝・檀那僧多羅・伊波呵大要縛鬼〈一縛鬼二香炉〉婆利・摩訶婆利・闍梨・摩訶闍梨・堀牟訶沙婆帝・摩訶沙婆帝・阿波吒僧金吒・陀羅尼・多陀呵阿伽闍尼婆毘・薩婆達摩尼婆毘・伊舎摩陀・毘婆舎那・毘摩羅・修鉢離達摩尼佉那婆楼尼・文夜多摩隷・遮隷睺楼睺楼・朔鞞帝・曼多羅・曼多羅・**娑呵**

(7)　曇無讖訳『大方等無想経』巻第二「大雲初分大衆健度」余（『大正』vol.12, pp.1084c）

爾時世尊神通力故。起四黒雲甘水倶遍。興三種雷。謂：下中上。発甘露声如天伎楽。一切衆生之所楽聞。爾時世尊即呪説曰：

竭帝・波利**竭帝**・**僧竭帝**・**波羅僧竭帝**・波羅卑羅延坻・三波羅卑羅延坻・婆羅・婆羅・波沙羅・波娑羅・摩文闍・摩文闍・遮羅帝・遮羅坻・波遮羅坻・波遮羅坻・三波羅遮羅坻・比提嘻利嘻梨・薩隷醯・薩隷醯・富嚧富嚧・莎呵

未詳撰者今附梁録『陀羅尼雑集』巻第五〈降雨陀羅尼〉（『大正』vol.21, p.609a ～ b）

降雨陀羅尼〈出大雲経〉

爾時世尊神通力故。起四黒雲甘雨倶遍。興三種雲謂：下中上。発甘雨声如天伎楽。一切衆生之所楽聞。爾時世尊即説呪曰：

羯帝・波利**羯帝**・**僧羯帝**・**波羅僧羯帝**・波羅卑羅延帝・三波羅卑羅延坻・娑羅・娑羅・波娑羅・婆娑羅・摩閦闍・摩閦闍・遮羅坻・遮羅坻・波遮羅坻・波遮羅坻・三波羅遮羅坻・比提嘻梨嘻梨・薩隷醯・薩隷醯・富嚧囉嚧・**莎呵**

若有諸龍聞是呪已。不降甘雨者頭破作七分……

(8)　森口光俊氏の研究によると，『大雲経』第 64・65 両章の梵文写本が現存しており，一連の『大雲経』の諸漢訳は第 64「雲輪」章（＝「請雨品」）についての完訳であり，第 65「風輪」章については，その中の一陀羅尼呪が『陀羅尼雑集』巻第五〈仏説乞雨呪〉として音訳されているので，部分な訳が現存するのみである。森口光俊［1980］は，『大雲経』第 64 章の梵文写本前半部の校訂テキストを収める。

(9) 不空訳『大雲輪請雨経』巻下〈大悲雲生震吼奮迅勇猛幢陀羅尼〉(『大正』vol.19, p.489a)

……摩賀〈引〉鉢囉〈二合〉枳孃〈二合引〉播〈引〉囉弭帝・娑嚩〈二合引〉賀〈引三十九〉

那連提耶舎訳『大雲輪請雨経』［582 年訳出］巻下〈震吼奮迅勇猛幢陀羅尼〉(ibid., p.497c)

……摩訶・般利若〈引〉波〈引〉羅〈引〉蜜帝・莎〈引〉呵〈四十四〉

闍那耶舎訳『大方等大雲経』「請雨品」第六十四〈大慈所生雲声震吼奮迅健相陀羅尼〉(ibid., p.504b)

……摩訶・般利若波羅蜜帝・莎婆呵

闍那耶舎訳『大雲経』［570 年訳出］「請雨品」第六十四〈頻申勇猛幢陀羅尼〉(ibid., p.510c)

……摩呵・鉢羅若波羅蜜坻〈四十一〉莎呵

(10) 伝鳩摩羅什訳『仏説仁王般若波羅蜜経』には陀羅尼句の類は含まれていない。

不空訳『仁王護国般若波羅蜜多経』巻下「奉持品」第七（『大正』vol.8, p.844a）

……摩賀・鉢羅〈二合〉枳穰〈二合三十五〉播囉弭諦・娑嚩〈二合〉賀〈三十六〉

不空訳『仁王護国般若経』の金剛手菩薩等所説の陀羅尼句のうち，『大雲経』第 64 章の第二陀羅尼と一致するのはこの末尾部分だけであり，それ以外は合致しないので，一応異なる種類の陀羅尼である。

(11) 竺法護訳『光讃経』巻第一「光讃品」第一（『大正』vol.8, p.150c）

欲得**超度**有為無為諸法行者。［……当学般若波羅蜜。］

無羅叉訳『放光般若経』巻第一「放光品」第一（ibid., p.3c）

欲**度**有為無為之法。当学般若波羅蜜。

羅什訳『大品般若経』巻第一「序品」第一（ibid., p.220b）

復次舎利弗。菩薩摩訶薩欲**到**有為無為法**彼岸**。当学般若波羅蜜。

玄奘訳『大般若経』巻第四百二「第二分歓喜品」第二（『大正』vol.7, p.9b）

若菩薩摩訶薩欲**到**一切有為無為法之**彼岸**当学般若波羅蜜多。

Pañca I（Dutt［1934］, p.29, 5 ～ 6）

punar aparaṃ Śāri-putra bodi-sattvena mahā-sattvena saṃskṛtā-saṃskṛtānāṃ dharmāṇāṃ **pāraṃ gantu**-kāmena **prajñā-pārami-tāyāṃ** śikṣitavyam.

『二万五千頌般若』第 1 章の後続箇所でも同様の記述がある。*Pañca* I（Dutt［1934］, p.94, 5 ～ 8）

(12) 無羅叉訳『放光般若経』巻第十六「漚惒品」第七十（『大正』vol.8, p.114b ～ c）

復問：世尊。所言「般若波羅蜜」者。何以故。言「般若波羅蜜」。仏言：①得度**第一**諸法之度。最第一度②三乗之道。諸如来無所著等正覚乗。皆乗般若波羅蜜得**到彼岸**。

是故言「般若波羅蜜」。③又復超越諸法之塵不得堅要。是故復言「般若波羅蜜」。④真際法性及如皆入般若波羅蜜中。是故言「般若波羅蜜」。⑤須菩提。般若波羅蜜。於是諸法亦不合亦不散。有見無見有礙無礙。於是諸法亦不合散。以般若波羅蜜無形不可見。亦無有対。一相則無相。

羅什訳『大品般若経』巻第二十一「三慧品」第七十（ibid., p.376a ～ b）
須菩提白仏言：常説「般若波羅蜜」「般若波羅蜜」以何義故名「般若波羅蜜」。仏言：①得「第一義」度一切法到彼岸。以是義故名「般若波羅蜜」。②復次須菩提。諸仏・菩薩・辟支仏・阿羅漢。用是般若波羅蜜得**度波**（彼？）**岸**。以是義故名「般若波羅蜜」。③復次須菩提。分別籌量破壊一切法乃至微塵。是中不得堅実。以是義故名「般若波羅蜜」④復次須菩提。諸法如法性実際。皆入般若波羅蜜中。以是義故名「般若波羅蜜」。⑤復次須菩提。是般若波羅蜜無有法若合若散。若有色若無色。若可見若不可見。若有対若無対。若有漏若無漏。若有為若無為。何以故。是般若波羅蜜無色無形無対一相。所謂：無相。

玄奘訳『大般若経』巻第四百六十三「第二分巧便品」第六十八之四（『大正』vol.7, p.338b ～ c）
爾時具寿善現白仏言：世尊。如来常説甚深般若波羅蜜多。甚深般若波羅蜜多何因縁故名為「般若波羅蜜多」。仏告善現：①甚深般若波羅蜜多。**到**一切法**究竟彼岸**故名「般若波羅蜜多」。②復次善現。由深般若波羅蜜多声聞・独覚・菩薩・如来**能到彼岸**故名「般若波羅蜜多」。③復次善現。甚深般若波羅蜜多。分析諸法過極微量。竟不見有少実可得故名「般若波羅蜜多」。④復次善現。此深般若波羅蜜多。苞含真如法界法性広説乃至不思議界故名「般若波羅蜜多」。⑤復次善現。於深般若波羅蜜多。無有少法若合若散。若有色若無色。若有見若無見。若有対若無対故。名「般若波羅蜜多」。所以者何。甚深般若波羅蜜多。非合非散無色無見。無対一相，所謂：無相。

Pañca V（Kimura［1992］, p.127, 12 ～ 21）
evam ukte āyuṣ-mān Subhūtir Bhaga-vantam etad avocat：prajñā-pāramitā prajñā-pāramiteti Bhaga-vann ucyate, kenārthena prajñā-pāramitety ucyate?

Bhaga-vān āha：① **parama-pārami-ta**iṣā Subhūte sarva-dharmānām（read：-ṇām）**a-gamanā**rthena（諸漢訳は *pāra-gamanārthena* を示唆する）prajñā-pāramitety ucyate. ② api tu khalu punaḥ Subhūte etayā prajñā-pārami-tayā sarva-śrāvaka-pratyeka-buddhā bodi-sattvāś ca mahā-sattvās tathāgatā arhantaḥ samyak-saṃbuddhāḥ **pāraṅ-gatās** tenārthena prajñā-pāramitety ucyate. ③ api tu khalu punaḥ subhūte **paramā**rthena yo 'rthaḥ sarva-dharmāṇām a-bhinnaḥ, sa iha prajñā-pārami- tāyāṃ tais tathāgatair arhadbhiḥ samyak-saṃbuddhaiḥ, sarva-dharmeṣu **pāro nopalabdhas** tenārthenocyate prajñā-pāramitā.［iti mārga-saṃmoha-vikalpaḥ］

④ api tu khalu punaḥ Subhūte prajñā-pāramitāyāṃ tatha-tā **'ntar-gatā**, bhūta-koṭir antar-gatā dharma-dhātur antar-gataḥ tenocyate prajñā-pārami-teti. ⑤ api tu khalu punaḥ Subhūte neyaṃ prajñā-pārami-tā kena cid dharmeṇa saṃyuktā vā visaṃyuktā vā sa-nidarśanā vā 'nidarśanā vā sa-pratighā vā 'pratighā vā. tat kasya hetoḥ? tathā hīyaṃ prajñā-pārami-tā 'rūpā 'nidarśanā 'pratighaika-lakṣaṇā yad ut**ā-lakṣaṇa**-tvāt. [iti tathatādiṣu saṃyoga-visaṃyoga-saṃmoha-vikalpaḥ]

ラトナーカラシャーンティの『八千頌般若』に対する註釈書では『二万五千頌般若』第5章の〈般若波羅蜜多〉の語義解釈が要約されている。

Cf. Ratnākaraśānti's *Sārattamā* [Avakīrṇaka-parivarta] (Jaini [1979], p.157, 11 ~ 16)

sarva-dharmāṇāṃ pāraṃ nirvāṇaṃ gatā 'nayeti prajñā-pārami-tā. sarva-dharmāṇāṃ vā pāraṃ paramo 'rtho 'bhinnaṃ tattvaṃ so 'syāṃ tathāgatair dṛṣṭaḥ. api cāsyāṃ tatha-tā bhūta-koṭir dharma-dhātur antar-gatas tenocyate prajñā-pārami-teti śānti-mārga-sammoha-vikalpaḥ.

neyaṃ tatha-tādibhiḥ saṃyuktā na visaṃyuktā. tathā hīyam a-rūpā 'nidarśanā 'pratighā, eka-lakṣaṇā yad utā-lakṣaṇa-tvād iti tatha-tādi-saṃyoga-viyoga-vikalpaḥ.

①これによって一切の諸存在素にとっての彼岸＝涅槃に達した，というので，〈プラジュニャー・パーラミター〉である。或いは，②一切の諸存在素にとっての彼岸＝最高の意味（勝義）＝相異ならない真実，それがこれのもとにかく来れるお方たちによって視られた。また，③それの中に真理態（真如）・実在の極致（実際）・存在素の根源界（法界）が内含されている。これによって，〈プラジュニャー・パーラミター〉と説かれる。以上，寂滅への道程に関する愚昧についての概念知（分別）。

④これは真理態などと連合したものでもなく，連合しないものでもない。すなわち，これは無規定，不可視，無抵触，一特相のものである，すなわち，無特相だからである。以上，真理態などとの連合・不連合についての概念知。（『最上の精髄』）

(13) 『二万五千頌般若』第1章の導入部（序分）のテキストを代表例として掲げる。

竺法護訳『光讃経』巻第一「光讃品」第一（『大正』vol.8, p.147a）

聞如是。一時仏遊羅閲祇耆闍崛山中。与摩訶比丘僧五千倶。皆阿羅漢也。……済一切想得**度無極**……幷諸菩薩摩訶薩。得諸総持逮……**致**深妙法**度於無極**……

無羅叉訳『放光般若経』巻第一「放光品」第一（ibid., p.1a）

聞如是。一時仏在羅閲祇耆闍崛山中。与大比丘衆五千人倶。皆是阿羅漢。……諸菩薩摩訶薩。已得陀隣尼……**逮**深法忍……

羅什訳『大品般若経』巻第一「序品」第一（ibid., p.217a）

如是我聞。一時仏住王舎城耆闍崛山中。共摩訶比丘僧大数五千分。皆是阿羅漢……復有菩薩摩訶薩。皆得陀羅尼……**度**深法忍……

玄奘訳『大般若経』巻第四百一「第二分縁起品」第一（『大正』vol.7, p.1b）

如是我聞。一時薄伽梵。住王舎城鷲峯山中。与大苾芻衆五千人倶。皆阿羅漢。……**至**心自在**第一究竟**……復有無量無数菩薩摩訶薩衆。一切皆得諸陀羅尼……於深法忍**到究竟趣**……

Pañca I (Dutt [1934], p.4)

evaṃ mayā śrutam. ekasmin samaye bhaga-vān Rāja-gṛhe viharati sma Gṛdhra-kūṭe parvate mahatā bhikṣu-saṃghena sārdhaṃ pañca-mātrair bhikṣu-sahasraiḥ sarvair arhadbhiḥ......sarva-ceto-vaśi-parama-**pārami-tā-prāptaiḥ**......a-parimāṇaiś ca bodi-sattva-koṭī-niyuta-śata-sahasraiḥ sārdhaṃ sarva-dhāraṇī-pratilabdhaiḥ......gambhīra-dharma-kṣānti-**pāraṅ-gatair**......

わたしによってこう聞かれた。或る時，幸福に満ちたお方（世尊）はラージャ・グリハにおけるグリドゥラ・クータ山に滞在された。偉大なる乞食者（大比丘）たちの僧団にして，合計五千人の乞食者たちで，全員アルハットであり……〈一切の心の支配者／自在者としての**最高の究極性**〉**に到達したひとたち**（sarva-ceto-vaśi-**parama-pārami-tā-prāptaiḥ**）……を伴い，及び，無量の百千億兆のボーディサットヴァたちにして，一切のダーラニー（記憶力）を獲得したひとたち……甚深なる教法の忍耐（知的受容力）の**究極に到ったひとたち**（gambhīra-dharma-kṣānti-**pāraṅ-gatair**）……を伴っていた。

初期大乗経典のうち，『無量寿経』（*Sukhāvatī-vyūha*：abbr. ***Sukhāvatī***）・『八千頌般若』・『宝積経・迦葉品』（*Kāśyapa*）・『維摩経』・『法華経』・『二万五千頌般若』は「王舎城鷲峯山（Rāja-gṛhe, Gṛdhra-kūṭe parvate）」を共通の会処とする点で注目にあたいするが，『無量寿経』や『迦葉品』の導入部において説法会の聴衆として登録される比丘衆・菩薩衆は，『二万五千頌般若』第 1 章の導入部におけるような，われわれが話題とする形容句 sarva-ceto-vaśi-**parama-pārami-tā-prāptaiḥ**・gambhīra-dharma-kṣānti-**pāraṅ-gatair** をともに欠いている。とはいえ，『無量寿経』本文では世尊がアーナンダに極楽世界に生じた有情たちの諸長所の一つとして dharma-cakṣuḥ-**pāra-gatā**［ḥ］をあげる。また，『無量寿経』の末尾近くで sarva-kuśala-mūla-**pārami-tā-prāptiḥ** がすでに解説されたと世尊はアジタに語る。そのほか，上に挙げた経典には本書の関心から注目されるフレーズが登場する。まず，『八千頌般若』第 1 章の導入部には比丘衆に対する sarva-ceto-vaśi-**parama-pārami-prāptair** という形容句がすでに現れるが，菩薩衆は聴衆として参加していないため，彼らに対する形容句は当然見られない。『維摩経』第 1 章の導入部には比丘衆・菩薩衆ともに聴衆として参加しており，比丘衆に対する sarva-ceto-vaśi-**parama-pārami-prāptaiḥ** という形容句も確認できるけれども，菩薩衆に対する一連の諸形容句に gambhīra-dharma-kṣānti-**pāraṅ-gatair** のたぐいは含まれていない。また，同経第 1 章の本文において七宝の傘を献上しにきたリッチャヴィー族の青年ラトナーカラ菩薩は世尊のことをガーター詩の中で śamatha-**pārami-tā**gra-**prāpta**・**pāra-gataṃ** と称賛する。続いて，同経第 4 章で世尊から維摩への見舞いを命じられた文殊菩薩は維摩居士のことを a-dvayā-saṃbheda-dharma-dhātu-gocara-**parama-pārami-prāptaḥ** と性格描写する。さらに，同経第 7 章では文殊菩薩から「菩薩がどのようにして諸仏法において行路を歩むのか」を問われた維摩居士は「非行路なる進行を歩む」と答え，そのことを詳述する中で **prajñā-pārami-tā-gatiṃ-gataḥ** という。『法華経』第 1 章の導入部では比丘衆に対する形容句 sarva-ceto-vaśi-tā-**parama-pārami-tā-prāptair** は共通するけれども，菩薩衆に対する形容句には **prajñā-pārami-tā-gatiṃ-gatair** が使用されている。また，以上の諸経典とは会処を異にするが，『華厳経・入法界品』では〈ジェータ林の神変〉の直後に十方の仏国土から参集した菩薩たちが sarva-bodhi-sattva-vaśi-tā-pratilambha-**parama-pārami-tā-prāptāḥ** と形容されるいっぽう，菩薩たちと善根を異にするために大声聞たちが〈ジェータ林の神変〉の様子や十方菩薩たちの参集を見ることができないことを多数の比喩によって説明する中で，sarva-ceto-vaśi-**parama-pārami-prāptaḥ** と性格付けされる一比丘が想受滅定に入っているために周辺の出来事について何も感受しないのと同じであるという例話が出される。

(14) 竹村牧男氏は真諦訳『倶舎釈論』において訳者真諦が付加・挿入した parama・pārami/or-iṅ・pāramitā に関する興味深い独自の解説文を紹介しておられる（竹村牧男［2003］，p.40）。

真諦訳『倶舎釈論』巻第十三「分別業品」之四（『大正』vol.29, pp.249c）

復次波羅摩者。謂菩薩最上品故。是彼正行。名「波羅美」〈眠覆反〉，是彼正行聚。名「波羅美多」。

これによれば，pāramitā における tā は「集合（聚）」を意味すると解され，その限りでは阿理生氏の tā 理解（阿理生［2006］）と一致する。しかしながら，その tā 理解は菩薩が修すべき〈六波羅蜜多〉説などの複数の〈波羅蜜多〉説には都合よくあてはまるのかもしれないが，大乗経典〈序分〉に見られるような，単独の〈波羅蜜多〉の用例（pārami-tā-prāpta, etc.）には不適合であり，支持しがたい。

(15) *Pañca* IV（Kimura［1990］，p.67, 6）

iyaṃ Subhūte prajñā-pāramitā tathatā tathāgatānāṃ janayitrī.

(16) 無羅叉訳『放光般若経』巻第十二「随真知識品」第五十三（『大正』vol.8, p.81c）

仏言：如是須菩提。菩薩甚謙苦於空無相之法。発阿耨多羅三耶三菩。得阿惟三仏。須菩提。為世間故。……発阿耨多羅三耶三菩。為世間帰。為世間作護。為世間作灯明。故発阿耨多羅三耶三菩。為世間作将。為世間導。為世間舎。為世間**趣**。故発阿耨多羅三耶三菩。

羅什訳『大品般若経』巻第十五「知識品」第五十二（ibid., p.331c）

仏言：如是如是。須菩提。菩薩摩訶薩能為難事。於一切性空法中求阿耨多羅三藐三菩提。欲得阿耨多羅三藐三菩提。須菩提。諸菩薩摩訶薩為安隠世間故。発阿耨多羅三藐三菩提心。……為世間帰故為世間依処故。為世間洲故為世間究竟道故。為世間将導故為世間**趣**故。発阿耨多羅三藐三菩提心。

玄奘訳『大般若経』巻第四百四十五「第二分初業品」第五十之一（『大正』vol.7, p.245c）

仏告善現：如是如是。如汝所説。諸菩薩摩訶薩能為難事。於一切法自性空中。希求無上正等菩提。欲証無上正等菩提。善現。諸菩薩摩訶薩……為令世間得饒益故発趣無上正等菩提。……為与世間作帰依故発趣無上正等菩提。為与世間作舎宅故発趣無上正等菩提。欲示世間究竟道故発趣無上正等菩提。為与世間作洲渚故発趣無上正等菩提。……為与世間作導師故発趣無上正等菩提。為与世間作将帥故発趣無上正等菩提。為与世間作**所趣**故発趣無上正等菩提。哀愍世間生死苦故発趣無上正等菩提。

Pañca IV（Kimura［1990］，pp.95, 29 ～ 96, 1；p.96, 4 ～ 6）

Bhaga-vān āha：evam etat Subhūte evam etat, duṣkara-kārakā hi Subhūte bodi-sattvā mahā-sattvā, ye sva-lakṣaṇa-śūnyeṣu dharmeṣv an-uttarāṃ samyak-saṃbodhiṃ prārthayanty an-uttarāṃ samyak-saṃbodhim abhisaṃboddhu-kāmā lokasya hitāya, Subhūte bodhi-sattvā mahā-sattvāḥ ......lokasya layanaṃ lokasya prāyaṇaṃ lokasya dvīpā lokasya pariṇāyakā anukampakā nāthā lokasya **gatir** bhaviṣyāma iti an-uttarāyāṃ samyak-saṃbodhau saṃprasthitāḥ.

（17）無羅叉訳『放光般若経』巻第十二「随真知識品」第五十三（『大正』vol.8, p.82b）
須菩提。云何菩薩為世間**趣**。菩薩得阿耨多羅三耶三菩阿惟三仏時説五陰如**趣**空。

羅什訳『大品般若経』巻第十五「知識品」第五十二（ibid., p.332c）
云何菩薩摩訶薩為世間**趣**故。発阿耨多羅三藐三菩提心。須菩提。菩薩摩訶薩得阿耨多羅三藐三菩提時。為衆生説色**趣**空。

玄奘訳『大般若経』巻第四百四十五「第二分初業品」第五十之一（『大正』vol.7, p.247b）
善現。云何菩薩摩訶薩為与世間作**所趣**故発趣無上正等菩提。善現。諸菩薩摩訶薩希求無上正等菩提。修諸菩薩摩訶薩行。……欲為有情宣説開示。色以虚空為**所趣**。

Pañca IV（Kimura［1990］, p.101, 12 ～ 16）
kathañ ca Subhūte bodhi-sattvo mahā-sattvo 'n-uttarāṃ samyak-saṃbodhim abhisaṃboddhu-kāmaḥ sattvānāṃ **gatir** bhavati? iha Subhūte bodhi-sattvo mahā-sattvo mūḍhānām gatikānām sattvānām anta-śo 'n-uttarāṃ samyak-saṃbodhim abhisaṃbudhya **gatir** bhavati. ākāśa-**gatikaṃ** rūpam iti sattvānāṃ dharman deśayati......

（18）無羅叉訳『放光般若経』巻第十二「随真知識品」第五十三（『大正』vol.8, p.82c）
諸法**住**如六**波羅蜜**。是**住**亦無有還。

羅什訳『大品般若経』巻第十五「知識品」第五十二（ibid., p.333b）
須菩提。一切法**趣般若波羅蜜**是**趣**不過。

玄奘訳『大般若経』巻第四百四十六「第二分初業品」第五十之二（『大正』vol.7, p.248c）
善現。一切法皆以［布施浄戒安忍精進静慮］**般若波羅蜜多**為**趣**。諸菩薩摩訶薩於如是**趣**不可超越。

Pañca IV（Kimura［1990］, p.105, 8 ～ 9）
prajñā-pārami-tā-gatikā hi Subhūte sarva-dharmās te tāṅ **gatin** na vyativartate.

（19）竺法護訳『正法華経』巻第一「光瑞品」第一（『大正』vol.9, p.63a）
聞如是。一時仏遊王舎城霊鷲山。与大比丘衆倶。比丘千二百。一切……一切由**已獲度無極**。……菩薩八万皆……逮総持法……**至大知度無極**。……

羅什訳『妙法蓮華経』巻第一「序品」第一（ibid., pp.1c ～ p.2a）
如是我聞。一時仏住王舎城耆闍崛山中。与大比丘衆万二千人倶。皆是阿羅漢。……心**得**自在。……菩薩摩訶薩八万人。皆……得陀羅尼……**通達大智到於彼岸**。……（闍那崛多共笈多訳『添品妙法蓮華経』ibid., pp.134c ～ 135a も『妙法蓮華経』と同文）

Saddharma I［Nidāna-parivarta］（Vaidya［1960c］, p.1, 5 ～ 6；8；19 ～ 21；23）
evaṃ mayā śrutam. ekasmin samaye bhaga-vān Rāja-gṛhe viharati sma Gṛdhra-kūṭe parvate mahatā bhikṣu-saṃghena sārdhaṃ dvādaśabhir bhikṣu-śataiḥ sarvair

arhadbhiḥ......sarva-ceto-vaśi-tā-**parama-pārami-tā-prāptair**......a-śītyā ca bodi-sattva-sahasraiḥ sārdhaṃ sarvair......dhāraṇī-pratilabdhair......**prajñā-pārami-tā-gatiṃ-gatair**......

（20） 無羅叉訳『放光般若経』巻第十二「解深品」第五十四（『大正』vol.8, p.82c）

須菩提白仏言：世尊。菩薩摩訶薩。解**深般若波羅蜜**者為至何**趣**。仏告須菩提。菩薩摩訶薩能解**深般若波羅蜜**者。当**趣**薩云若。須菩提白仏言：如薩云若**所趣**者。是為菩薩摩訶薩解**深般若波羅蜜**。**趣**薩云若者。則為一切衆生作導。

羅什訳『大品般若経』巻第十五「趣智品」第五十三（ibid., p.334a）

須菩提白仏言：世尊。是諸菩薩摩訶薩解**深般若波羅蜜**者。当**趣**何所。仏告須菩提：是菩薩摩訶薩解**深般若波羅蜜**当**趣**一切種智。須菩提白仏言：世尊。是菩薩摩訶薩**能趣**一切種智者。則為一切衆生**所帰趣**修**般若波羅蜜**故。

玄奘訳『大般若経』巻第四百四十六「第二分調伏貪等品」第五十一（『大正』vol.7, p.250a）

時具寿善現白仏言：世尊。若菩薩摩訶薩能於如是**甚深般若波羅蜜多**。生於浄信及生勝解。是菩薩摩訶薩当何**所趣**。仏告善現：是菩薩摩訶薩当**趣**一切智智。具寿善現復白仏言：世尊。若菩薩摩訶薩**趣**一切智智者。是菩薩摩訶薩能与一切有情為**所帰趣**。仏告善現：如是如是如汝所説。若菩薩摩訶薩能於如是**甚深般若波羅蜜多**。生於浄信及生勝解。是菩薩摩訶薩則**能趣向**一切智智。**若能趣向**一切智智。是則能与一切有情為**所帰趣**。

Pañca IV（Kimura［1990］, p.107, 7 ～ 9）

Subhūtir āha：kiṃ-**gatikā** te Bhaga-van bodhi-sattvā mahā-sattvā bhaviṣyanti, ya imāṃ **gambhīrāṃ prajñā-pārami-tām** ājñāsyanti?

Bhaga-vān āha：sarv'ākāra-jña-tā-**gatikā** hi Subhūte bodhi-sattvā mahā-sattvā bhaviṣyanti, ya imāṃ **gambhīrāṃ prajñā-pārami-tām** ājñāsyanti.

Subhūtir āha：sarv'ākāra-jña-tā-**gatikās** te Bhaga-van bodhi-sattvā mahā-sattvāḥ sarva-sattvānāṃ **gatir** bhavanti.

Bhaga-vān āha：evam etat Subhūte evam etat, sarv'ākāra-jña-tā-**gatikās** te Subhūte bodhi-sattvā mahā-sattvāḥ sarva-sattvānāṃ **gatir** bhaviṣyanti, ye imāṃ **gambhīrāṃ prajñā-pārami-tām** adhimokṣyante.

（21） 無羅叉訳『放光般若経』巻第十三「甚深品」第五十八（『大正』vol.8, p.90a）

仏言：不如是菩薩摩訶薩念**般若波羅蜜**。応行一日如**般若波羅蜜**中教。其功徳不可計。何以故。菩薩因是**乗**疾得成阿耨多羅三耶三菩故。

羅什訳『大品般若経』巻第十七「深奥品」第五十七（ibid., p.344b ～ c）

仏告須菩提：不如菩薩摩訶薩**深般若波羅蜜**中。一日如説修行得福多。何以故。**般若波羅蜜**是諸菩薩摩訶薩**道**。乗是**道**疾得阿耨多羅三藐三菩提。

玄奘訳『大般若経』巻第四百五十「第二分甚深義品」第五十五之二（『大正』vol.7, p.270a）

仏告善現：若菩薩摩訶薩。依**深般若波羅蜜多**。経一昼夜如説而学。所獲功徳甚多於彼。所以者何。善現。**甚深般若波羅蜜多**。是諸菩薩摩訶薩衆所乗之**道**。諸菩薩摩訶薩乗此**道**故。疾至無上正等菩提。

Pañca IV（Kimura［1990］, p.167, 21 ～ 24）

Bhaga-vān āha：ayam eva tataḥ Subhūte kula-putro vā kula-duhitā vā bahutaraṃ puṇyaṃ prasaved, ya iha **gambhīrāyāṃ prajñā-pārami-tāyām** yathopadiṣṭāyāṃ yogam āpadyate. tat kasya hetoḥ? eṣa hi bodhi-sattvānāṃ mahā-sattvānāṃ **mārgo** yenān-uttarāṃ samyak-saṃbodhim abhisaṃbudhyante.

(22)　施護訳『仏説帝釈般若波羅蜜多心経』［991年訳出］（『大正』vol.8, p.847b）

曩謨・鉢囉〈二合〉倪也〈二合〉・波〈引〉囉祢多〈引〉曳〈引〉・怛儞也〈二合〉他〈引〉・唵・紇凌〈二合〉・室凌〈二合〉・特凌〈二合〉・室嚕〈二合〉帝・特哩〈二合〉帝・娑蜜哩〈二合〉・**誐帝**・尾曳〈引〉惹（read：尾惹曳〈引〉）・娑嚩〈二引合〉賀〈引〉

……曩謨・鉢囉〈二合〉倪也〈二合〉・波〈引〉囉弥多〈引〉曳〈引〉・怛儞也〈二合〉他〈引〉・唵〈引〉・阿嚕黎迦・娑嚩〈二合引〉賀〈引〉

……曩謨・鉢囉〈二合〉倪也〈二合〉・波〈引〉囉弥多〈引〉曳・怛儞也〈二合〉他〈引〉・誐帝・誐帝・波〈引〉囕誐帝・波〈引〉帝囉僧誐帝・冒地・娑嚩〈二合引〉賀〈引〉

(23)　竺法護訳『光讃経』巻第七「観品」第十七の〈総持門（文字門文字所入因緣之門）〉には対応訳なし。

無羅叉訳『放光般若経』巻第四「陀隣尼品」第二十〈陀隣尼門（与字等与言等字所入門）〉（『大正』vol.8, pp.26c ～ 27a）

若有菩薩摩訶薩。聞是四十二字所入句。印者持諷誦者。若復為他人解説其義。不以望見持諷誦者当得二十功德。何等為二十。一者得強識念力。二者得慚愧差恥力。三者得堅固行力。四者得**覚**知力。五者得弁才工談語力。……

羅什訳『大品般若経』巻第五「広乗品」第十九〈陀羅尼門（字等語等諸字入門）〉（ibid., p.256b）

若菩薩摩訶薩。是諸字門印阿字印。若聞若受若誦若読若持若為他説。如是知当得二十功徳。何等二十。得強識念。得慚愧。得堅固心。得**経旨趣**。得智慧。得楽説無礙。……

玄奘訳『大般若経』巻第四百一十五「第二分念住等品」第十七之二〈陀羅尼門（字平等性語平等性入諸字門）〉（『大正』vol.7, p.82b）

若菩薩摩訶薩能聴如是入諸字門印相印句。聞已受持読誦通利。為他解説不徇名誉利養恭敬。由此因縁得二十種功徳勝利。云何二十。謂：得強憶念。得勝慚愧。得堅固力。得怯（read：法 or 経）**旨趣**。得増上覚。得殊勝慧。得無礙弁。……

Pañca I（Dutt［1934］, p.213, 13 ～ 17）

yo hi kaś cit Subhūte bodhi-sattvo mahā-sattva imām a-kārādy-akṣara-mudrāṃ śroṣyati śrutvā codgrahīṣyati dhārayiṣyati vācayiṣyati pareṣāṃ deśayiṣyati ramayati（read：rama*yiṣya*ti）tayā santatyā tasya viṃśatir anuśaṃsāḥ pratikāṃkṣitavyāḥ. katamā viṃśatiḥ. ① smṛti-māṃś ca bhaviṣyati. ② mati-māṃś ca bhaviṣyati. ③ **gati**-māṃś ca bhaviṣyati. ④ dhṛti-māṃś ca bhaviṣyati. ⑤ hrī-māṃś ca ⑥ prajñā-vāṃś ca ⑦ pratibhāna-vāṃś ca ......

(24) *Sukhāvatī*（Vaidya［1961］, p.247, 19）

hrī-manto dhṛti-mantaḥ smṛti-manto mati-manto **gati**-mantaḥ......

廉恥を備えたひと，堅持を備えたひと，知恵を備えたひと，**理解**を備えたひとであり……

(25) *GVy* §29［Veṣṭhilaḥ］（Vaidya［1960b］, p.147, 28 ～ 30）

su-vibhaktāṃ saṃbhinnāṃ caiṣāṃ dharma-deśanāṃ smarāmi, saṃdhārayāmi, smṛtyā codgṛhṇāmi. **gatyā** pravicinomi. bhaktyā pravibhajāmi. buddhyānugacchāmi. prajñayā prakāśayāmi.

わたしはみごとに弁別され，完全に区分された，この教法の説示を憶念し，完全に記憶し，憶念によって受持し，**理解**によって分析し，信愛によって崇拝し，覚醒（or 統覚）によって容認し，智慧によって解説します。（第 29「ヴェーシュティラ」節）

(26) 不空訳『修習般若波羅蜜菩薩観行念誦儀軌』〈本尊真言〉（『大正』vol.20, p.613b）

娜謨婆〈去〉誐嚩怛曳〈二合引一〉鉢囉〈二合引〉枳孃〈二合〉播〈引〉囉弭路〈引〉曳〈二〉唵〈三〉紇唎〈二合入引〉地〈引入〉室哩〈二合引四〉秫嚕〈二合〉底・尾惹曳〈五〉娑嚩〈二合引〉賀

この〈般若波羅蜜多根本真言〉は『陀羅尼集経』「般若大心経」では〈般若無尽蔵陀羅尼〉と呼ばれていた。

阿地瞿多訳『陀羅尼集経』巻第三「般若大心経」〈般若無尽蔵陀羅尼〉（『大正』vol.18, p.806b）

那〈上〉謨〈上〉婆伽筏帝〈一〉鉢囉〈二合上〉若〈若冶反〉波囉弭〈上〉多〈上〉曳〈二〉唵〈三〉唎伊〈伊棄反起音二合下同四〉地伊〈二合五〉室唎〈上音二合六〉輸嚧〈二合〉陀〈七〉毘社曳〈八〉莎訶〈九〉

同陀羅尼は羅什訳『金剛般若経』末尾に付加された〈金剛般若真言〉とも類似する。

羅什訳『金剛般若経』（『大正』vol.8, p.752c）

那謨・婆伽跋帝・鉢喇壊波羅弭多曳・唵・伊利底・伊室利・輸盧駄・毘舎耶・毘舎耶・莎婆訶

(27) 失訳『大金色孔雀王呪経』［帛尸利蜜多訳別本に比定］（『大正』vol.19, p.478a）

阿難此大孔雀呪王。弥勒菩薩随順所説。即説呪曰：

尸利・尸利・尸利・尸利・婆陀・樹樹知・婆帝隷・訶隷・訶隷・訶利膩・檀帝・睒婆隷・尸徳・収羅婆膩・収羅婆膩・**菩提**・**菩提**・**菩提**・**菩提**・菩提薩斗婆・菩提婆利遮羅尼裔・**悉波訶**

失訳『仏説大金色孔雀王呪経』［帛尸利蜜多訳に比定］（ibid., p.480a）

阿難此大孔雀王呪。弥勒菩薩随順所説。即説呪曰：

尸利梨・尸利・尸利・婆地地・樹樹知・婆帝隷・訶隷・訶隷・隷阿利膩・僤帝・睒婆隷・尸備・抆羅抆羅波膩波膩・**菩提**・**菩提**・**菩提**・菩提薩斗婆・菩提婆利遮羅尸裔・**悉婆訶**

僧伽婆羅訳『孔雀王呪経』巻下（ibid., p.456a ～ b）

阿難此大孔雀王呪。弥勒菩薩所説所随喜。其呪如是：

尸利・尸利・尸利・跋陀・堅帝〈当利反後皆同〉・堅帝・跋陀離・呵隷・呵呵梨尼・檀底・賖波離・尸弭〈亡臂反〉・守羅波尼・**菩提**・**菩提**・**菩提**・菩提薩埵・菩提波利遮梨尼易

義浄訳『仏説大孔雀呪王経』巻下（ibid., p.472b ～ c）

復次阿難陀此大孔雀呪王。是慈氏菩薩随喜宣説饒益衆生。即説呪曰：

怛姪他・室哩・室哩・室哩・跋姪麗・樹底・樹底・樹底・跋姪囇・喝囇・喝囇・喝囇・喝利儞憚底・摂伐囇・式佉〈上〉・輸攞波膩儞・**菩地**・**菩地**・**菩地**・菩地薩埵〈丁恵〉・菩地鉢哩遮哩尼褭・**莎訶**

不空訳『仏母大金曜孔雀明王経』巻下（ibid., pp.434b ～ 435a）

復次，阿難，慈氏菩薩亦随喜宣説此仏母大孔雀明王。真言曰：

怛儞也〈二合〉**他**〈引一〉・試哩・試哩〈二〉・試哩・ 跋捺𡃤〈二合三〉・孺底・孺底〈四〉・孺底・跋捺𡃤〈二合五〉・賀𡃤・賀𡃤〈六〉・賀哩抳〈七〉・難〈上〉底・捨嚩𡃤〈八〉・試吠〈九〉・戍囉播〈引〉抳顊〈十〉・**冒**〈引〉**地・冒**〈引〉**地**〈十一〉・**冒**〈引〉**地・冒**〈引〉**地**〈十二〉・冒〈引〉地薩怛吠〈二合十三〉・冒〈引〉地鉢哩播〈引〉左抳〈引〉曳・**娑嚩**〈二合引〉**賀**〈引十四〉

(28)　じつは『心経』の“bodhi”を ī 語幹の女性名詞の呼格とみる解釈はすでに塚本啓祥氏の『心経』和訳に註記されていた。塚本啓祥［1982］:「bodhi（菩提）ここでは女性・単数・呼格（ī 語幹）として用いられる。「さとりよ」の意。Edgerton：*BHSG* 10.34.」(p.24)。拙稿：原田和宗［2002］執筆時，わたしは塚本啓祥氏のこの重要な註記を見落としていた。塚本啓祥氏には失礼の段をお詫び申し上げます。

(29)　失訳人名今附東晋録『仏説師子奮迅菩薩所問経』（『大正』vol.21, pp.875c ～ 876a）

多嗟咃・屠邏濘・陀羅尼・牟濘・波邏娑散濘・悉題・戦題攤・那牟支・涅呵攤・盧伽波喓・仏喓波提・喓攤・迦羅咰郁迦吒・羅殊波**竭**泜・泜殊波喓・肥舎邏**仏提**・旦摩婆嘶・阿叉蛇兮波・**伽**泜・阿滅律多兮波・休多題・泜殊伐喓・呢喓蛇三摩頞泜・泜殊伽邏伐喓・喓拏**仏提**・因提利蛇**仏提**・**莎訶**

失訳人名今附東晋録『仏説花聚陀羅尼呪経』（ibid., p.876c）

多狄他・度羅尼・陀羅尼・陀羅尼・磨祢波・歩婆散尼・悉題・旃題・涅目脂・涅呵梨・慮伽鉢帝・仏陀鉢帝・帝梨・烏迦囉咰佉伽羅咰・囉殊波**伽帝**・帝闍和帝・毘舎羅仏題・曇摩波嘶・阿叉夜羯卑・羯波和帝・* 阿弥多羯卑・休多舎尼・帝闍咰帝・泥句婆摩一唏帝・帝闍伽呵和帝・因題夜**仏題**・咥拏**仏提**・**莎訶**［**amṛta* が『花聚陀羅尼呪経』では「阿弥多」と音写される。これは「阿弥陀」の原語を amṛta（不死）に求める仮説に有利である。後出の『陀羅尼雑集』の音訳「阿媚多」も同様。］

施護訳『仏説花積楼閣陀羅尼経』［988 年訳出］（ibid., p.877c）

怛儞也〈二合〉**他**〈引一〉駄囉尼・駄囉尼〈二〉母儞〈引〉・鉢囉〈二合〉婆〈引〉娑嚩〈二合〉哩〈引三〉悉地〈引〉賛捺哩〈二合引四〉曩〈引〉他唧・儞哩賀〈二合引〉哩〈引五〉阿〈引〉嚕〈引〉誐也〈二合〉嚩底〈六〉没駄縛底〈七〉尾哩〈引〉烏迦致・囉祖波**誐帝**〈引八〉帝〈引〉祖嚩底〈九〉尾捨〈引〉羅**没地**・達哩麼〈二合引〉嚩婆〈引〉細〈引十〉阿乞叉〈二合〉野羯臘閉〈二合引十一〉羯臘波〈二合〉嚩

底〈十二〉阿蜜哩〈二合〉哆羯臘閉〈二合引十三〉護哆〈引〉舍儞〈引十四〉帝〈引〉祖嚩底・儞怛也〈二合〉三摩〈引〉呬帝〈引十五〉帝〈引〉祖嚩底・底乞叉赧〈三合〉捺哩〈二合〉野**没地・娑嚩**〈二合引〉**賀**〈引十六〉

未詳撰者今附梁録『陀羅尼雑集』巻第十〈見仏随願陀羅尼〉(ibid., p.634c)

多擲哆・度羅尼・陀羅尼・陀利尼・牟濘・波羅婆散濘・悉提・旃地利・涅呵梨・路伽鉢提・仏陀鉢提・地梨・郁伽羅提知・頼樹波**伽提**・提耆鉢提・比舍羅**仏提**・曇摩波斯・薁叉蛇羯比・羯波啾提・阿媚多羯波・休多舎民・呢多三摩希提・提者其力呵鉢提・睫拏**仏提**・因地利蛇**仏提・莎呵**

(30) 現在のチベット人僧侶は『心経』の“tad yathā”を「テヤター」と発音。ゲシェー・ソナム・ギャルツェン・ゴンタ, 他［2002］, p.162, 註 72.

(31) 宝思惟訳『仏説随求即得大自在陀羅尼神呪経』［693 年訳出］〈一切仏心呪〉(『大正』vol.20, pp.639c ～ 640a)

唵〈一〉薩婆怛他掲多慕嘌〈二合〉帝〈二〉鉢囉〈二合〉筏囉掲多婆〈重〉曳〈三〉奢摩演都・麼摩〈某甲〉・写・薩婆跛閉瓢〈四〉莎悉底〈丁儞反二合〉囉婆〈重二合〉筏都〈五〉牟支・牟支・毘牟支〈六〉遮唎・遮羅儞〈七〉**掲帝**〈八〉婆〈重〉陀〈重〉囉斓〈九〉**歩**〈長〉**地・歩**〈長〉**地**〈十〉歩陀〈重〉唧・歩陀〈重〉唧〈十一〉勃地利・勃地臨〈十二〉薩婆怛他掲多頡嘌〈二合〉駄〈上〉唧〈十三〉樹瑟鯠〈二合十四〉莎呵〈十五〉

不空訳『普遍光明清浄熾盛如意宝印心無能勝大明王大随求陀羅尼経』巻上［第二呪］(ibid., p.620b)

唵・薩嚩怛他〈引〉誐多没〈引〉哩帝〈二合〉・鉢囉〈二合〉嚩囉尾誐多婆曳・捨麼野薩嚩・〈二合短〉銘・婆誐嚩底・薩嚩播閉毘喩〈二合〉・娑嚩〈二合〉娑底〈二合〉・婆嚩覩・母顐・母顐・尾母顐・左嚟・佐攞寧・婆野尾**誐帝**・婆野賀囉抳・**冒地・冒地**・冒駄野・冒〈引〉駄野・没地里・没地里・薩嚩怛他〈引〉誐多紇唱〈二合〉乃野足〈溗浴反〉瑟鯠〈二合〉・薩嚩〈二合〉賀

不空訳『金剛頂瑜伽最勝秘密成仏随求即得神変加持成就陀羅尼儀軌』〈心仏心真言〉(ibid., p.648a)

唵・薩嚩怛他〈去引〉蘖多没帝〈引毘盧遮那如来九会世界〉鉢囉〈二合〉嚩囉尾誐多〈上〉婆〈去〉曳〈四智如来〉捨麼野娑嚩〈二合短声〉銘〈如来一切智〉婆誐嚩底薩嚩播閉毘薬〈二合四智一切智〉娑嚩〈二合短声〉娑底婆嚩覩母儞母儞〈三十七尊〉尾母顐左隸〈三十七尊一切智〉左攞顐・婆野尾**誐帝**〈賢劫十六尊〉婆野賀囉抳〈一切智〉**冒地・冒地**〈衆生度〉冒駄耶・冒駄耶〈施衆生智慧〉没地哩・没地哩〈施衆生良薬〉薩嚩怛他〈去引〉蘖多〈施衆生珍宝飲食〉紇哩〈二合〉乃耶足〈取欲反〉瑟鯠〈二合〉娑嚩〈二合〉賀〈施衆生安楽〉

『大正』vol.20 所収：不空訳『普遍光明清浄熾盛如意宝印心無能勝大明王大随求陀羅尼経』巻下末尾付録〈梵文『大随求陀羅尼』ローマナイズ〉(p.633, 21 ～ 23)

oṃ sarva-tathāgata-mūrtte svāhā, paravara-vigata-bhaye samayasva (read：*śa*mayasva) māṃ bhaga-vati sarva-pāpān hṛdayaḥ svastir bhavatu mama sa-parivārasya sarvasattvānāñ ca muni 2 vimuni 2 cari calane bhaya-vi**gate** bhaya-hariṇi **bodhi** 2 bodhaya 2 budhili 2 cumvili 2 sarva-tathāgata-hṛdaya-juṣṭe svāhā.

岩本裕氏校訂梵文 *Mahā-pratisarā*（筆者未入手につき，浅井覚超［1987］，p.92，31～34より転載。ただし，浅井論文のそれはミスプリントが多いので，古坂紘一［1993］所載文によってあらかじめ訂正しておく）

oṃ paravara-vigata-bhaye śamayasva me bhaga-vati sarva-pāpaṃ svastir bhavatu mama sarva-sattvānāṃ ca svāhā.

oṃ muni 2 vimuni 2 dhari cari calane bhaya-vi**gate** bhaya-hariṇi, **bodhi** 2 bodhaya 2 budhili 2 cumvili 2 sarva-tathāgata-hṛdaya-juṣṭe svāhā.

古坂紘一［1993］では京都・清水寺の大随求菩薩像の光背に刻印された大随求陀羅尼梵文を底本に据えて岩本裕氏校訂本・チベット訳・不空漢訳本との比較が丹念に遂行されている。

（32）弥陀山訳『無垢浄光大陀羅尼経』［貞観年間訳出］〈根本陀羅尼呪〉（『大正』vol.19, p.718b）

……**菩提・菩提**〈十四〉勃地〈亭也反下同〉・毘勃地〈十五〉菩馱也・菩馱也〈十六〉……**莎**〈引〉**訶**〈引二十〉

弥陀山訳『無垢浄光大陀羅尼経』巻末付録〈根本陀羅尼呪〉梵文［宮坂宥勝氏によるローマナイズ］（『大正』vol.19, p.721b；宮坂宥勝［1983］：所収「百万塔陀羅尼」, pp.84, 24～85, 1）

......**bodhi bodhi** bodhya bodhya bibodhaya bibodhaya bodhya bodhya......**svāhā**.

重文『百万塔陀羅尼』〈根本陀羅尼〉からの還梵（宮坂宥勝［1983］：所収「百万塔陀羅尼」, p.77, 13～19）

......**bodhi bodhi** bodhya vibodhya bodhaya bodhaya......**svāhā**.

チベット訳 *Raśmi-vimala* における陀羅尼の音写（宮坂宥勝［1983］：所収「百万塔陀羅尼」, p.78, 5～10）

......**bodhi bodhi** budhya budhya, bodhaya bodhaya......**svāhā**.

（33）『梵字菩提場荘厳陀羅尼』（宮坂宥勝［1983］：所収「三十帖策子の梵文について」, pp.107, 24～108, 22. cf. ibid., pp.129, 29～130, 25）

......**tad yathā** oṃ **bodhi bodhi bodhi bodhi**......śama śama **praśama praśama sa-rva**-pāpa-**praśamane**......**svāhā**.

不空訳『菩提場荘厳陀羅尼経』（『大正』vol.19, p.671b）

……**怛儞也**〈二合〉**他**〈引〉・唵・**冒地・冒地・冒地・冒地**……捨麼・捨麼・**鉢囉**〈二合〉**捨麼・鉢囉**〈二合〉**捨麼・薩嚩播**〈引〉**跛鉢囉**〈二合〉**捨麼寧**……**娑嚩**〈二合引〉**訶**〈引〉

実叉難陀訳『百千印陀羅尼経』一巻〈根本陀羅尼〉（『大正』vol.21, p.885c）

……**怛姪他**・唵〈一〉**部地・部地・部地・部地**〈二〉……閃麼・閃麼・**跋閃麼・跋閃麼**〈十五〉**薩婆播波跋閃麼寧**〈十六〉……**娑婆訶**

実叉難陀訳『百千印陀羅尼経』〈根本陀羅尼〉（ibid., p.886a～b）

……**但姪他**〈一〉唵〈引声二〉**菩提・菩提・菩提・菩提**〈三〉……睒摩・睒摩〈十七〉**鉢囉睒摩・鉢囉睒摩**〈十八〉**薩婆播波鉢囉睒摩寧**〈十九〉……**薩婆訶**〈二十二〉

(34) 阿地瞿多訳『陀羅尼集経』巻第六〈観世音等諸菩薩巻下〉「何耶掲唎婆観世音菩薩法印呪品」〈一呪法第十二〉(『大正』vol.18, p.836c)

哆姪他〈一〉**勃地・勃地**〈二〉素**勃地**〈三〉因達㗚〈二合〉**勃地**〈四〉……**莎**〈去音〉**訶**〈七〉

不空訳『聖賀野紇哩縛大威怒王立成大神験供養念誦儀軌法品』下巻(『大正』vol.20, p.164a)

跢姪他〈二〉**勃地・勃地**〈二〉素**勃地**〈三〉因達梨〈二合〉**勃地**〈四〉……**娑嚩**〈二合〉**賀**

『何耶掲唎婆像法』(ibid., p.171c)

帰命**多姪他**〈一〉**勃地・勃地**〈二〉素**勃地**〈三〉因達㗚〈二合〉**勃地**〈四〉……**莎**〈去〉**訶**

阿地瞿多訳『陀羅尼集経』巻第十一〈諸天巻下〉「諸天等献仏助成三昧法印呪品」〈遮文茶呪第四十四〉(『大正』vol.18, p.883a)

……**仏提・仏提**〈三十三〉……**莎訶**〈八十句〉

菩提流志訳『不空羂索神変真言経』巻第十四「不思議観陀羅尼真言品」第二十二〈不思議観陀羅尼真言〉(『大正』vol.20, p.297a ～ c)

……**怛𡃤**〈亭也反引〉**他**〈十八句〉唵〈喉中声呼之〉……**菩地・菩地**〈八十一句〉……勃𡃤〈亭夜反〉勃𡃤〈九十三句〉菩陀〈上〉野……**莎**〈二合〉**縛訶**〈一百五句〉

菩提流志訳『護命法門神呪経』[693年訳出]〈金剛商羯羅大天女所説陀羅尼句(法門護命神呪)〉(ibid., p.587a)

怛姪他……烏**勃提**〈八〉彌**勃提**〈九〉三**勃提**〈十〉婆虎**勃提**〈十一〉毘始瑟吒**勃提**〈十二〉**勃提**〈十三〉**勃提**〈十四〉**勃提**〈十五〉**勃提**〈十六〉**勃提**〈十七〉……**莎訶**〈二十七〉

法賢訳『仏説慈氏菩薩誓願陀羅尼経』[996年訳出](ibid., p.600b ～ c)

……**怛𩏶他**〈引五〉……**冒地・冒地**〈十六〉摩賀〈引〉**冒地・娑嚩**〈二合引〉**賀**〈引十七〉

義浄訳『仏説荘厳王陀羅尼呪経』[701年訳出](『大正』vol.21, p.895b ～ c)

但姪他〈二〉**勃睇**〈三〉**蘇勃睇**〈四〉……**莎訶**〈二十但是口辺作字者皆可弾舌道之〉

未詳撰者今附梁録『陀羅尼雑集』巻第四「仏説護諸童子陀羅尼呪経〈三蔵菩提流支訳〉」(ibid., p.601a)

嗟姪他・菩陀・菩陀・菩陀……**菩提・菩提**……**蘇婆呵**

『陀羅尼雑集』巻第六〈観世音菩薩説焼華応現得願陀羅尼〉(ibid., p.612b)

……仏陀蛇・菩提蛇・菩提蛇……菩提蛇・菩提蛇・菩提蛇……・**菩提・菩提・菩提**……**莎呵**

『陀羅尼雑集』巻第十〈観世音現身施種種願除一切病陀羅尼〉(ibid., p.635a)

……仏地蛇・仏地蛇・菩提蛇・菩提蛇……菩提蛇・菩提蛇・菩提蛇・菩提蛇……**菩**

提・**菩提**・菩提蛇……**莎呵**

法賢訳『仏説洛叉陀羅尼経』［996年訳出］（ibid., p.907c）

……**怛韈他**〈引七〉**冒地**・**冒地**〈八〉……**娑嚩**〈二合引〉**賀**〈引三十六〉

提雲般若等訳『智炬陀羅尼経』［691年訳出］（ibid., p.914a ～ b）

……羅嚕**勃低**〈句三十八〉……**颯婆**〈去〉**訶**〈句四十六〉**姪怛他**〈句一〉……薩埵〈顛也反下並同〉曷囉多**勃提**〈徒沓反下並同句十二〉……薩埵**勃提**〈句十五〉……阿〈上〉鉢囉底訶多**勃提**〈句二十九〉……**颯婆**〈去〉**訶**〈句三十八〉

施護訳『仏説智光滅一切業障陀羅尼経』［988年訳出］（ibid., p.915b ～ c）

怛儞也〈二合〉**他**〈引一〉……阿鉢囉〈二合〉底賀［多］**没弟**〈八〉……阿鉢囉〈二合〉底賀多**没弟**〈十七〉……**娑嚩**〈二合引〉**賀**〈引二十〉

(35)　玄奘訳『大般若経』末尾に『心経』の神呪が〈般若仏母心呪〉の名で付加され，『大般若経』以前に訳された『陀羅尼集経』ではそれが「般若大心陀羅尼／般若大心呪」とも記載されている以上，玄奘とその門下生たちは『心経』の神呪が「般若仏母（Bhagavatī Prajñā-pāramitā）」という女尊固有の真言であり，かつ，その女尊の真言が「心呪（hṛdaya）」であることも十分に承知していたはずである。したがって，彼らに合理的思考能力が少しでもあれば，『般若心経』の「心」が意味するものが決して『大般若経』の核心・要訣などではなく，般若仏母の「心呪」にほかならないことを理解したはずである。しかし，円測や基といった門下生たちは『心経』に対する彼らの註釈ではそのことを一言も仄めかそうとしない。彼らはその事実を意図的に隠蔽したといわれても弁明の余地がないであろう。

(36)　天息災訳『仏説聖仏母小字般若波羅蜜多経』［982年訳出］（『大正』vol.8, p.853b）

［発起**般若波羅蜜多心**。是時世尊告聖観自在菩薩摩訶薩：汝等諦聽我今為汝。説］是聖**仏母小字般若波羅蜜多真言**曰：

曩莫〈入一〉舎〈引〉吉也〈二合反二〉母曩曳〈引三〉怛他〈去引〉誐哆〈引〉野〈引四〉嘌喝〈二合〉帝〈引五〉三麼薬〈二合反〉訖三〈二合〉没馱〈引〉野〈六〉怛儞也〈二合反〉他〈引八〉母籲〈引〉・母籲〈引九〉・摩賀〈引〉母曩曳〈引十〉娑嚩〈二合引〉賀〈引十〉

仏告聖観自在菩薩摩訶薩言：此**聖仏母小字般若波羅蜜多真言**。一切諸仏由是得阿耨多羅三藐三菩提。我亦由是**小字般若波羅蜜多真**言故。得成無上正等菩提。往昔有仏亦名「釈迦牟尼如来」。於彼仏所聞説是法。

(37)　求那跋摩訳『菩薩善戒経』巻第一「発菩提心品」第三には対応訳なし。

曇無讖訳『菩薩地持経』巻第一「持方便発菩提心品」第二（『大正』vol.30, p.890c）

若他所用無験呪術。菩薩用之悉皆神験。已能成就。

玄奘訳『瑜伽論』巻第三十五「本地分中菩薩地」第十五〈初持瑜伽処〉「発心品」第二（ibid., p.482b）

若余衆生為欲息滅疾疫災横。所用無験呪句明句。菩薩用之尚令有験。何況験者。

BoBh Cittotpāda-paṭala（Wogihara［1971］, p.20, 9 ～ 12；相馬一意［1986b］, p.24に和訳あり）

a-siddhāny api ca tad-anya-hasta-gatāni sattvānām īty-upadravopasarga- saṃśamakāni mantra-padāni vidyā-padāni tad-hasta-gatāni sidhyanti. kaḥ punar vādaḥ siddhāni.

効き目のない呪文でも発心した菩薩の手にかかれば，効力を発揮するとあるように，「発心品」の直接的な文脈は菩薩の「発心」の威力を称えるものであるが，菩薩はその呪文を衆生に降りかかる災難を鎮めるために用いる。いわば利他行としてマントラを行使するのである。この点において中期大乗仏教徒と初期密教徒の目的は一致している。なお，『菩薩地』「菩提分品」に説かれる菩薩が修すべき四種陀羅尼の一つ〈呪陀羅尼(mantra-dhāraṇī)〉の定義も参看のこと。Cf. 氏家覚勝［1987］，pp.92 ～ 93.

『小本・心経』の原初テキストの復元案と諸節・諸語句の出自一覧

ここでは，本書の検討から推知できた羅什訳『大明呪経』が依拠したであろうサンスクリット文の復元案を提示し，あわせて，読者の便を考えて『心経』諸節・諸語句の出自・源泉資料に関する最小限のリストを掲載する。各節ごとに，最初に『大明呪経』の原文とそのサンスクリット文復元案を枠で囲って提示し，出自・源泉資料のリストを続ける。

【1】第一〈観察〉節——散文部分【起】節

観世音菩薩。行深般若波羅蜜時。照見五陰空。度一切苦厄。 namas Sarva-jñāya Āryāvalok*ita-sva*ro bodhi-sattvo gaṃbhīrāyāṃ prajñā-pāramitāyāṃ caryāṃ caramāṇo vyavalokayati sma：pañca skandhās, tāṃś ca śūnyān paśyati sma.

節全体

Lalita VII（外薗幸一［1994］，p.442, 12 ～ 22）

sa......catur-diśam......（ii）vyavalokayati sma......bodhi-sattvaḥ......divyena cakṣuṣā......loka-dhātuṃ......（iii）paśyati sma......（v）vyavalokayati sma：asti tv asau kaś cit sattvo yo......（vi）na kaṃ cit sattvam ātma-tulyaṃ paśyati sma"

gaṃbhīrāyāṃ prajñā-pāramitāyāṃ

Aṣṭa・*Pañca* の随所に "gaṃbhīrāyāṃ prajñā-pāramitāyāṃ" という於格の名詞構文あり。

caryāṃ caramāṇo

GVy §43 k.22（Vaidya［1960b］，p.316, 24）

caramāṇa caryāṃ

GVy §43（p.332, 10）

bodhi-sattva-caryāṃ caramāṇā

Suvarṇa XVIII（Bagchi［1967］，p.101, 18）

pūrva-bodhi-sattva-caryāṃ caramāṇasya

vyavalokayati ...... pañca skandhās, tāṃś ca śūnyān paśyati

Aṣṭa XXVII（Vaidya［1960a］，p.221, 32）

sarva-dharmāś ca anena śūnya-tā-to vyavalokitā bhavanti

Saddharma XIII（Vaidya［1960c］，p.167, 6）

bodhi-sattvo......sarva-dharmān śūnyān vyavalokayati

Pañca IV（Kimura［1990］, p.72, 18）

pañca-skandhā lokaḥ śūnya iti sūcayati

Pañca VIII（Kimura［2006］, p.96, 14 〜 15）

bodhi-sattvo......prajñā-pārami-tāyāṃ caran pañca-skandhāḥ prakṛti-śūnyā iti dharmaṃ deśayati"

Pañca VIII（p.135, 2 〜 3）

bodhi-sattvo......prajñā-pārami-tāyāṃ caran ye......loka-dhātavas tān sarvān śūnyān paśyati

Pañca VIII（p.135, 25）

yena cakṣuṣā sarva-dharmā［*n*］śūnyān paśyati

【2】第二〈空性〉節——散文部分【承】節

【2.1】（-IIIb'）色空故無悩壊相。受空故無受相。想空故無知相。行空故無作相。識空故無覚相。何以故。舎利弗。（IIa）非色異空。（IIb）非空異色。（Ia）色即是空。（Ib）空即是色。受想行識亦如是。【2.2】舎利弗是諸法空相。不生・不滅。不垢・不浄。不増・不減。是空法。非過去・非未来・非現在。【2.3】是故空中。無色無受想行識。無眼耳鼻舌身意。無色声香味触法。無眼界乃至無意識界。無無明亦無無明尽。乃至無老死無老死尽。無苦集滅道。無智亦無得。

【2.1】（-IIIb'1）*yā rūpa-śūnya-tā na sā rūpayati.*（-IIIb'2）*yā vedanā-śūnya-tā na sā vedayati.*（-IIIb3'）*yā saṃjñā-śūnya-tā na sā saṃjānīte.*（-IIIb'4）*yā saṃskāra-śūnya-tā na sābhisaṃskaroti.*（-IIIb'5）*yā vijñāna-śūnya-tā na sā vijānāti. tat kasya hetoḥ. tathā hi* Śāri-putra（Ia1）rūpaṃ śūnya-tā,（Ib1）śūnya-taiva rūpam.（IIa1）rūpān na pṛthak śūnya-tā,（IIb1）śūnya-tāyā na pṛthag rūpam.（IIIa1）yad rūpaṃ sā śūnya-tā,（IIIb1）yā śūnya-tā tad rūpam. evam eva vedanā-saṃjñā-saṃskāra- vijñānāni.【2.2】iha Śāri-putra sarva-dharmāḥ śūnya-tā-lakṣaṇā an-utpannā a-niruddhā a-malā a-vimalā nonā na paripūrṇāḥ *nātītā nāgatā na pratyutpannāḥ*【2.3】tasmāc Chāri-putra śūnya-tāyāṃ na rūpaṃ na vedanā na saṃjñā na saṃskārā na vijñānam. na cakṣuḥ-śrotra-ghrāṇa-jihvā-kāya-manāṃsi, na rūpa-śabda-gandha-rasa-spraṣṭavya-dharmāḥ, na cakṣur-dhātur yāvan na mano-vijñāna-dhātuḥ. nā-vidyā nā-vidyā-kṣayo yāvan na jarā-maraṇaṃ na jarā-maraṇa-kṣayo na duḥkha-sam-udaya-nirodha-mārgā, na jñānaṃ na prāptiḥ.

節全体

Pañca I（Dutt［1934］, pp.45, 14 〜 47, 3）

【2.1】......（-IIIb'1）yā rūpa-śūnya-tā na sā rūpayati.（-IIIb'2）yā vedanā-śūnya-tā na sā vedayati.（-IIIb'3）yā saṃjñā-śūnya-tā na sā saṃjānīte.（-IIIb'4）yā saṃskāra-śūnya-tā na sābhisaṃskaroti.（-IIIb'5）yā vijñāna-śūnya-tā na sā vijānāti. tat kasya hetoḥ. tathā hi Śāri-putra（IIa1）nānyad rūpam anyā **śūnya-tā**,（IIb1）nānyā śūnya-tā anyad rūpam.（Ia1）rūpam eva śūnya-tā,（Ib1）śūnya-taiva rūpam......（IIa5）**nā**nyad vijñānam anyā śūnya-tā,（IIb5）nānyā śūnya-tā anyad vijñānam.（Ia5）vijñānam eva śūnya-tā,（Ib5）śūnya-taiva vijñānam.【2.2】śūnya-tā Śāri-putra notpadyate na nirudhyate. na saṃkliśyate na vyavadāyate. na hīyate na vardhate. nātītā nāgatā na pratyutpannā.【2.3】yā ca īdṛśī na tatra rūpaṃ na vedanā na saṃjñā na saṃskārāḥ na vijñānam. na pṛthivī-dhātur......na cakṣur-āyatanaṃ na rūpāyatanaṃ, na śrotrāyatanaṃ na śabdāyatanaṃ, na ghrāṇāyatanaṃ na gandhāyatanaṃ, na jihvāyatanaṃ na rasāyatanaṃ, na kāyāyatanaṃ na spraṣṭavyāyatanaṃ, na mana-āyatanaṃ na dharmāyatanaṃ, na cakṣur-dhātur na rūpa-dhātur na cakṣur-vijñāna-dhātuḥ......na mano-dhātur na dharma-dhātur na mano-vijñāna-dhātuḥ. nā-vidyotpādo nāvidyā-nirodhaḥ. na saṃskārotpādo na saṃskāra-nirodhaḥ......na jarā-maraṇa-śoka-parideva-duḥkha-daurmanasyopāyāsotpādo na jarā-maraṇa-śoka-parideva-duḥkha-daurmanasyopāyāsa-nirodhaḥ, na duḥkhaṃ na samudayo na nirodho na mārgo na prāptir nābhisamayo......

sarva-dharmāḥ śūnya-tā-lakṣaṇā an-utpannā a-niruddhā

Pañca IV（Kimura［1990］, p.67, 28 ～ 29）

śūnya-tā-lakṣaṇā hi Deva-putrā iyaṃ gambhīrā prajñā-pārami-tā......

Pañca V（Kimura［1992］, p.12, 9 ～ 10）

yena lakṣaṇena prajñā-pārami-tā saṃvidyate tenaiva lakṣaṇena sarva-dharmāḥ saṃvidyante yad uta......śūnya-tā-lakṣaṇena.

Aṣṭa VII（Vaidya［1960a］, p.86, 15 ～ 16）

an-utpannā-niruddhā Bhaga-van prajñā-pārami-tā

JĀAS §30（大正大学梵語仏典研究会［2004c］, p.118, 8 ～ 9）

sarva-dharmās tathāgatena jñātā ādita evā-jātā 'n-utpannā a-niruddhāḥ. a-lakṣaṇāḥ

JĀAS §31（p.120, 8）

［*a-mūlā Maṃju-śrīḥ*］sarva-dharmāḥ an-utpannā-niruddhāḥ, etc.

a-malā a-vimalā

cf. *Mahā-māyūrī*（田久保［1972］, p.23, 21；p.24, 10）

tad yathā......a-male vimale......

Ratna-ketu VI（久留宮［1978］, p.143, 9）

tad yathā a-male vimale......

nonā na paripūrṇāḥ

Pañca III（Kimura［1986］, p.171, 26 ～ 29）

bodhi-sattvo......prajñā-pārami-tāyāṃ caran sa ced rūpam a-paripūrṇaṃ paripūrṇam iti na carati carati prajñā-pārami-tāyāṃ, vedanā-saṃjñā-saṃskārā vijñānam a-paripūrṇaṃ paripūrṇam iti na carati carati prajñā-pārami-tāyām

Pañca III（Kimura［1986］, p.174, 29 ～ 30）

na ca Bhaga-van sattva-dhātor ūna-tvaṃ vā pūrṇa-tvaṃ vā prajñāyate

Pañca IV（Kimura［1990］, p.81, 3 ～ 4）

na cāsyāḥ prajñā-pārami-tāyā ūna-tvaṃ vā pūrṇa-tvaṃ vā prajñāyate

tasmāc Chāri-putra śūnya-tāyāṃ na rūpaṃ na vedanā na saṃjñā na saṃskārā na vijñānam

Pañca I（Dutt［1934］, pp.248, 21 ～ 249, 1）

na hy āyuṣ-man Śāri-putra śūnya-tāyāṃ rūpaṃ saṃvidyate. nāpy śūnya-tāyāṃ bodhi-sattvaḥ saṃvidyate. vedanā-saṃjñā-saṃskārā. na śūnya-tāyāṃ vijñānaṃ saṃvidyate......

na cakṣuḥ-śrotra-ghrāṇa-jihvā-kāya-manāṃsi, na rūpa-śabda-gandha-rasa-spra-ṣṭavya-dharmāḥ

Pañca I（Dutt［1934］, pp.165, 23 ～ 166, 1）

cakṣuḥ-śrotra-ghrāṇa-jihvā-kāya-manāṃsi......rūpa-śabda-gandha-rasa-sparśa-dharmaiḥ

Pañca I（p.165, 17 ～ 18）

rūpa-śabda-gandha-rasa-spraṣṭavya-dharmāḥ

nā-vidyā nā-vidyā-kṣayo yāvan na jarā-maraṇaṃ na jarā-maraṇa-kṣayo

Aṣṭa XXVIII（Vaidya［1960］, pp.231, 31 ～ 232, 3）

a-vidyā-kṣaya-tvena Subhūte bodhi-sattvena mahā-sattvena prajñā-pārami-tā abhinirhartavyā. evaṃ saṃskārā-kṣaya-tvena......jarā-maraṇā-kṣaya-tvena......Subhūte bodhi-sattvena mahā-sattvena prajñā-pārami-tā abhinirhartavyā.

支謙訳『仏説維摩詰経』巻上「菩薩品」第四（『大正』vol.14, p.524b）

縁起之心是。以不明不可尽至於老死皆無尽故。（pratītya-samutpāda-maṇḍa eṣo 'vidyā-kṣaya-tayā yāvaj jarā-maraṇā-kṣaya-tayā）

【3】第三〈般若波羅蜜多依存の四特性〉節――散文部分【転】節

以無所得故。菩薩依般若波羅蜜故。（1）心無罣礙。無罣礙故（2）無有恐怖。（3）離一切顛倒夢想苦悩。（4）究竟涅槃。

a-prāpti-tvād bodhi-sa*ttvasya* prajñā-pārami-tām āśritya viharaty（1）a-cittāvaraṇaḥ. cittāvaraṇa-nāsti-tvād（2）a-trasto（3）viparyāsātikrānto（4）niṣṭha-nirvāṇaḥ.

prajñā-pārami-tām āśritya viharaty

Pañca IV（Kimura［1990］, p.70, 17 ～ 18）

tathāgata imaṃ prajñā-pārami-tā-dharmam upaniśritya viharati

Pañca I（Dutt［1934］, p.72, 9 ～ 11）

bodhi-sattvā......a-vinivartanīyā veditavyāḥ ye anayā prajñā-pārami-tayā viharanti.

a-cittāvaraṇaḥ. cittāvaraṇa-nāsti-tvād

GVy §56（Vaidya［1960b］, p.420, 23 ～ 24）

......sarva-dik-samudra-spharaṇena an-āvaraṇena cittena......

GVy §20（p.120, 6）

......cittān-āvaraṇa-tāṃ......

a-trasto

Pañca IV（Kimura［1990］, p.15, 14 ～ 16；梶芳光運［1981a］, p.309b 11 ～ 15）

a-vinivartanīyasya 〈yaṃ〉（梶芳 omit）bodhi-sattvasya mahā-sattvasya purato 〈bhāṣitavyo〉（梶芳：bhāṣitavyā）sa imāṃ prajñā-pārami-tāṃ śrutvā nottrasiṣyati na saṃtrasiṣyati na saṃtrāsam āpatsyate na kāṅkṣayiṣyati na nirvicikitsiṣyati......

viparyāsātikrānto

GVy §41（Vaidya［1960b］, p.272, 1）

bodhi-sattvo 'tyantam a-viparyasta［*ḥ*］ saṃjñā-citta-dṛṣṭi-viparyāsam atikrāntaḥ......

【4】第四〈真言としての般若波羅蜜多〉節――散文部分【結】節

【4.1】三世諸仏依般若波羅蜜故。得阿耨多羅三藐三菩提。【4.2】故知般若波羅蜜（2）是大明呪。（3）無上明呪。（3）無等等明呪。能除一切苦真実不虚故。

【4.1】try-adhva-vyavasthitāḥ sarva-buddhāḥ prajñā-pāramitām āśrityān-uttarāṃ samyak-sambodhim abhisambuddhāḥ.【4.2】tasmāj jñātavyaṃ：prajñā-pāramitā（2）mahā-vidyā-mantro（3）'n-uttara-mantro（4）'sama-sama-mantraḥ sarva-duḥkha-praśamanaḥ, satyam a-mithya-tvāt.

try-adhva-vyavasthitāḥ sarva-buddhāḥ

cf. *TSS* I. 1. §3（堀内寛仁［1983］, p.2, 5 ～ 6）

Vairocanaḥ śāśvatas try-adhva-samaya-vyavasthitaḥ......tathāgataḥ......

Suvikrānta 写本〈帰敬呪〉（T. Matsumoto［1956］, p.1, 1 ～ 4）

namaḥ daśa-dig-an-antā-paryanta-loka-dhātu-vyavasthitebhyaḥ sarva-buddha-bodhi-satvebhyo 'tatītān-āgata-pratyutpannebhyaḥ!

prajñā-pāramitām āśrityān-uttarāṃ samyak-sambodhim abhisambuddhāḥ. tasmāj jñātavyaṃ：prajñā-pāramitā mahā-vidyā-mantro 'n-uttara-mantro 'sama-sama-mantraḥ

Pañca II（Kimura［1986］, p.70, 17 ～ 23）

【4.2】（1）mahā-vidyeyaṃ Kauśika yad uta prajñā-pārami-tā,（2）an-uttareyaṃ

Kauśika vidyā yad uta prajñā-pārami-tā, (3) a-sama-sameyaṃ Kauśika vidyā yad uta prajñā-pārami-tā. 【4.1】 tat kasya hetos? tathā hi Kauśika ye 'tītān-āgata-pratyutpannā daśa-diśi loke tathāgatā arhantaḥ samyak-sambuddhāḥ sarve te imām eva prajñā-pārami-tām āgamyān-uttarāṃ samyak-sambodhim abhisambuddhā abhisambuddhyante abhisambhotsyante ca.

sarva-duḥkha-praśamanaḥ

Brahma-paripṛcchā quoted in *MSABh* XI (Lévi [rep.1983], p.76, 2)

nirvāṇa-saṃjñayā sarva-duḥkha-praśamanārthena, etc.

satyam a-mithya-tvāt

晋代失訳『七仏八菩薩所説大陀羅尼神呪経』巻第一〈観世音菩薩所説大陀羅尼〉(『大正』vol.21, p.539b)

我今説此陀羅尼句……其中諸仏諸菩薩……皆悉証知大誓成就。願果不虚真実如是

曇曜訳『大吉義神呪経』巻第二 (p.572b)

此呪真実無有虚妄

【5】第五〈般若波羅蜜多心呪〉節

説般若波羅蜜呪即説呪曰：竭帝・竭帝・波羅竭帝・波羅僧竭帝・菩提・僧莎呵
prajñā-pārami-tāyām ukto mantraḥ : tad yathā gate gate pāra-gate pāra-saṃgate bodhi svāhā. iti Prajñā-pāramitā-*mahā-vidyā-mantraḥ* samā*ptaḥ*.

tad yathā gate gate pāra-gate pāra-saṃgate bodhi svāhā. iti Prajñā-pāramitā-*mahā-vidyā-mantraḥ* samā*ptaḥ*.

Mahā-māyūrī (田久保 [1972], p.45, 5 ~ 9)

tad yathā......bodhi bodhi bodhi bodhi bodhi bodhi, bodhi-satve, bodhi-paripācaṇīye svāhā

支謙訳『仏説華積陀羅尼神呪経』(『大正』vol.21, p.875a)

但施〈峙耶反〉他〈一〉……羅竪波伽知〈胝迤反十六〉……毘捨羅仏地〈十八〉……陟沙拏仏朕〈持引反〉地耶仏地・瑣呵〈引二十六〉, etc.

曇無讖訳『大方等無想経』巻第二「大雲初分大衆健度」余(『大正』vol.12, pp.1084c)

竭帝・波利竭帝・僧竭帝・波羅僧竭帝……莎呵 , etc.

ここでは最小限度の対応資料しか載せていない。類似文や関連文についての委細は第 3 章以下の本論をご覧いいただければ，と思う。

そして，ここに示した羅什訳『大明呪経』の梵文原典の推定形は『大明呪経』の漢訳文を単純に梵語に置き換えるという機械的な作業によって得られたものではなく，『心経』の梵蔵漢の全テキストを比較し，かつ，『二万五千頌般若』の梵漢両テキストとも対比させることによってそこから浮かび上がってくる『小本・心経』の原初形態の輪郭を写しとったものである。

『大明呪経』の梵文・復元案テキストのうち，【2】におけるイタリック体の部分は，玄奘訳『心経』に対応する文がないものであるので，その箇所のイタリック体部分を削除し，【1】の主人公の名称を Āryāvalokiteśvaro に変換し，【4.2】に“(1) mahā-mantro” を付加し，【5】の尾題を“iti Prajñā-pāramitā-hṛdayaṃ samāptam.”に交換すれば，ほぼ玄奘訳『心経』に相当する梵文原典の推定形を得ることができる。

参考文献

『般若心経』に関する書籍や論文のうち，『心経』の解明に資する基礎的な原典研究と鋭い問題意識を提起する発展的な研究のみをこの文献表で厳選した。『心経』の文献学的アプローチを志すひとには必見・必読のものばかりである。わたしは本書の執筆で『心経』との関連を有する各種の大乗経論などに関する膨大な量の諸研究を参照して裨益されたが，すでに本文の頁数が当初の予定をはるかにオーバーしているため，関連研究の枚挙はギリギリ最小限度に抑えた。本稿を一通り脱稿した2009年6月以降に入手した資料や新たに刊行された文献の中にも有益なものがあったが，同様の事情で省略せざるをえなかった。悪しからず，ご諒解願いたい。

青原令知［1986］「『勝義空経』について」『龍谷大学仏教学研究室年報』3

浅井覚超［1987］「『大随求陀羅尼経』梵蔵漢対照研究」『密教文化』162

朝山一玄［1993］「『般若経』に説かれる「現世功徳」と「後世功徳」」『印度学仏教学研究』（以下『印仏研』）41-2／［1996］「初期大乗仏教における般若経典受持者集団の性格と活動」『印仏研』45-1

阿部慈園［rep.1999］「仏教美術――仏母般若波羅蜜崇拝」『比較宗教思想論II　中国・韓国・日本』北樹出版

阿満得寿［1934］『梵文和訳　金光明最勝王経』光寿会

荒牧典俊［rep.1978］（訳）『十地経』（大乗仏典8）中央公論社

アルボムッレ・スマナサーラ［2007］『般若心経は間違い？』（宝島社新書）宝島社

飯島太千雄［1992］「心経流伝の謎」『般若心経のこころ』プレジデント社

池田道浩［2000］「依他起性と「生無自性」について」『平井俊栄博士古希記念論集　三論教学と仏教諸思想』春秋社

石田茂作［rep.1982］『写経より見たる奈良朝仏教の研究』原書房

石飛道子［2007］『ブッダと龍樹の論理学』サンガ

磯田熙文［1975］「Ārya-Vimuktasena：Abhisamayālaṃkāra-Vṛtti（I）」『文化』39-1・2／［1980］「Ārya-Vimuktasena：Abhisamayālaṃkāra-Vṛtti（II）」『文化』43-3・4／［1982］「Ārya-Vimuktasena：Abhisamayālaṃkāra-Vṛtti（III）」『文化』45-3・4／［1981］「Ārya-Vimuktasena：Abhisamayālaṃkāra-Vṛtti（IV）」『東北印度学宗教学会　論集』8

伊原照蓮［1957］「小乗呪と密教経典」『智山学報』6

今西順吉［2000］「空と空性について」『インドの文化と論理　戸崎宏正博士古希記念論文集』九州大学出版会

厳城孝憲［1989］「教説としてのsatya」『印度哲学仏教学』4

岩本明美［2002］「『大乗荘厳経論』と刹那滅論――刹那滅論後代付加説」『桜部建博士喜寿記念論集　初期仏教からアビダルマへ』平楽寺書店

岩本弘［1996］「『不空三蔵行状』の成立をめぐって」『印仏研』45-1

岩本裕［1975］『仏教聖典選　第七巻　密教経典』読売新聞社
印順［1993］（岩城英規訳）『『大智度論』の作者とその翻訳』正観出版社
宇井伯寿［rep.1965］『印度哲学研究　第一』岩波書店／［rep.1979］『宝性論研究』（大乗仏教研究　六）岩波書店
上山大峻［1965］「敦煌出土のチベット訳般若心経」『印仏研』13-2／［1990］『敦煌仏教の研究』法蔵館
氏家覚勝（昭夫）［1976］「般若経と文殊菩薩」『密教文化』115／［1982］「受用身の一特性」『密教文化』139／［1984］『陀羅尼の世界』東方出版／［1987］『陀羅尼思想の研究』東方出版／［1988］「大集経における陀羅尼説」『仏教思想史論集 I』（『成田山仏教研究所紀要』11号〈特別号〉）
瓜生津隆真［1985］『ナーガールジュナ研究』春秋社
慧立／彦悰［rep.2001］（長沢和俊訳）『玄奘三蔵』（講談社学術文庫）講談社
横超慧日・諏訪義純［rep.1991］『人物　中国の仏教　羅什』大蔵出版
大鹿実秋［1969］（訳）「維摩経」『仏典』（世界の大思想 II-2）河出書房
大竹晋［2003］「ヴァスバンドゥ『勝思惟梵天所問経論』『妙法華経優波提舎』『無量寿経優波提舎』について」『仏教史学研究』46-2／［2005a］「『大乗起信論』の止観とその素材」『禅学研究』（花園大学）特別号／［2005b］（校註）『新国訳大蔵経　十地経論 I』大蔵出版／［2006］（校註）『新国訳大蔵経　十地経論 II』大蔵出版／［2008］（校註）『新国訳大蔵経　大宝積経論』大蔵出版
大谷光瑞［1922］『般若波羅蜜多心経講話』大乗社
大塚伸夫［2004a］「『牟梨曼陀羅呪経』における初期密教の特徴」『高野山大学密教文化研究所紀要』17／［2004b］「最初期密教の実態——『孔雀明王経』を中心に」『大正大学研究紀要』（人間学部・文学部）89
大南龍昇［1992］「般若経における māyā（幻）と māyākāra（幻術師）」『真野龍海博士頌寿記念論文集　般若波羅蜜多思想論集』山喜房仏書林
大八木隆祥［2001］「Vimalamitra 造 *Prajñāpāramitā-hṛdaya-Ṭīkā* 和訳研究（1）」『豊山教学大会紀要』29／［2002a］「Śrīsiṃha・Vairocana 造『般若心註真言註』校訂テキスト」『豊山教学大会紀要』30／［2002b］「Vimalamitra 造『聖般若波羅蜜多心広疏』に見られる『大日経』」『密教文化』208／［2003］「『般若心経』Śrīsiṃha・Vairocana 註に見られる密教思想について」『印仏研』51-2
岡田行弘［2001］「ナーガールジュナの『菩提資糧論』」『仏教思想仏教史論集　田賀龍彦博士古希記念論集』
小川英世［1986］「Kauṇḍabhaṭṭa の bhāvapratyaya 論」『広島大学文学部紀要』45
荻原雲来［1972］『荻原雲来文集』山喜房仏書林
奥山直司［1998］「初期密教経典の成立に関する一考察——『マハーマントラーヌサーリニー』を中心に」『インド密教の形成と展開』法蔵館
小沢憲珠［1976］「般若経と三乗」『仏教論叢』20
小谷信千代［2000］『法と行の思想としての仏教』文栄堂書店

小谷信千代・本庄良文［2007］『倶舎論の原典研究　随眠品』大蔵出版
越智淳仁［**1991a**］「『般若心経秘鍵』に引かれる二種の漢訳儀軌」『密教学研究』23／［**1991b**］「Prajñāpāramitā-hṛdaya-sādhana と Prajñāpāramitā-sādhana」『伊原照蓮博士古希記念論文集』／［**2004**］『密教瞑想から読む般若心経――空海『般若心経秘鍵』と成就法の世界』大法輪閣
梶山雄一［**1974**］（訳）『八千頌般若経 I』（大乗仏典 2）中央公論社／［**1975a**］「大乗経典と龍樹」『東洋学術研究』14‒5／［**1976**］『般若経』（中公新書）中央公論社／［**1977**］「塔・仏母・法身」『密教学』13・14／［**1980**］「中観派の十二支縁起解釈」『仏教思想史』3（〈仏教内部における対論〉インド）平楽寺書店／［**1982**］「中観思想の歴史と文献」『講座・大乗仏教 7 ――中観思想』春秋社／［**1983a**］「般若思想の生成」『講座・大乗仏教 2 ――般若思想』春秋社／［**1983b**］『さとりと廻向――大乗仏教の成立』（講談社現代新書）講談社／［**1983c**］『空の思想　仏教における言葉と沈黙』人文書院／［**1990**］「大智度論における阿弥陀仏信仰」『仏教大学仏教文化研究所年報』7・8／［**1992**］「道行般若経における縁起思想」『真野龍海博士頌寿記念論文集　般若波羅蜜多思想論集』山喜房仏書林／［**1995**］「神変」『仏教大学総合研究所紀要』2／［**1999**］「法華経と空思想」『東洋学術研究』38‒2
梶山雄一・赤松明彦［**1989**］（訳）『大智度論』（大乗仏典　中国・日本篇 1）中央公論社
梶山雄一・上山春平［**rep.1997**］『仏教の思想 3　空の論理〈中観〉』（角川文庫ソフィア）角川書店
梶山雄一・瓜生津隆真［**1974**］（訳）『龍樹論集』（大乗仏典 14）中央公論社
梶山雄一・丹治昭義［**1975**］（訳）『八千頌般若経 II』（大乗仏典 3）中央公論社
梶山雄一・丹治昭義・津田真一・田村智淳・桂紹隆［**1994a**］『さとりへの遍歴　上（華厳経入法界品）』中央公論社／［**1994b**］『さとりへの遍歴　下（華厳経入法界品）』中央公論社
梶芳光運［**1980**］「六波羅蜜の成立」『成田山仏教研究所紀要』5／［**1981a**］『大乗仏教の成立史的研究』山喜房仏書林／［**1981b**］「一切法空思想の成立とその意義」『成田山仏教研究所紀要』6
柏木弘雄［**2005**］『般若心経を読む』（継松寺仏教講話シリーズ No.3）岡寺山継松寺
加藤純章［**1983**］「大智度論の世界」『講座・大乗仏教 2 ――般若思想』春秋社／［**1989**］『経量部の研究』春秋社／［**1996**］「羅什と『大智度論』」『印度哲学仏教学』11
加藤（武田）宏道［**1984**］「得・非得の定義」『印仏研』32‒2
勝崎裕彦（原裕）［**1983**］「小品系般若経における空説」『法然学会論叢』4／［**1984**］「小品系般若経の善男子善女人説」『印仏研』32‒2／［**1985a**］「漢訳『増一阿含経』の空思想――須菩提（Subhūti）と空説について」『壬生台舜博士頌寿記念　仏教の歴史と思想』大蔵出版／［**1985b**］「般若経における須菩提像」『法然学会論叢』5／［**1994**］「小品系般若経の菩薩の階位」『印仏研』42‒2／［**1998**］「小品系般若経〈天王品〉の教説構造」『印仏研』46‒2／［**1999**］「小品系般若経〈新発意菩薩品〉の教説構造」『印仏研』47‒2／［**2001a**］「小品系般若経〈不退転菩薩品〉の教説構造」『印仏研』

49–2 ／ [**2001b**]「小品系般若経〈総摂品〉の教説構造」『印仏研』50–1 ／ [**2005a**]「小品系般若経〈随順品〉の位相」『印仏研』53–2 ／ [**2005b**]「小品系般若経の仏陀観の基調」『印仏研』54–1
勝又俊教 [**1982**]「般若経典と般若心経」『般若心経を解く』（大法輪選書 ⑥）大法輪閣
勝本華蓮 [**2002**]「パーリ仏教における三十波羅蜜」『印仏研』51–1
金岡秀友 [**1973**]（校註）『般若心経』（講談社文庫）講談社
金倉円照 [**1973**]『インド哲学仏教学研究 [I] 仏教学篇』春秋社
金沢豊 [**2009**]「空見考――『中論頌』と大乗経典との関連について」『印仏研』57–2
鎌田茂雄 [**rep.1986**]『中国仏教史』（岩波全書）岩波書店
辛嶋静志 [**1993**]「法華経における乗（yāna）と智慧（jñāna）――大乗仏教における yāna 概念の起源について」『法華経の受容と展開』平楽寺書店／ [**1999**]「法華経の文献学的研究（二）――観音 Avalokitasvara の語義解釈」『創価大学国際仏教学高等研究所年報』2 ／ [**2002**]「漢訳仏典の言語研究――『道行般若経』と異訳及び梵本との比較研究（1）」『桜部建博士喜寿記念論集　初期仏教からアビダルマへ』平楽寺書店／ [**2005**]「初期大乗仏典は誰が作ったか――阿蘭若住比丘と村住比丘の対立」『仏教大学総合研究所紀要別冊・仏教と自然』
川上光代 [**1989**]「永遠の呪「観世音菩薩」」『印仏研』38–1
菅野博史 [**1994**]（校註）『新国訳大蔵経　長阿含経 II』大蔵出版
菅野龍清 [**1995**]「大智度論における馬鳴著作の引用について」『印仏研』43–2 ／ [**1998**]「大荘厳論訳者再考」『印仏研』47–1
岸田千代子 [**1973**]『般若心経百巻』東京美術
岸根敏幸 [**2000**]「ナーガールジュナとチャンドラキールティ――大乗と空思想の接点をめぐって」『印仏研』49–1
木村高尉 [**1979**]「Āryāmoghapāśa-nāma-hṛdayaṃ mahāyānasūtram」『大正大学総合仏教研究所年報』1 ／ [**1980**]「釈迦牟尼真言について」『豊山教学大会紀要』8 ／ [**1981**]「聖五十頌般若波羅蜜経」『勝又俊教博士古希記念論文集　大乗仏教から密教へ』春秋社／ [**1985**]「八千頌般若梵本の欠落とその補填」『大正大学総合仏教研究所年報』7
木村高尉・大塚伸夫・木村秀明・高橋尚夫 [**2004**]「梵文校訂『智光明荘厳経』」『小野塚幾澄博士古希記念論文集　空海の思想と文化』
木村俊彦 [**1976**]「OM ――承認の辞としての」『印仏研』25–1 ／ [**1990**]「ダルマキールティのマントラ論」『印仏研』39–1 ／ [**1998**]『ダルマキールティにおける哲学と宗教』大東出版社／ [**2003**]「楞厳呪と白傘蓋陀羅尼――還元サンスクリット本の比較研究」『臨済宗妙心寺派教学研究紀要』1
木村俊彦・竹中智泰 [**1998**]『禅宗の陀羅尼』大東出版社
工藤順之 [**1995**]「『般若心経』研究の新展開」『東方雑華』9
久留宮円秀 [**1978**]『梵文宝星陀羅尼経』平楽寺書店／ [**1979**]『蔵訳宝星陀羅尼経』平楽寺書店
桑山正進 [**1987**]『大唐西域記』（大乗仏典　中国・日本篇 9）中央公論社

桑山正進・袴谷憲昭［1981］『人物　中国の仏教　玄奘』大蔵出版
ゲシェー・ソナム・ギャルツェン・ゴンタ，他［2002］『チベットの般若心経』春秋社
五島清隆［1988］「『梵天所問経』解題」『密教文化』161
小峰弥彦［1983］「般若経における菩薩と陀羅尼」『印仏研』31–2／［1988］「般若経の諸問題——般若心経について」『密教学研究』20／［1992］「般若経における明呪」『真野龍海博士頌寿記念論文集　般若波羅蜜多思想論集』山喜房仏書林／［1998］「『般若心経』再考」『仏教文化論集』（川崎大師教学研究所研究紀要）第８輯／［2001］「般若経における学について」『印仏研』49–2
三枝充悳［1981］「概説——ボサツ，ハラミツ」『講座・大乗仏教１——大乗仏教とは何か』春秋社／［1983］「般若経の成立」『講座・大乗仏教２——般若思想』春秋社／［1984a］『中論——縁起・空・中の思想（上）』（レグレス文庫）第三文明社／［1984b］『中論——縁起・空・中の思想（中）』（レグレス文庫）第三文明社／［1984c］『中論——縁起・空・中の思想（下）』（レグレス文庫）第三文明社／［1997］『増補新版　龍樹・親鸞ノート』法蔵館
斎藤明［2003a］「『無畏論』の著者と成立をめぐる諸問題」『印仏研』51–2／［2003b］「『大智度論』所引の『中論』頌考」『東洋文化研究所紀要』143／［2003c］「『無畏論』とその成立年代——『般若経』の引用を手がかりとして」『仏教学』45
斉藤隆信［2006］「鳩摩羅什の詩と『大智度論』の偈」『印仏研』55–1
酒井紫朗（真典）［1975］「法身偈の真言化について」『密教文化』111
坂内龍雄［1981］『真言陀羅尼』平河出版社
坂部明［1974］「空と般若波羅蜜」『印仏研』22–2／［1983］「般若経における成仏への道」『印仏研』31–2
桜部建［1982］「アビダルマにおける「空」の語の用例」『仏教思想７　空　下』平楽寺書店
桜部建・小谷信千代・本庄良文［2004］『倶舎論の原典研究　智品・定品』大蔵出版
真田康道［1990］「龍樹の原子論」『仏教論叢』34／［1991a］「提婆の原子論」『仏教論叢』35／［1991b］「『八千頌般若経』にあらわれる清浄の語」『印仏研』40–1
佐保田鶴治［1982］『般若心経の真実』人文書院
声聞地研究会［2007］『瑜伽論　声聞地　第二瑜伽処』山喜房仏書林
白石真道［1988］『白石真道仏教学論文集』（『小本・心経』・『大本・心経』テキストに関する基礎的論文六篇を収録）発行者・白石寿子
白石凌海［1988］「『大般若波羅蜜多経』における六波羅蜜多の構成」『印仏研』37–1
白館戒雲［1991］「ブッダパーリタと『無畏註』の年代」『仏教学セミナー』54
榛葉良男（元水）［1938］『西蔵文般若心経註釈全集』相模書房／［rep.1977］『般若心経大成』開明書店（「榛葉」という名字は「はりば」とも読めるが，白石真道［1988］：所収「広本般若心経の研究」，p.515，24で付されたルビに従い，「しんば」と読んでおく）
鈴木勇夫［1980］「校訂梵文般若心経」『椙山女学園大学研究論集』11–1／［1981］「「菩

提僧莎訶」」『椙山女学園大学研究論集』13-1

鈴木広隆［**1984**］「『二万五千頌般若』に関する一考察」『印仏研』32-2／［**1987a**］「『二万五千頌般若』I, 2, 1における空の教説」『印仏研』35-2／［**1987b**］「般若経における空の教説──『二万五千頌般若』I, 2, 2 satya-avavādaを中心として」『印度哲学仏教学』2／［**1989**］「大品系般若経における空の教説の成立について」『印仏研』37-2／［**1990**］「般若経の空思想」『印度哲学仏教学』5／［**1991**］「般若経における知について」『印仏研』39-2／［**1995a**］「『般若心経』のネパール写本」『印度哲学仏教学』10／［**1995b**］「般若経における誓願について」『日本仏教学会年報』60／［**1996a**］「六波羅蜜の実践について」『印度哲学仏教学』11／［**1996b**］「般若波羅蜜とは何か」『今西順吉教授還暦記念論集　インド思想と仏教文化』春秋社／［**1999**］「波羅蜜の系譜」『印度哲学仏教学』14

相馬一意［**1978**］「遺日摩尼経について」『印仏研』27-1／［**1979**］「大宝積経迦葉品における菩薩」『仏教学研究』35／［**1981**］「初期大乗経典における菩薩」『印仏研』30-1／［**1985**］「勝義存在について」『仏教学研究』41／［**1986a**］「『菩薩地』真実義章試訳」『南都仏教』55／［**1986b**］「梵文和訳『菩薩地』（一）──種姓の章, 発心の章」『仏教学研究』42

副島正光［**1980**］『般若経典の基礎的研究』春秋社

添田隆俊［**1931a**］「不空羂索経の成立に就いて（上）」『密教研究』40／［**1931b**］「不空羂索経の成立に就いて（下）」『密教研究』42

大正大学綜合仏教研究所梵語仏典研究会（大正大梵語仏典研究会）［**2004a**］『『維摩経』『智光明荘厳経』解説』（梵蔵漢対照『維摩経』『智光明荘厳経』第一部）大正大学出版会／［**2004b**］『梵蔵漢対照『維摩経』』（梵蔵漢対照『維摩経』『智光明荘厳経』第二部）大正大学出版会／［**2004c**］『梵蔵漢対照『智光明荘厳経』』（梵蔵漢対照『維摩経』『智光明荘厳経』第三部）大正大学出版会／［**2006**］『梵文維摩経──ポタラ宮殿所蔵写本に基づく校訂』大正大学出版会

高木訷元［**1990**］『空海思想の書誌的研究』法蔵館／［**2001**］「般若三蔵と弘法大師空海」『高野山大学密教文化研究所紀要』14

高崎直道［**1969**］「般若経と如来蔵思想」『印仏研』17-2／［**1975**］（訳）『如来蔵経典』（大乗仏典12）中央公論社／［**1989**］『宝性論』（インド古典叢書）講談社

高田修［**rep.1980**］「大唐大慈恩寺三蔵法師伝解題」『国訳一切経　和漢撰述部史伝部十一』大東出版社

高橋尚夫［**2008**］「『真言を開示せる般若心［経］の註』和訳」『教化センター参考資料⑪「般若心経」』

田久保周誉［**1972**］『梵文孔雀明王経』山喜房仏書林／［**rep.2001**］『解説　般若心経』平河出版社

田久保周誉・金山正好［**1981**］『梵字悉曇』平河出版社

武内孝善［**1975**］「宋代翻訳経典の特色について　附・宋代翻訳経典編年目録」『密教文化』113

武田浩学［**2000**］「『大智度論』の著者はやはり龍樹ではなかったか　その独自の般舟三昧理解から羅什著者説の不成立を論ずる」『国際仏教学大学院大学研究紀要』3

竹橋太［**1992**］「「名前」と三昧――『小品般若経』第1章より」『真宗総合研究所研究紀要』10／［**1995**］「『八千頌般若経』における廻向について」『印仏研』43-2

竹村牧男［**1992**］『「覚り」と「空」』（講談社現代新書）講談社／［**1995**］『唯識三性説の研究』春秋社／［**2003**］『般若心経を読みとく』大東出版社

立川武蔵［**1986**］『「空」の構造――『中論』の論理』（レグレス文庫）第三文明社／［**1993**］「『金剛般若経』に見られる「即非の論理」批判」『印仏研』41-2／［**1994**］「近年の海外における空思想研究」『仏教学』36／［**1994**］「「自性が空である」をどう解釈するか」『仏教』26（特集＝チベット）／［**2001**］『般若心経の新しい読み方』春秋社

龍山章真［**rep.1982**］『梵文和訳　十地経』国書刊行会

谷川泰教［**1999**］「纔発心転法輪菩薩考」『密教文化』202

玉城康四郎［**1982a**］「空思想への反省」『仏教思想7　空　下』平楽寺書店／［**1982b**］「『八千頌般若』における般若波羅蜜と空」『印仏研』31-1／［**1983**］「経典思想史上の『中論』」『龍樹教学の研究』（壬生台舜編）大蔵出版／［**1984**］「空思想は仏教の根本的立場か」『理想』610（特集＝空の思想）

中條裕康［**1985**］「『般若心経』所説の真言について」『印仏研』33-2／［**1987**］「『般若心経』に見られる二律背反の思想について」『印仏研』35-2／［**1988**］「〈dharma の本質・構造〉と「縁起」について」『豊山教学大会紀要』16／［**1990**］「『般若心経』所説の「諸法」について」『印仏研』38-2

塚田貫康［**1988**］「入菩提行論細疏第九章試訳（3）――唯識論者の自証説を批判する」『仏教学』24

塚本啓祥［**1982**］（訳註）「梵文和訳・般若心経」『般若心経を解く』（大法輪選書 ⑥）大法輪閣

月輪賢隆［**1971**］『仏典の批判的研究』百華苑

津田真一［**1981**］「大乗仏教と密教」『講座・大乗仏教 1 ――大乗仏教とは何か』春秋社／［**1995**］『和訳　金剛頂経』東京美術／［**1998**］『アーラヤ的世界とその神』大蔵出版／［**2001**］「不生と随喜廻向――大乗仏教成立の実質的条件」『国際仏教学大学院大学研究紀要』4

栂尾祥雲［**rep.1982**］『秘密事相の研究』（栂尾祥雲全集 II）臨川書店

長尾雅人［**1973**］「『迦葉品』の諸本と『大宝積経』成立の問題」『鈴木学術財団研究年報』10／［**1978**］『中観と唯識』岩波書店／［**1983**］（訳註）『改版　維摩経』（中公文庫）中央公論社

長尾雅人・梶山雄一・荒牧典俊［**1976**］（訳）『世親論集』（大乗仏典 15）中央公論社

長尾雅人・桜部建［**1974**］（訳）『宝積部経典』（大乗仏典 9）中央公論社

長尾雅人・戸崎宏正［**1973**］（訳）『般若部経典』（大乗仏典 1）中央公論社

中村元［**1981**］「空の意義」『仏教思想6　空　上』平楽寺書店／［**rep.1985**］『ブッダ最後

の旅――大パリニッバーナ経』（岩波文庫）岩波書店／［**rep.2002**］『龍樹』（講談社学術文庫）講談社

中村元・紀野一義［**1960**］『般若心経・金剛般若経』（岩波文庫）岩波書店

ジャン・ナティエ［**2006**］（工藤順之・吹田隆道共訳）「『般若心経』は中国偽経か？」『三康文化研究所年報』37（Nattier［1992］の和訳）

生井智紹［**1993**］「Dharmakīrti：Svavṛtti ad Pramāṇavārttika I 308 ―― Dharmakīrtiの言及する密教儀礼について」『密教学研究』25／［**1995**］「〈svacittādhiṣṭhāna〉について――『華厳経』における〈菩提心〉説という観点から」『印仏研』43-2

奈良康明［**1973a**］「「真実語」について――仏教呪術の一側面」『日本仏教学会年報』38／［**1973b**］「パリッタ呪の構造と機能」『宗教研究』213／［**1973c**］「古代インド仏教における治療行為の意味――「世間」「出世間」両レベルの関係を中心に」『中村元博士還暦記念論集　インド思想と仏教』春秋社

西野翠［**2007a**］「『維摩経』における菩薩思想について――その内容と思想発展史的位置づけ」『印仏研』55-2

西村実則［**1977**］「「法の思択」について」『印仏研』25-2／［**1979**］「倶舎論の経典観の一考察」『印仏研』27-2／［**1995**］「サンスクリットと部派仏教教団（中）」『三康文化研究所年報』26・27／［**2002**］『アビダルマ教学』法蔵館

沼田一郎［**1991**］「ダルマ文献におけるsatの概念」『印度哲学仏教学』6／［**1996**］「dharmaとācāra」『印度哲学仏教学』11

袴谷憲昭［**1988**］「『維摩経』批判資料」『駒沢大学仏教学部研究紀要』46／［**1989**］『本覚思想批判』大蔵出版／［**1994**］『唯識の解釈学――『解深密経』を読む』春秋社／［**2008**］『唯識文献研究』大蔵出版

八力広喜［**1996**］「『十住毘婆沙論』と『大智度論』比較再考」『今西順吉教授還暦記念論集　インド思想と仏教文化』春秋社

羽矢辰夫［**1991**］「無記と空――原始仏教における」『印仏研』39-2

林純教［**1996**］「『一万頌般若経』に於ける諸問題」『印仏研』45-1

早島理［**1983**］「「六波羅蜜」考―― MSA XVI章を中心に――」『印仏研』32-1／［1990］「『顕揚聖教論』第六章「成空品」の経証」『印仏研』39-1

原裕（勝崎裕彦）［**1981**］「般若経における縁起説の問題点」『宗教研究』54-3（246）

原田和宗［**2000**］「蘊阿頼耶（Skandhālaya）」『印仏研』48-2／［**2002**］「梵文『小本・般若心経』和訳」『密教文化』209／［**2004a**］「『瑜伽師地論』「有尋有伺等三地」の縁起説――テキストと和訳（1）」『九州龍谷短期大学紀要』50／［**2004b**］「大乗経典と『般若心経』（1）――非般若経系列におけるパラレリズム」『密教文化』212／［**2005**］「kāryakriyā・kṛtyakriyā・arthakriyā（I）――『廻諍論』の著者問題と関連して」『仏教文化』14／［**2006**］「中国および日本撰述『般若心経』注釈文献・逸文集」『仏教文化』15／［**2007a**］「大乗経典と『般若心経』（2）――非般若経系列におけるパラレリズム」『仏教文化』16／［**2007b**］「大乗経典と『般若心経』（3）――非般若経系列におけるパラレリズム」『九州龍谷短期大学紀要』53／［**2009a**］「大乗経典と『般若

心経』(4)」『九州龍谷短期大学紀要』55 ／ [**2009b**]「大乗経典と『般若心経』(5)」『仏教文化』18

彦坂周 [**1989**]「南印ポディヤ山, 観音信仰発祥の聖地」『印仏研』38–1

兵藤一夫 [**1983**]「「四縁」についての一考察」『印仏研』31–2 ／ [**1985**]「「六因説」について――特にその成立について」『大谷学報』64–4 ／ [**1990**]「四善根について――有部に於けるもの」『印仏研』38–2

平岡聡 [**2002**]『説話の考古学』大蔵出版

平川彰 [**1970**]「大乗仏教の興起と文殊菩薩」『印仏研』18–2 ／ [**rep.1988**]『般若心経の新解釈』(パープル叢書) 世界聖典刊行協会

平越真澄 [**2005**]「説話に表現される「真実の言葉」――『カターサリットサーガラ』をめぐって」『仏教文化』14

福井設了 [**1988**]「「大事」Mahāvastu における菩薩思想について」『密教文化』162

福井文雅 [**1987a**]『般若心経の歴史的研究』春秋社／ [**1987b**]「般若心経の核心」『東洋の思想と宗教』4 ／ [**1994**]「般若心経の研究史――現今の問題点」『仏教学』36 ／ [**2000**]『般若心経の総合的研究――歴史・社会・資料』春秋社

福田琢 [**1990**]「『婆沙論』における得と成就」『大谷大学大学院研究紀要』7 ／ [**1991**]「初期経典に見られる“得”の用例」『印仏研』40–1

藤田宏達 [**1982**]「原始仏教における空」『仏教思想 7　空　下』平楽寺書店

藤田祥道 [**1988**]「瑜伽行派における三三昧」『仏教学研究』44 ／ [**2006a**]「大乗の諸経論に見られる大乗仏説論の系譜―― I.『般若経』:「智慧の完成」を誹謗する菩薩と恐れる菩薩」『インド学チベット学研究』9・10 ／ [**2006b**]「大乗の諸経論に見られる大乗仏説論の系譜―― II.『迦葉品』: ブッダの説法とその理解」『仏教学研究』60・61 ／ [**2007**]「大乗の諸経論に見られる大乗仏説論の系譜―― III.『解深密経』: 三無自性という一乗道の開示」『インド学チベット学研究』11

藤近恵市 [**1993**]「『八千頌般若経』の徳について」『印仏研』41–2 ／ [**1994**]「sattva と dharma」『印仏研』42–2 ／ [**1995**]「初期大乗経典における転法輪」『印仏研』43–2 ／ [**1997**]「初期大乗経典における普賢行の一考察」『印仏研』45–2 ／ [**1999**]「初期大乗仏教における菩薩と輪廻」『印仏研』47–2 ／ [**2000**]「大乗発趣と僧那僧涅」『印仏研』48–2 ／ [**2001**]「『八千頌般若経』のダルマバーナカについて」『印仏研』49–2 ／ [**2002**]「般若波羅蜜における認識の問題」『印仏研』50–2 ／ [**2004**]「『般若経』における多仏思想」『印仏研』53–1

藤村隆淳 [**1978**]「「マハーヴァスツ」にみられる pārami, pāramī, pāramitā」『密教文化』122

舟橋尚哉 [**2000**]「『大乗荘厳経論』の諸問題並びに第 11 章求法品のテキスト校訂」『大谷大学研究年報』52

古坂紘一 [**1985**]「菩薩の特徴について――『瑜伽師地論菩薩地菩薩相品』における」『密教文化』152 ／ [**1993**]「大随求陀羅尼における梵蔵漢文の比較研究」『インド学密教学研究　下　宮坂宥勝博士古希記念論文集』法蔵館／ [**2004**]「不生不滅考」『仏教文

化学会十周年／北條賢三博士古希記念論集　インド学諸思想とその周辺』山喜房仏書林
北條竜士［2006］「『悲華経』における Drāmiḍa-mantrapada」『印仏研』55–1
外薗幸一［1994］『ラリタヴィスタラの研究　上巻』大東出版社
細田典明［1987］「古代インドにおける心の概念―― hṛd-, hṛdaya をめぐって」『印度哲学仏教学』2／［1993］「『雑阿含経』の伝える先尼外道」『印度哲学仏教学』8
阿理生［1984a］「瑜伽行派の空性と実践」『哲学年報』43／［1984b］「三昧の一側面――除遣について」『印仏研』32–2／［1995］「ekajātipratibaddha ――いわゆる一生補処――について」『印仏研』43–2／［2000］「釈尊の誕生伝説――その諸問題の解明」『インドの文化と論理　戸崎宏正博士古希記念論文集』／［2002］「paccekabuddha（pratyekabuddha）の語源について」『印仏研』50–2／［2006］「pāramitā（波羅蜜）の語源・語義について」『印仏研』54–2／［2008］「*Prajñapāramitāhṛdaya*（『般若心経』）の問題点――マントラの解読」『印仏研』56–2／［2009］「般若経類の śūnya と śūnyatā ――『般若心経』の解明」『印仏研』57–2
堀内寛仁［1965］「出生無辺門陀羅尼経について」『密教学密教史論文集』／［1966］「西蔵訳「出生無辺門陀羅尼経」及び「広釈」・和訳（一）」『密教文化』76／［1967］「西蔵訳「出生無辺門陀羅尼経」及び「広釈」・和訳（二）」『密教文化』79／［1983］『梵蔵漢対照　初会金剛頂経の研究　梵本校訂篇（上）』密教文化研究所／［1996］『金剛頂経の研究　堀内寛仁論集　上』法蔵館
本庄良文［1991］「毘婆沙師の三蔵観と億耳アヴァダーナ」『仏教論叢』35／［1992］「『釈軌論』第四章――世親の大乗仏説論（下）」『神戸女子大学紀要』（文学部篇）25–1／［1995］「『倶舎論』七十五法定義集」『三康文化研究所年報』26・27
本田義英［rep.1939］『仏典の内相と外相』弘文堂書房／［1939］「陀羅尼に就いて」『日本仏教学協会年報』11
松浦秀光［1983］『般若心経の研究』国書刊行会
松田和信［1984］「縁起にかんする『雑阿含』の三経典」『仏教研究』14／［2002］「舎利弗阿毘曇論に関連する三つの梵文断片――スコイエン・コレクションのアビダルマ写本初探」『桜部建博士喜寿記念論集　初期仏教からアビダルマへ』平楽寺書店
松長有慶［1980］『密教経典成立史論』法蔵館／［1998］「大乗仏教における密教の形成」『インド密教の形成と展開』法蔵館
松長有慶・氏家覚勝［1983］「般若思想と密教」『講座・大乗仏教 2 ――般若思想』春秋社
松濤誠廉・長尾雅人・丹治昭義［1975］『法華経 I』（大乗仏典 4）中央公論社／［1976］『法華経 II』（大乗仏典 5）中央公論社
松濤泰雄［2007］「『維摩経』サンスクリットテキストの検討――諸訳との比較」『印仏研』55–2
松本史朗［1989］『縁起と空　如来蔵思想批判』大蔵出版／［1997］『チベット仏教哲学』大蔵出版
密教聖典研究会［1998］「Transcribed Sanskrit Text of the Amoghapāśakalparāja, Part I」『大正

大学総合仏教研究所年報』20
神子上恵生［**1962**］「因縁心論頌について」『印仏研』10–2／［**2002**］「龍樹におけるコミュニケーションと空性」『仏教学研究』56
三友量順［**1986**］「『大智度論』に引用された法華経」『印仏研』34–2
宮坂宥洪［**1994**］『般若心経の新世界』人文書院／［**2004**］『真釈　般若心経』（角川ソフィア文庫）角川書店
宮坂宥勝［**1964**］「Vidyā の語義」『干潟博士古希記念論文集』／［**1969**］（訳）「華厳経十地品」『仏典』（世界の大思想 II–2）河出書房／［**1983**］『インド古典論　上』筑摩書房
宮下晴輝［**1986**］「『倶舎論』における本無今有論の背景——『勝義空性経』の解釈をめぐって」『仏教学セミナー』44
宮元啓一［**2002**］「菩薩と真実（satya）——大乗仏教の起源をめぐって」『印度哲学仏教学』17／［**2004**］『般若心経とは何か——ブッダから大乗へ』春秋社
向井亮［**1974**］「『瑜伽論』の空性説——『小空経』との関連において」『印仏研』22–2／［**1983**］「阿含の〈空〉に対する大乗の解釈とその展開」『印仏研』31–2／［**2000**］「〈空〉の二面性について——阿含経における考察」『印度哲学仏教学』15
村上真完［**1992a**］「般若経類の空思想とウパニシャド」『真野龍海博士頌寿記念論文集　般若波羅蜜多思想論集』／［**1992b**］「色即是空（rūpaṃ śūnyatā）原意考」『仏教論叢』36／［**1995**］「空性（śūnyatā, 空であること）考」『仏教論叢』39／［**1996**］『真実考——インド哲学と仏教の探求』東北大生協印刷出版部プリントプ／［**1998**］「大乗経典の創作（sūtrāntābhinirhāra, 能演諸経, 善説諸経）」『印度学宗教学会　論集』25／［**2000**］「大乗経典の想像と創作—— abhinirhāra 考」『印度哲学仏教学』15／［**2003**］「Vyūha（荘厳）考——特に Gaṇḍa-vyūha の原意について」『印度哲学仏教学』18
望月海慧［**1991**］「Atīśa の Prajñāhṛdayavyākhyā について」『印仏研』39–2／［**1992**］「ジュニャーナミトラ著『般若心経解説』試訳」『大崎学報』148
桃井観城［**1999**］『経典伝来の研究——付・平安朝初期国書年表』東方出版
森口光俊［**1980**］「Mahā-megha-sūtra §64, I」『大正大学総合仏教研究所年報』2
森山清徹［**1974**］「般若経における「方便」について」『印仏研』23–1／［**1975**］「大品系般若経の研究——異訳諸本に関する疑念」『仏教論叢』19／［**1977**］「般若経における「空とその同義語」について」『印仏研』25–2／［**1978a**］「般若経における「相」の問題」『仏教論叢』22／［**1978b**］「「空性思想の形成」研究序説」『仏教大学大学院研究紀要』6／［**1996**］「シャーンティデーヴァ，プラジュニャーカラマティの自己認識批判—— *Bodhicaryāvatārapañjikā* IX 和訳研究」『文学部論集』80（仏教大学文学部）
安井広済［**1970**］『中観思想の研究』法蔵館
山口益［**1973**］『山口益仏教学文集　下』春秋社
山口益・桜部建・森三樹三郎［**1976**］『浄土三部経』（大乗仏典 6）中央公論社

山田耕二［**1976**］「〈不空羂索呪経〉の成立について」『密教学研究』8

山部能宜［**2005**］「観仏経典研究における『観仏三昧海経』の意義」『東隆真博士古希記念論集　禅の真理と実践』春秋社

瑜伽行思想研究会（代表者　早島理）［**2003**］『梵蔵漢対校『大乗阿毘達磨集論』『大乗阿毘達磨雑集論』』Vol.III, Private Issu, Shiga

芳村修基［**1974**］『インド大乗仏教思想研究』百華苑

吉元信行［**1982**］『アビダルマ思想』法蔵館

頼富本宏［**1975**］「常用真言・陀羅尼の解説」『現代密教講座　第四巻』大東出版社／［**1988**］「仏教パンテオンの構成」『宗教研究』（通 276）62-1 ／［**1989**］「陀羅尼の展開と機能」『岩波講座・東洋思想　第 10 巻　インド仏教 3』岩波書店

頼富本宏・今井浄円・那須真裕美［**2003**］『図解雑学　般若心経』ナツメ社

ラモット，エチエンヌ［**1977**］（加藤純章訳）「大智度論の引用文献とその価値」『仏教学』5

若原雄昭［**1988**］「マントラの効果と全知者―― Pramāṇavārttikasvavṛtti 研究（1）（vv.292-311）」『仏教史学研究』31-1 ／［**1994**］「真実（satya）」『仏教学研究』50

渡辺照宏［**1969**］（訳）「般若（波羅蜜多）心経――“英知の完成”の精要」『仏典』（世界の大思想 II-2）河出書房／［**1982**］『渡辺照宏仏教学論集』筑摩書房

渡辺章悟［**1981**］「〈対告衆としての Satpuruṣa〉」『東洋大学大学院紀要』18 ／［**1986**］「八不と縁起――「般若経」における「八不偈」をめぐって」『東洋大学大学院紀要』23 ／［**1990**］「経録からみた『摩訶般若波羅蜜呪経』と『摩訶般若波羅蜜大明呪経』」『印仏研』39-1 ／［**1991a**］「般若心経成立論序説――『摩訶般若波羅蜜大明呪経』と『大品般若経』の関係を中心として」『仏教学』31 ／［**1991b**］「未比定の般若経写本研究 I」『印仏研』40-1 ／［**1992**］「Praśāstrasena 造『般若心経広注』和訳研究」『曹洞宗研究員研究紀要』23 ／［**1995**］『大般若と理趣分のすべて』北辰堂／［**1998**］「Prajñāpāramitā の四つの語源解釈」『印仏研』46-2 ／［**2003**］「チベット語訳『金剛般若経』シェルカル（Shel dkar）写本の特徴」『印仏研』52-1 ／［**2005a**］「最終解脱へと向かう三昧――『大般若波羅蜜多経』における金剛喩定」『印度哲学仏教学』20 ／［**2005b**］「Vajropamasamādhi の考察」『印仏研』54-1 ／［**2009**］『般若心経　テキスト・思想・文化』大法輪閣

Bagchi, S［**1967**］*Suvarṇaprabhāsasūtra*,［Buddhist Sanskrit Texts No.8］, The Mithila Institute of Post-Graduate and Research in Sanskrit Learning, Darbhanga.

Conze, Edward［**1948**］“Text, Source, and Bibliography of the Prajñāpāramitā-hṛdaya”, *Journal of the Royal Asiatic Society*, pt.1&2. ／［**1973**］*The Short Prajñāpāramitā Texts*, Luzac & Company LTD., London.

de Jong, J. W［**1977**］*Nāgārjuna, Mūlamadhyamakakārikāḥ*, The Adyar Library and Research Centre, Madras.

Dutt, Nalinaksha［**1934**］*The Pañcaviṁśatisāhasrikā Prajñāpāramitā*, Calcutta Oriental Series, No.28, Luzac Co., London.

Goshima Kiyotaka（五島清隆）［1981］ *The Tibetan Text of the Brahmaparipṛcchā（Brahma-viśeṣacinti-paripṛcchā）, Volume I（Tib. bam po daṅ po）*, Private Issu, Osaka.

Horiuchi Toshio（堀内俊郎）［2004］"*Dharmanairātmya in the Vyākhyāyukti*",『印仏研』52-2.

Jaini, Padmanabh, S［1979］ *Sārattamā, A Pañjikā on the Aṣṭasāhasrikā Prajñā-pāramitā Sūtra*, Kashi Prasad Jayaswal Reseach Institute, Patna.

Johnston, E. H［1950］ *The Ratnagotravibhāga Mahāyānottaratantraśāstra*, The Bihar Research Society, Patna.

Karashima Seishi（辛嶋静志）［2005］"Two Sanskrit Fragments of the *Pañcaviṃśatisāhasrikā Prajñāpāramitā* in the Mannerheim Collection",『創価大学国際仏教学高等研究所年報』8. ／［**2006**］"Four Sanskrit Fragments of the *Ratnaketuparivarta* in Stein Collection", *Buddhist Manuscripts, from Central Asia, The British Library Sanskrit Fragments*, Vol. I.

Karashima Seishi and Wille Kraus［2006］"The Sanskrit Manuscript of the *Sarvabuddhaviṣayāvatārajñānālokālaṃkāra* from Endere in the Stein Collection", *Buddhist Manuscripts, from Central Asia, The British Library Sanskrit Fragments*, Vol.I.

Katsura Shoryu（桂紹隆）［1997］"Nāgārjuna and *Pratītyasamutpāda*",『印仏研』46-1.

Kielhorn, F［rep. 1985］ The *Vyākaraṇa-Mahābhāṣya* of *Patañjali* vol.I, Bhandarkar Oriental Research Institute, Poona.

Kimura Takayasu（木村高尉）［1986］ *Pañcaviṃśatisāhasrikā Prajñāpāramitā II・III*, 山喜房仏書林／［**1990**］*Pañcaviṃśatisāhasrikā Prajñāpāramitā IV*, 山喜房仏書林／［**1992**］*Pañcaviṃśatisāhasrikā Prajñāpāramitā V*, 山喜房仏書林／［**2006**］*Pañcaviṃśatisāhasrikā Prajñāpāramitā VI 〜 VIII*, 山喜房仏書林

Kondō Ryūkō（近藤隆晃）［rep.1983］ *Daśabhūmīśvaro nāma Mahāyānasūtraṃ*,［Rinsen Buddhist Text Series II］, 臨川書店

Kudo Noriyuki（工藤順之）［2004］ *The Karmavibhaṅga, Transliteration and Annotations of the Original Sanskrit Manuscripts from Nepal*, Bibiotheca Philologica et Philosophica Buddhica VII, 創価大学国際仏教学高等研究所

Lamotte, Étienne［1935］ *Saṃdhinirmocanasūtra：L'Explication des Mystères, Texte Tibétain édité et Traduit*, Louvain / Paris.

Lee Jong Cheol（李鐘徹）［2001］ *The Tibetan Text of the Vyākhyāyukti of Vasubandhu critically edited from the Cone, Derge, Narthang and Peking Editions*,［インド学仏教学叢書 8］, 山喜房仏書林

Lévi, Sylvain［1925］ *Vijñaptimātratāsiddhi, deux traités de Vasubandhu：Viṃśatikā et Triṃśikā*, Librairie ancienne honoré champion, Paris. ／［**rep.1983**］*Mahāyāna-Sūtrālaṃkāra, Exposé de la Doctrine du Grand Véhicule*, Tome I Texte, 臨川書店

Matsumoto Tokumyo［1956］ *Āryasuvikrāntavikrāmiparipṛcchāprajñāpāramitā-nirdeśasārdhadvisāhasrikābhagavatyāryaprajñāpāramitā*, 平凡社

Nattier, Jan［1992］"*The Heart Sūtra*：A Chinese Apocryphal Text?", *The Jounal of the*

International Association of Buddhist Studies, Vol.15, no.2.

Poussin, Louis de la Valle［**rep.1977**］*Mūlamadhyamakakārikās*（*Mādhyamikasūtras*）*de Nāgārjuna, avec la Prasannapadā Commentaire de Candrakīrti*［Bibliotheca Buddhica. IV.］, 名著普及会

Pradhan, Pralhad［**1950**］*Abhidharma Samuccaya of Asanga*,［Visva-Bharati Studies 12］, Visva-Bharati, Santiniketan.

Śastri, Swāmī Dwārikādās［**1987**］*Abhidharmakośa Bhāṣya of Ācārya Vasubhandhu with Sphuṭārthā Commentary of Ācārya Yaśomitra*, Bauddha Bharati, Varanasi.

Shastri, M. A. Bal［**1988**］*Mahabhashya of Patanjali*, vol.I part I（Nawahnikam）, Sagar University, Sagar.

Silk, Jonathan A［**1994**］*The Heart Sūtra in Tibetan, A Critical Edition of The Two Recensions contained in the Kanjur*, Arbeitskreis für Tibetische und Buddhistische Studien, Universität Wien, Wien.

Suzuki Takayasu（鈴木隆泰）［**2004**］"Rites and Buddhism —— A Perspective from the *Sarasvatī Parivarta in the Suvarṇaprabhāsa* ——",『印仏研』52-2.

Tatia, Nathmal［**1976**］*Abhidharmasamuccaya-Bhāṣyam*,［Tibetan Sanskrit Works Series, No.17］, Kashi Prasad Jayaswal Research Institute.

Vaidya, P. L［**1960a**］*Aṣṭasāhasrikā Prajñāpāramitā, with Haribhadra's Commentary Called Āloka*,［Buddhist Sanskrit Texts-no. 4］, The Mithila Institute of Post-Graduate Studies and Research in Sanskrit Learning, Darbhanga. ／［**1960b**］*Gaṇḍavyūhasūtra*,［Buddhist Sanskrit Texts-No.5］, The Mithila Institute......, Darbhanga. ／［**1960c**］*Saddharmapuṇḍarīkasūtra*,［Buddhist Sanskrit Texts-No.6］, The Mithila Institute......, Darbhanga. ／［**1961**］*Mahāyāna-Sūtra-Saṁgraha*, Pt.1,［Buddhist Sanskrit Texts-No.17］, The Mithila Institute......, Darbhanga. ／［**1987**］*Lalita-Vistara*,［Buddhist Sanskrit Texts-No.1］, The Mithila Institute......, Darbhanga. ／［**1988**］*Bodhicaryāvatāra of Cāntideva, with Commentary Pañjikā of Prajñā-karamati*,［Buddhist Sanskrit Texts-No.12］, The Mithila Institute......, Darbhanga.

von Staël-Holstein, Baron A（鋼和泰）［**rep.1977**］*The Kāçyapaparivarta, A Mahāyānasūtra of the Ratnakūṭa Class edited in the Original Sanskrit in Tibetan and in Chinese*（大宝積経迦葉品梵蔵漢六種合刊）, 名著普及会

Vorobyova-Desyatovskaya, M.I.（；**Karashima S. and Kudo N.**）［**2002**］*The Kāśyapaparivarta, Romanized Text and Facsimiles, Bibiotheca Philologica et Philosophica Buddhica V*, 創価大学国際仏教学高等研究所

Wogihara Unrai（荻原雲来）［**rep.1971**］*Bodhisattvabhūmi*（梵文菩薩地経）, 山喜房仏書林

Yamabe Nobuyoshi（山部能宜）［**2009**］"The Paths of Śrāvakas and Bodhisattvas in Meditative Practices", *Acta Asiatica, Bulletin of the Institute of Eastern Culture* 96［*Mahāyāna Buddhism*：*Its Origins and Reality*］東方学会

あとがき

『小本・心経』散文部はその素性を辿っていくと，主要な素材となった『二万五千頌般若』の二つの節だけでなく，非般若経系列の初中期大乗経典や初期密教経典内の多様な定型的表現にまで行き着く。いわば，『小本・心経』散文部はそのような定型句の交差路であり，初中期大乗経典や初期密教経典が相互にどのように交流し，影響し合ったかをわたしたちに覗かせてくれる小さな望遠鏡の一つであるともいえる。『小本・心経』の成立・出現は福井文雅先生が研究の焦点に定めたような大乗仏教の信仰史とか，或いは，密教思想史の上では画期的な意義をもちうるにしても，大乗仏教思想史の観点からいえば，ほとんど無視してもさしつかえないほどの些事でしかないようである。事実，大乗仏教思想史について書かれた概論で『心経』に関説しているものをわたしは寡聞にして知らない。むしろ，『小本・心経』に素材を提供した初中期大乗経典や初期密教経典のほうがはるかに重要である。その意味では『心経』の解説本が量産される出版界の現況・趨勢は決して好ましいものではないだろう。わたしは渡辺章悟先生の『般若心経　テキスト・思想・文化』や本書によって今後の『心経』解説書の質の飛躍的な向上を一方では期待しつつも，それとは裏腹に，そのような『心経』解説書の量産に終止符が打たれ，『二万五千頌般若』や『華厳経・入法界品』・『十地経』・『維摩経』・『金光明最勝王経』・『宝星陀羅尼経』・『智光明荘厳経』等々の大乗経典についての本格的研究書や一般向け解説書の刊行にこそ読者層の関心が向けられ，待望されるようになることをついつい念願してしまう。

『二万五千頌般若』最終章や『維摩経』・『智光明荘厳経』などの重要経典の梵文テキストが刊行されたのはごく最近のことであり，これらの刊行がなければ，わたしの『小本・心経』研究はいつまでも未完のままで，出版には至らなかったであろうし，また，ジャン・ナティエ先生（現：創価大学教授）の玄奘訳『心経』偽経説・現行梵文反訳説に接することがなければ，わたしも『小本・心経』散文部の文表現や語句の由来・出自をこれほど執拗に調査することはなかったであろう。木村高尉先生による『二万五千頌般若』校訂本の完結，大正大学総合仏教研究所梵語仏典研究会の皆さんによる『維摩経』・『智光明荘厳経』写本の出版，ナティエ先生のセンセーショナルな論文の存在は本書の誕生にとって不可欠のファクターであり，わたしはこれらの方々に最大の学恩を蒙ったことを感謝したい。

わたしの『小本・心経』研究の初期段階から本書の出版までの間にはじつに多くの方々のご支援があった。全員のお名前はとうていここには書ききれない。以下，数人の方々のお名前だけに触れて，本書執筆までの経緯を辿っていただくよすがとし，有形・無形の学恩を蒙った全ての方々への感謝を申し上げたい。

初期の資料収集の段階ではYeel大学大学院留学中に当時Indiana大学教授だったナティエ先生と交流をもたれた山部能宜先生（現：東京農業大学教授）には情報提供の面で多大な恩恵を蒙った。そして，その成果を論文として雑誌に発表できるまでになってからは，神子上恵生先生（現：龍谷大学名誉教授）・桂紹隆先生（現：龍谷大学教授）・山部先生に雑誌論文の草稿の通読をお願いし，種々の有益な助言を頂戴した。のちには山部先生に交流の機会を仲介してもらった辛嶋静志先生（現：創価大学教授）や工藤順之先生（現：創価大学準教授）にもずうずうしく草稿の通読をお願いするようになった。

さらに，雑誌に掲載された拙論をお読みいただいた学者の方々からの情報提供は誠にありがたく，たいへん励みになった。竹村牧男先生（現：東洋大学教授）・今井淨圓先生（現：種智院大学教授）・渡辺章悟先生（現：東洋大学教授）からはそれぞれの『心経』についての著書を賜り，高橋尚夫先生（現：大正大学教授）からもチベット訳の『心経』注釈書の和訳や梵文『智光明荘厳経』の校訂テキストを収録した論文などを戴いた。

その中でも，わたしの『心経』研究に対する柏木弘雄先生（元：松阪女子短期大学学長）のご厚意は思いがけぬものであっただけに，感銘深かった。わたしが高野山大学大学院の修士課程に進んだ1984年頃，柏木先生は三重県のご自坊からはるばる高野山大学まで『大乗起信論義記』などの講義のため出講しておられた。柏木先生は，専門分野の相違にもかかわらず，当時受講生だったわたしの風変わりな研究（バルハトリの言語哲学の影響という観点によるディグナーガの意味論の解明）を常に温かい眼差しで見守ってくださっていた。その後，わたしの研究対象はディグナーガの仏教論理学の背景となった経量部のアビダルマ学説や唯識思想へと推移する傍ら，『心経』にも伸張していった。本書の「はじめに」でも触れておいたように，大学院の博士課程時に拝読した佐保田鶴治先生の『般若心経の真実』に衝撃を受けたわたしは『心経』に関してもひそかに関心を持ち続けていたからである。『心経』に関する最初期の拙論二篇をわたしのほうからお届けするよりも前に，それらを『密教文化』誌で直接ご覧になった柏木先生は 2005 年 2 月頃，自発的に自著『般若心経を読む』に添えて斎藤明先生（現：東京大学教授）の『心経』に関する刮目すべき講話資料をご提供くださっただけでなく，斎藤先生との意見交換による交流についても積極的にお薦めいただくなど，懇切なご高配を賜った。かつて柏木先生の講筵の端くれに侍った時点から二十年近い歳月を経た今もなお，先生の眼差しがわたしのような不甲斐ない一学徒に対して注がれ続けていたのだということを改めて思い知り，胸を打たれた。なお，三重から高野山大学への出講という枠は二年ほどのちに柏木先生から竹村牧男先生（当時：三重大学講師）に引き継がれたので，わたしは唯識思想に関する新進気鋭の研究者であられた竹村先生にも親炙させてもらえるご縁をいただくことができた。

しかし，柏木先生が 2008 年春に 74 歳で遷化されていたことを翌 2009 年に人づてに聞かされるまで何も知らずにわたしは本書の執筆に勤しんでいた。ついに先生のご存命中には報恩できなかったという悔恨の念がわたしを捕らえて放さない。

ご生前に報恩できなかったという点では，故人となられたもうひとりの恩師も忘れることができない。氏家昭夫（覚勝）先生（元：高野山大学教授）はわたしにとって高校時代から個人的に親しくしていただいていた恩師のひとりであり，その短い後半生を大乗仏教の陀羅尼思想の研究に傾注しておられたが，わたしが高野山大学大学院生であった 1985 年に胃癌により 46 歳の若さで急逝された。当時のわたしは龍谷大学学部の卒論（指導教授：神子上恵生先生）以来のテーマであったディグナーガの意味論の研究に専念していたため，氏家先生からの薫陶を直接的に自分の研究には活かせなかった。近年『心経』に没頭するようになって研究上の難問に突き当たると，氏家先生のことが頻りに思い起こされた。今このときなら氏家先生に適切な質問を投げかけ，先生から有益な回答をいただけたのではないかと想到するたびに後悔を繰り返すばかりであった。もっとも，かつて氏家先生の謦咳に接していたればこそ，わたしのような門外漢でも『心経』研究に飛び込むことができたのかもしれないと思い直し，先生とのご縁に感謝しつつ，『心経』研究を頓挫させることなく推進することができた。

さて，ようやく脱稿した本書の原稿を大蔵出版の若い編集者，米森俊輔氏にお見せしたところ，原稿になおも伏在する雑誌論文時代の硬渋な文体の残滓，厖大な文献資料の過剰な詰め込み，派生的な論題への度重なる逸脱などによって蛇行と渋滞を繰り返す論述の流れは，読者にとってはすこぶる見通しが悪く，また，しばしば説明不十分な箇所があるために，執筆者の意図を見失う恐れがある等々の欠陥を懇切に指摘していただいた。米森氏は，本書の論述を見通しのよい順序に大幅に組み替え，文章表現の平易化や文章間の繋がりの円滑化のために多くの文言の適切な補足や言い換えを提案され，厖大な文献資料の見やすいレイアウトを工夫してくださった。わたしは米森氏に指摘された説明不十分な箇所を書き換え，執筆者の意図をできるだけ明示するようにした。本書の原稿執筆に勝るとも劣らぬ多大な編集上の労苦を米森氏が引き受けてくださったおかげで，当初の原稿に比べると本書は格段に読みやすくなった。それでもなお，本書に残存するであろう記述の晦渋さは米森氏によってもフォローしきれなかったわたしの原稿素材の貧弱さ，わたしの執筆能力の限界に起因するのであり，文責の一切が執筆者たるわたしにあることはいうまでもない。

最後に，本書をそのご生前にもっとも読んでいただきたかった二人の恩師，故氏家覚勝先生と故柏木弘雄先生に捧げます。合掌

2010年1月5日

原田和宗 記

索　引

I 引用テキスト名

・本項は本文と註でテキストもしくはその和訳を原則二字下げで引用している梵蔵漢の典籍の書名の索引である。
・書名に通称や略称があればそれを採用し，長すぎる書名・章名は適宜短縮する。
・章名に章番号が付随する場合はそれも標示し，代わりに巻数標示を省略する。また，漢訳以外は章名標示を原則的に省略するが，章番号を明示していないものは標示する。
・漢訳典籍で同本異訳があり，通称等で識別しがたい場合は訳者名も付す。
・例外として『大本・心経』に対するインド系の註釈者名も検索項目に加える。
・梵文・蔵訳・漢訳テキストの和訳は索引項目として採用しなかった。和訳がある場合は，テキストと並記しているか，あるいは本文に和訳を載せて註にテキストを挙げるかのいずれかのスタイルを採っているので，テキストから遡って探していただきたい。

【あ】
『阿難陀目佉尼呵離陀経』(求那跋陀羅訳)　392
『阿難陀目佉尼呵離陀隣尼経』(仏駄扇多訳)　393
『阿毘達磨集論』→*AS*
『阿毘達磨集論』「決択分中法品」第二　249
『阿毘達磨雑集論』→*ASBh*
『阿毘達磨雑集論』「決択分中法品」第二之二　249
『阿毘曇毘婆沙論』巻第一　112, 113
　巻第四「雑犍度世第一品」之四　266
　巻第四十六「使犍度十門品」之十　267, 268
　巻第五十三「智犍度他心智品」第二之五　62

【い】
『一向出生菩薩経』(闍那崛多訳)　393
『一切経音義』巻第十　63
『一切功徳荘厳王経』　352
『一切如来真実摂経』→*TSS*

【う】
『雨宝陀羅尼経』　352

【か】
『海意菩薩所問浄印法門経』巻第五　252
『開元釈教録』巻第一　40
　巻第八　41, 107
　巻第九　59
　巻第十一　40
　巻第十二　107
　巻第十四　41
　巻第十六　41
『解明』(ナーゴージーバッタ)→*Uddyota*
『迦葉品』→*Kāśyapa*
カマラシーラ→『般若波羅蜜多心広疏』
『何耶掲唎婆像法』　406
『カルマ・ヴィバンガ』→*Karma-vibhaṅga*
『観仏三昧海経』「六譬品」第一　62
　「観四威儀品」第六之余　62

【く】
『究竟一乗宝性論』「僧宝品」第四　309
　「一切衆生有如来蔵品」第五　245
『孔雀王呪経』(僧伽婆羅訳)巻上　252, 254, 343
　巻下　343, 351, 402
『孔雀明王経』→*Mahā-māyūrī*
『倶舎釈論』「分別業品」之四　398
　「分別三摩跋提品」第八　267
『倶舎論』→*AKBh*
『倶舎論』「分別定品」第八之一　267

【け】
『華厳経』→『六十華厳』,『八十華厳』,『四十華厳』
『華厳経・十地品』→*DBhS*
『華厳経・入法界品』→*GVy*
『華積陀羅尼』→*Puṣpa-kūṭa-dhāraṇī*
『華積陀羅尼神呪経』(支謙訳)　380

『花積楼閣陀羅尼経』(施護訳)　403
『花聚陀羅尼呪経』(失訳)　403
『解深密経』→*Saṃdhi*
『解深密経』(玄奘訳)「無自性相品」第五　248
『玄奘行状』　37, 57

【こ】
『光讃経』「光讃品」第一　65, 67, 394, 396
　「順空品」第二　200
　「行空品」第三之一　139
　「〃」第三之二　299
　「仮号品」第八　202
　「行品」第九　205
　「幻品」第十　206
　「三昧品」第十六　213
　「十住品」第十八　303
　「等三世品」第二十三　263
　「問品」第二十五　115
『高僧法顕伝』　109
『合部金光明経』「大弁天品」第十二　351, 391
　「功徳天品」第十三　344
　「流水長者子品」第二十一　117
『古今訳経図紀』巻第一　60
　巻第四　60
『護命法門神呪経』　406
『金光明経』(曇無讖訳)「功徳天品」第八　344
　「流水長者子品」第十六　117
『金光明最勝王経』→*Suvarṇa*
『金光明最勝王経』(義浄訳)「大弁才天女品」第十五之一　351, 391
　「大吉祥天女増長財物品」第十七　344
　「長者子流水品」第二十五　117
『金剛般若経』→*Vajra-cchedikā*
『金剛般若経』(羅什訳)　63, 402
『金剛能断般若経』(笈多訳)　106

【さ】
『最上の精髄』(ラトナーカラシャーンティ)→*Sārattamā*
『三巻教王経』「金剛界品」之一　341
『三十巻教王経』「金剛界広大儀軌分」第一之一　341
『三十頌唯識釈』→*TrVBh*

【し】
『慈恩伝』巻第一　35, 57, 58
『師子奮迅菩薩所問経』(失訳)　403
『慈氏菩薩誓願陀羅尼経』　406
『四十華厳』(「入不思議解脱境界普賢行願品」)
　巻第十一　301
　巻第十八　346
　巻第二十一　347
　巻第二十五　303
　巻第二十八　116
　巻第二十九　116
　巻第三十　300
　巻第三十八　299
『持心梵天所問経』(竺法護訳)「四法品」第二　348
『持世陀羅尼経』　63, 352
『七仏八菩薩所説大陀羅尼神呪経』巻第一　339, 352
　巻第二　353
『釈軌論』→*VyY*
『思益梵天所問経』「四法品」第二　348
『舎利弗陀羅尼経』(僧伽婆羅訳)　393
『舎利弗論』「非問分道品」第十之二　212
『衆経目録(静泰撰)』巻第三　60
『衆経目録(仁寿録)』　60
『衆経目録(法経録)』巻第二　42
『出三蔵記集』下巻第四　41
『出生無辺門陀羅尼経』→*Ananta-mukha*
『出生無辺門陀羅尼経』(智厳訳)　393
『出生無辺門陀羅尼経』(不空訳)　392, 393
『出生無量門持経』(仏陀跋陀羅訳)　392
『修習般若菩薩観行念誦儀軌』　375, 402
『呪五首』　63
『十一面神呪心経』　63
『十地経』→*DBhS*
『(仏説)十地経』「菩薩極喜地」第一之一　306
　「菩薩現前地」第六之一　243
　「菩薩不動地」第八　307
『十住経』「歓喜地」第一　306
　「現前地」第六　243
　「不動地」第八　307
『十地経論』「不動地」第八巻之十　308
ジュニャーナミトラ→『聖般若波羅蜜多心釈』
シュリーシンハ・ヴァイローチャナ→『真言を開示する般若心註』
『順正理論』「弁本事品」第一之一　111
『長阿含経』「第三分堅固経」第五　62
『聖賀野紇哩縛大威怒王念誦儀軌法品』(不空

訳)下巻　406
『穰襄梨童女経』(不空訳)　353
『荘厳王陀羅尼呪経』　406
『小字般若経』→*Svalpākṣarā*
『勝思惟梵天所問経』→*Brahma-paripṛcchā*
『勝思惟梵天所問経』(菩提流支訳)巻第一　106, 348
『聖善住意天子所問経』巻上　106
『聖般若波羅蜜多心広疏』(プラシャーストラセーナ)　144, 145, 146, 263, 282, 336
『聖般若波羅蜜多心釈』(ジュニャーナミトラ)　263, 336
『聖仏母小字般若経』　407
『聖仏母般若経』　70, 133, 274, 311, 355
『正法華経』「光瑞品」第一　399
「善権品」第二　23
「薬草品」第五　122
「安行品」第十三　120
「光世音普門品」第二十三　25
『小本・心経』(敦煌写本チベット訳)　70, 133, 274, 312, 355
『小品般若経』「初品」第一　235, 237, 266
「明呪品」第四　317
「廻向品」第七　304
「泥犁品」第八　240, 272
「歎浄品」第九　255
「小如品」第十二　124
「大如品」第十五　301
「阿毘跋致覚魔品」第十九　349
「称揚菩薩品」第二十三　118
「見阿閦仏品」第二十五　263
「曇無竭品」第二十八　244
『諸仏境界摂真実経』「序品」第一　341
『心経梵本』(伝澄仁本)　145, 276, 277, 278
『真言を開示する般若心註』(シュリーシンハ・ヴァイローチャナ)　277, 283, 329
『信力入印法門経』　72
〈甚深空性相応諸経典〉　168
『深密解脱経』「序品」第一　106

【す】
『随求即得神変加持成就陀羅尼儀軌』(不空訳)
〈諸仏智根本〉　392
〈心仏心真言〉　404
『随求即得大自在陀羅尼神呪経』(宝思惟訳)
〈根本呪〉　391
〈一切仏心呪〉　404

【せ】
『説無垢称経』「菩薩品」第四　265
「観有情品」第七　308
「不二法門品」第九　238
「観如来品」第十二　258
『千手千眼観世音菩薩治病合薬経』(伽梵達摩訳)　353
『千眼千臂観世音菩薩陀羅尼神呪経』(智通訳)巻上　320, 341
『千手千眼観世音菩薩大悲心陀羅尼経』(伽梵達摩訳)　353
『千手千眼観世音菩薩姥陀羅尼身経』(菩提流志訳)　340, 341
『漸備一切智徳経』「初発意悦予住品」第一　305
「目前住品」第六　243
「不動住品」第八　307
『善法方便陀羅尼経』　353
『善勇猛般若』→*Suvikrānta*

【そ】
『雑阿毘曇心論』「定品」第七　211
「雑品」第九　267
『続高僧伝』巻第四　58

【た】
『大雲経』→*Mahā-mega-sūtra*
『大雲経』(闍那耶舎訳・別本)「請雨品」第六十四　394
『大雲輪請雨経』(那連提耶舎訳)巻下　394
『大雲輪請雨経』(不空訳)巻下　394
『大迦葉問大宝積正法経』巻第二　239
『大吉義神呪経』巻第二　340
『大吉祥天女十二名号経』(不空訳)　353
『(仏説)大孔雀呪王経』(義浄訳)巻上　252, 343
巻中　254, 343
巻下　351, 403
『大金色孔雀王呪経』(失訳［帛尸利蜜多訳別本］)　254, 402
『(仏説)大金色孔雀王呪経』(失訳［帛尸利蜜多訳］)　254, 402
『大薩遮尼乾子所説経』「序品」第一　105
『(仏説)帝釈般若心経』　401

『帝釈般若波羅蜜多［心］経』→*Kauśika*
『大集経』「海慧菩薩品」第五之二　175
「宝幢分中往古品」第二　246, 347
「宝幢分第九三昧神足品」第四　258
「宝幢分第九中陀羅尼品」第六　254
『大周刊定衆経目録』巻第一　61
巻第二　61
巻第十二　61
『大乗四法経』　106
『大乗荘厳経論』→*MSA*
『大乗荘厳経論』「述求品」之二　249, 348
『大乗荘厳経論・世親釈』→*MSABh*
『大乗入諸仏境界智光明荘厳経』巻第二　244
巻第三　245
巻第四　240, 246
『大乗理趣六波羅蜜多経』「陀羅尼護持国界品」第二　389
『大随求陀羅尼』→*Mahā-pratisarā dhāraṇī*
『大随求陀羅尼経』〈根本呪〉　359
〈一切仏心呪〉　382
『大随求陀羅尼経』(不空訳)［第一呪］　392
［第二呪］　404
『大唐大慈恩寺三蔵法師伝序』　58
『大唐内典録』巻第一　60
巻第二　60
巻第五　60
『大般涅槃経』(恵厳等)「憍陳如品」下　252
『大般涅槃経』(曇無讖訳)「憍陳如品」第十三之二　176
『大般若経』「初分厳浄仏土品」第七十二之二　250
「第二分縁起品」第一　66, 396
「〃歓喜品」第二　67, 394
「〃観照品」第三之一　200
「〃観照品」第三之二　140
「〃観照品」第三之三　299
「〃勝軍品」第八之二　203
「〃行相品」第九之一　205
「〃幻喩品」第十　206
「〃三摩地品」第十六之一　213
「〃念住等品」第十七之二　401
「〃修治地品」第十八之二　303
「〃無辺際品」第二十三之二　263
「〃帝釈品」第二十五之一　115
「〃信受品」第二十六　113
「〃摂受品」第二十九之二　342
「〃功徳品」第三十二　319
「〃天来品」第三十四之一　298
「〃随喜廻向品」第三十七之二　241
「〃大師品」第三十八　241, 271
「〃無摽幟品」第四十一之一　256
「〃無摽幟品」第四十一之二　256
「〃東北方品」第四十三之一　302
「〃仏母品」第四十六之一　125
「〃示相品」第四十七之一　251
「〃示相品」第四十七之二　126, 298, 345
「〃成弁品」第四十八　261
「〃初業品」第五十之一　398, 399
「〃初業品」第五十之二　399
「〃調伏貪等品」第五十一　400
「〃甚深義品」第五十五之二　400
「〃増上慢品」第六十之一　350
「〃増上慢品」第六十之二　251
「〃無尽品」第六十六　264
「〃相摂品」第六十七　120
「〃巧便品」第六十八之四　395
「〃親近品」第七十一　121
「〃遍学品」第七十二之二　265
「〃衆徳相品」第七十六之二　128
「〃実際品」第七十八之一　126
「〃正定品」第八十一　121, 122
「第四分妙行品」第一之一　235, 237
「〃妙行品」第一之二　266
「〃供養窣堵波品」第三之二　317
「〃随喜廻向品」第六之一　304
「〃地獄品」第七　240, 272
「〃清浄品」第八　255
「〃現世間品」第十二　124
「〃天讃品」第十五　244, 301
「〃覚魔事品」第二十一之二　350
「〃堅固品」第二十七之一　118
「〃散花品」第二十八　264
「第五分善現品」第一　106
「第七曼殊室利分」之一　260, 261
「第九能断金剛分」　63
「第十六般若波羅蜜多分」之一　261
巻第六百〈末尾〉　388
『大宝積経』→『宝積経』
『大方等大雲経』(闍那耶舎訳)「請雨品」第六十四　394
『大方等無想経』「大雲初分大衆健度」余　393
『大本・心経』(梵文)　70, 134, 274, 312, 355

『大本・心経』(梵文・異本)　275, 312, 355
『大本・心経』(副島版チベット訳)　70, 134, 275, 312, 356
『大本・心経』(Silk 版チベット訳 A 本)　312, 356
『大本・心経』(Silk 版チベット訳 B 本)　70, 134, 275, 312, 356
『大品般若経』「序品」第一　66, 67, 394, 396
「奉鉢品」第二　200
「習応品」第三　136
「往生品」第四　299
「勧学品」第八　203
「相行品」第十　205
「幻学品」第十一　206
「問乗品」第十八　213, 350
「広乗品」第十九　401
「発趣品」第二十　303
「十無品」第二十五　263
「問住品」第二十七　115
「幻聴品」第二十八　113
「大明品」第三十二　342
「勧持品」第三十四　319
「尊導品」第三十六　298
「随喜品」第三十九　241
「照明品」第四十　241, 271
「無作品」第四十三　255, 256
「聞持品」第四十五　302
「仏母品」第四十八　125
「問相品」第四十九　126, 251, 298
「成弁品」第五十　261
「知識品」第五十二　398, 399
「趣智品」第五十三　400
「深奥品」第五十七　400
「夢誓品」第六十一　251
「無尽品」第六十七　264
「三慧品」第七十　395
「三善品」第七十三　121
「遍学品」第七十四　265
「四摂品」第七十八　128
「実際品」第八十　126
「浄土品」第八十二　250
「畢定品」第八十三　121, 122
『大明呪経』　69, 130, 273, 310, 354
『大明度経』「行品」第一　106, 235, 237, 265
「持品」第三　316
「地獄品」第六　240, 272
「照明十方品」第十　124
「法来闓士品」第二十九　244
『陀羅尼集経』「釈迦仏頂三昧陀羅尼品」　76, 108
「般若大心経」　387, 402
「何耶揭唎婆観世音菩薩法印呪品」　406
「摩利支天経」　352
「功徳天法」　344
「諸天等献仏助成三昧法印呪品」　406
「諸仏大陀羅尼都会道場印品」　387
『陀羅尼雑集』「八龍王呪八首」　340
「護諸童子陀羅尼呪経」　406
〈降雨陀羅尼〉　393
〈観世音菩薩説焼華応現得願陀羅尼〉　406
〈見仏随願陀羅尼〉　404
〈観世音菩薩説焼華応現得願陀羅尼〉　406
〈観世音現身施種種願除一切病陀羅尼〉　406

【ち】

『智光滅一切業障陀羅尼経』　407
『智光明荘厳経』→*JĀAS*
『智炬陀羅尼経』　407
『智度論』「菩薩釈論」第八～第六巻「十喩釈論」十一　66
「初品中菩薩功徳釈論」第十　52
「十八空義」第四十八～巻三十二「四縁義」第四十九　67
「四縁義」第四十九　25, 54
『注維摩詰経』巻第一　26
『中論』「観本際品」第十一　272
「観有無品」第十五　272
「観法品」第十八　241
「観因果品」第二十　241, 242
「観四諦品」第二十四　269
「観涅槃品」第二十五　242
『中論頌』→*MMK*

【て】

『貞元新定釈教目録』巻第十七　57
『添品妙法蓮華経』「薬草喩品」第五　122
「安楽行品」第十三　120
伝澄仁本→『心経梵本』

【と】

『度一切諸仏境界智厳経』　239, 245, 246

『灯火』(カイヤタ)→*Pradīpa*
『道行般若経』「道行品」第一　106, 234, 237, 265
「功徳品」第三　316
「勧助品」第四　304
「泥犂品」第五　240, 271
「清浄品」第六　255
「照明品」第十　123
「分別品」第十三　301
「遠離品」第十八　349
「強弱品」第二十四　118
「不可尽品」第二十六　263
「曇無竭菩薩品」第二十九　244
『東方最勝灯王陀羅尼経』(闍那崛多訳)　360, 393
『唐梵飜対字音心経』「慈恩和尚奉昭述序」　33

【に】

『二万五千頌般若』→*Pañca*
『入菩提行論難語釈』→*BCAP*
『入法界品』→*GVy*
『入楞伽経』(菩提留支訳)「請仏品」第一　106
『如来荘厳智慧光明入一切仏境界経』巻上　244, 246
巻下　239, 245
『仁王護国般若経』(不空訳)「奉持品」第七　394

【の】

『(仏説)能断金剛般若経』(義浄)　63

【は】

『婆沙論』「序」　81, 82
「雑蘊第一中世第一法納息」第一之七　208
「〃補特伽羅納息」第三之三　324
「智蘊第三中他心智納息」第三之五　62
「〃他心智納息」第三之六　208
「〃他心智納息」第三之七　210, 267
『八十華厳』「十地品」第二十六之五　307
「入法界品」第三十九之七　301
「〃」第三十九之十　243, 346
「〃」第三十九之十二　347
「〃」第三十九之十四　242, 303
「〃」第三十九之十六　116
「〃」第三十九之十七　242, 300
「〃」第三十九之二十一　299
『抜除罪障呪王経』　320
『八千頌般若』→*Aṣṭa*
『般若心経』(玄奘訳)　69, 132, 274, 311, 355
『般若心経』(智慧輪訳)　70, 133, 274, 311, 355
『般若心経』(般若共利言等訳)　70, 132, 274, 311, 355
『般若心経』(法成訳)　70, 133, 274, 311, 355
『般若心経顕幽記科門』(智曇)　56
『般若心経秘鍵』　26
『般若心経賛』(円測)　26
『般若心経幽賛』(基)巻上　110
『般若心経略疏』(法蔵)　26
『般若灯論釈』「観生死品」第十一　272
「観有無品」第十五　272
「観聖諦品」第二十四　269
『般若波羅蜜多心広疏』(カマラシーラ)　135, 283

【ひ】

『秘鍵聞書』第三　56
『鞞婆沙論』「先雑犍度総序」　112, 113
『秘密三昧大教王経』巻第三　302
『百千印陀羅尼経』(実叉難陀訳)〈根本陀羅尼〉　405
『百千印陀羅尼経』(実叉難陀訳別本)〈根本陀羅尼〉　405
『百万塔陀羅尼』〈根本陀羅尼〉　405

【ふ】

『不空羂索呪経』(闍那崛多訳)　111
『不空羂索神呪心経』(玄奘訳)　111
『不空羂索神変真言経』→*Amogha-pāśa*
『不空羂索神変真言経』「母陀羅尼真言序品」第一　110
「不思議観陀羅尼真言品」第二十二　406
『普賢行願讃』→*SBhCP*
『(仏説)不増不減経』　257
『仏性論』「弁相分第四中無変異品」第九　245
『仏本行集経』「発心供養品」第一　106
『普遍智蔵心経』　70, 132, 274, 311, 355
『仏母出生三法蔵般若経』「了知諸行相品」第一之一　236
「了知諸行相品」第一之二　238, 266
「宝塔功徳品」第三之二　317
「随喜廻向品」第六之一　304
「地獄縁品」第七之一　240, 272

「清浄品」第八之一　255
「顕示世間品」第十二之一　124
「賢聖品」第十五之一　244, 302
「善巧方便品」第二十之二　350
「堅固義品」第二十七　118
「散華縁品」第二十八之二　264
「法上菩薩品」第三十一　244
『仏母大(金曜)孔雀明王経』(不空訳)巻上　253, 254, 343
巻中　254, 343
巻下　351, 403
「普明菩薩会」(『大宝積経』)　239
『普曜経』「商人奉麨品」第二十二　114
「梵天勧助説法品」第二十三　127
プラシャーストラセーナ→『聖般若波羅蜜多心広疏』
『〈プラジュニャー・パーラミター〉心呪』→*Prajñā-pāramitā-hṛdaya*

【ほ】

『方広大荘厳経』「誕生品」第七　127
「大梵天王勧請品」第二十五　114, 127
『放光般若経』「放光品」第一　66, 67, 394, 396
「無見品」第二　200
「仮号品」第三　140
「学五眼品」第四　299
「学品」第十　203
「空行品」第十二　205
「問幻品」第十三　206
「問摩訶衍品」第十九　213
「陀隣尼品」第二十　401
「治地品」第二十一　303
「不可得三際品」第二十六　263
「無住品」第二十八　115
「如幻品」第二十九　113
「守行品」第三十三　341
「持品」第三十五　319
「無二品」第三十七　298
「勧助品」第四十　241
「照明品」第四十一　241, 271
「無作品」第四十四　255, 256
「真知識品」第四十六　302
「大明品」第四十九　125, 345
「問相品」第五十　125, 251, 298, 345
「大事興品」第五十一　261
「随真知識品」第五十三　398, 399
「解深品」第五十四　400
「甚深品」第五十八　400
「阿惟越致相品」第六十二　251, 350
「無尽品」第六十八　264
「漚惒品」第七十　394
「教化衆生品」第七十四　121, 265
「住二空品」第七十八　128
「信本際品」第八十　126
「建立品」第八十二　250
「畢竟品」第八十三　121, 122
『宝篋印陀羅尼』　377
『法華経』→*Saddharma*
『宝積経・迦葉品』→*Kāśyapa*
『宝積経』「普明菩薩会」→「普明菩薩会」
『宝星陀羅尼経』→*Ratna-ketu*
『宝星陀羅尼経』(波羅頗蜜多羅訳)「本事品」第二　246, 347
「相品」第五　259
「陀羅尼品」第六之一　254
『宝性論』→*RGV*
『菩薩地』→*BoBh*
『菩薩地持経』「持方便処発菩提心品」第二　407
「方便処慧品」第十四　299
「菩提分品」之余　247
『菩薩善戒経』「菩薩地慧品」第十五　299
「三十七助道品」第十八　247
『菩提場荘厳陀羅尼経』(不空訳)　405
〈梵字持世陀羅尼〉　352
『梵字菩提場荘厳陀羅尼』　382
『梵本心経』(般若訳)　70, 133, 274, 311, 355
『梵本心経』(不空訳)　70, 132, 274, 311, 355

【ま】

『摩訶衍宝厳経』　239
『摩訶般若鈔経』「道行品」第一　235, 237
「功徳品」第三　316
『マハー・バーシュヤ』→*MBh*
『末利支提婆華鬘経』(不空訳)　352

【み】

『密教部類総録』巻上〈般若法〉三　43
『妙法蓮華経』「序品」第一　399
「方便品」第二　23
「安楽行品」第十四　120
「観世音菩薩普門品」第二十五　25

『妙法蓮華経憂波提舎』「方便品」第二　25

【む】
『無垢浄光大陀羅尼経』→*Raśmi-vimala*
『無垢浄光大陀羅尼経』〈根本陀羅尼呪〉　405
『無量寿経』→*Sukhāvatī*
『無量門破魔陀羅尼経』(功徳直共玄暢訳)　392
『無量門微密持経』(支謙訳)　392

【も】
『文殊師利所説般若経』(僧伽婆羅訳)　260, 261
『文殊師利所説摩訶般若経』(曼陀羅仙訳)巻上　260
『文殊般若経』→*Sapta-śatikā*

【や】
『(仏説)薬師如来本願経』(笈多訳)　115
『薬師琉璃光王経』→*Bhaiṣajya*
『薬師琉璃光七仏本願功徳経』(義浄訳)巻下　129
『薬師瑠璃光本願功徳経』(玄奘訳)　104, 115

【ゆ】
『遺日摩尼宝経』　239
『維摩詰経』(支謙訳)「菩薩品」第四　265
「観人物品」第七　308
「不二入品」第九　238
「見阿閦仏品」第十二　257
『維摩詰所説経』(羅什訳)「菩薩品」第四　265
「観衆生品」第七　308
「入不二法門品」第九　238
「見阿閦仏品」第十二　258
『維摩経』→*Vimala*
『瑜伽論』「声聞地」第十三〈第二瑜伽処〉之三　308
「〃」第十三〈〃〉之四　308
「菩薩地」第十五〈初持瑜伽処〉「発心品」第二　407
「〃」第十五〈〃〉「慧品」第十四　299
「〃」第十五〈〃〉「菩提分品」第十七之二　247
『瑜伽論・声聞地』→*ŚrBh*
『瑜伽論・菩薩地』→*BoBh*

【ら】
『洛叉陀羅尼経』　407
『羅摩伽経』巻下　243
『ラリタ・ヴィスタラ』→*Lalita*

【れ】
『歴代三宝紀』巻第四　42
巻第五　42

【ろ】
『六十華厳』「十地品」第二十二之四　307
「入法界品」第三十四之六　300
「〃」第三十四之八　346
「〃」第三十四之十　347
「〃」第三十四之十二　303
「〃」第三十四之十三　116
「〃」第三十四之十四　242, 300
「〃」第三十四之十七　299

【A】
AKBh(『倶舎論』) VIII　268
Ananta-mukha(『出生無辺門陀羅尼経』)　359, 392
Amogha-pāśa(『不空羂索神変真言経』) §1　79, 321, 341
Aṣṭa(『八千頌般若』) I　236, 238, 266
III　315
VI　304
VII　160, 271
VIII　255
XII　124
XIII　262
XV　114, 244, 301
XX　350
XXVII　90
XXVIII　192
XXXI　244
AS(『阿毘達磨集論』) [Dharma-pariccheda]　249
ASBh(『阿毘達磨雑集論』) [Dharma-viniścaya]　249

【U】
Uddyota(『解明』[ナーゴージーバッタ])　270

【K】
Karma-vibhaṅga(『カルマ・ヴィバンガ』) §62 116
Kāśyapa(『宝積経・迦葉品』) §63 154
§64 154
チベット訳 239
Kauśika(『帝釈般若波羅蜜多［心］経』) 373

【G】
GVy(『華厳経・入法界品』) §5 300
§10 306
§11 300
§20 301
§29 402
§35 243, 346
§38 347
§41 290
§43 86, 87, 116
§44 242, 243, 300
§56 284

【J】
JĀAS(『智光明荘厳経』) §8 245
§30 167
§31 246
§36 240
quoted in *RGV* 245
チベット訳 245, 246

【T】
TrVBh(『三十頌唯識釈』) 249
TSS(『一切如来真実摂経』) I 322

【D】
DBhS(『十地経』) I 306
VI 243
VIII 307

【P】
Pañca(『二万五千頌般若』) I 66, 68, 136, 199, 202, 204, 206, 213, 263, 281, 302, 346, 394, 396, 401
II 113, 115, 162, 163, 232, 298, 318, 342
III 179, 181
IV 97, 125, 173, 262, 280, 302, 346, 398, 399, 400, 401
V 120, 121, 251, 264, 265, 351, 395
VIII 91, 92, 97, 102
VIII(写本末尾) 388
Puṣpa-kūṭa-dhāraṇī(『華積陀羅尼』) 381
Prajñā-pāramitā-hṛdaya(『〈プラジュニャー・パーラミター〉心呪』) 69, 130, 273, 310, 354
Pradīpa(『灯火』［カイヤタ］) 270

【B】
BoBh(『瑜伽論・菩薩地』) Cittotpāda-paṭala(「発心」章) 407
Prajñā-paṭala(「智慧」章) 281
Bodhi-pakṣya-paṭala(「菩提分」章) 247, 349
BCAP(『入菩提行論難語釈』) IX 250, 251
Brahma-paripṛcchā(『勝思惟梵天所問経』)
quoted in *MSABh* XI 334
チベット訳 348

【Bh】
Bhaiṣajya(『薬師琉璃光王経』) 115

【M】
Mahā-pratisarā(『大随求陀羅尼』) 359, 405
Mahā-māyūrī(『孔雀明王経』) 253, 254, 326, 343, 351, 376
Mahā-mega-sūtra(『大雲経』) §64 361
MBh(『マハー・バーシュヤ』) 269
MMK(『中論頌』) XI k.2ab 233
XV k.3 233
XVIII k.7 241
XX kk.17, 18 242
XXIV k.38 269
XXV k.3 242
MSA(『大乗荘厳経論』) XI k.51 with *MSABh* 249
MSABh(『大乗荘厳経論・世親釈』) XI 334
チベット訳 348

【R】
Ratna-ketu(『宝星陀羅尼経』) II 247, 347
V 259
VI 254
チベット訳 259, 347
Raśmi-vimala(『無垢浄光大陀羅尼経』) 382, 405

RGV(『宝性論』) I　309

【L】
Lalita(『ラリタ・ヴィスタラ』) VII　100
XIII　128
XXV　99, 114

【V】
Vajra-cchedikā(『金剛般若経』)　62
Vimala(『維摩経』) III　153, 194
VI　296
VIII　153
XI　183
XII　258
チベット訳　258, 265
VyY(『釈軌論』) II　249

【Ś】
ŚrBh(『瑜伽論・声聞地』) II　308

【S】
Saddharma(『法華経』) I　399
II　24
V　93
XIII　91
XXIV　26
Sapta-śatikā(『文殊般若経』)　260, 261
Saṃdhi(『解深密経』) VII　248
Sārattamā(『最上の精髄』［ラトナーカラシャーンティ］)　396
Sukhāvatī(『無量寿経』)　402
Suvarṇa(『金光明最勝王経』) I(Maṅgala)　374
VIII　338, 358, 359
IX　345
XVIII　88
Suvikrānta(『善勇猛般若』)〈帰敬頌〉　323
I　261
SBhCP(『普賢行願讃』) k.46 in *GVy* §56　306
Svalpākṣarā(『小字般若経』)　389

II　書籍・論文の著者名

・本項は本文および註で言及した書籍・論文の著者名の索引である。
・梵蔵漢のテキストのエディター名については前出の引用テキスト名索引の頁数と重複するので原則として省略する。

【あ】
青原令知［1986］　268
浅井覚超［1987］　382, 405
阿部慈園［rep.1999］　109, 110
アルボムッレ・スマナサーラ［2007］　30, 151

【い】
池田道浩［2000］　247, 249
石田茂作［rep.1982］　61
石飛道子［2007］　65
今西順吉［2000］　150, 199, 202, 234
岩本明美［2002］　249
岩本弘［1996］　59
印順［1993］　64

【う】
宇井伯寿［rep.1965］　65
上山大峻［1965］　27, 28, 71, 105, 115
［1990］　104
氏家覚勝(昭夫)［1976］　107
［1987］　375, 408

【お】
大鹿実秋［1969］　257
大竹晋［2003］　348
［2005a］　260
［2005b］　306
［2006］　308
［2008］　239
大塚伸夫［2004b］　72
大南龍昇［1992］　149
大八木隆祥［2001］　28

［2002a］ 283, 329
小川英世［1986］ 232
小谷信千代［2000］ 195, 292
小谷信千代・本庄良文［2007］ 305
越智淳仁［1991b］ 390
［2004］ 30, 107, 375, 387

【か】
梶山雄一［1999］ 123
梶芳光運［1981a］ 36, 57, 199, 201
柏木弘雄［2005］ 30
加藤純章［1996］ 64
勝崎裕彦［1983］ 120
金岡秀友［1973］ 27
辛嶋静志［1993］ 123
［1999］ 31, 79
菅野博史［1994］ 45

【き】
木村高尉［1980］ 389
木村俊彦［2003］ 384
木村俊彦・竹中智泰［1998］ 378, 380

【け】
ゲシェー・ソナム・ギャルツェン・ゴンタ，他［2002］ 404

【こ】
五島清隆［1988］ 348
小峰弥彦［1988］ 30, 47, 315, 318
［1998］ 30, 315, 318

【さ】
斎藤明［2003a］ 50, 56
［2003b］ 241
［2003c］ 50, 51
酒井紫朗［1975］ 31
桜部建［1982］ 266
桜部建・小谷信千代・本庄良文［2004］ 268
佐保田鶴治［1982］ 28, 30, 111, 119, 384

【し】
白石真道［1988］ 27, 30, 61, 115, 307, 329, 336, 357, 363
白館戒雲［1991］ 240
榛葉良男［rep.1977］ 61

【す】
鈴木広隆［1990］ 120, 173, 238
［1995a］ 72, 89, 142, 144, 191, 192, 283

【そ】
相馬一意［1985］ 239
［1986b］ 407
副島正光［1980］ 117

【た】
大正大梵語仏典研究会［2004a］ 245
［2004b］ 257
［2006］ 257
高崎直道［1975］ 257
高田修［rep.1980］ 57, 59
高橋尚夫［2008］ 16, 28, 157, 283
田久保周誉［1972］ 105, 331
［rep.2001］ 30, 369
田久保・金山［1981］ 27, 369
竹村牧男［2003］ 28, 30, 398
立川武蔵［1994］ 28, 117, 122
［2001］ 28, 117, 358
谷川泰教［1999］ 126, 127
玉城康四郎［1982a］ 120, 266
［1982b］ 120

【ち】
中條裕康［1985］ 30
［1988］ 263

【つ】
塚田貫康［1988］ 252
塚本啓祥［1982］ 403
津田真一［1998］ 166, 369
［2001］ 197, 198, 292

【と】
栂尾祥雲［rep.1982］ 329

【な】
長尾雅人［1983］ 257
長沢和俊(慧立／彦悰［rep.2001］) 35, 57, 59
中村元・紀野一義［1960］ 23, 27, 283, 336, 357
ナティエ［2006］ 15, 32, 74, 190, 192, 234
奈良康明［1973a］ 336

【に】
西村実則［1977］　54

【は】
袴谷憲昭［1994］　248, 249, 250
［2008］　271
原田和宗［2000］　369
［2002］　91, 114, 119, 120, 263, 286, 287, 368, 369, 377, 378, 403
［2004a］　53
［2004b］　115, 126, 145
［2005］　262
［2006］　145
［2007a］　126.127
［2009a］　24, 108, 123

【ひ】
兵藤一夫［1983］　67
［1985］　67
平岡聡［2002］　29
平川彰［1970］　106

【ふ】
福井設了［1988］　367
福井文雅［1987a］　30, 33, 35, 36, 57, 80, 89, 115, 142, 196, 197, 276, 277, 361
［1987b］　27, 30, 191
［1994］　30
［2000］　16, 27, 30, 80, 89, 140, 191, 197, 276, 277, 303
藤田宏達［1982］　266
藤田祥道［2006b］　239
［2007］　247, 248
藤近恵市［1999］　149, 288
藤村隆淳［1978］　366
古坂紘一［1993］　405

【ほ】
外薗幸一［1994］　128
細田典明［1993］　81
阿理生［2000］　29, 128
［2006］　398
［2008］　324, 357, 382, 384
［2009］　234
堀内寛仁［1967］　392
本庄良文［1992］　249
［1995］　54
本田義英［rep.1939］　25, 31, 65, 79, 176

【ま】
松浦秀光［1983］　289
松田和信［1984］　268
松本史朗［1989］　149

【み】
三友量順［1986］　51
宮坂宥洪［1994］　28, 30, 117
［2004］　30
宮坂宥勝［1983］　405
宮下晴輝［1986］　268
宮元啓一［2004］　28, 358

【む】
向井亮［2000］　266
村上真完［1992a］　96, 137, 166, 234
［1992b］　137
［1995］　266
［1998］　263
［2000］　263

【も】
望月海慧［1992］　16, 156, 263, 336, 390
森口光俊［1980］　394
森山清徹［1975］　29
［1978b］　120
［1996］　252

【や】
安井広済［1970］　64

【ゆ】
瑜伽行思想研究会［2003］　249

【よ】
芳村修基［1974］　283
頼富本宏［1975］　374, 377
［1988］　107

【わ】
若原雄昭［1994］　31
渡辺章悟［1986］　244
［1990］　39, 40

［1991a］ 12, 30, 39, 136, 197, 315, 317, 318, 340
［1992］ 16, 145, 156, 263, 282, 336, 390
［1995］ 107
［1998］ 364
［2009］ 28, 29, 36, 39, 57, 72

【C】
Conze［1948］ 16, 72, 89, 131, 142, 144, 191, 196, 283, 293, 336, 357

【H】
Horiuchi［2004］ 249

【K】
Karashima［2005］ 113
［2006］ 260
Kudo［2004］ 116

【L】
Lamotte［1935］ 244, 249

【N】
Nattier［1992］ 15, 32, 74, 136, 143, 158, 190, 192, 234

※　本書のキーワードとなる術語群は『小本・心経』の散文部と心呪とを構成する各語句およびその関連語の範囲内にあり，目次で辿ることができるため，それらに関する索引は割愛した。

●著者略歴

原田　和宗（はらだ・わそう）

1959年，兵庫県淡路島に生まれる。1982年，龍谷大学文学部卒。1990年，高野山大学大学院文学研究科博士課程単位取得退学。元龍谷大学非常勤講師。現在，大阪市在住，真言宗寺院所属。

本来の専門はディグナーガ論理学なるも，それの成立の背景となったバルトリハリの言語哲学や，『瑜伽論』から世親『倶舎論』に至る経量部学説の形成過程，弥勒・無著・世親における唯識思想の変遷にも関心を向け，のめり込む。現在も悪戦苦闘中。

〔主要論文〕「ディグナーガの「文章の意味」理論―『知識論集成・自註』第V章第46–49偈並びに『復註』の和訳と梵語還元の試み―」，「〈経量部の「単層の」識の流れ〉という概念への疑問（I）～（V）」，「「蛇・縄・色等」の比喩と入唯識性（I）・（II）」，「『唯識二十論』ノート（1）～（3）」他多数。

『般若心経』成立史論―大乗仏教と密教の交差路

2010年8月10日　初版第1刷発行

著　者　原　田　和　宗

発行者　青　山　賢　治

発行所　大蔵出版株式会社

〒113-0033 東京都文京区本郷3丁目24-6
本郷サンハイツ404
TEL03-5805-1203　FAX03-5805-1204
http://www.daizoshuppan.jp/

印刷所　中央印刷（株）

製本所　（株）難波製本

装　幀　クラフト大友

ISBN978-4-8043-0577-6 C3015